KRISTINA ZERGES

Sozialdemokratische Presse und Literatur

Empirische Untersuchung
zur Literaturvermittlung
in der sozialdemokratischen Presse
1876 bis 1933

ERSCHIENEN IM DREIHUNDERTSTEN JAHR
DER J. B. METZLERSCHEN VERLAGSBUCHHANDLUNG
STUTTGART

CIP-Kurztitelaufnahme der Deutschen Bibliothek

Zerges, Kristina:
Sozialdemokratische Presse und Literatur :
empir. Unters. zur Literaturvermittlung in d.
sozialdemokrat. Presse 1876–1933 / Kristina
Zerges. – Stuttgart : Metzler, 1982.
  (Metzler-Studienausgabe)
  ISBN 3-476-00495-3

ISBN 3 476 00495 3
© 1982 J. B. Metzlersche Verlagsbuchhandlung
und Carl Ernst Poeschel Verlag GmbH in Stuttgart
Satz: Grafische Kunstanstalt Walter Huber, Ludwigsburg
Druck: Philipp Reclam jun., Ditzingen
Printed in Germany

VORWORT

Ein Kritikpunkt an den vorliegenden Studien zum Feuilletonroman in der bürgerlichen und sozialdemokratischen Presse ist, daß die Autoren in den seltensten Fällen auf der Basis eines gesicherten Fundus an Material argumentieren, sondern vielmehr ihre Aussagen und Ergebnisse auf ausgewählte exemplarische Beispiele, auf einzelne Autoren und Einzelwerke, gründen. Der Leser der Studien muß meist blind darauf vertrauen, daß die Autoren mit sicherer Hand und intuitiv tatsächlich die ›treffenden‹ und ›repräsentativen‹ Fälle für diese Gattung gefunden haben, denn überprüfen kann er es nicht.

Sieht man von diesen methodischen Schwächen ab, so erscheint es im Moment, beim derzeitigen Forschungs- und Erkenntnisstand des angesprochenen Gegenstandsbereichs, wenig fruchtbar, sich ausschließlich auf die Höhepunkte und die herausragenden Beispiele zu konzentrieren und von daher Entwicklungslinien zu konstruieren. Eine Analyse der historischen Entwicklung dieser Gattung mit der Festlegung spezifischer Höhepunkte, ist unseres Erachtens nur auf der Basis umfangreicher und verläßlicher Grunddaten über den Gesamtkomplex möglich. Repräsentative Längs- und Querschnittsuntersuchungen, die hier angesprochen sind, liefern erst das Material für eine historische Betrachtung und den Kontext, in dem das Einzelwerk steht. Der erste Schritt für diese zusammenhängende Geschichtsschreibung der Literatur in der Presse, ihrer Autoren, Formen und Inhalte, ist eine systematische Erfassung der Gesamtheit der in der Presse publizierten Autoren und literarischen Produkte. Dabei wird die systematische Erhebung, Erschließung und Auswertung als eine notwendige, wenn auch nicht hinreichende Form der Analyse der Literatur in der Presse angesehen. Aber erst auf der Basis der hier, an einem repräsentativen Materialfundus erarbeiteten Ergebnisse, lassen sich sinnvolle Fragestellungen für die Untersuchung von Einzelkomplexen entwickeln. Die Analyse im Überblick, die auf Breite angelegt ist, kann dann auf eine Analyse, die in die Tiefe und die Details geht, überleiten.

Für diese beschriebenen hierarchisch gegliederten Arbeitsschritte und -phasen werden unterschiedliche methodische Verfahren angewendet werden müssen, soll das Material adäquat erfaßt, systematisiert, ausgewertet und interpretiert werden. Dabei gilt es auf seiten der Literaturwissenschaftler vorliegende methodische Ansätze aufzugreifen und weiterzuentwickeln. Vorurteile gegenüber den methodischen Verfahren der empirischen Sozialforschung müssen abgebaut werden, denn diese Verfahren setzen die Literaturwissenschaftler überhaupt erst in die Lage, für die anstehenden Fragen bei der Analyse der Literatur in den verschiedenen Medien, die nötigen Materialien zu erschließen und zu verarbeiten. Diese Erweiterung der Arbeitsverfahren und Forschungstechniken, die auf die literaturwissenschaftlichen Problem- und Fragestellungen hin erprobt und modifiziert werden müssen, bedeuten nicht den Verlust der herkömmlichen textinterpretatorischen Verfahren, sondern ihre notwendige Ergänzung.

Für die geforderte Weiterentwicklung und Modifikation der sozialwissenschaftlichen Forschungsmethoden und Auswertungsverfahren müssen sich die Literaturwissenschaftler aber erst qualifizieren. Dazu gehört zunächst eine kritische Aneignung der Forschungsmethoden und Datenauswertungsverfahren. Dieser Hinweis ist trivial, aber dennoch notwendig, da die Literaturwissenschaftler im großen und ganzen — wenn überhaupt — über nur geringe Kenntnisse in den Methoden der empirischen Sozialforschung und der Statistik verfügen. Komplexere Forschungsstrategien und -methoden, auch multivariate Datenauswertungsverfahren, werden kaum benutzt, da sie bisher noch nicht rezipiert wurden. Dabei wird künftig für die Literaturwissenschaftler, die empirisch arbeiten, auch der Einsatz und der Umgang mit EDV zum selbstverständlichen Hilfsmittel werden. Zu wünschen wäre, daß in den literaturwissenschaftlichen Studienplänen gewisse sozialwissenschaftliche Anteile fest verankert werden, denn sonst bleibt das Gesagte ein frommer Wunsch.

Die Beschäftigung mit den Massenmedien, sei es Presse, Film, Rundfunk und Fernsehen, erfordert ein interdisziplinäres Vorgehen. Die vorliegende Studie versucht hierfür einige Anregungen und Impulse zu geben. Sie ist am Institut für Medienwissenschaft und Literatursoziologie und am Institut für Deutsche Philologie, Allgemeine und Vergleichende Literaturwissenschaft der TUB entstanden und wurde als Dissertation vom Fachbereich Kommunikations- und Geschichtswissenschaften der TU Berlin angenommen.

Berlin, im Frühjahr 1981   Kristina Zerges

INHALT

1. EINLEITUNG

1.1. Problemaufriß

Über lange Jahre hin konzentrierte sich die literaturwissenschaftliche Forschung in der Analyse des Objektbereiches ›Literatur‹ einseitig auf *die* literarischen Werke und Produkte, die auf dem Markt als Buchpublikationen vorlagen. Literatur war fast ausschließlich *Buch*literatur, nicht dazu zählte die Literatur, die außerhalb und neben den traditionellen Distributionsapparaten an die Rezipienten gelangte: die Literatur in Presse, Rundfunk, Film und Fernsehen. Das Desinteresse an den massenmedialen Formen der Literatur lag zu einem großen Teil in dem antiquierten Literaturbegriff der Literaturwissenschaftler begründet. Literatur wurde als ein ›Wortkunstwerk‹ verstanden und definiert, das sich jenseits der materiellen Träger von Literatur realisiert. Diesem Verständnis von Literatur mußten natürlich in der Erforschung der Produktion und Rezeption von Literatur wesentliche Charakteristika entgleiten: die Bindung aller Literatur an Medien, an materiell-gegenständliche Vermittlungsträger.

Ausgehend von diesem Literaturverständnis, das sich in der Konzentration auf wenige Werke und Autoren der kanonisierten, der sog. ›hohen‹ Literatur, konkretisierte, überließen die Literaturwissenschaftler allzu gerne die Beschäftigung mit den Medien, und damit auch mit der Literatur in den Medien, anderen Disziplinen wie Publizistikwissenschaft, Theaterwissenschaft, Psychologie, Soziologie und Politologie. [1]

Erst in jüngerer Zeit richtet sich das Interesse der Literaturwissenschaftler auch auf medienwissenschaftliche Probleme und Fragestellungen, wie sie in vielfältiger Weise im Rahmen der Betrachtung der Literatur im Medienverbund auftreten. [2] Neue Gegenstände und Bezüge rückten in den Blickwinkel literaturwissenschaftlicher Forschung: Trivialliteratur und Massenliteratur, Comics, Werbung, Gebrauchstexte, Literatur in Funk, Film, Presse und Fernsehen unter Berücksichtigung der Bedingungen der Produktion, Distribution und Rezeption. Diese Veränderung des Gegenstandsbereiches führte zu einer Revision und Modifikation sowohl des Literatur- bzw. Textbegriffs [3] als auch des Medienbegriffs. [4] Die Anknüpfung an die Tradition, aber auch der Schritt über sie hinaus, zeigte sich stofflich in der Wahl fiktionaler Gattungen (Spielfilm, Hörspiel, Fernsehspiel, Feuilletonroman) und methodisch, wenn auch nur zögernd, in dem Aufgreifen empirisch-sozialwissenschaftlicher Verfahrensweisen. [5] Der Germanistentag der Hochschulgermanisten April 1976 in Düsseldorf spiegelte diese veränderte Tendenz in den Forschungsrichtungen am prägnantesten wider: die Sektion ›Literaturwissenschaft und Medienwissenschaft‹ widmete sich in einer Reihe von Referaten der unterschiedlichen Bedeutung der Medien in der literarischen Kommunikation. [6] Besondere Akzente hierbei waren sowohl die *historische Entwicklung der massenmedialen Formen von Literatur* als auch ihre *aktuelle Ausprägung* in den verschiedenen Medien. Welche

Widerstände von seiten der Öffentlichkeit diesem Arbeitsprogramm der Hochschulgermanisten noch immer entgegenstehen, zeigte sich deutlich in der Presse- und Funkberichterstattung über diese Tagung. [7] Mit erhobenem Zeigefinger und den ermahnenden Worten, sich wieder der ›eigentlichen‹ Literatur zuzuwenden, mit dem Ruf »Zurück zur Literatur«, gab man seinem Unbehagen an dieser Forschungsrichtung Ausdruck. Dennoch trifft jene, die *Literaturgeschichte als Mediengeschichte* begreifen, der Vorwurf, sie würden von den eigentlichen Aufgaben der literaturwissenschaftlichen Forschung ablenken, zu Unrecht: empirische Untersuchungen belegen eindeutig, daß Literatur kaum noch als Buchliteratur, sondern fast ausschließlich über das ›jüngste‹ Medium Fernsehen oder über die mittlerweile schon alten Medien Presse, Funk und Film konsumiert wird. [8]

Die lange Zeit beibehaltene Ignorierung der Beziehung zwischen Literatur- und Mediengeschichte verwundert um so mehr, als sowohl bei den Druckmedien Zeitung und Zeitschrift als auch später bei den visuellen und audiovisuellen Medien direkte Bezüge zur Literatur gegeben waren: alle Medien beuteten für die eigene Produktion vorliegende literarische Texte und Werke aus, entwickelten aber auch für die neuen Medien eigenständige literarische Formen. [9]

Die vorliegende Arbeit versteht sich als ein Beitrag zur Erforschung der historischen Erscheinungsformen der massenmedialen Literatur, untersucht am Beispiel der sozialdemokratischen Presse des 19. und frühen 20. Jahrhunderts. In der Presse des 19. Jahrhunderts setzte die Verwertung und Vermarktung der Literatur – in Anlehnung an englische und französische Vorbilder wie Collins, Dickens, Sue und Dumas – durch die Publikation von Romanen in Fortsetzungen ein. Varianten der Verwertung waren hier der Vorab- oder der Nachdruck eines Buches oder der direkt für die Zeitung konzipierte Roman. Dieser Prozeß der Vermarktung von Literatur läßt sich für die bürgerlich-kapitalistische Presse – in besonders ausgeprägter Weise bei der Generalanzeigerpresse – beobachten, aber auch für die sozialdemokratische Presse.

Für beide Pressesysteme liegen bislang kaum systematische, empirisch fundierte, Studien zu diesem Komplex vor. Das erstaunt insofern, als gerade die Presse vor Aufkommen der visuellen und audiovisuellen Medien, neben der Buchliteratur und dem Theater, hauptsächlicher Träger der Massenunterhaltung war. Die Breitenwirkung, die die in der Presse veröffentlichte Literatur hatte, übertraf die der Buchproduktion um ein erhebliches. [10] Hinzu kommt, daß durch die Presse völlig neue Leserschichten erreicht und erschlossen wurden, die nicht zu den regelmäßigen Lesern von Büchern gerechnet werden konnten. [11] Diente die Publikation der literarischen Produkte in der bürgerlich-kapitalistischen Presse vornehmlich der Gewinnung neuer Leser, d. h., neuer Abonnenten, so übernahm das Roman-Feuilleton der Arbeiterpresse auch andere Aufgaben. Relativ früh wurde in der Sozialdemokratischen Partei die Bedeutung der Presse für die ästhetische Erziehung und Bildung der Arbeitermassen erkannt. [12] Folgt man der Forschungsliteratur, so entwickelte sich die Arbeiterpresse als ein wesentlicher Faktor, der fördernd auf die Entwicklung einer sozialistischen Literatur und auf die Lektürepräferenzen der proletarischen Leser wirkte. Den mit der Arbeiterbewegung verbundenen Dichtern und Schriftstellern stellte sie ein Verbreitungsmedium bereit und sicherte damit die Publikation der Erzählprosa und Gedichte, die das Proletariat im Kampf unterstützen sollten. Gleichzeitig, so das Ergebnis der vorliegenden Sekundärliteratur, gehörte es zum Programm der Presse, die Arbeiterleser im Romanfeuilleton mit der progressiven bürgerlichen Literatur der Gegenwart und der Vergangenheit bekannt zu machen. [13] Insgesamt war das Feuilleton bzw. der Unterhaltungteil der Arbeiterpresse Teil des Kulturprogramms der Sozialdemokratischen Partei, wenn auch niemals mit der Intensität gepflegt wie etwa das Theater. Dadurch, daß es den Organisationen der Arbeiterbewegung gelang, ein eigenes Netz an kulturellen Institutionen und Kommunikationssystemen zu schaffen (Buchhandlungen, Verlage, Druckereien, Theater, Presse, Film), war es möglich, der bürgerlichen Öffentlichkeit eine eigene proletarische Öffentlichkeit entgegenzusetzen, die den Arbeitern zu einem neuen Identitätsgefühl, zu einem Bewußtsein der Zugehörigkeit zu einer neuen, aufstrebenden Klasse, verhalf. [14]

Erst relativ spät widmete man sich in der BRD der Erforschung der Medien der Arbeiterbewegung, sicherlich zu einem großen Teil bedingt durch die Tatsache, daß durch Nationalsozialismus, Weltkrieg und restaurative Entwicklung in der BRD nach 1945 die Tradition einer von der Arbeiterbewegung getragenen Kultur abgerissen war. [15] Anstöße zu einer literaturwissenschaftlichen Aufarbeitung dieses Sektors gingen zuerst von den Autoren der Gruppe 61 und dem Werkkreis Literatur der Arbeitswelt aus. Hinzu kam ein verstärktes Interesse an Fragen der Arbeiterkultur bei den Intellektuellen und Akademikern, der sog. ›Neuen Linken‹, im Zuge der Studentenbewegung der späten sechziger und der frühen siebziger Jahre. [16] Zunächst widmete man sich in den Analysen solchen Bereichen, die eine spezifische Nähe zu genuin literaturwissenschaftlichen Problemfeldern aufwiesen: der Arbeiter*literatur* und dem Arbeiter*theater*. Über beide Komplexe liegen mittlerweile eine Reihe an Publikationen vor, insbesondere über das Arbeitertheater. [17] Auffällig ist jedoch, daß man sich in der Erforschung der Literatur bislang größtenteils auf mehr theoretische Fragen beschränkte oder auch hier nur die Literatur berücksichtigte, die in Form von Buchpublikationen erschienen war. [18] Die sonstigen massenmedialen Formen der Literatur blieben bisher in der Aufarbeitung ausgespart, obwohl immer wieder auf die Relevanz gerade dieser Literatur verwiesen wurde. [19] Zu denken ist hierbei an die literarischen Produkte, wie sie z. B. durch die Parteikalender, die Parteibroschüren und die literarischen und publizistischen Unternehmen der Sozialdemokratischen Partei vertrieben und vermittelt wurden.

Damit sind wir auch bereits bei dem Problem- und Untersuchungsfeld der vorliegenden Studie. Untersucht werden sollen die Beziehungen zwischen sozialdemokratischer Presse und Literatur auf der Basis eines repräsentativ ausgewählten Materialfundus. Ins Blickfeld der Studie rücken dabei drei größere Teilkomplexe: die theoretischen Konzepte der Sozialdemokratischen Partei über die Vermittlung von Literatur in der Arbeiterpresse; die Praxis der Literaturvermittlung und die Rezeption der Literatur. Als Untersuchungsmaterial dienen die Parteitagsdebatten der SPD über Literatur und Presse, die Diskussionen in einschlägigen Fachorganen über das Romanfeuilleton der Parteipresse, die ausgewählten Publikationsorgane selbst mit ihren publizierten Autoren und Erzähltexten und schließlich die Berichte der Presse, der Arbeiterbibliothekare und der Arbeiterautobiografien über Lesegewohnheiten von Arbeitern.

Berücksichtigt werden für die Analyse des durch die sozialdemokratische Presse vermittelten und etablierten Autoren- und Literaturkanons und die Frage, inwieweit zwischen theoretischem Anspruch und Praxis der Literaturvermittlung eine Kluft besteht, drei Presseorgane: das Zentralorgan der Sozialdemokratischen Partei, der *Vorwärts* von 1891–1933, die illustrierte Unterhaltungsbeilage der Partei *Die Neue Welt* (1892–1917) und die illustrierte Romanwochenschrift *In Freien Stunden* von 1897–1919. Der Hauptakzent der Analyse liegt auf der Zeit vor 1914. Zum methodischen Vorgehen läßt sich kurz folgendes sagen: aus der einschlägigen Forschungsliteratur werden Hypothesen zur Literatur in der sozialdemokratischen Presse abgeleitet. Die Überprüfung der Hypothesen erfolgt nach erfahrungswissenschaftlichen Methoden, wobei einem neuen methodischen Verfahren, der Konfigurationsfrequenzanalyse, besondere Bedeutung zukommt. Ziel dabei ist auch, für ähnlich strukturierte empirische Untersuchungen [20] neue Möglichkeiten der methodischen Vorgehensweisen und der Datenverarbeitung aufzuzeigen.

Insgesamt konzentriert sich die Arbeit mehr auf literatur- und medienwissenschaftliche Fragestellungen als auf kulturhistorische. Aufgrund der Fülle des zu erarbeitenden Quellenmaterials ist der Zugriff und die Analyse an manchen Stellen noch sehr grob und wenig differenziert. Angesichts der Forschungslage kann das aber auch nicht anders sein. Es wird daher nachfolgenden Arbeiten vorbehalten sein, auf der Basis der hier gewonnenen Ergebnisse und Erkenntnisse, die Analyse in die Tiefe und nicht wie hier, die in die Breite, vorzunehmen.

1.2. *Stand der Forschung zum Feuilletonroman*

Für die Behandlung des Feuilletonromans [21] in der literaturwissenschaftlichen Forschungsliteratur – aber auch außerhalb davon [22] – läßt sich konstatieren, daß es eine systematische und kontinuierliche Erforschung dieses Bereichs bisher noch nicht gibt. An selbständigen Publikationen, die sich definitiv mit den wechselseitigen Abhängigkeiten von Literatur und Tagespresse beschäftigen, liegt nur eine relativ geringe Anzahl vor. Versucht man, diese Studien unter Berücksichtigung der Literatur, die sich nur peripher dem Gegenstand zuwendet, nach spezifischen thematischen Schwerpunkten und historischen Abschnitten, die in die Analyse eingehen, zu gliedern, so fallen insgesamt fünf größere Forschungskomplexe ins Auge.

1.2.1. Ausländische Vorläufer des deutschen Feuilletonromans

Der *erste* Komplex umfaßt die Arbeiten, die Entstehung, Entwicklung und Rezeption der ausländischen Vorläufer des deutschen Zeitungsromans untersuchen. [23] Dabei konzentrieren sich die Studien fast ausnahmslos auf die Anfänge des französischen Feuilletonromans [24], obwohl sich bereits in England lange vorher der enge Zusammenhang zwischen Entwicklung einer bürgerlich-kapitalistischen Presse und, damit verbunden, neuen literarischen Vermittlungssystemen und der Entstehung des bürgerlichen Romans besonders deutlich gezeigt hatte. [25] Schon Defoes Roman *Robinson Crusoe* wurde als laufende Beilage in der *London Post* 1719/1720 publiziert. [26] Die Romane von Dickens, Thackeray, Collins und anderen englischen Autoren erschienen ebenfalls zunächst in wöchentlichen oder monatlichen Folgen in Magazinen, Zeitschriften oder als einzelne Hefte. [27] Zwar finden wir hier noch nicht die Aufbereitung der Romane in *Tages*portionen, das Prinzip der Produktion, Distribution und Rezeption der Romane in zeitlich voneinander getrennten Abschnitten aber ist dem des täglichen Romanfeuilletons ähnlich. Nicht selten trug gerade diese Umstellung im Publikationsmodus, die literarische Vermittlung durch die Presse und nicht durch das Buch, erheblich zum Publikumserfolg der Romane bei. Spätere Buchpublikationen blieben – so etwa bei Dickens – häufig weit hinter dem Erfolg des Fortsetzungsromans zurück. [28] Hierfür waren die unterschiedlichsten Gründe verantwortlich. Die Preise für die Fortsetzungsromane waren – gemessen an den hohen Buchpreisen – wesentlich geringer, so daß sich auch Leser, denen sonst aufgrund der hohen Buchpreise eine Lektüre nicht möglich war, den Romanen zuwendeten. Damit wurden durch die neue Publikationsform neue Leserschichten angesprochen und erschlossen. Ein anderer Grund lag in der Form der Komposition der Romane begründet. In den Buchpublikationen, die sich den Fortsetzungsabdrucken anschlossen, um an deren Erfolg noch nachträglich zu partizipieren, kam die Kompositionsweise – von Woche zu Woche oder von Monat zu Monat komponierte Abschnitte – viel deutlicher zum Vorschein und forderte das kritische Urteil der Leser heraus. [29] Dennoch wird von den Literaturwissenschaftlern als markantes Datum für die Anfänge des Zeitungsromans die Publikation des Romans von Eugène Sue [30], *Les Mystères de Paris* [31], in dem liberal-konservativen Presseorgan *Journal des Débats* 1842/1843 [32] angesehen. Dieses Datum erscheint, betrachtet man die tatsächlichen historischen Fakten, doch recht willkürlich. Das Verdienst, das tägliche Romanfeuilleton in die französische Tagespresse eingeführt zu haben, kam dem Verleger Emile de Girardin mit seinem Organ *La Presse* 1836 zu. [33] Er druckte in diesem Massenblatt, das seine Auflage sprunghaft steigern konnte, regelmäßig Romane in Fortsetzungen ab, so von Honoré de Balzac, Frederic Soulié, aber auch Sue. [34] Um konkurrenzfähig zu bleiben, öffneten die anderen Organe, wie etwa *Le Constitutionel,* das *Journal des Débats* auch dem Roman in Fortsetzungen ihre Spalten. Der Wetteifer um die Gunst des Publikums und die der Autoren ließ auch die Honorare sprunghaft in die Höhe schnellen. [35] Die größte Attraktion der Zeitungen war der Fortsetzungsroman. Folgt man den Chronisten aus dem Jahre 1843 und der Forschungsliteratur, so waren die *Geheimnisse von Paris die* literarische Sensation [36]:

> »Von allen Enden der Welt fliegt uns in mächtigen Posaunentönen die Nachricht von den Erfolgen der *Geheimnisse* zu, ja, es ist nachgewiesen, daß seit Erfindung der Buchdruckerkunst kein Buch einen solchen Absatz gefunden hat, mithin so bewundert wurde. Alles liest die *Mysterien,* alles spricht über sie, die Leihbibliotheken werden beinahe gestürmt, hunderte von verschiedenen Ausgaben kreuzen den Buchhandel, Herr Eugène Sue ist so der Unvermeidliche geworden, dem man begegnet, wohin man den Fuß setzt. Lockt ein Plakat unsere Aufmerksamkeit, so spricht es von den *Geheimnissen,* treten wir an einen Bilderladen, so begegnen wir den blutdürstigen Blicken des illustrierten Chourineur. Die Märchen der bärtigen Sheherazade beherrschen das ganze Haus, vom Souterrain bis zur Mansarde. Verlöscht der Dame die Lampe spät des Nachts beim Lesen der *Geheimnisse,* so liest das Kammermädchen am frühen Morgen stehend darin.« [37]

Glaubt man diesen Berichten, so verschlang ganz Paris wie im Taumel täglich die Romanfortsetzungen. Wie ist dieser außerordentliche Erfolg eines Autors zu erklären? Diesen Fragen – der Ergründung der Faktoren dieses Publikumserfolgs, der Determinanten für die Entstehung, Entwicklung und Durchsetzung dieses neuen Romantyps unter Einbeziehung sozialhistorischer und mediengeschichtlicher Daten und Fakten, der Veränderung des literarischen Marktes, des Einflusses auf zeitgenössische französische Autoren – versuchen die in diesem Komplex vereinigten Schriften nachzugehen. Besondere Bedeutung kommt dabei sicherlich den Studien von Eco, Klotz, Neuschäfer und Schenda zu. [38] Alle vier beschäftigen sich intensiv mit der Massenliteratur des frühen 19. Jahrhunderts am Beispiel des französischen Feuilletonromans. Richten Eco, Klotz und Schenda ihr Interesse auf Eugène Sue, so wenden sich Neuschäfer, aber auch Klotz, noch einem zweiten »König des Feuilletons« [39] zu, nämlich Alexander Dumas père, aber auch anderen Autoren populärer Romane des 19. Jahrhunderts. Insbesondere Schenda kann mit seinen beiden Aufsätzen zentrale Leerstellen der gegenwärtigen Literatur- und Trivialliteraturforschung schließen. Daher soll an dieser Stelle auf seine beiden Artikel etwas näher eingegangen werden, da sie als exemplarische Studien zum Zeitungsroman zu verstehen sind. [40]

Ausgehend von einer fundierten Kritik an der herkömmlichen Rezeptionsforschung, deren wichtigstes Defizit nach Schenda darin besteht, das Phänomen des Feedback durch die Rezipienten auf ein Werk eines Autors nicht erfaßt zu haben, geht er der Frage nach, ob der Publikumserfolg der *Geheimnisse von Paris* tatsächlich, wie die Forschung immer wieder behauptet hat, *alle* sozialen Schichten erfaßt hatte, oder ob man etwa von einer schichtspezifischen Sue-Rezeption sprechen könne. Außerdem versucht Schenda den Nachweis zu führen, daß sich das Interesse an diesem Roman nicht von den für die Zeit, in der er publiziert wurde, typischen sozialpolitischen und ökonomischen Problemen trennen lasse. Mit diesem Forschungsansatz geht er weit über die bisherigen Studien hinaus, in denen zu sehr allein der pressepolitische und -ökonomische Aspekt bei der Entstehung und Entfaltung dieser neuen literarischen Gattung in den Vordergrund trat. [41] Die wirtschaftlichen und marktstrategischen Überlegungen der Presseverleger aber waren nur ein Teil in einem Bündel von Faktoren, die zur Entwicklung dieser Gattung führten. Zur Beantwortung seiner Fragen analysiert Schenda, unter Hinzuziehung weiterer sozialhistorischer Daten und Fakten, eine Sammlung von Briefen an Sue. Bei den Briefen handelt es sich um eine Sammlung von 420 chronologisch geordneten Briefen, die alle etwa im Zeitraum zwischen 1840 und 1844 an Sue geschrieben wurden. Aus diesem Korpus wählte Schenda für seine Analyse gut ein Sechstel aus. Die Auswahl traf er teils nach subjektiven, sozialhistorisch gelenkten Interessen, teils nach der Bedeutung der Briefeschreiber, teils aber auch nach so einfachen Kriterien wie Kürze der Texte und ihre gute Lesbarkeit. Er konstatiert selbst, daß die Aussagekraft seiner Ergebnisse aufgrund dieser Selektionskriterien sicherlich beschränkt sei und die Resultate nochmals am Gesamtmaterial überprüft werden müßten. Für die einzelnen Briefschreiber bestimmte er den sozialen Status und die kommunikative Intention, die mit dem Brief verbunden war. Wichtigstes Ergebnis der Studie Schendas ist, daß das Informations-Feedback der Leserschaft weit geringer war, als von der Forschung bislang angenommen wurde. Mit seiner Arbeit führt Schenda die Legende der Sue-Biographien ad absurdum, daß Sue Briefe aus *allen* Klassen der Gesellschaft erhalten habe, also auch den untersten. Diese Behauptung zieht sich nämlich wie ein roter Faden durch alle Untersuchungen und ist nicht selten ein wesentlicher Stützpunkt für weitere Schlußfolgerungen der

Arbeiten.[42] Jedenfalls kann Schenda konstatieren, daß die Kommentare der Forscher nicht der historischen Wahrheit entsprechen.

Die Briefschreiber rekrutierten sich vornehmlich aus der Aristokratie und aus dem Bürgertum. Sie waren anerkannte Literaten, bedeutende literarische Persönlichkeiten der Zeit, aber auch »publizistische Tagelöhner« und arbeitslose »kleine Literaten«, die von ihren alltäglichen Sorgen und Nöten berichteten. [43] Neben diesen kleinen Literaten sind es Schreiber aus der Mittelschicht, die Sue als Verbreitungsmedium ihrer Ideen und Vorstellungen benutzen wollen. Er erhält Solidaritätsbriefe, Briefe, in denen er um materielle oder soziale Hilfe gebeten wird. Bettelbriefe aber, so Schenda, die die bisherige Sue-Forschung überbetont hat, sind nur ganz selten, ebenso die Briefe aus dem Proletariat. Aus seinen Befunden zieht Schenda die Schlußfolgerungen, daß sehr wenig an den Leserbriefen darauf schließen lasse, daß Sue wirklich der »Dichter des Proletariats« gewesen sei. Dagegen würden die Leserbriefe bestätigen, daß Sue ein Vorstoß zu den realen Lebensbedingungen des Proletariats nicht gelungen sei, daß eine literarische Kommunikation zwischen ihm und dem Proletariat nicht stattgefunden habe. [44]

Ob allerdings die Tatsache, daß unter den Leserbriefen kaum Zuschriften aus dem Proletariat waren, derartig weitreichende Schlußfolgerungen zuläßt, ist etwas fraglich. Noch dazu, wo Schenda selbst darauf verweist, daß das Proletariat zu dieser Zeit überhaupt nicht über die Qualifikationen verfügte, mit dem Autor in eine literarische Kommunikation zu treten. [45] Zu fragen bleibt, ob das Proletariat nicht über andere Formen der Rezeption verfügte: Versammlungen, mündliche Propaganda, Diskussionen etc. Daß zumindest von seiten der Regierung die Gefahr der Beeinflussung des Proletariats durch die Fortsetzungsromane gesehen wurde, zeigt sich in dem Erlaß, der jede Zeitung mit einem Fortsetzungsroman mit einer besonderen Steuer versah, um die revolutionären Impulse, die von hier ausgingen, zu unterbinden. [46]

An dieser Stelle, der Einschätzung der politischen Wirkung Sues, treten die zum Teil widersprüchlichen Einschätzungen der Forscher am deutlichsten ins Blickfeld: spricht Schenda noch davon, daß die »müden Nachrufe« [47] vom August 1857 nicht mehr darauf verwiesen, daß Sue vierzehn Jahre vorher Zentrum der literarischen Kommunikation war, so gelangt Eco zu einer ganz anderen Sicht der Dinge:

> »Er [= Sue, K.Z.] stirbt 1857, und es besteht die Gefahr, daß sein Begräbnis sich zu einem demokratischen Plebiszit auswächst. Cavour schickt eine Reihe von besorgten Telegrammen, um sich zu versichern, daß die Ordnung in Annecy aufrecht erhalten wird. Diese Leiche ist eine Staatsaffäre, ein Symbol; verbannte Sozialisten und Republikaner strömen von allen Seiten nach Annecy.« [48]

Eco, der im Gegensatz zu den anderen Sue-Forschern auch das Spätwerk des Dichters, die *Mystères du Peuple,* mit in seine Analyse einbezieht, kommt zu dem Schluß, daß Sue sich am Ende seiner Karriere, im Exil, zu einem humanitären und utopischen Sozialisten entwickelt habe, wenn auch sein Leben und sein Werk die Grenzen und die Widersprüche seiner konfusen und sentimentalen Ideologie widerspiegele. [49] Jedenfalls ist diese politische Entwicklung Grund genug, Sue aus dem Kanon der offiziellen Literatur zu streichen. [50]

Die Defizite in der literaturwissenschaftlichen Rezeptionsforschung, wie sie Schenda in seinem Artikel angesprochen hat, sieht er begründet in der Position der ›elitären‹

Literaturwissenschaft, für die Rezeption immer auf spezifische Komplexe und Leser-schichten beschränkt blieb. Ausgegangen wurde hier meist von dem impliziten Leser und nicht von dem tatsächlichen und wirklich faßbaren Leser. Diese Berührungsangst vor dem empirisch vorfindlichen Rezipienten wird von einem anderen Hindernis begleitet: dem Verharren bei der Erforschung der Literatur und der Literaturtheorie auf dem Prinzip der Kanonliteratur. Auf Sue gewendet heißt das: ist Sue schon kaum diskutabel gewesen, so noch weniger die aus den niederen Bevölkerungsschichten stammenden Leser, die bei ihm z.T. vermutet wurden.

In seinem zweiten Aufsatz grenzt sich Schenda scharf gegen die oben beschriebene Literaturbetrachtung, die Fixierung auf den Autor und einen traditionellen Literaturka-non ab. Dieser Werkzentrismus müsse zugunsten »einer prozessualen Betrachtung *aller* Elemente literarischer Kommunikation in einem historischen Augenblick« [51] aufgege-ben werden.

Ausgehend von der These, daß der Rezeptionsprozeß eines Werkes bereits *vor* der Produktion eines Werkes beginnt – der Autor bezieht die sozialpolitische Problemsitua-tion und die ästhetische Vorerfahrung der Leserschaft mit in sein Produkt ein – beschreibt Schenda die einzelnen Stufen dieser rezeptiven Verarbeitung von Autor und Leser am Beispiel der *Mystères de Paris*. Besondere Bedeutung kommt dabei dem direkten Kontakt zwischen Autor und Leser zu: in dieser zweiten Phase des Rezeptions-prozesses kann der Leser des literarischen Produkts auf den Autor positiv oder negativ, direkt (Leserbrief) oder indirekt (andere Medien) reagieren. Ist der Autor auf Erfolg und Anpassung bedacht, so verbessert er seine Produktion entsprechend den Rezipienten-wünschen. Als wichtig ist festzuhalten, daß das beim französischen Feuilletonroman Sue'scher Prägung noch *während* der Romanproduktion möglich war. Wir wissen von Sue, daß er Anregungen von seinen Rezipienten aufgriff und sie in seinen Romanen verarbeitete. Von Interesse ist wiederum, daß diese Produktionsweise keine originär Suesche Idee ist, sondern bereits lange vor ihm von anderen Autoren praktiziert wurde. Beispielsweise von Dickens, der seine Romane von Woche zu Woche schrieb und zwischenzeitlich versuchte, so viel wie nur irgend möglich zu erfahren, wie sich seine Leser den Fortgang der Handlung vorstellten. [52] Welche Bedeutung diese Art der Produktion mit ihren vielfältigen Techniken für den ›Akt des Lesens‹ hat, untersucht Iser in seinem gleichnamigen Buch. [53]

Der rezeptive Prozeß, den Schenda exemplarisch an Sue analysiert, läuft in etwa in folgenden Schritten und Stationen ab [54]:
– mit in den Erwartungsraum in bezug auf ein literarisches Produkt gehen sowohl die sozialpolitische Problemsituation als auch die ästhetische Vorerfahrung der Leser-schaft ein;
– der Rezeptionsprozeß nach Erscheinen des Werkes hat Kontrollfunktion. Die Frage ist, ob sich die fiktiven Lebenserfahrungen und Meinungen des Autors mit den Interessen der Leser decken;
– die Rezeption wirkt durch Rücklauf – Reaktionen der Rezipienten – wieder auf die Produktion ein. Der Autor modifiziert und revidiert daraufhin seine Arbeit und zwar so, daß er sich der Mehrheitsmeinung anpaßt. Er fügt sich in den Erwartungshorizont seiner Leser ein, d.h. er macht ihre ideologischen Grenzen zu seinen eigenen. Dadurch

werden bei den Lesern kognitive Dissonanzen und emotionale Konflikte vermieden;
– der nach solchen vorgegebenen Maßstäben angepaßte Roman hat für das Publikum
Bestätigungs- und Beruhigungsfunktion.

Dieser direkte Kontakt zwischen Autor und Leser und die direkte Einflußnahme des
Rezipienten auf die Produktion des Romans [55] ist aber tatsächlich nur dann möglich,
wenn der Roman in einzelnen Folgen geschrieben und publiziert wird. Das trifft zwar
noch auf Sue und Dumas und einige wenige andere Autoren zu, verliert sich aber mit der
Zeit mehr und mehr. Der spätere Feuilletonroman – sowohl in Frankreich als auch in
Deutschland – ist nicht mehr, jedenfalls in seltenen Fällen, der direkt für die tägliche
Folge geschriebene Roman, sondern der Vorabdruck oder Nachdruck eines bereits
komplett vorliegenden Werkes. Ist dem so, muß sich hier auch der Rezeptionsprozeß
verändert haben. Eine direkte Antwortmöglichkeit bleibt dem Leser zwar unbenommen,
hat aber keinen Einfluß mehr auf die Produktion des gerade rezipierten Werkes. Die
Veränderung in der Arbeitsweise der Schriftsteller zieht auch eine Veränderung in der
Distribution der Romane nach sich [56]: zwischen Autor und Zeitung schiebt sich eine
andere, dem Leser anonyme Instanz, die literarische Agentur, über deren Genese und
Entwicklung noch viel zu wenig bekannt ist.

Berücksichtigt man die oben genannten Punkte, so können die Überlegungen Schendas wohl auf Sue zutreffen, bedürfen aber einer genaueren Überprüfung, bevor von
ihnen aus generalisierende Aussagen für spätere Zeitungsromanautoren getroffen
werden.

Dennoch sind Schendas Überlegungen über den Rezeptionsverlauf für uns heute von
besonderem Interesse, da sie zunehmend auch in der empirischen Rezeptionsforschung
an Bedeutung gewinnen: die intensive Erforschung der Reaktionen der Rezipienten nicht
als Selbstzweck, sondern als eine Möglichkeit, das endgültige Produkt – Roman, Erzählung, Unterhaltungsserie, Werbespot etc. – gemäß den Wünschen der Rezipienten zu
formen und zu gestalten. [57]

Der Einfluß Sues zeigt sich nicht nur in der Zeitungsromanliteratur seiner unmittelbaren Gegenwart [58], sondern auch in der Zeitungsliteratur der westeuropäischen Länder
in der zweiten Hälfte des 19. Jahrhunderts. [59] Nach den *Geheimnissen von Paris*
publiziert das *Journal des Débats* den Roman von Alexander Dumas père *Der Graf von
Monte Christo* (1845/1846), der zu einem noch größeren Erfolg wird als der Roman
Sues. Vater und Sohn Dumas werden zu dieser Zeit die meist beschäftigten Autoren, »die
zeitweise dreiundsiebzig Mitarbeiter für sich beschäftigen, d. h. literarische ›Kulis‹, mit
Hilfe derer die standardisierten Produkte in einem rationellen, dem industriellen Fließ-
band angenäherten Verfahren, hergestellt werden konnten. Diese Zustände, die man
eine »Industrialisierung der Literatur« nennen könnte, entstanden aus der Verbindung
der Literatur mit der Tagespresse.« [60]

Die große Wirkung von Sue über den nationalen Raum hinaus wird deutlich in den
zahlreichen Übersetzungen und Nachahmungen der *Geheimnisse von Paris,* wie sie in
der zweiten Hälfte des 19. Jahrhunderts in Deutschland, England und anderen Ländern
erschienen. [61] Mit der Studie von Grubitzsch liegt erstmals umfangreiches Material
über die Rezeption von Sue durch die zeitgenössische literaturwissenschaftliche Kritik
vor.

1.2.2. Der Feuilletonroman in der deutschen Massenpresse des 19. und frühen 20. Jahrhunderts

Auffällig ist, daß gerade dieser Komplex noch eine Fülle von Forschungslücken aufweist. [62] Nur wenige Untersuchungen widmen sich der Verbindung von Literatur und Tagespresse in der zweiten Hälfte des 19. Jahrhunderts in Deutschland. Dabei hat gerade diese Verschränkung der literarischen Produktion mit dem Medium Presse die literarökonomische Situation äußerst stark verändert. Diese Situation läßt sich mit den Worten eines Zeitgenossen in folgenden Sätzen treffsicher charakterisieren:

»Soll die Thätigkeit eines Romanschriftstellers überhaupt pekuniäre Erträgnisse liefern, so muß derselbe heute jeden Roman, jede Novelle in einer Zeitung veröffentlichen, ehe er sie in Buchform herausgibt.« [63]

Gut dreißig Jahre später, ca. 1922, muß der Dichter nicht nur an Zeitung und Buchverlag denken, sondern auch an das neue Medium Film:

»Heute rechnet ein großer Teil der Romanschriftsteller schon bei der Anlage des Buches, daß er seine Arbeit nur reichlich entlohnt bekommen kann, wenn ihm die Veröffentlichung in der Zeitung gelingt, oder wenn es gar verfilmt werden kann. Das Buch ist natürlich das vornehmere, die Veröffentlichung in der Zeitung das einträglichere, die Verfilmung das ökonomische ›Ideal‹.« [64]

Mit der Expansion der deutschen periodischen Presse ab 1850 vollzog sich – wie Eva D. Becker in ihrer Studie herausgearbeitet hat – für die deutsche Erzählprosa mit ihren Autoren eine ähnliche Entwicklung, wie wir sie Jahrzehnte vorher schon in England und Frankreich beobachten konnten. Autoren, sofern sie Romane, Novellen, Erzählungen und Geschichten schrieben, konnten sich aufgrund des hohen Bedarfs der Presse an diesen literarischen Produkten, als Berufsschriftsteller etablieren. Entsprechend der steigenden Nachfrage der Presse nach Erzählprosa, schnellten die Autorenhonorare in die Höhe. [65] Um 1870 verfügten fast alle Tagesblätter, Wochenblätter und Familienzeitschriften über Romanabdrucke. [66] Nicht nur Autoren, deren Werke heute zur Trivialliteratur rechnen, publizierten ihre Romane in den Zeitungen, sondern auch ›anerkannte‹ Autoren wie die bürgerlichen Realisten Fontane, Raabe, Storm, C. F. Meyer, Marie v. Ebner-Eschenbach, Spielhagen u.a.m. Sie druckten fast alle ihre Romane, Novellen und Erzählungen zunächst als Zeitungsliteratur ab. Die Tätigkeit für die Presse bildete somit für diese Autoren einen wesentlichen Bestandteil ihres literarischen Schaffens. Sicherte der Zeitungsabdruck zum einen den Autoren überhaupt erst ihre Existenz als ›freie‹ Schriftsteller – einige von ihnen verbanden die Romanschriftstellerei mit einem Redakteursposten [67] –, so bedeutete die Produktion für die Presse aber auch nicht selten den Zwang zur Anpassung an dort vertretene Normen. Häufig traten Konflikte zwischen Redaktion und Autor auf, wenn der Autor sich nicht den ›sittlichen‹ Anforderungen und Ansprüchen des Blattes beugen wollte. Nicht selten verbargen sich hinter derartigen ›sittlichen‹ Beanstandungen handfeste politische Argumente. [68]

Viele Autoren paßten sich ganz bewußt an, andere wiederum kündigten den Kontrakt mit der Zeitung, wenn ihnen die Zugeständnisse zu weit gingen.[69]

So schreibt etwa Heyse in einem Brief an Storm:

»Ich aber habe keine Lust, es immer und immer wieder mit Tantchen Toutlemonde zu verschütten, schreibe vielmehr jetzt eine unansehliche märkische Geschichte, in welcher gleich anfangs viel vom lieben Gott geredet wird. Dieses soll dann die Gartenlaube ihren Lesern und Leserinnen zur Magenstärkung nach aller Marliteratur auftischen [...] Gehe hin und tue desgleichen. Spielhagen, Freytag, Fontane, Raabe usw. sind schon vorangegangen.« [70]

Versucht man die unterschiedlichen Funktionen und Bedürfnisse, die der Roman in der Presse stets erfüllte, zu charakterisieren, so läßt sich anhand der Forschungsliteratur etwa folgendes Bild zeichnen: Als Vorab- oder Nachdruck eines Buches war der Roman Werbung für Buch, Autor und Verleger. Diese Abdruckpraxis ermöglichte aber auch der Presse, am Erfolg eines Autors zu partizipieren, sowohl was die literarische Anerkennung eines Werkes durch Kritiker und Publikum als auch was den geschäftlichen Erfolg betraf. Mit dem Roman sollte für das Presseorgan selbst geworben werden. Ziel war es, mit dem Fortsetzungsroman den Leser kontinuierlich an das Blatt zu binden und auch neue Leser zu gewinnen, die über den politischen Teil des Blattes nicht zu erreichen waren. [71] Hierzu war es nötig, gezielte Auswahl- und Verwertungsstrategien für die Romane zu entwickeln.

Der Roman in der Presse eröffnete den Verlegern neue Absatzmöglichkeiten, der Filmindustrie geeignete literarische Vorlagen für ihre Produktion. Diese Form des Zusammenwirkens von Film und Zeitung bedeutete, daß der Zeitungsroman kurze Zeit nach seinem Erscheinen in der Zeitung verfilmt wurde. Es entwickelte sich später sogar die Sitte, daß manche Romane in der Zeitung »eher für den Film als für den Leser geschrieben" [72] wurden. Aber auch für die Schriftsteller war er eine neue Publikations- und Erwerbsmöglichkeit. Diese positiven Seiten hatten aber durchaus ihre Schattenseiten: der Rückgriff auf sogenannte »freie Autoren und Werke«, also solche, die urheberrechtlich nicht mehr geschützt waren, konnte die Existenz lebender Autoren bedrohen, deren hauptsächliches Tätigkeitsfeld nicht mehr die Buchproduktion war. Dieser Rückgriff auf ›freie‹ Werke konnte aber auch aus anderen als den genannten Gründen erfolgen. Sowohl spielten kulturpolitische Gesichtspunkte – die Adaption und die Vermittlung des literarischen Erbes – eine Rolle als ebenso weit profanere, nämlich die Kostenersparnis.

Die Konzipierung eines Romans für die Presse mußte bestimmten literarischen Ansprüchen genügen. [73] Die Romanauswahl erfolgte aber nicht nur nach ›literarischen‹ Kriterien, sondern, je nach politischer Couleur eines Blattes auch nach ideologischen, war doch der Roman in der Presse für viele Leser die einzige Lektüre. Daß dem politisch-ideologischen Faktor bei der Auswahl der Romane eine herausragende Rolle zukam, ist von verschiedenen Autoren belegt worden. [74] Das trifft nicht nur für den Zeitpunkt zu, in dem die Presse dominierendes Medium war, sondern blieb auch erhalten, als konkurrierende Medien auftraten. [75] Natürlich beschränkte sich dann häufig die Reichweite der Aussagen.

Welche Momente bei der Auswahl der Romane ausschlaggebend sein konnten, läßt sich für die Arbeiterpresse anhand einer Diskussion verfolgen, die in der SPD bezüglich der Aufgaben und Funktionen des Romans in der sozialistischen Presse geführt wurde. Diese Debatten, die größtenteils von der literaturwissenschaftlichen Forschung noch nicht aufgegriffen wurden [76], begannen in den 70er Jahren des 19. Jahrhunderts, mündeten in die sog. ›Naturalismusdebatte‹ 1896 ein und endeten erst mit dem Verbot der sozialdemokratischen Presse 1933. Eng verknüpft mit dem Roman in der Presse waren hier Grundsatzfragen einer sozialistischen Literatur und Bildungsfragen der Sozialdemokratischen Partei. [77]

Ähnliche Diskussionen wurden auch in einschlägigen Fachblättern der bürgerlichen Presse geführt. [78] Der Roman in der kommunistischen Presse – ebenfalls noch nicht systematisch erforscht – wurde, gemäß den von Lenin entwickelten Prinzipien einer kommunistischen Presse, als Agitations- und Propagandamittel eingesetzt. [79] Er stand im Einklang mit den Zielen und dem Kampf der Partei. [80] Stets begründete die Redaktion die Auswahl der Romane und regte die Leser zu einer Diskussion über den gerade abgedruckten Roman an. [81] Dies geschah in Form von Leserbriefen und Arbeiterkorrespondenzen [82], die abgedruckt und diskutiert wurden.

Weder der genaue Verlauf dieser theoretischen Diskussionen, die die Sozialdemokratische Partei nicht nur in einschlägigen Fachorganen [83], sondern auch auf ihren Parteitagen [84] öffentlich geführt hat, noch ihre *praktische* Realisation in spezifischen Romanauswahlstrategien der Feuilletonredaktionen, sind bislang erforscht. [85] Nur wenige Namen sozialdemokratischer Schriftsteller und bürgerlicher Autoren sind uns bekannt [86], die ihre Werke in der Presse der SPD publizierten. Dabei waren gerade die Autoren, die sich der Arbeiterbewegung angeschlossen hatten oder zumindest mit ihr sympathisierten, in hohem Maße auf dieses Verbreitungsmedium angewiesen, da ihnen aufgrund ihrer politischen Aktivitäten oder ihrer politischen Einstellung die bürgerlichen Medien verschlossen blieben. [87] Eine genaue Kenntnis der tatsächlich in der sozialdemokratischen Presse publizierten Autoren könnte wichtige Aufschlüsse darüber vermitteln, inwieweit sich die literaturtheoretischen und literaturpolitischen Vorstellungen der Partei mit der Praxis der Literaturvermittlung deckten oder von ihr abwichen.

Erste Ansätze zur Erforschung dieses Sektors liegen zwar mit den Arbeiten von Feddersen, W. Friedrich, Heller und Herting [88] vor, doch gehen sie zum Teil nicht über ein reines Aufzählen von Namen, Daten und Fakten hinaus. Dennoch sind sie wichtige Quellen für weitere Forschungsarbeiten, da sie breit verstreute Materialien erstmals zusammengetragen haben. Das Gleiche gilt für die beiden Untersuchungen von Pick und C. Friedrich zu zwei ausgewählten sozialdemokratischen Autoren, Robert Schweichel und Minna Kautsky, die »rote Marlitt«, wie sie von den Genossen häufig genannt wurde. [89]

Die Untersuchung von Trommler, die erstmals einen historischen Überblick über die sozialistische deutsche Literatur vermittelt, streift die Presse nur kurz und stützt sich dabei auch nur auf die Ergebnisse von Feddersen und W. Friedrich. [90] Stieg/Witte widmen zwar dem sozialdemokratischen Feuilleton ein ganzes Kapitel, doch enthält es eine Reihe falscher Angaben und vor allem zu voreilige Interpretationen, so daß diese Studie nur beschränkt brauchbar ist. [91] Äußerst störend ist auch der oberlehrerhafte Zeigefinger in der Darstellung, der stets auf die mindere Qualität der sozialdemokratischen Literatur verweist, ohne diese in ihrem historischen Kontext zu sehen. [92]

Auch für die bürgerliche Presse kennen wir kaum das Gros der Schriftsteller, das für die Presse den Romanstoff produzierte. Einige Namen sind gefallen: Fontane, Raabe, Heyse, Spielhagen, Marlitt, aber wer waren die anderen Schriftsteller, die den enormen Romanbedarf der Zeitungen deckten? Wie wurden sie in das politische Gesamtkonzept der Zeitung integriert? Welche Auflagen für die Produktion waren damit verbunden? Dieser Katalog an Fragen ließe sich beliebig fortsetzen.

Immerhin – um eine Frage aufzugreifen – belief sich der jährliche Gesamtbedarf der deutschen Presse vor 1914 auf mindestens 20000 Romane! [93] Bedenkt man weiter, daß dem Bedarf von 20000 Romanen ein Angebot von 100000 Romanen gegenüberstand [94], so läßt sich leicht schlußfolgern, daß auf dem literarischen Markt nochmals eine starke Veränderung vorgegangen sein muß. Um 1880 setzte erneut eine Presseexpansion ein. Die Generalanzeigerpresse, die großen Konzerne wie Scherl, Mosse und Ullstein, die sich ohne Konkurrenz aus dem sozialistischen Lager entfalten konnten [95], bestimmten die Entwicklung. Die Presse geriet immer mehr in die Abhängigkeit des Annoncengeschäftes. [96] Zugleich bedeutete die Expansion einen Zuwachs im Bedarf an Unterhaltungsstoffen. Wer schreiben konnte, spitzte die Feder und schrieb. Literarische Agenturen, Korrespondenzbüros, Romanvertriebe übernahmen die Verbreitung der Literatur und brachten die Preise zum Sinken. Das Angebot stand in einem äußerst ungünstigen Verhältnis zur Nachfrage. Spitzenautoren, die sog. ›Zugpferde‹ bestimmter Zeitungen, konnten zwar immer noch hohe Honorare verlangen und erhielten sie auch, die Masse der Schriftsteller aber konnte von den Einkünften aus der Romanproduktion kaum leben. [97] Der Kreislauf von schneller Produktion, schnellem Absatz, immer neuer Produktion und sinkenden Preisen sowie schlechter Qualität der Ware Literatur begann. Der qualitative »Tiefstand des Zeitungsromans« [98], über den allerorten in dieser Zeit räsonniert wurde, war erreicht.

Die vorliegenden Forschungsarbeiten zu diesem Komplex sind thematisch breit gestreut. [99] Auch decken sie nur einzelne historische Abschnitte ab. Doris Huber beispielsweise führt den Nachweis, daß der sog. »anspruchsvolle«, nicht für die Presse konzipierte, Zeitungsroman der bürgerlichen Presse im Zeitraum von 1860 bis 1890 überwiegend Zeitroman war. In den Romanen finden sich lange wissenschaftliche Abhandlungen, Zeitprobleme etc. Für den Feuilletonroman sind das durchaus untypische Elemente. Eine Romantypologie, die Huber anhand *aller* Stoffe der 130 Romane, die in diesem Zeitraum in den Zeitungen publiziert wurden, erstellt, zeigt, daß schon damals der Gesellschafts-, Familien- und Liebesroman die Spitzenposition innehatte. Ihm folgen der Historische Roman und der Zeitpolitische Roman. Die nachfolgende Tabelle aus ihrem Buch verdeutlicht das hier Beschriebene anschaulich. [100]

Tab.: 1   *Typologie der Fortsetzungsromane 1860 bis 1890**

Typen	Anteil in %
Gesellschafts-, Familien-, Liebesromane	36,2
Historische Romane	18,5
Zeit(politische) Romane	10,0
Abenteuerliche und phantastische Romane	8,5
Standesromane	7,6
Umwelt- oder Milieuromane	6,9
Künstlerromane	4,6
Kriminalromane	3,9
Auswanderer-, Kolonialromane	2,3
Humoristischer Roman	1,5

* *alle Angaben nach Doris Huber, a.a.O., S. 10ff.*

Einer anderen Fragestellung widmet sich Wieber in seiner Dissertation. Er versucht Unterschiede zwischen dem Fortsetzungsroman vor dem Ersten Weltkrieg und dem Nachkriegsroman herauszuarbeiten. Er stellt sowohl Differenzen in der thematischen Fixierung als auch in der Sprache der Romane fest. [101] Die Studie von Hackmann versucht einen Abriß der Geschichte des Zeitungsromans in Deutschland zu geben. Zur ersten Orientierung ist die Arbeit recht nützlich, weist aber noch eine Reihe von Lücken auf. [102] Die Arbeit von Bauer bringt kaum neue Erkenntnisse. [103]

Insgesamt läßt sich sagen, daß wir uns aufgrund der vorliegenden Untersuchungen nur ein verschwommenes Bild vom Zeitungsroman im Deutschland des 19. und frühen 20. Jahrhunderts machen können. Eine umfangreich angelegte Untersuchung von einer Gruppe Berliner Forscher versucht, diese Forschungsdefizite zu beheben. Anhand von Querschnitts- und Längsschnittuntersuchungen zum Feuilletonroman in der bürgerlichen und sozialdemokratischen Presse des 19. Jahrhunderts wird der Versuch unternommen, ein repräsentatives Bild dieser literarischen Gattung unter Berücksichtigung der verschiedensten Aspekte zu vermitteln. Fragen, die von der Forschung zwar angesprochen aber kaum jemals untersucht wurden – z. B. die vielzitierten Schnittechniken beim Feuilletonroman; die Auswirkungen des Zeitungsromans auf die Romantheorie u.a.m. – sollen hier aufgegriffen und eingehender dargestellt werden. [104]

1.2.3. Das Romanfeuilleton der nationalsozialistischen Presse

Ein *dritter* Komplex umfaßt die Studien, die sich mit der Pressepolitik im Dritten Reich und ihrer Bemühung um eine Politisierung des Feuilletons auseinandersetzen. [105] Die Untersuchungen – es geht dabei um eine verschwindend kleine Anzahl –, die alle noch während des Dritten Reiches entstanden und der nationalsozialistischen Ideologie verhaftet sind, werden im allgemeinen deswegen von den Literaturwissenschaftlern gern übergangen. Dabei geben die Arbeiten wichtige Auskünfte über die Einbeziehung des Romanfeuilletons in die politische Propaganda der NSDAP. [106]

Welcher Stellenwert der Thematik unter dem Nationalsozialismus beigemessen wurde, dokumentieren die ausführlichen Debatten um den Roman in der Presse in den Organen der Verleger und Journalisten. [107]

Alle Autoren unterstreichen die erzieherische Funktion des Zeitungsromans. [108] Der Einfluß politischer Kräfte auf diesen Teil der Zeitung wird deutlich in einer Untersuchung Dovifats, die sich auf eine empirische Erhebung von Romanen und ihre Klassifikation nach Genres für den Zeitraum von 1934 bis 1950 stützt. Basis der Erhebung waren 50 Tageszeitungen. Die Ergebnisse zeigen – leider aus der Tab. 2 (vgl. unten) nicht ersichtlich – ein Ansteigen des Heimatromans 1934, der allerdings in den folgenden Jahren wieder erheblich absinkt. Ebenfalls ist eine deutliche Zunahme des politischen Romans im Zeitraum von 1934 auf 1939 und 1939 auf 1940 zu beobachten. [109]

Diese Ergebnisse Dovifats gehen konform mit den Aussagen von Eckert, daß alle Romanvertriebe im Sommer 1933 die Produktion auf patriotische Stoffe umstellten. [110] Ähnlich beschreibt es eine Schriftstellerin aus eigener Erfahrung:

Tab. 2: Typologie der Fortsetzungsromane 1934, 1939, 1940*

Typen	Anteil in % im Jahr		
	1934	1939	1940
Liebes-, Gesellschafts- und Familienroman	29	45	49
Kriminalroman	14	15	15
Phantastischer Roman	16	7	4
Heimatroman und Bauernroman	12	9	3
Milieuroman	10	4	8
Abenteuerroman	7	5	4
Historischer Roman	5	4	5
Humoristischer Roman	3	2	2
Politischer Roman	4	9	10

* *alle Angaben nach Emil Dovifat, a.a.O., S. 67, II*

»Da hieß es im Chor bei fast allen Zeitungen: ›Schreibt den Heimat-, den Bauernroman, schreibt den Roman der SA, nur das ist jetzt gefragt, nur das verspricht den Erfolg.‹« [111]

Dennoch scheinen der Verwirklichung dieser Absichten, den Zeitungsroman ganz in den Dienst der nationalsozialistischen Propaganda zu stellen, erhebliche Widerstände entgegengestanden zu haben. Eckert beklagt den Mangel an typischen Zeitproblemen und Lebensnähe der Romane:

»Es kommt in anderthalb Jahren noch nicht einmal einer [= Gegenwartsroman, K.Z.] auf jede der dreißig Zeitungen – eine Bilanz, die ein trauriges Zeichen für die mangelnde Lebensnähe des Zeitungsromans darstellt.« [112]

Eckert stützt sich auf die Ergebnisse zweier empirischer Untersuchungen zum Zeitungsroman in der nationalsozialistischen Presse der Jahre 1934 und 1935, die wesentliche Erkenntnisse über Autoren, Werke, Vertrieb und Verwertungstechniken des Zeitungsromans dieser Zeit vermitteln. [113] Zu ähnlichen Ergebnissen wie Eckert gelangen die beiden Autoren Kallenbach und Schütterle in ihren Arbeiten. [114] Auch sie registrieren, daß der politische Roman und der Heimatroman *gemessen an den anderen Genres* eindeutig unterrepräsentiert ist. Kallenbach erbringt den Nachweis, daß die Zeitungen mit ihren Romanen nur ungenügend auf den Kriegsausbruch reagieren und den Krieg kaum in entsprechender Propaganda im Roman unterstützen. Abgedruckt werden überwiegend »zeitlose« und »unpolitische« Gesellschafts-, Liebes- und Familienromane. [115]

1.2.4. Aktuelle Fragen des Feuilletonromans

Der *vierte* und letzte Komplex schließlich müßte die Literatur umfassen, die sich aktuellen Fragen des Zeitungsromans zuwendet. Damit ist schon angedeutet, daß für die Zeit nach 1945 keine Untersuchungen vorliegen, sieht man von den eher aphoristischen Anmerkungen einiger Studien ab. [116] Das erstaunt um so mehr, als die Romanfortsetzungsspalte auch nach 1945 nach wie vor fester Bestandteil der Zeitungen ist, mit der

Leser und Abonnenten rechnen. Auch Verlage und Autoren vergeben Vorabdruck- und Nachdruckrechte an Zeitungen, die Teil umfangreicher Werbekampagnen sind. Es existieren große Romanvertriebe, die sich dem Vertrieb von Literatur für die Presse widmen. [117]

Es existiert aber keine Forschungsliteratur. Wie ist das zu erklären? Sicher liegt es zum einen darin begründet, daß die Attraktion des Zeitungsromans für die Leser enorm nachgelassen und damit auch sein Stellenwert im Literaturangebot an Bedeutung verloren hat. War der Zeitungsroman vor 1945 noch fast alleiniges Zugpferd der Zeitungen, um Abonnenten zu fangen, so hat sich das heute verändert. Neue Leser werden durch den Roman in der Tagespresse in den seltensten Fällen gewonnen. Er übernimmt eher die Funktion, Lesegewohnheiten zu stabilisieren, und strebt damit eine Wirkung auf Dauer an. [118] Um nicht gänzlich aus dem Blickwinkel der Leser zu verschwinden, wird er in verdächtige Nähe zu den Anzeigenseiten und den Fernsehprogrammen gerückt. Hier kann er an den Leserfrequenzen dieser Seiten partizipieren. Zudem bietet er manchen Anzeigen ein ›störungsfreies‹ Umfeld.

Ein anderer Grund liegt sicherlich darin, daß andere Untersuchungsfelder das Interesse der Forscher fanden. Größeres Augenmerk richtete man beispielsweise auf eine spezielle Form des Fortsetzungsromans, den Roman in der Illustrierten. Ihm kam gerade in den 50er Jahren eine größere politische und ökonomische Bedeutung zu, war er doch zu dieser Zeit ein wesentliches Mittel im Konkurrenzkampf der einzelnen Illustrierten. Für den Roman in der illustrierten Presse liegen eine Reihe von Studien vor, die an dieser Stelle nicht nochmals referiert und kritisch beurteilt werden sollen. Die Analyse der Bedingungen seiner Produktion, Distribution und Rezeption wird durch diese Arbeiten hinreichend abgedeckt. [119]

Eine eigene empirische Untersuchung der Verfasserin versucht für die Zeit nach 1945 einige Forschungslücken für den Roman in der Tagespresse zu schließen. [120] Grundgedanke der Studie, die inhaltlich und methodisch neue Wege beschreitet, ist, daß die politisch-ideologische Polarisierung der gesellschaftlichen Leitbilder nach 1945 in West- und Ostberlin Auswirkungen hat auf das Selbstverständnis der Presseorgane. Vor dem Hintergrund der Konkretion dieses Selbstverständnisses der Presseorgane in ihrem politischen und unterhaltenden Teil, werden Unterschiede in Form und Inhalt der Romane als auch in den Verwertungsstrategien herausgearbeitet. Berücksichtigt werden die Romane, die in den ursprünglich von den östlichen bzw. westlichen Besatzungsmächten lizenzierten Zeitungen Berlins 1945 bis 1955 abgedruckt wurden. Die Ergebnisse zeigen, daß sich unterschiedliche redaktionelle Konzepte der Romanauswahl in der östlichen und westlichen Presse beschreiben lassen. Diese divergierenden Konzepte betreffen Inhalte der Romane ebenso wie die Arten und Techniken der Verwertung. Die Studie beschränkt sich aber nicht nur auf den Vergleich der Pressesysteme, sondern arbeitet auch Unterschiede zwischen den einzelnen Zeitungen heraus. Über den Zeitraum hin sind nämlich auch *innerhalb* der Ost- und Westpresse Ausdifferenzierungen zu beobachten. Diese im Lauf der Zeit entstandenen Profilierungen eigenständiger Redaktionsstrategien sind in ihrem Ausmaß aber relativ gering gegenüber den beträchtlich größeren Unterschieden zwischen den jeweils als Gruppen genommenen östlichen und westlichen Zeitungen.

Gezeigt werden sollte, wie mit der Entstehung und Entwicklung neuer Massenmedien – in unserem Fall die Massenpresse – bestehende literarische Gattungen und
Genres in das neue Medium in modifizierter Form integriert werden und wie dieser
Prozeß der Integration und Modifikation von der Forschung beschrieben wurde. Konstatiert werden konnte, daß die Literaturwissenschaftler diesem Prozeß nur ungenügende Aufmerksamkeit schenkten. Erste Ansätze, diese Lücken zu schließen, liegen vor.
Künftige Arbeiten aber müßten in noch viel stärkerem Maße den Einfluß der Medien auf
die gesamte Literaturproduktion untersuchen, da dieser Einfluß auch für die Literatur in
den visuellen und audiovisuellen Medien von zentraler Bedeutung ist. Nicht zufällig wird
von einigen Forschern eine Entwicklungslinie gezogen vom Serienhelden des Feuilletonromans zu den Serienhelden des Fernsehens. [121] Das Fernsehen besann sich in seiner
Produktion von Unterhaltungsserien auf Techniken des Zeitungsfortsetzungsromans:
Produktion in einzelnen, zeitlich voneinander getrennten, Folgen, mit ähnlichen Span-
nungstechniken wie beim Feuilletonroman. [122] Aber auch der Zeitungsroman scheint
wieder ›im Kommen‹ zu sein. Jedenfalls berichtet der Korrespondent des ZDF aus Washington folgendes: um mit den Fernsehgiganten konkurrieren zu können, ließen sich die
amerikanischen Zeitungsverleger etwas »Neues« einfallen, den »aktualistischen« Zeitungsroman. Geschrieben wird er in täglichen Folgen, die nicht nur aktuelle politische
Tagesereignisse aufgreifen, sondern sogar das tägliche Wetter und das Angebot der
Supermärkte berücksichtigen, um dadurch Lebensnähe und Aktualität zu dokumentieren. Der Erfolg: ein enormes Ansteigen der Abonnentenzahlen der Zeitungen. [123] Ein
altes Rezept scheint noch immer zu wirken.

2. PROBLEMSTELLUNG DER EMPIRISCHEN UNTERSUCHUNG ZUM ROMANFEUILLETON DER SOZIALDEMOKRATISCHEN PRESSE 1876–1933

»Es wäre ein interessantes Unternehmen, würde aber freilich eine größere Kenntnis des Publikums und mehr Berührung mit den verschiedenartigsten Klassen desselben erfordern, als unsern Schriftstellern, geschweige denn unsern Gelehrten gemeiniglich zu Gebote steht, statt der herkömmlichen gelehrten oder ästhetischen Literaturgeschichte einmal eine Historie der Literatur zu schreiben vom bloßen Standpunkt des Lesers aus: das heißt, also eine Literaturgeschichte, wo nach gut oder schlecht, gelungen oder mißlungen, gar keine Frage wäre, sondern wo es sich allein darum handelte, welche Schriftsteller, in welchen Kreisen, welcher Ausdehnung und mit welchem Beifall sie gelesen werden. Leicht würde eine solche Arbeit gewiß nicht sein und noch weniger dankbar, insofern man dabei auf die Anerkennung der Schriftsteller selbst rechnen wollte: denn so wenig es uns einfällt, dem Resultat einer solchen Untersuchung durch einseitige Behauptungen vorgreifen zu wollen, so scheint uns doch allerdings dies festzustellen, daß dabei viele sehr glänzende Namen sich merklich verfinstern und dafür andere auftauchen würden, die das Ohr des Literarhistorikers bis dahin noch niemals vernommen.«   Robert Prutz, 1859 [1]

2.1. Untersuchungskonzept

Wie der Überblick über die Forschungsliteratur gezeigt hat, liegen bislang noch keine repräsentativen Längs- und Querschnittsuntersuchungen zum Roman in der Presse vor. Auf der Basis der Forschungsliteratur läßt sich noch nicht einmal ein grober Überblick über die Autoren verschaffen, die auch für das neue Medium Presse gearbeitet haben, geschweige denn ein Eindruck gewinnen von dem durch die Presse etablierten Literatur- und Autorenkanon. Das trifft in ganz besonderem Maße auf die sozialdemokratische Presse zu. [2]

Die vorliegende Studie versucht daher, einige der genannten Forschungsdefizite aufzuarbeiten. An einem repräsentativ ausgewählten Untersuchungsmaterial und -zeitraum wird einigen relevanten Fragen zur Literatur in der sozialdemokratischen Presse nachgegangen. Untersucht werden die Autoren, die Werke und die Verwertungsstrategien, wie sie sich in drei ausgewählten sozialdemokratischen Publikationsorganen über einen längeren Zeitraum hin zeigen. Der Hauptakzent der Arbeit liegt bei der Herausarbeitung einer Autorentypologie für die sozialdemokratische Presse. In die Typologie gehen dabei sozialstatistische und literaturwissenschaftliche Merkmale ein. In Abgrenzung zu anderen Arbeiten stützen wir uns nicht auf ein intuitives Typenkonzept, sondern versuchen dieses mathematisch-statistisch zu fundieren.

Neben dieser Erarbeitung einer Autorentypologie wird für die ausgewählten Publikationsorgane zusammen, aber auch in kontrastierenden Vergleichen der einzelnen Publikationsorgane untereinander, der Literatur- und Autorenkanon der sozialdemokratischen Presse bestimmt und das den Presseorganen zugrundeliegende Literaturkonzept beschrieben. Die Analyse im Überblick, aber auch im Vergleich erscheint deshalb notwendig, weil die ausgewählten Presseorgane verschiedene Pressetypen repräsentieren: Tagespresse, illustrierte Unterhaltungsbeilage und Romanwochenschrift. Da sich diese Presseorgane an unterschiedliche Rezipientenkreise richten, wird vermutet, daß für sie divergierende Literaturkonzepte angesetzt worden sind.

Um nicht die methodischen Fehler der vorangegangenen Studien zu wiederholen, die ihre Ergebnisse nur ungenügend empirisch absicherten, werden in dieser Arbeit alle Autoren berücksichtigt, die in den ausgewählten Presseorganen mit zwei bzw. mehr als zwei Folgen ihrer literarischen Produkte (Romane, Erzählungen, Novellen, Skizzen etc.) abgedruckt werden. Die Gesamtanzahl der untersuchten Autoren und Werke beläuft sich damit auf fast 1000.

Die Arbeit versucht, sich ihrem Gegenstand sowohl auf einer theoretischen als auch auf einer praktischen Ebene zu nähern. Zu diesem Zweck untersucht sie die theoretischen Konzepte der Sozialdemokratischen Partei zur Literatur in der Presse; die Kommunikatoren; die Kommunikate und die Rezipienten.

2.2. Literaturtheoretische Konzepte für die sozialdemokratische Presse

In diesem Teil der Arbeit wird der Frage nachgegangen, welche theoretischen Konzepte für die Literaturvermittlung durch die Presse in der Partei entwickelt wurden. In einem zweiten Schritt der Analyse wird überprüft, ob zwischen diesen theoretischen Ansprüchen und der Wirklichkeit der Romanabdruckpraxis eine Kluft besteht. Zur Herausarbeitung dieser möglichen Übereinstimmungen bzw. Differenzen werden einschlägige Quellenmaterialien – literaturtheoretische Debatten auf den Parteitagen, Diskussionen über die Literatur in der Arbeiterpresse in einschlägigen Fachorganen – analysiert. Die Analyse der theoretischen Konzepte selbst soll dazu dienen, für den empirischen Teil der Arbeit Hypothesen über die abgedruckten Autoren, Werke und für die Verwertungsstrategien herzuleiten. Diese Hypothesen können dann am konkreten empirischen Material verifiziert bzw. falsifiziert werden.

2.3. Kommunikatoren

Für die Analyse des medialen Rahmens, in dem die Literatur vermittelt wird, ist es unerläßlich, sich der Geschichte der ausgewählten Publikationsorgane zuzuwenden. Da für die einzelnen Presseorgane, die in die empirische Analyse eingehen, mit Ausnahme des *Vorwärts,* noch keine Arbeiten vorliegen, ist es eine Aufgabe dieser Studie, anhand von Quellen und Dokumenten für die einzelnen Organe diese Geschichte nachzuzeichnen. Besonderes Augenmerk wird darauf gelegt, ob sich die Publikationsorgane bzw. einzelne Redakteure derselben, zur Feuilletonpolitik bzw. zu den kulturellen Richtlinien, wie sie für die Organe verbindlich sind, artikulieren. Um ein möglichst differenziertes Bild von der Rezeption der Blätter zu gewinnen, werden alle Informationen über die

Reichweite, die Auflagen- und Kostenentwicklung der Organe gesammelt. Diese Entwicklung wird, sofern genügend Daten vorliegen, in Form von Tabellen und Abbildungen deutlich gemacht. Ebenfalls wird versucht, die Struktur der Leserschaft genau zu beschreiben. Leider liegen für diesen Komplex meist nur recht dürftige Angaben vor.

2.4. Kommunikate

Da wir für die Analyse des Gesamtphänomens ›Literatur in der Presse‹ eine soziologische Betrachtung der dem Text vor (Publikationsorgan, Autoren, Produktion), aber auch nachgeschalteten Faktoren (Vertrieb, Publikum, Verlagswesen) für ebenso relevant erachten, werden auf der Ebene der Kommunikate drei größere Bereiche untersucht: die publizierten Autoren, die literarischen Produkte und die Verwertungsstrategien. Dabei gehen die einzelnen Bereiche aufgrund des großen quantitativen Umfangs des Materials nicht gleichgewichtig in die Untersuchung ein. Der Hauptakzent bei der Analyse der Autoren liegt auf der Frage, ob es möglich ist, ›typische‹ Autoren – im Sinne einer konfiguralen Typendefinition [3] – für die sozialdemokratische Presse insgesamt und für die ausgewählten Presseorgane im einzelnen nachzuweisen. In die Analyse und die Typenbeschreibung gehen dabei Merkmale der sozialen Herkunft der Autoren ein, der beruflichen Bildung, Position und Mobilität, der Nationalität bzw. der Sprache. Ebenso fließt in die Typenanalyse ein, welcher Autorengeneration die Schriftsteller zuzurechnen sind und ob sie in den offiziellen Literaturkanon aufgenommen sind oder nicht u.a.m.

Auf eine detaillierte Analyse der Romane selbst mußte aus arbeits- und zeitökonomischen Gründen verzichtet werden. Bei der Untersuchung der literarischen Produkte werden daher nur solche Merkmale berücksichtigt, wie sie aus den Angaben der Presseorgane selbst zu entnehmen sind: Gattung und – in weit geringerem Maße – Genre der Romane. Die Untersuchung dieses Komplexes kann weniger dazu dienen, Hypothesen zu den Romaninhalten zu überprüfen, denn auf der Basis des untersuchten empirischen Materials Hypothesen zu generieren.

Der dritte Untersuchungskomplex, die Verwertungsstrategien der Publikationsorgane, schließt in die Analyse Merkmale der Autoren und der literarischen Produkte ein. Untersucht wird, wie sich der Verwertungsprozeß der Literatur in der sozialdemokratischen Presse auf einer eher ›formalen‹ Ebene beschreiben läßt. Von Interesse ist beispielsweise, ob es sich bei den literarischen Produkten überwiegend um direkt für die Presse produzierte Texte handelt oder aber um Nachdrucke vorliegender Buchpublikationen. Die Beantwortung dieser Frage kann bereits über spezifische strukturelle Merkmale der literarischen Texte Aufschluß geben. Ebenso können aber auch Aussagen darüber getroffen werden, welchen möglichen ökonomischen Zwängen – etwa Honorarersparnissen – die Zeitungen ausgesetzt waren. Und schließlich kann sich in der Verteilung dieser Merkmale auch ein bestimmtes kulturpolitisches Konzept zeigen. Denn es ist nicht nur eine Kostenfrage, ob die Presse überwiegend bereits verstorbene Autoren oder noch lebende abdruckt.

Auch die bevorzugte Auswahl von Literatur aus einem bestimmten Verlag, wie es hier untersucht werden soll, kann bereits auf ein spezifisches Literaturprogramm des Presseorgans hindeuten.

Die hier grob umrissenen Problembereiche werden für die Publikationsorgane über den gesamten Zeitraum ihres Erscheinens untersucht. Für die Tageszeitung läßt sich damit das Literaturangebot immerhin über einen Zeitraum von 50 Jahren verfolgen, der durch umwälzende politische Ereignisse gekennzeichnet ist. Auch für die beiden anderen publizistischen Unternehmen, die ihr Erscheinen früher eingestellt haben, bemißt sich der Untersuchungszeitraum noch auf gut 20 bis 30 Jahre. Damit ist es erstmals möglich, zeitliche Veränderungen und spezifische Entwicklungslinien im Literatur- und Autorenkanon systematisch zu beobachten.

2.5. Rezipienten

Ein schwieriges Problem ist die Erforschung des Leserkreises der sozialdemokratischen Presse, da über ihn kaum Daten und Informationen vorliegen. Der Versuch, sich dennoch ein Bild von den sozialdemokratischen Lesern zu machen, stößt auf große Schwierigkeiten. Er kann nur indirekt und auf großen Umwegen erfolgen. Die Befunde sind daher noch mit großen Unsicherheitsfaktoren belastet. Trotz dieser Hemmnisse haben wir einen Versuch unternommen, die Leserschaft zu beschreiben. Dabei haben wir unterschiedliche Wege beschritten.

Zum einen haben wir versucht, von den Presseorganen selbst etwas über ihre Leser zu erfahren. Das ist beispielsweise bei der *Neuen Welt* (1876 bis 1887) auch relativ gut gelungen. Bei den anderen Organen liegen entweder gar keine Angaben oder nur sehr spärliche vor. Um aber dennoch Auskunft über die Leser und ihre Lesegewohnheiten zu erhalten, sind wir folgendermaßen verfahren: aus den statistischen Berichten und Aufzeichnungen der Arbeiterbibliothekare haben wir versucht, die Lesebedürfnisse und die Lesegewohnheiten der Benutzer der Bibliotheken zu beschreiben. Wir gehen dabei von der Überlegung aus, daß wir es hier, mit geringfügigen Abweichungen, auch mit dem Leserkreis der sozialdemokratischen Presse zu tun haben. Die Befunde der Arbeiterbibliotheken sagen zumindest über wenigstens einen Teil der Leser der sozialdemokratischen Presse etwas aus, nämlich den der organisierten Arbeiter.

Gleichzeitig soll mit der Analyse der Bibliotheksstatistiken noch eine andere Frage beantwortet werden. Von Interesse ist, ob die Literaturkonzepte der Arbeiterbibliotheken von denen der sozialdemokratischen Feuilletonredaktionen abweichen oder nicht.

Außerdem haben wir das Ziel verfolgt, die bisherigen Ergebnisse über die Arbeiterlektüre auf ihre Stimmigkeit zu überprüfen, da die Lektüre der Bibliotheksberichte, die hier ausführlicher referiert werden, Zweifel an der Glaubwürdigkeit einzelner Befunde aufkommen ließ. Die zum Teil nötige Revision einzelner Befunde bestätigte diese Zweifel im nachhinein.

2.6. Methodisches Vorgehen. Allgemeine Überlegungen

Für die eigene Studie wurde ein methodisches Verfahren gewählt, das – wie für die eingangs formulierte Problemstellung erforderlich – ein umfangreiches und breites Datenmaterial systematisch und nach einheitlichen Gesichtpunkten analysiert. Eine

Methode, die diese Kriterien erfüllt, ist die qualitative Inhaltsanalyse. Anzumerken ist, daß wir die Unterscheidung zwischen qualitativer und quantitativer Inhaltsanalyse als relativ unnötig und unfruchtbar erachten. Und zwar deswegen, weil es bei diesen Verfahren nicht um sich ausschließende Alternativen geht. [4] Wie die eigene Studie demonstriert, können qualitative Daten quantitativ verarbeitet werden, d. h., beide Verfahren können kombiniert werden: auf der Ebene der Merkmale und Kategorien qualitativer Zugang zum Material und anschließend quantitative Aufarbeitung mit statistischen Verfahren.

Diese Vorgehensweise erscheint uns für die eigene Arbeit – aber auch für ähnlich strukturierte Untersuchungen – derzeit die fruchtbarste Methode zu sein. Allerdings sollte dabei die statistische Auswertung des Datenmaterials auf einem höheren als dem bislang gängigen (absolute und relative Frequenzverteilungen) Niveau angesiedelt werden. Einerseits, um nicht unnötig Informationen, die in den Daten stecken, zu verschenken, andererseits, um nicht vorschnell Generalisierungen zu treffen. Dazu ist es notwendig, die Ergebnisse mittels bivariater und multivariater Datenauswertungsverfahren zufallskritisch abzusichern.

Die vorliegende Studie versucht dafür einige Anregungen und Impulse zu geben. Sie geht in ihrem Untersuchungsdesign und in ihrem Auswertungsplan weit über die bislang üblichen inhaltsanalytischen Arbeiten hinaus. Diese sind in der überwiegenden Zahl der Fälle induktionistisch angelegt. Demgegenüber versucht die eigene Arbeit, da wo es möglich ist, deduktiv vorzugehen. Als Ausgangspunkt der Hypothesenbildung dienen die vorliegende Sekundärliteratur zum Roman in der Presse und die Debatten über das Romanfeuilleton der sozialdemokratischen Presse auf den Parteitagen und in den *Mitteilungen des Vereins Arbeiterpresse*. Dabei gilt jedoch, daß für eine differenzierte Hypothesenformulierung zu den einzelnen Variablenkomplexen überwiegend noch immer die theoretische und empirisch erhärtete Basis fehlt. Daher ist die Formulierung der Hypothesen eher durch das Merkmal plausibler Argumentation, denn durch stringente Deduktion aus theoretischen Prämissen gekennzeichnet. Angesichts der Forschungslage kann das aber nicht anders sein. Die Hypothesenbildung muß daher noch viele Fragen offen lassen. Bei einigen Hypothesen wird es sicherlich noch weiterer Untersuchungen bedürfen, um die an den Daten gewonnenen Ergebnisse und Einsichten auf ihre breitere Gültigkeit zu testen.

Die Überprüfung der Hypothesen erfolgt nach erfahrungswissenschaftlichen Methoden, wobei einem neuen methodischen Verfahren – der Konfigurationsfrequenzanalyse (KFA) – eine besondere Bedeutung zukommt. Die Problematik wird also jenseits des monierten gängigen Niveaus deskriptiver Statistiken zufallskritisch behandelt. [5]

Die Konfigurationsfrequenzanalyse ist ein Klassifikationsverfahren, das qualitative Merkmale und deren Zusammenhänge analysiert. Als nonparametrisches Verfahren – im Gegensatz zu parametrischen Klassifikationsverfahren [6] – bezieht es Merkmale aller Skalendignitäten (nominal, ordinal und kardinal skalierte Merkmale) in die Klassifikation ein. Es ist mit großem Erfolg daher gerade in jenen Disziplinen einzusetzen, die nicht experimentieren, sondern nur erheben und registrieren können. [7] Mit der Konfigurationsfrequenzanalyse eröffnen sich gerade für inhaltsanalytische Arbeiten, deren

Daten meist auf Nominalskalenniveau angesiedelt sind, neue Möglichkeiten der Auswertung. Bislang war es nur möglich, mittels des Mehrfelder-Chiquadrat-Tests bivariaten Kontingenzen nachzugehen. Die KFA erlaubt die Analyse mehrdimensionaler Kontingenztafeln. Anders ausgedrückt: bisher konnte nur der Zusammenhang zwischen je zwei Merkmalen überprüft werden (Chi^2-Test), die KFA analysiert den Zusammenhang zwischen mehreren Merkmalen.

Die KFA eignet sich für den Einsatz als taxometrisches Verfahren, wobei der Möglichkeit der inferenzstatistischen Beurteilung der Konfigurationen besondere Bedeutung zukommt. Sie eignet sich daher in ganz besonderem Maße für solche Problemstellungen, die anhand eines umfangreichen Datensatzes versuchen, Typologien zu erarbeiten und Merkmalsklassifikationen vorzunehmen. Gleichzeitig kann mit dem Verfahren demonstriert werden, daß statistische Verfahren nicht dem Ziel einer historischen Aufarbeitung des Materials widersprechen, sondern auch hierfür fruchtbar eingesetzt werden können.

Ein gravierender Nachteil des Verfahrens ist, daß mit wachsender Zahl an Merkmalen und Merkmalsklassen die Zahl der Konfigurationen rasch ansteigt und die für die KFA erforderliche Stichprobe in unrealistische Größenordnungen wächst. Aus diesem Grund wird empfohlen, nur wenige, »typologisch relevante« Merkmale für eine KFA zu berücksichtigen. Dabei liefert eine Variante der KFA, die hierarchische KFA, die Möglichkeit, typologisch relevante Merkmale zu identifizieren.

2.6.1. Auswahl des Untersuchungsmaterials

Aussagen getroffen werden sollen über die Literaturkonzepte der sozialdemokratischen Presse insgesamt, aber auch über einzelne Publikationsorgane. Ausschlaggebend für die Auswahl der zu untersuchenden Publikationsorgane ist daher, ob die ihnen zugrundeliegenden literaturpolitischen Konzepte für die anderen publizistischen Unternehmen der Sozialdemokratischen Partei Modellcharakter haben oder nicht. Unterstellt wird, daß dieses Kriterium am ehesten von den Organen erfüllt wird, die Eigentum der Gesamtpartei sind. Als solche spiegeln sie am deutlichsten die von der Partei sanktionierten politischen und literarischen Konzepte wider. Als parteioffizielle und als überregionale Publikationsorgane haben sie für den Rest der sozialdemokratischen Blätter, etwa die Provinzzeitungen, richtungsweisenden Charakter. [8] Im Besitz der Gesamtpartei befinden sich in dem von uns gewählten Zeitabschnitt eine Reihe von Publikationsorganen: *Die Neue Zeit, Der Wahre Jakob, Die Gleichheit,* der *Vorwärts, Die Neue Welt* und *In Freien Stunden.* Um die Repräsentativität des Untersuchungsmaterials zu gewährleisten, haben wir unsere Wahl nicht auf einen zu speziellen Zeitungstyp, etwa ein Witzblatt oder Frauenblatt, ausgerichtet. Aus der Reihe der möglichen Publikationsorgane blieben schließlich drei übrig: das Zentralorgan der Sozialdemokratischen Partei, der *Vorwärts,* die Unterhaltungsbeilage *Die Neue Welt* und die Romanwochenschrift *In Freien Stunden.* Die Auswahl gerade dieser Publikationsorgane ist auch darüberhinaus sehr vorteilhaft: die publizistischen Unternehmen sind auf den Sozialdemokratischen Parteitagen Gegenstand ausführlicher Debatten. Die rein geschäftliche Seite der Unternehmen wird in dem obligatorischen Geschäftsbericht des Parteivorstandes auf den Parteitagen referiert, und damit liegen für diese Organe z.T. detaillierte Angaben über ihre Kosten- und Auflagenentwicklung vor. Den Geschäftsberichten des Parteivorstandes schließen sich wiederum Debatten über die Presse an, in denen die politischen und literarischen Leitlinien der Blätter festgelegt werden. Damit eröffnet sich die Möglichkeit, die bei anderen Publikationsorganen nicht gegeben ist, die hier formulierten theoretischen Konzepte mit der Praxis der Literaturvermittlung zu vergleichen. Mit der Wahl dieser Zeitungen gehen in die Analyse drei unterschiedliche Typen an Organen ein, die aber dennoch nicht zu spezialisiert sind: eine Tageszeitung, eine illustrierte, wöchentlich erscheinende Unterhaltungsbeilage und eine illustrierte, ebenfalls wöchentlich publizierte, Romanwochenschrift. Die drei Organe richten sich, wie auf den Parteitagen deutlich wird, an unterschiedliche Rezipientengruppen. Aufgrund dieses Sachverhalts kann unterstellt werden, daß für sie in der Literaturvermittlung divergierende Konzepte angesetzt werden. Diese Vermutung gilt es am Material selbst zu überprüfen.

Bei zwei der drei genannten Publikationsorgane haben wir die Vorläufer mit in die Analyse aufgenommen: Das *Berliner Volksblatt* (1884–1890) als Vorläufer des *Vorwärts* und die selbständige illustrierte Unterhaltungszeitschrift *Die Neue Welt* (1876–1887) als Vorgänger der gleichnamigen Unterhaltungsbeilage. [9]

2.6.2. Auswahl des Untersuchungszeitraums

Der Untersuchungszeitraum wird für die drei ausgewählten Presseorgane möglichst breit gefaßt, um Trends und Entwicklungslinien herausarbeiten zu können. Aus dem Gesamterscheinungsraum der einzelnen Organe werden daher keine Stichproben gezogen, sondern pro Organ wird der gesamte Zeitraum des Erscheinens untersucht. Für den *Vorwärts* beläuft sich damit der Untersuchungszeitraum auf die Zeit von Aufhebung des Sozialistengesetzes bis zum neuerlichen Verbot des Blattes durch die Nationalsozialisten 1933. Der Untersuchungszeitraum der beiden anderen Organe ist kürzer gehalten, da sie nach Beendigung des Ersten Weltkrieges ihr Erscheinen eingestellt haben. Für die *Neue Welt* gehen die Jahre von 1892 bis 1917 in die Analyse ein, für die Romanwochenschrift *In Freien Stunden* die Jahre 1897 bis 1919. Da der Hauptakzent der Studie auf der Zeit vor 1914 liegen soll, werden ähnlich strukturierte literarische Unternehmen, die nach 1919 gegründet werden [10], nicht mehr untersucht.

2.6.3. Beschreibung der Untersuchungsmerkmale

Relevante Aspekte für die Untersuchung der Autoren, Werke und Verwertungsstrategien wurden aus ähnlich strukturierten Arbeiten abgeleitet und übernommen, aber auch eigenständig entwickelt. [11] Für die einzelnen Aspekte wurden Merkmale (Kategorien) entwickelt, systematisiert und definiert. Sie zeigen an, welche inhaltlichen Ebenen innerhalb der einzelnen Bereiche berücksichtigt werden.

2.6.3.1. Die publizierten Autoren

Erstellt werden sollte, wie bereits erwähnt, eine Typologie der in der sozialdemokratischen Presse publizierten Autoren nach sozialstatistischen und literaturwissenschaftlichen Kategorien. In die Sozialstatistik gehen dabei Merkmale des ursprünglich sozialen Standorts, der sozialen Distanz zwischen diesem Ausgangspunkt und dem eigenen sozialen Standort des Autors und der Mobilität zwischen den verschiedenen sozialen Bereichen ein. Ferner werden Merkmale der Staatsangehörigkeit, des Geschlechts und spezifische Lebensdaten berücksichtigt. Auch die Zugehörigkeit zu einer bestimmten Autorengeneration wird untersucht.

Mit Angaben zum Beruf des Vaters, zur Berufsausübung des Autors neben seiner schriftstellerischen Arbeit, soweit sich diese den einschlägigen Lexika entnehmen lassen, ferner mit der Bestimmung der Nationalität bzw. Sprache des Autors und seines Geschlechts sind die oben angegebenen Bereiche, wenn auch nur sehr grob, berücksichtigt.

2.6.3.1.1. Soziale Herkunft

Von Relevanz für Stoff-, Motiv- und Themenwahl eines literarischen Textes ist das soziale Milieu eines Autors und die kulturelle Atmosphäre, in der er aufgewachsen ist. Für unsere Autoren wird daher das soziale Ausgangsniveau bestimmt und ihre soziale Herkunft klassifiziert. Dabei scheint es wenig ratsam zu sein, eine schematische Einteilung in Unterschicht (Proletariat), Mittelstand, Bourgeoisie und Adel vorzunehmen. Zum einen, weil diese Klassenklassifikation bereits in der von uns untersuchten Zeit problematisch ist [12], zum anderen aber auch, weil sie für unsere Zwecke wenig brauchbar und informativ ist. Für die eigene Studie aussagekräftiger, weil in den Angaben differenzierter, scheint die vom Vater des Autors tatsächlich ausgeübte berufliche Tätigkeit zu sein. Daher wird für die untersuchten Autoren anhand der Berufsbezeichnung des Vaters die soziale Herkunft bestimmt. Für die Gesamtauswertung des Bereichs ›soziale Herkunft des Autors‹ werden die einzelnen Berufe in Berufsgruppen, d.h. in Sammelkategorien zusammengefaßt. Die Festlegung der Kategorien erfolgt in Anlehnung an bereits vorliegende autorensoziologische Untersuchungen zu Teilbereichen der Literatur, um damit auch die schon so häufig geforderte Möglichkeit zu eröffnen, Ergebnisse und Befunde empirischer Untersuchungen miteinander vergleichen zu können. [13]

Der Beruf des Vaters der Autoren wird in folgenden Kategorien, die sich bereits in der Untersuchung von Zimmermann als brauchbar erwiesen haben, zusammengefaßt: Angestellter; Arbeiter; Arzt; Bauer/Landwirt; Beamter; Gutsbesitzer/Fabrikbesitzer; Handwerker; Journalist; Kaufmann; Künstlerischer Beruf; Lehrer; Militär/Offizier; Pastor; Freier Schriftsteller; Selbständige.

Abgesehen wird – im Gegensatz zur Studie von Zimmermann – von einer Klassifikation der Angestellten und Beamten in ›niedere‹ und ›höhere‹, weil die Lexika so detaillierte Angaben in der Regel nicht liefern. [14]

Zu beachten ist: die Kategorie Lehrer umfaßt alle Lehrberufe (Professor, Volksschullehrer etc.), d.h., sie werden nicht nochmals bei den Beamten codiert. In die Gruppe der Journalisten gehen alle journalistischen Berufe ein: Journalist, Redakteur, Schriftleiter, Herausgeber etc. Als freie Schriftsteller codiert werden nur jene Autoren, bei denen im Lexikon ausdrücklich vermerkt ist, daß sie ausschließlich die schriftstellerische Tätigkeit ausüben oder über einen bestimmten Zeitraum ausgeübt haben.

Für einen Teil der Auswertung müssen aus stichprobenbedingten Notwendigkeiten diese Sammelkategorien für den Beruf des Vaters nochmals zusammengefaßt werden. Die 15 oben genannten Sammelkategorien werden in vier als relevant erachtete Kategorien umcodiert [15]: unselbständig Berufstätige (z. B. Angestellte, Arbeiter, Bauern im Sinne von Landarbeitern); unselbständig Beschäftigte mit besonderer Staatsloyalität (z. B. Beamte, Soldaten, Militär); selbständig Beschäftigte (z. B. Fabrikbesitzer, Großgrundbesitzer, Landwirt, Kaufmann) und Journalisten und Künstler (z. B. Journalisten, Schriftsteller).

2.6.3.1.2. Berufliche Position und Mobilität

Wie bereits andere Autoren konstatiert haben, fehlt für das 19. und 20. Jahrhundert noch immer eine umfassende Autorenzählung und eine Aufschlüsselung der Autoren nach ihrer sozialen Herkunft und ihrem Beruf oder sonstigen sozialstatistischen Daten. [16] Erst für die Gegenwart liegt mit der Studie von Fohrbeck/Wiesand umfangreiches Material zu den Autoren und ihrer politischen und ökonomischen Situation vor. [17]

Die vorliegende Arbeit versucht für einen Teil der Autoren, nämlich die, die entweder direkt für die Presse produziert haben oder in ihr abgedruckt wurden, diese Informationen zu liefern. Uns interessiert, in welchem Beruf die abgedruckten Autoren neben ihrer schriftstellerischen Arbeit tätig sind und wie sich bei ihnen das Verhältnis von erlerntem Beruf und später tatsächlich ausgeübtem Beruf beschreiben läßt. Um ein möglichst differenziertes Bild von der Berufsstruktur der Autoren und ihrer beruflichen Entwicklung zu erhalten, sind wir folgendermaßen verfahren: für die Autoren wird der ausgeübte Beruf erhoben, dabei sind maximal bis zu drei Berufsangaben zulässig. [18] Mit diesen Angaben ist die soziale Ausgangsposition des Autors bestimmbar, aber auch – sofern vollzogen – seine berufliche Veränderung.

Bei der Endauswertung der Berufsstruktur der Autoren decken sich die Zahl der Berufsangaben nicht mit der Zahl der Autoren, und zwar deswegen, weil für jeden Autor bis zu drei Nennungen möglich sind. Die Ergebnisse der Gesamtauswertung signalisieren also, daß ein Beruf entweder von einer bestimmten Anzahl von Autoren ausschließlich oder zumindest aber über einen gewissen Zeitraum hin ausgeübt wurde.

Die Berufstätigkeit der Autoren wird ebenfalls in Sammelkategorien zusammengefaßt. Dabei gelten die bereits für die Klassifikation der sozialen Herkunft des Vaters benutzten Kategorien.

2.6.3.1.3. Geschlecht

Zur Zeit des Kaiserreichs stellen die Frauen mittlerweile gut 25 Prozent der Schriftsteller. [19] Bei dem Genre Liebesroman sind sie in dieser Zeit sogar mit über 50 Prozent bei den Autoren vertreten, ihr Anteil am Gesamt der Bauernromanautoren wiederum sinkt auf ein Sechstel (49 von 299) zurück. [20] Bereits Prutz berichtet 1859 über einen gesteigerten Zuwachs der Frauen an der Produktion der Belletristik:

»Die Frauen sind eine Macht in unserer Literatur geworden; gleich den Juden begegnet man ihnen auf Schritt und Tritt.« [21] Als Grund für diese Entwicklung sieht er die gesellschaftliche Unterdrückung beider Gruppen. [22] Aus dieser Tatsache erklärt sich auch für Prutz die Wahl spezifischer Sujets und Genres bei den Frauen, denn man könne nur das dichten, was man selbst erlebt hat:

»... und so sind auch für gewisse Schattenseiten unserer sozialen Verhältnisse, für gewisse dunkle Flecken in den Herzen und der Bildung unserer Männer, endlich für gewisse Tragödien des häuslichen Lebens die Frauen die wahrhaft berufenen Darsteller: weil nämlich sie unter allen diesen Dingen am meisten zu leiden haben ...« [23]

Forciert wird diese Entwicklung, daß immer mehr Frauen zur Feder greifen, durch den enormen Bedarf an Romantexten und Novellen, Erzählungen etc. für die Massenpresse. Angeblich stellen die Frauen das Hauptkontingent an Autoren, die für das neue Medium Presse literarische Texte produzieren. [24] Uns interessiert, wie die Relation zwischen weiblichen und männlichen Autoren in der sozialdemokratischen Presse ist, ob der Anteil der Frauen in etwa der Normalverteilung folgt oder von ihr abweicht.

2.6.3.1.4. Nationalität

Für die publizierten Autoren haben wir die Sprache, in der sie ihre Texte produzierten, erhoben und nicht ihre Staatsangehörigkeit. Damit fallen die Österreicher, die Schweizer (sofern in deutscher Sprache schreibend) und die Deutschen in eine gemeinsame Kategorie. Diese Vorgehensweise war von der Idee geleitet, für bestimmte Auswertungsschritte nur die deutschsprachigen Autoren zu untersuchen. Sieht man von dieser Abweichung ab, so ist bei den anderen Autoren Sprache mit Nationalität identisch.

Für die Gesamtauswertung wurde das umfangreiche Kategorienschema der Einzelsprachen zu Sammelkategorien umcodiert. Insgesamt gilt folgendes Kategorienschema: außereuropäische Sprachen (z.B. Amerikanisch, Chinesisch, Japanisch etc.); skandinavische Sprachen (z.B. Norwegisch, Schwedisch); osteuropäische Sprachen (z.B. Russisch, Polnisch); westeuropäische Sprachen (z.B. Englisch, Französisch, Italienisch) und deutschsprachige Autoren.

2.6.3.1.5. Lebensdaten

Um einerseits bestimmen zu können, wie groß der Anteil der urheberrechtlich nicht mehr geschützten Werke am Gesamt der abgedruckten Literatur ist, und um andererseits zu sehen, wie die Relationen zwischen abgedruckten zeitgenössischen und alten Autoren ist, auf welche Epoche schwerpunktmäßig zurückgegriffen wird, wurden die Lebensdaten der einzelnen Autoren erhoben. Dabei begnügen wir uns mit dem Geburts- und Todesjahr des Autors.

2.6.3.1.6. Autorengenerationen

Mit Aufteilung der abgedruckten Autoren nach Generationen wird der Frage nachgegangen, welche Generation im Gesamt der Autoren in der sozialdemokratischen Presse dominiert und ob es zwischen den einzelnen Publikationsorganen Differenzen in der

Wahl der Generationen gibt. Die Überlegung dabei ist, daß durch das Auftreten neuer Generationen eine Verschiebung in Thematik und Problemstellung der literarischen Texte verbunden ist. [25]

In Anlehnung an Zimmermann teilen wir die abgedruckten Autoren in sechs Generationen zu je 25 Jahren ein. Die erste Kategorie ist dabei nur nach oben begrenzt, nicht aber nach unten, um nicht das Kategorienschema in unrealistische Größenordnungen wachsen zu lassen. Die einzelnen Zeitabschnitte, die die Generationen umfassen, korrespondieren, faßt man sie z.T. zusammen, mit wichtigen historischen Abschnitten der deutschen Geschichte. Wir orientieren uns hier bewußt weniger an literarischen Strömungen und Stilrichtungen, denn an historisch-politischen Kategorien. Wir unterstellen, daß die letzteren für den politischen und literarischen Anspruch der sozialdemokratischen Presse von größerer Relevanz sind.

Auf die Vorgehensweise, wie sie von Escarpit beschrieben und von Hasse durchgeführt wurde, haben wir verzichtet, da die dem Verfahren zugrundegelegte Theorie mittlerweile wissenschaftlich nicht mehr haltbar ist. [26]

Für die Generationen wurde folgende Klassifikation vorgenommen: 1. Generation (vor 1800 geb.); 2. Generation (1801–1825 geb.); 3. Generation (1826–1850 geb.); 4. Generation (1851–1875 geb.); 5. Generation 1876–1900 geb.) und 6. Generation (1901–1925 geb.).

Faßt man die zweite und die dritte Generation sowie die fünfte und die sechste jeweils zusammen, so korrespondieren die Zeitabschnitte in etwa mit wichtigen historischen Zeitabschnitten: Zeit der frühbürgerlichen und bürgerlichen Revolution; Zeit der Restauration und der bürgerlichen Revolution, Zeit der industriellen Revolution und der nationalen Einigungsbestrebungen, Zeit des deutschen Kaiserreichs und Beginn der Weimarer Republik. [27]

2.6.3.1.7. Kanonisierung der Autoren

Um zu überprüfen, wie groß tatsächlich der Anteil der Autoren ist, der in den Kanon der Weltliteratur aufgenommen ist und in der sozialdemokratischen Presse abgedruckt wurde, haben wir eine sehr einfache Klassifikation der Autoren durchgeführt: Autor ist bzw. ist nicht in den Kanon der Weltliteratur aufgenommen. Kriterium der Codierung in der jeweiligen Kategorie ist, ob der Autor in Wilperts *Lexikon der Weltliteratur* oder in *Kindlers Literatur-Lexikon* genannt ist oder nicht.

2.6.3.2.   Die literarischen Produkte

2.6.3.2.1. Gattungen

Die Entwicklung neuer Massenmedien, in unserem Fall der Massenpresse, ist, wie ein Rückblick zeigt, immer eng verbunden mit bereits bestehenden Medien und ihrem Programm. Das neue Medium adaptiert, wie die Erfahrung lehrt, gerade in der Anfangsphase seiner Produktion aus den verschiedensten Gründen bereits vorliegende literarische Texte und Formen. [28] Aber das ist nur die eine Seite. Ebenso werden durch das neue Medium *neue* literarische Formen hervorgebracht. Für die Presse denke man beispielsweise an das Feuilleton, die short story, die Novelle [29] und nicht zuletzt an den Feuilletonroman!

Damit wird deutlich, daß die Entstehung und Entwicklung neuer literarischer Formen und Gattungen einen historischen Prozeß darstellen [30], der wiederum eng verknüpft ist mit dem Aufkommen neuer Medien.

Die Aufschlüsselung der literarischen Produkte nach Gattungsbezeichnungen soll ein Zugang sein zur Frage der Adaption und Verwertung bestehender literarischer Formen durch die sozialdemokratische Presse oder der Kreation neuer. Für die literarischen Texte wird daher die Gattungsbezeichnung so, wie sie von dem Presseorgan angegeben ist, erhoben. Liegt keine Bezeichnung vor, so wird sie – soweit eruierbar – anhand einschlägiger Lexika ergänzt. Für einen Teil der Auswertung wird das Kategorienschema gestrafft und zusammengefaßt: kleine literarische Formen (z.B. Skizze, Idyll, Episode, Burleske, Bild, Studie etc.); Berichte, Reportagen; Erzählungen, Geschichten, Novellen; Romane.

2.6.3.2.2. Genre

Die Aufschlüsselung der literarischen Texte nach ihrem Genre soll einen ersten groben Überblick über präferiert abgedruckte Stoff- und Themenkreise vermitteln. Dabei wird nicht ein vorgegebenes Kategorienschema an die Texte angelegt, sondern es wird die Genrebezeichnung des Presseorgans übernommen. Erst in einem zweiten Arbeitsschritt, nach Vorlage der Gesamtauswertung, können die Genrebezeichnungen dann einheitlich klassifiziert und zusammengefaßt werden.

2.6.3.3. Die Verwertungsstrategien

Dieser Komplex greift einige der Fragen auf, die entstehen, wenn der Verwertungsprozeß der Literatur in den verschiedenen Medien beobachtet werden soll, in unserem Fall die Verwertung vorliegender Buchpublikationen.

2.6.3.3.1. Das Copyright

Aufgeschlüsselt werden soll, welche der drei Möglichkeiten in der Stoffbeschaffung – freier Autor, Buchverlag, Korrespondenz bzw. Literarisches Büro – für die sozialdemokratische Presse dominierte und welche Namen hierbei eine Rolle spielen. Da für diese Problemstellung vorab kein Kategorienschema entwickelt werden kann, werden die Namen und die Instanzen so, wie sie von dem Presseorgan genannt sind, erhoben und erst später nach gemeinsamen Gesichtspunkten strukturiert und systematisiert.

2.6.3.3.2. Verwertungsarten

Wie bereits an anderer Stelle erwähnt, adaptiert das neue Medium vorliegende literarische Texte und Formen für das eigene Programm. Allein bei der letztgenannten Variante spricht man ja vom Zeitungsroman mit seinen spezifischen, auf das Medium hin entwik-kelten Techniken der Spannungführung, wogegen die erste Variante unter dem Begriff ›Roman in der Presse‹ firmiert und nur die Bearbeitung einer bereits vorliegenden Buchpublikation darstellt. Um zu bestimmen, wie groß der Anteil der tatsächlich für die Presse konzipierten Romane und Erzählungen ist, wird für die einzelnen literarischen Produkte überprüft, ob es sich um den Nachdruck einer bereits vorliegenden Buchpubli-kation handelt oder um einen Vorabdruck. Zu diesen beiden Kategorien ist folgendes zu sagen: die Kategorie ›Nachdruck‹ nimmt nur jene Werke auf, bei denen das Erschei-nungsjahr der Buchpublikation vor der Veröffentlichung in der Presse liegt; in die Kategorie ›Vorabdruck‹ fallen jene Werke, bei denen die Buchpublikation zeitlich nach der Publikation in der Presse erscheint. Wie sich bei der Erhebung der Daten zeigte, reichten diese beiden Kategorien nicht aus. In einigen Fällen sind das Jahr der Buchpubli-kation und das Jahr der Pressepublikation identisch, eruiert werden kann aber nicht mehr anhand der Angaben in den Lexika, ob die Buchpublikation vor der Pressepublika-tion liegt oder zeitlich danach. Für diese Fälle wurde eine neue Kategorie ›Paralleldruck‹ aufgenommen.

Die Klassifikation der Autoren nach dem Gesichtspunkt, ob sie zum Zeitpunkt der Publikation ihres Textes in der sozialdemokratischen Presse noch leben bzw. bereits verstorben sind, greift auf die Fragestellung des Urheberrechts zurück und erweitert sie dahingehend, ob mit Vorliebe etwa verstorbene Autoren abgedruckt werden. Diese Publikationspraxis kann vielerlei Motivationen zur Grundlage haben. Zum einen kön-nen Kostengründe eine Rolle spielen, zum anderen aber auch die Würdigung einer gerade verstorbenen literarischen Persönlichkeit, der man sich verbunden fühlt, und drittens kann es der Versuch sein, möglichst anerkannte und in der literarischen Kritik bewährte Autoren zu publizieren, um das Risiko von Mißerfolgen beim Publikum zu mindern.

Für diesen Bereich werden die Autoren nach zwei Kategorien klassifiziert: lebt zur Zeit des Abdrucks; ist tot zur Zeit der Publikation (mit Bestimmung der zeitlichen Differenz zwischen Todesjahr und Jahr der Publikation des Erzähltextes in der Presse).

Von der bürgerlichen Presse ist bekannt, daß sie für die Publikation der literarischen Texte in der Presse spezifische Abdrucktechniken entwickelte. Gemeint sind an dieser Stelle nicht die Schnitt- und Fortsetzungstechniken, sondern die Strategien, die den Text in den Publikationsrhythmus des Presseorgans integrieren. [31] Eine Funktion des Romans ist, möglichst viele Leser an das Blatt zu binden. Dazu ist es nötig, möglichst viele Leser zu erreichen. Daher werden bestimmte Wochentage ausgewählt, an denen jeweils der neue Romanabdruck beginnt. Diese Wochentage liegen zum Ende der Woche hin, damit der Leser Zeit und Muße findet, sich der Lektüre des neuen literarischen Textes zuzuwenden. Eine andere Abdruckstrategie zeichnet sich dadurch aus, daß der Roman niemals zum Monatsende abgeschlossen, sondern immer über die kritischen ersten Tage des nächsten Monats hinaus publiziert wird. Der Grund liegt in der Tat-sache, daß meist die Termine der Erneuerung des Abonnements der Zeitung am Ende des Monats, spätestens aber am jeweiligen ersten des nächsten Monats liegen. Und schließ-lich hat sich in der Romanabdruckpraxis gezeigt, daß bei der Publikation der Romane und Erzählungen eine bestimmte Anzahl an Folgen nicht überschritten werden sollte, weil sonst die Leser ermüden und die Lektüre aufgeben. Geklärt werden soll, ob für die sozialdemokratische Presse ähnliche Prinzipien für die Publikation maßgeblich waren. Für das täglich erscheinende Organ, den *Vorwärts,* wurden daher die Wochentage für den Beginn und das Ende des Romans erhoben, ebenso die Anzahl der Folgen pro abgedrucktem literarischen Text. [32]

2.6.4. Erhebung der Untersuchungsmerkmale

Für das *Berliner Volksblatt* und den *Vorwärts* wurden alle literarischen Produkte mit mehr als drei Folgen erfaßt. Für die *Neue Welt* und *In Freien Stunden* wird diese Zahl als Kriterium – entsprechend dem literarischen Charakter der Unternehmen – niedriger angesetzt. Für sie wurden alle in den Organen publizierten Romane, Erzählungen, Novellen etc. mit zwei und mehr Folgen erhoben.

Aufgenommen wurden alle von den Publikationsorganen gedruckten Angaben zu den literarischen Produkten (Familienname und Vorname des Autors und des Übersetzers; Titel, Untertitel, Gattung, Genre des Romans; Copyrightangaben; Erscheinungsnummer, Tag, Wochentag, Monat, Erscheinungsjahr; Anzahl der Folgen).

Die auf diese Art und Weise gewonnenen Grunddaten wurden anhand einschlägiger Schriftstellerlexika [33] um weitere Merkmale vervollständigt: Geschlecht, Lebensdaten, Nationalität, soziale Herkunft, berufliche Position und Mobilität des Autors; Zugehörigkeit des Autors zur Weltliteratur; Erscheinungsjahr der Buchpublikation des literarischen Produkts; bei fremdsprachigen Autoren Erscheinungsjahr der Originalpublikation u.a.m.

2.6.5.   Auswertung

2.6.5.1. Deskription der Ergebnisse

Im ersten Auswertungsschritt wird die Repräsentanz der Autoren, der literarischen Produkte und einiger Verwertungsstrategien für die Gesamtheit der ausgewählten Publikationsorgane untersucht. Ist das geschehen, so wendet sich die Auswertung den einzelnen Publikationsorganen zu. Zunächst wird die Verteilung der Merkmale pro Organ beschrieben. Im Anschluß daran werden die Ergebnisse der einzelnen Organe einer kontrastierenden Analyse unterzogen und die Hypothesen der Arbeit überprüft. Damit soll festgestellt werden, ob für die Presseorgane tatsächlich unterschiedliche Konzepte in der Literaturvermittlung verbindlich sind. Bei dieser Vorgehensweise gehen die einzelnen Organe mit unterschiedlich großen Stichproben in die Analyse ein. Um daher bei den Ergebnissen stichprobenbedingte Einflüsse auszuschalten, müssen diese mathematisch-statistisch abgesichert werden. Hierfür wird die Methode des Chi^2-Tests und die Konfigurationsfrequenzanalyse angesetzt, ebenso für die Überprüfung einiger Hypothesen. [34]

Für unsere Problemstellung als besonders fruchtbar wird die Analyse in Zeitabschnitten angesehen. Zu diesem Zweck – etwa beim *Vorwärts* – wird der Untersuchungszeitraum in zwei (oder mehr) Hälften geteilt, deren Schnittpunkte mit wichtigen politischen oder literarischen Ereignissen korrespondieren können. Geprüft wird, ob sich die Merkmale der Autoren, der literarischen Produkte und der Verwertungsstrategien in den Untersuchungszeiträumen ändern oder ob sie über den gesamten Zeitraum hin stabil bleiben. Um auch hier zufällige Einflüsse auszuschalten, werden die Ergebnisse mit der Methode des Chiquadrat-Tests bzw. der Konfigurationsfrequenzanalyse mathematisch-statistisch abgesichert.

2.6.5.2. Konfigurationsfrequenzanalysen

Die KFA ist ein neues Datenauswertungsverfahren, das bisher im psychologischen und soziologischen Bereich angewendet wurde. [35] Das Verfahren dient zur ex post Klassifikation von Merkmalsträgern (Autoren, literarischen Produkten, Verwertungsstrategien) nach Merkmalen (z.B. Geschlecht, Alter, Nationalität etc. der Autoren) in Klassen von Merkmalsträger, wobei die Klassen erst zu suchen und zu finden sind. Die grundlegende Frage ist, ob die verschiedenen Merkmale der Merkmalsträger unabhängig voneinander auftreten oder ob zwischen ihnen ein überzufälliger Zusammenhang besteht. Die Methode sucht also implizit vorhandene Klassen oder Typen und prüft, ob diese Klassen bzw. Typen statistisch gesichert sind. Durch die KFA werden Kriterien definiert, nach denen beurteilt wird, ob eine Klasse, ein Typ, existent ist oder nicht. Sie liefert ein Verfahren, um die Anzahl von Typen innerhalb einer bestimmten Population von Merkmalsträgern und innerhalb einer begrenzten Anzahl von Merkmalen zu bestimmen.

2.6.5.2.1. Konfigurale Typendefinition

Die Identifizierung der konfiguralen Typen besteht im Prinzip darin, am Material beobachtete Frequenzen von Merkmalskomplexen mit erwarteten Frequenzen zu vergleichen und signifikant überfrequentierte Konfigurationen als Typen, sog. Konfigurationstypen, zu definieren, wogegen signifikant unterfrequentierte Konfigurationen als Anti-Typen angesehen werden können. *Konfigurationstypen* sind also nicht dadurch definiert, daß bestimmte Merkmalskonfigurationen *häufiger* als andere auftreten, wie das die intuitive Typendefinition impliziert. Sondern sie sind dadurch definiert, daß sie *häufiger auftreten als unter der Annahme der totalen Unabhängigkeit aller Merkmale zu erwarten wäre.* Das ist das entscheidende Kriterium, das eine ›statistische‹ von einer ›intuitiven‹ Typendefinition unterscheidet.

2.6.5.2.2. Die hierarchische Konfigurationsfrequenzanalyse

Die hierarchische Konfigurationsfrequenzanalyse ist ein Verfahren zur Elimination typologisch irrelevanter Merkmale. Es dient zur Selektion derjenigen Merkmale, die von optimaler Effizienz zur Konstituierung von Typen sind, und eliminiert diejenigen Merkmale, die nur wenig zur Typenbildung beitragen. [36] Das Verfahren ist dann von großer Bedeutung, wenn zwischen zwei Merkmalen kein Zusammenhang nachgewiesen werden kann, die Hinzunahme eines dritten Merkmals aber zwischen allen drei Merkmalen einen Zusammenhang generiert.

Die hierarchische KFA ist ein *heuristisches Suchverfahren*, d.h. sie muß durch eine andere Stichprobe von Merkmalsträgern der gleichen multivariaten Population bestätigt werden (Kreuzvalidierung). Erst wenn die in der ursprünglichen Stichprobe identifizierten Typen in der Kreuzstichprobe inferenzstatistisch nachgewiesen werden können, können sie als real existent angesehen werden. Aus diesem Grund sind wir folgendermaßen vorgegangen: die drei Publikationsorgane *Vorwärts, Neue Welt* und *In Freien Stunden* werden als drei Stichproben der gleichen Grundgesamtheit (= sozialdemokratische Presse) betrachtet. Finden sich in allen drei genannten Publikationsorganen die mit der hierarchischen KFA entdeckten typologisch relevanten bzw. irrelevanten Merkmale, so können sie als real existent angesehen werden.

2.6.5.3. Tests

Für die bivariaten Kontingenzen werden Mehrfelder-Chiquadrat-Tests angesetzt, für die KFA-Hypothesen simultane Binomialtests. Verwendet werden Rechnerprogramme von Nie, Jenkins, Steinbrenner und Bent [37] und Roeder [38]. Gerechnet wurde am Rechenzentrum der Technischen Universität Berlin.

3. GESCHICHTE DER PUBLIKATIONSORGANE

3.1. *Die Neue Welt. Illustriertes Unterhaltungsblatt für das Volk. 1876 bis 1887*

Vorläufer

Auf dem Eisenacher Kongreß der Sozialdemokratischen Arbeiterpartei (SDAP) 1873 wird die Gründung einer belletristischen, wöchentlich einmal erscheinenden Parteizeitschrift beschlossen. [1] Das Unterhaltungsblatt soll »in populärer gefälliger Form dieselben Prinzipien verbreiten wie das Zentralorgan der Partei, der ›Volksstaat‹« [2] und die Parteigrundsätze in jene Kreise tragen, »wohin die politischen Parteiorgane und Parteischriften nicht dringen«. [3] Zwar ist man sich über die Notwendigkeit, den Nutzen und die Ziele des neuen literarischen Unternehmens einig, doch herrscht unter den Delegierten noch Unklarheit über das Konzept, das dem Blatt zugrundegelegt werden soll. Ein Teil der Delegierten setzt in der Debatte um das Unterhaltungsblatt den Akzent auf den *wissenschaftlichen* Charakter eines solchen Blattes, die Kontrahenten betonen den eher *belletristisch-unterhaltenden.* Gerade sie zielen mit dem Unternehmen auf völlig neue Leserschichten ab, vornehmlich Frauen, »denen wir bisher nichts haben bieten können«. [4] Trotz längerer Debatten kann kein Konsens über das Konzept herbeigeführt werden. So bleibt schließlich offen, welches Konzept die Redaktion des Blattes verfolgen soll.

Aufgrund finanzieller Schwierigkeiten der Partei [5] muß die Publikation der belletristischen Wochenschrift um einige Zeit verschoben werden. In der Übergangsphase erscheint, sozusagen als Vorläufer des projektierten Blattes, der »Volksstaat-Erzähler«, eine Beilage zum Zentralorgan der Eisenacher. Er druckt von nun an literarische Texte – Romane, Gedichte und Erzählungen – ab. [6]

Die propagandistische Tätigkeit des Allgemeinen Deutschen Arbeitervereins (ADAV) auf kulturell-literarischem Sektor hat bereits 1873 zur Gründung und kontinuierlichen Ausgestaltung einer belletristischen Zeitschrift, der *Sozialpolitischen Blätter* geführt. Das Blatt, das von Wilhelm Hasselmann und Wilhelm Hasenclever redigiert wird, kann bereits nach kurzer Zeit (1874) eine beachtliche Auflage von 20 000 Exemplaren vorweisen. [7] Wie es in dem von den Herausgebern angekündigten Programm der *Sozialpolitischen Blätter* heißt, soll das Unterhaltungsblatt ein Gegengewicht gegen die in Arbeiterkreisen und im Kleinbürgertum weitverbreitete *Gartenlaube* bilden. [8] Ebenso richtet sich das Blatt gegen die »in Lieferungen kolportierten schlüpfrigen Sensationsromane«, mit denen »der gesunde Sinn des Volkes ärger vergiftet und die Social Demokratie mehr geschädigt wurde, als es selbst die politische Presse vermochte.« [9] Als Aufgabe fällt dem Organ daher zu, die in dem Parteiorgan, dem *Neuen Social-Demokrat,* propagierten politischen Ideen durch sozialistische belletristische Lektüre zu unterstützen und zu ergänzen.

Laut Beschluß des Einigungskongresses beider Parteien 1875 stellen die *Sozialpoliti-schen Blätter* ebenso wie der *Volksstaat-Erzähler* ihr Erscheinen ein. An ihre Stelle tritt ab Januar 1876 als selbständiges, wöchentlich einmal erscheinendes Unterhaltungsblatt *Die Neue Welt,* deren »Name schon besagt, daß sie mit den Thorheiten der alten Welt nichts zu tun haben will«. [10]

Die Neue Welt. Illustriertes Unterhaltungsblatt für das Volk

Programm

Die sozialdemokratische Wochenschrift, mit dem programmatischen Titel *Die Neue Welt,* erscheint als selbständiges Publikationsorgan vom 1. 1. 1876 bis Dezember 1887. [11] Als Konkurrenzunternehmen zur »kapitalliberalen, den Volksgeist verseichtenden und korrumpierenden ›Gartenlaube‹« [12] konzipiert, will das Organ, wie es in einer Abonnenteneinladung heißt, durch

»Wahrheit anregen, belehren, begeistern; den Vorkämpfern der Menschheit im Herzen des Volkes ein Denkmal setzen; die falschen Größen, die Götzen des Tages vom Postamente herabwer-fen; die Schäden in Staat und Gesellschaft aufdecken; der Lüge, wo sie sich zeigt, die Maske abreißen; das Edle, Schöne und Gute verfechten; echte Bildung verbreiten, namentlich auf dem Gebiet der Natur- und Gesellschaftswissenschaften; die Vorurteile wegräumen, welche dem *Neuen* im Wege stehen und das große Reformwerk hemmen, – mit einem Wort, *den Übergang aus der alten in die neue Welt erleichtern und befördern.*« [13]

Proben deutscher Volkspoesie der Gegenwart.

Zum Kopfbilde unsrer »Neuen Welt«.

Die Stürme rasen, aufbrüllt das Meer,
Turmhohe Wogen brausen daher
Da fährt ein Schiff durch die finstre Nacht,
Nun Schiffer haltet getreue Wacht!
Den Steuermann warf die Flut über Bord,
Ein andrer heran!
Nun segelt getrost im Sturme fort!

Da zischt und brodelt das Element,
Als gings mit dem Erdenball zu End',
Die Blize schmettern, betäubend Gedröhn,
Als sollte die Welt im Feuer vergehn.
Nur Mut, ihr Männer, das Segel hält!
Was klagt ihr Weiber?
Wir fahren zur neuen, zur besseren Welt!

Es neigt sich der Tag, von Osten her
Da tröstet die Sonne das zornige Meer;
Da hebt es sich purpurn über die Flut,
Die Schatten weichen und alles wird gut.
Ein Land steigt empor, die Sonne küßts,
Die einsamen Segler im Meere grüßts,
Und hehres Glockengeläute schwellt
Den Aeter – Glückauf!
Wir schauen die neue, die bessere Welt!

Aug. Enders

Auch andere Quellen, die Auskunft geben über das Selbstverständnis und das Programm des Organs, fassen dieses nur wenig konkreter. Die Formulierungen bleiben allgemein und relativ abstrakt. Das Blatt will Bahnbrecher sein »für das Wahre, Gute und Schöne« [14] und »Freund und Lehrer der arbeitenden und darbenden Mehrheit, Feind und Kämpfer gegenüber der herrschenden und schwelgenden Minderheit des Volkes«. [15] Wenig wird ausgesagt über das Gesamtkonzept und dessen *praktische* Realisation. Wahrscheinlich mußte es aber so allgemein gehalten sein, um die divergierenden Interessen der antizipierten Leserschaft – Arbeiter, zur Sozialdemokratie abgewanderte Kleinbürger und Frauen – wenigstens nach außen auf einen gemeinsamen Nenner bringen zu können. Die breit streuenden Erwartungen an das Blatt setzen von vornherein Grenzen: um überhaupt mit der *Gartenlaube* konkurrieren zu können, soll der Schwerpunkt weniger auf politischen Beiträgen liegen, denn vielmehr auf Unterhaltung, Bildung und Belehrung. Diese Beiträge sollen allerdings im Grundtenor sozialistisch sein. [16]

Also Bildungs- und Unterhaltungsorgan zugleich: wissenschaftliche Aufklärung und Belehrung »für den geistig regsamsten Teil der Arbeiterschaft« [17], Unterhaltung für die Frauen, die – wie man in Parteikreisen meint – sowieso »nicht zu bewegen sind, wissenschaftliche Werke und sozialistische Abhandlungen zu studieren.« [18] Sie sollen sich auf Umwegen über die sozialistische und volkstümliche Literatur – Romane, Erzählungen und Gedichte – für die »sozialistische Idee begeistern« [19].

Auf der Basis dieses recht groben Konzeptes setzt sich das Blatt als »oberste und zugleich schönste Aufgabe«, den Kreis der Abonnenten »durch immer neue Scharen nicht blos Unterhaltung, sondern vor allem auch Belehrung begehrender Leser« zu vergrößern und diese »in ihrem Streben nach wirklicher Aufklärung, auf allen Gebieten des Wissens, in ihrem ernsthaften Ringen nach geistiger Unabhängigkeit« zu unterstützen. [20]

Verlag, Druck, Herstellung, Vertrieb

Gedruckt und verlegt wird die *Neue Welt* in der 1872 ins Leben gerufenen Leipziger Genossenschaftsbuchdruckerei. [21] Sie erscheint anfangs wöchentlich in einem Umfang von acht Seiten, wird dann aber noch im ersten Jahrgang (ab Nr. 29/1876) um einen halben Druckbogen erweitert [22] und erscheint von nun an alternierend mit zwölf oder sechzehn Seiten. Der Preis von vierteljährlich 1 Mark und 20 Pfennig, in Heften zu 30 Pfennigen, bleibt trotz der Erweiterung im Umfang konstant. [23] Zu beziehen ist das Blatt über den Buchhandel, die Postämter und Kolporteure. [24]

Im ersten halben Jahr kann das Blatt mehr als 17 000 Abonnenten gewinnen [25], bis zur Nummer 38/1876 kommen, trotz geschäftsloser Zeit, weitere 500 Leser hinzu. [26] 1877 berichtet Auer auf dem Sozialistenkongreß zu Gotha über einen Abonnentenstand von 35 000, »der von Woche zu Woche steigt«. [27] April 1878 sind es etwa 50 000 Abonnenten. [28] Unter dem Sozialistengesetz verringert sich 1881 die Auflage auf 20 000 Exemplare. [29] Weitere Angaben über die Auflagenentwicklung des Organs bis 1887 fehlen. Trotz dieser kontinuierlichen Aufwärtsentwicklung in den ersten Jahren, die erst durch das Sozialistengesetz und die wenig profitable redaktionelle Führung durch den späteren Redakteur Bruno Geiser erheblich gebremst wird [30], bleibt die

Neue Welt ein Zwerg neben dem Riesen *Gartenlaube*. Nachfolgende Tabelle 3 versucht dieses Verhältnis deutlich zu machen. [31]

Tab. 3: Auflagenentwicklung »Gartenlaube« (1853–1935) und »Die Neue Welt« (1876–1914) [31]

	Gartenlaube		Die Neue Welt
1853	5000–6000		
1854	14500		
1855	35500		
1856	42000		
1857	55000		
1858	70000		
1859	80000		
1860	86000	(100000)	
1861	106000	(100000–105000)	
1862	138000	(120000–137000)	
1863	157000	(155000–160000)	
1864	125000	(180000, dann weniger)	
1865	130000		
1866	177000	(177000–200000)	
1867	225000	(210000–230000)	
1868		(250000)	
1869		(270000)	
1870		(270000)	
1871	310000		
1872			
1873			
1874	325000		
1875	382000		
1876	380000	(360000)	21000
1877			35000
1878	375000		50000
1879			
1880			
1881	378000		20000
1883		(224000)	
1884		(250000–260000)	
1885		(270000)	
1892			112000
1893			ca. 200000
1895	275000		
1902			220000
1903			278000
1904			283000
1905			ca. 320000
1906	100000		401500
1910			ca. 500000
1911			555000
1912			600000
1913			
1914			ca. 650000
1935	83000		ca. 650000

Auf Parteitagsbeschluß [32] wird für die *Neue Welt* im zweiten Jahr eine andere Jahrgangszählung eingeführt. Der zweite Jahrgang schließt bereits mit dem Monat September (1877), »da wir nur dann dem gesteigerten Lesebedürfnis in den Wintermonaten gerecht zu werden vermögen, wenn wir den neuen Jahrgang mit dem Oktober, statt wie bisher mit dem Januar beginnen.« [33] Veränderungen in den Besitz- und Eigentumsverhältnissen des Blattes treten erstmals im Juni 1880 auf. [34] W. Fink in Leipzig übernimmt das Blatt in Druck und Verlag, allerdings nur für eine kurze Zeit, denn schon im Januar 1881 [35] teilt Fink seinen Lesern »ergebenst mit, daß der Verlag und die Druckerei der *Neuen Welt* in den Besitz des Herrn Franz *Goldhausen* übergegangen ist«, und bittet, »das mir geschenkte Vertrauen in vollem Maße auf meinen Herrn Nachfolger übertragen zu wollen«. [36] Gründe für diesen Wechsel werden den Lesern nicht genannt. Dennoch weiß jeder, daß diese Veränderungen durch das Sozialistengesetz bedingt sind. Die Genossenschaftsdruckereien, die bereits vor Inkrafttreten des Sozialistengesetzes als »staatsfeindliche Einrichtungen« verfolgt wurden [37], gehen nämlich unter dem Sozialistengesetz formell in den Privatbesitz von Parteigenossen über, um die Druckereien der Arbeiterbewegung zu erhalten. Verfolgungen, Ausweisungen und Inhaftierungen der Parteimitglieder machen einen häufigen Wechsel in Redaktion und Geschäftsführung der Organe nötig. Nicht selten wird durch diese scharfen Verfolgungsmaßnahmen der Ruin der Unternehmen herbeigeführt. [38] Das Ende des 6. Jahrgangs bringt dann auch den Abonnenten der *Neuen Welt* die Nachricht, daß Redaktion und Verlag ab 1. 10. 1881 nach Stuttgart übersiedeln werden. [39] Im freieren Stuttgart hofft man, den Schikanen zu entgehen, denen man in Leipzig ausgesetzt war, über das 1881 der kleine Belagerungszustand verhängt worden war. Johann Heinrich Wilhelm Dietz erhält von der Partei den Auftrag, aus den verbliebenen Resten der hamburgischen und der sächsischen Genossenschaftdruckereien eine neue Firma aufzubauen. [40] Über die Geschäftslage des Leipziger Unternehmens in dieser Zeit schreibt Dietz:

»Um eine entsprechende persönliche Tätigkeit wieder zu gewinnen, übernahm ich Ende 1881 die infolge Ausweisungen aus Leipzig (über das gleichfalls im Sommer 1881 der kleine Belagerungszustand verhängt worden war) von dort nach Stuttgart übergeführte Buchdruckerei nebst Verlag von Fr. Goldhausen; dies Geschäft hatte früher, als es noch Eigentum der Genossenschaftsbuchdruckerei in Leipzig war, einen Wert von etwa 100000 Mark. Ende 1881 repräsentierte es infolge der zahllosen Verbote und Maßregelungen, von denen es betroffen worden war, in seinem unglaublich derangierten Zustande kaum einen Materialwert von 10000 Mark, für welchen Preis ich es dann auch käuflich erwarb. Die beiden einzigen Verlagsartikel, die »Neue Welt« und der »Omnibuskalender«, waren infolge der Verbote der früheren Jahrgänge auf 6000 beziehungsweise 20000 Auflage zurückgegangen – die weitere Herausgabe war also mit großen Kosten verknüpft.« [41]

Das neue Projekt findet bei den Behörden in Stuttgart gleich großes Interesse. Über den Setzer Franz Goldhausen, der noch an dem Projekt beteiligt ist, schickt der Berliner Polizeipräsident eine geheime Nachricht an die zuständige Stuttgarter Behörde [42].

Die Stuttgarter Behörde notiert: »Die entsprechende Beaufsichtigung des Tun und Treiben des Goldhausen etc. ist eingeleitet ...« [43]

Mit der Umsiedlung nach Stuttgart ist eine Preiserhöhung für die »Neue Welt« verbunden. Ab 1. 10. 1881 (7. Jg.) beläuft sich der Preis pro Quartal auf 1 Mark 50 Pfennige, in Heften 35 Pfennige, um, so argumentiert die Redaktion, »uns in die

Möglichkeit zu versetzen, dem seitherigen Umfange jeder Nummer einen halben Druckbogen hinzufügen zu können« und um »Text wie Illustration immer größerer Vollen-
dung entgegenzuführen und ihr eine erste Stelle innerhalb der deutschen Journalliteratur
zu sichern«. [44] Wie weit entfernt das Blatt von diesen Zielen ist, zeigt die Auflagenhöhe
für 1881: 20000 Abonnenten, 1878 waren es noch 50000. [45]

Am 1. 1. 1882 erhalten die »verehrlichen Abonnenten der Neuen Welt die ›ergebene
Mitteilung‹«, daß »die Buchdruckerei, Verlag der Neuen Welt und Hausbibliothek etc.
am 1. Januar 1882 mit sämmtlichen Activen und Passiven in den Besitz des Herrn
J. H. W. Dietz in Stuttgart übergeht«. [46] An der personellen Besetzung der Redaktion
ändert sich nichts. Im gleichen Jahr erfolgt, »auf vielseitig geäußerten Wunsch unserer
geehrten Abonnenten« [47], eine Umstellung in der Ausgabe des Organs. Die Wochen-
ausgabe fällt weg, und vom 8. Jg. an (ab 1. 10. 1882) erscheint die Neue Welt in
vierzehntägigen Heften à 25 Pfennige. Diese Veränderung, so versichert die Redaktion,
gewähre den Vorteil, daß »die Leser alle 14 Tage, statt wie bisher alle drei Wochen in den
Besitz eines Heftes gelangen«. [48] Um »dem Volk ein Familienblatt im wahren Sinne des
Wortes zu schaffen« [49], soll der Unterhaltungsteil intensiver gepflegt werden, doch soll
»nach wie vor der Belehrung durch populär-wissenschaftliche Abhandlungen, Kultur
und Sittenschilderungen in ausgedehnter Weise Rechnung getragen werden. Ferner
werden auch bezüglich der Illustrationen größere Anstrengungen gemacht werden, um
auch nach dieser Seite hin dem Publikum das Beste zu bieten«. [50] Der Umfang der
einzelnen Hefte schwankt nun zwischen 24 und 28 Seiten. Der belletristische Teil des
Blattes wird zwar quantitativ ausgebaut, qualitativ zeigen sich aber keine Veränderungen. [51]

1883 muß Bruno Geiser als verantwortlicher Redakteur des Blattes das Organ so weit
heruntergewirtschaftet haben, daß an einen Verkauf des Blattes gedacht wird. [52]
Dennoch hält es sich in der alten Form bis September 1886. Ende September 1886 wird
den Abonnenten angekündigt, daß Bruno Geiser auch den Verlag der Neuen Welt
übernimmt. Gedruckt wird das Blatt künftig bei J. H. W. Dietz, der mit der Druckerei
nach Hamburg übersiedelt. [53]

Das Blatt, so schreibt Bebel an Engels, könne dieses neue Arrangement kaum überleben: »Mit der Neuen Welt ist der Krach fertig. Das neue Arrangement, wonach G[ei]-
s[er] als Eigentümer auftrat und die Hamburger druckten, hat das erste Heft kaum
überstanden.« [54] Insgesamt erscheinen 1887 noch 12 Hefte. Die geringe Abonnentenzahl aber reicht nicht aus, die erheblichen Herstellungskosten zu decken, die weiterhin
ein Defizit hervorrufen, so daß man sich genötigt sieht, das Erscheinen des Blattes 1887
einzustellen. [55] Doch kehren wir nochmals zur Gründung des Organs zurück.

Redaktionelles Konzept unter Wilhelm Liebknecht

Verantwortlich für den Inhalt und die Ausgestaltung des ersten Jahrgangs (1/1876 –
52/1876) [56] des »sozialistisch gehaltenen belletristischen Blattes« [57] ist Wilhelm
Liebknecht. Den Hauptakzent bei der Auswahl der Mitarbeiter und Autoren für den
belletristischen und populärwissenschaftlichen Teil der Zeitschrift legt Liebknecht auf

solche Autoren, die bereits seit Jahren eng mit der Sozialdemokratischen Partei und ihren Medien verbunden sind. Unter den organisierten proletarischen Lesern des Blattes sind sie zum Teil sowohl als Politiker als auch als Schriftsteller bekannt: Robert Schweichel, Friedrich Engels, Johann Ph. Becker, Johann Most, August Otto-Walster. [58]

Aber auch Schriftsteller, die nicht in der Parteiorganisation tätig sind, sondern allein mit ihrer Prosa den Kampf der Sozialdemokratie unterstützen, kommen zu Worte, so z.B. Carl Lübeck und die österreichische Autorin Minna Kautsky. [59] Für eine Vielzahl der literarischen Texte läßt sich der Autor nicht identifizieren, da die Beiträge entweder anonym oder unter einem Pseudonym publiziert werden. Diese Vorgehensweise der Redaktion soll – angesichts der scharfen Preßgesetze – einerseits die Konfiskation des Blattes verhindern und andererseits die Autoren vor Verfolgung und Zerstörung ihrer wirtschaftlichen Existenz schützen. [60]

Fast ausnahmslos zentrieren sich die von Liebknecht ausgewählten Texte um historische oder politische Ereignisse der Vergangenheit oder der unmittelbaren Gegenwart, Revolutionen, Freiheitskämpfe, revolutionäre Erhebungen: französische Revolution, 48er Revolution, Pariser Commune, Aufstand der Weber usf. Sie sollen der politischen Bewußtseinsbildung und der klassenmäßigen Erziehung der Leserschaft dienen. Da, wo die Romanstoffe aus der Gegenwart genommen werden, schildern sie die schweren Bedingungen der Organisierung der Arbeiterschaft oder karikieren die sozialen Mißstände der ›Gesellschaft‹ bzw. der sog. ›hohen Kreise‹. Zwar bleibt die künstlerische Gestaltung der Texte (oberflächliche Charakterzeichnungen, vordergründige Handlung, Übernahme von Trivialmustern, Schwarz-Weiß-Malerei) häufig hinter der progressiven und klassenkämpferischen Intention der Texte zurück, dennoch aber bilden sie, vor allem auch in der Gesamtschau mit den nicht-fiktionalen Texten, einen Versuch, ein eigenes, anti-bürgerliches, sozialistisches Kultur- und Literaturprogramm zu entwickkeln.

Als ersten Roman in der Zeitschrift publiziert Liebknecht das Werk der englischen Schriftstellerin Linton, *Die wahre Geschichte des Josua Davidsohn*. [61] Entsprechend der Intention der Autorin, wie es im Vorwort des Romans zum Ausdruck kommt, wird das Werk anonym abgedruckt. [62] Es berichtet, dem Leben eines christlichen englischen Kämpfers folgend, über dessen Anschluß an die I. Internationale und seinen Kampf in den Reihen der Kommunarden. Auch der zweite in diesem Jahrgang der Zeitschrift abgedruckte längere literarische Text wendet sich einer revolutionären Erhebung zu: Carl Lübeck schildert in seinem Roman *Goldene und eiserne Ketten* das Elend der schlesischen Weber und ihren Aufstand im Jahre 1844.

Parallel zu Lübeck wird ein Text von Johann Philipp Becker, badischer Volksführer und später Leiter der Schweizer Sektion der Internationalen Arbeiterassoziation, veröffentlicht. Becker, ein Freund von Marx und Engels, steuert seine Erinnerungen *Abgerissene Bilder aus meinem Leben* bei. [63] Ergänzt werden diese Beiträge durch Skizzen und Episoden aus der Schweizer Geschichte (Schweichel), der französischen Revolution (anonym) und der 48er Revolution (Turgeniew).

In ihrer ersten in der Zeitschrift publizierten Erzählung *Ein Proletarierkind* vermittelt Minna Kautsky typische Schicksale proletarischer Menschen ihrer Zeit, verquickt mit einer rührseligen Liebesgeschichte. Mit der Figur des Arbeiters Denk (!) – einem Hauptakteur der Erzählung – überliefert sie ein anschauliches Bild über den Stand der österreichischen Arbeiterbewegung in den 70er Jahren des 19. Jahrhunderts. Gleichzeitig verdeutlicht sie hier eigene theoretische Schwächen im Verständnis des Sozialismus, die aber in engem Zusammenhang zu sehen sind mit ideologischen und theoretischen Schwächen der österreichischen Arbeiterbewegung in jenen Jahren: Hauptangriffsziel in der Erzählung ist, wie es in der politischen Agitation des Arbeiters Denk zum Tragen kommt, der Unverstand der Massen (noch ganz im Lassall'schen Sinne), weniger die verfestigten ökonomischen und politischen Strukturen des kapitalistischen Systems. [64]

Im Anschluß an diese Erzählung erscheint anonym der Roman *Im Banne Mammons,* der »von unseren Lesern mit Beifall aufgenommen« wird. [65] Er schildert, so die spätere Buchankündigung, »mit großer Anschaulichkeit die Schäden der Berliner Gesellschaft, deckt die außerordentliche Korruption auf, welche die sogenannten höheren Kreise derselben zerfrißt, und geißelt die Lächerlichkeiten des alltäglichen Lebens«. [66]

Der belletristische Teil des Blattes umfaßt nicht allein erzählende Prosa, sondern auch revolutionäre Gedichte und Lieder (Text und Komposition), ja sogar ein Drama in Fortsetzungen. [67] Publiziert werden Gedichte und Lieder, die von den Freiheitskämpfen vergangener Zeiten reden und singen, aber auch solche, die direkt in den politischen Tageskampf eingreifen. [68] Hinzu kommen Artikelserien und Kurzbiografien über berühmte Demokraten und Revolutionäre, demokratisch-revolutionäre Publizisten (z.B. Engels über Wilhelm Wolff), Darstellungen über Leben und Werk von Freiheitskämpfern, Dichtern und Denkern, die zu kennen für das Proletariat von Bedeutung sind. [69] Illustrationen, Zeitbilder, Porträts begleiten die Beiträge und machen das dort Geschriebene sinnlich wahrnehmbar. [70]

Neben dem belletristischen Teil spielen die populärwissenschaftlichen Artikel – naturwissenschaftliche, historische, pädagogische, geographische und völkerkundliche – eine große Rolle. Auch hier versucht Liebknecht solche Autoren zu gewinnen, die in der Arbeiterbewegung tätig sind oder zumindest mit ihr sympathisieren. [71] Von zentraler Bedeutung sind die Beiträge, die sich mit der Situation der Auswanderer beschäftigen. Erfahrungsberichte von Ausgewanderten, politische und ökonomische Berichte des Korrespondenten der *Neuen Welt* aus New York (A. Douai) versuchen, ein realistisches Bild der vielgepriesenen *Neuen Welt* zu vermitteln, und warnen vor einer überstürzten Auswanderung. [72]

Insgesamt gesehen, zeugt der erste Jahrgang der Zeitschrift von einer sozialistischen Grundkonzeption und einer klassenkämpferischen Position in fast allen Beiträgen.

In Form und Ausgestaltung der einzelnen Nummern – Anordnung der Texte, Auswahl eines Teils der Illustrationen – zeigt sich zwar eine Annäherung und Nachahmung der *Gartenlaube,* inhaltlich aber stellt die *Neue Welt* mit ihrer »echten Volkslektüre« [73] eine Alternative dar zur »sittenverderbenden Bourgeoislektüre« [74] der *Gartenlaube.* Dieser Gegensatz ist nicht nur an der Auswahl der Texte, sondern auch an der unterschiedlichen Wahl der Kopfbilder beider Zeitschriften abzulesen. Führt die *Gartenlaube* ihren Leser in die anheimelnde Umgebung einer Laube, in die Familienidylle, so schickt die *Neue Welt* ihre Leser in die tobenden Elemente: ein Schiff in schäumender Gischt, das vom sicheren Strand mit vollen Segeln der anderen, der *Neuen Welt,* der aufgehenden Sonne, dem Sozialismus [75] entgegensegelt. Im Strahlenkranz der Sonne leuchten die

Worte ›Gerechtigkeit‹ und ›Gleichheit‹ auf. Der programmatische Charakter dieses Bildes wird noch unterstrichen durch zwei Gedichte, die zu diesem Bild verfaßt und in der *Neuen Welt* publiziert werden. [76]

Redaktionelles Konzept unter Bruno Geiser

Wilhelm Liebknecht legt die Redaktion des Blattes, die er »von vornherein nur provisorisch übernommen« [77] hat, mit Beginn des zweiten Jahrgangs der Zeitschrift 1877 nieder und übergibt sie an seinen Schwiegersohn Bruno Geiser. Mit dem Eintritt Geisers in die redaktionelle Leitung des Blattes – zunächst für den Zeitraum vom 1. 1. 1877 bis zum 16. 7. 1881 [78] – werden die Ansätze Liebknechts, mit dem Unterhaltungsblatt die Traditionen einer dezidiert sozialistischen Publizistik aufzugreifen und fortzuführen, nicht weiter verfolgt. Unter seiner Führung treten im Verlauf der Zeit, wie die einzelnen Jahrgänge der Zeitschrift zeigen, Veränderungen in der Grundkonzeption des Blattes, in den Auswahlstrategien der belletristischen und populärwissenschaftlichen Beiträge ein. Der klassenkämpferische Standpunkt, wie er unter der Leitung von Liebknecht auf fast allen Ebenen zum Ausdruck kommt, wird von Geiser sukzessive abgebaut zugunsten eines an bürgerlichen Standards ausgerichteten Bildungs- und Unterhaltungsstrebens.

Dies zeigt sich am deutlichsten darin, daß in den Jahren nach 1876 zunehmend zeitgenössische bürgerliche Unterhaltungsliteraturautoren abgedruckt werden [79] und nur wenige der Autoren, die noch den Inhalt des ersten Jahrgangs der Zeitschrift bestritten haben, dem Blatt erhalten bleiben. Zu ihnen gehören Minna Kautsky, die mit einem großen Teil ihres literarischen Schaffens in dem Organ vertreten ist, und Rudolf Lavant. Aber nicht nur aus dem belletristischen, sondern auch aus dem populärwissenschaftlichen Teil ziehen sich die sozialdemokratischen Autoren zurück. [80]

Stammautorin des Blattes bleibt, wie bereits erwähnt, Minna Kautsky. Die Werke, die sie in dieser Zeit produziert und die »rasch an Tiefe und Reife wuchsen« [81], werden in der *Neuen Welt* publiziert. Ja, sie schreibt ihre Texte speziell für die *Neue Welt*, denn nur in einem sozialistischen Verlag hat sie Aussicht, mit ihren Erzählungen und Romanen, die »von vornherein einen sozialistischen Charakter« [82] erhalten, angenommen zu werden. In ihren Erinnerungen heißt es:

> »Mein Sohn Karl schickte meine ersten Arbeiten an Liebknecht, der eben das Unterhaltungsblatt ›Die Neue Welt‹, das auch der Propaganda dienen sollte, gegründet hatte. Er empfing die neue Parteigenossin mit offenen Armen. Er wünschte meine ständige Mitarbeiterschaft. In rascher Folge erschienen meine sozialen Romane. Ich war bei der Sache mit ganzem Herzen, und ich sprach zu den Herzen der Genossen, ich wurde verstanden. Ich war glücklich wie nie vorher.« [83]

Folgt man der Einschätzung ihres Sohnes, durch den sie mit der proletarischen Bewegung in Berührung kam [84], steht sie mit ihren Erzählungen und Novellen weit über dem Niveau der damaligen parteigenössischen Erzählkunst.[85] Diese, so formuliert es Karl Kautsky, bewege sich »auf einem tiefen Niveau, war naiv und unbeholfen«. [86] Für Minna Kautsky selbst wird der »soziale Roman der Inhalt ihres Lebens. Sie mußte ihre Romane schreiben, sonst wäre ihr das Leben völlig zwecklos und verfehlt erschienen.« [87] Ihre Romane, Erzählungen und Novellen werden von den Lesern der

Neuen Welt »mit Beifall, ja mit Jubel« [88] aufgenommen. Während heute weitgehend unbekannt, ist sie damals eine beliebte und weitverbreitete Autorin in der Arbeiterklasse gewesen. Die Parteigenossen nennen sie sogar die »rote Marlitt« oder »die sozialistische Marlitt« [89], ein Vergleich, den sie selbst weniger gern hörte. [90]

Auch die führenden Köpfe der Partei schätzen ihr Werk, was sie natürlich nicht hindert, sich mit diesem, seinen theoretischen Unklarheiten und Schwächen in der Gestaltung, auseinanderzusetzen. [91] In die marxistische Literaturgeschichte und -theorie eingegangen ist vor allem die Kritik Engels an ihrem Roman *Die Alten und die Neuen,* in der er einen ersten Entwurf zu einer Theorie des sozialistischen Realismus leistet. [92]

Rudolf Lavant, ein bürgerlicher Autor, der in jenen Jahren den Weg zur Arbeiterklasse findet, publiziert ebenfalls seinen ersten Roman *Ein verlorener Posten* in der *Neuen Welt.* [93] Der Roman, der unter den Lesern der Zeitschrift eine begeisterte Aufnahme findet [94], trägt zum Teil autobiographische Züge. [95] Er schildert das Ringen des Dichters um die neue Weltanschauung und gibt damit wichtige Hinweise auf seine ideologische und literarische Entwicklung. Da Lavants Annäherung an die Arbeiterbewegung zu diesem Zeitpunkt noch eher emotional denn rational bestimmt ist, zeigen seine Werke – ähnlich Minna Kautsky – noch weltanschauliche und theoretische Unklarheiten. Erst später, unter dem Sozialistengesetz, setzt er sich über seine gefühlsmäßige Parteinahme und Bindung hin auch theoretisch mit der Arbeiterbewegung auseinander. [96] Er liest Schriften von Blanqui, Babeuf, Owen, Saint-Simon, Lassalle und Marx. [97] Diese Auseinandersetzungen mit theoretischen Problemen kommen der eigenen Produktion zugute. Ist die zweite von ihm abgedruckte Prosaarbeit in der *Neuen Welt* (*Idealisten,* 5. Jg. 1879/1880) noch eine rührselige Geschichte zwischen einem Offizier und einem einfachen Mädchen aus dem Volke, der man »jede auch nur begrenzte Bedeutung absprechen muß« [98], so zeigen seine Gedichte diesen politischen Klärungsprozeß. Bereits der erste Jahrgang druckt ein Zeitgedicht ab, das in den aktuellen politischen Tageskampf eingreift. Das Gedicht, das anonym publiziert wird, wird Lavant zugesprochen. [99] Auch die folgenden Jahrgänge der Zeitschrift veröffentlichen Gedichte von ihm, in denen er sowohl den politischen Kampf des Proletariats schildert, als auch die Gedanken- und Gefühlswelt des proletarischen Kämpfers.

Die Lyrik bleibt auch unter der Redaktion von Geiser eine Rubrik in der Zeitschrift, die gepflegt wird. Zu Lavant gesellen sich andere sozialistische Lyriker wie Leopold Jacoby, Ernst Klaar, Robert Seidel, Emil König u. a. Relativ selten findet sich dagegen die Lyrik der Klassik und des Vormärz. Ab Heft 2/1882 richtet Geiser eine neue Rubrik ein, die ›Proben deutscher Volkspoesie der Gegenwart‹, die den Lesern der *Neuen Welt* die Möglichkeit eröffnet, ihre eigenen Gedichte zu publizieren. [100] Hier finden sich Gelegenheitsgedichte von Arbeitern und Angestellten, aber auch Proben aus dem Schaffen junger, sozialistischer Lyriker wie z. B. Ernst Klaar.

Die Rubrik ›Redaktions-Korrespondenz‹

Dem Beispiel anderer Unterhaltungszeitschriften folgend [101], wird die *Neue Welt* nicht allein von Geister gestaltet, sondern viele Anregungen, Vorschläge und Beiträge kommen aus dem Kreis der Leser selbst. Mit der Rubrik ›Redaktions-Korrespondenz‹, die entweder auf der Annoncen-Beilage zu finden ist [102] oder auf der letzten Seite der Zeitschrift publiziert wird [103], stellt die Redaktion mit den Lesern des Organs eine Kommunikation her. Erhalten hier die Leser die Möglichkeit, für ihre Belange eine Öffentlichkeit herzustellen, so sieht sich die Redaktion selbst in die Lage versetzt, aus dem Kreis der Leser Mitarbeiter für das Blatt zu gewinnen. Da das Organ nur über einen relativ kleinen Stamm an festen Mitarbeitern verfügt, ist es auf die Resonanz im Leserkreis in Form von Einsendungen angewiesen. In der Rubrik ›Redaktions-Korrespondenz‹ gibt die Redaktion den Lesern nach Prüfung eingegangener Sendungen – Romane, Erzählungen, Gedichte, dramatische Versuche, Essays, Rätseln etc. – eine Antwort. Sie leistet hier durch Ratschläge medizinischer, ökonomischer und arbeitsrechtlicher Art praktische Lebenshilfe, gibt Leseempfehlungen nicht nur für den belletristischen Sektor, sondern auch für geographische, mathematische, politische und ökonomische Probleme.

Der größte Teil der Antworten der Redaktion ist nur dem Einsender selbst verständlich, da der Inhalt der Anfrage bzw. des Eingesandten nicht referiert wird. So reduziert sich durch diese Vorgehensweise der Redaktion der Anteil der Korrespondenzen, die für uns heute interpretierbar sind, erheblich, dennoch aber geben die verbliebenen einige wichtige Anhaltspunkte und Aufschlüsse über die Verbreitung des Blattes, die soziale Struktur der Rezipienten, die Auswahlkriterien des Organs, die qualitativen Anforderungen an die Mitarbeiter und darüberhinaus auch etwas über das Ziel und die Intention des Organs. [104]

Verbreitung der »Neuen Welt«

Ähnlich wie die *Gartenlaube* [105] bleibt die Verbreitung der *Neuen Welt* nicht nur auf Deutschland und das europäische Ausland beschränkt, sondern erstreckt sich auch auf Übersee. Viele der deutschen Auswanderer in Nordamerika, vornehmlich in den Städten New York, St. Louis, Pittsburg und San Antonio [106], aber auch in Südamerika und sogar in Honolulu, halten sich das Blatt, um so mit der deutschen sozialdemokratischen Bewegung in Kontakt zu bleiben. 1879 berichtet ein Abonnent aus St. Louis über etwa 300 Abnehmer der »*Neuen Welt*« in dieser Stadt. [107] Dieser Kontakt soll sich nach Ansicht der Redaktion der *Neuen Welt* nicht nur in einer passiven Rezeption der Inhalte der Zeitschrift erschöpfen, im Gegenteil, die Leser sind aufgefordert, von ihren Erfahrungen, Nöten und Kämpfen in der neuen Umgebung zu berichten. Auch wird eine engere Zusammenarbeit mit den exilierten Schriftstellern angestrebt, die ihre Manuskripte aus der Emigration nach Deutschland schicken sollen. [108]

Zwar reicht die Verbreitung der *Neuen Welt* zahlenmäßig niemals an das Konkurrenzorgan *Die Gartenlaube* heran, dennoch scheint aber in einzelnen Gebieten die Ausbreitung der *Gartenlaube* zumindest gebremst worden zu sein. In Beantwortung eines Schreibens aus Ried, Oberösterreich, heißt es 1878:

»Daß die ›N.W.‹ in Ihrem Orte der ›Gartenlaube‹ das lange behauptete Terrain abgräbt, ist der reichs- und kaiser- und königstreuen und russenfreundlichen ›Gartenlaube‹ schon recht.« [109]

Soziale Struktur der Leser

Wie die einzelnen Korrespondenzen zeigen [110], zentriert sich die Rezeption der *Neuen Welt* nicht auf eine spezifische soziale Gruppierung, sondern umfaßt alle sozialen Gruppen und Schichten. Ob der heterogene Leserkreis durch eine Gruppe dominiert wird, läßt sich aufgrund der schmalen Basis der Daten nicht genau sagen. Die vorliegenden Korrespondenzen lassen eher die Vermutung aufkommen, daß die verschiedenen Gruppierungen homogen verteilt sind. Gelesen wird die *Neue Welt* demnach in Arbeiterkreisen, aber auch von Handwerkern, Angestellten, Beamten, dem Militär, Selbständigen und Intellektuellen. [111] Der Leserkreis beschränkt sich also nicht nur auf proletarische Leser. Auch die Legende, daß das Blatt nur von den Frauen der Arbeiter gelesen wird, entspricht nicht der historischen Realität. Beide Geschlechter sind etwa zu gleichen Teilen in den Korrespondenzen vertreten. Positive Resonanz findet das Blatt in allen Kreisen: bei den Arbeitern, die ihre »freudige Anerkennung« und ihre »Befriedigung über die Lektüre der ›N.W.‹« artikulieren und hoffen – so ein »Sozialdemokrat mit Leib und Seele« – daß das Organ »alle übrigen illustrierten Zeitungen an Abonnentenzahl übertreffen« möge. [112] Aber auch andere Leser, so ein Ingenieur, drücken ihre »größte Zufriedenheit« über das Organ aus. [113] Kritische Stimmen aus dem Lager der politischen Kontrahenten werden dem Spott preisgegeben:

»Marienwerder. Ökonomieeleve v. W. Sie »*verachten* die Sozialdemokratie wie alle Demokraten und andere Leute, die im Königthum nicht das Höchste auf Erden sehen«!? Wie können Sie so grausam sein, liebes Kind?« [114]

Diese Struktur des Leserkreises ist für die Gestaltung der *Neuen Welt* mit großen Problemen verbunden, da die unterschiedlichsten Anforderungen an das Blatt gestellt werden.

»D. V. Elberfeld. Die »Neue Welt« wird noch viel reichhaltiger werden, als sie es gegenwärtig ist. Selbstverständlich sind wir dankbar, wenn uns die Leser die Ziele angeben, nach denen wir unsere Bestrebungen zu richten haben. Freilich gehen die aus unserem Leserkreis an uns herantretenden Anliegen oft sehr weit auseinander, stehen sich sogar nicht selten feindlich gegenüber.« [115]

Mitarbeiter

Die qualitativen Anforderungen an die potentiellen Mitarbeiter und die Auswahlkriterien der Redaktion für die einzelnen Beiträge lassen sich anhand der Korrespondenzen nur wenig konkret fassen, da die hier publizierten Richtlinien und Anweisungen generell recht pauschal und abstrakt gehalten sind. Aus dem Gesamt der Korrespondenzen läßt sich etwa folgendes Bild zeichnen:

Zur Prüfung nimmt die Redaktion der *Neuen Welt,* die an ihre Mitarbeiter »hohe Anforderungen« [116] stellt, alles entgegen, was man ihr schickt. [117] Jeder Mitarbeiter und Mitstreiter, »der es ehrlich meint und Tüchtiges schafft« [118], ist der Redaktion willkommen. Viele Manuskripteinsendungen, vornehmlich längere Novellen, Erzählungen und Romane, mit denen *Die Neue Welt* in der Regel weit über ein Jahr eingedeckt ist [119], erreichen die Redaktion. Trotz dieser Fülle des Angebots bleibt die Redaktion der Zeitschrift unzufrieden, denn:

»nach guten und unsern sozialistischen Zwecken entsprechenden belletristischen Arbeiten, Novellen und Romanen, müssen wir jedoch gar lange mit der Redaktionslaterne suchen gehen. Zwischen Novellen und Novellen ist eben ein Unterschied, der Ihnen nicht klar geworden, sonst würden Sie der Novellenlektüre die Eigenschaft zu belehren, nicht absprechen. Die Welt und die Menschen, wie sie denken und handeln, zu schildern; edle Gefühle und den Haß gegen das Schlechte zu erwecken und zu nähren, unterhaltend zu *erziehen,* das ist die hohe Aufgabe der belletristischen Literatur, wie *wir* sie brauchen und unseren Lesern darbieten.« [120]

Auch an anderer Stelle klagt die Redaktion der *Neuen Welt* über die schwierige redaktionelle Arbeit und den Mangel an geeigneten sozialistischen Arbeiten:

»Wollten wir sofort Ihren Anforderungen nachkommen, so müßte die Zahl der Arbeitskräfte in unserer Redaktion und das Redaktionsbudget wenigstens um das Dreifache erhöht werden. Mit der Zeit aber geschieht, was geschehen kann. Spannende Novellen oder Romane, welche durch eine erhebliche Anzahl von Nummern gehen, wird der am 1. Okt. beginnende neue Jahrgang bringen. Dergleichen Arbeiten, von unserm Standpunkte, dem der monistisch-sozialistischen Weltanschauung, aus geschrieben, sind nicht nur Raritäten, sondern so gut wie noch gar nicht vorhanden. Die »Neue Welt« muß sich ihre Mitarbeiter – die wissenschaftlichen und die belletristischen – langsam erobern; die Romanschriftsteller der »N.W.« speziell müssen *als* Romanschriftsteller erst *werden.* Wer die hier angedeuteten Umstände richtig zu würdigen versteht, der weiß, daß die Red. d. »N.W.« eine so schwierige Position, eine so mühsame Arbeit hat, wie keine andere Redaktion eines illustrierten Blattes. Und wenn Sie die Berge unbrauchbaren Mspts sähen, das nach eingehendster Prüfung lautlos begraben wird, wenn Sie sähen, wie wir in sehr vielen Fällen auch die besseren Arbeiten der verschiedensten Fächer erst sorgsam überarbeiten müssen, – wenn Sie wüßten, wieviel Fleiß dazu gehört und wie wenig Arbeitskräfte dazu vorhanden sind, – so würden Sie nicht so leichthin alles Mögliche und Unmögliche fordern. Übrigens täuschen Sie sich auch in Beziehung auf das, was wir unsrer Lesewelt bieten dürfen, theilweise sehr; »Miszellen mit humoristischer Würze« dürften z.B. auf arge Mißbilligung stoßen, denn erst ganz vor kurzem sprach uns ein sehr eifriger und erfahrener Gesinnungsgenosse seine und seiner Freunde lebhafte Genugthuung aus, daß wir solchen ›läppischen Schund, mit dem die Bourgeoisblätter die Lachmuskeln der denkfaulen Masse kitzeln,‹ in unseren Spalten keinen Raum gewähren.« [121]

Was der Redaktion vor allem fehlt, sind kürzere literarische Texte und populärwissenschaftliche Artikel, auch Gedichte, die vom sozialistischen Standpunkt aus konzipiert sind. [122] Da es zum Leitprinzip der Redaktion gehört, möglichst nur Originalarbeiten zu publizieren [123], ist das Repertoire sehr beschränkt. Die Auswahlmöglichkeiten der Redaktion reduzieren sich nochmals, da sie – mit Rücksicht auf den Staatsanwalt [124] – nicht bereit ist, »gar zu politische Verse« [125] abzudrucken. Auch dramatische Produkte werden »aus guten Gründen« [126] nicht angenommen. Personen, die durch ein Porträt ihrer Lebensweise den Lesern der *Neuen Welt* vorgestellt werden, sollen nicht nach ihrer Parteizugehörigkeit ausgewählt werden. Allein solche Menschen sollen den Lesern nahegebracht werden, »die der Menschheit anerkennenswerte Dienste geleistet haben«. [127]

Die Honorarsätze für die literarischen Produkte liegen nicht fest, sondern richten sich je nach dem Wert der Einsendungen. [128]

Abgelehnt werden generell Gartenlauben-Mitarbeiter, sofern sie sich als solche zu erkennen geben. [129] Auch Novellen, Erzählungen und Romane von »feuilletonistischer Oberflächlichkeit«, »Inhaltsarmuth« [130] und zu lockerer Moral [131] haben keine Chance, in dem Blatt publiziert zu werden. Die Redaktion legt Wert auf »kernigen Inhalt« und auf solche Texte, die »Kampfesfreudigkeit statt Weltschmerz athmen«:

> »Hamburg. J. J. Sch. Sie hatten vollkommen recht, als Sie meinten, die weltverzweifelte Stimmung, welche in Ihrem Sonette zum Ausdruck gelangt, passe nicht in die ›Neue Welt‹. Wer an eine neue Welt glaubt, für sie arbeitet, der schaut frohen oder düsteren Muthes, aber stets mit unbesiegbarer Zuversicht, in die Zukunft. Daß übrigens der Jammer der alten, elenden Welt, in der wir leben, ganz dazu angethan ist, Menschen, deren Gefühl nicht – um mit Platen zu reden – ›mit siebenfachem Leder überzogen, dem Schild des Ajax im Homer vergleichbar‹, zur Verzweiflung zu treiben, geben wir gern zu; nur dürfen *wir* diese sehr erklärliche Neigung zur Weltverzweiflung nicht fördern, sondern müssen die Proletariergemüther, koste es, was es wolle, stahlhart und in alle Wege schicksalsfest machen helfen. Übrigens erklären wir Ihnen gern, daß wir Sie für poetisch nicht unbegabt halten und Ihren Gedichten, wenn sie Kampfesfreudigkeit statt Weltschmerz athmen werden, die ›N.W.‹ nicht verschließen wollen.« [132]

Gesucht werden fernerhin literarische Texte mit realistischen, wirklichkeitsgetreuen Schilderungen, allerdings ohne naturalistische Elendsschilderungen, da die Kunst »sittlich erheben« [133] und »ästhetisch erziehen« soll:

> »Berlin. Novellist Max Kr. Ein zureichender Grund zur Ablehnung der von Ihnen eingesandten Arbeiten ist in der obigen Korrespondenznotiz unter Salzburg ausgesprochen. Außerdem sei hinzugefügt, daß z.B. die ›Erzählung aus dem sozialen Leben‹ bzw. ›Sein Weib‹, keineswegs im Geiste der ›N.W.‹ gehalten ist. Die schöne Literatur hat *nicht* die Aufgabe, durch Schilderung der Nachtseiten des sozialen Lebens Entsetzen oder gar Ekel zu erregen – gleichviel, ob solchem Entsetzen, solchem Ekel eine besondere Wirkung zugesprochen werden könnte oder nicht –, sie soll ästhetisch erziehen, und von diesem Ziele ist ›Sein Weib‹ himmelweit entfernt, obgleich ihm eine gewisse Geschicklichkeit der Mache, ein Talent à la Siegmay etwa, nicht abgesprochen werden soll […]. Es soll uns freuen, wenn wir Sie dereinst auf Wegen finden, welche mit der Bahn der ›N.W.‹ nach dem oben angedeuteten Ziele hin konvergieren.« [134]

Zu »phantastische« [135] literarische Produkte, Texte voller »Unwahrscheinlichkeiten, ja Unmöglichkeiten« [136] schickt die Redaktion ebenfalls zurück.

Ansonsten nimmt das Blatt alles an, was ihm »gut« erscheint [137] und was mit der Tendenz der Zeitschrift harmoniert. [138] Diese Tendenz wird dem Leser gegenüber recht allgemein umschrieben: Kampfesfreudigkeit statt Weltschmerz verbreiten [139], durch sozialistische Lektüre unterhaltend erziehen [140]; zur »Nachfolge auf den Weg edlen Unglaubens begeistern« [141]; kurzum, das Blatt versteht sich als »Turnierplatz des Geistes« und als Bauherr »geistiger Barrikaden«:

> »Berlin. Lieutenant v. W. Ob wir ›Artikel über Barrikaden, Häuserdemolierung etc.‹ gebrauchen können? O ja, aber von Ihnen und Ihresgleichen nicht. Wir bauen nämlich nur *geistige* Barrikaden, Barrikaden gegen Ungerechtigkeit und Thorheit, wollen nur die Häuser der Unsittlichkeit und derlei Bauwerke der Schande demoliert wissen, und wie solche Arbeit verrichtet wird, Werthgeschätzter, darüber hat man Sie *nicht* instruiert.« [142]

Die Antworten der Redaktion bei Ablehnung der Manuskripte sind meist begleitet mit – in schulmeisterlichen Ton gehaltenen – Ratschlägen und Ermahnungen an die Poeten. Zwar wird diesen nicht selten ein »poetisches Talent bescheinigt« [143], dennoch aber rät man ihnen, noch fleißig zu studieren und die »vorhandenen Begabungskeime durch geistige Arbeit« [144] sorgfältig zu pflegen, damit der große Wurf einmal gelänge. Anderen wiederum erteilt man den Rat, da der gute Wille allein nicht ausreiche, »Zeit und Mühe vorläufig nicht auf poetische Künsteleien zu verschwenden.« [145] Bei Annahme eines Manuskripts erfolgen aufmunternde Worte für die weitere Produktion. [146] Der zum Teil sehr scharfe und spöttische Ton der Redaktion schreckt sicherlich viele Leser ab, ihre literarischen Produkte einzuschicken. Die arrogante Haltung der Redaktion provoziert denn auch folgende Einsendung:

> »Prag. L. M. Sie scheinen von Natur etwas barbarisch angelegt zu sein, dieweil Sie ›von der ›N.W.‹ nichts so sehr freut, als daß im Redaktionsbriefkasten die Dichterlinge so grausam geschunden werden‹. Wir ›schinden‹ das Heer der Poeten von Gottes Zorne nicht, wie Sie anzunehmen scheinen, weil wir Lust empfänden an anderer Leute Schmerz, sondern weil wir die Pflicht fühlen, mit dem Messer unserer Kritik den Krebsschaden der Selbsttäuschung über poetische Leistungsfähigkeit auszuschneiden, wo wir ihn finden. Wir ›schinden‹ aus Barmherzigkeit und nicht aus Grausamkeit.« [147]

Redaktionelles Konzept unter dem Sozialistengesetz

Geisers Versuche, den politischen Tageskampf durch Erzählprosa und Lyrik zu unterstützen, die Leser mit dem Schaffen lebender oder gestorbener revolutionär-demokratischer Schriftsteller bekannt zu machen, bleiben nach 1878 die Ausnahme und nicht die Regel. Zunehmend schleichen sich solche Beiträge ein, die ebensogut in der »Gartenlaube« hätten publiziert werden können. [148] Den Autoren, die auch politisch mit den Forderungen der Sozialdemokraten harmonieren, tritt eine Vielzahl von Schriftstellern entgegen, die sich in ihren Texten »der kleinbürgerlich-sentimentalen, verderblichen sensationslüsternen Bourgeois-Lektüre« [149] nähern.

Auch der Wechsel in den Besitzverhältnissen ändert an dem inhaltlichen Konzept des Blattes kaum etwas. Der neue Besitzer Goldhausen schafft 1881 die Annoncen-Beilage ab, die neben den Inseraten die »Redaktions-Korrespondenz« enthielt. [150] Diese Rubrik sollte künftig wieder in zwangloser Reihenfolge mit dem »Wissenschaftlichen Ratgeber« wechselnd, im Hauptblatt erscheinen. [151] Ab Juli 1881 löst Dr. Max Vogler, ein »bewährter Mitarbeiter unseres Blattes, den geehrten Lesern seit Jahren bekannt«, Bruno Geiser ab und übernimmt die Redaktion des Blattes. [152] Doch der Umzug des Unternehmens nach Stuttgart zieht eine neuerliche Umbesetzung in der Redaktion nach sich. Bruno Geiser zeichnet auch in Stuttgart wieder verantwortlich für die Leitung des Publikationsorgans. Neue Impulse und Ideen für die Gestaltung des Blattes gehen von ihm nicht aus. Das bedeutet, daß sich im unterhaltenden und belehrenden Teil, mit wenigen Ausnahmen, ein »sentimentaler, hausbackener oder unecht romantischer kraft- und gestaltenloser Grundzug« [153] breitmacht, der Engels nach der Lektüre der »Neuen Welt« veranlaßt, an Bernstein zu schreiben:

> »Das ist so ertötend langweilig, daß es nicht lange ging [...] Wer sich in einem solchen Pfennigmagazin mit Wissenschaft brüsten tut, beweist schon damit, daß er wirklich auch nichts gelernt hat. [...] Vor *der* Wissenschaft wird nicht der kleinste Köter bange.« [154]

Dieser Auflösungsprozeß, diese Ausrichtung auf den kleinbürgerlichen Geschmack der Leser, wird unter dem Sozialistengesetz zunehmend forciert. Theoretische Artikel treten zugunsten der Rätsel- und Schachecke, praktischer Ratschäge für die Hausfrau (Einmachen, Einkochen, Zimmerpflanzenkultur etc.) zurück. Sozialistische Autoren, wie sie der erste Jahrgang noch in Fülle brachte, sind eine Rarität. Diese Tendenz, sicherlich begünstigt durch die mit dem Sozialistengesetz verbundenen Restriktionen, verstärkt sich weiter. So sieht sich August Bebel 1884 veranlaßt, *Die Neue Welt* mit einer anderen sozialdemokratischen Zeitschrift, der *Neuen Zeit* zu vergleichen, weil, wie er schreibt, in dieser Konfrontation die beiden Strömungen in der Partei, die opportunistische und die marxistische, recht prägnant zum Ausdruck kämen. [155]

3.2. Die Neue Welt. Illustrierte Beilage für Wissenschaft, Belehrung und Unterhaltung. 1892 bis 1919

1890, nach Aufhebung des Sozialistengesetzes, sieht sich die Sozialdemokratische Partei einer machtvollen bürgerlichen Presse konfrontiert, die sich während des Sozialistengesetzes weitgehend ohne Konkurrenz aus dem sozialistischen Lager entwickeln und entfalten konnte. [156] Durch spezielles Aufgreifen der Interessen der Arbeiter, durch eine attraktive und reichhaltige Ausgestaltung ihrer Publikationsorgane [157] kann die bürgerliche Presse auch in weiten Arbeiterkreisen Fuß fassen. [158] Besondere Bedeutung kommt bei der Gewinnung dieser neuen Leserschichten den Veränderungen in den Organisationsformen der bürgerlichen Presse zu. Durch die Abonnentenversicherung und die kostenlose Rechtsberatung der Leser durch die Redaktionen der Zeitungen findet die bürgerliche Presse in breiten Bevölkerungsschichten positive Resonanz. In Zeiten einer neuen sozialpolitischen Gesetzgebung sind gerade diese Serviceleistungen der Redaktionen für die Leser eine besondere Hilfe. [159]

Da die Presse von der Sozialdemokratischen Partei auch nach 1890 noch immer als stärkste Waffe für die Organisation und Agitation der Arbeiterklasse angesehen wird, die mündliche Propaganda nach Rückkehr in die Legalität zunehmend an Attraktivität verliert [160], gilt es, nach Fall des Ausnahmegesetzes, den entwickelten bürgerlichen publizistischen Unternehmen entsprechende sozialdemokratische entgegenzusetzen. Diese sollen sowohl den politischen und ökonomischen Forderungen der Arbeiterklasse wie auch ihren kulturellen Bedürfnissen Rechnung tragen.

Auf dem Parteitag Oktober 1980 zu Halle an der Saale – erstmals nach 13 Jahren wieder auf deutschem Boden – werden die Preßprobleme in einem besonderen Tagesordnungspunkt eingehend erörtert. [161] Die veränderte politische Situation macht es nötig, Aufgaben und Ziele der Parteipresse neu zu bestimmen. Die Schaffung eines neuen Zentralorgans, die Ausarbeitung und Festlegung neuer pressepolitischer Richtlinien, die eine erfolgreiche Konkurrenz mit der bürgerlichen Presse garantieren sollen, sind nicht allein der Motor für diese Preßdebatten. Nach Aufhebung des Sozialistengesetzes war, wie Oertel auf dem Parteitag referiert, in einigen sozialdemokratischen Parteikreisen »eine wahre Zeitungs-Gründungs-Epidemie« ausgebrochen. [162] Viele der neuen

Publikationsorgane aber seien, so Oertels Einschätzung, überhaupt nicht konkurrenz-
und existenzfähig. Das bedeute, daß sie entweder nach kurzer Zeit wieder eingehen oder
von der Parteikasse subventioniert werden müßten. [163] Um einerseits vor derartigen
übereilten Neugründungen zu warnen, die die Partei nur finanziell schädigen könnten,
und um andererseits die Funktionen der Presse im Klassenkampf prinzipiell zu klären,
erörtern die Parteitagsdelegierten die wirtschaftlichen und politischen Aufgaben der
Parteipresse. Noch immer wird der Presse eine zentrale Bedeutung für die künftigen
politischen und ökonomischen Kämpfe und Auseinandersetzungen mit der Bourgeoisie
beigemessen. Festgeschrieben wird ihr Stellenwert als wichtigstes Kampf- und Agitationsmittel der Partei in der vom Parteitag beschlossenen Resolution:

> »Der Parteitag beschließt:
> In Erwägung, daß die Presse das beste und wirksamste Agitations- und Kampfesmittel ist:
> in weiterer Erwägung: daß unsere Parteipresse dieser ihrer Aufgabe nur entsprechen kann, wenn
> ihre Existenz genügend gesichert ist und jeder maßgebende nicht-parteigenössische Einfluß von ihr
> ferne gehalten wird, spricht der Parteitag die Erwartung aus:
> daß die Genossen überall, neben der Agitation für die Verbreitung des Centralorgans und der
> nichtperiodischen Parteiliteratur, sich vor allem die Unterstützung und Verbreitung unserer bereits
> existierenden Lokalpresse angelegen sein lassen,
> daß sie ferner überall strenge darauf achten, daß unsere Presse nicht Gegenstand von Privatspeku-
> lationen werde, die mit dem Parteizweck nichts gemein haben,
> daß die erste und oberste Aufgabe unserer Presse: die Arbeiter aufzuklären und zum Klassenbe-
> wußtsein zu erziehen, nicht unter Rücksicht auf irgend welche Privatinteressen leide.
> Insbesondere empfiehlt der Parteitag den Genossen: bei der Gründung von neuen Parteiblättern
> möglichst Vorsicht walten zu lassen und solche Unternehmungen unter keinen Umständen zu
> gründen, bevor sie nicht genau erwogen und sich überzeugt haben, daß die Möglichkeit für die
> Existenz des Unternehmens aus eigenen Mitteln gegeben, und daß vor allem auch die nothwen-
> digen geistigen, technischen und administrativen Kräfte zur Leitung eines Blattes vorhanden
> sind.« [164]

Deutlich wird, daß der sozialdemokratischen Presse nicht allein agitatorische, propa-
gandistische und organisatorische Aufgaben zugewiesen werden. In Zukunft soll die
Parteipresse auch die ökonomische Basis der Partei sichern helfen. Da die Partei sich, wie
Auer es auf dem Parteitag formuliert, künftig nicht allein von den Mitgliedsbeiträgen
wird halten können, sollen die Erträge aus der Presse in »pekuniärer Hinsicht das
Rückgrat der Partei bilden«. [165] Die Parteipresse dürfe sich nicht damit begnügen, ein
Propagandamittel für die sozialdemokratischen Ideen zu sein, sondern sie solle auch
danach streben, »eine der Lebensquellen der Partei zu werden«. [166] Um dieser Aufgabe gerecht werden zu können, müssen die publizistischen Unternehmen der Partei auf
gesichertem wirtschaftlichen Boden stehen. Zuschüsse aus der Parteikasse für zweifelhafte Presseunternehmen sollen sich daher in Grenzen halten bzw. ganz vermieden
werden.

Vor überstürzten Neugründungen, vor allem im lokalen Bereich, wird ausdrücklich
gewarnt. Doch wird andererseits die Notwendigkeit erkannt – soll die sozialdemokratische Presse erfolgreich mit der bürgerlichen Tages-, Generalanzeiger- und Unterhaltungspresse konkurrieren – die Parteipresse quantitativ und qualitativ zu verbessern und
sie auf die verschiedenen Leserschichten hin zu differenzieren. [167]

Die Neue Welt

Um den in Arbeiterkreisen weitverbreiteten bürgerlichen Unterhaltungs- und Familienblättern mit ihrer einseitigen Information und Unterhaltung den Boden zu entziehen, liegt dem Parteitag 1890 bereits ein Antrag zur Schaffung eines sozialdemokratischen Unterhaltungsblattes vor. Das geplante Unterhaltungsblatt soll, wie es in dem Antrag heißt, »in unserem Sinne geschrieben, sämmtlichen sozialdemokratischen Zeitungen als Wochenbeilage« dienen. [168] Der Antrag kommt jedoch auf diesem Parteitag nicht mehr zur Verhandlung und Abstimmung. Er wird vorerst dem Parteivorstand zur Erwägung und Erledigung überwiesen. Der Forderung nach dieser Unterhaltungsbeilage wird auf dem folgenden Parteitag, 1891 in Erfurt, entsprochen. Der Parteitag beschließt, ab 1892 den großen und auflagenstarken Parteiorganen eine wöchentliche Beilage für »Wissenschaft, Belehrung und Unterhaltung« beizugeben. [169]

Die Neue Welt. Illustrierte Beilage für Wissenschaft, Belehrung und Unterhaltung erscheint vom 1. 1. 1892 bis Ende Dezember 1919. Sie übernimmt den Titel der unter dem Sozialistengesetz aus wirtschaftlichen Notwendigkeiten eingestellten, eigenständigen sozialdemokratischen literarischen Unterhaltungszeitschrift *Die Neue Welt* und führt damit ihre Tradition fort.

Als sonntägliche Unterhaltungsbeilage wird die *Neue Welt* einer großen Anzahl von Parteiblättern beigelegt, insgesamt 29 Zeitungen in Berlin, Hannover, Hamburg, Kiel, Harburg, Magdeburg, Breslau, Nürnberg, Straßburg, Königsberg, Stettin, Brandenburg und in einigen kleineren Orten. [170] Die Parteiorgane zahlen für den Bezug des Blattes pro Tausend einen festgesetzten Preis, der nicht auf den Abonnentenpreis aufgeschlagen wird. [171] Die Leser erhalten die Beilage also gratis, sie ist im Abonnementspreis inbegriffen. Vielen Redaktionen ist jedoch die *Neue Welt* zu teuer. Sie legen ihren Parteiorganen lieber nach wie vor billige bürgerliche Unterhaltungsblätter »politisch farblosen Inhalts« bei oder sie produzieren eigene Unterhaltungsbeilagen. [172] Versuche, die *Neue Welt* daher als obligatorische Beilage für alle sozialdemokratischen Parteiorgane einzuführen, scheitern am Widerstand der Redakteure. [173]

Aufgrund ihrer wirtschaftlichen und organisatorischen Konstruktion arbeitet die Beilage permanent mit Defiziten, die von Jahr zu Jahr steigen und von der Parteikasse aufgefangen und gedeckt werden müssen. Bis 1896 vergrößert sich das Defizit so sehr, daß allein durch Veränderungen im Umfang des Organs eine Verringerung des Defizits herbeigeführt werden kann. [174] Aber auch in den nächsten Jahren benötigt das Organ noch immer relativ hohe Zuschüsse aus der Parteikasse. Es erhält die höchste Unterstützungssumme aller sozialdemokratischen Blätter: im Zeitraum von 1897 bis 1907 130000 Mark. [175]

Die *Neue Welt* erscheint im Verlag der Hamburger Buchdruckerei und Verlagsanstalt Auer & Co., Hamburg. Gedruckt wird sie, bis 1902, auf gewöhnlichen Schnellpressen in Hamburg, Berlin, Nürnberg und Bremen. Um die Kosten, die der Druck an verschiedenen Orten verursacht, zu reduzieren, werden dann Neuerungen in die Wege geleitet. Ab 1902 wird die Beilage auf einer eigens für sie angefertigten Rotationsmaschine, speziell für den Illustrationsdruck, hergestellt. Die gesamte Auflage des Blattes kann nun auf dieser Maschine in Hamburg gedruckt werden. Doch für die steigende Auflage der

Neuen Welt reicht auch bald diese Maschine nicht mehr aus. Die »Vorwärts-Druckerei«, Berlin, übernimmt daher die halbe Auflage, so daß das Blatt nun wieder an zwei Orten, Hamburg und Berlin, gedruckt und vertrieben wird. Auch die »Vorwärts-Druckerei« muß sich für diesen Auftrag eine Maschine anfertigen lassen. [176]

Die Auflage der Unterhaltungsbeilage kann sich in dem ersten Jahr des Bestehens fast verdoppeln, stagniert anschließend aber über einen relativ langen Zeitraum: in den Jahren von 1893 bis 1902 erhöht sich die Auflage nur um 20 000 Exemplare. Erst ab 1903 steigt die Auflage kontinuierlich. Sie überflügelt in diesen Jahren bei weitem die Auflage des gefürchteten Konkurrenzunternehmens, der *Gartenlaube*. [177]

In Aufbau und Struktur der einzelnen Hefte der *Neuen Welt* kopiert die Redaktion die Aufmachung bürgerlicher Unterhaltungsblätter, insbesondere die der *Gartenlaube*. [178]

Neben dem Kopfbild, das von der alten *Neuen Welt* übernommen wird [179], enthält die einzelne Nummer der Beilage eine längere Romanfortsetzung – in dem ersten Jahrgang vier Seiten des Gesamtumfangs –, die allein durch Illustrationen in dem zweispaltig gedruckten Text aufgelockert wird. Die Illustrationen, die auf der letzten Seite der Nummer regelmäßig kommentiert werden, stehen in keinem inhaltlichen Zusammenhang zum Romantext. Sie erscheinen, gerade in den ersten Jahren der Beilage, relativ wahllos und willkürlich zusammengetragen. Sie sind ohne Bezug zur Arbeiterbewegung, wenn überhaupt, so in einer unterlegten Tendenz im Begleittext. In der Auswahl der Motive erfolgt eine starke Annäherung an die Illustrationen der *Gartenlaube*: Genreszenen, Natur- und Kinderbilder, Tierszenen, Quellnymphen, Elfen, Mythologische Gestalten etc. [180]

Selten sind Bilder aus dem Arbeiterleben, Abbildungen über technische oder wissenschaftliche Errungenschaften, Bilder oder Porträts von Künstlern, Dichtern und Politikern. Erst in den späteren Jahren intensiviert die Redaktion die Arbeit auf diesen Ebenen. Bis 1903 werden die Illustrationen nach dem Holzschnittverfahren, später dann mit neueren technischen Verfahren wie Autotypie und Zinkätzung produziert. [181] Doch bleiben die Illustrationen auch nach diesen technischen Verfeinerungen Diskussionsgegenstand auf den Parteitagen. Kritisiert wird hier ihre geringe künstlerische Qualität, ihre fehlende Aktualität und damit verbunden ihr geringer Informationswert. [182]

Der Roman, Hauptattraktion der einzelnen Nummer, wird ergänzt durch kürzere Prosatexte, literarische Kritiken, literarhistorische Abhandlungen, naturwissenschaftliche Aufsätze und Gedichte.

1893 setzt, aufgrund der Klagen der Delegierten auf dem Parteitag 1892 über die monotone Ausgestaltung des Organs, eine inhaltliche Ausdifferenzierung der Beilage ein. Eingerichtet wird eine neue Seite, die »Rundschau«, die kurze Texte aus den Wissenschaften, wie etwa Naturwissenschaft, Technik und Medizin veröffentlicht. [183] Diese Artikel werden, um möglichst viel auf der Seite unterbringen zu können, in kleinerer Schrift gedruckt. Auch die letzte Seite der Beilage verändert sich. Neben den Gedichten und den Kommentaren zu den Illustrationen enthält sie nun eine »Rätsel-Ecke.« [184] Ebenfalls neu auf dieser Seite ist die Rubrik »Briefkasten«. Ähnlich der alten »*Neuen Welt*« werden hier Antworten der Redaktion auf Leserbriefe publiziert. Doch verschwindet diese Rubrik nach kurzer Zeit wieder. [185] Durch den inhaltlichen

Ausbau verkürzt sich die einzelne Folge des Hauptromans auf etwa zwei Seiten der Beilage. Parallel zum Roman laufen nun vermehrt kleinere Erzählformen und -texte: Novellen, Erzählungen, Humoresken, Skizzen, Satiren, biografische Artikel und Essays über Kunst, Kultur, Literatur, Naturwissenschaft, Pädagogik; hinzu kommen Gedichte und Illustrationen. 1898 wird die »Rundschau« durch die Seite »Feuilleton« abgelöst. Diese Seite, die letzte der einzelnen Nummer, erscheint nun alternierend mit anderen, thematisch gebundenen Seiten: Technik, Rätsel und Spiele, Kunst- und Kunstgewerbe, Land und Leute. [186]

Diese inhaltliche Struktur bleibt bis zum Einstellen des Erscheinens der Beilage erhalten. Die einzelnen Beiträge und Illustrationen werden, auf vielfachen Wunsch der Leser, ab Juli 1910 aktualisiert:

»Eine aktuellere Ausgestaltung der ›Neuen Welt‹ beginnt mit der vorliegenden Nummer: Die letzte Seite unseres Blattes wird fortan in der Hauptsache ausschließlich Bilder von solchen zeitgeschichtlich charakteristischen, etwa um zwei Wochen zurückliegenden Geschehnissen bringen, von denen wir annehmen können, daß sie unsere Leser ganz besonders interessieren. Aber nicht der von der bürgerlichen illustrierten Presse mit Vorliebe geübten skrupellosen Sensationsmacherei soll von uns Rechnung getragen werden, sondern nur jenen aus dem Alltagsniveau hervorstechenden Ereignissen des öffentlichen Lebens, die es wirklich verdienen, im Bild festgehalten zu werden. Dasjenige, was den modernen Arbeiter aus den Vorgängen der jeweilig letzten Wochen politisch, beruflich, künstlerisch und wissenschaftlich interessiert, werden wir vor allen Dingen zu berücksichtigen suchen: Ereignisse im politischen, gewerkschaftlichen, genossenschaftlichen Leben, Geschehnisse, denen der Arbeitersportler nahe steht, wichtige Fortschritte und Erfindungen auf den Gebieten der Technik und der Naturwissenschaft, zahlreiche Opfer heischende Unglücksfälle usw. Der bisher gepflegte Notizenteil wird dadurch notgedrungen einige Einschränkungen erfahren müssen, jedoch keineswegs gänzlich in Fortfall kommen. Die »Neue Welt« wird also fortan den Zeitereignissen mehr als bisher angepaßt sein, nicht nur ausschließlich der Unterhaltung und Belehrung dienen, sondern in gewissen Grenzen auch einer aktuelleren Information über interessante Geschehnisse der Gegenwart Rechnung tragen, eine Erweiterung, mit der unsere Leser sicherlich einverstanden sein werden.« [187]

Insgesamt wird das Organ in diesen Jahren moderner, und, im Rückgriff auf tagespolitische und zeitgeschichtliche Ereignisse, aktueller ausgestaltet. Die Texte selbst werden nicht mehr, wie noch in den ersten Jahrgängen, zweispaltig, sondern in drei Spalten pro Seite abgedruckt. [188]

Die Unterhaltungsbeilage umfaßt bis 1896 acht Seiten. Da auf dem Parteitag 1896 beschlossen wird, die Arbeit der Parteipresse auf dem feuilletonistischen Sektor zu intensivieren, wird auch der Umfang der *Neuen Welt* erhöht. [189] 1897 wird die Beilage mit zwölf Seiten pro Nummer gedruckt. Diese Neuerung ist allerdings nur von kurzer Dauer. Da die quantitative Ausweitung des Organs das Defizit sprunghaft in die Höhe schnellen läßt, wird diese Veränderung auf Parteitagsbeschluß 1897 wieder rückgängig gemacht und der Umfang wieder auf acht Seiten festgelegt. Um aber dennoch möglichst viel Text in dem Blatt unterbringen zu können, wird gleichzeitig das Format des Blattes geringfügig vergrößert. [190]

Während des Krieges wird, wegen der Materialknappheit und den damit verbundenen ständig steigenden Herstellungskosten, der Umfang des Organs von acht auf vier Seiten reduziert. [191] Zwar hofft man, daß dieser Wechsel nur von kurzer Dauer ist, doch erscheinen auch die anderen Kriegsbände in dieser verkürzten Form.

Einige der Redakteure der *Neuen Welt* prägen den Charakter und das Bild des Blattes nachhaltig. Als leitender Redakteur für den ersten Jahrgang des Organs wird Curt Baake engagiert. [192] Er, der sich der ›jungdeutschen Literaturbewegung‹, die sich um die Schriftsteller Holz, Schlaf, die Brüder Hart, Bölsche u. a. gruppiert, verbunden fühlt, öffnet den ›literarischen Revolutionären‹ die Spalten der *Neuen Welt*. [193] Er überläßt ihnen einen breiten Raum zur Artikulation und versucht damit, die Ziele der ›literarischen Moderne‹ mit den Interessen der Arbeiterbewegung in Einklang zu bringen. Zum Ausdruck kommt dieses Konzept in dem Abdruck des programmatischen Gedichts *Was wir wollen* von Karl Henckell, das auf der ersten Seite des ersten Jahrgangs 1892 publiziert wird. [194] Henckell fordert den Dichter auf, sich am politischen Tageskampf zu beteiligen und sich mit dem Arbeiter zu verbrüdern. Die neue Literatur, die diesem Bündnis entspringt, müsse von den neuen politischen Strömungen das »künstlerische Spiegelbild«, die »Wahrheitsdichtung« zeichnen. [195] Auch die Auswahl der anderen literarischen Texte und Beiträge dieser Nummer signalisiert das redaktionelle Konzept des Organs. [196] Am deutlichsten zeigt es sich in dem Artikel von C. S. *»Literatur und Sozialdemokratie«* [197], der ebenfalls in der ersten Nummer als programmatischer Beitrag zu verstehen ist. Ausgehend von der These, daß die sozialdemokratische Presse sich nicht allein auf die politische und ökonomische Aufklärung der Arbeiter beschränken darf, sondern auch die kulturellen Bedürfnisse der Arbeiter befriedigen muß, mißt der Autor dem Abdruck von Literatur in der Parteipresse eine zentrale Bedeutung bei. Für das Proletariat von besonderem Interesse ist dabei die revolutionäre, die sozial- und zeitkritische Literatur, da der revolutionäre Geist sich nicht allein auf das Materielle beschränken, sondern die Gesamtheit des sozialen Lebens, also auch die Literatur, umfassen soll. Aber nur ein kleiner Teil der zeitgenössischen Literatur ist nach Ansicht des Autors von diesem »Geist des Umsturzes«, dem revolutionären Geist, getragen: die Literatur der Naturalisten. Da das Proletariat selbst zwar schon Dichter, aber noch »keinen großen Menschheits-Dichter geboren« habe, »der die Knechtschaft der Noth und den tiefen Freiheitsdrang der Arbeiterklasse« besungen hätte, müsse daher diese naturalistische Literatur, die »in den Händen eines oft enterbten, eines unzufriedenen und verzweifelten Theiles der Bourgeoisie« liege, vom Proletariat begrüßt werden:

»Die unerträglichen Widersprüche, denen uns die heutige Gesellschaftsordnung unterwirft, werden nicht länger todtgeschwiegen. Eine neue aufstrebende Richtung wagt es, an Stelle angenehmer, auf Bourgeoistöchter und Jünglinge berechneter Illusionen die Wirklichkeit zu schildern, die sich nicht in Sommerbädern und Palästen, sondern in den dunstigen Wohnräumen der Armuth, im öden Triebwerk der Alles zermalmenden Konkurrenz, in dem Geräusch und Elend der großen Städte abspielt. Es ist dies eine Poesie der Verzweiflung und des Pessimismus; die mächtige Siegeshoffnung, die im Herzen des modernen Proletariers lebt, das triumphierende Bewußtsein, daß diese qualvoll schreckliche Gegenwart in sich bereits die Keime einer neuen, schöneren Zukunft trägt, gelangt in ihr noch zu keinem entsprechenden Ausdruck. Aber auch so, wie sie ist, muß diese Literatur vom Proletariat begrüßt werden. Sie zeigt ihm in dem zusammenfassenden Spiegel der Dichtkunst die ganze Haltlosigkeit unserer Zustände, sie erweitert seinen Blick, indem sie es durch die verschiedenen Kreise des gesellschaftlichen Lebens und seiner Charaktere hindurchführt, allen trügerischen Schein und alle Illusionen zerstörend. Sie stellt einen Theil der allgemeinen, großen, revolutionären Kritik dar, die der Bourgeoisie verdächtig und unbequem, dem streitenden Proletariat aber willkommen sein muß. [...] Das ist die Entwicklung, welche die Literatur aus den idealen Nebelhöhen der Tradition in das wilde Getümmel des Tages hinabgeführt hat. Und so heißen wir sie willkommen. So wollen wir von ihr lernen und so uns durch sie in unserem Kampfe anfeuern lassen. Und auch die Stunde ist vielleicht nicht mehr fern, wo sich neben der bürgerlich verzweifeln-den die neue, die proletarisch-hoffnungsfreudige Poesie erhebt, die Literatur, die wahrhaft Geist von unserem Geist sein wird.« [198]

Diese programmatischen Leitlinien sind für das Konzept des ersten Jahrgangs der Beilage verbindlich: Baake druckt eine Vielzahl der Autoren ab, die der naturalistischen Literaturströmung zuzurechnen sind: Holz, Hart, Bölsche u.a.m. An dieser Stelle wird deutlich, daß nicht erst Edgar Steiger, ab 1896 verantwortlicher Redakteur des Blattes, das Proletariat mit der ›neuen‹ Kunst und Literatur konfrontiert, sondern daß schon Jahre vor ihm Curt Baake die gleichen Ziele verfolgt. Die von Baake initiierte Redak-tionspolitik ist daher auch auf dem ersten Parteitag nach Gründung der *Neuen Welt* strittiger Diskussionspunkt. [199] Baake kann sein Konzept nicht durchsetzen und muß schließlich den Redaktionsposten aufgeben. Häufige Neubesetzungen der Redaktion des Blattes sind in den folgenden Jahren wesentliches Charakteristikum der Beilage und sprechen für das Unvermögen der Partei, verbindliche literaturpolitische Konzepte für das Blatt zu entwickeln. Edgar Steiger scheitert ebenso wie Baake mit seinem Konzept, den Naturalisten in seinem Blatt einen breiten Raum zur Darstellung zu überlassen. Auch er muß gehen, und erst mit der Übernahme der Redaktion durch Ludwig Lessen tritt eine Beruhigung unter den Parteitagsdelegierten und den Lesern über die Gestaltung und den Inhalt der *Neuen Welt* ein. [200] Er redigiert nun das Blatt zur vollsten Zufriedenheit aller. [201]

Am 31. 12. 1919 stellt die *Neue Welt* ihr Erscheinen ein. Sie wird damit ein Opfer der schwierigen wirtschaftlichen Lage vieler Presseunternehmen nach dem Ersten Weltkrieg und in den frühen Nachkriegsjahren. [202] Ab 1919 wird sie nur noch als vierzehntägige Beilage dem *Hamburger Echo* beigegeben und verliert damit den Charakter einer gemeinsamen Beilage der Partei. Diese Funktion übernimmt in den Jahren nach 1919 die illustrierte Zeitung *Volk und Welt*. [203]

3.3. *In Freien Stunden. Romane und Erzählungen für das arbeitende Volk.*
    1897 bis 1918/19

Mit der wöchentlich erscheinenden illustrierten Romanbibliothek »*In Freien Stun-den*« ruft die Sozialdemokratische Partei Neujahr 1897 ein neues literarisches Unter-nehmen ins Leben, mit dem Ziel, »einerseits dem in Partei- und Arbeiterkreisen vor-handenen Bedürfnis nach Unterhaltungsliteratur entgegenzukommen und anderer-seits durch Lieferung *guter* Romane der Verbreitung der sog. Schundromane in den Arbeiterkreisen entgegenzuwirken.« [204] Wie es in einer Annoncierung der Wochen-schrift weiter heißt, sollen den Arbeitern an Stelle »der werthlosen Schundromane gute fesselnde Romane der besten Autoren aller Länder zu *billigem* Preis« [205] geliefert werden.

Die Romanbibliothek, mit der sich für die Parteibuchhandlung (Buchhandlung Vor-wärts) der Kreis *regelmäßiger* Bezieher sozialdemokratischer Schriften erheblich erwei-tert, erscheint ab Januar 1897 in Einzelheften. Gedruckt wird das Organ in der Vorwärts-Druckerei und Verlagsanstalt Paul Singer & Co. Die Lieferbedingungen der einzelnen Hefte werden denen der Kolportageromane stark angeglichen. Der Preis für das Einzelheft beläuft sich auf 10 Pfennige. [206] Der Umfang der einzelnen Lieferung, die in den ersten Jahrgängen nur einen laufenden Hauptroman und auf der Innenseite des Umschlags kleinere Novellen, Skizzen, natur- und völkerkundliche Notizen, Anekdoten und Scherze abdruckt, bemißt sich auf 24 Seiten.

Um das Blatt inhaltlich reicher auszugestalten, wird der Umfang, bei gleichbleibendem Preis, ab Januar 1898 um die Hälfte vergrößert. An der Gesamtkonzeption des Blattes, der Auswahl von Text und Illustrationen, ändert sich allerdings nichts. [207] Das Jahr 1901 bringt weitere Neuerungen. Die kleineren Erzählformen, Novellen, Erzählungen, Skizzen etc., bislang auf den Innenseiten des Umschlags, werden nun in einer neueingerichteten Rubrik auf der letzten Seite der Lieferung, dem ›Feuilleton‹, publiziert. Mit dieser inhaltlichen Erweiterung und Ausdifferenzierung setzt sich die Wochenschrift formal von den kleinbürgerlichen Kolportageromanheften ab und rückt damit in die Nähe bürgerlicher Romanzeitschriften, mit denen sie auch zu konkurrieren hat. Zu denken ist hier besonders an Jankes *Deutsche Romanzeitung,* die relativ früh neben den Romanfortsetzungen ein Feuilleton bringt. [208] Verantwortlicher Feuilletonredakteur dieser bürgerlichen Romanzeitschrift, die die Romane einer Vielzahl bürgerlicher Realisten vor der Buchpublikation in einzelnen Romanfortsetzungen in ihren Spalten publiziert [209], ist von 1869 bis 1883 der sozialdemokratische Autor Robert Schweichel. Schweichel veröffentlicht selbst einen Großteil seiner bis 1883 geschriebenen Werke in diesem Organ. [210]

Leitende Redakteure für das Publikationsorgan *In Freien Stunden* sind, in der Zeit von 1897 bis 1903, Th. Glocke [211], später dann, von 1904 bis 1919, der sozialdemokratische Schriftsteller Ernst Preczang. [212] Im Gegensatz zur *Neuen Welt* kann für dieses literarische Unternehmen der Partei eine Kontinuität in der redaktionellen Führung beobachtet werden.

Sind die ersten Jahrgänge der Romanzeitung *In Freien Stunden* noch ganz durch den Abdruck nur eines Romans geprägt, so bestimmt in den späteren Jahren nicht mehr eine Romanfortsetzung allein die Lieferung, sondern neben dem Hauptroman laufen parallel im einzelnen Heft, außerhalb des Feuilletons, andere Romane, Erzählungen, Skizzen und Essays. Die Verschränkung und Verzahnung der einzelnen Folgen der literarischen Texte mit den Lieferungen der Hefte nötigt den Leser, will er je den Hauptroman zu Ende lesen, alle Folgen und Lieferungen des jeweiligen Jahrgangs der Romanbibliothek zu kaufen. Mit dieser Technik griff die Redaktion auf die Novellen-Zeitungen des frühen 19. Jahrhunderts als Vorbild zurück. [213]

Trotz der Versuche, das Organ vielseitiger, abwechslungsreicher und damit attraktiver zu gestalten, findet es nicht den erhofften Absatz im Leserkreis. [214] Eine intensive Werbung für die Romanzeitschrift in verschiedenen Publikationsorganen der Partei, etwa den Parteitagsprotokollen und der Zeitschrift *Freie Volksbühne,* zeigt kaum Erfolge. 1908/1909 druckt die *Freie Volksbühne* folgende Anzeige ab:

»IN FREIEN STUNDEN ist der Titel einer Romanbibliothek, welche bezweckt, die Schundliteratur – wie schlechte Detektivgeschichten, Sensationsromane usw. – zu verdrängen. Viel Unheil wird durch solche Sudelschriften angerichtet, da sie an die niedrigsten menschlichen Instinkte appellieren. Leider lesen auch Arbeiter und Arbeiterinnen noch sehr häufig diesen Schund.

Unsere Romanbibliothek IN FREIEN STUNDEN hat den Kampf dagegen mit aller Energie aufgenommen, in der Überzeugung, daß ein durch schlechte Lektüre verdorbener Kopf für die großen Ideen der Zeit verloren ist. Unsere Parteigenossen und Genossinnen können uns in diesem Kampf unterstützen, indem sie IN FREIEN STUNDEN nicht nur selbst abonnieren, sondern in allen Bekanntenkreisen für diese agitieren. Jede Woche erscheint ein 24 Seiten starkes Heft zum Preise von 10 Pf., enthaltend gute Romane, Novellen und Humoresken. Unsere Zeitschrift liefert für die wenigen freien Stunden des Arbeiters und der Arbeiterin eine gute, volkstümliche Unterhaltungslektüre, stets nach dem Gesichtspunkt ausgewählt, daß sie den Leser auch fesselt.« [215]

Doch ist die Resonanz auf diese Werbekampagnen gleich Null. Das Organ kann den Leserstamm zwar halten, kaum aber erweitern. [216]

Die folgenden Jahre sind durch immer neue Umgestaltungen in der inhaltlichen Struktur des Blattes gekennzeichnet. 1911/12 kündigt die *Freie Volksbühne* für die Romanwochenschrift ein neues Gewand an, das im ersten Halbjahresband 1912 realisiert wird: abgedruckt wird der »berühmte Roman Germinal« von Zola, mit den Illustrationen von J. Damberger. Die Gewinnung dieses Künstlers geht auf ein von dem Verlag initiiertes Preisausschreiben zurück, mit dem das Blatt neue, bedeutende Künstler zur Mitarbeit an der Parteipresse heranziehen wollte. [217] Auch der restliche Inhalt der Wochenschrift soll »vielseitig und interessant« sein. Der Hinweis auf diese Neugestaltung wird von dem Verlag mit dem Wunsch verbunden, daß die Abonnenten »in allen Bekanntenkreisen Propaganda dafür machen«. [218] Doch zeigt der Jahrgang 1912 kaum große strukturelle Abweichungen zum Vorjahr.

Tiefgreifende Veränderungen im inhaltlichen Ausbau nehmen dem Publikationsorgan erst nach 1913 den Charakter einer rein belletristischen Romanwochenschrift. Das Blatt nähert sich vielmehr erst jetzt, durch den vermehrten Abdruck von Texten und Illustrationen aus dem Bereich der Technik und der Naturwissenschaft, einer Familien-Unterhaltungszeitschrift an. Diese Veränderung kündigt der Verlag seinen Lesern 1913 an: um noch mehr Lesestoff als bisher in dem Organ unterbringen zu können, wird der erste Roman in Großschrift gedruckt, die anderen Texte aber in kleinerem Format. Ausgedehnt wird die Auswahl der Aufsätze und Abbildungen auf alle Gebiete des »Wissens und des Lebens«:

»An unsere Leser!

In diesem Hefte der »Freien Stunden« haben wir mit einigen Neuerungen begonnen, von denen unsere Leser hoffentlich sagen: sie gefallen uns. Um nämlich die Möglichkeit zu haben, mehr *Text* als bisher unterbringen zu können, lassen wir von jetzt an nur noch den *ersten* illustrierten Roman in der gewohnten großen Schrift setzen, den ganzen übrigen Teil aber in kleinerer Schrift. Auf diese Weise erhalten unsere Leser also noch mehr Lesestoff als bisher. Es wird uns dadurch aber auch möglich gemacht, einem Teil der *Aufsätze* Illustrationen beizugeben, und zwar sollen die Bilder ebenso wie die sie begleitenden Texte den *verschiedensten* Gebieten des Wissens und Lebens entnommen werden.

Eine Preiserhöhung der »Freien Stunden« findet für unsere Leser trotz der Bereicherung des Inhalts und der dadurch verursachten Mehrkosten *nicht* statt. Auch unsere Kunstbeilage (Wandschmuck) wird beibehalten und den Abonnenten nach wie vor gratis geliefert. Als Gegenleistung erbitten wir von unseren Lesern nur, daß sie für die weitere Verbreitung der »Freien Stunden« in Werkstatt und Fabrik, in Verwandten- und Bekanntenkreisen agitieren und uns nach Möglichkeit helfen, den Schundverlegern das Wasser abzugraben. Ein Wissender hat festgestellt, daß das deutsche Volk diesen geistigen Brunnenvergiftern Jahr für Jahr mehr als 50 (fünfzig) Millionen Mark steuert! Da ist's für aufgeklärte Arbeiter und Arbeiterinnen wohl eine selbstverständliche Ehrensache, nicht nur selbst diesen Tribut zu verweigern, sondern auch die noch Unwissenden der Schauerlektüre abwendig zu machen und auf die »Freien Stunden«, die ja kein Privatunternehmen, sondern Eigentum der sozialdemokratischen Partei sind, hinzuweisen. Der Erfolg wird dieser und auch unsern Lesern selbst zugute kommen.

Verlag und Redaktion von ›In Freien Stunden‹« [219]

Diesen Experimenten im Konzept des Blattes wird während des Ersten Weltkrieges, aufgrund der schwierigen wirtschaftlichen Lage vieler sozialdemokratischer Preßunternehmen, ein Ende gesetzt. Die Appelle an die Leser, verstärkt für das Organ zu werben, bleiben ohne Widerhall. Das Ende des Blattes ist in Sicht.

»Im guten Sinne tätig zu sein und in Werkstätten und Familienkreisen für die immer weitere Verbreitung der »Freien Stunden« zu wirken [...] Helft mit, daß aus der stürmisch-bewegten Zeit (1918!) klare Hirne gerettet werden, die mitschaffen können am Fortschritt der Menschheit und einer unblutigen aufwärtsstrebenden Volkskultur.« [220]

1919, im 23. Jahrgang, stellt die illustrierte Romanbibliothek *»In Freien Stunden. Romane und Erzählungen für das arbeitende Volk.«* ihr Erscheinen ein.

3.4. *Berliner Volksblatt. Organ für die Interessen der Arbeiter. 1884 bis 1890*

Mit dem »Gesetz gegen die gemeingefährlichen Bestrebungen der Sozialdemokratie« [221], das die Arbeiterklasse unter der Führung der Sozialdemokratischen Partei organisatorisch zerschlagen und politisch mundtot machen soll, werden alle Vereine, Versammlungen und Druckschriften sowie Geldsammlungen verboten, »welche durch sozialdemokratische, sozialistische oder kommunistische Bestrebungen den Umsturz der bestehenden Staats- oder Gesellschaftsordnung bezwecken.« [222] Das Ausnahme- oder »Schandgesetz«, wie es in den Reihen der Sozialdemokraten häufig genannt wird [223], tritt mit dem 21. Oktober 1878 in Kraft und belegt fast alle sozialdemokratischen Presse- und Druckerzeugnisse mit dem Verbot. [224] Die Verbreitung der verbotenen Druckschriften wird mit hohen Geld- bzw. Gefängnisstrafen, später dann mit Ausweisungen, geahndet. [225]

Zu den ersten Parteiorganen, die aufgrund der Bestimmungen des Sozialistengesetzes ihr Erscheinen einstellen müssen, gehört das von Wilhelm Liebknecht und Wilhelm Hasenclever redigierte, in Leipzig erscheinende Zentralorgan der Sozialistischen Deutschen Arbeiterpartei (SDAP), der *Vorwärts,* dessen letzte Nummer am 26. 10. 1878 vertrieben wird. [226] Ebenso von dem Verbot betroffen ist das Lokalorgan der Berliner Sozialdemokraten, die *Berliner Freie Presse,* das erst gut zwei Jahre vorher, Januar 1876, ins Leben gerufen worden war. [227]

Als neues Zentralorgan der in die Illegalität gedrängten Partei wird von dem nach Zürich emigrierten Parteivorstand im Herbst 1879 der wöchentlich erscheinende *Sozialdemokrat* gegründet. [228] Er soll für die Dauer des Ausnahmegesetzes die Funktion des

Zentralorgans erfüllen und die Parteimitglieder über die Vorgänge in der sozialistischen Welt und vor allem in der Sozialdemokratischen Partei Deutschlands auf dem laufenden halten. Daneben wird ihm die Aufgabe zugewiesen, theoretische Fragen zu erörtern und der Festlegung der Taktik im weiteren Verlauf des Ausnahmegesetzes zu dienen. Die Versprengten sollen hier gesammelt, mit Kampfesgeist gestärkt und »auf das Feld der geschichtlichen Auseinandersetzung mit der Bourgeoisie« geführt werden. [229]

Der *Sozialdemokrat* erscheint vom 28. 9. 1879 bis zu seinem Verbot in der Schweiz am 22. 9. 1888 in Zürich, später dann, vom 1. 10. 1888 bis 27. 9. 1890, in London. [230]

Mehrere Gründe aber sprechen dafür, neben dem Zentralorgan, das im Ausland hergestellt und in Deutschland illegal vertrieben wird [231], im Reich für die einfachen Parteimitglieder und die Sympathisanten auf lokaler Ebene Presseorgane zu gründen:

- Der *Sozialdemokrat* ist Spiegel der Auseinandersetzungen und Stimmungen der Gesamtpartei und kann den regionalen und lokalen Besonderheiten des Kampfes kaum Rechnung tragen. Als Zentralorgan hat er vornehmlich die Aufgabe, die Grundsätze der Partei, wie sie im Parteiprogramm niedergelegt sind, zu referieren und zu diskutieren. Weniger kann er sich auf die verstreuten lokalen Organisationen und ihre Probleme konzentrieren.
- Die Kommunikation und Organisation der Parteimitglieder, die Propagierung und Agitation für die sozialdemokratischen Parteiziele, können nicht ausschließlich vom Ausland aus gesteuert werden, sondern müssen auch, um den organisatorischen und ideologischen Zusammenhalt aller Mitglieder zu sichern, auf lokaler Ebene erfolgen. Der Kampf muß unter dem Sozialistengesetz auf die regionalen und lokalen Besonderheiten und Bedingungen hin ausgerichtet und modifiziert werden. Allein unter Berücksichtigung dieser lokalen Gegebenheiten erscheint eine Festigung und Förderung der Gesamtorganisation erfolgversprechend zu sein.
- Die sozialdemokratischen Reichstags-, Landtags- und Gemeinderatskandidaten, die ja trotz Sozialistengesetz zu den Wahlen zugelassen sind, brauchen für ihre Berichterstattung und die Propagierung ihrer Politik entsprechende Publikationsorgane.
- Zudem vergrößert gerade in den Anfangsjahren des Sozialistengesetzes das Fehlen einer sozialdemokratischen Presse die Verwirrung in der Partei und schwächt den Mut und die Kampfentschlossenheit der Parteimitglieder.

Doch sind diese Gründe nur einige unter vielen. Denn die Bismarck-Regierung nutzt die schwache Position der Sozialdemokraten aus und versucht in dieser Zeit verstärkt, die bürgerliche Ideologie in die Arbeiterklasse zu tragen. [232] Zur Propagierung der Bismarck'schen »Sozialreform« müssen entweder schon bestehende bürgerliche Presseorgane herhalten, oder es werden zu diesem Zweck extra Publikationsorgane gegründet, da die Presse als eines der wichtigsten Mittel angesehen wird,

»dem Volke gesunde geistige Nahrung zuzuführen. Einiges ist in dieser Hinsicht geschehen, sowohl durch die Begründung von Volksbibliotheken und sonstige Verbreitung guter Volksschriften, als auch im Bereiche der Tagespresse. Leider aber ist es hauptsächlich wegen Mangels geeigneter Publizisten bisher nicht gelungen und wird daher unausgesetzt anzustreben sein, Preßorgane ins Leben zu rufen, welche hauptsächlich für die arbeitende Klasse bestimmt, die Erörterung und Vertretung der Interessen derselben in versöhnendem Sinne sich zur Aufgabe machen und an die Stelle der nunmehr unterdrückten sozialdemokratischen Blätter zu treten hätte.« [233]

Diesen Intentionen dient die Gründung des Publikationsorgans *Volksfreund,* mit dem Bismarck den Versuch unternimmt, die Arbeiterschaft durch Propagierung seiner Sozialpolitik ins bestehende System zu integrieren und damit auch zu kontrollieren. Ziel des Blattes ist es, die Arbeiter politisch-ideologisch zu beeinflussen, und, wie es der Sozialdemokrat Paul Singer formuliert, »polizeilich abgestempelte Arbeiterfreundlichkeit zu verzapfen.« [234] Die Redakteure und Mitarbeiter dieses Organs werden, so berichtet Singer weiter, »aus der Polizeikrippe gespeist, eine Agitation für die Verbreitung des Blattes in Arbeiterkreisen in Szene gesetzt und alles aufgeboten, um durch den polizeilichen »Volksfreund« der Sozialdemokratie das Wasser abzugraben.« [235]

Diese gezielten Maßnahmen der herrschenden Klasse gilt es von Seiten der Sozialdemokraten zu parieren. Um der Gefahr vorzubeugen, daß durch diese Publikationsorgane in den Reihen der sozialdemokratischen Arbeiter ›Verwirrung‹ hervorgerufen wird, entschließen sich die Berliner Sozialdemokraten trotz der Tücken und Gefahren des Ausnahmegesetzes, ein täglich erscheinendes Lokalblatt herauszugeben: das *Berliner Volksblatt. Organ für die Interessen der Arbeiter.* Mit dem Blatt gilt es, trotz Schandgesetz, »mutig und entschlossen die sozialdemokratischen Ideen und Arbeiterforderungen zu vertreten, um die Herzen und Köpfe des Proletariats in dem Kampf gegen Ausbeutung und Unterdrückung zu stählen.« [236]

Das *Berliner Volksblatt* erscheint ab 1. April 1884 im Verlag Max Bading, Berlin. Mitbegründer des Blattes ist, als Beauftragter der Partei, Paul Singer. Beide tragen, bis zur Aufhebung des Sozialistengesetzes, das wirtschaftliche Risiko für das Publikationsorgan.

»Und die Ironie der Geschichte wollte es, daß ein Teil der Lettern, mit denen das »Volksblatt« täglich hergestellt wurde, die Lettern der 1858 verbotenen »Berliner Freien Presse« waren, denn den Grundstock der Bading'schen Druckerei bildete die im Jahre 1875 von den Berliner Genossen gegründete »Allgemeine Deutsche Assoziations-Buchdruckerei E.G.«, Kaiser-Franz-Grenadierplatz 8 a, welche durch das Sozialistengesetz dem Untergang preisgegeben, dann von Karl Höchberg erworben und in den Besitz von Max Bading überführt worden war.« [237]

Die lokale Berliner Parteiorganisation, obwohl finanziell nicht an dem Unternehmen beteiligt, bemüht sich um Wahrung ihrer Interessen bei dem Organ. Schließlich erhält sie bei der Besetzung der Redaktion und der Expedition das Vorschlagsrecht. [238]

Zur Redaktion des *Berliner Volksblatt* gehören: Wilhelm Hasenclever, Wilhelm Blos, H. Rödiger, J. F. Guttzeit, R. Cronheim, C. Baake, F. Tutzauer, vorübergehend auch Max Schippel. [239] Die Expedition leitet Ewald, später dann Liefländer und Glocke. Erster Berichterstatter des Blattes ist v. Hofstetten, Hauptmitarbeiter sind Wilhelm Liebknecht und Ignaz Auer. [240]

Eine Vorankündigung des Organs weist auf den Stellenwert des neuen publizistischen Unternehmens für die Berliner Arbeiter hin:

»Den Arbeitern der zahlreichsten Klasse der Bevölkerung fehlt ein eigenes Organ gänzlich. Die zweifelhafte und gleisnerische ›Freundschaft‹ einiger fortschrittlicher, konservativer und anderer Tageblätter hat die Massen der aufgeklärten Arbeiter von Berlin niemals darüber täuschen können, und wir wissen ganz genau, daß wir einem längst rege gewordenen Wunsche entgegenkommen, indem wir mit einem ausgesprochenen Arbeiterblatt, dem »Berliner Volksblatt«, auf dem Plan erscheinen. Die Berliner Arbeiter wollen und müssen ein Organ haben, das für sie spricht und in dem sie sprechen können.« [241]

Eine Probenummer des Publikationsorgans erscheint am Sonntag, den 30. 3. 1884. Sie enthält eine Abonnements-Einladung, in der für das Blatt neben seinen »Original-Leitartikeln, reichhaltigen politischen und Lokal-Nachrichten«, für den »interessanten und spannenden Roman *Drei Gesellen* aus der Feder des berühmten Schriftstellers Ernst Pasqué« geworben wird. [242] Dieser Abonnementseinladung schließt sich ein unsignierter programmatischer Artikel *Was wir wollen* an, in dem die Aufgaben und Ziele des Blattes formuliert werden. Ausgehend von einer Bestandsaufnahme, Analyse und Kritik der Wirtschafts- und Sozialpolitik unter Bismarck in den achtziger Jahren, stellt das Blatt die Forderung nach einer Politik, die den Interessen und Wünschen der Arbeiter gerecht wird. Der programmatische Artikel wird in der ersten Nummer des Publikationsorgans fortgesetzt. In Abgrenzung zur Bismarck'schen Sozialreform werden die eigenen Vorstellungen zu diesem Komplex, Tagesthema dieser Zeit, knapp dargelegt. Vorrang hat nicht die von der Regierung in Aussicht gestellte Organisation der Versicherung gegen Unfall und Krankheit und eine geregelte Altersversorgung, sondern Verkürzung der Arbeitszeit, Verbot der Kinder- und Einschränkung der Frauenarbeit, Anhebung des Volkseinkommens:

»So wünschen wir eine Sozialreform angebahnt zu haben [...] Indem wir dabei nochmals betonen, daß eine wirkliche Sozialreform nur aus dem fruchtbaren Boden politischer Freiheit emporsprießen kann, sind wir uns wohl bewußt, daß ein solches Ziel, wie wir es dargelegt, nicht von heute auf morgen zu erreichen ist. Allein wir stehen auch vor der Thatsache, daß heute die ganze politische Welt auch diese Fragen diskutiert und das ist für uns von größerem Werth, als es vielleicht Manchem auf den ersten Blick scheinen möchte. Wir sind fest überzeugt, daß, wenn ein ganzes Volk unausgesetzt seine dringlichsten Wünsche diskutirt, diese Wünsche auch zur Erfüllung gelangen werden und müssen.

Das englische Volk diskutierte die Korngesetze so lange, bis sie beseitigt wurden. Warum sollte das bei uns anders sein? Warum sollten wir nicht über eine volksthümliche Sozialreform so lange diskutieren, bis sie Thatsache wird? Eine solche Diskussion durchdringt Staat und Gesellschaft allmählig mit dem Geiste des Volkes, dessen Wünsche sich geltend machen, und das Durchdrungensein mit diesem Geist stellt sich schließlich dar in volksthümlichen Institutionen.« [243]

Nicht versäumend, sich von den »feurigen Schwarmgeistern, die mit einem ›kühnen Griff‹ Staat und Gesellschaft umgestalten zu können glauben«, abzusetzen, resümiert das Blatt nochmals seine Aufgabe auf einer allgemeineren Ebene:

»Dieses Blatt soll für das arbeitende Volk und mit demselben an der Diskussion der großen Zeitfragen theilnehmen, Verständniß für dieselben erwecken und die Geister regsam erhalten. Je mehr die Arbeiter an der Diskussion der Arbeiterfrage Theil nehmen, desto leichter wird es, eine glückliche Lösung dieses großen und schwierigen Problems anzubahnen. Und indem wir die Arbeiter zur Diskussion anregen, thun wir Nichts als unsere politische Pflicht und Schuldigkeit.« [244]

Um nicht mit dem Sozialistengesetz zu kollidieren, verfolgt die Redaktion des Organs eine behutsame und bedächtige Politik. So werden schon bald Stimmen laut, die sich gegen die zu ›lasche‹ Führung des Publikationsorgans richten. Wilhelm Blos, zeitweilig leitender Redakteur des Blattes, schreibt über diese Zeit in seinen Erinnerungen:

»Inzwischen war das »*Berliner Volksblatt*« gegründet worden, aus dem sich der heutige »Vorwärts« entwickelt hat. Das Blatt war notwendig geworden gegenüber den Umtrieben der Anarchisten und den Wühlereien sozialdemagogischer Revolutionäre à la Stöcker in Berlin. *Singer* gab die Mittel zu dem Blatte her. Es wäre gut gewesen, wenn man das Blatt gleich in größerem Stil hätte auf den Plan treten lassen; allein dazu reichten die disponiblen Mittel nicht aus. Es war auch sehr begreiflich, daß niemand ein größeres Kapital an ein Unternehmen wagen wollte, dem jeden Augenblick von der Polizeifaust der Kragen umgedreht werden konnte.

Das Blatt mußte also unter sehr schwierigen Verhältnissen ins Leben treten. Die Leitung der Redaktion wurde mir übertragen und *Hasenclever* lieh mir in der ersten schwierigen Zeit seine Unterstützung. Am 25. März 1884 erschien der von mir verfaßte Prospekt des Blattes, den die Polizei unanbestandet zirkulieren ließ. Am 1. April kam die erste Nummer heraus.

Zum Mitredakteur hatte man mir den ehemaligen preußischen Leutnant und späteren »Naturapostel« Johannes *Guttzeit* gegeben, den irgend jemand bei Singer empfohlen hatte. Guttzeit war gewiß ein guter Kerl, der die ganze Menschheit unaussprechlich liebte, aber in die Redaktion eines sozialdemokratischen Blattes paßte er nicht hinein. [...] Parteigenossen, die in der sozialdemokratischen Bewegung hervorgetreten waren, konnten nicht angestellt werden, da sie sonst ausgewiesen worden wären, wie auch mit *Rödiger* geschah; mich selbst schützte, solange der Reichstag beisammen oder vertagt war, mein Reichstagsmandat. Es kam an Guttzeits Stelle ein sehr tüchtiger Berliner Journalist namens *Horn,* auch Kurt Baake machte hier seine journalistische Lehrzeit durch.

Das Blatt kämpfte schwer gegen die überlegene Konkurrenz der bürgerlichen Blätter. Es erschien nur vier Seiten stark und sollte doch alles berücksichtigen. Dabei waren die Berliner Parteiverhältnisse damals nicht so, daß auf sie gestützt ein Blatt rasch in die Höhe kommen konnte. Außerdem mußte ich die Fußangeln des Sozialistengesetzes vermeiden, was zur Folge hatte, daß sich alsbald die unerbittlichen Dränger einstellten, welche mit überlegenem Tone forderten, das Blatt müsse ›radikaler‹ werden. Ich erinnere mich einer Konferenz bei Singer, wo die gleiche Forderung von einem inzwischen sehr gemäßigt gewordenen Parteigenossen gestellt wurde. Ich erwiderte, daß das Blatt nur dann einen Zweck habe, wenn es überhaupt bestehe, und daß ich es an der äußersten Grenze des unter dem Gesetz Möglichen dahinsteuere. Aber wie einst Cato die Zerstörung Karthagos, so forderte der andere immer wieder: ›Das Blatt muß radikaler werden.‹ – Singer schüttelte den Kopf und sagte nachher lachend: ›Laß dir das Leben nicht sauer machen; du hast ja Humor!‹

Immerhin hatte das Blatt in drei Monaten 2400 Abonnenten errungen. Als die Reichstagssession von 1884 zu Ende war, mußte ich aus der Redaktion scheiden, um nicht ausgewiesen zu werden.« [245]

Das Blatt kann in den folgenden Jahren seinen Leserstamm sukzessive erweitern. Auch arbeitet es nun, nach anfänglichen Schwierigkeiten, finanziell mit Überschüssen. [246]

Vor allem in der Familie und bei der Frauenwelt findet das Organ mit seiner volkstümlichen Ausgestaltung, mit seinen »gediegenen, volksthümlichen Erzählungen, Schilderungen von Land und Leuten ferner Gegenden, Plaudereien sowie Notizen heiteren Inhalts« [247] Eingang. Die Auflage des *Berliner Volksblattes,* das Lokalorgan der Berliner Sozialdemokraten *und* Hauptorgan für alle Sozialdemokraten Deutschlands ist, steigt in der kurzen Zeit des Erscheinens rasch an:

1884	2 000 Ex.
1885	4 000 Ex.
1888	11 000 Ex.
1890	25 000 Ex. [248]

Nach dem Fall des Sozialistengesetzes, einer Zeit, aus der die Sozialdemokratie »innerlich gefestigt und nach außen machtvoll erstarkt« [249] hervorgeht, ist es eine der wichtigsten Aufgaben der Partei, sich neu zu organisieren. Für die schriftliche Agitation und Propaganda der Partei muß der mediale Sektor revidiert und erweitert werden.

Auf dem Parteitag der SDP zu Halle/S., nur wenige Wochen nach Aufhebung des Ausnahmegesetzes, wird von den Parteitagsdelegierten über das neue Organisationsstatut beschlossen. Der § 17 des Organisationsstatus lautet:

»Zum offiziellen Parteiorgan wird das ›Berliner Volksblatt‹ bestimmt. Dasselbe erhält vom 1. Januar ab den Titel: Vorwärts. Berliner Volksblatt. Zentralorgan der Sozialdemokratischen Partei Deutschlands.
Alle offiziellen Bekanntmachungen sind an hervorragender Stelle des redaktionellen Teils zu veröffentlichen.« [250]

Anknüpfend an die Tradition der Sozialdemokratischen Partei vor Erlaß des Sozialistengesetzes verleiht der Parteitag zu Halle dem neuen Zentralorgan den alten Titel *Vorwärts*, und

»er gab damit die Parole aus:
Unter dem alten Namen zu
neuen Kämpfen und Siegen.
Vorwärts!« [251]

3.5. *Vorwärts. Berliner Volksblatt. Zentralorgan der Sozialdemokratischen Partei Deutschlands. 1891 bis 1933*

Gründung [252]

Ab 1. Januar 1891 nimmt das neue Zentralorgan den Titel *Vorwärts* an und setzt damit die durch das Sozialistengesetz unterbrochene Kontinuität der Arbeiterpresse fort. Die Bezeichnung *Berliner Volksblatt* bleibt im Untertitel des Blattes erhalten. Das politische und wirtschaftliche Programm, das für das *Berliner Volksblatt* galt, bleibt auch für den *Vorwärts* bestehen. In der ersten Nummer vom 1. 1. 1891 druckt das Zentralorgan auf der vierten Seite in Faksimile das Programm des *Berliner Volksblatts* ›Was wir wollen. Tl.I.‹ ab. [253]

Diese Kontinuität setzt sich auch auf formaler Ebene durch: der *Vorwärts* schließt sich in seiner Jahrgangszählung an die Erscheinungsjahre des Leipziger Zentralorgans und des *Berliner Volksblattes* an, wobei jedoch Lücken nicht mitgezählt werden. Das Jahr 1891 gilt als 8. Jahrgang.

Das Zentralorgan ist zugleich Lokalblatt der Berliner Parteiorganisation. Dieser Doppelcharakter des Blattes führt immer wieder zu Auseinandersetzungen und Kompetenzstreitigkeiten zwischen der Parteileitung und den Berliner Parteimitgliedern über die politische Linie des Organs, die sich in einer Fülle von Anträgen auf den Parteitagen sichtbar niederschlagen. [254] Bereits bei dem *Berliner Volksblatt* hatte sich die Berliner Parteiorganisation um Einfluß bemüht. Sie erhielt schließlich das Vorschlagsrecht bei der Besetzung der Redaktion und Expedition. Auch für den *Vorwärts* wird den Berlinern dieses Recht belassen. [255] Später wird in das Organisationsstatut eine Zusatzbestimmung aufgenommen, die den Berliner Parteimitgliedern auf die redaktionelle und geschäftliche Leitung des Blattes einen größeren Einfluß einräumt. [256] Einer Preßkommission, die von der Berliner Organisation zu wählen ist, wird die Kontrolle über den lokalen Teil der Zeitung bewilligt. [257] Im Laufe der Zeit werden diese Einflußmöglichkeiten erweitert:

> »Stillschweigend begann sie [...], das Recht in Anspruch zu nehmen, die Haltung des Blattes bei der Agitation zu kontrollieren und insbesondere auch auf die Verwaltung des Zentralorgans Einfluß auszuüben. [258]

Auf dem Parteitag 1897 werden daher die Aufgaben der Preßkommission neu definiert:

> »Zur Kontrolle der prinzipiellen und taktischen Haltung des Zentralorgans, sowie der Verwaltung desselben, wählen die Parteigenossen Berlins und der Vororte eine Preßkommission, welche aus höchstens zwei Mitgliedern für jeden beteiligten Reichstagswahlkreis bestehen darf. Einwände der Preßkommission sind dem Parteivorstand zur Erledigung zu unterbreiten. Von Anstellungen und Entlassungen im Personal der Redaktion, Expedition ist der Preßkommission vor der Entscheidung Mitteilung zu machen und ihre Ansicht einzuholen.« [259]

Auf Beschluß des Parteitages 1899 erhält die Preßkommission bei Berufung der Redakteure die gleichen Rechte wie der Parteivorstand. Im Falle von Differenzen zwischen Parteileitung und Preßkommission wird eine Kontrollkommission eingesetzt, die vom Parteitag zu wählen ist. [60]

Trotz dieser Regelungen kommt es immer wieder zu Meinungsverschiedenheiten zwischen dem Parteivorstand und den Berliner Parteimitgliedern. Wiederholt werden auf den Parteitagen Anträge eingebracht, die eine Trennung von Zentralorgan und Berliner Lokalblatt vorsehen. Die Anträge finden jedoch nicht die notwendige Mehrheit. [261]

Auch der Versuch, wieder ein wöchentlich erscheinendes Zentralorgan zu etablieren, das insbesondere den Wünschen und Interessen der auswärtigen Leser entgegenkommen soll, scheitert. Das Blatt, der *Sozialdemokrat,* wird im Januar 1894 gegründet, findet aber nicht die erhoffte Verbreitung und stellt daher bereits sein Erscheinen – auf Antrag der Parteileitung – zum 1. 1. 1896 wieder ein. [262]

Besitzverhältnisse, Druck, Herstellung

Für das *Berliner Volksblatt* hatten Paul Singer und Max Bading bis 1890 das wirtschaftliche Risiko getragen. Ab 1891 übernimmt die Gesamtpartei den *Vorwärts,* juristisch bleibt jedoch Bading der Eigentümer, mit dem ein Vertrag abgeschlossen wird. Die Expedition wird der Leitung von Th. Glocke anvertraut. [263]

Bis 1902 wird diese juristische Konstruktion beibehalten, obwohl sich in der Zwischenzeit immer wieder Stimmen melden, die für eine parteieigene Druckerei und einen parteieigenen Verlag plädieren. Insbesondere Bebel wendet sich in diesen Jahren scharf gegen derartige Vorschläge:

»Wir sind nicht der Meinung, daß eine Partei wie die unsrige, die keine Geschäftspartei, sondern eine Kampfpartei ist, sich mit einer ungeheuren Menge von Eigenthum belasten solle, welches eines Tages, wenn wieder eine Katastrophe käme, mit einem Schlage in ganz andere Taschen verschwände. (Sehr richtig!).« [264]

1897 wird sogar – wegen der drohenden Umsturzvorlage – das Parteieigentum (z.B. Parteibuchhandlung) in Privateigentum umgewandelt. [265]

Um 1900 scheint die politische und wirtschaftliche Lage stabil genug zu sein, denn jetzt wird der Plan in Angriff genommen, eine parteieigene Druckerei zu errichten.

Bebel und Singer richten sich gemeinsam mit der Berliner Preßkommission in einem Aufruf an die Berliner Parteimitglieder, um die Geldmittel in Form von Darlehen zur Errichtung einer eigenen Druckerei zu beschaffen. Viele Parteimitglieder spenden ihren Spargroschen, viele Gewerkschaften und Arbeitervereine tragen ihre Reserven als Darlehen gegen vier Prozent Zinsen dem Gründungskomitee (Bebel, Singer, Ernst) bei. Am 1. 10. 1902 kann die Druckerei mit einem Kapital von ca. 500 000 Mark (davon ca. 190 000 Mark Spargroschen) eröffnet werden, ausgestattet mit den modernsten Maschinen. [266] Geschäftsführer wird Richard Fischer, bis dahin Leiter der Buchhandlung Vorwärts. [267] Das Unternehmen, die »Vorwärts-Buchdruckerei und Verlagsanstalt Paul Singer & Co.«, wird als OHG gegründet. Als Eigentümer zeichnen Paul Singer, August Bebel und Eugen Ernst. Der Gewinn muß, laut Gesellschaftsstatut, an die Sozialdemokratische Partei abgeführt werden. [268] Ab 1902 erscheint das Zentralorgan im parteieigenen Verlag.

Nach anfänglichen finanziellen Schwierigkeiten, hervorgerufen durch den inhaltlichen Ausbau und die umfangmäßige Ausgestaltung des *Vorwärts,* kann das Blatt – im Gegensatz zu den meisten sozialdemokratischen Lokalzeitungen – ständig steigende Einnahmen und Gewinnüberschüsse verbuchen. Die Zahlen der Tab. 4, S. 66, zusammengestellt aus den Angaben in den Parteitagsprotokollen [269], verdeutlichen diese sukzessive Aufwärtsentwicklung. Wie Bebel berichtet, können diese Überschüsse allerdings nur auf die Annonceneinnahmen zurückgeführt werden. Wie sich die Relationen zwischen den Einnahmen aus Inseraten und Abonnements im Laufe der Jahre – von 1897 bis 1928 für die Gesamtheit der Parteipresse, von 1892 bis 1914 für den *Vorwärts* – verschieben, kann der Tab. 4, S. 66 und Tab. 5, S. 67 entnommen werden. [270] Auch die Auflage des *Vorwärts* steigt ständig, wie die Tab. 4 verdeutlicht.

Die gute wirtschaftliche Basis des *Vorwärts,* die jährlichen Gewinne, schaffen die Möglichkeit, andere sozialdemokratische Parteiblätter finanziell zu unterstützen, so etwa auch das Blatt der österreichischen Bruderpartei, die *Arbeiterzeitung Wien.* [271]

Von den wirtschaftlichen Verlusten der Kriegsjahre und der Nachkriegszeit erholt sich das Zentralorgan erst wieder 1923 mit Stabilisierung der Währung. [272] Die wirtschaftliche Not trifft auch die Vorwärts-Buchdruckerei, der in der Inflationszeit viele Aufträge verloren gehen. Die Gewerkschaftsblätter, Hauptkunden der Vorwärts-Druckerei, machen sich die Parole der Inflationszeit – Umwandlung von Kapital in Sachwerte – zueigen und gründen eigene Druckereien. [273]

1925 erfolgt der Anschluß des *Vorwärts* an die vom Parteivorstand gegründete Konzentrations-Aktiengesellschaft, einer von der Partei getragenen Gesellschaft. [274] Sie dient der Rationalisierung in den sozialdemokratischen Betrieben und insgesamt der Modernisierung der Parteiblätter. In den Jahren nach 1926 kann sich der *Vorwärts*, wie auch die sonstige sozialdemokratische Presse, wieder sanieren. Die Weltwirtschaftskrise führt jedoch zu einem Verlust eines Viertels der Abonnenten der Gesamtpresse. Auch der *Vorwärts* muß in dieser Zeit hohe Rückgänge in den Abonnentenzahlen hinnehmen. [275]

Tab. 4: Auflagen- und Kostenentwicklung des »Vorwärts. Berliner Volksblatt.« (1884 bis 1914)

Jahr	Auflage	Einnahmen aus Inseraten	Abonnements	Gesamtausgaben (GA)	Ausgaben für Feuilleton	% der GA	Ausgaben für Neue Welt	% der GA	Gewinn
1884	2 000								
1885	4 000								
1886									
1887									
1888	11 000	ca. 20 000	110 000						
1889									
1890									
1891	25 000	64 000							38 000
1892	37 000	65 042	323 486	349 239	1 418	0,41	10 625	3,04	39 497
1893	42 500	69 803	338 857	366 273	1 062	0,29	21 781	5,95	40 655
1894	45 000	87 149	384 574	425 489	1 879	0,44	25 526	6,00	47 505
1895	>	107 254	413 129	466 131	2 581	0,55	27 003	5,80	55 536
1896	>	130 958	426 826	506 588	3 182	0,63	27 791	5,49	52 074
1897	48 000	136 135	424 375	518 211	5 061	0,98	27 718	5,35	48 210
1898	> 52 000	138 433	433 196	519 421	8 456	1,63	28 391	5,47	53 348
1899	53 000	150 517	479 675	566 594	8 831	1,56	31 216	5,51	64 677
1900	52 000	159 962	468 029	569 945	10 524	1,85	31 314	5,49	58 710
1901	56 000	193 600	503 426	617 532	10 244	1,66	32 517	5,26	80 447
1902	56–58 000	168 911	509 602	618 779	10 113	1,63	31 255	5,05	60 602
1903	78 500	192 853	594 232	716 656	10 946	1,53	33 100	4,62	72 339
1904	82 000	237 645	735 910	887 198	10 811	1,22	41 491	4,68	90 497
1905	88 000	296 288	783 085	998 020	11 613	1,16	44 640	4,47	84 528
1906	112 000	333 566	901 417	1 101 179	11 613	1,05	48 712	4,42	140 616
1907	135 000	409 628	1 109 962	1 354 029	15 889	1,17	58 343	4,31	170 683
1908	143 315	444 803	1 184 545	1 505 312	14 304	0,95	62 911	4,18	130 788
1909	139 000	433 424	1 123 151	1 450 906	13 926	0,96	59 402	4,10	111 143
1910	122 000	497 185	1 137 434	1 518 740	17 109	1,13	60 801	4,00	122 623
1911	157 000	593 369	1 329 711	1 819 699	15 734	0,86	71 861	3,94	165 558
1912	165 500	710 404	1 461 539	1 950 803	15 724	0,80	79 863	4,10	307 348
1913	157 100	475 976	1 058 070	1 397 289	11 827	0,84	57 466	4,10	196 065
1914	161 000	635 608	1 353 330	2 231 228	20 082	0,90	73 402	3,29	37 787

Tab. 5: Auflagen- und Kostenentwicklung der Gesamtheit der Sozialdemokratischen Parteiorgane (1890 bis 1933)

Jahr	Anzahl der Parteiorgane	Auflage	Auflage Gewinn	Verlust	Einnahmen aus Inseraten	Abonnements
1890	60	254100				
1891	68					
1892	74					
1893	73					
1894	74					
1895	76					
1896	73	311232				
1897	69	323259	12027		987113	2045079
1898	68	378880	55621		1116713	2161255
1899	73	400000	21120		1274615	2464946
1900	75	ca. 420000	20000			
1901						
1902	86					
1903		572902				
1904	70	620282	47380		2253538	3925427
1905	64	679152	58870		2537000	4151000
1906		837790	158638		2871076	4833460
1907		1049707	211917		3466539	5962270
1908	71	1061280	11573		4205322	6782359
1909	74	1041498		19782	4363761	6706151
1910	78	1160016	118518		4980254	6965253
1911	81	1306465	146449		5853302	7840718
1912	86	1478042	171577		6830496	8888834
1913	90	1465212		12830		
1914	91	1488345	23133			
1915		1060891		427454		
1916		900731		160160		
1917	80	762757		137974		
1918	74	847881	85124			
1919	95	1706262	858381			
1920	147	1186000		520262	20000000	26000000
1921	144	1238608	52608			
1922	139					
1923						
1924	169					
1925	174	1089000				
1926	184	ca. 1174926	85926			
1927	188	1251221	76295		18300000	18500000
1928	196	1316067	64846		22700000	22500000
1929	203	1366725	50658			
1930	196					
1931	176					
1932	135		ca. ¼ d.			
1933			Abonn.			

Inhaltliche Gliederung

Bis zum Jahre 1913 erscheint das Zentralorgan täglich außer montags. Ab April 1913 wird – ohne den Abonnementspreis zu erhöhen – eine Montagsausgabe eingeführt. [276] Nach dem 1. Weltkrieg, ab 15. 11. 1918, wird das Zentralorgan täglich zweimal publiziert, in einer Morgen- und Abendausgabe zu je 300 000 Exemplaren. [277] Das Roman-Feuilleton findet sich nur in der Morgenausgabe.

Entsprechend der Aufgabe des Zentralorgans – »Schulung und Beeinflussung der Massen im Sinne der sozialistischen Weltanschauung« [278] – gewinnt der politische, wirtschaftliche und gewerkschaftliche Teil in den ersten Jahren das Übergewicht. Besonders gepflegt wird der politische Leitartikel, der auf der ersten Seite des Organs erscheint.

Das Feuilleton unter dem Strich – bis 1898 ohne eigenen Redakteur – erfährt in der ersten Zeit keine große Aufmerksamkeit. Es enthält – in relativ monotoner Ausgestaltung – das Roman-Feuilleton, die Sonntagsplauderei, das sog. ›Kleine Feuilleton‹ (Theater, Literatur, Kunst und Wissenschaft, Vermischtes, Notizen, Personalien).

Ab 1892 wird dem *Vorwärts* als Sonntags-Beilage die *Neue Welt* beigegeben.

Unter den Lesern und den Parteimitgliedern wird ab 1893 Kritik über das mangelhafte Unterhaltungsangebot des *Vorwärts* laut. Bemängelt wird vor allem, daß es keine Theater- und Kunstkritik gibt, keine Rezensionen wichtiger Buchpublikationen, keinen Überblick über Wissenschaft und Technik.

Als auf dem Parteitag 1896 die Bedeutung des Feuilletons im Konkurrenzkampf mit der kapitalistischen Massenpresse in aller Deutlichkeit erkannt wird, schließt der Parteitag mit dem Beschluß, die sozialdemokratische Presse auf dem feuilletonistischen Sektor auszubauen. [279]

Von 1897 an wird der Unterhaltungsteil des *Vorwärts* sukzessive erweitert. Beigegeben wird dem Zentralorgan eine täglich erscheinende (außer Samstag, später außer Sonntag), vierseitige Unterhaltungsbeilage. Sie zerfällt in drei Teile: Roman, Novelle, Skizze; Beiträge populärwissenschaftlichen Inhalts; Humor, Rätsel, Schachecke. [280] Außerdem erscheint alle 14 Tage eine literarische Rundschau mit Buchrezensionen und eine volkswirtschaftliche Rundschau. Das kleine Feuilleton unter dem Strich bleibt im Hauptteil des Blattes erhalten. Hinzu kommt noch – wie bereits erwähnt – jeden Sonntag die *Neue Welt* als Beilage.

Wichtigste Maßnahme ist die Einstellung eines eigenständigen Feuilletonredakteurs. Ab 1898 übernimmt Hans Nikolaus Krauß, ein bürgerlicher Schriftsteller, diese Funktion. Ab Mai 1900 ist Ludwig Lessen mit für den feuilletonistischen Teil des *Vorwärts* verantwortlich. Mit ihm ist auch die Redaktion der *Neuen Welt* verbunden. [281] Nach dem Tod von Krauß tritt K. H. Döscher 1906 in die Feuilletonredaktion ein.

Nach dem Ersten Weltkrieg wird für den *Vorwärts* der Umfang erweitert, die Zahl der Textseiten vermehrt. Nachrichtenbilder, Karikaturen, Illustrationen – vor dem Krieg kaum benutzt – beleben nun den Text. An Aufbau und Struktur des Blattes ändert sich nur wenig. Als Ersatz für die 1919 eingestellte *Neue Welt* wird das illustrierte Bildwerk *Volk und Zeit* publiziert. [282] Ab 1921 – noch von dem Feuilletonredakteur des *Vorwärts* Franz Diederich inspiriert, der im gleichen Jahr stirbt – wird dem *Vorwärts* die wöchentlich einmal erscheinende Unterhaltungsbeilage *Heimwelt* beigegeben. Außerdem erscheint eine Beilage *Siedlung und Kleingarten*, redigiert von Ludwig Lessen. Der Inseratenteil wird nach dem Ersten Weltkrieg ständig ausgebaut. [283]

Als weitere Neuerung gibt der Verlag zusätzlich zu den beiden Ausgaben ein boulevardmäßiges Blatt *Der Abend* heraus.

Redaktionelle Leitung

Auf Wunsch des Parteitages 1890 übernimmt »Altmeister« Wilhelm Liebknecht [284] bis zu seinem Tod 1900 die Leitung des *Vorwärts*. Neben ihm arbeiten anfangs nur vier weitere Redakteure (u. a. Schönlank, Kokosky) an dem Blatt. Die Personalfrage ist eines der Hauptprobleme des Blattes über Jahre. Immer wieder werden auf den Parteitagen Klagen über die Überbelastung der Redakteure laut, die (Liebknecht, Schönlank und Schmidt) Redakteur, Parteischriftsteller, Agitator, Parteiführer und Reichstagsabgeordneter zugleich sein müssen. [285] Diese verschiedenen Tätigkeiten sind z.T. mit langen Abwesenheitszeiten von der Redaktion des Zentralorgans verbunden.

Auf den Parteitagen wiederholen sich permanent die Angriffe auf die mangelnde redaktionelle Führung des *Vorwärts,* der dem Arbeiterleser nur ungenügende aktuelle politische Information liefere. Seine Aufgabe als leitendes und führendes Organ der Partei erfülle das Blatt überhaupt nicht. In seiner politischen Übersicht bringe der *Vorwärts* nur Räsonnement, das tatsächliche Material zur Beurteilung und Kritik der Tagesereignisse fehle aber fast vollständig. [286] Auch durch den Feuilletonteil des Zentralorgans werde man – so der Leiter der Parteibuchhandlung Fischer auf dem Parteitag – »zum Verzeihen und zur Resignation« erzogen. [287] In den späteren Jahren wird insbesondere die »versöhnlerische« Haltung des *Vorwärts* in allen Parteikonflikten [288], sein Mangel an eigener politischer Meinung [289], sein – so Bebel – »Vertuschungssystem« und seine »Kompromißsüchteleien« [290] bemängelt. Insbesondere die Konflikte und Differenzen zwischen den ›Linken‹ der Partei und den zum reformerischen Sozialismus tendierenden Parteimitgliedern (Revisionisten) werden kaum in aller Schärfe analysiert und diskutiert, sondern mehr oder weniger verschwiegen. [291]

Wilhelm Liebknecht, verantwortlicher Redakteur des *Vorwärts* bis 1900, sieht die Mängel des Blattes vor allem in der schlechten personellen Ausstattung der Redaktion des Zentralorgans begründet:

»Wir haben eben die passenden Leute für die Redaktion noch immer nicht in genügender Zahl gefunden. Nicht um größere Gesichtspunkte handelt es sich, sondern um ein größeres Maß an Kräften. Auch nicht eine *Kostenfrage* ist die Besetzung der Redaktionsstellen, sondern eine Personenfrage. In dieser jungen Partei sind noch nicht in ausreichendem Maße die Kräfte herangezogen worden, welche wir da brauchen. [...] Im Augenblick, d.h., während Schmidt und ich hier sind, besteht die ganze Redaktion des ›Vorwärts‹ aus zwei Personen! Die Stelle des Lokalredakteurs ist ebenfalls noch unbesetzt. Auch für sie kann man nicht den ersten besten nehmen, der Mann muß das ganze Berliner Leben, das soziale, das geistige, das Kunstleben kennen; wir haben ihn bis heutigen Tages nicht gefunden. Enders sitzt schon seit Monaten in Plötzensee und hat noch 9 Monate im Gefängnis zu sitzen. Da sehen Sie, was eine sozialdemokratische Redaktion ist – sie ist nicht mit einer ruhigen, durch nichts gestörten, büreaukratisch organisierten Bourgeoisieredaktion zu vergleichen.« [292]

Nach dem Tod von Liebknecht 1900 wird kein Chefredakteur mehr eingesetzt, die Leitung des Vorwärts geht an eine Kollegialredaktion über. Leiter des politischen Ressorts wird Kurt Eisner, der politisch zum Revisionismus – wie die Mehrzahl der Redakteure – tendiert. [293] Nur eine Minderheit wendet sich radikal gegen den reformerischen Sozialismus.

Die politisch-ideologischen Meinungsverschiedenheiten zwischen den beiden Gruppierungen kommen 1905 zum offenen Ausbruch. [294] Da sie in den Spalten des Vorwärts ausgetragen werden, sieht sich die Parteileitung und die Preßkommission genötigt, einzugreifen. Der Vorschlag des Parteivorstandes, zwei der revisionistischen Redakteure (Kaliski, Büttner) zu entlassen, erscheint der Preßkommission als unzureichende Maßnahme. Schließlich einigt man sich dahingehend, allen sechs revisionistischen Redakteuren zu kündigen, stellt es ihnen aber anheim, sich wieder zu bewerben. Daraufhin reichen die Redaktionsmitglieder, die politisch hinter Eisner stehen, geschlossen die Kündigung ein. Gleichzeitig publizieren sie eine Dokumentation über den »Vorwärts-Konflikt« für die Parteiöffentlichkeit aus ihrer Sicht. [295] In dieser Vorgehensweise wiederum sieht der Parteivorstand eine Verletzung der Parteiprinzipien und entläßt alle sechs Redakteure (Eisner, Gradnauer, Büttner, Kaliski, Schröder, Wetzker) fristlos. [296]

Nachfolger Eisners als politischer Redakteur des Zentralorgans wird Heinrich Ströbel, der bereits seit 1900 Mitarbeiter des Blattes ist. Weiterhin treten 1905 – nach Beendigung des »Vorwärts-Konflikts« – in die Redaktion ein: H. Bock, Georg Davidsohn, W. Düwell, A. Stadthagen, Wermuth. [297]

Bis zum 1. Weltkrieg halten die Auseinandersetzungen um die politische Linie des Blattes an. Während des Krieges kommt es zu einem neuen Konflikt zwischen Parteileitung und Redaktion des Vorwärts, der allerdings folgenschwerer ist als der erste. [298] Hilferding, der 1907 Ströbel im politischen Ressort ablöst, stimmt zusammen mit der Vorwärts-Redaktion, die fast geschlossen hinter ihm steht, gegen die Zustimmung der sozialdemokratischen Reichstagsfraktion zu den von der Regierung geforderten Kriegskrediten.

Damit steht die Redaktion des Zentralorgans der Partei in Opposition zur Politik der Parteileitung. Während des Krieges, Ende 1916, verschärfen sich die Konflikte zwischen Parteileitung und Redaktion derart, daß der Parteivorstand, um im Vorwärts eine einheitliche Linie gewahrt zu sehen, insgesamt zwölf der Redakteure abberuft. Die Kollegialredaktion wird wieder aufgelöst. Eingesetzt vom Parteivorstand wird ein Chefredakteur, in diesem Falle Friedrich Stampfer, der als Verfechter des Kurses der Parteimehrheit gilt. Neben ihm sind noch in verantwortlicher Leitung Hermann Müller und Franz Diederich, der langjährige Leiter des Feuilletonteiles des Vorwärts. Später zeichnet der Journalist und Jurist Erich Kuttner noch verantwortlich. [299]

Noch während des Krieges vollzieht sich die Spaltung der Partei. Das Zentralorgan der KPD wird die Rote Fahne, das der USPD Die Freiheit. 1920 löst sich der radikale Flügel von der USPD und geht zur KPD über. 1922 kommt es zur Aussöhnung der beiden sozialdemokratischen Parteien. Die Freiheit stellt ihr Erscheinen ein, der Vorwärts übernimmt ihre Leserschaft.

Nach Kriegsende wird die Redaktion des Zentralorgans ständig erweitert. Vom 1. 1. 1919 bis 1. 2. 1920 treten sechs neue Redakteure ein: Richard Bernstein, Arthur Saternus, Fritz Karstädt, Franz Klühs, Herbert Lepère, Victor Schilf. Ab 1921 stoßen hinzu: Willy Möbus, E. W. Trojan, Friedrich Etzkorn, nach 1922 Ernst Reuter und Alexander Stein. 1925 tritt Curt Geyer in die Redaktion ein. Verantwortlicher Redakteur des Zentralorgans bleibt Friedrich Stampfer, sein Stellvertreter ist Franz Klühs.

Im Frühjahr 1933, nach mehrfachen Verboten, beschlagnahmen die Nationalsozialisten das gesamte Vermögen der Partei. Der letzte *Vorwärts* erscheint am 28. Februar 1933.

4. DISKUSSIONEN ÜBER DIE LITERATUR
IN DER SOZIALDEMOKRATISCHEN PRESSE

4.1. Debatten auf den Sozialdemokratischen Parteitagen 1890 bis 1933

Bereits auf dem Parteitag November 1892 in Berlin, nicht ganz ein Jahr nach dem Start des neuen literarischen Unternehmens der Sozialdemokratischen Partei, der wöchentlich erscheinenden Unterhaltungsbeilage der Parteiblätter *Die Neue Welt,* setzt eine vehemente Kritik der Delegierten an dem redaktionellen Konzept des Blattes ein. Diese Kritik der Delegierten an den literaturpolitischen Leitlinien der Unterhaltungsbeilage ist, neben den Auseinandersetzungen um die anderen publizistischen Medien der Partei [1], fortan – bis zum Einstellen des Erscheinens der Beilage 1919 – wesentlicher Bestandteil der Preßdebatten der Parteitage. Als Höhepunkt dieser Entwicklung, der permanenten Auseinandersetzung um das Literaturprogramm des Blattes, kann die Diskussion um *Die Neue Welt* auf dem Parteitag 1896 in Gotha-Siebleben gelten, die sog. Naturalismusdebatte, in der sich die obligatorische Preßdebatte zu einer umfassenden Kunst- und Literaturdebatte innerhalb der Partei ausweitete. [2] Die literaturwissenschaftliche Forschung hat sich dem Verlauf und der Interpretation dieser Debatte mittlerweile zur Genüge gewidmet, weniger in die Forschungsliteratur eingegangen ist, daß das der Zeitung zugrundeliegende Konzept sowohl vor als auch noch nach dieser Debatte ein strittiger Punkt auf den Parteitagen war und blieb.

Lassen sich die Jahre vor 1907/1908 grob dadurch charakterisieren, daß Parteitagsdelegierte und Leser ihre Unzufriedenheit über Text und Illustration der *Neuen Welt* artikulieren, so konstatieren sie in den Jahren danach »Anerkennung und Befriedigung« über den Inhalt des Blattes. [3] Wie ist dieser Umschwung in der Beurteilung der Qualität des Organs innerhalb der Partei und der Leserschaft zu erklären?

Zur Beantwortung dieser Frage wurden als Quellenmaterialien die Debatten um die *Neue Welt* auf den Parteitagen 1892 bis 1919 herangezogen, da sie wesentliche Auskünfte darüber vermitteln können, welches Konzept der Zeitung zugrunde lag und welche Modifikationen im Verlauf der Zeit vorgenommen wurden. Da diese Diskussionen um das publizistische Unternehmen der Partei, mit Ausnahme der Naturalismusdebatte, von der Forschung noch nicht aufgegriffen wurden, sollen sie nachfolgend in den wesentlichsten Stationen dargestellt werden.

4.1.1. Die Neue Welt. 1892 bis 1919

Dem Parteitag 1892, abgehalten vom 14. bis 21. November in Berlin, liegen zur Beschlußfassung zwei Anträge zur *Neuen Welt* vor. Zielt der Antrag der Elberfelder Parteigenossen darauf ab, daß der Parteivorstand mehr als in der Vergangenheit dafür Sorge trage, daß die »*Neue Welt*« in Inhalt (Text *und* Illustration) und Ausstattung den

Ansprüchen einer Beilage sozialdemokratischer Blätter entspreche [4], so geht der Antrag der Berliner Genossen weit darüber hinaus. Sie verlangen, das Blatt ganz einzustellen und dafür ein neues zu schaffen, da die *Neue Welt* bei weitem nicht den Ansprüchen genüge, »die an ein prinzipiell und wissenschaftlich zu haltendes sozialdemokratisches Blatt gestellt werden müssen«. [5]

In der auf den Parteitagen obligatorischen Debatte über den Stand der Parteipresse, die sich dem Geschäftsbericht des Parteivorstandes über die publizistischen Unternehmen der Partei anschließt, werden die Anträge eingehend erläutert, begründet und diskutiert. Die in den Anträgen recht pauschal und allgemein gehaltene Kritik wird in den Redebeiträgen der einzelnen Delegierten präzisiert. Konsens herrscht sowohl im Parteivorstand als auch bei den sonstigen Delegierten darüber, daß die *Neue Welt* die in sie gesetzten Erwartungen bei weitem nicht erfüllt habe. Inhalt und äußere Form des Unterhaltungs- und Bildungsblattes, so konstatieren die Delegierten weiterhin, entsprechen nicht den literarischen Bedürfnissen der Parteigenossen. [6]

Vornehmlich an den in der Zeitungsbeilage publizierten Romanen und Illustrationen entzündet sich die Kritik. Ins Schußfeld der Kritik gerät der Abdruck des Romans von Wilhelm Bölsche, *Die Mittagsgöttin* [7], der »absolut nicht für ein solches Blatt« paßt, da das Blatt nicht »für Litteraten, Studirende und akademisch gebildete Leute« gegründet worden sei. [8] Gefordert wird dagegen eine Literatur, die den Kampf der revolutionären Arbeiterschaft durch unmittelbare Darstellung dieses Kampfes unterstützt; eine Literatur, die den proletarischen Lebenszusammenhang selbst schildert und es dem Arbeiter ermöglicht, die Literatur für seinen politischen Tageskampf agitatorisch wirksam umzusetzen. Wenn das auch von den Delegierten nicht explizit so formuliert wird, so lassen doch die Empfehlungen, die *Neue Welt* so zu redigieren, wie in den Jahren 1876, 1877 und 1878 [9], indirekt darauf schließen. Auch der Hinweis, lieber Erzählungen wie August Otto-Walsters *Am Webstuhl der Zeit* in das Organ aufzunehmen, anstelle solcher Romane wie Bölsches *Mittagsgöttin,* deutet darauf hin. [10]

Aber nicht allein die publizierten Romane werden als mangelhaft erachtet [11], sondern auch Auswahl und Präsentation der Illustrationen, »die manchmal ganz jammervoll« [12], ja geradezu »schauderhaft« [13] seien. Als besonders verwerflich wird angesehen, daß *alte* Klischees angekauft und publiziert wurden, ohne zu beachten, daß diese schon andernorts abgedruckt worden waren. Auch die langatmigen Beschreibungen zu den Illustrationen stoßen auf Widerspruch. Allerdings, so formuliert es ein Delegierter eher scherzhaft, seien sie deshalb vonnöten, weil man ohne sie nicht wissen würde, was auf den Abbildungen gemeint sei. [14] An ihre Stelle sollten, so der Vorschlag, lieber Artikel belehrenden Inhalts über Haushalt, Krankheit und dergleichen mehr gesetzt werden. [15]

Der Wunsch einiger Delegierter, die Beilage nach den Leitlinien zu redigieren, wie sie für die *Neue Welt* als selbständigem Organ vor dem Sozialistengesetz verbindlich waren, stößt auf den vehementen Widerspruch von Richard Fischer, Leiter der Vorwärts-Buchhandlung:

»Aber man hat Unrecht, wenn man sagt, die ›Neue Welt‹ sei früher doch ganz anders gewesen. Nein, diejenigen, die solche Stoßseufzer ausstoßen, haben die frühere ›Neue Welt‹ wohl gar nicht gelesen. (Widerspruch) Nicht Verfolgungen, kein Kongreßbeschluß, auch nicht das Sozialisten-

gesetzt hat die ›Neue Welt‹ außer Leben gesetzt, sondern sie ist an allgemeiner Langeweile einge-
schlafen. Jetzt aber wird von einzelnen Rednern auf einmal der Eindruck erweckt, als hätte man ein
entschwundenes Glück zu beklagen!« [16]

Was Fischer dabei aus dem Blickfeld gerät, ist, daß die *Neue Welt* in ihrem Erscheinungszeitraum von 1876 bis 1887 in ihrem politischen und literarischen Profil eine
Entwicklung durchgemacht hat. Gerade die ersten Jahrgänge der Zeitschrift, vornehmlich unter der Redaktion von Wilhelm Liebknecht, hatten den Versuch unternommen, in
Wort und Bild, in der Auswahl der Romane, Erzählungen, Gedichte und Illustrationen,
fortschrittliche Autoren und Künstler zu Worte kommen zu lassen. Erst in den späteren
Jahrgängen, unter der verantwortlichen Leitung von Bruno Geiser, wurde dieses Konzept aufgegeben, und es erfolgte sowohl im Text als auch in den Illustrationen eine
Annäherung an jenes Publikationsorgan, gegen das die *Neue Welt* als Konkurrenzunternehmen eingesetzt wurde: die *Gartenlaube*.

Aber nicht allein der ungenügende Inhalt für ein sich als sozialistisch verstehendes
Organ war verantwortlich für das Eingehen des Blattes. Hinzu kam, daß das Blatt mit
hohen Defiziten arbeitete und aufgrund dieser permanenten »Defizitnoth« eingestellt
werden mußte. [17]

An den in der Unterhaltungsbeilage *Die Neue Welt* veröffentlichten Romanen und
Erzählungen entzündet sich mehrfach die Kritik. Nicht nur der Roman *Die Mittagsgöttin* (Bölsche) stößt auf den Widerspruch der Delegierten, sondern auch in dem Abdruck
des Romans von Tschernyschewskij *Was thun?* dokumentiere sich ihrer Meinung nach
eine unsachgemäße Auswahl von Romanen für die Arbeiterschaft. Der Roman sei zwar
gut, aber »absolut ungeeignet für unsere Leser«. [18]

Dieses Verdikt des Parteigenossen Antrick-Berlin über den Roman *Was thun?*, das er
leider nicht inhaltlich begründet, erfolgt im gleichen Atemzug mit dem Verdikt über den
bereits erwähnten Roman *Die Mittagsgöttin* von W. Bölsche. Dieser Roman, so argumentiert Antrick, laufe »direkt auf Spiritismus« hinaus, und die Parteigenossen würden
nicht verstehen, »was da irgend ein Philosoph in Friedrichshagen sich ausdenkt«. [19]
Auch die Illustrationen seien einer sozialdemokratischen Zeitung unwürdig. Anstelle des
bloßen Abklatsches von Illustrationen aus bürgerlichen Publikationsorganen solle man
sich um die Genossen bemühen, die als Maler Tüchtiges schafften, denn eine der
vornehmsten Aufgaben für das Blatt sei, »solche Motive zur Anschauung zu bringen,
welche darstellen, was wir in Wort und Schrift den Leuten predigen«. [20] Diese, wenn
auch nicht sehr detaillierte Einschätzung, wie die *Neue Welt* in Parteikreisen rezipiert
wird, gibt ein gutes Meinungsbild über die Gesamtheit der Delegierten ab.

In den Verhandlungen und Diskussionen über die Anträge zur *Neuen Welt* gewährt
der Parteitag dem verantwortlichen Redakteur des Blattes, Curt Baake, und dem
Geschäftsführer der Hamburger Druckerei, in der das Blatt gedruckt wird, Bérard,
Gelegenheit, zu den Vorwürfen der Genossen Stellung zu nehmen. In seiner Verteidi-
gungsrede referiert Baake, aus der Perspektive des leitenden Redakteurs der Beilage, jene
Faktoren, die ihm für die Schwächen des Blattes maßgeblich zu sein scheinen. Ganz
generell konzediert er, daß die Angriffe gegen die *Neue Welt* in großen Teilen berechtigt
seien. Allerdings führt er diese Mängel nicht auf eine mangelhafte redaktionelle Führung
des Organs zurück, sondern verweist auf andere ›objektive‹ und außerhalb seiner Person

liegende Gründe. [21] Seiner Ansicht nach stehe ein Vergleich mit der früheren *Neuen Welt* schon allein deswegen nicht zur Diskussion, weil es sich bei diesem Unternehmen um ein selbständiges Unterhaltungsblatt gehandelt habe, das weit größer, umfangreicher und besser ausgestattet gewesen sei. Das jetzige Blatt sei aber nur eine Beilage und müsse mit den außerordentlich billigen und preiswerten Blättern der Bourgeoisie konkurrieren. Verfügten die bürgerlichen Blätter in der Regel über genügend finanzielle Ressourcen, so sei demgegenüber das Budget der *Neuen Welt* von vornherein äußerst beschränkt. Für die Mitarbeiter *einer* Nummer sollten nicht mehr als 50 Mark ausgegeben werden, das bedeute pro Spalte Text 4 bis 5 Mark. Diese pekuniären Kalamitäten setzten aber von Anfang an Barrieren, da für dieses Geld keine Originalarbeiten angekauft werden könnten. Infolgedessen müsse die Redaktion auf bereits Publiziertes zurückgreifen. Aber auch hier stoße man auf Hindernisse. Die sozialistische Romanliteratur, sofern sie überhaupt vorhanden sei, werde bereits in den Parteiblättern abgedruckt. Damit fiele auch diese Literatur aus; Neues, wirklich Gutes, gebe es seiner Meinung nach nicht auf diesem Sektor. Neben diesem Mangel an geeigneter Literatur habe sich als weiterer Hemmschuh für die inhaltliche Ausgestaltung des Blattes die Zusammensetzung des Leserkreises ergeben. Durch die heterogene Struktur dieses Leserkreises würden die unterschiedlichsten Anforderungen und Bedürfnisse an das Blatt gestellt. Die breit streuende regionale Verteilung des Publikationsorgans – die *Neue Welt* wurde den Parteiorganen in Berlin, aber auch in den entlegensten Orten beigegeben – und das damit verbundene Gefälle im politischen Bewußtsein der Leser habe dazu geführt, daß man in der inhaltlichen Ausgestaltung habe Kompromisse eingehen müssen, die keinen befriedigen konnten. Auch die ihr zugewiesene Funktion, Agitationsmittel zu sein, die »fernstehenden aufzuklärenden Kreise« zu erreichen, kollidiere mit dem Anspruch, die Bedürfnisse der »Vorgeschrittensten und der Zurückgebliebensten« zu befriedigen. Kurzum, das Blatt habe »keinen festen Boden unter den Füßen« gehabt und sei beständig zu Kompromissen genötigt gewesen. Doch nicht allein das schmale Budget und der Mangel an geeignetem Romanmaterial habe das Gesicht des Blattes geprägt, sondern die Verhältnisse insgesamt seien äußerst ungünstig gewesen: der leitende Redakteur des Blattes habe für Monate ins Gefängnis gehen müssen, und, wie jeder zugestehen werde, sei »im Gefängnis die Auswahl der Romane außerordentlich beschränkt. (Große Heiterkeit)«. Somit sei der Redakteur gezwungen gewesen, vorab für etwa 26 Monate den Inhalt des Organs festzulegen, nachträgliche Korrekturen seien nicht möglich gewesen.

Baake weist hier auf einen Sachverhalt hin, unter dem die sozialdemokratische Presse, im Gegensatz zur bürgerlichen Presse, zu leiden hatte, auch nach Aufhebung des Sozialistengesetzes: scharfe Eingriffe und Behinderungen der Staatsmacht bei der schriftlichen und mündlichen Propaganda der Partei. Behinderungen jeder Art waren den politischen Gegnern in diesem Kampf recht. [22] Manche Wirte gingen in ihren Lokalen, in denen die Partei Versammlungen abhalten wollte, sogar so weit, folgendes Plakat anzubringen: »Notorischen Sozialdemokraten ist der Zutritt nicht gestattet«. [23] Polizei, Unternehmer, Fabrikanten und auch Geistliche gingen gegen die Parteigenossen vor, die für die Partei mündlich oder mit der sozialdemokratischen Presse agitieren wollten. [24] Diese Eingriffe und Beschränkungen in Produktion, Distribution und Rezeption der sozialdemokratischen Presse, konnten natürlich nicht ohne Wirkung bleiben auf die Konzeption eines Blattes, das täglich damit rechnen mußte, verboten oder beschlagnahmt zu werden, dessen Redakteur fast immer mit einem Fuß im Gefängnis stand.

Trotz dieser Erwägungen verteidigt Baake in Opposition zur Majorität der Parteitagsdelegierten die Auswahl und den Abdruck des Romans von Bölsche und wehrt sich gegen die »voreiligen« [25] Angriffe:

> »Antrick behauptet, dieser Roman [= Bölsche, K. Z.] laufe auf Spiritismus hinaus. Er hätte doch mit seinem Urtheile warten sollen, bis der Roman fertig vorliegt, es ist kein spiritistischer, sondern ein antispiritistischer Roman. Die Tendenz des Romans ist durchaus rationalistisch. Ich nahm ihn, weil ich gerade von ihm erwartete, daß er meine Leser spannen würde. [...] Die Übersetzung von ›Was thun?‹, welche ich im Januar haben sollte, erhielt ich erst im August. Ich konnte nicht so viel kürzen, als ich wollte. Ein neuer Roman mußte begonnen werden, in Folge dessen drückten sich die beiden Romane und es konnte nichts Anderes in das Blatt hinein. Was soll man denn auch in 8 Seiten alles hineinstecken? Sowie im neuen Jahr ein neuer Roman begonnen wird, kann und soll eine Änderung eintreten.« [26]

Baake erklärt sich zwar einverstanden, die *Neue Welt* in Zukunft reichhaltiger und vielseitiger zu gestalten, statt zwei lange Romane und sonst nichts zu bringen; dennoch aber beharrt er auf seiner Position, das Blatt der naturalistischen Literatur (obwohl dieses Stichwort in der gesamten Diskussion nicht einmal fällt!) zu öffnen. Denn Bölsche, soviel sei an dieser Stelle vorweggenommen, ist nicht der einzige Vertreter dieser literarischen Richtung, der in dem Organ zu Worte kommt. [27]

Wie Bérard im Anschluß an die längeren Ausführungen Baakes in seiner Kalkulation zur *Neuen Welt* darlegt, könne auch dem Wunsch einiger Parteigenossen nach besserem Papier für die Beilage nicht entsprochen werden, da dafür keine Mittel zur Verfügung ständen. [28] Trotz der relativ hohen Auflage des Organs kämen gerade eben die Kosten wieder heraus.

In der Diskussion aufgegriffen wird nochmals die Behauptung von Baake, daß für die Beilage kein gutes und geeignetes Romanmaterial zur Verfügung stände. Einige der Delegierten können sich diesem Urteil nicht anschließen. [29] Als exemplarisches Beispiel für einen ›guten‹ Roman für die sozialdemokratische Presse wird der Roman von Bertha von Suttner, »Die Waffen nieder«, zitiert, der 1892 im Zentralorgan der Partei, dem *Vorwärts*, publiziert wurde. Gerade dieser Roman habe überall sehr gutes Verständnis gefunden. Nicht näher ausgeführt wird leider, welche Elemente des Romans dieser Repräsentantin der bürgerlichen pazifistischen Bewegung es gewesen sind, die diese positive Resonanz im Leserkreis hervorgerufen haben. War es das Thema, die Darstellung, die parteiliche Stellungnahme, der Lösungsvorschlag? Zweifel kommen den Rednern nicht auf, ob dieser Roman tatsächlich für die *politische* Aufklärung der Arbeiter und Arbeiterinnen so nützlich ist, da in ihm zwar die Bemühungen um die Verhinderung des Völkermords geschildert werden, aber die eigentlichen Ursachen und Triebkräfte des Krieges kaum erkannt werden. Denn der Vorschlag des Romans, als Strategie zur Vermeidung von Konflikten einen moralischen Appell an den guten Willen der Herrschenden zu richten, dürfte kaum mit dem politischen Bewußtsein und den Zielen eines marxistisch geschulten Arbeiters übereinstimmen. Bebel, der sich in die Kontroversen um die Auswahl des Romanstoffes für die *Neue Welt* einschaltet, verweist auch nur darauf, daß der Roman von Bertha von Suttner für die sozialdemokratische

Presse »die große Ausnahme« gewesen sei: Der Roman, ein alter Roman, »der allerdings zu denen gehört, die einmal durchschlagen und unserem Publikum blos deshalb nicht bekannt geworden, weil er außerordentlich theuer ist«, konnte nur durch »die Güte der Verfasserin«, die auf ein Honorar verzichtete, abgedruckt werden. Da die sozialdemokratische Presse den Abdruck des Romans nicht umsonst haben wollte, wurde das Geld, das sonst für einen Roman bezahlt wurde, der Kasse der Friedensliga überwiesen. Im allgemeinen aber seien die guten Romane so kolossal teuer, daß die sozialdemokratische Presse sie sich, im Gegensatz zur bürgerlichen Presse, nicht leisten könne.

»Wir können wohl 800–1000 Mark, aber nicht 5000 bis 10000 Mark für einen Roman bezahlen.« [30]

Mit dem Vorschlag Bebels, sich für den Elberfelder Antrag zu entschließen, wird die Debatte beendet. Der Elberfelder Antrag, der eine allgemeine Verbesserung der »Neuen Welt« vorsieht, wird angenommen. Damit ist auch der Antrag der Berliner, die auf die Gründung einer völlig neuen Zeitung abzielten, erledigt.

Trotz der relativ breiten, zeitintensiven, wenn auch im Prinzip wenig analytischen Debatte um die Mängel und Schwächen der *Neuen Welt* auf dem Parteitag 1892 und trotz der auf diesem Parteitag gefaßten Beschlüsse über eine qualitative Verbesserung des Organs scheint sich in den nachfolgenden Monaten in der Struktur des Blattes nur wenig verändert zu haben. Klagen über das »Schmerzenskind« [31] der Partei, in dessen Leitung und Haltung von den Parteitagsdelegierten jeder Fortschritt vermißt wird [32], häufen sich auf dem Parteitag 1893 wie auch auf den nachfolgenden. Insbesondere für die Lesewünsche der Frauen biete das Organ nicht genug [33], es ginge, so ein Redner des Parteitages, durch seine zum Teil zu schwere wissenschaftliche Kost gänzlich am »Fassungsvermögen der Frauenwelt« [34] vorbei. Die Kritik bezieht die populärwissenschaftlichen Artikel, die für die Leser ungeeignet seien, die Auswahl der Illustrationen, »zum Theil süßliches, charakterloses Zeug, unwürdig einer sozialistischen Zeitung« [35] mit ein, aber auch die publizierten Romane. Angriffspunkt ist diesmal der Roman von Hans Land, *In dunklen Tiefen,* der in der *Neuen Welt* in der zweiten Jahreshälfte 1893 veröffentlicht wird. [36]

»Die ›Neue Welt‹ ist nicht das für die Frauen der Arbeiterklasse geeignete Blatt. Romane, wie ›In dunklen Tiefen‹, können auf unsere Frauen nicht wirken, wie es uns allen erwünscht sein muß. Die Frau aber muß für unsere Sache gewonnen werden. Die gegnerischen Parteien verstehen das viel besser. Die Illustrationen in unseren Blättern sind zum Theil gänzlich unbrauchbar und sogar verwerflich.« [37]

Eine Präzisierung erfährt die Kritik nicht; jeder scheint zu wissen, was gemeint ist. Zu vermuten ist nur, daß die Delegierte Schneider, die sich an dem Abdruck des Romans stößt, die weibliche Hauptfigur des Romans im Auge hat, die sich das Recht auf freie Liebe nimmt. [38]

Zwar wird konstatiert, daß das Blatt sich nach dem Berliner Parteitag stofflich verbessert habe, dennoch aber kehre in der letzten Zeit der »alte Schlendrian« wieder ein. In der vorhandenen Gestalt fordere das Organ geradezu »den Spott der Gegner heraus«. [39] Auch ein Wechsel in der redaktionellen Leitung des Blattes hatte nicht die erhofften Erfolge gezeitigt.

Vor allem aber, darin sind sich alle Delegierten einig, habe das Blatt die ihm zugewiesene Funktion, die bürgerliche Massenliteratur, die Unterhaltungsblätter und die Schundromane, aus den Arbeiterkreisen zu vertreiben, nicht realisiert, ja, sie tauge selbst »nicht viel mehr als die untergeordnetsten Unterhaltungs-Beilagen der bürgerlichen Presse.« [40] Dadurch, daß das Blatt in allem »zurückgeblieben« [41] sei, könne es den antizipierten Leserkreis nicht erreichen und die »*Gartenlaube*« verdrängen, »die sich dort immer noch eingenistet« habe. [42] Wolle das Blatt in Zukunft erfolgreich mit der bürgerlichen Unterhaltungspresse und -literatur konkurrieren, so müsse in der Führung der Beilage, in ihrer textlichen wie illustrativen Aufmachung dringend ein Wandel geschaffen werden.

Standen auf dem Parteitag 1892 als Ursachen der Misere die finanziellen Restriktionen und der Mangel an geeigneter Literatur im Vordergrund der Argumente, so in dem Jahr 1893 die Schwächen in den personalen Kapazitäten. Baake, der leitende Redakteur des Organs, »der seine Schuldigkeit nicht getan habe« [43], wurde des Redakteurspostens enthoben, ohne daß eine andere qualifizierte Kraft in Aussicht stand. Gedacht hatte man wohl an Karl Henckell, ein Vertrag aber kam nicht zustande. Welche Gründe dafür maßgeblich waren, läßt sich nicht mehr recherchieren. [44] Der Mangel an einschlägigen Redakteuren, die neben ihren fachlichen Qualifikationen auch mit der Partei politisch harmonierten, zeigte sich in den Schwierigkeiten, den Posten neu zu besetzen. Die tüchtigen Mitglieder einer Redaktion würden sich, so spricht es Koenen-Hamburg auf dem Parteitag offen aus, immer mehr als selbständige Schriftsteller zurückziehen. Die Aufgabe aber sei, so fährt Koenen in seiner Rede fort, nicht, »dicke Bücher schreiben, sondern bei dem Tageskampfe bleiben, das ist echte Parteidisziplin. Ich richte diese Worte vor allem an die Schriftstellerecke da drüben. (Große Heiterkeit)« [45] Auch wollte man, so die Erklärung des Parteivorstandes, daß die »Redaktionen der Parteipresse nicht den Unterschlupf für das verbummelte Studententhum abgeben sollen.« [46] So ist in den nächsten Jahren *ein* charakteristisches Merkmal des Blattes der häufige Wechsel im Redakteursposten. Bis zur verantwortlichen Leitung des Blattes durch Edgar Steiger März 1896 wechseln sich in der Führung der Unterhaltungs-Beilage, in chronologischer Reihenfolge, folgende Redakteure ab: Curt Baake (in Vertretung: R. Seiffert), Reinhold Cronheim, R. Seiffert, S. Kokosky (in Vertretung: R. Seiffert). [47]

Erstmalig greift das Unbehagen der Delegierten an den literarischen Unternehmen der Partei auch auf die sonstige Parteipresse über, wie es sich in dem Antrag der Parteigenossen des 19. Sächsischen Wahlkreises dokumentiert:

> »Es möge in Zukunft die Parteipresse in ihrem Feuilleton nicht mehr, wie bisher, mit Kriminal- und Liebesromanen den Leserkreis zu unterhalten suchen, sondern sich mehr damit zu befassen, durch Biographien berühmter, edler Menschen, welche sich um die Wohlfahrt des Volkes verdient gemacht haben, auf den Charakter des Volkes einzuwirken und die Gefühle für alles Gute und Erhabene zu wecken und zu pflegen.« [48]

Doch geht dieser Antrag in den Diskussionen um die Ausgestaltung der Unterhaltungsbeilage unter. Allein der Delegierte Stolten-Hamburg verweist in seinem Redebeitrag auf das Anliegen der sächsischen Parteigenossen, ohne dieses aber zu konkretisieren. Ganz allgemein unterstreicht er die pädagogische Funktion der Romane, die Seele und Gemüt der Frauen sittlich erheben und erziehen sollen. Daher plädiert er auch lieber für einen guten tendenzlosen als für einen schlechten Tendenzroman. Namentlich die *Neue Welt* habe in der ersten Zeit daran gekrankt, daß sie zu »grün-deutsch« gewesen sei. Gerade an dieser Stelle müsse in der nächsten Zukunft reformiert werden, da sich das sozialdemokratische Lesepublikum, auf das mehr Rücksicht genommen werden sollte, einen besonderen literarischen Geschmack nicht aufzwingen lasse. [49]

Nachdem fast alle Delegierten ihr Unbehagen über die Literaturunternehmen der Partei artikuliert haben, endet die Debatte wiederum damit, daß der Beschluß gefaßt wird, den Antrag der Kölner Genossen anzunehmen, der eine Verbesserung der *Neuen Welt* vorsah. [50] Text und Illustrationen sollten dem Charakter eines Parteiblattes angepaßt werden.

Auch in den nächsten Jahren, bis 1896, zielen die Anträge und die Debatten um die *Neue Welt*, an deren Kurs sich offenbar nur wenig ändert, darauf ab, das Blatt qualitativ zu verbessern. Moniert werden nach wie vor nur Oberflächenphänomene, so vor allem die monotone und stereotype Ausgestaltung des Organs. Die Notwendigkeit einer Revision des dem Blatt zugrunde liegenden literaturpolitischen Konzepts wird zwar erkannt, nicht aber *inhaltlich* diskutiert. In der Reduktion der Kritik auf eine bloße Artikulation des Unbehagens an der Ausgestaltung der Presseunternehmen und in der Unfähigkeit und dem Desinteresse, alternative Konzepte zu entwickeln, offenbaren sich deutlich die Defizite und die Schwächen der Partei in ihrer Literatur- und Kulturpolitik.

Dem häufigen Wechsel in der redaktionellen Leitung des Blattes nach Ausscheiden von Curt Baake wird zunächst durch die Anstellung von Samuel Kokosky ein Ende gesetzt. Er leitet die *Neue Welt* bis zur Übernahme der Redaktion durch Edgar Steiger »gewissenhaft und fleißig«. [51] Da er aber dem alten redaktionellen Konzept verpflichtet bleibt und keine alternativen Entwürfe zur Redaktionsführung einbringt, mehren sich die Stimmen der Parteimitglieder, die Unterhaltungsbeilage ganz eingehen zu lassen und durch eine neue Zeitschrift zu ersetzen, die »ungefähr in Form der *Neuen Welt* gegen einen geringen Extrabeitag als wöchentliche Beilage der Parteiblätter« erscheinen und vornehmlich dazu dienen solle, »wirkliche Volksbildung unter der arbeitenden Bevölkerung fördern und ausbreiten zu helfen«. [52] Inwieweit die bloße Ablösung eines Publikationsorgans durch ein anderes die Konzeptionslosigkeit in der Redaktionsführung beheben soll, bleibt schleierhaft. Diese radikale Lösung wird von der Mehrheit der Delegierten auch nicht akzeptiert. Man einigt sich auf einen Kompromiß, der vorsieht, die *Neue Welt* textlich mehr dem Verständnis der Proletarierfrauen anzupassen und sie mit solchen Illustrationen zu versehen, die dem Charakter eines Unterhaltungsblattes für klassenbewußte Arbeiter besser als bisher entsprechen. [53] Um die heterogenen Leserinteressen aufzufangen, sollte das Publikationsorgan systematisch ausgebaut und redaktionell differenziert werden. Zur Realisation dieser Neuerungen, die sich mehr als früher an den Bedürfnissen der Leser orientierten, wurde der Umfang des Blattes von acht auf zwölf Seiten erweitert. Dem redaktionellen Ausbau sollte eine Preis*reduktion* folgen, damit in Zukunft vermieden wird, daß andere Unterhaltungsblätter »politisch farblosen Inhalts« als Beilagen zu Parteiorganen benutzt würden. [54]

Entsprechend dem Parteitagsbeschluß von 1895, »in dem sich Leser und Redaktion begegneten«, umfaßt die Unterhaltungsbeilage 1896 zwölf statt früher nur acht Seiten. Flankierend zu diesem inhaltlichen Ausbau des Publikationsorgans wird die Stelle des leitenden Redakteurs neu besetzt. Ab März 1896 zeichnet Edgar Steiger, ein bürgerlicher Intellektueller, der sich der Arbeiterbewegung angeschlossen hatte [55], für die Leitung des Blattes verantwortlich.

Die Vergrößerung des Umfangs und die redaktionelle Ausdifferenzierung des Unterhaltungsblattes ließen jedoch die Herstellungskosten derart expandieren, daß die entstandenen Defizite nur durch enorme Zuschüsse aus der Parteikasse, ca. 48 000 Mark im Jahr, aufgefangen werden konnten. [56] Der Bezugspreis des Blattes hatte sich nämlich bei gleichzeitiger Erweiterung nicht erhöht, aber auch nicht, wie angekündigt, reduziert. Aufgabe des Parteitages von 1896 war u. a., Erwägungen anzustellen, welche Maßnahmen ergriffen und in die Wege geleitet werden sollten, damit sich das Defizit in Zukunft etwa auf die Summe von 25 000 Mark einpendele.

Die Preßdebatte auf dem Parteitag 1896, die sich zu einer breiten Kunst- und Literaturdebatte ausweitet, in der »einmal ernst und würdig von der Kunst gesprochen wurde« [57], soll an dieser Stelle nicht noch einmal referiert werden. Nur auf einige Aspekte, die u. E. in den Analysen nicht genügend berücksichtigt wurden, wird bei der Einschätzung aller Debatten eingegangen werden müssen. [58]

Die Debatten um »Die Neue Welt« nach dem Gothaer Parteitag 1896

In weit geringerem Umfang wiederholen sich die Klagen der Parteitagsdelegierten über die *Neue Welt* auf dem Parteitag zu Hamburg Oktober 1897. Diese Tatsache kann zu diesem Zeitpunkt nicht unbedingt als Indikator dafür gewertet werden, daß sich in der redaktionellen Ausgestaltung des Blattes maßgebliches verändert hat, sondern sie findet ihre Erklärung darin, daß sich die Kritik der Delegierten am Unterhaltungsangebot der sozialdemokratischen Presse auf diesem Parteitag überwiegend auf das neu ins Leben gerufene literarische Unternehmen der Partei, die Wochenschrift *In Freien Stunden,* verlagert. Zudem ist die gesamte Thematik, die kulturellen und literarischen Aktivitäten der Partei, zu dieser Zeit von minderer Aktualität: die 1897 einsetzende Revisionismusdebatte fesselt die Aufmerksamkeit der Delegierten. [59]

Dem Beschluß des Gothaer Parteitages 1896 folgend, Maßnahmen zu treffen, das Defizit der *Neuen Welt* auf ungefähr 25 000 Mark zu reduzieren, erscheint die Unterhaltungsbeilage seit dem 1. Januar 1897 in größerem Format, aber nur noch in einem Umfang von acht Seiten. Diese Änderung, die den Raum für den Text nur um ein geringes verringert [60], läßt das Defizit auf ca. 21 000 Mark zurückgehen. Somit kann durch diese Umstellung die Beilage zum Teil saniert und das Defizit gesenkt werden, das Unbehagen über die redaktionelle Gestaltung des Blattes, vornehmlich der Illustrationen, bleibt nach wie vor bestehen.

»Die *Neue Welt* hat auf jedem Parteitage Spießruthen laufen müssen. Es ist immer über ihren Inhalt geklagt worden, aber eine Verbesserung ist nicht erzielt worden, dem Arbeiter bietet dieses Blatt nichts, die kleinbürgerlichen Kreise können wir damit nicht für uns gewinnen.« [61]

Anregungen aber, die auf eine Verbesserung und Vermehrung der Illustrationen der *Neuen Welt* und besseres Papier für den Druck abzielen, werden vom Geschäftsführer des Hamburger Verlages, Bérard, abgeblockt. Sie würden das Defizit wieder anschwellen lassen und stünden somit im Widerspruch zu den Parteitagsbeschlüssen von 1896, die vorsahen, die Kosten für das Blatt drastisch zu senken. [62] Außerdem, so begründet Bérard seine Entscheidung, sehe man von den Mehrkosten einmal ab, solle das Blatt kein Kunstblatt sein, sondern den Frauen »leichte Unterhaltungslektüre« [63] bieten. Diese Position Bérards, die relativ geringe Anforderungen an das sozialdemokratische Unterhaltungsblatt stellt, wird nicht von allen Delegierten geteilt. Frau Steinbach-Hamburg unterstreicht, im Einverständnis mit Richard Fischer-Berlin, gerade die erzieherische Funktion der sozialdemokratischen Parteiorgane:

> »Es wird so viel über den Inhalt der *Neuen Welt* geklagt, daß er zu hoch sei für viele Genossen und Genossinnen. Ich würde als Redakteur der *Neuen Welt* eine solche Kritik als Schmeichelei auffassen. Das hat Fischer gut gesagt, daß wir nicht zur Unbildung herabsteigen, sondern die Ungebildeten zu uns heraufziehen sollen. Es ist nicht möglich, allen geistigen Qualitäten in *einer* Literaturbeilage Rechnung zu tragen; aber wo es sich um eine so große Anzahl armer Lohnsklaven auch auf geistigem Gebiet handelt, deren Lesebedürfnis durch lange und eifrige Beschäftigung mit unserer Parteiliteratur dieselben auf ein höheres Nivau gehoben hat, die aber zu arm sind, dasselbe durch Abonnements in Leihbibliotheken zu befriedigen, da plaidire ich für diese.« [64]

Nach dem Parteitag von 1897 finden kaum noch Diskussionen in der Partei über das inhaltliche Konzept der *Neuen Welt* oder, allgemeiner, über Fragen der sozialdemokratischen Literaturpolitik, statt. Die Erörterungen auf den Parteitagen verlagern sich sukzessive, auch bei der Romanzeitung *In Freien Stunden,* auf finanzielle, rein geschäftliche Angelegenheiten. Inhaltliche Aspekte erscheinen nur marginal, quasi als zufällige Abfallprodukte.

Auf dem Parteitag 1898 rechnet der Parteivorstand mit einem Zuschuß für die *Neue Welt* von ca. 20000–25000 Mark. [65] Tatsächlich beläuft er sich dann aber auf die Summe von 30064,34 Mark. [66] 1901 ist das Defizit der *Neuen Welt* zwar um 8954,77 Mark geringer geworden, die Mehrausgaben gegenüber dem Vorjahre betragen doch immer noch 17798,08 Mark. [67] Bereits 1899 werden Maßnahmen in die Wege geleitet, die Herstellung der *Neuen Welt* zu verbilligen. Neue Rotationsmaschinen für den Illustrationsdruck sollen die Herstellungskosten drastisch senken. [68] Da die bislang existierenden Rotationsmaschinen speziell für den Illustrationsdruck nicht der hohen Auflage der *Neuen Welt* genügen, die die Maschine in zwei Bruch gefalzt verlassen soll, wird eine Augsburger Maschinenfabrik beauftragt, eine den Wünschen der Partei entsprechende Maschine zu bauen. Durch Herstellung des Blattes nach den neuesten technischen Verfahren hofft man, daß das Blatt nicht mehr subventioniert werden müsse. [69] Erst im Dezember 1901 wird die Maschine betriebsfähig übergeben, so daß die *Neue Welt* mit Beginn des Jahres 1902 auf dieser Maschine gedruckt werden kann. [70]

Die in diese Umstellung gesetzten Hoffnungen, die Kosten für die Herstellung zu senken, erfüllen sich nicht in der gesetzten Größenordnung. Das Blatt arbeitet noch immer mit Defiziten. 1902 berichtet der Parteivorstand daher über weitere Neuerungen: der *Neuen Welt* wird regelmäßig eine Annoncenbeilage beigegeben. [71] Gegen einzelne

Annoncen werden jedoch aus dem Leserkreis Beschwerden laut, denen die Verwaltung der *Neuen Welt* in Zukunft, so der Parteitagsbeschluß, Rechnung tragen solle. [72] Doch bleibt die *Neue Welt* nach wie vor finanziell das »Schmerzenskind der Partei«. [73] Bereits 1901 hat man in Erwägung gezogen, das Blatt, da ihm durch Schaffung neuer Unterhaltungsblätter an vielen Orten eine enorme Konkurrenz erwachsen war, obligatorisch allen Parteiblättern beizugeben. Dieser Antrag wird jedoch abgelehnt, da die Mehrheit der Parteimitglieder die Ansicht vertritt, daß der Parteipresse keine bestimmte Zeitungsausgabe aufgedrängt werden dürfe. [74]

Kurzfristig kann das Blatt durch die neue Herstellungsart und vor allem durch die Inseratenbeilage saniert werden, doch bereits 1910 arbeitet es wieder mit »einigen 20 000 Mark« Defiziten. Der Grund: wegen wiederholter Klagen über die in der Annoncenbeilage aufgenommenen Inserate, wird die Annoncenbeilage wieder abgeschafft. [75] Da das Blatt trotz dieser vielfältigen Schwierigkeiten seine Auflage in den Jahren sukzessiv steigern kann, 1906 sind es 320 000 Exemplare [76], reicht für diese hohe Auflage die Hamburger Maschine nicht mehr aus. Die Vorwärts-Druckerei (Berlin), die sich ebenfalls eine neue Maschine zulegt, übernimmt daher die halbe Auflage, »so daß das Blatt wieder an zwei Stellen, in Berlin und Hamburg, gedruckt und von diesen beiden Orten an die Abnehmer verschickt wird.« [77]

Wie ersichtlich, reduzieren sich die Diskussionen um das Publikationsorgan auf finanzielle, vertriebs- und herstellungstechnische Fragen. Die auf den Parteitagen artikulierten Wünsche, die *Neue Welt,* die vielfach nur als »Butterbrotpapier« [78] benutzt werde, illustrativ zu verbessern [79], die Auswahl der Texte auch auf theoretische Artikel zu erweitern [80], sie insgesamt vielseitiger und vor allem aktueller [81] auf besserem Papier [82] zu gestalten, geben doch wenig Auskunft über mögliche Veränderungen im redaktionellen Gesamtkonzept des Publikationsorgans. Daß solche Veränderungen stattgefunden haben müssen, läßt sich aus der Tatsache schlußfolgern, daß mit der Übernahme der Redaktion durch Ludwig Lessen [83] ein Umschwung in der qualitativen Beurteilung des Blattes bei den Parteitagsdelegierten einsetzt:

> »Zutreffend war die Bemerkung des Genossen Lehmann, daß die Beschwerden über die ›Neue Welt‹ verstummt sind. An Stelle der vielen Klagen, die früher über die ›Neue Welt‹ laut wurden, ist bei allen aufmerksamen und verständigen Lesern Anerkennung und Befriedigung über das von der ›Neuen Welt‹ gebotene getreten. Das Blatt ist tatsächlich noch nie so gut gewesen, wie unter der gegenwärtigen Redaktion. Es ist reichhaltig und lebendig und damit sind alle Wünsche der Leser befriedigt.« [84]

Bérard, als Repräsentant des Verlags der *Neuen Welt,* bestätigt diese Einschätzung, daß die *Neue Welt* ein ganz »vorzügliches Unterhaltungsblatt« [85] geworden sei, obwohl die Illustrationen nach wie vor noch zu wünschen übrig ließen. [86]

> »Ich freue mich, daß anerkannt wird, daß sich die ›Neue Welt‹ wesentlich zu ihren Gunsten entwickelt hat. Sie hat einen Redakteur, der mit großem Eifer und großer Aufmerksamkeit arbeitet. Die Beiträge werden auch anständig honoriert. Über den Inhalt läßt sich wohl nicht klagen. Vergleichen wir die ›Neue Welt‹ mit ähnlichen bürgerlichen Blättern, so muß man feststellen, daß sie diese weit überragt.« [87]

Welche konzeptionellen Veränderungen unter der Redaktion von Ludwig Lessen, der ab Mai 1905 auch verantwortlicher Feuilletonredakteur des Zentralorgans der Partei, des *Vorwärts* wird [88], eingeleitet werden, läßt sich anhand der Parteitagsdebatten nicht bestimmen. Mit welchen Autoren und Texten das Leseinteresse des Publikums befriedigt wird, bleibt unbekannt.

Daß zumindest auch von Seiten der Partei die Ansprüche an das Blatt reduziert werden, läßt sich nur vermuten, kaum aber beweisen. Die Ausführungen Bérards auf dem Parteitag 1912 sprechen für diese Modifikationen im Selbstverständnis des Publikationsorgans:

> »Kein Parteitag ohne Klagen über die ›Neue Welt‹ [...] Es ist ja richtig, die Bilder in der ›Neuen Welt‹ sind nicht viel wert. Das gestehe ich ohne weiteres zu. Aber man soll doch berücksichtigen, welchen Charakter die ›Neue Welt‹ trägt und tragen sollte. Sie soll lediglich eine Zeitungsbeilage sein und sie ist dadurch gewissermaßen eine Eintagsfliege, ein Blatt, das man liest und in der Regel dann beiseite wirft.« [89]

Am 31. Dezember 1919 stellt die *Neue Welt,* für einen großen Teil der sozialdemokratischen Presse *die* Sonntagsbeilage, ihr Erscheinen ein. Wie der Parteivorstand berichtet, ist sie ein Opfer der Papierteuerung geworden. [90] Als Ersatz für sie wird die illustrierte Wochenschrift *Volk und Zeit* eingeführt, die bislang im Verlag für Sozialwissenschaft in Berlin hergestellt wurde. Doch findet dieses Blatt nicht die Verbreitung der *Neuen Welt,* da es, aufgrund der hohen Herstellungskosten, für viele Zeitungen als Beilage einfach zu teuer ist. Übernommen wird die Beilage in den Besitz der Vorwärtsdruckerei, die gemeinsam mit der Vorwärts-Buchhandlung versuchen soll, das Publikationsorgan auszubauen. Doch scheint auch diese Beilage, wie ein Antrag an den Parteitag 1927 zeigt, an den gleichen Fehlern zu kranken, wie das alte Organ, die *Neue Welt.* Der Antrag fordert, daß die Beilage *Volk und Zeit* zu einer wirklich proletarischen und klassenbewußten Beilage ausgestaltet werde. »Sie kann den Beifall der Sächsischen Genossen, insbesondere der Leipziger, nicht finden, weil sie nicht im proletarischen Sinne gehalten ist.« [91]

4.1.2. In Freien Stunden. 1897 bis 1919

Obwohl man sich auf seiten des Verlags und der Redaktion der Romanwochenschrift von Anfang an der Schwierigkeiten bewußt war, die der Verbreitung und Einführung einer sozialdemokratischen literarischen Zeitschrift im Wege standen, scheint der Verkauf und die Aufnahme des neuen Publikationsorgans doch noch weit hinter den gehegten Erwartungen zurückgeblieben zu sein. Jedenfalls konstatiert die Parteileitung nach einem Jahr, daß die Romanbibliothek in den Kreisen der Parteigenossen nicht in dem Umfang verbreitet sei, wie man es von der Größe der Partei und dem Charakter des Unternehmens erwartet hat. [92] Ein höherer Absatz des Blattes in Parteikreisen sollte daher in Zukunft dadurch gesichert werden, daß die Parteimitglieder und die Parteipresse für das Organ die notwendige schriftliche und mündliche Agitation entfalteten. [93]

Dem Parteitag 1897, abgehalten in Hamburg vom 3. bis 9. Oktober, liegen verschiedene Anträge zur Wochenschrift *In Freien Stunden* vor. In ihnen werden die Forderungen erhoben, die Romanwochenschrift in künstlerischer und technischer Hinsicht zu vervollkommnen, sie redaktionell zu erweitern und vor allem ihre Illustrationen zu verbessern. [94] Diese Anträge, die fatal an die zur *Neuen Welt* erinnern, finden den Beifall eines Großteils der Delegierten. Sie berichten in der Debatte, daß die »Mißstimmung« gegen die Romanbibliothek in weiten Leserkreisen verbreitet sei. [95] Hoffmann-Berlin formuliert es noch deutlicher:

> »Es heißt vielfach, sie seien miserabel; es sei besser, sie würden eingehen, da ja doch nichts daraus werde.« [96]

In der weiteren Diskussion um die Wochenschrift zeigen sich die kontroversen Vorstellungen der Parteitagsdelegierten über die Qualität des redaktionellen Konzepts dieses literarischen Unternehmens. Artikulieren die einen ihr Mißbehagen an der Auswahl der Texte, so können diese Texte gerade auf die Zustimmung der anderen Delegierten rechnen. Einigkeit herrscht nur in der Beurteilung der Illustrationen, die sich nur wenig über das Niveau dessen erheben würden, was in der sogenannten Schundliteratur enthalten sei. [97]

Die wenig fundierte und pauschale Kritik an der Auswahl der Texte verwundert umso mehr, als gerade der erste Jahrgang der Romanbibliothek versucht, mit seinem Konzept die divergierenden Interessen des heterogenen Leserkreises aufzufangen. Da das Blatt nicht nur organisierte sozialdemokratische Arbeiter und Arbeiterinnen erreichen, sondern auch in noch nicht politisierte Arbeiter- und Kleinbürgerkreise eindringen soll, geht die Redaktion offenbar in der Auswahl der literarischen Texte einen Kompromiß ein. In den ersten Halbjahresband aufgenommen werden die Werke eines anerkannten bürgerlichen und eines sozialdemokratischen Autors: Victor Hugo und Robert Schweichel. Auch im zweiten Halbjahresband verfolgt die Redaktion diese Strategie. Bei Hugo und Schweichel greift die Redaktion auf historische Romanstoffe zurück: beide Autoren wenden sich in ihren Werken vergangenen revolutionären Ereignissen zu. Hugo schildert mit seinem Roman *1793,* so versprechen es die Annoncierungen der Lieferungen den Lesern, »die Geschichte des Aufstandes der katholischen Vendée gegen die revolutionäre Regierung in Paris in ergreifender Weise«. [98] Schweichel dagegen stellt mit seiner historischen Erzählung *Florian Geyer's Heldentod* den Lesern einen führenden Akteur aus dem deutschen Bauernkrieg vor. [99] Auch der zweite Halbjahresband kommt den unterschiedlichen Leserwünschen entgegen. Eröffnet wird der Band der Romanzeitung mit dem Bauernroman der polnischen Erzählerin Elise Orzesko *Der Kampf um die Scholle,* dem sich wiederum Erzählungen von Schweichel aus seinem Erzählzyklus *Aus dem Leben der Enterbten* anschließen. [100] Sind der Roman Hugos und die Erzählungen von Schweichel von der Redaktion des Blattes für die politisch interessierten Leser gedacht, so soll der Roman von Elise Orzesko, der eine soziale Gegenwartsthematik aufgreift, vornehmlich die Lesewünsche der Frauen aufgreifen und befriedigen. [101] Dieses Werk schildert, so die Werbung der Redaktion, »in fesselnder Handlung voll tragischer Konflikte, den Kampf des durch Verschwendungssucht, Adelsstolz und Unfähigkeit zu Grunde gehenden Junkertums, das durch den früher politisch und wirtschaftlich rechtlosen, aber intelligenten und arbeitsamen Juden von seiner Scholle verdrängt wird.« [102]

Die vernichtende Kritik der Parteitagsdelegierten an dieser Romanauswahl veranlaßt den Leiter der Parteibuchhandlung, Richard Fischer [103], die konzeptionellen Leitlinien des Blattes zu verteidigen. Er richtet sich gegen die pauschale Kritik von Hoffmann-Berlin, da hier »Kritik blos um der schnoddrigen Herunterreißerei Willen ohne jede materielle Grundlage« [104] betrieben werde. In einem längeren Redebeitrag, der ausschnittweise wiedergegeben sein soll, rechtfertigt er den Abdruck der ausgewählten Romane und verweist auf ihren literarischen Wert:

»Das Unternehmen begann mit dem meisterhaften Roman 1793 von Victor Hugo. Ja, Parteigenossen, Sie verlangen doch immer *Tendenz*romane, die nicht blos gedankenlose Unterhaltung, sondern auch *Belehrung* bringen. Hier haben Sie einen solchen, tiefe Gedanken in herrlicher Sprache. [...] Man kann über diesen sowie über den jetzigen Roman, der in vornehmer Sprache und feiner psychologischer Charakterisierung uns den Niedergang des polnischen Adels, das Aufstreben und Aufkommen des politisch rechtlosen, aber wirtschaftlich bereits mächtigen Judenthums schildert, urtheilen wie man will, man kann sagen, er stellt zu große Anforderungen an die Genossen, er ist zu hoch. Eine solche Kritik gebe ich zu. [...] Aber wenn man solche literarischen Werke schlankweg als Schund bezeichnet, dann blamirt man geradezu die Partei vor der ganzen gebildeten Welt und erweist sich einfach als unwissenden, anmaßenden Literatur-Troddel!« [105]

Um womöglich nicht als ›Literatur-Troddel‹ dazustehen, findet sich keiner der Kontrahenten mehr, der Fischer gegenüber seine Position verteidigt. Einigkeit können die Delegierten schließlich wieder darüber herstellen, daß das Publikationsorgan seine Funktion, die Schundliteratur aus den Kreisen der Arbeiter und der indifferenten Massen zu vertreiben, bislang nicht erfüllt habe. Um dieser Aufgabe in Zukunft gerecht werden zu können, werden textuelle und illustrative Modifikationen vorgeschlagen, ohne allerdings dabei die Richtung der Änderungen zu präzisieren. Damit, so hofft man, könne eine Rezeption in den antizipierten Leserkreisen gesichert werden. [106]

Um erfolgreicher als bisher mit der bürgerlichen Massenliteratur konkurrieren zu können und um den Absatz der Wochenschrift zu steigern, werden von dem Parteitag 1897 eine Reihe konkreter Maßnahmen beschlossen. Sie beziehen sich auf die Ausstattung, den Vertrieb und die Werbung des Blattes:

– die einzelnen Hefte der Romanbibliothek sollen bei gleichbleibendem Preis inhaltlich verbessert und um die Hälfte erweitert werden;
– um die Parteikolporteure zu motivieren, sich für die Romanwochenschrift einzusetzen und entsprechend abzusetzen, soll ihnen ein höherer Prozentsatz vom Verdienst zukommen. Damit entspricht man auch einem bereits auf dem Parteitag 1896 artikulierten Wunsch; [107]
– die Propaganda für das Lieferungswerk soll auf allen Ebenen der Partei inszeniert und intensiviert werden: ausführliche Prospekte über die Romanbibliothek in der Partei- und Gewerkschaftspresse, mündliche Propaganda unter den Parteigenossen.

Trotz dieser gezielten Maßnahmen erhöht sich der Absatz nicht in dem gewünschten Maße. Diese Tatsache wird von dem Verlag Buchhandlung Vorwärts umso mehr bedauert, als »auf allen Parteitagen, in der Presse wie in Versammlungen, seit Jahren der Ruf nach solcher Literatur ertönte.« [108] Die von der Partei unternommenen Versuche, diesen Wünschen und Forderungen durch Gründung neuer literarischer Unternehmen zu entsprechen, finden, so der Verlag, bei den Parteigenossen nur geringe und völlig ungenügende Resonanz und Unterstützung. Insgesamt seien durch die Ausgestaltung der gesamten Parteipresse auf feuilletonistischem Gebiet zwar einige Wünsche befriedigt worden [109], dennoch aber habe sich nur relativ wenig an der Situation geändert, daß »gerade die Arbeiterfrauen und die Arbeiterjugend die Hauptrekrutierungsgebiete für die volksvergiftende, mordspatriotische und muckerische Familienblätter-Literatur« [110] lieferten.

Auch in den nächsten Jahren setzen sich die Parteitagsdelegierten auf dem Parteitag kritisch mit der Romanwochenschrift auseinander. Noch immer stoßen die ausgewählten literarischen Texte und die Illustrationen auf ihren heftigen Widerstand. Doch artikulieren sie ihr Unbehagen an dem Konzept und dem Inhalt des Blattes weiterhin in relativ allgemeinen Phrasen. Selten wird die Kritik am Material konkretisiert, geschweige denn im Rahmen genereller Leitlinien zu einer sozialdemokratischen Literaturpolitik diskutiert.

1899 kann auf dem Parteitag in dem Geschäftsbericht des Verlags der Buchhandlung Vorwärts zwar konstatiert werden, daß sich die Romanbibliothek einen festen Stamm an Lesern erworben habe, dennoch sind die Erwartungen, mit diesem Unternehmen, »das seiner Natur nach keinen eigentlichen Parteicharakter tragen kann, in größerem Maßstabe in die der Parteibewegung noch fernstehenden Arbeiterkreise einzudringen« [111], wiederum nur in geringem Maße realisiert worden. Auch der Versuch, sich bürgerlicher Formen der literarischen Kommunikation in der Presse zu bedienen und »mit einem ausgesprochen den Charakter eines Kolportageromans tragenden Werke die Kolportagebuchhandlungen zu interessieren« [112], schlägt fehl. Gemeint ist hier der Kolportageroman des Franzosen Xavier de Montépin, *Töchter des Südens*, der im ersten Halbjahr 1899 in der Romanwochenschrift publiziert wird. Xavier de Montépin (1823–1902) ist, nach Sue und Dumas, einer der erfolgreichsten französischen Feuilletonromanschriftsteller. Bekannt bei den französischen Lesern wurde er vor allem durch seinen Roman *Filles de Plâtres* [113], der ihm eine Klage wegen Unsittlichkeit einbrachte. Die französische Tagespresse publizierte die inkriminierten Textstellen, beste und wirksamste Reklame für den Roman, der auch seinen Ruhm begründet. Als Nachfolger von Sue, Dumas und Gaboriau, wenn auch nicht auf ihrem literarischen Niveau, war er über Jahrzehnte »König« des französischen Feuilletons. [114]

Aber auch mit der Wahl dieses Romans, der »mehr an Indianer- und Räubergeschichten als an einen Roman zur Hebung der Bildung des Proletariats« [115] erinnert, kann die Romanwochenschrift ihren Leserstamm nicht erweitern. Damit zeigt sich deutlich, so die Erkenntnis des Parteivorstandes, daß die Barrieren zum bürgerlichen Buchhandel und zum bürgerlichen Leser fast unüberwindbar sind. Nur schwer und langsam können die sozialdemokratischen Parteigeschäfte den gegen sie »geschlossenen Wall an Vorurtheilen und Parteigegensätzen« durchbrechen. [116]

Der Kolportageroman *Töchter des Südens*, mit dem man hoffte, einen Teil der Arbeiter für das Blatt zu interessieren, wird auf dem Parteitag 1899 von den Delegierten heftig attackiert. Ergebnis der Debatte ist, daß das Blatt mit der Auflage versehen wird, in der Wahl der Romane »mehr Vorsicht walten zu lassen, damit in Zukunft

Romane von so zweifelhaftem Werth, wie der kürzlich erschienene *Die Töchter des Südens* vermieden werden«. [117] Nach Meinung der Delegierten ist die unqualifizierte Auswahl der Romane allein dafür verantwortlich, daß das Publikationsorgan nur ungenügend von den Arbeitern rezipiert wird:

> »Nun, wenn ein Roman, wie die ›Töchter des Südens‹ kolportiert wird, dann kann die Zeitschrift unmöglich eine bessere Verbreitung finden. Ein Roman, in dem auf jeder dritten und vierten Seite von Gift und Zuchthaus gesprochen wird, kann die Arbeiter nicht sittlich und ethisch erziehen. Wollen wir Erfolg haben, wollen wir, daß die Zeitschrift prosperiert, so muß in der Auswahl der Romane mit größerer Vorsicht vorgegangen werden. (Zustimmung)« [118]

Auch die Literaturdebatten auf dem Parteitag in Mainz vom 17. bis 21. September 1900 sind von dem gleichen Tenor der Unzufriedenheit über die Wochenschrift getragen. Noch immer ist es nicht gelungen, mit der Romanbibliothek den Kolportageroman aus dem Feld zu schlagen. Der zur Verbreitung der Parteiliteratur funktionierende Kolportageapparat erreicht nur schwer die »indifferenten Arbeitermassen«. [119] Über den festen Stamm an Abonnenten in Parteikreisen dringt das Blatt nicht hinaus. Als Grund hierfür wird von den Delegierten angenommen, daß innerhalb der Partei das Lesebedürfnis auf dem Sektor der Unterhaltungsliteratur durch die Sonntagsbeilage *Die Neue Welt* und das Feuilleton der Parteipresse in ausreichendem Maße gestillt wird. Der Antrag an den Parteitag, für die Romanbibliothek »eine volksthümlichere Auswahl der Romane« vorzunehmen, da der derzeit laufende Roman von Victor Hugo dieses Kriterium nicht erfülle, wird denn auch ohne weitere Diskussion vom Parteitag abgelehnt. [120]

Auf den Parteitagen nach 1900 versickern die Debatten über das literarische Unternehmen fast völlig. Einzig in den jeweiligen Geschäftsberichten auf den Parteitagen, im Rahmen der Presse und der Parteibuchhandlung Vorwärts, tauchen noch Hinweise auf die weitere Existenz des Projekts auf. Diese reduzieren sich aber fast ausschließlich auf Notizen rein geschäftlicher Natur: Finanzen, Auflagenhöhe etc. So berichtet der Parteivorstand auf den Parteitagen 1903 und 1904 über einen wesentlichen Aufschwung der Parteibuchhandlung und einen Abonnententenzuwachs der Romanbibliothek, der hauptsächlich auf die Unterstützung der Partei- und Gewerkschaftspresse sowie die rege Agitation und Propaganda der Parteigenossen zurückgeführt wird. [121] Stimulierend für die Parteigeschäfte wirkt auch, daß in der Romanbibliothek erfolgreich publizierte Romane vom Verlag der Buchhandlung Vorwärts in billigen Ausgaben nochmals separat herausgegeben werden. [122] Bis 1906 kann die Zeitschrift einen kontinuierlichen Abonnentenzuwachs verzeichnen. In den Jahren danach tritt eine Stagnation in der Auflagenentwicklung ein, obwohl sich die Zeitschrift nun, wie der Parteivorstand 1907 berichtet, bei den Parteigenossen und -genossinnen großer Beliebtheit erfreue. [123] Trotz dieser positiven Resonanz in Parteileserkreisen, die der Zeitschrift honorierten, daß sie »nur das ›Beste‹ brachte« [124], erreicht sie niemals das gesteckte Ziel, auch die unpolitischen Arbeiter- und Kleinbürgerkreise für das Blatt zu interessieren. Monoton und stereotyp wiederholen sich die immer gleichen Appelle und Aufforderungen an die Wochenschrift auf den Parteitagen:

> »— Sollen die ›Freien Stunden‹ ihre Aufgabe, die Schundliteratur aus den Wohnungen der aufgeklärten Arbeiter zu verdrängen, erfüllen, so muß eine weit intensivere Aufklärung der Arbeiter

und deren Frauen und erwachsenen Söhne und Töchter über die Schädlichkeit der gangbaren Schund- und Schauerromane und Schmöker, im ›Buffalo-Bill‹- und ›Wild-West‹-Stil seitens aufgeklärter Genossen Platz greifen.« [125]

Trotz der Appelle, über Mittel und Wege nachzudenken, wie die Schundliteratur aus den Arbeiterwohnungen verdrängt werden könne [126], treten kaum wesentliche Veränderungen in der Verbreitung der *Freien Stunden* ein. Als Anreiz zur Gewinnung neuer Leser wird den Abonnenten der Zeitschrift ab 1911 halbjährlich ein Gratiskunstblatt beigefügt, das gleichzeitig den künstlerischen Geschmack der Massen »wecken« und »heben« soll. [127] Doch auch hier stößt man, wie schon Jahre vorher, auf Schwierigkeiten und Widerstände:

»Die dabei bis jetzt gemachten Erfahrungen zeigen, daß da ein harter und steiniger Boden zu beackern ist und daß nur langsam dem mißgebildeten Geschmack an schreienden Farben und plumper Darstellung entgegengewirkt, nur langsam dem unausgebildeten Sinn für einfache künstlerische Schönheit in Zeichnung Licht- und Schattenwirkung nachgeholfen werden kann.« [128]

Da die Romanzeitschrift trotz wiederholter Diskussionen die ihr zugewiesenen Aufgaben nicht erfüllt, wird bereits 1909 der Plan in Angriff genommen, ein eigenes illustriertes Familienblatt, ähnlich der *Gartenlaube*, zu gründen. Als Zielgruppe hat man die Frauen und Jugendlichen im Auge, die intensive Leser der bürgerlichen Unterhaltungsblätter sind. [129] Auch der in Arbeiterkreisen weitverbreiteten *Berliner Illustrirten Zeitung* soll damit ein eigenes Publikationsorgan entgegengesetzt werden. [130] Durch Ausbruch des Krieges können diese Pläne jedoch nicht mehr realisiert werden.

Die Romanbibliothek *In Freien Stunden,* mit der man, wie Bromme es 1913 in der Diskussion um das zu gründende Familienblatt formuliert, »wahrlich keinen Staat mehr machen« kann, setzt ihr Erscheinen auch in den Kriegsjahren fort. [131] Erst 1919 stellt sie, da sie nun ihre Funktion erfüllt sieht, ihr Erscheinen ein. [132]

4.2. Debatten über den Roman in der sozialdemokratischen Presse in den »Mitteilungen des Vereins Arbeiterpresse«. 1901 bis 1933

Eine der wenigen, dafür aber eine der relevantesten Diskussionsreihen um den Roman in der Arbeiterpresse stellt eine in den *Mitteilungen des Vereins Arbeiterpresse* publizierte Beitragsfolge dar.

Die *Mitteilungen* sind das Sprachrohr des »Vereins Arbeiterpresse«, einer im Januar 1900 gegründeten Interessenvertretung und Unterstützungsvereinigung der in der sozialdemokratischen Presse tätigen Angestellten. [133] Das Publikationsorgan wird von dem Vorstand des Vereins herausgegeben und behandelt in erster Linie Berufsangelegenheiten und Fragen redaktioneller Techniken. Die erste Nummer des Blattes erscheint am 23. Januar 1900, die letzte wird im Frühjahr 1933 publiziert.

Neben den *Mitteilungen* veröffentlicht der Verein – nicht für die allgemeine Öffentlichkeit bestimmt – Beilagen, die berufsspezifische Informationen enthalten: u. a. Statistiken der Parteiblätter, Berufsstruktur der Mitglieder des Vereins u.ä.m. [134] Daneben gibt der Verein auch Jahr- und Handbücher heraus.

Die Debatte um das Romanfeuilleton und damit verbunden über die Funktion der Presse bei der Vermittlung von Literatur erstreckt sich in den *Mitteilungen* über einen relativ langen Zeitraum: von 1911 bis 1933. Im Mittelpunkt der Diskussionen stehen ganz pragmatische und ökonomische Fragen: der Roman als Vehikel, der Presse neue Leser und damit – so hofft man – auch potentielle SPD-Wähler zu gewinnen und die alten zu halten. Reflektiert werden außerdem die Rahmenbedingungen des Mediums, in dem die Modelle für den unterhaltenden Teil realisiert werden, die Zielgruppe, die angesprochen und erreicht, und die spezifischen ideologischen Funktionen, die mit dem Roman erfüllt werden sollen.

Mit dieser Debatte scheint ein Modellfall für die Rezeptionsforschung gegeben zu sein, da hier die Literatur immer unter dem Aspekt des Leserbezugs reflektiert und mit den legitimen Bedürfnissen der Leser nach Unterhaltung konfrontiert wird. Die Debatte knüpft daher auch an einigen Stellen an die Positionen und Argumente an, wie sie in der Tendenzdiskussion in den 90er Jahren des 19. Jahrhunderts im Zusammenhang mit dem Naturalismus entwickelt wurden.

Die Beitragsfolge ist aber noch unter einem anderen Aspekt von besonderer Bedeutung: an ihr lassen sich die Veränderungen und Verschiebungen in den literaturpolitischen Konzepten der Parteipresse besonders prägnant ablesen. Diese Positionsveränderungen in den Feuilletonredaktionen der Arbeiterpresse sollen an dieser Stelle, da die Diskussion in der literaturwissenschaftlichen Forschung bislang noch keine Beachtung fand [135], näher betrachtet werden.

Um die in der Artikelfolge entworfenen Strategien und Modelle für den Literaturteil der Parteipresse richtig verstehen und interpretieren zu können, bedarf es zunächst einer kurzen Untersuchung, vor welchem pressepolitischen Hintergrund die Debatte geführt wurde.

4.2.1. Hintergründe der Debatte bis 1918

Die Aufsatzfolge in den *Mitteilungen* stellt – mit einer Ausnahme [136] – eine Fortsetzung der auf dem Parteitag zu Jena 1913 eingeleiteten Diskussion um die sozialdemokratische Parteipresse dar. Anlaß für die mit Vehemenz geführten Rededuelle auf dem Parteitag [137], in denen die kontroversen Positionen in der Partei über Funktionen und Ziele der Parteipresse deutlich werden, ist, daß die Sozialdemokratische Partei ein ›Abflauen der Bewegung‹, einen Rückgang in der Organisation [138] und eine Stagnation im Wachstum der Presse zu verzeichnen hat [139]. Ist einerseits der Anteil der sozialdemokratischen Presse am Gesamt aller publizierten Presseorgane minimal [140] und steht andererseits der Anteil der Leser der Parteipresse in keinem ausgewogenen und direkt proportionalen Verhältnis zum Anteil der Wähler der Partei – nur etwa 35% der SPD-Wähler lesen die SPD-Presse [141] – so muß natürlich ein Sinken der Abonnentenziffern alarmierend wirken. Dieser Abonnementsschwund ist zwar nicht, wie bislang von der Forschung behauptet [142] und wie anhand eigener Recherchen widerlegt werden konnte (vgl. Tab. 4 und Tab. 5, S. 66 und S. 67), ein völlig neues und unbekanntes Ereignis für die Partei, scheint aber doch nicht mehr – wie etwa 1908 und 1909 [143] – allein auf die schlechten wirtschaftlichen Verhältnisse [144] zurückzuführen zu sein.

Die Redner, die auf dem Parteitag zu Jena 1913 versuchen, die Ursachen für den Stillstand der Bewegung und der Presse zu erforschen, üben eine schonungslose Kritik an den sozialdemokratischen Organen, die als »wichtigstes Werbemittel der Partei« völlig versagt hätten. [145] So konstatiert Alfred Braun, Redakteur der *Fränkischen Tagespost:*

> »Ein großer Teil unserer Parteipresse hat eine überaus bedauerliche Uniformität und diese Uniformität hat im letzten Jahrzehnt Formen angenommen, daß wir es als einen Mangel an Sparsamkeit des Parteivorstandes bezeichnen müssen, daß er keine Plattenfabrik eingerichtet hat. Eine Plattenfabrik würde – es ist ja sehr traurig, daß ich das als Redakteur sagen muß – eine große Menge Kosten ersparen, namentlich Redakteursgehälter. (Heiterkeit)« [146]

Von den 90 täglich erscheinenden Parteizeitungen bezeichnet Braun 78 schlicht als »vollendet gleichmäßige Zeitungen« [147]. Ins Zentrum seiner Kritik rücken – neben der Uniformität der Presse – ihre geringe Popularität und Gemeinverständlichkeit. Ihre gesamte Terminologie, dem Parteigenossen geläufig wie das ABC, sei den unpolitischen Massen, an die die SPD herankommen wolle, völlig unverständlich. Diese politisch indifferenten Leser läsen »aus den ihnen unbekannten Worten oft etwas ganz anderes heraus, als was gemeint ist« [148]. Braun moniert weiterhin die totale Unzulänglichkeit des sozialdemokratischen Pressebüros, dessen Nachrichtendienst entweder gar nicht oder viel zu langsam funktioniere; kurzum, das Büro leide insgesamt »an Haupt und Gliedern, an Inhalt wie an Form« [149].

Zu ähnlichen Ergebnissen wie der zeitgenössische Praktiker Alfred Braun gelangen in der Forschungsliteratur zur sozialdemokratischen Presse die Autoren Kantorowicz, Apitzsch und Koszyk. [150] Als Gründe für die geringe Verbreitung der SPD-Presse nennen sie: im Gegensatz zur Generalanzeigerpresse einen nur ungenügend ausgebauten lokalen Teil; mangelnde Aktualität in der Berichterstattung; zu große Dominanz der theoretischen Artikel. Durch die fehlende aktuelle und moderne Ausgestaltung der Parteiorgane sei das Bild der Zeitung viel zu ermüdend gewesen, zudem hätte der politische Teil einen zu breiten Raum eingenommen. All diese Mängel hätten verhindert, daß die sozialdemokratische Presse über den engen Kreis der Parteigenossen hinaus werbend wirksam werden konnte. Ja selbst die eigenen Parteigenossen hätten Mühe gehabt, das Blatt zu lesen:

> »Um eine Nummer des ›Vorwärts‹ oder der ›Leipziger Volkszeitung‹ auch nur zu drei Vierteln durchlesen zu können, bedarf der Durchschnittsarbeiter zwei bis drei Stunden, und die hat er an Wochentagen bei neun- und zehnstündiger Arbeitsdauer überhaupt nicht, an Sonntagen höchstens zur Winterszeit und bei schlechtem Wetter übrig.« [151]

Als ein weiteres erschwerendes Moment für die Verbreitung der Parteipresse kommt hinzu, daß ihr Bezug mehr kostet als der der bürgerlichen Presse. [152] Trotz des geringeren Preises bietet die bürgerliche Presse, voran die Generalanzeigerpresse, weit abwechslungsreichere Lektüre und vor allem mehr Inserate als die sozialdemokratische Presse.

Das weitere Absinken der Mitglieder- und Abonnentenzahlen kann zunächst bis 1914 durch eine großangelegte Werbekampagne für die Partei und ihre Presse gebremst werden. Die Werbewoche, die »Rote Woche«, die ausschließlich der Agitation für die SPD dient, führt der Partei neue Mitglieder (allein 32 298 weibliche) und den Presseorganen neue Leser (83 784) zu. [153] Krieg und finanzielle Schwierigkeiten verhindern dann aber eine radikale Umorganisation, Umstrukturierung und Umgestaltung der Parteipresse.

Die auf dem Parteitag zu Jena 1913 eingeleitete Diskussion um die Parteipresse findet ihre Fortsetzung und Verlängerung in den Publikationsorganen der Partei. Spezielle Aspekte der Kritik, die auf dem Parteitag artikuliert worden waren, leiten eine Kontroverse zwischen Arno Franke, Redakteur an der *Rheinischen Zeitung* in Köln, und Gustav Hoch, zeitweise Redakteur der *Frankfurter Volksstimme,* ein, die in dem theoretischen Organ der Partei, *Die Neue Zeit,* ausgetragen wird. [154]

Franke unterstreicht den schweren Stand, den die sozialdemokratische Presse gegenüber der bürgerlichen Presse hat, und richtet sich damit gegen die allzu groben Pauschalisierungen auf dem Parteitag:

»Sie [d. i. die Presse, K. Z.] kann zur Erfüllung ihrer geschichtlichen Aufgabe Erörterungen schwieriger theoretischer Probleme nicht entraten, sie muß die Dinge tiefer fassen, sie muß viele volkswirtschaftliche und sozialpolitische Fragen behandeln, deren Lektüre selbst bei glänzender Meisterung des Stoffes für den Durchschnittsleser nicht die Kurzweil bietet wie die feuilletonistisch schillernden Schwätzereien, mit denen die mittlere bürgerliche Presse, besonders die Generalanzeigerpresse auch ihren politischen Teil füllt.« [155]

Die Eigenschaft als Publikationsorgane der Parteiorganisation und Gewerkschaften bringe es mit sich, daß die Presse einen »Wust von Notizen, Ankündigungen, Aufrufen, Benachrichtigungen von Funktionären usw.« abdrucken müsse. Die Physiognomie der Teile, die geeignet wären, der Partei neue Freunde zu erwerben, werde damit oft verdorben. [156]

Um aber dennoch – so schlägt Franke vor – an die indifferenten Leser heranzukommen, müsse die sozialdemokratische Presse neben dem Inhalt auch ihr Gesicht verändern, »der Charakter des Parteiblattes, des Publikationsorganes, wird, soweit es mit den Lebensinteressen der Organisation zu vereinbaren ist, hinter den des Werbeblattes zurücktreten müssen« [157]. Dem Unterhaltungsteil, dem Feuilleton, räumt Franke bei der Gewinnung neuer Leser eine bedeutende Rolle ein:

»Das Feuilleton unserer Parteipresse steht in seiner heutigen Zusammensetzung dem Gefühlsleben und der geistigen Auffassungsfähigkeit der meisten Leser der Arbeiterpresse und besonders derer, die es werden sollen, fern. Das Feuilleton der sozialdemokratischen Presse ist leider im allgemeinen nicht populär. Die Verhältnisse, aus denen die Arbeiterpresse emporwuchs, ließen eine sorgsame Pflege dieses für die Werbung so wichtigen Gebietes nicht zu. Später lehnte man sich bei der Ausgestaltung dieses Teils an die wenigen guten bürgerlichen Blätter an. Und auch heute noch unterscheidet sich der Unterhaltungsteil unserer gut fundierten Parteiblätter wenig von dem der bezeichneten bürgerlichen Blätter. Bei unseren kleinen und mittleren Zeitungen wird das Feuilleton im Nebenamt verwaltet, und der Genosse, der den ›Roman aussucht‹, hat selten den Überblick über die augenblicklich vorliegende literarische Produktion, um das zu finden, was vor den Augen des Literaturkenners besteht und doch die seltenen Eigenschaften hat, bei der Zerfetzung in fünfzig, sechzig, ja hundert und mehr Fortsetzungen noch genießbar zu sein und dem großen Zweck zu dienen, Fernstehende für das Blatt zu interessieren.

Die oberste Forderung, die an das Arbeiterfeuilleton gestellt wird, muß dahin gehen, die ästhetischen Werte zu heben, die die Umwelt des Arbeiters bietet: Arbeitsvorgang, Arbeitsfeld, Arbeitsmittel, Aufenthalt (die moderne Groß- und Fabrikstadt), den Kampf des Arbeiters ums Dasein und um den Aufstieg auf der gesellschaftlichen Stufenleiter. Hier stecken wir durchaus noch in den Anfängen ... Die Anstellung akademisch gebildeter Feuilletonredakteure ist nicht das letzte Mittel, zu dem erstrebenswerten Arbeiterfeuilleton zu kommen ... man muß vorhandenen Talenten in der Arbeiterschaft Anregung und Gelegenheit zur Betätigung geben.« [158]

Diese Stellungnahme Frankes vermittelt nach Koszyk einen zuverlässigen Eindruck von der sozialdemokratischen Presse der Vorkriegsjahre. [159] Sie wird an dieser Stelle deshalb auch in dieser Ausführlichkeit zitiert. In ihr klingen zudem bereits Punkte an, die für die Diskussion um das Romanfeuilleton in der Arbeiterpresse in den *Mitteilungen* bestimmend und für die Gestaltung des Unterhaltungsteils maßgebend sein sollten.

Frankes Ausführungen und seine Forderung, daß in die Teile der Zeitung mehr »Stimmungsgehalt« [160] solle, der der Propaganda Vorschub leisten könne, bleiben nicht unwidersprochen. Gustav Hoch, Reichstagsabgeordneter und zeitweilig Redakteur der *Frankfurter Volksstimme,* antwortet ihm ausführlich in der *Neuen Zeit* und unterstreicht hier, daß das, was Franke als schweren Stand der sozialdemokratischen Presse gegenüber der bürgerlichen Presse betrachte, gerade die Kraft und die Stärke der Parteipresse sei.

»Was ist es denn, wodurch sich selbst das letzte unserer Parteiblätter an innerem Wert so weit über alle bürgerlichen Blätter erhebt? Einzig und allein die grundsätzliche Aufklärung der Leser.« [161]

Gerade an dieser Stelle aber, der grundsätzlichen Aufklärung der Leser, müsse nach Hoch die Verbesserung der Presse ansetzen:

»Ganz falsch aber ist es, den politischen Teil in einen solchen Gegensatz zu den übrigen Teilen des Blattes zu bringen und sich bis zu der Behauptung zu versteigen: mit dem politischen Teil gewinnen wir keine Leser des Blattes; nur die anderen Teile des Blattes führen uns neue Leser zu.« [162]

Franke versucht in der Replik hierauf ausführlicher darzulegen, daß er keine »Generalanzeigerabsichten« [163] gehegt habe. Vielmehr sei er der Meinung, daß ein Blatt, »das vor lauter ›grundsätzlicher Aufklärung‹ nicht gelesen wird«, kaum etwas für die grundsätzliche Aufklärung leisten könne, da es »vermöge seiner Aufmachung [...] gar nicht in die Kreise, von deren grundsätzlicher Aufklärung wir etwas erhoffen können« [164], hineinkäme. Mit diesem Beitrag Frankes wird die Debatte um die Parteizeitungen in der *Neuen Zeit* abgeschlossen. Sie verlagert sich von hier aus auf ein anderes Publikationsorgan der Partei, die *Mitteilungen des Vereins Arbeiterpresse.* In diesem Blatt artikuliert sich ein Teil der von der Kritik direkt Betroffenen, die sozialdemokratischen Redakteure. Auf der Basis ihrer täglichen Erfahrungen mit dem Feuilleton und den Lesern der Arbeiterpresse diskutieren sie über den Wandel in der Gestaltung des Unterhaltungsteils der Parteipresse, über Aufgaben und Funktionen des Romanfeuilletons.

4.2.2. Verlauf der Debatte bis 1918

Aktueller Anlaß für die Diskussion ist die Stagnation im Wachstum der sozialdemokratischen Bewegung, der Mitglieder- und Abonnentenschwund. Wird der Abonnentenrückgang auch zeitweilig aufgefangen, so bleibt die schwierige Konkurrenzsituation mit den bürgerlichen Blättern nach wie vor erhalten, ja sie verschärft sich nach dem Ersten Weltkrieg zunehmend. Umso dringlicher wird es, Überlegungen anzustellen, wie und auf welche Weise die Parteiblätter attraktiver gestaltet werden können. Die Debatte in den *Mitteilungen* zeigt, welche Stoßrichtung diesen Überlegungen gegeben wird: ins Kreuzfeuer der Kritik gerät das Feuilleton der Parteipresse, insbesondere das ›Romanfeuilleton‹.

Eröffnet wird die Diskussion in den *Mitteilungen* im September 1911 von Konrad Haenisch, einem sozialdemokratischen Journalisten und Reichstagsabgeordneten, nach 1918 Kultusminister der SPD-Regierung. [165]

Mit dem Verweis, aber ohne inhaltliche Konkretion, auf die »bedeutenden Unterschiede der Aufgaben« [166], die der Feuilletonteil der sozialdemokratischen Presse im Gegensatz zum Feuilletonteil der bürgerlichen Presse zu erfüllen habe, leitet Haenisch seinen Beitrag ein. Er konstatiert – wie so viele andere Autoren nach ihm –, daß das Feuilleton der Arbeiterpresse von »unbefangenen *bürgerlichen* Zeitungen und Zeitschriften […] als besonders gediegen und hochstehend gerühmt worden« sei. [167] Obwohl das Niveau des Unterhaltungsteils der Arbeiterpresse weit über dem Schnitt dessen liege, was in der Amtsblatt-, Generalanzeiger- und Zentrumspresse üblich sei, kritisiert Haenisch dennoch die bislang gehandhabte Auswahlpraxis der Romane, die doch weitgehend vom Zufall bestimmt werde.

> »Gewiß: eigentlicher Schund, wie er sich in der bürgerlichen Presse ›unter dem Strich‹ oft breit macht, wüste Verbrechergeschichten, die nur ein rein stoffliches Interesse, aber keinerlei ästhetischen Wert haben – solch eigentlicher Schund findet sich in der sozialdemokratischen Presse wohl niemals. Aber von einer systematischen Auswahl des Besten und des für das Proletariat Geeignetsten unter dem vorhandenen Guten ist – Hand aufs Herz, Kollegen von der kleineren und mittleren Parteipresse! – doch kaum jemals die Rede!« [168]

Gängiges Kriterium für die Romanauswahl der kleineren und mittleren Blätter sei das Erscheinen des Romans in den großen Parteiblättern gewesen. Häufig sei dann aber der Abdruck in der kleineren Presse an den immensen Preisen, die von den Verlegern verlangt würden, gescheitert. Daher werde nicht selten auf billigste Angebote bürgerlicher Verlage zurückgegriffen. Da die sozialdemokratische Presse, im Gegensatz zur bürgerlichen Presse, nicht über große finanzielle Mittel verfüge, seien von hier aus der Romanauswahl große Beschränkungen gesetzt. Immer wieder, in der gesamten Debatte, wird auf die Finanznot verwiesen, die nicht ohne Rückwirkung auf die Praxis der Romanabdrucke bliebe:

> »Oft genug wird auch ein Roman vorzugsweise deshalb genommen, weil sein Autor schon über dreißig Jahre tot, das Buch also bereits ›frei‹ ist.« [169]

Die pekuniäre Misere der Parteipresse mache sich, so merkt Haenisch an, nicht nur in dem Rückgriff auf billigste literarische Erzeugnisse bemerkbar, sondern sei auch verantwortlich dafür, daß für die Parteipresse nur wenig gute und literarisch fundiert ausgebildete Feuilletonredakteure tätig seien. Im Gegensatz zur bürgerlichen Presse werde das Feuilleton der Arbeiterpresse in aller Regel »so nebenher« von irgendeinem anderen Redakteur versorgt.

Zur Behebung dieser Mißstände, eingedenk der finanziellen Schwierigkeiten, die nicht erlaubten, mehr eigenständige Feuilletonredakteure einzustellen, schlägt Haenisch vor, die bis dahin uneinheitliche und mehr vom Zufall bestimmte Auswahlpraxis der Feuilletonromane durch Schaffung einer zentralen Instanz einheitlich zu lenken. Diese Instanz hätte eine »Vorprüfung und Generalsichtung alles für den Abdruck in unserer Parteipresse in Betracht kommenden Romanmaterials« vorzunehmen. [170] Haenisch denkt dabei an eine ähnliche Institution wie den Bildungsausschuß der Partei, der jährlich eine Prüfung des gesamten Materials an Jugendschriften durch sachverständige Personen vornehmen läßt. [171] Eine Verbindung, zumindest aber eine enge Zusammenarbeit mit diesem Ausschuß, wäre für Haenisch wünschens- und anstrebenswert, da eine derartige Instanz oder zumindest ein Sachverständigenbeirat einem tatsächlichen Bedürfnis der überbelasteten Redakteure entspräche. Diese Überlegung könne auch nicht mit dem Vorwurf abgetan werden, sie würde die so lebhaft beklagte Uniformierung der Parteipresse noch fördern. Ein derartiger Beirat, zusammengesetzt aus literarisch gebildeten Personen, könne den Redakteuren vieles in Vorschlag bringen und damit den Unterhaltungsteil der Parteipresse eher mannigfaltiger denn uniformer gestalten. [172] Dem Romanabdruck in Fortsetzungen steht Haenisch selbst aus »künstlerischen und Geschmacksgründen« skeptisch gegenüber. [173] Die Konkurrenz mit den bürgerlichen Blättern, die weit attraktiver und populärer seien als die sozialdemokratischen, verbiete es leider, völlig auf das Romanfeuilleton zu verzichten. Es müßten daher Maßnahmen in die Wege geleitet werden, den Unterhaltungsteil der Arbeiterpresse lebendiger und anziehender zu gestalten.

Offenbar bleiben diese Vorstellungen Haenischs zunächst ohne Resonanz, denn erst zwei Jahre später, im Oktober 1913, als das Thema sozusagen Alltagsgespräch in der Partei ist, greift Emil Rabold in den *Mitteilungen* erneut diese Überlegungen auf. [174] Rabold verweist darauf, daß das Lob, das so häufig dem Feuilleton der sozialdemokratischen Presse von bürgerlicher Seite gespendet werde, nur relativ zu nehmen sei. Das sozialdemokratische Feuilleton, vor allem die Auswahl der Romanstoffe, sei zwar im Verhältnis zum bürgerlichen gut, sei aber, was Inhalt und Umfang anbelange, noch immer nicht zufriedenstellend. In dem Feuilleton der Parteipresse, das noch immer nicht »auf der Höhe der Zeit« stehe, sieht Rabold auch die Hauptursache für den geringen Fortschritt, sprich Abonnementszuwachs, der Parteiorgane. [175] Die mindere Qualität des Feuilletons stehe in engem Zusammenhang mit der geringen finanziellen Förderung dieser Rubrik der Zeitung durch die Parteigenossen. Die Regel in den Redaktionen sei, daß dem Ausbau des Feuilletons von allen Seiten Schwierigkeiten gemacht und die Geldmittel nur dürftig bemessen würden. Nur allmählich setze sich auch in Parteikreisen die Erkenntnis durch, »daß ein gutes Feuilleton für die Presse ebenso wichtig ist wie ein guter politischer und lokaler Teil.« [176]

»Warum legen die bürgerlichen Blätter soviel Gewicht auf ein eigenes Feuilleton, auf eigene Feuilletonredakteure und die besten feuilletonistischen Mitarbeiter? Warum fangen sie mit jedem bedeutenderen Roman (und es sind dies nicht immer Schundromane) Hunderte von neuen Lesern? Weil viele Leser gerade durch das Feuilleton zu gewinnen sind, vor allem die Frauen, die heute bei der Wahl der Zeitung vielfach den Ausschlag geben. Weil das Feuilleton einer Zeitung in demselben Maße Ansehen bringt, wie ein guter politischer und allgemeiner Teil.« [177]

In der Schaffung einer »Zentralprüfstelle für Romanlektüre« sieht Rabold nach wie vor die Gefahr der Uniformierung der Parteipresse. [178] Einer Zentralstelle, die das Feuilleton »entgeistigen und entpersönlichen« [179] würde, setzt Rabold das persönliche Engagement und Einfühlungsvermögen des Feuilletonredakteurs entgegen, der in erster Linie Rücksicht zu nehmen habe

»auf den Charakter der Bevölkerung, unter die sein Blatt kommt. Mehr noch als der politische Teil muß das Feuilleton eigenen Charakter haben und der Bildungsstufe der Leserschaft Rechnung tragen. Man soll die Ansprüche an den Leser nicht zu hoch stellen, man soll aber auch seinen Wünschen nicht allzuweit entgegenkommen. Denn die vornehmste Aufgabe der sozialdemokratischen Presse ist die Bildung und Erziehung der Leser.« [180]

Die Presse, die von Rabold, wie aus dem Zitat ersichtlich, noch in alter Tradition als Vermittlungsinstanz von Bildung für Arbeiterleser verstanden wird, könne diese Aufgabe, so seine Argumentation, nur dann erfüllen, wenn bei der Auswahl des Feuilletonstoffes eine volkstümliche Note gewahrt werde. [181] Diesem recht allgemeinen und vagen Begriff, der von ihm nicht näher spezifiziert wird, setzt er einen ebenso vagen anderen entgegen: »literarisch« dürfe das Feuilleton der Parteipresse nie werden. [182] Dem dialektischen Verhältnis von Form und Inhalt würden viele der abgedruckten Romane in der Parteipresse noch nicht entsprechen. In die Parteipresse schlichen sich überwiegend solche Romane ein, die man »ohne weiteres zur Schundliteratur rechnen« müsse. Rabold denkt dabei vornehmlich an die Romane des »Allerweltsschreibers Thieme« [183], dessen »Machwerken« in der Regel »jede künstlerische Darstellung« abgehe, es seien »Tendenzwerke allerschlimmster Sorte«. Nicht viel anders beurteilt Rabold die »sogenannten Romane aus der ›Gesellschaft‹«. [184] Dem legitimen Bedürfnis der Leser nach »unterhaltender Kost« und »belebender Abwechslung« entspricht nach Rabold nicht die »seichte Ware«, sondern das volkstümliche Feuilleton, das sowohl Unterhaltung als auch Belehrung vermittele:

»Ich glaube, das volkstümliche Feuilleton ist in der Lage, beides zu vermitteln: Unterhaltung und Belehrung. Es darf auch nicht vergessen werden, daß es Aufgabe der Redakteure ist, die Leser langsam von den Niederungen des Lebens zu den Höhen der Kultur zu führen. Das erreicht man aber nicht, wenn man im Jahre einen guten Roman und gleich darauf einige minderwertige bringt. Denn man kann viel leichter verbildend als bildend wirken, und bei der Betrachtung über die Schundliteratur sollte niemals vergessen werden, daß an der weiten Verbreitung dieser scheußlichen Lektüre auch *der* Redakteur einen Teil Schuld trägt, der seinen Lesern Romane und Erzählungen vorsetzt, die mit Kunst nichts zu tun haben.« [185]

In einer Antwort auf Rabold präzisiert Haenisch seine Vorschläge nochmals von einem pragmatischen Standpunkt aus. [186] Die zentrale Prüfstelle für die Romanauswahl habe das Ziel, die Konzepte der Romanredaktionen der verschiedenen Presseorgane auf einen kulturpolitischen Nenner zu bringen und zu vermeiden, daß bei der Auswahl der Romane allein der Zufall entscheide. Außerdem solle sie zur Entlastung der nebenamtlich tätigen Feuilletonredakteure beitragen. So sei es Aufgabe dieser Instanz, aus der Fülle des vorliegenden Romanmaterials das zu selektieren, was für die Arbeiterpresse in Betracht komme.

Haenisch, der es bei diesen unpräzisen Formulierungen beläßt und keine inhaltlichen Kriterien für die Romanauswahl nennt, verweist auf eine ähnliche Einrichtung der Gesamtpartei, den Bildungsausschuß. Dieser Ausschuß erstelle seit Beginn des Jahres 1913 einen großen »Wegweiser für Arbeiterbibliotheken« [187], in den auch als ein umfangreicher Komplex die Schöne Literatur aufgenommen werde. Jedem Roman werde eine kurze Charakteristik seiner Art und seines Inhalts beigegeben. Nach Fertigstellung könne dieser Katalog, der zunächst nur für die Arbeiterbibliothekare gedacht gewesen sei, auch ein brauchbares Hilfsmittel und Nachschlagwerk für den sozialdemokratischen Feuilletonredakteur werden. [188]

Arno Franke, der bereits in der *Neuen Zeit* heftige Kritik am sozialdemokratischen Pressewesen geübt und Vorschläge unterbreitet hatte, wie dem Stillstand im Wachstum der Presse zu begegnen sei, greift einen Monat später in den *Mitteilungen* nochmals in die aktuelle Diskussion um den Unterhaltungsteil der Parteipresse, insbesondere den Roman, ein. Franke unterstreicht den werbenden Charakter des Unterhaltungsteils der Presse. Oberste Notwendigkeit sei daher, die Blätter »*zugkräftiger* zu gestalten«, um endlich eines der von der Pressepolitik der Partei verfolgten Ziele zu erreichen, nämlich die »bekannten und viel erwähnten ›breiten Schichten‹ des Volkes« als Leser zu gewinnen. [189] Für diese propagandistischen Zwecke komme dem Roman eine zentrale Rolle zu:

> »Die Rolle, die dieser Teil bei der Propaganda spielt, ist leicht zu erfassen: jeder Kenner unseres Zeitungswesens weiß, daß heute die Leserzahl eines Blattes in dem Maße wächst, je »feuilletonistischer« es ist. Und nun gar in der Arbeiterschaft! Hier gibt in den meisten Fällen bei der Wahl der Zeitung die Frau den Ausschlag. Der Mann, der in neunzig von hundert Fällen, in denen der Generalanzeiger ins Haus kommt, das Arbeiterblatt lieber sehen würde, will zu Hause seine Ruhe haben und läßt der Frau den Willen. Schließlich findet er selbst wohl gar Gefallen an den ›geistreich‹ schillernden, unterhaltsam geschriebenen Artikeln und an den spannenden ›Romanen‹, – und dann sind die Aussichten des Arbeiterblattes Matthäi am letzten.« [190]

Aufgabe der sozialdemokratischen Pressepolitik ist für Franke vor allem, jene Leser zu erreichen, »die eigentlich das Arbeiterblatt lesen müßten, und – *die es lesen würden, wenn sie es genießbar fänden*« [191]. Franke bekräftigt an dieser Stelle erneut seine schon früher in den *Mitteilungen* gemachten Aussagen, daß der Auswahl des laufenden Romans und dem Unterhaltungsteil im Kampf gegen die sogenannte ›parteilose‹ Presse eine unermeßliche Bedeutung zukomme. Eine Bedeutung, die in aller Regel von den Redaktionen und den Preßaufsichtskommissionen der Partei noch nicht genügend gewürdigt worden sei.

An der gängigen Praxis der Romanauswahl moniert Franke vornehmlich drei Punkte:
– die Langweiligkeit der Romane
– den oftmals zu ›literarischen‹ Charakter der Romane
– die lange Laufzeit der Romane.

»Entweder sind unsere Romane brach und langweilig, daß ihre Lektüre in Fortsetzungen einem vernünftigen Menschen gar nicht zugemutet werden kann, oder sie sind schlecht, oder sie sind – das sind die seltensten Fälle – so ›literarisch‹, daß man ein Blatt in Händen zu haben glaubt, dessen Leser samt und sonders korrespondierende Mitglieder literarischer Gesellschaften sind, oder sie laufen, laufen – bis ins Unendliche. Hat man eine Ahnung, wie lange so ein Roman ›laufen‹ kann? nein! es ist unglaublich, welche Ausdauer ein solches papierenes Wesen hat! Es läuft nicht Monate, nein, es läuft Quartale, läuft Halbjahre, es läuft unaufhaltsam weiter, in genau abgegrenzten gleichen Etappen Tag um Tag. Es läßt den ungeduldigen Leser mit einer Frage im Munde stehen, wenn es die tägliche Strecke abgelaufen hat, es bricht in der Mitte einer Rede ab und verweist den Leser mit immer der gleichen Gebärde auf den nächsten Tag. So kommt es, daß die Ausdauer der Leserinnen und der Leser mit der Ausdauer, die ein solcher Roman im ›Laufen‹ zeigt, manchmal nicht gleichen Schritt hält und daß diese Leser auch ›laufen‹ [...]« [192]

Prinzipiell sieht Franke in dem Abdruck von Romanen in täglichen kleinen Rationen nur einen Notbehelf. Ein Roman, der sich für diese Aufteilung in kleine Portionen eignet, muß seiner Meinung nach daher auch ganz besondere Eigenschaften haben, die er leider nicht näher spezifiziert. Auch der Romanredakteur soll über besondere Qualifikationen verfügen. Er soll sich nicht nur gut in der deutschen, europäischen und außereuropäischen Literatur auskennen, sondern muß sich auch in die Psyche seines jeweiligen Leserpublikums einfinden können. [193] Unter Berücksichtigung dieser Aspekte steht Franke dem von Haenisch unterbreiteten Vorschlag, eine Prüfungskommission für die Zeitungsromane einzurichten, wohlwollend gegenüber, da diese Kommission die Arbeit der Redakteure, die nicht so belesen seien, »fruchtbringender« gestalten würde. Diese Instanz könnte die Redakteure davor bewahren, wertlose und zeitraubende Sachen lesen zu müssen. Sie würde ihnen ein Gebiet abstecken, auf dem sie hoffen könnten, etwas Brauchbares zu finden. Der praktische Nutzen dieses Vorschlages realisiert sich für Franke aber erst dann, wenn

»die Liste zugkräftiger und literarisch wertvoller Romane aus der *neuesten* Produktion immer *ausreichend ergänzt* wird, daß man so wenig wie nur irgend möglich – womöglich gar nicht! – auf die Tendenz sieht (also daß in der Kommission keine Schulmeister sitzen!) und daß die ›Charakteristik‹ *ganz sachlich referierend* gehalten ist, daß sie vielleicht auch Angaben über den *Umfang* der einzelnen Werke enthält. Dann könnte die Einrichtung Wertvolles leisten!« [194]

Franke, der sich gegen künstlerisch nicht geformte Tendenz in den Romanen wendet und daher für den Abdruck guter, bürgerlicher Literatur eintritt, unterbreitet selbst einige praktische Vorschläge für die Romanauswahl, auf die der Romanredakteur achten sollte, damit die sozialdemokratische Presse endlich in die weitesten Volkskreise eindringe.

»Der Verweser des Romans hat darauf zu sehen, daß immer der gehörige Wechsel eintritt, Romane aus älteren Perioden müssen von modernen abgelöst werden, kulturgeschichtlich interessante Erzählungen und Sittenschilderungen fernliegender Epochen müssen mit Zeitromanen abwechseln, auf ernste und tragische Stoffe müssen humoristische Sachen folgen. Auch können für die Auswahl gut und gerne politische Gesichtspunkte in Betracht kommen, indem man Romane aus der Literatur eines Volkes nimmt, das im Augenblick das stärkste politische Interesse beansprucht.« [195]

Wie ersichtlich, sollten bei der Auswahl der Romane nicht allein ›künstlerische‹ und ›literarische‹ Gesichtspunkte ausschlaggebend sein, sondern auch politische, die sich aber nicht unbedingt in der *Tendenz* des Romans zeigen müßten, sondern in dem Bezug des Stoffes und des Autors zu aktuellen tagespolitischen Ereignissen.

Nur wenige Monate nach Franke berichtet Josef Kliche [196], angeregt durch die Pläne zur Schaffung eines Romankataloges, über eine von ihm durchgeführte statistische Erhebung zum Roman in der Parteipresse. Mit diesem Material, das, so Kliches Intention, einen Einblick in die Redaktionspolitik der sozialdemokratischen Redakteure gewähren soll, liegen erstmals Daten über einige in der sozialdemokratischen Presse publizierten Romane vor. Kliche geht in seiner Analyse der Frage nach, welche Autoren von dem größten Teil der sozialdemokratischen Presse bevorzugt abgedruckt werden. Zur Beantwortung dieser Frage kontrolliert Kliche über drei Monate (September, November 1913 und Januar 1914) dreiunddreißig verschiedene Parteiblätter, die ihm »täglich auf den Redaktionstisch flatterten«. [197] Das ist zwar keine repräsentative Stichprobe, doch immerhin ein relativ guter Durchschnitt: unter den Presseorganen befinden sich fast alle größeren, eine Anzahl mittlerer und fast ebenso viele kleinerer Parteiblätter. [198]

Das Resultat der Auswertung, das »im allgemeinen jedesmal befriedigend« [199] gewesen sei, habe gezeigt, so berichtet Kliche, daß die kleineren Parteiblätter in der Regel honorarfreie Romane – Ausdruck ihrer finanziellen Misere – abdruckten. [200] Ansonsten gingen die Bestrebungen der Feuilletonredaktionen in die Richtung, lebende Autoren zu publizieren, um diesen Autoren mit der Presse ein Verbreitungsmedium zu schaffen, das ihre wirtschaftliche Lage sichern helfe.

Die Auswertung nur eines Monats (Januar 1914) zeige, daß der Anteil der Autoren, die fast alle »einen guten, gefestigten Ruf besitzen«, etwa zur Hälfte auf deutschsprachige Autoren falle, der Rest auf fremdsprachige (18 deutschspr., 15 fremdspr.). Von den deutschsprachigen Autoren fielen 13 Romane auf »bekannte« und »geschätzte« Autoren wie Clara Viebig, Elise Schweichel, Friedrich Spielhagen, Erich Schlaikjer, Walter von Molo, Melchior Meyr, Hermann Kurz, Max Kretzer, Gottfried Keller, Paul Ilg, Alfred Huggenberger und Anna Croissant-Rust. Auch bei den fremdsprachigen Autoren verzeichnet Kliche »Gediegenheit und Qualität«, so bei den französischen Autoren, die noch immer relativ stark vertreten seien (Emile Zola, Camille Lemonnier, Anatole France, Gabriel Ferry, Chatrian-Erkmann und Jan ten Brink). Am Beispiel der restlichen Autoren, die publiziert worden seien, so der Schwede Franz Berg, der Engländer Charles Dickens und der Däne Palle Rosenkranz, werde deutlich, daß der nordische Roman, der noch vor Jahren die sozialdemokratische Presse dominiert habe, zurückgegangen sei. Für die Verteilung der Romane auf die verschiedenen Genres hält Kliche fest, daß von den fremdsprachigen allein vier von insgesamt fünfzehn auf den historischen Roman fielen; welchen Genres die verbliebenen Romane zuzuordnen sind, wird von ihm nicht notiert. Zusammenfassend kommt er zu dem Urteil, daß »Schund, wie ihn die mittlere und kleinere bürgerliche Presse fast durchweg jahraus, jahrein bringt«, [201] in den geprüften dreiunddreißig Parteiblättern überhaupt nicht vorhanden gewesen sei.

Kliche begrüßt den forcierten Abdruck zeitgenössischer Literatur, da durch diese Praxis der Feuilletonredaktionen der Arbeiterleser mit der neueren Literatur vertraut gemacht werde. Die älteren Romane seien zumeist schon in den Arbeiter- und Öffentlichen Bibliotheken umsonst zu entleihen oder gegen einen geringen Preis zu kaufen. Der Abdruck älterer, weniger bekannter Romane, so sein Vorschlag an die Redakteure sollte nur die Ausnahme sein, »gleichsam als Probe und um auf die Schätze eines Vergessenen hinzuweisen«. [202] Im Prinzip solle aber der neue Roman gepflegt werden, denn es gehöre auch zur Aufgabe der kleineren Blätter,

> »der Arbeiterschaft die neuere Literatur zu vermitteln, und dieses kann am besten durch den Abdruck ausgewählter Romane moderner Autoren geschehen. Denn daß sich niedrig entlohnte Arbeiter einen modernen Roman zum Preise von vier, fünf oder sechs Mark selber kaufen, kommt nicht allzu häufig vor. Damit sie aber auch die Autoren der Gegenwart und deren Werke kennen lernen, hat unsere Presse hier einzuspringen.« [203]

Waren die deutsch- und fremdsprachigen Autoren 1914 etwa gleich verteilt, so verschiebt sich 1916 das Verhältnis erheblich zugunsten der deutschen Autoren: von 33 Autoren sind 29 deutsch- und nur 4 fremdsprachig. Aufgrund der wirtschaftlichen Schwierigkeiten während des Krieges druckt die Parteipresse vornehmlich ältere, honorarfreie Werke ab. Die nachfolgende Tabelle verdeutlicht diese Entwicklung:

Monate*	Frequenzen		
	Autoren, deutschsprachig	Autoren, fremdsprachig	Urheberrechtlich nicht mehr geschützte Werke
Januar 1914	18	15	4
September 1916	29	4	16

* alle Angaben nach J. Kliche, a.a.O.

1914 liefen nur 4 Romane, die urheberrechtlich nicht mehr geschützt waren, 1916 sind es immerhin 16 Romane oder Erzählungen. Auch die großen Parteiblätter, die vor dem Krieg die Vermittlung moderner Literatur gepflegt hatten, druckten 1916 monatelang ältere, honorarfreie Romane und Novellen ab. Zu den Autoren, so konstatiert Kliche, die »bis auf ein halbes Dutzend« alles Schriftsteller von Bedeutung und »viele langjährige Gäste der sozialdemokratischen Presse« seien, gehören u. a.: »Alexis, Auerbach, Algenstädt, Cervantes, Eichendorff, Ebenstein, Gerstäcker (zweimal), Grillparzer, Gotthelf, E.T.A. Hoffmann, Höfner, Horn (zweimal), Jacobs, Lagerlöf, Landsberger (zweimal), Lindner, Mücke (zweimal), Neuenhagen, Schücking, Schmidt, Scott, Sealsfield, Schmittbonn, Schaumburger, Spielhagen, Turgenjew, Thieme, Zschokke.« [204]

Mit dem Beitrag von Kliche November 1916 findet die Debatte in den *Mitteilungen* zunächst ihren Abschluß und wird erst nach dem Krieg, im Januar 1919, wieder aufgegriffen.

4.2.3. Hintergründe der Debatte nach 1918

Grund für die erneute Diskussion über das Romanfeuilleton in der Arbeiterpresse unter den Parteimitgliedern nach 1918 ist, daß, trotz politischer Umwälzungen und damit verbunden steigendem Einfluß der Sozialdemokratie im Staate, sich die sozialdemokratische Presse nur ungenügend ausbreitet.

Nach Ausbruch der Revolution 1918 kann die Partei für eine kurze Zeitspanne einen enormen Anstieg in den Mitgliederzahlen [205], in den Parteiorganen [206] und in den Abonnentenziffern [207] verzeichnen. Vor allem erreicht sie Leserkreise, in denen sie vorher wenig oder gar nicht gelesen wurde, etwa auf dem platten Land bzw. in Gegenden mit überwiegend agrarischen Verhältnissen. Doch stehen einer weiteren ungehemmten Expansion der Parteipresse nach 1919 die katastrophale wirtschaftliche Lage, die Kohlen-, Material- und Papiernot im Wege. [208] Erschwerend für die SPD-Presse kommt hinzu, daß im Rahmen der Papierkontingentierung nach 1919 als Stichjahr für die Zuteilung von Druckpapier an die Presse das Jahr 1915 angesetzt wird, ein Jahr, in dem die sozialdemokratische Presse mit den tiefsten Stand ihrer Abonnentenziffern hatte. [209] Bemühungen beim Reichswirtschaftsamt, die eine Änderung dieser Sachlage herbeiführen sollen, bleiben ergebnislos und zeigen nur, wie gering der Einfluß der SPD trotz Revolution und Regierungsführung auf die Bürokratie und damit verbunden auf die Papierzuteilung ist. Die unzureichende Versorgung der SPD-Presse mit Papier von amtlichen Stellen aus wird noch verschärft durch ihre geringe Konkurrenzmöglichkeit mit der Generalanzeigerpresse im blühenden Schleichhandel. Wer über einen genügend großen Geldbeutel verfügt, kann auch hier Papier beschaffen. [210]

Aber nicht nur die desolate Wirtschaftslage nach 1919 schwächt die Position der SPD-Presse, hinzu kommen politische und organisatorische Schwierigkeiten, parteiinterne Differenzen, die – jahrelang unter der Oberfläche schwelend – noch während des Krieges zum Ausbruch gekommen sind, bis hin zur Spaltung der Partei. [211] Künftig hat die SPD-Presse nicht mehr nur mit bürgerlichen Blättern zu konkurrieren, sondern auch mit anderen sozialistischen und kommunistischen Organen von USPD [212] und KPD [213]. Um die mißliche Situation der Parteipresse, die zum Teil um die nackte Existenz kämpfen muß, zu beheben, werden von der Partei verschiedene, sich ergänzende Maßnahmen ergriffen. Zum einen setzen nach 1918 im sozialdemokratischen Zeitungswesen Konzentrationsbestrebungen ein, die ihren Abschluß in der 1925 gegründeten Konzentrations-AG finden. Dieses Unternehmen wird mit dem Ziel gegründet, die einzelnen Parteibetriebe wirtschaftlich zusammenzufassen, gemeinsam für die einzelnen Betriebe die Roh- und Hilfsstoffe und die Betriebsmittel zu beschaffen und sie zentral durch kompetente Fachleute (Revisoren) überwachen zu lassen. [214]

Als flankierende Maßnahme wird im März 1919 von der SPD eine Kommission zur Beratung von Presseangelegenheiten ins Leben gerufen. Adolf Schulz, Mitglied dieser Kommission, gibt auf dem Parteitag zu Weimar 1919 einen detaillierten Bericht über die Lage der Parteipresse, die bei weitem nicht mit der Entwicklung der Partei, d. h. dem Stimmenzuwachs, Schritt gehalten habe. [215] Als Hauptursache für diese Diskrepanz in den Abonnentenziffern und den Wählerstimmen verweist Schulz in seinem Vortrag auf die mangelhafte Ausgestaltung der Arbeiterpresse, die sowohl inhaltlich als auch formal weit hinter der bürgerlichen Presse liege. Im einzelnen kritisiert er an der sozialdemokratischen Presse – immer in Relation zur bürgerlichen Presse – die schlechte Nachrichtenübermittlung, die ungeschickte redaktionelle und technische Aufmachung, den geringen Umfang des lokalen Teils sowie die minimale Anzahl von qualifizierten Redakteuren.

Um Erfolg und Verbreitung der Parteipresse für die nächsten Jahre zu sichern, entwirft er eine Reihe von Richtlinien für den besseren Ausbau der Parteipresse, die folgendes Programm vorsehen: Neben einer Dezentralisierung der Nachrichtenübermittlung, d. h. Gründung von Nachrichtenbüros in diversen Städten und Provinzen, sollte größerer Wert auf die feuilletonistische Ausgestaltung der Parteipresse gelegt werden. Die Schaffung einer Feuilletonzentrale – wie sie bereits von zwei Anträgen zum Parteitag vorgesehen war [216] – sollte diesen Ausbau des Feuilletons koordinieren, denn

>der kleinen Parteipresse muß ein gutes und billiges Feuilletonmaterial zur Verfügung gestellt werden. Ein Material, das frei von aller Geschraubtheit, flott, flüssig und gemeinverständlich gehalten ist, und das vor allem den Weg zu den Herzen und Seelen der Frauen und der Jugend findet.« [217]

Unterstützt werden sollte dieser organisatorische und inhaltliche Ausbau noch durch andere Maßnahmen: Gründung von lokalen Presseorganen, die durch Maternkorrespondenzen versorgt werden sollten; Schaffung neuer illustrierter Blätter *(Volk und Zeit)* und Modebeilagen (z.B. für die *Gleichheit* die Beilage *Die Frau und ihr Haus)*, Einstellung von Volontären zur Kompensation der geringen Anzahl von qualifizierten Redakteuren. Außerdem wird den Redaktionen empfohlen, eine Veränderung im Schreibstil, der »noch zu wenig auf Massenpsyche eingestellt« sei, vorzunehmen. [218]
    Inwieweit diese Überlegungen – Angleichung an die ›Generalanzeigerpresse‹ und ›Amerikanisierung‹ der Presse – nicht in Widerspruch stehen zu den agitatorischen und organisatorischen Funktionen der Parteipresse, wie sie Schulz auf dem Parteitag formuliert, wird von den Delegierten nicht einmal mehr diskutiert:

>Es ist selbstverständlich, daß unsere Parteipresse in erster Linie politisches Kampf- und Aufklärungsmittel bleiben muß. Sie ist nicht dazu da, ein ordinäres Sensationsbedürfnis zu fördern und zu befriedigen. Ihre vornehmste Aufgabe muß sein, die Schulung und Beeinflussung der Massen im Sinne der sozialistischen Weltanschauung. (Bravo!)« [219]

Daß das neue Konzept für die Parteipresse, das auf dem Jenaer Parteitag 1913 noch zu heftigen Kontroversen geführt hatte, von den Delegierten 1919 unwidersprochen hingenommen, ja sogar mit lebhaftem Beifall aufgenommen wird, zeigt, wie sich innerhalb der Sozialdemokratie ein Einstellungswandel vollzogen hat. Unter dem Druck der Konkurrenz mit bürgerlichen, sozialistischen und kommunistischen Presseorganen, aufgrund der wirtschaftlichen, politischen und parteiinternen Schwierigkeiten und Konflikte, geben die SPD und ihre Presse nach 1918 sukzessive Positionen in der Redaktionspolitik auf, die sie vor 1914 in der Mehrzahl noch vehement verteidigt hatte. In allen Ressorts der Zeitung und im Layout erfolgt eine Annäherung an die bürgerliche Massenpresse: bisher vernachlässigte Sparten wie Wirtschaft und Sport werden ausgebaut, die Berichterstattung der letztgenannten Sparte bürgerlichen Standards angeglichen. [220] Vorbehalte gegenüber Illustrationen und Karikaturen werden zurückgenommen und diese Mittel der Gestaltung verstärkt zum Einsatz gebracht. Die Ausgestaltung des Unterhaltungsteils – insbesondere die Auswahl der Romane – erfolgt in immer engerer Anlehnung an bürgerliche Kriterien. [221]
    Wohl aufgrund dieses neuen Kurses in der SPD-Presse, der nach Koszyk die gewandelte Einstellung der sozialdemokratischen Presse zu allen Vorgängen des täglichen

Lebens dokumentiert [222], können die größeren Parteizeitungen nach der Inflation ansehnliche Abonnentengewinne verbuchen. [223] Auf dem Berliner Parteitag im Juni 1924 teilt der Parteivorstand den Delegierten mit:

>Unsere Zeitungen, die außerordentlich schwer unter der Inflation gelitten hatten, haben sich erholt. Ihre Auflagen steigen von Woche zu Woche, ihre finanziellen Nöte [...] sind behoben [...]. Eine Reihe neuer Organe konnte ins Leben gerufen werden; ihre Verbreitung hat sofort alle Erwartungen übertroffen.« [224]

Dennoch bleibt die Entwicklung in den folgenden Jahren weit hinter den Erwartungen zurück. In dem Referat von Wilhelm Sollmann über den *Ausbau der sozialdemokratischen Presse,* das er in Berlin 1926 vor sozialdemokratischen Redakteuren hält, klingt es nicht mehr so euphorisch. Er konstatiert, daß die Parteipresse der bürgerlichen Presse nicht nur zahlenmäßig unterlegen, sondern nach dem Kriege auch weniger verbreitet sei als vorher. [225] Verantwortlich hierfür sind nach Sollmann interne Streitigkeiten in den Redaktionen, vornehmlich Differenzen zwischen Redaktion und Geschäftsführung. Die Vorschläge, die er in seinem Referat den Redakteuren unterbreitet, zielen darauf ab, die Verbreitung der sozialdemokratischen Presse zu fördern. Daher verlangt er eine noch radikalere Realisierung der schon so häufig geforderten Veränderungen in den redaktionellen Konzepten der Parteiorgane. Er plädiert für eine rigorose Einschränkung des politischen Teils der Organe, »nicht um den sozialdemokratischen Generalanzeigern das Wort zu reden, sondern um dem Geschmack der Leser entgegenzukommen«. [226] Die quantitative Reduktion des politischen Teils soll ergänzt werden durch eine Entpolitisierung des lokalen und provinziellen Teils. Im Großen und Ganzen sollen die Zeitungen künftig »weniger polemisieren und mehr plaudern.« [227]

Inwieweit diese Ausführungen Sollmanns von den Redakteuren aufgegriffen und praktisch umgesetzt werden, ist nicht bekannt. Zwar erlebt die sozialdemokratische Presse in den Jahren um 1926 nochmals einen Aufschwung, doch ist er nur von relativ kurzer Dauer. Die wirtschaftliche Depression Ende der zwanziger Jahre führt zu einem rapiden Abonnenten- und damit auch Anzeigenrückgang der sozialdemokratischen Presse. [228] Überlegungen, diese Defizite durch gezielte Aktionen und Programme aufzufangen, können nicht mehr realisiert werden, da mit der Machtergreifung der Nationalsozialisten die gesamte sozialdemokratische, sozialistische und kommunistische Presse verboten wird.

Nachfolgend soll, der Debatte in den *Mitteilungen des Vereins Arbeiterpresse* von 1918 bis 1933 folgend, gezeigt werden, wie sich die von Schulz, Sollmann und anderen Parteimitgliedern entwickelten Richtlinien für den Ausbau der Parteipresse auf die Feuilletonpolitik der Organe auswirken, welche Kriterien für den feuilletonistischen Ausbau angesetzt werden und wie sie sich in der konkreten Romanabdruckpraxis niederschlagen.

4.2.4. Verlauf der Debatte nach 1918

Der Feuilletonredakteur Werner Freimund nimmt die Diskussion um den Roman in der Arbeiterpresse im Januar 1919 wieder auf. [229] Er stellt fest, daß das Feuilleton mit dem Abdruck des Romans dem legitimen Bedürfnis des Leserpublikums nach Unterhaltung nachkomme. Für die »geistigen Bedürfnisse« seines Leserkreises müsse der Feuilletonredakteur daher ein feines Empfinden entwickeln. Das Feuilleton ist somit nach Freimund ein Spiegelbild der Gemüts- und Geistesbildung des jeweiligen Publikums. In diesem Sachverhalt sieht Freimund auch die Erklärung für das vollständige »Fiasko«, das die bürgerliche Kultur in den Tagen der Nachrevolution erlitten habe.

»Der Feuilletonroman der bürgerlichen Zeitungen mit seinen verlogenen ›Idealen‹, in dem Begriffe wie Held und Leutnant, Erfolg und Kapitalanhäufung usw. sich decken, in dem das Glücksideal durch das Einlaufen in den Hafen einer gut fundierten Ehe stets prompt seine praktische Verwirklichung findet, dieser Roman voller Süßlichkeiten und Sentimentalitäten, der das Angesicht des Lebens zur Fratze entstellt, Menschen zu Puppen, das Gefühl zu einem Hampelmann macht, der ängstlich die Nachtseiten des Lebens meidet und über alles das bengalische Licht einer vorgetäuschten Sonne ausgießt, dieser Roman in seiner ganzen Trostlosigkeit beleuchtet wie ein Schlaglicht eine hoffnungslose Situation.« [230]

Obwohl der sozialdemokratischen Presse in ihrem Feuilletonteil diese »Massenprodukte einer gebärwütigen Aftermuse« [231] fremd geblieben seien, meldet Freimund doch prinzipielle Zweifel an, ob der Roman zur Befriedigung des Unterhaltungsbedürfnisses der sozialdemokratischen Leser tatsächlich das beste Mittel sei. Er verdeutlicht seinen Standpunkt an dem Problem des Romanabdrucks in Fortsetzungen:

»Der Roman ist, wie jedes gelungene Produkt künstlerischer Betätigung, etwas Organisches, etwas unteilbares Ganzes. Wie man einem Lebewesen nicht etwa die Glieder ausreißen und nacheinander betrachten darf, um dann schließlich am Ende dieser Tierquälerei stolz zu behaupten, nun habe man besagtes Lebewesen als Ganzes gesehen und begriffen, so ist es ein Unding, einen Roman in hundert und mehr Stücke zu zerschneiden, um diese dann einzeln dem Leserpublikum zur Verdauung vorzulegen. Ja, wenn wenigstens die Einteilung der Fortsetzungen mit der organischen Gliederung des Ganzen, etwa der Kapiteleinteilung, noch irgendwie harmonieren würde! Aber das ist ja ganz ausgeschlossen! Für den Roman stehen eben in jeder Nummer vielleicht 120 Zeilen zur Verfügung, nicht mehr, nicht weniger. Es ist das reinste Prokrustesbett, in das der arme Roman hineingelegt wird: schauen die Beine über den Bettrand hinaus, werden sie einfach abgehauen.« [232]

Freimund denkt offenbar nur an den Vorab- oder Nachdruck eines Romans in der Presse, nicht aber an den für den Abdruck in der Presse konzipierten Roman, der durch spezifische Fortsetzungstechniken diese Problematik zu umgehen versucht.

Um der Gefahr dieses »künstlerischen Barbarentums« [233] in der Parteipresse zu entgehen, schlägt Freimund vor, wie der Münchner Verlag »Die Welt-Literatur« zu verfahren, der jede Woche ein Werk, einen Roman oder eine Novelle, komplett herausgebe. Eine andere Alternative wäre, den Roman in organischen Abschnitten in einer Sonntagsbeilage abdrucken zu lassen. In diesen literarischen Wochen-, Monats- oder Sonntagsbeilagen sollten »alle irgendwie geeigneten freigegebenen Werke der Weltliteratur« abgedruckt werden; die hier eingesparten Verfasserhonorare könnten dann dazu verwendet werden, »literarische Werke talentierter Genossen zu anständigen Preisen zu erwerben und in Druck zu nehmen«. [234] Was Freimund in seiner Argumentation und in seinem Modell, das den Roman aus dem täglichen Feuilleton verbannt, um dieses »idealeren Zwecken nutzbar zu machen« [235], nicht bedenkt, ist, daß damit eine der wesentlichsten Intentionen der Redaktion, den Leser zu motivieren, das Presseorgan täglich zu kaufen, verloren ginge.

Mit Freimund ist in den *Mitteilungen* einer der wenigen Autoren vertreten, der mit seinem Diskussionsbeitrag versucht, gemeinsame Ziele zwischen der Feuilletonpolitik, der Kultur- und Bildungspolitik der Sozialdemokratischen Partei aufzudecken. Von daher versteht sich auch seine Kritik an der gängigen Praxis der sozialdemokratischen Redaktionspolitik:

> »Wir deutschen Sozialisten sind gar zu leicht geneigt, über den Kämpfen, die wir auf politischem und wirtschaftlichem Gebiete zu bestehen haben, zu vergessen, daß der Sozialismus mehr als eine politische Parteirichtung, mehr als eine wirtschaftliche Kampforganisation, daß er eine Weltanschauung ist.« [236]

Nicht nur der kulturelle Sektor, d. h. der Einfluß des Sozialismus auf literarisch-künstlerischem Gebiet, sondern auch der bildungspolitische sei im Großen und Ganzen von der Partei – gemessen etwa an französischen und russischen Vorbildern – völlig vernachlässigt worden:

> »Wer aber sind die Bannerträger der jungen russischen Freiheit? Seine großen sozialistischen Dichter und Denker. Ich brauche ihre Namen nicht zu nennen; sind sie doch jedem Kind bekannt.
> In Frankreich hat sich der Sozialismus bereits ein hohes Maß von politischer Geltung erkämpft, die ihm gestattete, sich auch das Innere des Hauses wohnlich einzurichten. Namen wie Anatole France und Romain Rolland kennzeichnen den Einfluß des Sozialismus in Frankreich auf literarisch-künstlerischem Gebiet.
> Demgegenüber geraten wir Deutsche einigermaßen in Verlegenheit, wenn man uns nach solchen kulturellen Bannerträgern fragt. Wohl können wir mit Stolz auf die großen Begründer und Förderer des politischen Sozialismus hinweisen, aber auf literarisch künstlerischem Gebiete leuchten dem Volke der Dichter und Denker nur wenig Sterne, und deren Lichtstärke ist noch dazu nicht eben überwältigend. Es ist nun einmal so, daß bei uns in Deutschland die »Kultur« kapitalistisch, die intellektuelle Bildung bis auf einige belanglose Ausnahmen ein Monopol der Bourgeoisie ist.« [237]

Dieser Zustand ist nach Freimund ein Zeichen der »Gedankenlosigkeit und Wurstigkeit« [238], die die Parteipresse in außerpolitischen Dingen an den Tag zu legen pflege. Dabei sei gerade die Presse einer der wichtigsten Erziehungsfaktoren geworden. Für einen Großteil der Bevölkerung bilde sie nach der Schule überhaupt das einzige Bildungsmittel. Diese prinzipiellen Überlegungen sind für Freimund das Terrain, in dem er auch Funktion und Gestaltung des Feuilletonteils der Presse abgrenzt und reflektiert:

> »Zunächst wäre zu verlangen, daß es sich in allen seinen Teilen mit klarem Bewußtsein auf den Boden sozialistischer Weltanschauung stelle und von diesem Standpunkt aus der sonst verwirrenden Mannigfaltigkeit der kulturellen Einzelerscheinungen mit kritischem Blick gegenübertrete. Die sozialistische Weltanschauung ist für uns der berühmte feste Punkt, von dem Archimedes spricht, der ruhende Pol in der Erscheinungen Flucht. [...] Sollte es wirklich so schwer sein, lebendige Ideale in künstlerisch-adäquater Form zu erfassen, wo die Gestaltung toter Ideale, wie die Erfahrung lehrt, eine, man möchte fast sagen zauberhafte Wirkung auszustrahlen vermag?! Jedenfalls wäre eine derartige künstlerische Propagierung der sozialistischen Weltanschauung ein Ziel, des Schweißes der Edelsten wert! In Novelle und Gedicht, in Skizze und Essay für die Lebenswerte des Sozialismus zu werben, das wäre die aufbauende, die schöpferische Arbeit, die unser Feuilleton in erster Linie zu leisten hätte.« [239]

Zur Aufgabe des Feuilletonredakteurs, der zugleich geistiger Berater und Volksbildner sei, gehöre auch, daß er im Unterhaltungsteil der Zeitung die »Internationale des Geistes«, von der Romain Rolland gesprochen habe, errichte. Freimunds Beitrag, noch ganz unter dem Eindruck der revolutionären Ereignisse geschrieben, bleibt zunächst ohne Resonanz. Erst in der Phase der relativen Stabilisierung des Kapitalismus in der Weimarer Republik widmet man so peripheren Ereignissen wie dem Unterhaltungsteil der Parteipresse in den *Mitteilungen* wieder mehr Beachtung. Aktueller Anlaß für das Wiederaufgreifen dieser Thematik ist das Referat Wilhelm Sollmanns auf der Redakteurskonferenz im Januar 1926, in dem er über den »Ausbau der Parteipresse und die Erhöhung ihrer Werbekraft« berichtet. In diesem Vortrag setzt sich der neue pressepolitische Kurs der SPD, Anpassung an die bürgerliche Massenpresse, voll durch. Durch den Verweis auf dieses Referat und die positive Beurteilung desselben wird die Debatte von Reiner Kempkens, Herausgeber der »Mitteilungen«, im März 1926 fortgesetzt. [240]

Nach Kempkens hat der einzelne Redakteur der Parteipresse mehr seine Aufgabe darin zu suchen, die bereits gewonnenen Leser zu halten als neue Leser zu gewinnen. Mit welchen Mitteln die Leser dauernd an das Parteiorgan zu fesseln seien, wird von Kempkes folgendermaßen expliziert:

> »Das unbestritten beste Mittel, die weiblichen Leser festzuhalten, ist der spannende Roman. Ich empfehle allen Blättern, die Unterhaltungsbeilagen geben, dort neben dem täglichen einen zweiten Roman, der sich von dem ersten in der Gattung unterscheiden sollte, abzudrucken. Bei den Kriminalromanen ist Vorsicht geboten, da sie die Frauen wenig reizen. Am besten gefällt den weiblichen und den jüngeren Lesern immer noch der Roman, in dessen Mitte das um Liebe und Ehre kämpfende starke Weib steht. (Antje Möller, Christel, Licht der Heimat usw.)« [241]

Ähnlich wie Haenisch schon Jahre vor ihm befürwortet Kempkens eine Arbeitsgemeinschaft, die für den zentralen Einkauf der Romane zuständig sein soll, um die einzelnen Redakteure von dem Suchen nach zugkräftigen Romanen zu entlasten. Als Veränderung zu früheren Konzepten für den Unterhaltungsteil der sozialdemokratischen Presse, der für Männer und Frauen gleichermaßen konzipiert war, fällt bei Kempkens auf, daß er – ähnlich der bürgerlichen Presse – als Zielgruppe für den Roman nur noch die Frauen ins Auge faßt.

> »In der sozialdemokratischen Zeitung muß jedes einzelne Familienmitglied zu seinem Rechte kommen: der Vater, die Hausmutter, der erwachsene Sohn, die heranwachsende Tochter und die schulpflichtigen Kinder. Für den Vater die Gebiete Politik, Partei, Gewerkschaftliches, Wirtschaftliches; für die Mutter: Roman, Lokales, Vermischtes, Hauswirtschaftliches, Frauenfrage, Gesundheits- und Erziehungswesen, Kinderpflege, Küche; für die Jünglinge: Sport und Belehrendes, jedoch populäres, nicht ›literarisches‹ Feuilleton (auch Belehrung über Alkohol und Nikotin, jedoch in diplomatischen Dosen); auch die Kleinen haben Anspruch auf ihre Märchen, leichten Rätsel, Spiele usw.« [242]

Diese Veränderung in der Struktur der antizipierten Leserschaft bleibt nicht ohne Wirkung auf die Auswahlkriterien für die Romane der Presseorgane. Plädierte Freimund noch für einen Unterhaltungsteil, der konsequent die sozialistische Weltanschauung widerspiegeln sollte, ist Kempkens einziges Kriterium bei der Auswahl der Romane, daß sie »zugkräftig«, d. h. werbewirksam seien.

Um den einzelnen Feuilletonredakteuren praktische Hinweise für die Auswahl der Romanstoffe geben zu können, regt Kempkens daher einen Erfahrungsaustausch in den »Mitteilungen« über die Romane an, die sich in den verschiedenen Regionen als besonders *zugkräftig* erwiesen hätten.

Wilhelm Bolze, Feuilletonredakteur des *Sozialdemokratischen Pressedienstes,* greift als erster die Anregung von Kempkens auf und berichtet über seine in einer langjährigen Praxis gesammelten Erfahrungen beim Romanabdruck. [243] Gegen gelegentlich in den *Mitteilungen* geäußerte Ansichten, daß zwischen literarisch wertvollen und spannenden, auch zum Abdruck in Fortsetzungen geeigneten Romanen und Erzählungen notwendig ein Gegensatz bestehen müsse, grenzt sich Bolze vehement ab. Seiner Meinung nach gibt es nicht wenige Werke auf dem Markt, die beide Eigenschaften vereinigen und zugleich den Rezeptionserwartungen der Leser angepaßt sind. Diese Romane seien nicht übermäßig lang und auch von den Verlegern relativ preiswert zu erwerben. Als Autoren werden von ihm u. a. genannt: Pierre Broodcoorens, Camille Lemonnier, Charles de Coster, Stijn Streuvels, Anatole France, Sherwood Anderson, dessen »starke Spannung ich gerade bei Frauen mehrfach erprobt habe«, Paul Gurk, Hermann Stehr, Jakob Wassermann und – nach dem Kulturfahrplan – zum 150. Geburtstag des E.T.A. Hoffmann eine Probe aus seinem Schaffen. [244] Also alles Autoren, die zur sogenannten ›anerkannten‹ Literatur zählen und ebenso auch in bürgerlichen Blättern abgedruckt werden. [245]

Um mit dem Unterhaltungsteil der bürgerlichen Blätter wirksam konkurrieren zu können, spricht sich Bolze für den von Kempkens angeregten zentralen Ankauf von Romanen, der eine einheitliche Linie für die sozialdemokratischen Organe zu versprechen scheint, aus. Früher habe eine derartige Möglichkeit bei dem *Sozialdemokratischen Pressedienst,* dem auch gute unveröffentlichte Romanwerke vorgelegen hätten, bestanden. [246] Viele Redakteure stünden aber einem zentralen Ankauf nach wie vor sehr mißtrauisch gegenüber. Im Ganzen gesehen, so das Resümee Bolzes, sei es wünschenswert, wenn der Meinungsaustausch in den *Mitteilungen* fortgesetzt und detaillierte Vorschläge zur Ausgestaltung des Unterhaltungsteils unterbreitet würden.

Albert Emmerich meldet sich als nächster in den *Mitteilungen* zu Worte. Er schließt sich den Äußerungen Kempkens und Bolzes an, daß der Zeitungsroman von großer Bedeutung gerade für die Leser sei, die den politischen und gewerkschaftlichen Teil als zu trocken empfänden. [247] Um die Werbearbeit für die sozialistische Presse zu erleichtern und das »Treubleiben der weniger politisch eingestellten Leserkreise« sicherzustellen, müsse, so Emmerich, die Unterhaltungsbeilage aber »auf dem für sozialistische Blätter von vornherein gebotenen hohen Niveau stehen (was nicht allein von literarischen und ästhetischen Gesichtspunkten zu beurteilen ist)«. [248] Welche qualitativen Anforderungen Emmerich dabei im Auge hat, konkretisiert er so:

> »Der Roman soll zugkräftig sein. Die Handlung soll so lebhaft und übersichtlich ablaufen, daß sie sich dem Durchschnittszeitungsleser leicht ins Gedächtnis einprägt und ohne besondere Anspannung durch die täglichen Abschnitte hindurch verfolgbar bleibt. Dann soll der Roman so ausgewählt werden, daß dem Leser ein *Genuß* (seelischer Aufschwung oder heitere Freude) und ein *Gewinn* (Lebenserfahrung, Klarheit über seelische und soziale Vorgänge) aus der Lektüre erwächst.

Die alte Tradition der sozialdemokratischen Parteipresse, ihr Feuilleton einschließlich der Romanbeilage so gut und wertvoll zu gestalten, daß es Bewunderung, Neid und Anerkennung der Gegner
findet, muß auch in Zukunft in Ehren gehalten werden.
[...] Der Roman muß mit feinem Einfühlen in örtliche und kulturelle, geschichtliche und
propagandistische Voraussetzungen gewählt werden. Man kann auf geistige Strömungen, die an
irgendeinem Ort aufkommen, hemmend oder fördernd auch mit dem Roman einwirken (Bauern-
kriegsromane während der Fürstenabfindungskampagne, Naturbilder für einseitig industriell eingestellte Gegenden, Industrieromane gegen kleinstädtische Beengtheit usw.). Man sollte sogar den
Roman der Jahreszeit und der allgemeinen Volksstimmung anpassen. Die Möglichkeit dazu
besteht.« [249]

Welche Romane diese divergierenden Funktionen – werbende, unterhaltende, beleh-
rende und politische – erfüllen können, präzisiert Emmerich selbst, indem er für den
Erfahrungsaustausch einige Titel beisteuert, die er aus fünfjähriger Praxis in einer
Mittelstadt mit stark landwirtschaftlich durchsetztem Hinterland gewonnen hat. [250]
Diese Folge von Autoren und Romanen, die sehr heterogen und unsystematisch anmutet,
immerhin reicht die Spannweite der Autoren von frühen sozialdemokratischen (Preczang, Ger) und sozialistischen (London, Desberry) bis hin zu extrem bürgerlich-konservativen (Stegemann), ist nach Emmerich auf den Ausgleich der einzelnen Anforderungen
des Leserstamms hin bedacht. Besonders Gegenden mit sozial gemischter Bevölkerung
müsse ein Wechsel in Stoff, Stil und Milieu geboten werden, damit die verschiedenartigen »Geschmacksrichtungen« befriedigt würden. Aber nicht nur diese inhaltliche Seite
sei bei der Auswahl der Feuilletonromane von entscheidender Bedeutung, sondern auch
eine technische: die Aufbereitung der Romane für die Presse. Emmerich schneidet hier
ein heikles und umstrittenes Thema in der Parteipresse an:

»*Jeder* Zeitungsroman muß vor dem Nachdruck *überarbeitet* werden. Die im Buch nicht stö-
rende Häufung von ›Er‹, ›Sie‹ usw. muß an geeigneten Stellen durch Namen oder Umschreibungen
der handelnden Personen ersetzt werden. Wie keine Fortsetzung mit ›Er‹ oder ›Sie‹ anfangen darf, so
soll auch keine Fortsetzung damit schließen, daß ›Er‹ oder ›Sie‹ zitternd oder donnernd ausrufen:
›Fortsetzung folgt‹ und was derlei Peinlichkeiten sind. Und dann: schafft Absätze! Gliedert zu lange
Reden oder Schilderungen. Der Metteur wird euch segnen, wenn er am Ende der Fortsetzung drei
oder fünfzeilige Absätze auszugleichen hat, statt dreißig- oder vierzigzeilige. Ändert oder erklärt
Provinzialismen und technische Ausdrücke, nicht zu pedantisch, am besten etwas ausführlich, ganz
gleich, ob in Klammern oder Fußnoten. Unsere Leser stehen solchen Dingen anders gegenüber, als
der ans Nachschlagen gewöhnte Redakteur.« [251]

Allerdings ist es nicht immer nur bei dieser eher ›formalen‹ Anpassung des Romans an
das ›neue‹ Medium geblieben, sondern es werden – Emmerich klammert das aus – auch
inhaltliche Veränderungen am Roman, etwa Streichungen von Passagen, vorgenommen.
Ja, es wird sogar explizit auf die Möglichkeit verwiesen – man vergegenwärtige sich die
Naturalismusdebatte 1896 [252] – Romane, die durch gewisse Stellen bei den antizipierten Lesern ›anstößig‹ wirken könnten, in ›gereinigter‹ Form abzudrucken. Der Leser der
Presse muß also, da bei der Majorität der Redakteure kaum prinzipielle Einwände gegen
derartige Streichungen vorlagen, immer damit rechnen, daß er eine andere, vom Original
abweichende Version eines Romans, einer Novelle etc. vorgesetzt bekommt und liest.
Ob allein erotische bzw. sexuelle Darstellungen oder auch andere Passagen dem Rotstift
des Redakteurs zum Opfer gefallen sind, ist nicht bekannt.

Allein Walter Victor [253] wendet sich in den *Mitteilungen* strikt gegen jegliche Überarbeitungen, Kürzungen und Streichungen bei Romanen für die Presse, da der Roman ein geschlossenes Ganzes bilde:

> »Ein Roman ist, wie jedes Gedicht, wie jedes Kunstwerk, ein *in sich geschlossenes* und in *einer bestimmten Form* vom Künstler geschaffenes *Ganzes*. Ohne oder gegen dessen Willen würde ich als Redakteur weder einen Roman kürzen noch sonstwie verändern. Stehen der Veröffentlichung Bedenken entgegen, so lasse ich lieber die Finger davon und drucke einen anderen Roman, als an dem Werk herumzuverbessern. Ich glaube, daß wir in der sozialistischen Presse die Pflicht haben, in *literarischer* Beziehung einwandfrei zu handeln.« [254]

Den vorläufigen Höhepunkt in der Diskussionsreihe um den unterhaltenden Teil der Parteizeitungen stellt der Beitrag von Josef Kliche dar, in dem die Annäherung an bürgerliche Positionen und Standards am radikalsten vollzogen wird und am prägnantesten zu Tage tritt. [255] Kliche schließt sich der vom Herausgeber der *Mitteilungen* (Kempkens) artikulierten Meinung bedingungslos an, daß

> »wir versuchen müssen, Leser zu gewinnen, ›um jeden Preis!‹. Ich unterstreiche diesen Satz und möchte ihn als Grundlage allen Wirkens unserer Pressefaktoren hinstellen.« [256]

Oberstes Ziel der Pressearbeit sei, an die breiteste Masse heranzukommen, die »noch nicht politisierten indifferenten Schichten« zu gewinnen. In Kauf nimmt Kliche dabei, daß »bei dieser Arbeit mitunter im Blatt Dinge vor sich gehen, die diesem oder jenem älteren Parteifunktionär etwas fremd vorkommen, ja manchem ethisch oder ästhetisch eingestellten Leser gar nicht gefallen wollen«. [257] Dadurch dürfe man sich aber in seiner Redaktionsarbeit nicht beirren lassen. In Abweichung von früher vertretenen eigenen Standpunkten [258] und in Abgrenzung zu den von Emmerich artikulierten, die darin gipfelten, daß das Feuilleton der sozialdemokratischen Presse so gut und wertvoll sein müsse, daß es bei den bürgerlichen Blättern Bewunderung, Anerkennung und Neid hervorrufe, orientiert sich Kliche nun eher an Lessings »Maxime«:

> »Wer wird nicht einen Klopstock loben,
> Doch wird ihn jeder lesen? Nein!
> Wir wollen weniger erhoben,
> Doch *desto mehr gelesen* sein!« [259]

Der Diskrepanz zwischen der ›Qualität‹ eines Werkes und seiner Lektürefrequenz versucht Kliche durch den sogenannten ›guten‹ Zeitungsroman zu begegnen. Die Eigenschaften dieses guten Zeitungsromans, der auf die Bedürfnisse der »einfachen Leser« abgestimmt sein soll, kulminieren nach Kliche in folgenden Punkten:

> »Der einfache Leser wünscht leichtverständliche Sachen, stark spannend geschrieben, mit einer starken Dosis Liebelei und (vom Standpunkt der Frauen, die maßgebend sind) möglichst ein Frauenschicksal mittendrin.« [260]

Kliche behauptet weiter, die ›Problemwälzerei‹ sei nichts für die Masse, die bei der täglichen Lektüre nicht weinen, sondern eher froh angeregt sein wolle.

»Man könnte mir die besten Romane Gerhard und Carl Hauptmanns, die der Ricarda Huch und des Jakob Wassermann usw. schenken – sie wären für unsere Zeitungen wohl kaum etwas besseres als *nutzloser Ballast*. Und man sei nicht böse, wenn ich darauf verweise, daß die m. E. lächerlich viel angefeindete Hedwig Courths-Mahler neulich einem Ausfrager gegenüber erklärte, daß auch die Arbeiter sehr gern ihre Romane läsen, denn dabei könnten sie sich wenigstens etwas denken, was einem Arbeiter bei der Lektüre eines Buches von Jacob Wassermann in der Regel nicht möglich sei. Ich bin kein Verehrer der Hedwig, glaube aber, daß in ihren soeben angezogenen Worten doch ein Körnchen Wahrheit liegt.« [261]

Entsprechend seinem Leitprinzip, »die Masse gewinnen um jeden Preis und auf jede mögliche Weise«, huldigt Kliche bei der Auswahl der Romane auch dem Motto »gut und schön ist, was gefällt«. Von diesen Überlegungen her meldet er Bedenken an den von Emmerich vorgeschlagenen Titeln an, die nicht werbewirksam genug und vor allem zum größten Teil bereits schon vor Jahren durch die Parteiblätter gelaufen seien. Den sozialen Roman würde Kliche generell nur dann empfehlen, wenn es sich um »einen großen Wurf« handele, der aber auch die Eigenschaft der »Massenwirkung« besitzen müsse. [262] Von einer kulturellen Aufgabe, die auch der Zeitungsroman zu erfüllen habe, distanziert sich Kliche ausdrücklich:

»Überhaupt, man rede nicht allzuviel von den notwendigen kulturellen Wirkungen des Zeitungsromans, die Hauptsache ist, daß der laufende Roman *den Leser an das Blatt fesselt*. Mit welchen Mitteln dies geschieht, ist Nebensache. Wir haben keine Veranlassung, Harakiri zu verüben. Nun gibt es gewiß eine Anzahl Romane, die so leidlich (aber nur so leidlich!) beide Eigenschaften in sich bergen, die nämlich leidlich literarisch sind und dennoch Lockmittel für die weiteste Masse sein können. Dieses Kraut ist aber doch so dünn gesät, daß es einfach gar nicht ausreicht, wohl oder übel muß also schon aus diesem Grunde auch der sozialdemokratische Redakteur zu jenen Gewächsen greifen, die nun eben nicht immer in den besten Gärten wachsen. Unser laufender Roman soll ja auch nicht Selbstzweck, sondern in erster Linie Werbemittel für die politischen und wirtschaftlichen Partien der Zeitung sein.« [263]

Kliche beschließt seinen Beitrag mit einigen praktischen Hinweisen auf Autoren und Romane, die für die Parteipresse »zugkräftige Eigenschaften« besäßen, aber von der sozialdemokratischen Presse entweder noch gar nicht oder nur vereinzelt abgedruckt wurden. In ihnen spiegelt sich am deutlichsten sein ›pragmatisches‹ Konzept wider, das jegliche sozialkritischen Intentionen und aufklärerischen Impulse aufkündigt.

»Ich nenne also: Hoffensthal, *Lori Graff* (literarisch, Frauenschicksal), Hoffensthal, *Moy* (literarisch, Tiroler Mädchenschicksal), beide Bücher in der Deutschen Verlagsanstalt, Stuttgart, Alice Berend, *Frau Hempels Tochter* (literarisch, Berliner Mädchengeschichte, Verlag Fischer); Anna Elisabeth Weirauch, *Lotte* (Berliner Roman, Verlag Ullstein); Erdmann Graeser, *Lotte Glimmer* (Berliner Roman, Verlag zu erfragen durch den bei Ullstein tätigen Autor); Ludwig Kapeller, *Der Meister* (Berliner Kriminalroman, Verlag Carl Duncker, Berlin); Ernst Klein, *Der Herr Generaldirektor* (Verlag Carl Duncker, Berlin, Berliner Schieberroman); Otto Neufeldt, *Das Haus ohne Lachen* (wechselvolle Schicksale, Verlag Carl Duncker, Berlin); Catherina Godwin, *Der Intrigant* (Intrigenroman, Verlag Carl Duncker, Berlin)« [264]

Josef Kliche, eifrigster Streiter um den Roman in der Parteipresse in den *Mitteilungen*, greift das Thema – angesichts des gewaltigen Abonnentenrückgangs während der Weltwirtschaftskrise – nur wenige Jahre später erneut auf. [265] In einer vergleichenden

Betrachtung des Romans in der Parteipresse in den zwanziger Jahren der Weimarer
Republik und in der Zeit vor dem Ersten Weltkrieg kommt er zu dem Resultat, daß die
Ergebnisse dieser kontrastierenden Analyse sowohl einen Rückschritt als auch einen
Fortschritt zeigen. Ein Rückschritt zeichne sich insofern ab, als das ethische und das
politische »Zweckniveau« der Romane entschieden gesunken sei.

> »Der trotz seiner literarischen Schwäche in den breiten Leserschichten außerordentlich werbe-
> kräftige politisch-soziale *Tendenzroman,* wie er vor ein paar Jahrzehnten insbesondere von Wil-
> helm Blos und A. Ger (A. Gerisch) unserer Presse zur Verfügung gestellt wurde, ist in unsern Tagen
> ebenso verschwunden wie die großen *Zeit- und Gesellschaftsgemälde* der Viebig, Kretzer, Hegeler,
> Polenz usw. Nicht anders erging es den Franzosen, den Russen und Skandinaviern, die mit
> ähnlichen Werken den Unterhaltungsteil der deutschen sozialdemokratischen Presse in der angege-
> benen Reihenfolge viele Jahre lang befruchteten.« [266]

Die Motivation der Sozialdemokratischen Partei und ihrer Redakteure, die in jenen
frühen Jahren forciert politische und soziale Romane in den Spalten der Parteipresse
publiziert hatten, versucht Kliche in der Retrospektive zu erforschen:

> »Man weiß, was in jenen Jahren jenen Werken just in unserer Presse den Weg bahnte: es war der
> neue »Zug der Zeit«, es war die in diesen Romanen sich auslebende künstlerische Opposition; eine
> politisch-soziale Einstellung, die unsern eigenen politischen und sozialen Kampfgedanken verhält-
> nismäßig nahekam und die diese Schöpfungen so zu willkommenen Freiwerbern für unsere eigenen
> Ziele werden ließ. Der klare Realismus einer Viebig, der scharfe Naturalismus eines Zola – sie
> klangen zusammen mit dem beschwingten Denken und Fühlen des im sozialen Kampfe stehenden
> deutschen Arbeiters. Ungewollt lieferten die Literaten aus dem Bürgertum zu einem Teile die
> *Gefühlswaffen* im Emanzipationskampf des Proletariers. Die Abdrucke in der Zeitung veranlaßten
> naturgemäß auch eine starke Nachfrage in den öffentlichen Bibliotheken. Die sozialdemokratische
> Presse bahnte so für die Bücher eines Friedrich Spielhagen, eines Robert Schweichel, einer Minna
> Kautsky in gleichem Maße den Weg wie für die Ausländer. Wie für Zola, Tolstoi, Gorki, Strindberg,
> Jonas Lie, Alexander Kielland, Arne Garborg und Knut Hamsun. Gewiß eine verdienstvolle Tat.
> Um der Leser wie um der Dichter willen.« [267]

Von dieser Praxis, so berichtet Kliche weiter, der engen Verbindung von Literatur-
und Klassenkampf, dem »Hand-in-Hand-gehen von Zeitkampf und Zeitdichtung«
[268] sei man nach 1919 in den Redaktionen der sozialdemokratischen Presse völlig
abgekommen. Auch das qualitative Niveau habe bei der Auswahl der Autoren und
Romane geradezu erschreckend nachgelassen. Sei man früher in der Presse unter dem
Strich »nur Namen von Rang und Klang« begegnet, so seien es nach 1919 »fast
durchweg höchst unbekannte schreibende Zeitgenossen, deren wenig tiefschürfende
Produkte der Leserschaft vorgesetzt« würden. [269] Ähnlich wie bei den »mit großem
Interesse beobachteten Flimmerbildern unserer Kinopaläste« sei es die »*Dutzendware*«,
die in die Redaktionsstuben Eingang finde. [270] Resümierend fährt Kliche fort, daß der
Zeitungsroman der Gegenwart in »literarischer, in ethischer, in sozial-belehrender und
in politisch-kämpferischer Hinsicht« den Lesern überhaupt nichts mehr biete. [271]
    Beim Aufspüren der Ursachen für diese zeitabhängigen, veränderten Romanauswahl-
strategien in den sozialdemokratischen Redaktionsstuben bleibt Kliche jedoch an Ober-
flächenphänomenen haften. Er berücksichtigt in seiner Analyse nicht, daß die neuen
Konzepte für den Unterhaltungsteil der Parteipresse Ausdruck sind für die im Verlauf der

Zeit veränderten politischen und ideologischen Konzepte der Partei und ihrer Presse. [272] Kliche orientiert sich in seiner Argumentation einseitig an dem angeblich geringen und geschrumpften Repertoire an Literatur, das der sozialdemokratischen Presse zum Abdruck zur Verfügung stehen würde. Die Literatur sei, so seine Ansicht, bei weitem nicht mehr so »reichhaltig« wie ehedem. Da die honorarfreien Romane deutscher und auswärtiger »Erzählklassiker« bereits in den früheren Jahren abgedruckt worden seien, ebenso die »Tendenzautoren«, die zwar noch nicht »frei«, aber doch im Großen und Ganzen schon durch alle Parteiblätter gelaufen seien, lägen für die sozialdemokratische Presse objektive Barrieren und Auswahlbeschränkungen vor. In den vergangenen Zeit-abschnitten hätten den Redakteuren bessere Stoffe zur Verfügung gestanden als etwa der »schale Aufguß unserer Tage«. Für das »heutige Zeittempo«, »für die gänzliche Umstel-lung unserer Zeit« taugten diese alten Stoffe aber nichts mehr:

> »Ganze Fortsetzungen lang nichts als Milieuschilderung oder eine inhaltslose ausgedehnte Hand-lung, über viele Seiten hin – nein, beim besten Willen, es geht nicht. Nur ein geringer Teil der Leser würde diese seminaristische literaturgeschichtliche Übung mitmachen.« [273]

Aber auch mit Kürzungen und Streichungen dieser alten Romane sei nicht viel gewon-nen, da die Fabel von damals eine ganz andere sei als die, die man dem gegenwärtigen Zeitungsroman, dem »Handlungsroman«, zugrundelege:

> »Und *Handlung* muß der Zeitungsroman in unseren Tempotagen schon aufweisen; mit der alten Beschaulichkeit im Sinne Gottfried Kellerscher und Adalbert Stifterscher Novellen ist es gegenwär-tig nicht minder vorbei wie mit der Beschaulichkeit des einstmals vielgepriesenen Otto Ernstschen Asmus Semper-Romans. Die mehr oder minder offenkundige *Tendenz im Milieu* macht es allein nicht, und ich kann mir nie und nimmer denken, daß die breite Masse unserer Zeitungsleser, vorneweg die Frauen, etwa gar an den (im täglichen Fortsetzungsabdruck!) höchst langweiligen Wälzern von den »Abenteuern des braven Soldaten Schwejk« irgendwelchen Gefallen finden könnte. Noch ein Beispiel anderer Art: Heinrich Mann mag gewiß ein Dichter sein, der in seinen Büchern etwas von der Zeitseele einfängt – für den Zeitungsabdruck möchte ich seine vielgerühm-ten Bücher *nicht geschenkt* haben.« [274]

Dieser Gefahr, daß der Leser, bedingt durch ein »zu hohes Opus« oder durch irgendei-nen »langweiligen Quatsch«, das Presseorgan wechselt und zur bürgerlichen Konkur-renz geht, weiß Kliche nach altbewährtem Rezept zu begegnen:

> »Es ist deshalb für unsere Presse viel nützlicher und werbender, wenn wir auf dem Gebiete des unterhaltenden Teils etwas weniger in Bildung und Erziehung machen und mehr darauf bedacht sind, den Lesern eine *interessante und spannende Unterhaltung* zu bieten.« [275]

Der Fortschritt der sozialdemokratischen Presse liegt nach Kliche nun gerade darin, daß die Redakteure in den letzten Jahren zunehmend die Gültigkeit dieser Gedanken erkannt hätten. Das bedeute zwar nicht unbedingt eine Maximierung in der Qualität der ausgewählten Romane, sei aber ein Entgegenkommen an die Lektürebedürfnisse der Leser.

> »Denn schließlich ist ja auch zu beachten: früher waren alle Leser unserer Presse auch klassen-kämpferisch gesonnene Sozialdemokraten, heute, wo wir mehr allgemeine Volkszeitung werden wollen und müssen – heute müssen wir auch mit unpolitischen Leserschichten rechnen.« [276]

Pate bei diesen Überlegungen habe die leichter gewordene Lebensart der Zeit gestanden, das »tolle Tempo von heute« verlange »gebieterisch« nach Entspannung, es sei feind dem Bedachtsamen und Geruhsamen. Der Fortsetzungsromanleser erwarte deshalb in jeder Folge des Romans eine bestimmte Dosis Handlung und Fortgang. Entsprechend dieser Erwartungshaltung der Rezipienten habe sich auch eine neue Technik des Romans durchgesetzt, die ihre konsequenteste Anwendung im Detektiv- und Kriminalroman gefunden habe. Die Hauptsache für den Roman in der Parteipresse aber sei, so faßt Kliche zusammen:

> »Spannung, Lebendigkeit, Frauen dazwischen, literarisches Niveau Nebensache.« [277]

Der Zwang, mit der Boulevardpresse der Großstädte zu konkurrieren, die den Geschmack der Leser in aller Regel treffe, erfordert nach Kliche diese radikale Umstellung in den Unterhaltungsseiten der Parteipresse. Die bürgerliche Presse vermittele den Arbeiterlesern einen Begriff davon, von welch »raffinierter Art« ein Zeitungsroman sein könne. Ein gut ausgewählter Roman aber ist für Kliche noch immer das beste Werbemittel für die tägliche Zeitung bei den breiten Volksschichten. Freilich müsse man sich dabei von »veralteten Anschauungen und Auffassungen gewisser Parteifunktionäre« [278] freimachen.

Kliche vertritt mit seinem Konzept die extremste Position innerhalb der Gruppe von Parteiredakteuren, die sich in den *Mitteilungen* artikulieren. Er verzichtet auf jegliche klassenkämpferische Intention in den Unterhaltungsspalten der Parteipresse und stimmt sich ganz auf den unpolitischen, indifferenten Leser ein. Er wird zwar in einigen wenigen Entgegnungen kritisiert, doch überwiegt größtenteils das zustimmende Moment. Inwieweit sich sein Konzept tatsächlich in der täglichen Praxis der SPD-Presse durchgesetzt hat, muß jedoch eine *empirische* Analyse der abgedruckten Autoren und Romane zeigen, die aber bislang noch aussteht.

O. F. Heinrich pflichtet Kliche prinzipiell bei und begrüßt die beschriebene Umstellung im Unterhaltungsteil der Parteiblätter, möchte sie aber doch nicht ganz in dieser Radikalität vollzogen wissen, sondern versucht, an der »höheren Aufgabe« des sozialdemokratischen Feuilletons festzuhalten. [279] Er fühlt sich gerade den Lesern verpflichtet, denen die sozialdemokratische Gedankenwelt noch fremd ist und die »an der Oberfläche des Lebenskitsches in dieser oder jener Form« schwimmen. Hier könne der Roman vermittelnde Funktionen übernehmen. Allerdings gelte es bei der Auswahl der Romane zu beachten:

> »Kein knalliger Knüppeltendenzroman, keine langweiligen Wälzer, aber auch kein Nur-Tempo, keine Handlungslokomotive, die über öde Steppen braust.« [280]

In Übereinstimmung mit Kliche konstatiert Heinrich, daß allen guten Absichten eines Feuilletonredakteurs objektive Barrieren gegenüberstünden: es würden keine guten Romane angeboten, die die gewünschten Qualitäten vereinigten. Habe man dennoch einen gefunden, »der ›so richtig paßt‹, der Tempo hat und alle schönen Tugenden, die man sich in den linden Nächten ergrübelt, dann geht der Kampf ums Honorar los«.   [281]

Sei dieser Kampf vorbei und erscheine der Roman in den Spalten der Parteipresse, dann setze die vehemente Kritik der Leser ein.

»Und hier verehrter Kollege Kliche, schmilzt alle Theorie wie Butter an der Sonne. Wir z.B. brachten u.a. Karl Hauptmanns Roman einer Fabrikarbeiterin ›Mathilde‹, einfach in Gedanken und in der Sprache. – Stimmen aus dem Hintergrunde: ›Sowas sehen wir doch auch so, das wollen wir nicht im Roman lesen.‹ (!!) Darauf: Wallaces ›Der rote Kreis‹. Stimmen: ›Wie könnt ihr die verrückte Detektivgeschichte bringen; Packendes, aber mal was Tatsächliches!‹ Also – nach vieler Mühe: ›Der Streit um den Sergeanten Grischa‹, Arnold Zweigs in aller Welt gerühmtes Kriegsbuch. Das las ein Teil der Leser mit großem Interesse, ein anderer Teil hörte nach der dritten Fortsetzung auf. – ›Sif, das Weib, das den Mord beging‹ von Reck-Malleczewen, ein Roman, der doch wahrhaftig Tempo und Zeitsatire birgt, wurde ›aus Elternkreisen‹ heftig bekritelt. Als wir Gerhard Hauptmanns feinpsychologische Studie ›Phantom‹ brachten, gab es genug Leser, die vielsagend auf die hübsche Liebesgeschichte im ›Anzeiger‹ hinwiesen und – weiß der Teufel, welche Zurufe erschallen werden, wenn wir nun Ernst Gläsers ehrliches Jugendbuch ›Jahrgang 1902‹ abdrucken.« [282]

Die »literarisch wertvollen« Romane, zu denen Heinrich die oben erwähnten zählt, sollten nach seinem Konzept die Basis für die sozialdemokratische Presse bleiben, denn

«wir dürfen bei dem Versuch, uns anzupassen, zwar auf den einen oder anderen literarisch schönen Aussichtspunkt verzichten, aber trotzdem nicht rückwärts gehen.« [283]

Dennoch könne man natürlich ruhig einmal mit einem »Wallace-Reißer oder einem ähnlichen Roman aufwarten«, die »Verbeugung vor minderem Geschmack« dürfe aber nicht zu tief ausfallen. [284]

Eine neue Variante in der Diskussion um den Feuilletonroman, der immer wieder Anlaß zum Nörgeln für die Abonnenten sei, stellt der Beitrag von E. B. dar. [285] Er versucht anhand der Fortsetzungsproblematik strukturelle Unterschiede zwischen Zeitungs- und Buchroman herauszuarbeiten, obwohl er im allgemeinen für beide die gleichen Maßstäbe angelegt wissen will wie für jede literarische Arbeit. In einem wichtigen Punkt müsse sich aber der Zeitungsroman vom Buchroman unterscheiden:

»[…] während man von jedem guten Buch verlangen muß, daß sich die Spannung logisch und ohne Vergewaltigung der Handlung entwickelt, ist für den Fortsetzungsroman Spannung oberstes Gebot. Denn ein Roman, den der Leser nur abschnittweise zu genießen bekommt, kann nicht die Aufgabe haben, Probleme zu lösen, sich im Strom epischer Breite zu ergießen, vom Grunde der Weisheit zu schöpfen; er soll nichts weiter als im besten Sinne des Wortes unterhalten.« [286]

Durch diese Forderungen sollen nach E. B. aber nicht alle literarischen Ansprüche verdrängt werden. Bei der Auswahl der Romane solle man nicht nur auf den Inhalt, sondern auch auf eine gute formale Ausführung achten. Er plädiert daher auch lieber für »gutes bürgerliches Kulturgut« als für schlecht geformte Tendenzromane. Auch im Romanteil dürfe die Parteipresse ihre Kulturmission nie verleugnen.

»Deshalb ist es auch vertretbar, bei der Auswahl eines Romans für gutes bürgerliches Kulturgut zu stimmen und nicht für ein Werk, das uns zwar in seiner Gesinnung ehrlich begeistert, in seiner Ausführung aber so schwach ist, daß es unserer Idee eher schaden als nützen würde. Hier gilt genau dasselbe, was vom Tendenzstück im Theater zu sagen ist: die Wirkung eines Stückes wird sich erst dann voll entwickeln, wenn sie nicht nur von seinem Inhalt ausgeht, sondern auch durch die Form nachdrücklich unterstrichen wird.« [287]

Um auch in der Romanbeilage »aktuell« sein zu können, ohne sich dabei der »schlecht ausgeführten Tendenzromane bedienen zu müssen«, setzt sich E. B. dafür ein, neben dem Roman in der Zeitung eine Reportage laufen zu lassen. Wenn beide, Reportage und Roman in der Zeitung parallel abgedruckt würden, könne der Roman auf Aktualität verzichten, was sogar dem Wunsche der überwiegenden Zahl der Leser entspräche. Als allgemeine Kriterien für die Romanauswahl hält E. B. zusammenfassend fest, daß der Roman in der Parteipresse spannend, nicht zu schwer sein und »einer gewissen Gediegenheit« nicht entbehren solle. [288]

Wilhelm Bolze greift mit seinem *Offenen Brief an Josef Kliche* [289] nochmals in die Debatte ein. Die von Kliche in den *Mitteilungen* unterbreiteten Vorschläge, die eine stoffliche und formale Annäherung der sozialdemokratischen Presse an die bürgerliche Presse vorsähen, um damit den Leserkreis für die Parteipresse zu erweitern, seien in den Redaktionen »mehr oder weniger theoretisch« auf Zustimmung gestoßen. Über die praktische Realisierung dieser Forderungen herrsche aber nach wie vor die größte Unklarheit und Meinungsverschiedenheit. Bolze schlägt daher vor, an konkreten Beispielen die Modernisierung und Aktualisierung der Parteipresse zu diskutieren. Als exemplarischen Fall für die divergierenden Meinungen in den Redaktionen zieht er die »erotische« Kurzgeschichte heran.

> »Die heikelste Frage ist wohl die Auswahl unanstößiger Kurzgeschichten. Man sollte meinen, daß unsere Leser allmählich die früher allein geduldeten proletarischen Elendsschilderungen satt bekommen hätten und nach einer etwas amüsanteren und pikanteren Kost verlangen. Man kann aber nicht immer nur Kriminalgeschichten bringen, bei denen sich die Variationsmöglichkeiten der Pointen allmählich doch erschöpfen. Riskiert man es aber einmal, nach gewissenhaftester Auswahl eine leicht erotisch gefärbte, dabei anmutig und elegant stilisierte Erzählung – vielleicht von einem immerhin angesehenen französischen Autor – zu bringen, so ist unfehlbar mit Beschwerden zu rechnen. Also auch dieser Zweig des Feuilletons muß ausgeschaltet werden, und kein Redakteur darf sich wundern, wenn ihm künftig in erster Linie wieder die altbewährten, etwas trockenen, moralisch tendenziösen und sachlich schiefen Erzählungen vom grauen, hoffnungslosen Elend der braven strebsamen armen Leute und von den blutsaugerischen Ausbeutungsmethoden und dem Prasserleben der satten Bourgeois geliefert werden.« [290]

Dieses Beispiel, das für viele andere steht, demonstriere, mit welchen Schwierigkeiten ein Mitarbeiter des Pressedienstes bei der Auswahl geeigneter Romane für die Parteipresse zu rechnen habe. Die Forderung nach einer »boulevardmäßigen« Aufmachung der Parteipresse dürfe daher, so Bolze, nicht in allgemeinen Formulierungen steckenbleiben, sondern *praktische* und *konkrete* Vorschläge und Anhaltspunkte sollen künftig für die Romanauswahl unterbreitet werden. Über die derzeitige Misere im Romanfeuilleton der Arbeiterpresse sei man sich ja wohl einig.

Bicker [291] nimmt den *Offenen Brief* als Gelegenheit wahr, heftige Kritik am Feuilleton des Sozialdemokratischen Pressedienstes zu üben, das von wenigen Ausnahmen abgesehen, von »gähnender Langeweile« sei. Endlich einmal käme öffentlich zum Ausdruck, daß der Pressedienst »auf geistig-kulturellem und auch auf rein unterhaltendem Gebiet« völlig versagt habe:

»Jeder Redakteur, der auch nur eine einigermaßen frische, lebendige, unterhaltsame Zeitung machen will, muß ⁹⁄₁₀ des Materials dem Papierkorb anvertrauen.« [292]

Bicker wendet sich vor allem scharf gegen die Bevormundung Bolzes, der die Eliminierung der erotischen Kurzgeschichte in den Spalten der Parteipresse empfohlen hatte.

»Es ist ein Ding der Unmöglichkeit, die ›leicht erotisch gefärbte‹ Erzählung zu umgehen. Wir wollen es auch gar nicht, denn täten wir es, wir stempelten unsere Leser zu Muckern oder trieben sie dem bürgerlichen Generalanzeiger in die Arme.« [293]

Wichtig sei außerdem, im Feuilleton nicht »fortgesetzt Erzählungen, Skizzen, Satiren aus dem Russischen, Englischen und Französischen« zu bringen, sondern die unterhaltsame, deutsche Kurzgeschichte zu pflegen und Kontakte auch zu jungen literarischen Kräften herzustellen.

»Was wir zunächst einmal brauchen, sind die wirklich unterhaltsamen Kurzgeschichten (nicht dauernd Übersetzungen, um Geld zu sparen!) voll Spannung, Lebenserfahrung aus allen Gebieten, also auch aus erotischen, sind flotte Reiseskizzen mit sozialer Tendenz, die nicht faustdick aufgetragen werden muß, sind Reportagen, die knapp informatorisch und doch flüssig, kritisch, satirisch wichtige Tagesereignisse beleuchten, sind geistig-kulturelle Abhandlungen über Theater, Musik, Kino, die nicht nur vom Standpunkt des Ästheten, sondern auch des kämpfenden Sozialisten geschrieben sind. Ich weiß, das kostet Geld, aber schließlich bezahlen wir »ja auch recht erhebliche Beiträge« an den SPD. Das läßt sich ferner nicht mit dem jetzigen einseitigen Autorenkreis des Pressedienstes machen. Ginge es nach dem Pressedienst, so würden die Leser unserer Parteizeitungen nie etwas davon erfahren, daß z.B. ein Erich Kästner glänzende Zeitsatiren dichtet, daß er Kurzgeschichten schreibt, die das Leben treffend schildern, die sozial sind und doch interessant, wie etwa die hübschen Kindergeschichten: Ein Kind hat Kummer, Fräulein Kaul heißt Zische usw. Sie wüßten nichts davon, daß es literarische Kräfte unter den Jungen gibt, die uns auch etwas zu sagen haben.« [294]

Als Lösung aus dieser mißlichen Situation sieht Bicker nur die Möglichkeit, das Feuilleton des Pressedienstes radikal – im Sinne der oben artikulierten Ideen – umzugestalten. Dabei müsse man allerdings Vorurteile über Bord werfen. In der Großstadt Berlin, der Zentrale des Pressedienst, müsse man einsehen, daß das Bedürfnis der Leser auf dem platten Land nach unterhaltsamer Lektüre sehr groß sei. Diesen Bedürfnissen müsse endlich in einem entsprechenden Angebot des Pressedienstes Rechnung getragen werden. Für die »altbewährten, etwas trockenen, moralisch tendenziösen und sachlich schiefen Erzählungen vom grauen, hoffnungslosen Elend der strebsamen, armen Leute« bedanke man sich aber bestens. Man würde die Leser der sozialdemokratischen Presse »allzu tief einschätzen«, wenn man »ihnen damit heute noch immer kommen würde!« [295]

Nenninger [296] und Eck-Troll [297], zwei weitere Autoren, berichten in ihren Beiträgen über positive Erfahrungen mit dem Abdruck von Romanen in der Gewerkschaftspresse. Den Kassierern werde durch den Roman bei den Frauen der Kollegen das Kassieren leichter gemacht, außerdem würden die Frauen selbst über den Roman für die gewerkschaftlichen und politischen Ideen interessiert und als Mitkämpferinnen gewonnen.

Mit Bielig [298] referiert erneut ein Redakteur über seine praktischen Erfahrungen mit dem Romanfeuilleton in der Parteipresse. Er wendet sich vor allem gegen die öfters in den *Mitteilungen* vorgeschlagene Vereinheitlichung des Feuilletons der sozialdemokratischen Presse, gegen die Propagierung des »Original-Einheits-Romans«. Als Grund für seine Ablehnung dieser Überlegungen führt er an, daß der Sozialdemokratische Pressedienst, über dessen Erzählungen, Romane und andere Sachen er eine »besondere Schreckensmappe« mit »übelstem Kitsch« angelegt habe, gerade nicht das Bedürfnis nach einer derartigen einheitlichen Versorgung der Blätter mit Romanen wecke. Nützlicher sei es, Verbindung mit Schriftstellern aufzunehmen, die gute Kurzgeschichten und Romane liefern könnten. Als Musterbeispiel, wie »die anderen« es machen, verweist Bielig auf die *Rote Fahne*:

> »Es ist ein Jammer, daß der allergrößte Teil der jungen proletarischen Schriftsteller *nicht* bei uns schreibt. Ein Musterbeispiel dafür, wie es die anderen machen, ist des Malik-Verlags Buch ›30 neue deutsche Erzähler‹. Doch verlassen wir dies trübe Kapitel und stellen wir nur noch fest, daß der *Materndienst* des Pressedienstes ebenfalls nicht das Verlangen wachsen läßt, von einer Zentrale ›bedient‹ zu werden.« [299]

Für Bielig bewegt sich der Roman von Fallada *Kleiner Mann, was nun?*, der gerade in der sozialdemokratischen Presse Furore mache, auf dem gleichen kleinbürgerlichen Niveau wie Irmgard Keuns Roman *»Gilgi, eine von uns«*. [300] Als Alternative zu beiden Romanen schlägt er als guten und preiswerten Zeitungsroman die Autobiographie von Agnes Smedley, den Roman *Eine Frau allein* vor. [301] Er sei einer der besten proletarischen Romane der Zeit und habe bei der Leserschaft der wenigen Parteizeitungen, die ihn abgedruckt hätten [302], eine ausgezeichnete Resonanz gefunden. In Ansätzen zeichnet sich in Bieligs gesamter Argumentation und in seinen zitierten Beispielen eine Haltung ab, die noch an der alten klassenkämpferischen Tradition bei der Auswahl der Romane in der Parteipresse festhält, die in dem Roman in der Presse ein Vehikel und ein Instrument sieht, proletarisches Klassenbewußtsein zu wecken und zu festigen.

Kliche meldet sich mit der Fragestellung erneut zu Worte [303], daß die Dinge, die sich bei der bürgerlichen Provinzpresse von selber lösten, in der sozialdemokratischen Presse »jahrzehntelanger Aussprachen« bedürften:

> »Der bürgerliche Verleger wird zu seinem Redakteur sagen, der Roman für die tägliche Zeitungsnummer muß *spannend und billig* sein. In diesen zwei Eigenschaften ist ohne weiteres alles einbegriffen.« [304]

Er bekräftigt an dieser Stelle nochmals seinen schon früher vertretenen Standpunkt: wenn man der Ansicht sei, daß der Roman in der Parteipresse einen bestimmten ethischen oder propagandistischen Zweck verfolge, so sei in den früheren Jahren die Auswahl viel leichter gewesen, da solche Romane in Fülle produziert worden wären. Derzeit aber gäbe es seiner Meinung nach keine guten propagandistischen Romanwerke.

> »Ich kenne keinen sozialistischen Schriftsteller, der Romane auf den Markt bringt, die amüsant, unterhaltsam und lehrreich, das heißt den proletarischen Kampfwillen stählend und anregend zugleich sind.« [305]

Kliche, der sich nur auf sozialdemokratische Autoren beziehen kann, denn immerhin liegt zum Zeitpunkt der Publikation seines Beitrags 1933 eine umfangreiche proletarisch-revolutionäre Literatur vor, wird von Julius Zerfaß, einem sozialdemokratischen

Schriftsteller, auf mögliche Ursachen dieser Defizite verwiesen. Zerfaß konstatiert, daß die sozialdemokratische Presse nicht mehr wie in früheren Jahren eine finanzielle Stütze für die sozialdemokratischen Schriftsteller und Dichter sei, da sie überwiegend billige bürgerliche Autoren zur Mitarbeit heranziehe. [306] Die allgemeine wirtschaftliche Krise mit ihren Auswirkungen auf das Pressewesen entziehe vielen sozialdemokratischen Autoren und Schriftstellern die ökonomische Basis. Die wirtschaftliche Lage der freien Schriftsteller verschlechterte sich zusehends von Tag zu Tag. Doch könnte den Schriftstellern durchaus von der sozialdemokratischen Presse geholfen werden, wenn der Sozialdemokratische Pressedienst in der Auswahl seiner Autoren etwas wählerischer wäre.

»Es ist nicht Aufgabe unseres Feuilleton-Pressedienstes, Begabungen unter Durchschnitt zu Worte kommen zu lassen, wenn die begabten Schriftsteller hungern müssen. In jeder Tagesausgabe *einen* guten Beitrag, in jeder Woche wenigstens zwei bis drei *gute* erzählende Beiträge, dann ist der Zeitung und den freien Mitarbeitern gedient.« [307]

Auch in einem anderen Bereich, in der Zusammenarbeit der sozialdemokratischen Presse mit den Parteiverlagen, liege vieles noch im Argen, wie Albrecht, Mitarbeiter der Buchgemeinschaft ›Der Bücherkreis‹, aufgrund umfangreichen Materials und systematischer Beobachtungen festgestellt hat. Er ist zu dem Ergebnis gekommen,

»daß ein Teil unserer Feuilleton-Redaktionen (also längst nicht alle) uns und unseren Romanen viel kritischer gegenübersteht als den Veröffentlichungen anderer Verlage und bürgerlicher Autoren.« [308]

Entgegen der von Kliche vertretenen Ansicht, daß die Bücherkreis-Romane zum großen Teil in der Leserschaft der sozialdemokratischen Presse schon bekannt seien, wirke sich gerade der Romanabdruck von Titeln des ›Bücherkreises‹ propagandistisch und umsatzfördernd für die Zeitung, die Buchhandlung und den ›Bücherkreis‹ aus. Aufgrund dieser fruchtbaren Zusammenarbeit zwischen Parteiverlagen und dem Feuilleton der Parteipresse seien in den letzten Jahren auch zunehmend Romane des ›Bücherkreises‹ in den Spalten der Parteiorgane publiziert worden. Das solle nicht heißen, daß ausschließlich Werke, die in parteieigenen Verlagen publiziert worden seien, in der Presse abgedruckt werden sollten. Nur bei ungefähr gleichwertigen Werken solle man dem eigenen Verlag den Vortritt lassen. Allerdings sehe die Praxis in den sozialdemokratischen Redaktionsstuben noch ganz anders aus:

»Mancher Roman eines anderen Verlages und bürgerlicher Autoren, die wahrscheinlich politisch gegen uns stehen, sind unter dem Strich in den Parteizeitungen erschienen, an deren Stelle besser einer unserer Romane gestanden hätte, von einem Autor, der unser Mann ist.« [309]

Mit diesem Beitrag von Albrecht, der einen völlig neuen Aspekt in die Diskussion einbringt, nämlich die Wechselbeziehungen zwischen den verschiedenen sozialdemokratischen Medien (Presse, Verlag und Buchgemeinschaft) und ihre gegenseitige Hilfestellung, findet die Debatte aufgrund des Verbots der sozialdemokratischen Presse nach der Machtergreifung durch die Nationalsozialisten abrupt ein Ende.

5. ERGEBNISSE DER EMPIRISCHEN UNTERSUCHUNG ZUM ROMAN-FEUILLETON DER SOZIALDEMOKRATISCHEN PRESSE 1876 BIS 1933

5.1. Quantitative Verteilung der literarischen Produkte und Autoren auf die Publikationsorgane und Untersuchungsabschnitte

Wichtiges Ergebnis der vorliegenden Studie ist, daß – entsprechend den eingangs formulierten Annahmen – für die drei untersuchten sozialdemokratischen Presseorgane divergierende Konzepte für die Literaturvermittlung angesetzt wurden. Diese Unterschiede betreffen die Auswahlstrategien für die publizierten Autoren, die literarischen Produkte und die Verwertungsstrategien.

Zunächst gilt es, sich einen Überblick über die quantitative Verteilung der publizierten Texte und Autoren auf den gesamten Untersuchungszeitraum und die einzelnen Presseorgane zu verschaffen. Die Tab. 6 demonstriert diese Verteilung.

Tab. 6: Quantitative Verteilung der literarischen Produkte und Autoren auf die Publikationsorgane und die einzelnen Zeitabschnitte

	1884–1890 Berliner Volksblatt	1891–1918 Vor- wärts	1919–1933 Vor- wärts	1884–1933 Vor- wärts	1892–1917 Die Neue Welt	1897–1919 In Freien Stunden
Gesamtanzahl der literar. Produkte	39	233	133	405	411	159
Literarische Produkte, ohne Anonyma	32	227	133	392	401	159
Autoren, ohne Anonyma	28	158	114	283	242	92

Für den *Vorwärts* – inklusive *Berliner Volksblatt* – beläuft sich die Gesamtanzahl der publizierten literarischen Texte mit mehr als drei Folgen über einen Zeitraum von 50 Jahren auf 405 Titel. Von diesen werden 13 Titel von namentlich nicht ausgewiesenen Autoren publiziert, der Rest von 283 Autoren. Die *Neue Welt* druckt insgesamt 411 literarische Texte mit zwei und mehr Folgen ab, davon stammen 10 Titel von anonymen Autoren. Die verbliebenen 401 Titel werden von 242 Autoren verfaßt, d. h., daß eine relativ große Anzahl an Autoren zumindest zwei- oder gar mehrfach vertreten sein muß. In der Romanwochenschrift *In Freien Stunden* werden im gesamten Untersuchungszeitraum 159 Erzähltexte von 92 Autoren publiziert. [1] Anonym Veröffentlichtes findet sich hier nicht. Die Ergebnisse der Verteilung weisen bereits auf einen charakteristischen Unterschied der drei untersuchten Presseorgane hin: die *Neue Welt*, entsprechend ihrem Charakter als Unterhaltungsbeilage, weist die höchste Frequenz an Erzähltexten nach, d.h. also auch, häufigeren Wechsel in der erzählenden Prosa und vor allem kürzere Texte. Der *Vorwärts* und die Romanwochenschrift *In Freien Stunden* drucken weniger, das heißt im Ganzen gesehen, längere Texte ab.

5.1.1. Die literarischen Produkte und ihre jährlichen Abdruckfrequenzen

Ein Blick auf die jährlichen Abdruckfrequenzen der literarischen Texte in den Presseorganen zeigt (vgl. Tab. 7), daß die Verteilungen zwischen den einzelnen Organen differieren und innerhalb der Organe im Verlauf der Zeit durch relativ starke Einschnitte, Spitzen und Tiefen, charakterisiert sind. [2] Der höhere quantitative Anteil an literarischen Produkten bei der *Neuen Welt* ist für die Werbearbeit des Blattes von großem Vorteil, denn der Leser kann jederzeit in die Lektüre des Organs einsteigen, da mit jeder neuen Nummer ein neuer literarischer Text beginnt. Aufgrund des Charakters einer wöchentlichen Beilage können für den Abdruck andere Techniken angesetzt werden: parallel in den einzelnen Nummern, aber auch mit ihnen verschränkt, kann das Organ kürzere Erzähltexte veröffentlichen. Ein täglich erscheinendes Presseorgan druckt dagegen in der Regel nur einen Roman oder eine Erzählung ab, selten aber zwei oder mehr Fortsetzungsabdrucke pro Nummer. Nur in ganz seltenen Fällen wird auf diese Publikationsform zurückgegriffen, und zwar dann, wenn mit der Publikation zweier Erzähltexte unterschiedliche Lesebedürfnisse befriedigt werden sollen. [3]

Tab. 7: Die literarischen Produkte und ihre jährlichen Abdruckfrequenzen in den Publikationsorganen »Berliner Volksblatt«, »Vorwärts«, »Die Neue Welt« und »In Freien Stunden« 1884 bis 1933

Jahre	Berliner Volksblatt (1884–1890)		Vorwärts (1891–1933)		Die Neue Welt (1892–1917)		In Freien Stunden (1897–1918/19)	
	abs.	%	abs.	%	abs.	%	abs.	%
1884	8	20,5						
1885	4	10,3						
1886	11	28,2						
1887	1	2,6						
1888	5	12,8						
1889	5	12,8						
1890	5	12,8						
1891			6	1,6				
1892			4	1,1	8	1,9		
1893			8	2,2	22	5,4		
1894			3	0,8	20	4,9		
1895			7	1,9	19	4,6		
1896			3	0,8	15	3,6		
1897			14	3,8	11	2,7	5	3,1
1898			8	2,2	12	2,9	3	1,9
1899			11	3,0	19	4,6	5	3,1
1900			7	1,9	15	3,6	6	3,8
1901			7	1,9	18	4,4	6	3,8
1902			7	1,9	18	4,4	8	5,0
1903			8	2,2	23	5,6		

Jahre	Berliner Volksblatt (1884–1890)		Vorwärts (1891–1933)		Die Neue Welt (1892–1917)		In Freien Stunden (1897–1918/19)	
	abs.	%	abs.	%	abs.	%	abs.	%
1904			6	1,6	21	5,1	6	5,0
1905			11	3,0	21	5,1	8	5,7
1906			7	1,9	19	4,6	9	6,3
1907			10	2,7	15	3,6	10	8,2
1908			9	2,5	11	2,7	13	5,7
1909			16	4,4	13	3,2	9	5,0
1910			16	4,4	13	3,2	8	4,4
1911			12	3,3	16	3,9	7	4,4
1912			14	3,8	23	5,6	7	3,8
1913			10	2,7	19	4,6	6	6,9
1914			3	0,8	8	1,9	11	5,0
1915			9	2,5	14	3,4	8	3,1
1916			6	1,6	8	1,9	5	3,8
1917			8	2,2	10	2,4	6	8,2
1918			3	0,8			13	5,7
1919			10	2,7				
1920			6	1,6				
1921			7	1,9				
1922			7	1,9				
1923			7	1,9				
1924			6	1,6				
1925			15	4,1				
1926			7	1,9				
1927			6	1,6				
1928			13	3,6				
1929			22	6,0				
1930			13	3,6				
1931			5	1,4				
1932			9	2,5				
1933								
Total	39	100,0	366	100,0	411	100,0	159	100,0

Die *Neue Welt* weist im ersten Jahr ihres Bestehens den niedrigsten Stand in der jährlichen Abdruckfrequenz aus; ein so niedriger Stand wird erst wieder im Kriegsjahr 1914 erreicht. Von 1892 bis 1893 erfolgt ein sprunghafter Anstieg, der in dieser Stärke über den gesamten Zeitraum des Erscheinens der *Neuen Welt* nicht wiederholt wird. Die Gründe für diese Zunahme sind bereits bekannt: auf dem Parteitag 1892 kritisieren die Parteitagsdelegierten das Konzept und die monotone Ausgestaltung der *Neuen Welt*, die nur zwei lange Romane und sonst nichts bringen würde. Mit den beiden Romanen von Bölsche und Tschernyschewskij [4] werden tatsächlich zwei extrem lange Romane publiziert – der eine läuft fast ein dreiviertel Jahr, der andere ein halbes –, die sicherlich das Rezeptionsvermögen und die -ausdauer der Leser überstrapaziert haben. Den Empfehlungen des Parteitages, hier Änderungen zu schaffen, scheint im folgenden Jahr 1893 Rechnung getragen worden zu sein; jedenfalls lassen sich die erhöhten Abdruckfrequenzen in diesem Jahr dadurch erklären. Die Durchsicht des Jahrgangs 1892 zeigt allerdings, daß die Kritik der Parteitagsdelegierten nur partiell zutrifft. Im ersten Halbjahr 1892 publiziert die *Neue Welt* neben dem laufenden Roman *Was thun* immerhin noch 30 literarische Texte, die Gedichte nicht mitgezählt, von einer Folge. Erst in der zweiten Hälfte des Jahres wird der Raum durch die Publikation von zwei Romanen so knapp, daß nur noch 13 Erzähltexte von einer Folge publiziert werden können. Insofern ist die Kritik doch etwas übertrieben und trifft nur auf den zweiten Halbjahresband zu. Der zweite Jahrgang 1893 publiziert insgesamt auch nur 41 Texte mit einer Folge. In den Jahren 1894 und 1895 pendelt sich die Frequenz auf etwa 20 Publikationen jährlich ein und erfährt erst wieder einen Abfall in den Jahren 1896 und 1898, liegt aber im Schnitt noch immer höher als im ersten Jahr des Erscheinens. Unter der Redaktion von Edgar Steiger wird offenbar eine gemischte Abdruckstrategie verfolgt; kürzere Texte, die über nur wenige Nummern des Blattes laufen, aber auch längere Romantexte. Mit der Ablösung des Redakteurspostens durch Klühs treten wieder Schwankungen auf, so daß angenommen werden kann, daß durch den häufigen Wechsel in der redaktionellen Leitung des Organs kein einheitliches Konzept entwickelt und durchgesetzt werden kann. Mit dem Eintritt von Ludwig Lessen in die redaktionelle Führung des Blattes (ab 1900) steigt die Anzahl der publizierten Texte an und findet ihren ersten Höhepunkt 1903, hält sich etwa auf dieser Höhe und sinkt dann 1908 erheblich ab. Eine ähnliche Entwicklung zeigt sich beim *Vorwärts,* verantwortlich hierfür sind wahrscheinlich die 1907 einsetzende wirtschaftliche Krise und der damit verbundene Abonnentenrückgang in der sozialdemokratischen Presse. Ab 1909 wird der Abdruck von kürzeren Texten wieder forciert, fällt dann aber in den Kriegsjahren erneut ab.

Auch die jährlichen Romanabdruckfrequenzen der Wochenschrift *In Freien Stunden* sind über den Untersuchungszeitraum hin nicht konstant, sondern streuen relativ stark. Die Romanwochenschrift (vgl. Tab. 7) druckt in den Anfangsjahren wenige, dafür aber sehr lange Texte ab. Ab 1899 versucht die Redaktion das Blatt vielseitiger auszugestalten – die Publikationsfrequenz steigt kontinuierlich an, denn sie publiziert neben dem Hauptroman nun auch kürzere literarische Texte, ein ähnliches Verfahren wie bei der *Neuen Welt,* wenn auch nicht in diesen quantitativen Ausmaßen. In den Jahren 1907 und 1908, sicherlich aufgrund der permanenten Kritik an der Romanwochenschrift auf den Parteitagen, werden die meisten Texte veröffentlicht. Doch stellen diese Jahre die Ausnahme dar, denn im Schnitt werden, wie auch die Jahre von 1909 bis 1912 zeigen, acht literarische Texte ($\mp$ 1) publiziert. Die geringere Frequenz in dem Jahr 1913 erklärt sich aus der in diesem Jahr einsetzenden inhaltlichen Umstrukturierung des Blattes: neben den Romanen und Erzählungen werden von diesem Zeitpunkt an auch kürzere Texte belehrenden Charakters veröffentlicht. Insgesamt erfolgt in diesen Jahren eine inhaltliche Ausdifferenzierung des Publikationsorgans, die auf Kosten des rein literarischen Charakters geht, wie er in den Anfangsjahren der Romanwochenschrift bestand. Auffällig ist, daß im zweiten Halbjahr die Abdruckfrequenzen höher liegen. Hier scheint die Redaktion auf das vermehrte Leseinteresse in den Wintermonaten zu spekulieren.

Beim *Berliner Volksblatt* zeigt sich ganz allgemein eine Dominanz relativ langer Erzähltexte. Betrachtet man die drei letzten Jahre, so laufen die Texte im Schnitt gut über zwei Monate (ca. 70 Tage). [5] Auch für den *Vorwärts* kann in den ersten Jahren seines Bestehens kein bedeutender Wechsel verzeichnet werden, sondern das Konzept, dem

Leser umfangreiche, über viele Folgen laufende Romane und Erzählungen anzubieten, bleibt erhalten. Erst mit dem Jahr 1897 tritt eine Änderung ein, die jedoch nicht von langer Dauer ist. Der vermehrte Abdruck an Erzähltexten in dem Jahr 1897 (vgl. Tab. 7) läßt sich ganz einfach erklären. Auf dem Parteitag 1896 zu Gotha, im Kontext der Naturalismusdebatte, wird von den Delegierten heftig über die Defizite der sozialdemokratischen Presse auf dem feuilletonistischen Sektor diskutiert. Die Beschwerden auf dem Parteitag über das unzureichende Angebot an Unterhaltungsliteratur in der Parteipresse führen zu dem Beschluß, die Parteipresse in den nächsten Jahren auf diesem Gebiet kontinuierlich auszubauen, da man mittlerweile erkannt hat, von welch großer Bedeutung dieser Teil für die Gewinnung neuer Leser ist. Dem Zentralorgan der Partei, dem »Vorwärts« wird daher ab 1897 eine vierseitige Unterhaltungsbeilage beigegeben. Außerdem wird eine vierzehntägig erscheinende volkswirtschaftliche und literarische Rundschau ins Leben gerufen. Das Feuilleton unter dem Strich, das kurze Essays, Erzählungen und Novellen von nur einer Folge enthält, bleibt im Hauptteil des Blattes erhalten. Die neu gegründete Unterhaltungsbeilage umfaßt auch den Fortsetzungsroman. Die Überlegungen über die feuilletonistische Ausgestaltung der Parteipresse, wie sie auf dem Parteitag artikuliert werden, bleiben nicht ohne Wirkung auf die Auswahl der Romane und Erzählungen. Zur Gewinnung neuer Leser geht das Publikationsorgan in dem Jahr 1897 von der Praxis ab, überdimensional lange Romane zu publizieren. Die erhöhte Frequenz der publizierten Texte in diesem Jahr ist Ausdruck dieser Veränderung. Als zusätzliche, mit Sicherheit aber die relevanteste, Maßnahme für die Umstrukturierung und Umorganisation der sozialdemokratischen Presse, wird ab 1898 für den Vorwärts ein eigenständiger Feuilletonredakteur eingestellt. Mit der Besetzung dieses Postens durch Hans Nikolaus Krauß (1861–1906), eines aus dem bürgerlichen Lager stammenden Schriftstellers, wird die Periode der Personalunion von politischem Redakteur und Feuilletonredakteur für die sozialdemokratische Presse beendet. [6] Ab 1900 ist außerdem noch Ludwig Lessen für den Feuilletonteil des Vorwärts verantwortlich. Nach dem Tod von Krauß wird Döscher engagiert. [7] Ab 1920 ist als dritter Feuilletonredakteur Schikowski [8] für das Blatt tätig, ebenso noch Franz Diederich.

Nach 1908 setzt im Vorwärts erneut ein Anstieg in den jährlichen Abdruckfrequenzen ein, was aber nicht lange durchgehalten wird, denn schon im ersten Kriegsjahr 1914 erreicht das Blatt wieder in den Frequenzen den Tiefpunkt der ersten Jahre. Der Anstieg 1909 tritt gerade zu einer Zeit ein, in der das Blatt erstmals in seiner Geschichte einen Abonnentenrückgang zu verzeichnen hat, der durch die bereits 1907 einsetzende wirtschaftliche Krise bedingt ist. Vermutlich versucht man durch eine attraktivere Ausgestaltung der Parteipresse diesen Rückgang in der Leserzahl aufzufangen. Auch die folgenden Jahre sind – gemessen an den Vorjahren – durch relativ hohe Abdruckfrequenzen gekennzeichnet. In dieser Zeit debattiert man ja allgemein über eine attraktivere Ausgestaltung der Presse auf den Parteitagen und in den Mitteilungen des Vereins Arbeiterpresse. In den Kriegsjahren widmet man dem Feuilletonteil aus verständlichen Gründen nicht so viel Aufmerksamkeit. Erst in dem ersten Jahr nach dem Krieg, 1919, steigen die Frequenzen wieder an, zu einem Zeitpunkt, zu dem die sozialdemokratische Presse enorme Auflagengewinne (vgl. Tab. 4 u. 5) und die Gewinnung völlig neuer Leserschichten verbuchen kann. Doch ist dieser Aufschwung nur von kurzer Dauer. In den

Jahren nach 1919 greift man offenbar auf alte, bewährte Muster zurück. Die Frequenzen sinken, die ›alten Wälzer‹ werden publiziert. Mit der Phase der relativen Stabilisierung in der Weimarer Republik und der Konsolidierung der Sozialdemokratischen Partei beginnt eine erneute Diskussion über die Ausgestaltung der Parteipresse. Bis zum Beginn der Weltwirtschaftskrise lassen sich daher auch Versuche erkennen, von der gängigen Praxis abzuweichen: die Anzahl der publizierten Texte steigt. Um neue Leser zu erreichen, druckt der »Vorwärts« nun kürzere Reportagetexte ab. Diese Neuorientierung wird durch die einsetzende Weltwirtschaftskrise gebremst. Die sozialdemokratische Presse verliert in dieser Zeit gut ein Viertel der Abonnenten, die finanziellen Mittel für die Presse und damit auch für den Ankauf zeitgenössischer Erzähltexte, werden immer geringer. Das Verbot der sozialdemokratischen Presse setzt dieser Entwicklung ein Ende.

5.1.2. Quantitative Verteilung der publizierten Autoren

Die quantitative Verteilung der literarischen Produkte hat gezeigt, daß einige Autoren in der sozialdemokratischen Presse mehrfach abgedruckt worden sind. Schlüsselt man nun die Autoren nach solchen, die nur mit einem Erzähltext (Einzelautoren) und solchen, die mit mehreren Erzähltexten (Mehrfachautoren) vertreten sind, auf, so ergibt sich ein Bild, wie es in der Tab. 8 zu sehen ist. Gemeinsames Merkmal der Publikationsorgane ist, daß das Gros der Autoren mit nur einem Erzähltext erscheint. Für den *Vorwärts* (1884–1933) und die *Neue Welt* sind das etwa drei Viertel, für die Romanwochenschrift etwa zwei Drittel der Autoren. Die Anzahl der Autoren, die mit 2 Erzähltexten publiziert werden, ist für den *Vorwärts* (1884–1933) und die *Neue Welt* etwa gleich groß, wogegen die Romanwochenschrift *In Freien Stunden* in der Frequenz höher liegt. Auch in den folgenden Positionen weicht die Romanwochenschrift in der Häufigkeit der Erzähltexte pro Autor erheblich von den beiden anderen Presseorganen ab, denn sie ist in den Gruppen der Autoren mit 2, 4 und 5 Erzähltexten weit stärker besetzt. Diese beobachteten Differenzen der Romanwochenschrift zum *Vorwärts* und der *Neuen Welt* sind nicht mehr, wie der Chi²-Test zeigt ($p < .05$; $\chi^2 = 22,39$, df $= 10$), auf zufällige Einflüsse zurückzuführen, sondern sind systematischer Art, also Ausdruck unterschiedlicher redaktioneller Leitlinien. Die Romanwochenschrift greift überzufällig häufig auf bereits in dem Blatt publizierte Autoren zurück und unterscheidet sich damit signifikant von den beiden anderen Presseorganen. Das Ergebnis des Vergleichs der Verteilung des *Vorwärts* (1891–1918) mit der der *Neuen Welt* erstaunt insofern, als die Ausdifferenzierung zwischen den beiden Organen erst in der Gruppe der Autoren einsetzt, die mit mehr als fünf Texten abgedruckt werden. In den Gruppen der Autoren mit weniger als sechs Erzähltexten gibt es zwischen den beiden Publikationsorganen keine größeren Verschiebungen. Daß die beiden Presseorgane sich in dem untersuchten Merkmal tatsächlich nicht signifikant unterscheiden, wird durch den Chiquadrat-Test bestätigt ($p > .05$; $\chi^2 = 3,02$; df $= 5$). Vermutlich ist dieser Sachverhalt auf die Tatsache zurückzuführen, daß beide Organe über lange Jahre von demselben Feuilletonredakteur betreut wurden, der für beide in etwa das identische Grundkonzept ansetzte. Betrachtet man den *Vorwärts* isoliert, so ergeben sich in den zwei Untersuchungsabschnitten – 1891 bis 1918 und

1919 bis 1933 – relativ starke Abweichungen. Der *Vorwärts* der Kaiserzeit druckt häufiger solche Autoren ab, die dem Leser bereits durch Publikation in dem Organ bekannt sind. Zur Zeit der Weimarer Republik scheint der *Vorwärts* von diesem Auswahlprinzip abzuweichen, denn er läßt in den Spalten der Beilage nun häufiger Autoren mit einem Text laufen als verschiedene Texte von nur einem Autor. Doch zeigt der Chiquadrat-Test (p > .05; $\chi^2 = 8,73$; df = 5), daß diese Differenzen nicht Ausdruck sind für divergierende Konzepte der Feuilletonredakteure in den beiden Untersuchungsphasen, sondern verursacht sind durch stichprobenbedingte Einflüsse. Die beobachteten Schwankungen sind also rein zufälliger Natur.

Tab. 8: Frequenz der Erzähltexte pro Autor

	1884–1890 Berliner Volksblatt abs. %		1891–1918 Vorwärts abs. %		1919–1933 Vorwärts abs. %		1884–1933 Vorwärts abs. %		1892–1917 Die Neue Welt abs. %		1897–1919 In Freien Stunden abs. %	
1 Erzähltext	25	89,3	119	75,3	101	88,6	223	78,8	178	73,6	62	67,4
2 Erzähltexte	2	7,1	24	15,2	8	7,0	35	12,4	36	14,9	19	20,7
3 Erzähltexte	1	3,6	10	6,3	4	3,5	15	5,3	13	5,4	2	2,2
4 Erzähltexte			2	1,3	1	0,9	7	2,5	4	1,7	6	6,5
5 Erzähltexte			1	0,6			1	0,3	1	0,4	2	2,2
6 Erzähltexte									1	0,4		
7 Erzähltexte									1	0,4		
8 Erzähltexte			1	0,6					4	1,7		
9 Erzähltexte			1	0,6								
10 Erzähltexte							1	0,3	3	1,2		
11 Erzähltexte							1	0,3				
16 Erzähltexte									1	0,4	1	1,1
Total Autoren	28		158		114		283		242		92	
Total Werke	32		227		133		392		401		156	

Tab. 9: Mehrfachautoren in der Romanwochenschrift »In Freien Stunden« 1897 bis 1919

Autoren mit drei Erzähltexten:

Gerstäcker, F.   1904, 1906, 1913
Ruppius, O.   1905, 1905, 1906

Autoren mit vier Erzähltexten:

Dickens, Ch.   1901, 1901, 1906, 1911
Hartmann, M.   1906, 1909, 1911, 1919
Hauff, W.   1902, 1910, 1916, 1917
Hugo, V.   1897, 1898, 1900, 1907
Kurz, H.   1905, 1910, 1916, 1917
Zola, E.   1904, 1908, 1912, 1915

Autoren mit fünf Erzähltexten:

Jacobs, W. W.   1907, 1908, 1908, 1909, 1910
Mügge, Th.   1905, 1908, 1909, 1910, 1912

Autor mit sechzehn Erzähltexten:

Schweichel, R.   1897, 1897, 1897, 1899, 1900, 1900, 1900, 1901, 1902, 1907, 1907, 1908, 1913, 1914, 1915

5.1.3. Mehrfach publizierte Autoren der Publikationsorgane

Für die Untersuchung der 617 Autoren ist die Klärung der Frage von besonderem Interesse, um welche Autoren es sich handelt, die in den Presseorganen mehrfach publiziert werden und durch welche Merkmale sie sich charakterisieren lassen. Die Tab. 9 führt die Autoren für die Romanwochenschrift auf, die in dem Organ mit mehr als zwei Romanen und Erzählungen veröffentlicht werden. Insgesamt sind es elf Autoren mit 56 literarischen Texten. Der Mehrfachabdruck setzt – mit Ausnahme der beiden Autoren Victor Hugo und Robert Schweichel – erst nach 1901 ein und erstreckt sich für die einzelnen Autoren meist über eine relativ lange Zeitspanne, im Schnitt elf Jahre. Die Ausnahme sind O. Ruppius und W. W. Jacobs, die in kürzeren Zeitabständen wiederholt publiziert werden.

In allen diesen Fällen handelt es sich um einen Nachdruck von vorliegenden Buchpublikationen oder um bereits in der Presse oder in Kalendern Publiziertes. Die literarischen Werke von acht Autoren sind ›frei‹, d. h., urheberrechtlich nicht mehr geschützt und somit für den Abdruck in der Romanwochenschrift nicht mit Honorarkosten verbunden. Neun der elf Autoren sind zum Zeitpunkt des Abdrucks ihrer Texte in dem Presseorgan bereits längere Zeit verstorben. Nur ein Autor (W. W. Jacobs) lebt zur Zeit der Veröffentlichung, der verbliebene elfte Autor (R. Schweichel) stirbt noch in der Phase des Abdrucks seiner Texte. Geht man der Frage nach, zu welcher Generation die Autoren gehören, so fällt der Großteil in die 2. Generation, also der 1801–1825 geborenen, nur je ein Autor ist in der dritten (1826–1840) und in der vierten Generation (1851–1876) geboren (Zola, Jacobs). Charakteristikum der Romanwochenschrift ist demnach eine übermäßige Überalterung der Mehrfachautoren: im Schnitt erfolgt die Publikation der literarischen Texte der Autoren erst *34 Jahre nach ihrem Tod!*

Zu den Autoren zählen sieben deutschsprachige, je zwei Engländer (Dickens, Jacobs) und Franzosen (Zola, Hugo). Von den skandinavischen und osteuropäischen Autoren ist nicht einer vertreten. Nimmt man als weiteres Merkmal der Mehrfachautoren die Zugehörigkeit zum Kanon der Weltliteratur hinzu, so kann konstatiert werden, daß nur zwei der abgedruckten Mehrfachautoren nicht in diesen Kanon aufgenommen sind: Robert Schweichel, ein sozialdemokratischer Autor, und Otto Ruppius, ein Autor, der im 19. Jahrhundert vornehmlich durch seine Publikationen in der *Gartenlaube* bekannt wurde, in denen er über Land und Leute in Amerika berichtete und das Amerikabild der Gartenlaubenleser damit sehr stark geprägt hat. [9]

Damit sind wir bereits bei einem weiteren Merkmal der Romanwochenschrift: viele der publizierten Mehrfachautoren werden oder sind bereits Jahrzehnte früher in der bürgerlichen Presse abgedruckt: Gerstäcker in der *Gartenlaube* (1864, 1859, 1865), auch in der *Kölnischen Zeitung* (1866, 1867, 1873 u.a.m.), Ruppius in der *Gartenlaube* (1860, 1861, 1862, 1863, 1864), Mügge, mit dem identischen Titel in der *Gartenlaube* (1860) [10], Hugo mit dem gleichen Titel in der *Magdeburger Zeitung* (1874) u.a.m. [11]

Natürlich gelangen aufgrund dieser Auswahlkriterien kaum zeitgenössische, gegenwartsbezogene und aktuelle Themen zum Abdruck. Publiziert werden Abenteuerromane (Gerstäcker), Auswandererromane (Ruppius), soziale Romane (Zola, Hugo) und eine Reihe historischer Romane und Erzählungen (Hugo, Kurz, Mügge, Schweichel) sowie Bauernromane (Moeschlin u. a.). [12] Faßt man zusammen, so kann für die Mehrfachautoren der Romanwochenschrift konstatiert werden, daß es sich in der überwiegenden Zahl um ›freie‹ bürgerliche Autoren der Weltliteratur handelt. Sie werden mit ihren vorliegenden literarischen Werken, die thematisch nicht gegenwartsbezogen, sondern auf vergangene Epochen und Ereignisse fixiert sind, in dem Organ erneut zum Abdruck gebracht.

Tab. 10: Mehrfachautoren in der »Neuen Welt«

Autoren mit drei Erzähltexten:

Folkart, M.	1894, 1894, 1895
Frapan, I.	1907, 1907, 1908
Hilditsch, J.	1899, 1902, 1902
Kautsky, M.	1905, 1909, 1912
Krause, A. F.	1904, 1904, 1905
Land, H.	1892, 1893, 1896
Macasy, G.	1898, 1898, 1902
Markowics, M. v.	1893, 1894, 1895
Schäfer, W.	1903, 1903, 1906
Schmit, A.	1910, 1911, 1912
Schröder, W.	1905, 1906, 1907
Stegemann, H.	1911, 1913, 1917
Strauss-Torney, L. v.	1903, 1903, 1904

Autoren mit vier Erzähltexten:

Jensen, W.	1900, 1900, 1902, 1903
Marchionini, K.	1912, 1912, 1913, 1913
Pontoppidan, H.	1895, 1896, 1898, 1902
Strindberg, A.	1904, 1904, 1904, 1906

Autor mit fünf Erzähltexten:

Buysse, C.	1903, 1904, 1904, 1905, 1915

Autor mit sechs Erzähltexten:

Ger(isch), A.	1906, 1908, 1910, 1914, 1915, 1916

Autor mit sieben Erzähltexten:

Goebeler, D.	1894, 1894, 1895, 1898, 1899, 1899, 1900

Autoren mit acht Erzähltexten:

Busse, C.	1903, 1906, 1912, 1912, 1912, 1915, 1915, 1915
David, J. J.	1899, 1900, 1901, 1902, 1904, 1904, 1904, 1906
Jacobs, W. W.	1904, 1904, 1905, 1906, 1907, 1909, 1911, 1914
Kipling, R.	1900, 1901, 1902, 1902, 1902, 1903, 1903, 1904

Autoren mit zehn Erzähltexten:

Holzamer, W.	1900, 1901, 1902, 1903, 1903, 1904, 1906, 1909, 1912, 1912
Viebig, C.	1898, 1899, 1900, 1901, 1903, 1910, 1911, 1912, 1912, 1916
Zahn, E.	1906, 1907, 1907, 1908, 1909, 1912, 1913, 1915, 1915, 1917

Autor mit sechzehn Erzähltexten:

Preczang, E.	1904, 1904, 1905, 1905, 1905, 1906, 1907, 1909, 1910, 1911, 1912, 1913, 1913, 1916, 1916, 1917

Die Tab. 10 weist die Autoren für die *Neue Welt* aus, die mit mehr als zwei Erzähltexten in dem Organ zum Abdruck gelangen. Insgesamt sind es 28 Autoren mit 151 Titeln. Im Gegensatz zur Romanwochenschrift gehört es bei der *Neuen Welt* bereits in den ersten Jahren des Bestehens des Organs zum Auswahlprinzip der Redakteure, Autoren mehrmals zu publizieren. Auch ist die Zeitspanne, in der die Autoren wiederholt den Lesern vorgestellt werden, geringer als bei der Romanwochenschrift, im Durchschnitt beläuft sie sich auf sechs Jahre. Das Blatt verfügt demnach über eine Reihe an ›Standardautoren‹, die in regelmäßigen Abständen mit ihren literarischen Werken publiziert werden. Zu ihnen gehören eine Anzahl an sozialdemokratischen Autoren (Preczang, Kautsky, Ger(isch), Goebeler), aber auch an bürgerlichen Schriftstellern (Viebig, Stegemann, Buysse, Busse, David, Jacobs, Holzamer, Zahn). Nicht so eindeutig wie bei der Romanwochenschrift läßt sich sagen, ob es sich bei den Werken um den Nachdruck oder den Vorabdruck von Buchpublikationen handelt. Anzunehmen ist, da die Texte im überwiegenden Teil bibliografisch nicht zu ermitteln sind, die Autoren aber relativ bekannt sind, daß es sich um Publikationen (meist kürzere Erzählungen) aus Sammelbänden und Anthologien dreht. Nicht ausgeschlossen ist natürlich der umgekehrte Weg, von dem Presseorgan in den Sammelband.

In der überwiegenden Zahl der Fälle (23 Autoren) publiziert die *Neue Welt* die Werke lebender Schriftsteller; der größte Teil der Autoren ist in der Zeit von 1851 bis 1875 geboren (19 Autoren), nur drei Autoren (Jensen, Kautsky, Strindberg) in der dritten Generation (1826–1850). Für die restlichen sechs Autoren konnten die Lebensdaten nicht ermittelt werden. Der Großteil der Autoren schreibt in deutscher Sprache (23 Autoren), je ein Autor in dänischer, schwedischer, flämischer und zwei Autoren in englischer Sprache (Pontoppidan, Strindberg, Buysse, Jacobs, Kipling). Gut die Hälfte der Autoren zählen zur Weltliteratur (15 Autoren), der Rest ist in diesem Sinne nicht kanonisiert.

Verbunden mit der oben beschriebenen Verteilung der Merkmale auf die Mehrfachautoren der *Neuen Welt* ist, daß sich die Autoren in ihren Werken gegenwartsbezogenen Themen zuwenden. Erstaunlich hoch ist der Anteil der Autoren, die zur Heimatkunst bzw. zur Neuromantik zu rechnen sind: Stegemann, Strauss-Torney, Jensen, Busse, David, Holzamer, Viebig, Zahn. Damit scheint sich zu bestätigen, daß die sozialdemokratische Presse den Autoren der Heimatkunstbewegung relativ breiten Raum zur Artikulation gewährte. Die literarischen Texte greifen Probleme der Gegenwart auf, insbesondere die sich verschärfenden Gegensätze zwischen Stadt und Land, die fortschreitende Industrialisierung, die Landflucht, die Zerstörung der dörflichen bzw. bäuerlichen Gemeinde. Anzunehmen ist, daß die sozialdemokratische Presse mit dieser Literatur die landflüchtigen Arbeiter erreichen wollte, was ihr offenbar auch gelang. [13]

Die Tab. 11 verzeichnet die Autoren, die im *Vorwärts* (1884–1933) mit mehr als zwei literarischen Texten publiziert werden. In dem *Berliner Volksblatt* ist Gerstäcker in drei Jahren mit drei Romane vertreten, die bereits Jahrzehnte vorher durch die *Kölnische Zeitung* gelaufen sind: *Eine Mutter* (Familienroman, 1866); *Im Eckfenster* (Kriminalroman, 1873); *Der Erbe* (Auswanderer-Kolonialroman, 1867). [14] Mit dem Abdruck zweier Romane von Zola (*Zum Glück der Damen,* 1889, und *Germinal,* 1890) setzt der Siegeszug dieses Autors in der sozialdemokratischen Presse ein.

Tab. 11: Mehrfachautoren im »Vorwärts«

Autoren mit mehr
als zwei Erzähltexten   Publikationsorgan

	Berliner Volksblatt 1884–1890	Vorwärts 1891–1918	Vorwärts 1919–1933
Autoren mit drei Erzähltexten:			
Blasco-Ibanez		1905, 1908, 1910	
Bock		1901, 1906, 1912	
Bojer		1905	1922, 1923
Ebner-Eschenbach		1909, 1911, 1913	
Gerstäcker	1885, 1886, 1888		
Gorki		1902, 1907	1925
Hamsun		1906	1920, 1932
Heilbut			1927, 1929, 1930
Ilg		1909, 1914, 1917	
Janson		1912, 1912, 1913	
Korolenko		1900, 1903, 1910	
Krauss		1896, 1902, 1905	
Maupassant		1892, 1896, 1909	
Mostar			1929, 1931, 1932
Schweichel		1891, 1898, 1907	
Autoren mit vier Erzähltexten:			
London		1910	1925, 1928, 1929
Rung		1911, 1917	1921, 1923
Skjoldborg		1910, 1910, 1914, 1914	
Tolstoi		1900, 1908, 1912, 1916	
Kroeger		1907, 1907, 1909	1919
Traven			1925, 1926, 1927, 1928
Zola	1889, 1890	1901, 1903	
Autor mit fünf Erzähltexten:			
Lie		1897, 1901, 1903, 1904, 1908	
Autor mit zehn Erzähltexten:			
Viebig		1897, 1899, 1900, 1903, 1906, 1909, 1911, 1915, 1918	1925
Autor mit elf Erzähltexten:			
Andersen-Nexö		1910, 1911, 1911, 1911, 1912, 1912, 1913, 1915	1919, 1921, 1924

In dem Untersuchungsabschnitt von 1891–1918 druckt der *Vorwärts* 18 Autoren mit 66 Werken ab. Dieses Auswahlprinzip – verschiedene Texte von nur einem Autor zu publizieren – kommt jedoch erst ab 1900, verstärkt sogar erst nach 1905, zum Tragen, zu einem Zeitpunkt, zu dem ein Wechsel in der redaktionellen Leitung des Feuilletonteils des Blattes vollzogen wird. Der *Vorwärts* verfügt über einen festen Stamm an Autoren, die über einen längeren Zeitraum hin in den Spalten des Blattes veröffentlicht werden, im Schnitt beträgt diese Zeitspanne neun Jahre und bewegt sich damit zwischen den Durchschnittswerten der Romanwochenschrift und der *Neuen Welt*. Nur wenige Autoren werden über einen kürzeren Zeitraum hin den Lesern vorgestellt, d. s. Janson, Kroeger, Zola, Skjoldborg und Ebner-Eschenbach.

Überwiegend werden lebende Autoren veröffentlicht (13 Autoren), nur zwei sind zum Zeitpunkt der Publikation bereits verstorben (Ebner-Eschenbach, Maupassant). Zwei Autoren sterben noch in der Phase des Abdrucks ihrer Texte (Tolstoi, Zola). Für einen Autor (Janson) konnten keine Lebensdaten festgestellt werden. Die Verteilung der Schriftsteller auf die Generationen zeigt eine größere Varianz als die der beiden anderen Presseorgane: zwei Autoren fallen in die zweite Generation (1801–1825; Ebner-Eschenbach, Schweichel), fünf in die dritte (1826–1850; Maupassant, Tolstoi, Kroeger, Zola, Lie); der Schwerpunkt liegt allerdings in der vierten Generation (1851–1875), also bei den jüngeren Schriftstellern. Die deutschen Schriftsteller stellen in dem Blatt in diesem Zeitabschnitt *nicht* die stärkste Gruppe: nur sieben Autoren sind deutschsprachig; der Rest verteilt sich auf einen Spanier (Blasco-Ibanez), einen Norweger (Lie), drei Russen (Gorki, Korolenko, Tolstoi); zwei Franzosen (Zola, Maupassant) und drei Dänen (Rung, Skjoldborg, Anderson-Nexö).

Damit scheint zumindest für das Zentralorgan die These zuzutreffen, daß in diesem Zeitabschnitt ein relativ hoher Anteil an skandinavischen, osteuropäischen und französischen Autoren zu verzeichnen ist. Allerdings bedarf diese These noch der weiteren Überprüfung an der Gesamtanzahl der publizierten Schriftsteller. Die Mehrheit der Mehrfachautoren des *Vorwärts* gehört zur Weltliteraur (15 Autoren), nur drei (Janson, Krauss und Schweichel) zählen nicht dazu. Die Autorennamen sprechen dafür, daß in den Werken aktuelle, soziale und politische Probleme angesprochen werden. Doch ist auch hier der Anteil der Heimatkunstautoren noch relativ hoch (Bock, Krauss, Kroeger, Viebig).

Für den *Vorwärts* in der Zeit von 1919 bis 1933 sehen die Verhältnisse wieder etwas anders aus. Abgedruckt werden acht Autoren mehrfach, davon drei allein nur in diesem Zeitabschnitt. Die anderen fünf erschienen bereits im ersten Zeitabschnitt 1891 bis 1918. Nicht mitgerechnet haben wir jene Autoren, die in dem zweiten Abschnitt des *Vorwärts* nur noch mit einem Text erscheinen (Gorki, Kroeger, Viebig). Die Mehrfachpublikation erfolgt zeitlich gesehen in relativ kurzen Abständen, nur Hamsun stellt eine Ausnahme dar, zwischen Erstpublikation und Letztpublikation liegen zwölf Jahre. Betrachtet man die acht Mehrfachautoren zusammen, so lebt der größte Teil noch zur Zeit des Abdrucks in der Presse, nur ein Autor ist bereits verstorben (London). Da es sich auch um Autoren handelt, die bereits in der Phase von 1891 bis 1918 im *Vorwärts* publiziert haben, ist die vierte Generation mit vier Autoren noch stark vertreten. Drei Autoren sind in der Zeit von 1876 bis 1900 geboren, nur einer nach 1900. Auch in dem zweiten Zeitabschnitt greift die Feuilletonredaktion nicht nur auf deutschsprachige Autoren zurück: nur drei Autoren schreiben in deutscher, je zwei in norwegischer, dänischer und ein Autor in amerikanischer Sprache. Alle Schriftsteller gehören zur Weltliteratur. Für die thematische Verteilung der Werke der Mehrfachautoren kann konstatiert werden, daß sie eine besondere Nähe zu den aktuellen politischen und ökonomischen Ereignissen der Weimarer Republik *nicht* aufweisen.

Die Untersuchung der Mehrfachautoren zeigt, daß die Verteilungen der Autorenmerkmale unter den drei Publikationsorganen stark schwanken. Die gemeinsame Betrachtung der Verteilungen und ihre Überprüfung mit dem Chi^2-Test führen zu dem Ergebnis, daß sich die drei Publikationsorgane in zwei der vier untersuchten Merkmale *systematisch* unterscheiden: in der Wahl der Generationen der Autoren und, damit verbunden, in dem Merkmal ›Autor lebt bzw. verstorben zur Zeit des Abdrucks‹. [15] Verantwortlich für dieses Ergebnis ist vornehmlich die Romanwochenschrift, die in der Gruppe der lebenden Autoren überzufällig selten repräsentiert ist, wogegen sie in der Gruppe der verstorbenen Autoren überzufällig häufig vertreten ist. Die *Neue Welt* trägt mit der systematischen Unterrepräsentanz in der Gruppe der toten Autoren auch einen Teil zum signifikanten Ergebnis bei. In dem Merkmal ›Zugehörigkeit des Autors zur Weltliteratur‹ sind zwischen den drei Organen keine systematischen Differenzen zu beobachten. In der Wahl der Nationalität bzw. Sprache der Mehrfachautoren scheint sich ebenfalls ein signifikanter Unterschied in den Konzepten der Publikationsorgane abzuzeichnen. Der *Vorwärts* (1891–1918) publiziert weit häufiger als die beiden anderen Organe skandinavische und osteuropäische Autoren. Die Romanwochenschrift tendiert zu einer Überrepräsentanz bei den westeuropäischen (Engl.; Frz.) Sprachen. In der Gruppe der deutschsprachigen Autoren ist der *Vorwärts* in Relation zu den beiden anderen Blättern unterrepräsentiert. Die Gesamtanalyse aller Autoren wird hier eindeutigere Ergebnisse und Schlüsse zulassen. [16]

Die Tab. 12 vermittelt einen Überblick über die gemeinsamen Autoren der drei untersuchten Presseorgane. Für diese Aufstellung wurden alle 617 Autoren berücksichtigt.

Tab. 12: Gemeinsame Autoren der Publikationsorgane »Berliner Volksblatt«, »Vorwärts«, »Die Neue Welt« und »In Freien Stunden« (n = 617)

Autoren	Publikationsorgane				
	Berliner Volksblatt 1884–1890	Vorwärts 1891–1918	Vorwärts 1919–1933	Die Neue Welt 1892–1917	In Freien Stunden 1897–1918/19
Aakjär		1907			1909
Aho		1908	1921	1925	
Andersen-Nexö		1910, 1911, 1911, 1911, 1912, 1912, 1913, 1915	1919, 1921, 1924		1913, 1916
Aram		1900		1906	
Arzybaschew		1909, 1910		1906	
Björnson		1910			1914

Autoren	Berliner Volksblatt 1884–1890	Vorwärts 1891–1918	Vorwärts 1919–1933	Die Neue Welt 1892–1917	In Freien Stunden 1897–1918/19
Bock		1901, 1906, 1912			
Bojer				1911, 1917	
Bosshart		1905	1922, 1923	1904	
Busse			1921	1913	
		1905		1903, 1906, 1912, 1912, 1912, 1915, 1915, 1916	
Caine		1902			1906, 1910
David		1899, 1905		1899, 1900, 1901, 1902, 1904, 1904, 1904, 1906	
Eekhoud		1898		1901	
Ernst		1908		1892	1914, 1914
Franke-Schievelbein		1902		1896	
Garborg		1891		1893, 1894	
Garschin	1885	1895			
Gerstäcker	1885, 1886, 1888				1904, 1906, 1913
Gorki		1902, 1907	1925	1901	1902
Groetzsch			1929	1916, 1917	
Hahnewald			1919	1913	
Hamsun		1906	1920, 1932	1906	
Hegeler		1905	1925	1896, 1912	
Heijermanns		1911			1909
Hermann, G.		1898		1897	
Hoefer		1916			1911, 1916
Holländer		1905			1899
Holzamer		1910, 1912		1900, 1901, 1902, 1903, 1903, 1904, 1906, 1909, 1912, 1912	
Hugo		1899	1929		1897, 1898, 1900, 1907
Huldschiner		1905		1910	
Hyan		1910		1907, 1908	
Ilg		1909, 1914, 1917		1906, 1915	
Jensen, J. V.		1907		1899	
Kautsky, M.		1893, 1904		1905, 1909, 1912	1909
Kielland		1899, 1911		1899	
Kinkel				1907	1914
Korolenko		1900, 1903, 1910		1897	

Autoren	Berliner Volksblatt 1884–1890	Vorwärts 1891–1918	Vorwärts 1919–1933	Die Neue Welt 1892–1917	In Freien Stunden 1897–1918/19
Krause		1911		1904, 1904, 1905	
Krauss		1896, 1902, 1905		1901	
Kretzer		1910		1896	
Kroeger		1907, 1907, 1909	1919		1917
Kurz		1911			1905, 1910, 1916, 1917
Lagerlöf		1916			1907
Law (Harkness)		1891, 1899		1893	
Lie		1897, 1901, 1903, 1904, 1908			1912, 1918
Malot		1899			1899, 1905
Maupassant		1892, 1896, 1909		1901, 1910	1915
Mikszath		1897			1907
Orzesko	1890			1893	1897
Perfall		1903		1901	
Pontoppidan		1906		1895, 1896, 1898, 1902	
Potapenko				1894, 1899	1908
Prus		1897		1898	
Renard		1894		1906	
Sawinkowa				1909	1909
Schweichel		1891, 1893, 1898, 1907			1897, 1897, 1897, 1899, 1900, 1900, 1900, 1901, 1902, 1902, 1907, 1907, 1908, 1913, 1914, 1915
Sieroszewski		1902, 1904		1900, 1902	
Spindler		1894			1902, 1911
Stegemann		1905		1911, 1913, 1917	
Storm		1912	1919		1918, 1918
Strindberg		1909		1904, 1904, 1904, 1906	
Stroinski				1909	1908
Strug		1913		1910	
Thoma		1908, 1912		1903, 1908	
Tolstoi		1900, 1908, 1912, 1916			1914, 1915
Tschirikow		1909	1925	1903	1907, 1918

Autoren	Berliner Volksblatt 1884–1890	Vorwärts 1891–1918	Vorwärts 1919–1933	Die Neue Welt 1892–1917	In Freien Stunden 1897–1918/19
Viebig		1897, 1899, 1900, 1903, 1906, 1909, 1911, 1915, 1918	1925	1898, 1899, 1900, 1901, 1903, 1910, 1911, 1912, 1912, 1916, 1913	1912, 1917
Wagner, H.			1921		
Werbitzkaja		1910			1913
Wichert		1916			1918
Zola	1889	1901, 1903			1904, 1908, 1912, 1915
Zschokke		1917			1911

5.2.   Die publizierten Autoren

5.2.1. Soziale Herkunft

Vorhersagen über das soziale Ausgangsniveau der publizierten Autoren zu treffen, ist sehr schwierig, da kaum autorensoziologische Untersuchungen zum 19. und frühen 20. Jahrhundert vorliegen. Rossbacher bestimmt in seiner Studie zur Heimatkunstbewegung zwar die soziale Herkunftsschicht der von ihm untersuchten Autoren, die Ergebnisse beziehen sich aber nur auf einen Teil der Autoren, nämlich jene, die Heimatromane produziert haben. [17] Generalisierende Aussagen auf die Gesamtheit der deutschsprachigen Autoren hin sind von diesen Befunden her nicht möglich, da offenbar ein enger Zusammenhang besteht zwischen der sozialen Herkunft eines Autors und den von ihm präferierten Genres. [18] Was man aber sicherlich unterstellen kann, ist, daß die Unterschicht nicht in dem Maße vertreten sein wird wie etwa die Mittel- und Oberschicht. Diese Vermutung stützt sich einmal auf den Tatbestand, daß die Unterschicht erst relativ spät in den Genuß bildungsmäßiger Qualifikationen gelangt [19], und zum anderen auf den Sachverhalt, daß die sozialdemokratische Presse überwiegend bürgerliche Autoren abdruckt. [20] Von diesen wird nur ein geringer Prozentsatz aus der Arbeiterklasse hervorgegangen sein, denn schriftstellernde Autoren, die aus dem unteren sozialen Milieu kommen, sind zu dieser Zeit noch eine Seltenheit. [21] Betrachtet man die kulturellen Aktivitäten der Sozialdemokratie vor 1914, so kann diese These nur beibehalten werden. In der Beurteilung dieser kulturellen Aktivitäten gelangt die Forschungsliteratur weitgehend übereinstimmend zu der Erkenntnis, daß die ästhetische und kulturelle Erziehung für die Sozialdemokraten zumeist beinhaltet habe, sich bürgerlichen Normen und Standards anzupassen. [22] Folge dieser Versäumnisse auf dem kulturellen Sektor war, daß der Rezeption bürgerlicher Kunstprodukte und Ideologien breiter Spielraum gewährt wurde. Für den Bereich der Literatur hieß das, daß die bürgerliche Literatur – mit wenigen Ausnahmen – relativ unkritisch adaptiert wurde, da angeblich das Proletariat aufgrund seiner materiellen Lage noch nicht in der Lage war, eine proletarische Literatur zu schaffen. [23] Der proletarische Emanzipationskampf wurde ausschließlich auf dem ökonomischen und dem politischen Sektor geführt, nicht aber auf dem der Kultur. Da Politik und Kultur als getrennte Bereiche angesehen wurden, konnte man bedenkenlos ›gute‹ bürgerliche Kunst und Dichtung adaptieren und vermitteln, um so den intellektuellen und kulturellen Rückstand des Proletariats zu überwinden. Dieses passive Verharren auf bürgerlichen Positionen oder, wo die Gefahr der damit verbundenen kulturellen Integration gesehen wurde [24], das Ausweichen auf das ›klassische Erbe‹, das wiederum die kulturelle Desintegration förden sollte [25], führte dazu, daß die Sozialdemokraten keine neuen, operativen Kunstformen sozialistischen Charakters entwickelten. Die wenigen Ansätze zu einer eigenen proletarischen Kunst und Kultur wurden eher behindert denn gefördert. [26] Literarische Produkte mit »schlecht geformter Tendenz« [27] sollten zugunsten bürgerlichen Kulturguts aufgegeben werden. [28] War in den Anfängen der sozialistischen Bewegung noch das Bestreben vorhanden, der bürgerlichen Kultur und Öffentlichkeit eine eigene proletarische Kultur und Öffentlichkeit entgegenzusetzen, so gewann die Adaption vorgegebener Bildungs- und Kulturstoffe, somit auch der Literatur, im Lauf der Zeit die Oberhand und die anfangs noch vorhandenen ideologiekritischen Intentionen wurden weitgehend ausgeschaltet. [29] Der Verzicht auf die Entwicklung eigenständiger kultureller Initiativen, die auch aus der Arbeiterklasse selbst entwickelt werden sollten, die Ausrichtung auf Anpassung statt Aufklärung, führten dazu, daß sich die Arbeiter »in ihrem politischen Kampf mit den Bildungselementen der Bürger ausstatteten.« [30] Berücksichtigt man diese Forschungsergebnisse und die Tatsache, daß die Sozialdemokratische Partei schriftstellerische Talente aus der Arbeiterklasse kaum gefördert hat [31], so kann unterstellt werden, daß der Anteil der Autoren, der sich aus der Arbeiterklasse rekrutiert, in Relation zu den anderen sozialen Gruppierungen, in der sozialdemokratischen Presse eindeutig unterrepräsentiert ist. [32] Diese Überlegungen sollen auch – bezogen auf den *Vorwärts* – für den Zeitraum von 1919 bis 1933 Gültigkeit haben. Zwar steigt nach 1890 der Anteil an Autoren, die aus der Arbeiterklasse kommen und sich sogar als freie Schriftsteller etablieren können (z.B. Ernst Preczang), doch ist dieser Prozentsatz, gemessen an den bürgerlichen Autoren, noch immer relativ gering. Da die Sozialdemokratische Partei auch nach 1919 ihr kulturpolitisches Konzept kaum ändert, kann angenommen werden – insbesondere unter Berücksichtigung der Entwicklung, daß sich die sozialdemokratische Presse stofflich und formal an die bürgerliche Presse anzunähern schien [33] –, daß nach wie vor nur wenige Autoren publiziert werden, die dem proletarischen Milieu entstammen. Klassenbewußte Proletarier, die als Schriftsteller tätig wären, schrieben denn auch nicht für die sozialdemokratische, sondern für die kommunistische Presse. [34]

Die empirische Analyse zeigt jedoch, daß diese Hypothese nicht länger aufrechterhalten bleiben kann. Sowohl für die einzelnen Publikationsorgane als auch für die Organe zusammen sehen die Verhältnisse anders aus, wie der Tab. 13 zu entnehmen ist. Beim *Vorwärts* der Kaiserzeit nimmt die Gruppe der Gutsbesitzer (23,4%) die Spitzenposition ein, ihnen folgen an zweiter Position – in größerer Distanz – die Beamten (15,2%). An dritter Position steht die Gruppe der Autoren, die sich aus dem Kaufmannsstand rekrutiert (11,7%), an vierter die Bauern (9,7%) und an fünfter schließlich die Handwerker

(7,6%). Schwach besetzt ist die Gruppe jener Autoren, die aus der Arbeiterschaft stammen, das sind nur 6,9%. Die restlichen Autorengruppen sind relativ unbedeutend. Auch für die ausschließliche Betrachtung der deutschsprachigen Autoren in diesem Zeitabschnitt bleibt das Bild erhalten (vgl. Tab. 14); die ersten vier Ränge sind mit den oben beschriebenen identisch. Den vierten Rang teilen sich die Bauern und Handwerker. An fünfter Position stehen nicht die Arbeiter, sondern sie nehmen erst zusammmen mit den Lehrern und Schriftstellern den 8. Rang ein. In der zweiten Phase des *Vorwärts* (1919–1933) kündigt sich eine tiefgreifende Veränderung in der Wahl der Autoren an. In dieser Phase dominieren nicht mehr die Autoren, die aus der Beamtenschaft oder dem Kaufmannsstand kommen, oder deren Väter zu der Gruppe der Gutsbesitzer zu zählen sind, sondern die Spitzenposition nehmen die Autoren ein, die sich aus der Arbeiterschaft rekrutieren. Dieser Anteil ist in Relation zu den anderen Gruppen sehr hoch: 20,3%. An zweiter Stelle stehen die Handwerker und die Selbständigen, anteilmäßig sind sie nur etwa mit der Hälfte der Gruppe der Arbeiter vertreten, nämlich je mit 10,9%. Die nächsten Autorengruppen folgen relativ dicht aufeinander: Bauern und Beamte mit je 9,4%, die Gutsbesitzer, die in der früheren Phase (1890–1918) noch eindeutig dominierten, sind hier nur mit 7,8% vertreten. Die Lehrer besetzen den fünften Rang mit 6,3%. Die verbliebenen Autorengruppen verteilen sich auf den 6., 7. und 8. Rang, jeweils relativ schwach besetzt.

Tab. 13: Soziale Herkunft der publizierten Autoren [35]

	Berliner Volksblatt 1884–1890		Vorwärts 1891–1918		Vorwärts 1919–1933		Vorwärts 1891–1933		Die Neue Welt 1892–1917		In Freien Stunden 1897– 1918/19	
	abs.	%	abs.	%	abs.	%	abs.	%	abs.	%	abs.	%
Angestellter			4	2,8	3	4,7	7	3,3	16	7,0	9	8,0
Arbeiter			10	6,9	13	20,3	23	11,0	25	10,9	4	3,6
Arzt	1	6,3	5	3,4	1	1,6	6	2,9	6	2,6	3	2,7
Bauer			14	9,7	6	9,4	20	9,6	7	3,1	3	2,7
Beamter			22	15,2	6	9,4	28	13,4	37	16,2	25	22,3
Gutsbesitzer	3	18,8	34	23,4	5	7,8	39	18,7	21	9,2	9	8,0
Handwerker	1	6,3	11	7,6	7	10,9	18	8,6	16	7,0	4	3,6
Journalist					3	4,7	3	1,4	1	0,4		
Kaufmann	3	18,8	17	21,7	3	4,7	20	9,6	36	15,7	22	19,7
künstl. Beruf	3	18,8	6	4,1	1	1,6	7	3,3	8	3,5	6	5,4
Lehrer	1	6,3	3	2,1	4	6,3	7	3,3	3	1,3	5	4,5
Militär			6	4,1	3	4,7	9	4,3	10	4,4	8	7,1
Pfarrer	1	6,3	5	3,4	2	3,1	7	3,3	27	11,8	8	7,1
Schriftsteller			1	0,7			1	0,5	2	0,9		
Selbständiger	3	1A,8	7	4,8	7	10,9	14	6,7	14	6,1	6	5,4
	16	100,0	145	100,0	64	100,0	209	100,0	229	100,0	112	100,0

Tab. 14: Soziale Herkunft der publizierten deutschsprachigen Autoren

	Berliner Volksblatt 1884–1890		Vorwärts 1891–1918		Vorwärts 1919–1933		Vorwärts 1891–1933		Die Neue Welt 1892–1917		In Freien Stunden 1897–1918/19	
	abs.	%	abs.	%	abs.	%	abs.	%	abs.	%	abs.	%
Angestellter	–		2	2,9	–		2	2,1	7	4,5	–	
Arbeiter	–		1	1,4	5	19,2	6	6,3	23	14,9	2	2,9
Arzt	–		3	4,3	–		3	3,2	1	0,6	1	1,4
Bauer	–		5	7,2	2	7,7	7	7,4	3	1,9	2	2,9
Beamter	–		13	18,8	4	15,4	17	17,9	36	23,4	23	32,9
Gutsbesitzer	–		14	20,3	2	7,7	16	16,8	6	3,9	1	1,4
Handwerker	1	11,1	5	7,2	4	15,4	9	9,5	13	8,4	2	2,9
Journalist	–		–		1	3,8	1	1,1	1	0,6	–	
Kaufmann	3	33,3	12	17,4	2	7,7	14	14,7	28	18,2	22	31,4
künstl. Beruf	3	33,3	4	5,8	–		4	4,2	5	3,2	6	8,6
Lehrer	–		1	1,4	4	15,4	5	5,3	3	1,9	4	5,7
Militär	–		2	2,9	–		2	2,1	7	4,5	1	1,4
Pfarrer	1	11,1	2	2,9	–		2	2,1	7	4,5	6	8,6
Schriftsteller	–		1	1,4	–		1	1,1	1	0,6	–	
Selbständiger	1	11,1	4	5,8	2	7,7	6	6,3	13	8,4	–	
	9	100,0	69	100,0	26	100,0	95	100,0	154	100,0	70	100,0

Wie der Chi^2-Test zeigt, ist die Gruppe der Autoren, die aus dem proletarischen Milieu stammen, in der Kaiserzeit weder unter- noch überrepräsentiert, sondern sie verteilt sich anteilmäßig normal um den bei einer Gleichverteilung des Merkmals theoretisch erwarteten Wert. Allein für den zweiten Untersuchungsabschnitt weicht die Verteilung für den *Vorwärts* von dieser Gleichverteilung ab. Das Ergebnis der empirischen Analyse stellt den genauen Gegenpol der Annahme dar: diese Autorengruppe ist in der Weimarer Republik im *Vorwärts* nicht systematisch unterrepräsentiert, sondern im Gegenteil, systematisch überfrequentiert ($p < .01$; $\chi^2 = 29{,}98$; df = 14). Zu den Autoren, die in dem *Vorwärts* von 1891 bis 1918 publiziert werden und die aus der Arbeiterschaft kommen, zählen: Andersen-Nexö (8mal); Bojer und Ernst (je 1mal). In dem zweiten Untersuchungsabschnitt – 1919 bis 1933 – sind es schon mehr Autoren: Andersen-Nexö (3mal), Max Barthel (1mal), Bojer (2mal), Robert Groetzsch (1mal), Pierre Hamp (1mal), Adrianus Jong (1mal), Aage Christensen (1mal), Georg Vring (1mal) und Oskar Woehrle (2mal).

Für die *Neue Welt* läßt sich die gesamte Verteilung dadurch charakterisieren, daß die Differenzen zwischen den einzelnen Autorengruppen nicht so stark sind wie etwa beim *Vorwärts*. Die stärkste Autorengruppe stellen die Beamten mit 16,2 %, ihnen folgen – in hierarchischer Reihenfolge – die Kaufleute (15,7 %) und die Pfarrer mit 11,8 %. Bereits an vierter Position sind die Arbeiter (10,9 %). Sie rangieren noch vor den Gutsbesitzern (9,2 %). Die Angestellten und die Handwerker (je 7,0 %) sowie die Selbständigen (6,1 %) sind noch relativ stark vertreten, wogegen die restlichen Gruppen nur sehr schwach besetzt sind. Im Gegensatz zum *Vorwärts* führt die Betrachtung der deutschen Autoren allein zu einer Verschiebung dieses Bildes: nur die beiden ersten Positionen sind identisch

(Beamter und Kaufmann), die anderen weichen von der Verteilung der Gesamtanzahl der publizierten Autoren ab. Bei den deutschsprachigen Autoren nehmen die Arbeiter bereits den dritten Rang ein, die Handwerker und die Selbständigen den vierten. Erstaunlich hoch ist der Anteil der deutschsprachigen Autoren, die aus dem Proletariat kommen: 23 Autoren gegenüber nur zwei ausländischen Autoren. [36] Den Gruppen der Pfarrer und Gutsbesitzer kommt hier kaum Bedeutung zu.

Bei der Gesamtverteilung der Autoren fallen zwar Ähnlichkeiten mit dem *Vorwärts* der Kaiserzeit ins Auge, dennoch aber unterscheiden sich die beiden Publikationsorgane in dem untersuchten Merkmal systematisch ($p < .01$; $\chi^2 = 33,58$; $df = 14$). Für diese signifikanten Unterschiede in der Wahl der Klassenzugehörigkeit des Vaters der publizierten Autoren sind folgende Autorengruppen verantwortlich: die Gruppe der Bauern, der Gutsbesitzer und der Pfarrer.

Bei der Romanwochenschrift *In Freien Stunden* ist die Besetzung der beiden ersten Ränge identisch mit der der *Neuen Welt* (vgl. Tab. 13). Spitzenpositionen nehmen bei beiden Organen die Beamten und die Kaufleute ein. Allerdings sind sie bei der Romanwochenschrift prozentual stärker vertreten, die Beamten mit 22,3% und die Kaufleute mit 19,6%. Dagegen fallen bei der Wochenschrift die anderen Autorengruppen erheblich ab: die Angestellten mit 8%, ebenso die Gutsbesitzer, mit je 7,1% das Militär und die Pfarrer. Die Arbeiter sind zusammen mit den Handwerkern erst in der vorletzten Position zu finden, je zu 3,6%. Die Betrachtung der deutschsprachigen Autoren ergibt einige Veränderungen. Die Besetzung der beiden ersten Ränge bleibt zwar konstant (Beamte, Kaufmann), die Angestellten und die Gutsbesitzer geben ihre dominierende Position zugunsten der Autorengruppe Künstlerischer Beruf und Pfarrer auf. Die Gruppe der Autoren, die sich aus der Lehrerschaft rekrutiert, rangiert vor jener, die aus der Arbeiterschaft kommt. Die Ärzte, Grundbesitzer und das Militär nehmen nur eine untergeordnete Rolle ein. Die Prozentwerte verdeutlichen die Distanz zwischen den einzelnen Gruppen: Beamter und Kaufmann mit 32,9% und 31,4%, die nächste Autorengruppe (Pfarrer, Künstl. Beruf) dagegen nur noch mit 8,6%. [37] Zu vermuten ist, daß dieses starke Gefälle durch die unterschiedliche Vertretung verschiedener Autorengenerationen zustandekommt.

Ein Vergleich der Romanwochenschrift mit der *Neuen Welt* zeigt zwar in den Häufigkeitsverteilungen zwischen den beiden Presseorganen Abweichungen und Verschiebungen, doch sind diese nicht systematischer, sondern rein zufälliger Art ($p > .05$; $\chi^2 = 16,82$; $df = 14$), wogegen die Klassenzugehörigkeit des Autors eindeutig ein Merkmal ist, das zwischen der Romanwochenschrift und dem *Vorwärts* der Kaiserzeit differenziert ($p < .01$; $\chi^2 = 29,5$; $df = 13$). Diese systematischen Abweichungen in den Auswahlstrategien der Autoren sind vor allem auf vier Autorengruppen zurückzuführen, die sich in den beiden Organen jeweils konträr verteilen: Bauern und Gutsbesitzer, Beamtenschaft und Kaufmannsstand.

5.2.2. Berufliche Position und Mobilität

Von wenigen Erfolgsautoren und Publikumslieblingen abgesehen, konnte in der zweiten Hälfte des 19. Jahrhunderts kein Schriftsteller allein von der Buchpublikation seiner

literarischen Arbeiten leben. [38] Die wichtigste Einnahmequelle für die Autoren erzählender Prosa war die Presse: die Familienblätter, die illustrierten Journale, die Unterhaltungszeitschriften, die Romanwochenschriften, aber auch die Tagespresse. Vor allem
nach der Gründerzeit, mit der Expansion der Presse und nochmals mit der Gründung der
Generalanzeigerpresse stieg der Bedarf an Erzähltexten beträchtlich. Alle Publikationsorgane, wollten sie erfolgreich mit den anderen Blättern konkurrieren, druckten literarische Texte ab, sogar die kleinsten Provinz- und Wochenblätter. Eng verbunden mit
dieser Veränderung des literarischen Marktes in der zweiten Hälfte des 19. Jahrhunderts
war, daß sich viele Autoren angesichts dieser Situation als freie Schriftsteller etablieren
können:

> »Rechne ich die zwei, drei ersten Namen ab, so verdanken die Schriftsteller in Deutschland die
> Möglichkeit, von dem Ertrage ihrer Arbeit leben zu können, nur den Zeitungen.« [39]

Wollten die Autoren als freie Schriftsteller überleben und existieren, so waren sie
geradezu gezwungen, ihre literarischen Produkte *vor* der Buchpublikation in der Presse
als Erst-, Zweit- oder Mehrfachdruck zu publizieren. Das trifft nicht nur für die sogenannten ›kleinen‹ und ›mittleren‹ Schriftsteller zu, sondern auch für anerkannte Autoren
wie Raabe, Storm, Heyse, Fontane, Keller u.a.m. Auch sie waren auf den Vorabdruck
ihrer Romane, Novellen und Erzählungen in der Presse angewiesen, denn die kapitalstar-
ken Zeitungen und Zeitschriften konnten ganz andere Honorare zahlen als die Buchverleger. [40] Neben diesen finanziellen Vorteil traten noch andere: der Wirkungskreis der
Schriftsteller war viel größer; mit dem Bekanntheitsgrad stieg gleichzeitig wieder ihr
Marktwert. Betrug die Buchauflage im Schnitt nur gut 1000 Exemplare, so gingen
die Leser der Presse in die Millionen. Mit der Produktion für die Presse konnten sich
die Autoren auch auf einen spezifischen Leserkreis, etwa die Leser eines Familien-
blattes, einstellen. [41] Nur wenige Autoren konnten es sich daher leisten, auf dieses Verbreitungsmedium zu verzichten, nämlich jene, die die Schriftstellerei nicht
als Haupt-, sondern im Nebenberuf betrieben. So schreibt beispielsweise Felix Dahn
von seinem gesicherten Beamtenposten aus relativ abschätzig über diese neue Art
des Dichtens:

> »Unvergleichlich mehr bekannt würde mein Name und um das fünf- oder zehnfache höher meine
> Einnahmen sein, wollte ich, wie die gefeiertsten ›Wettbewerber‹ thun, meine Romane vor dem
> Erscheinen in Buchform in 6–12 Zeitungen und Zeitschriften abdrucken lassen: – jeden Morgen
> einen Eßlöffel voll. Es ist höchst einträglich et non olet. Ich aber bringe sie nicht über mein
> dichterisches Gewissen, diese Verstümmelung des Kunstwerks, diese Verabreichung in Bröckchen,
> diese Zerreißung des Zusammengehörigen (›da öffnete die üppige Wittwe [...] die weißen Arme, riß
> ihn an ihren wogenden Busen und sprach: Fortsetzung morgen‹) und verzichte lieber auf das Mehr
> von ›Ruhm‹ und ›Mammon‹.« [42]

Nun, andere Autoren kannten diese Skrupel nicht, verstanden es aber gleichwohl, sich
nach wie vor mit dem Nimbus des »hohen Dichters und Künstlers« zu umgeben, der
nicht nach dem Geld schielt. [43] Die Revolutionierung des literarischen Marktes und
die Etablierung des Berufsschriftstellertums nötigten aber auch die Autoren, insbesondere die wenig bekannten, unablässig für die Presse zu produzieren. Nur eine kleine

Anzahl von Spitzenautoren erhielt so hohe Honorare, daß sie sich in der Produktion Pausen leisten konnten. Um diese Autoren, die »Zugpferde« eines Blattes, kämpften die Zeitungen und Zeitschriften verbissen, denn sie brachten der Presse weite Verbreitung, Auflagensteigerung und damit Inserate. So schreibt der Redakteur von *Westermanns Monatsheften* über die adäquate Behandlung dieser Autoren:

> »Mit Abstrichen und Ersparungen können wir nur bei den kleinen und mittleren Autoren durchkommen – einem großen Schriftsteller kleines Honorar geben, heißt ihn eines Tages zur Konkurrenz treiben, wovor wir uns jetzt und in der nächsten Zeit sehr hüten müssen.« [44]

Betrachtet man jedoch das Gros der Schriftsteller, so verändert sich nach 1880, mit der Gründung der großen Konzerne von Mosse, Ullstein und Scherl, die literaturökonomische Situation erheblich. Die Presse wird immer mehr vom Anzeigengeschäft abhängig. Der Bedarf an erzählender Prosa wächst zwar immer noch, doch bringen die Literarischen Büros und Agenturen die Preise zum Sinken, da mittlerweile einer Nachfrage an literarischen Texten ein übergroßes Angebot entgegensteht. Die Abhängigkeiten des freien Schriftstellers, der zum Lohnarbeiter wird [45], wachsen ständig. Einerseits muß er immer schneller produzieren, andererseits vermehren sich auch die Eingriffe in das literarische Produkt, die Anpassung an vorgegebene literarische und politische Muster. [46]

> »Wie tausendfach werden Romane von der Redaktion dem Autor zurückgeschickt unter der Versicherung, daß dieselben leider für ein aus den heterogensten Elementen zusammengesetztes Zeitungspublikum ›zu hoch‹, ja, auch geradezu weil sie ›zu gut‹ für ein solches seien. Wie kann es unter diesen Umständen ausbleiben, daß die Belletristik mehr und mehr der Verflachung, einer öden Äußerlichkeit anheimfällt, zumal noch hinzukommt, daß auch die Prüderie ihre Forderungen dem Zeitungsroman gegenüber geltend macht?
> Die Sache liegt zur Zeit so, daß Romane, die nicht in den 70–80 Feuilletons eines Zeitungsquartals untergebracht werden können – eventuell unter den gewaltthätigsten Streichungen – überhaupt keine Aussicht mehr auf Annahme haben; manche Blätter fordern geradezu genau diesen Umfang, so daß sie auch minder umfangreiche von vornherein ablehnen. Gesuche von Zeitungsredaktionen um Romane, deren Umfang nach der Zahl der Zeilen und selbst der Sylben genau vorgeschrieben ist, liest man in Fachorganen fortwährend! Es hat sogar geschehen können, daß ein großes Preisausschreiben für einen Feuilletonroman erlassen wurde, bei welchem der Umfang nach der Sylbenzahl ebenso genau vorgeschrieben war, wie die Weisung, daß jeder einzelne Feuilleton-Abschnitt spannende Handung enthalten müsse, – und daß nicht nur namhafte Schriftsteller als Preisrichter dabei fungierten, also über die Berechtigung eines derartigen Ausschreibens eintraten, sondern auch überhaupt sich nirgends in Schriftstellerkreisen irgend einen Widerspruch gegen eine derartige Auffassung der freien Kunst des Dichters erhoben hat.« [47]

Einer Elite von Autoren, die sich auch als solche verstehen, steht ein Heer an kleinen Schriftstellern gegenüber, die die literarischen Massenprodukte liefern. 1898 schreibt Arthur Zapp, selbst Schriftsteller, über das »Schriftstellerleiden« und über die Hierarchisierung der Literatur, denn er beobachtet

> »zwei Arten von Romanliteratur […], eine Buch-Romanliteratur, die kärglich ihr Dasein fristet, und eine Zeitungs- und Familienblatt-Romanliteratur, die üppig wuchert, von der die Autoren leben und die aus einem Dichter einen Handwerker macht.« [48]

Doch bereits um 1900 können die erfolgreichen und anerkannten Autoren wieder auf das Verbreitungsmedium Presse verzichten. Neue Verlagsgründungen, der Aufschwung des Buchhandels, die Urheberrechtsschutzgesetze, führen zu höheren Auflagen, besseren Honoraren und Schutz der Werke. Ein großer Bucherfolg bringt dem Autor jetzt 25–50 000 Mark ein. [49] Nach 1919 verschlechtert sich die Lage der freien Schriftsteller erheblich, wie eine Umfrage zeigt. [50] Die Nachfrage nach schriftstellerischen Produkten war äußerst gering, das Angebot sehr groß. Die hohen Papier- und Druckpreise ließen die Buchherstellungskosten rapide ansteigen. Die Verleger versuchten die Produktionskosten zu senken, indem die Autoren sich finanziell an den Herstellungskosten beteiligen mußten. Nur die Massenhaftigkeit des Absatzes konnte hier die Existenz des Schriftstellers sichern. Nur-Buchautoren mußten sich einen Nebenberuf zulegen, die anderen mußten für die verschiedenen Medien, nun auch die neuen Medien Rundfunk und Film arbeiten, wollten sie aus den Erträgen ihrer Arbeit leben:

> »Der Zeitungsverlag beginnt schon bei der Auswahl des in der Zeitung und nachher als Buch zu veröffentlichenden Romanmanuskriptes seine Verfilmbarkeit im eigenen Filmunternehmen in Aussicht zu nehmen. Die gewaltigen Rotationsmaschinen dürften nicht mehr wie bisher bloß ausnahmsweise, außer zur Zeitungsherstellung, auch für die Buchherstellung in Betracht kommen.« [51]

1922 sind noch immer etwa 67,7% im Nebenberuf Schriftsteller, nur 32,3% im Hauptberuf. [52] Weiteres Zahlenmaterial für die Zeit bis 1933 fehlt leider.

Im Gegensatz zur bürgerlichen Presse war die sozialdemokratische Presse nicht in der Lage, freischaffenden Schriftstellern mit entsprechenden Honoraren eine erträgliche Existenz zu sichern. Schriftstellern, die für die sozialdemokratische Presse arbeiten und schreiben wollten, aber einen bürgerlichen Beruf ausübten, blieben nur zwei Verhaltensweisen: entweder publizierten sie ihre literarischen Produkte anonym, das bedeutete aber gleichzeitig auch, daß sie sich persönlich nicht in der Arbeiterbewegung engagieren konnten, oder, als andere Möglichkeit, sie gaben ihren bürgerlichen Beruf auf und nahmen eine der äußerst gering dotierten Stellen eines sozialdemokratischen Redakteurs an. [53] Gemeint sind hier nur jene Autoren mit einem bürgerlichen Beruf, die auch für die Ziele der Sozialdemokratischen Partei mit Wort und Schrift eintraten und nicht jene bürgerlichen Autoren, die nur in den Spalten der Parteipresse mit ihren Werken abgedruckt wurden. Daneben war der Posten als Redakteur bei einer sozialdemokratischen Zeitung Hort für jene Autoren, die aus der Arbeiterklasse kamen und die zu schreiben begonnen hatten. Nur selten blieben sie in ihrem alten Beruf als Lohnarbeiter tätig. Der Wechsel vom Lohnarbeiter zum sozialdemokratischen Redakteur war denn auch meist der Beginn eines »sozialen Aufstiegs« und einer Karriere als Parteifunktionär. [54] Erst um 1900 können sich auch Arbeiterschriftsteller als freie Schriftsteller niederlassen, die entwickelten sozialdemokratischen Medien bieten ihnen ausreichende Publikationsmöglichkeiten.

Die Entwicklung des literarischen Marktes in der zweiten Hälfte des 19. Jahrhunderts zeigt, daß in der Berufsstruktur der deutschen Schriftsteller tiefgreifende Veränderungen vorgegangen sind. Dominierten bei den Autoren bis ins frühe 19. Jahrhundert hinein noch die Pastoren [55], so werden sie mit dem Ausbau des Bildungs- und Pressewesens von anderen Berufsgruppen abgelöst: den Lehrern, den Journalisten und den freien

Schriftstellern. [56] Berücksichtigt man, daß die freien Schriftsteller vor der Jahrhundertwende zunächst aus anderen Berufen hervorgegangen sind – erst der Erfolg mit ihren literarischen Produkten ermöglichte ihnen den Berufswechsel – und bedenkt man weiterhin, daß nach der Jahrhundertwende sich viele Autoren bereits in ihrem Erstberuf als freie Schriftsteller betätigen [57], so kann für die in der sozialdemokratischen Presse abgedruckten Autoren unterstellt werden: hauptsächlich (sofern zeitgenössische deutsche Autoren) werden sich die Autoren aus den Berufsgruppen Lehrer, Journalisten und freie Schriftsteller rekrutieren, wobei bis 1900 der Beruf des Journalisten oder freien Schriftstellers erst als Zweit- oder Drittberuf ausgeübt wird. [58] Nach der Jahrhundertwende müßte der Anteil der Autoren, die sich sofort dem Schriftstellerberuf zuwenden (Erstberuf), ansteigen. Rekrutiert sich der Autor aus der Arbeiterklasse, so ist zu erwarten, daß er nicht in seinem Beruf bleibt, sondern in den Beruf des Journalisten, Redakteurs und nach 1900 auch in den des freien Schriftstellers wechselt. Weiterhin wird angenommen, daß sich für die sozialdemokratische Presse ein konfiguraler Anti-Typus identifizieren lassen müßte, der folgende Merkmale trägt: Soziale Herkunft des Autors = Arbeiter / Erster Beruf des Autors = Arbeiter / Zweiter Beruf des Autors = Journalist bzw. Redakteur. Diese Merkmalskonfigurationen werden als signifikant subfrequentiert im Sinne der konfiguralen Typendefinition erwartet. [59]

Die erste ausgeübte berufliche Tätigkeit der Gesamtheit der publizierten Autoren kann der Tab. 15 entnommen werden. Sie weist für die einzelnen Organe in dem Merkmal gewisse Ähnlichkeiten und Überschneidungen, aber auch Differenzen aus. Die stärkste Gruppe stellen beim *Vorwärts* der Kaiserzeit (1891–1918) die Schriftsteller (18,4%), dicht gefolgt von jenen Autoren, die im ersten Beruf einer journalistischen Tätigkeit nachgehen (17,3%). Mit etwas größerem Abstand zu diesen beiden Gruppen nehmen die dritte Position bereits jene Schriftsteller ein, die als Lohnarbeiter tätig sind (12,3%). Ihnen schließen sich die Lehrer mit 11,7% an. Den fünften Rang besetzen die Beamten (9,5%). Relativ schwach vertreten sind die anderen Berufsgruppen, wie Selbständige (6,7%), Kaufmann und Künstlerischer Beruf (je 5,6%), Gutsbesitzer (5,0%) usf. Bei den deutschsprachigen Autoren (vgl. Tab. 16) können die Schriftsteller (30,2%) und die Journalisten (19,8%) die Spitzenstellungen halten, doch hat sich der Abstand zwischen den beiden Autorengruppen vergrößert. Hatten die Autoren, die selbst Arbeiter waren, bei der Gesamtzahl der Autoren mit ihren literarischen Texten die dritte Position behaupten können, so sind sie bei den deutschsprachigen Autoren mit nur drei Vertretern (Knoeckel, Kretzer, Walthausen) fast ohne Stellenwert. Als drittstärkste Gruppe erscheinen bei den deutschsprachigen Autoren die Lehrer und die künstlerischen Berufe mit je 9,3%, also mit relativ großem Abstand zu den beiden ersten Positionen. Die Besetzung der anderen Berufsgruppen verteilt sich wie folgt: Kaufmann (8,1%), Beamte und Selbständige mit je 7,0%, Arbeiter (3,5%), Gutsbesitzer (2,3%) und schließlich die Gruppen Arzt, Bauer und Handwerker mit je 1,2%. Für den *Vorwärts* der Weimarer Republik verändert sich das Bild nochmals. Der Anteil der Autoren, die in ihrem ersten Beruf einer journalistischen Tätigkeit nachgehen, ist bei der Gesamtheit der Autoren massiv gestiegen (25,3%), ebenso hat sich der Anteil der Autoren, die Lohnarbeiter sind, fast verdoppelt (22,1%). Der Anteil der Lehrer (12,6%) ist fast konstant geblieben, sie überflügeln allerdings die Gruppe der Schriftsteller, die um die Hälfte geschrumpft ist

(9,5%). Die anderen Berufsgruppen – vgl. Tab. 15 – sinken zur Bedeutungslosigkeit ab und sind gar nicht mehr vertreten. Die Verteilung für die deutschsprachigen Autoren allein zeigt einige Veränderungen (vgl. Tab. 16). Die Journalisten besetzen weiterhin den ersten Rang (19,1%), müssen sich diesen aber mit den Autoren teilen, die Künstler sind oder zumindest in dieser Sparte tätig waren (19,1%). Der zweite Rang wird ebenfalls von mehreren Berufsgruppen eingenommen: den Arbeitern, den Lehrern und den Schriftstellern (je 14,9%). Die anderen Autorengruppen fallen dagegen äußerst stark ab. Die redaktionellen Konzepte des *Vorwärts* weichen in den beiden Untersuchungsabschnitten auch in diesem Autorenmerkmal systematisch voneinander ab. (p < .05; χ^2 = 24,46; df = 13). Im *Vorwärts* der Kaiserzeit werden überzufällig selten literarische Texte von solchen Autoren publiziert, die als Arzt praktiziert haben. Systematisch überfrequentiert sind dagegen jene Autoren, die im Hauptberuf als Kaufmann, Gutsbesitzer und auch als freier Schriftsteller tätig sind bzw. waren. Im *Vorwärts* der Weimarer Republik verkehren sich für diese Autorengruppen jeweils die Verhältnisse. Tendenziell überfrequentiert ist in dieser Zeit noch die Gruppe der Journalisten. Auch der Chi²-Test für die Verteilung der deutschsprachigen Autoren auf die Berufsgruppen ist signifikant (p < .05; χ^2 = 21,98; df = 13), kann aber nur mit Einschränkungen interpretiert werden, da ein großer Teil der Erwartungswerte zu klein ist. Tendenziell zeichnen sich auch hier für die beiden Zeitabschnitte signifikante Unterschiede ab, denn der *Vorwärts* der Kaiserzeit publiziert überzufällig selten deutschsprachige Arbeiterautoren, dafür sind die freien Schriftsteller in dieser Periode systematisch überrepräsentiert. Der *Vorwärts* der Weimarer Republik stellt wiederum den Gegenpol dar: die Berufsgruppen Arbeiter und Künstler signifikant überrepräsentiert, die freien Schriftsteller systematisch unterbesetzt.

Tab. 15: Erster Beruf der publizierten Autoren

	Berliner Volksblatt 1884–1890		Vorwärts 1891–1918		Vorwärts 1919–1933		Vorwärts 1891–1933		Die Neue Welt 1892–1917		In Freien Stunden 1897–1918/19	
	abs.	%	abs.	%	abs.	%	abs.	%	abs.	%	abs.	%
Angestellter	1	5,6	7	3,9	5	5,3	12	4,4	14	5,3	9	6,8
Arbeiter	5	27,8	22	12,3	21	22,1	43	15,7	30	11,3	10	7,6
Arzt			1	0,6	–		1	0,4	6	2,3	–	
Bauer			1	0,6	–		1	0,4	1	0,4	1	0.8
Beamter			17	9,5	5	5,3	22	8,0	17	6,4	16	12,1
Gutsbesitzer			9	5,0	–		9	3,3	8	3,0	3	2,3
Handwerker			2	1,1	2	2,1	4	1,5	3	1,1	–	
Journalist	3	16,7	31	17,3	24	25,3	55	20,1	54	20,3	26	19,7
Kaufmann	2	11,1	10	5,6	1	1,1	11	4,0	11	4,1	6	4,5
künstl. Beruf	4	22,2	10	5,6	9	9,5	19	6,9	29	10,9	8	6,1
Lehrer	1	5,6	21	11,7	12	12,6	33	12,0	49	18,4	22	16,7
Militär	1	5,6	3	1,7	4	4,2	7	2,6	–		6	4,5
Pfarrer			–		–		–		1	0,4	8	6,1
Schriftsteller	1	5,6	33	18,4	9	9,5	42	15,3	31	11,7	13	9,8
Selbständiger			12	6,7	3	3,2	15	5,5	12	4,5	4	3,0
	18	100,0	179	100,0	95	100,0	274	100,0	266	100,0	132	100,0

Tab. 16: Erster Beruf der publizierten deutschsprachigen Autoren

	Vorwärts 1891–1918		Vorwärts 1919–1933		Vorwärts 1891–1933		Die Neue Welt 1892–1917		In Freien Stunden 1897–1918/19	
	abs.	%	abs.	%	abs.	%	abs.	%	abs.	%
Angestellter	–		1	2,1	1	0,8	12	6,4	1	1,2
Arbeiter	3	3,5	7	14,9	10	7,5	24	12,8	3	3,7
Arzt	1	1,2	–		1	0,8	4	2,1	–	
Bauer	1	1,2	–		1	0,8	–		1	1,2
Beamter	6	7,0	2	4,3	8	6,0	5	2,7	7	8,8
Gutsbesitzer	2	2,3	–		2	1,5	1	0,5	1	1,2
Handwerker	1	1,2	2	4,3	3	2,3	3	1,6	–	
Journalist	17	19,8	9	19,1	26	19,5	36	19,1	19	23,8
Kaufmann	7	8,1	1	2,1	8	6,0	11	5,9	5	6,3
künstl. Beruf	8	9,3	9	19,1	17	12,8	20	10,6	8	10,0
Lehrer	8	9,3	7	14,9	15	11,3	34	18,1	19	23,8
Militär	–		1	2,1	1	0,8	–		4	5,0
Pfarrer	–		–		–		1	0,5	6	7,5
Schriftsteller	26	30,2	7	14,9	33	24,8	26	13,8	5	6,3
Selbständiger	6	7,0	1	2,1	7	5,3	11	5,9	1	1,2
	86	100,0	47	100,0	133	100,0	188	100,0	80	100,0

Für die illustrierte Unterhaltungsbeilage Die Neue Welt verteilen sich die identischen Berufsgruppen wie beim Vorwärts der Kaiserzeit auf die ersten vier Ränge, nur differiert intern die Hierarchie: dominierende Gruppen sind die Journalisten (20,3%) und die Lehrer (18,4%). Mit großem Abstand folgen die freien Schriftsteller mit 11,7% und die Arbeiter mit 11,3%. Doch ist gerade die letztgenannte Gruppe in Relation zu den anderen – und vor allem entgegen der Erwartung – sehr stark. An fünfter Stelle, in einiger Nähe zur Gruppe der Arbeiter, stehen die Autoren mit künstlerischem Beruf (10,9%), wogegen die nächste Autorengruppe – die Beamten – nur noch 6,4% auf sich vereinigen kann. Die anderen Berufsgruppen sind nur noch schwach ausgeprägt. Die Verteilung der deutschsprachigen Autoren zeigt für die Neue Welt in den ersten fünf Positionen – also den stärksten – keine Abweichungen. Auch die Distanz zwischen den Rängen bleibt in etwa erhalten.

Ein Vergleich der Neuen Welt mit dem Vorwärts von 1891 bis 1918 führt für die Gesamtheit der Autoren zu keinem signifikanten Ergebnis (p > .05; χ^2 = 22,01; df = 14), wohl aber für die deutschsprachigen Autoren (p < .01; χ^2 = 30,17; df = 13). Überzufällig häufig publiziert die Neue Welt Texte von solchen Autoren, die zur sozialen Unterschicht (Arbeiter) und zur unteren Mittelschicht (Angestellte) zählen; systematisch unterbesetzt ist die Gruppe der Autoren, die im ersten Beruf bereits aus den Einkünften der Schriftstellerei leben, also die freien Schriftsteller. Die Feuilletonredaktion des Vorwärts wiederum publiziert systematisch zu selten Texte von deutschsprachigen Autoren, die aus den Gruppen der Arbeiter, Angestellten und Lehrer kommen. Dafür ist die Gruppe der freien Schriftsteller in diesem Zeitraum zu stark repräsentiert. Gerade diese

Autorengruppe trägt wesentlich zu dem systematischen Unterschied zwischen den beiden Organen bei.

Bei der Romanwochenschrift *In Freien Stunden* stellen die Journalisten die stärkste Autorengruppe (19,7%), an zweiter Position stehen die Lehrer (16,7%) und an dritter – im Gegensatz zu den anderen Organen – erstmals die Beamten (12,1%). Die freien Schriftsteller nehmen erst den vierten Rang ein (9,8%). An fünfter Stelle finden sich die Autoren aus dem Proletariat (7,6%) und an sechster die Angestellten (6,8%). Die verbliebenen Autorengruppen verteilen sich wie folgt: Pfarrer und künstlerische Berufe mit je 6,1%, Kaufmann und Militär mit je 4,5%, Selbständige mit 3%, Gutsbesitzer mit 2,3% und schließlich die Gruppe der Bauern mit 0,8%. Für die deutschsprachigen Autoren zeichnet sich wieder ein anderer Trend ab, auch ist das Gefälle zwischen den Autorengruppen weit krasser: an der Spitze finden sich die Journalisten und die Lehrer mit je 23,8%, mit erheblichem Abstand – an zweiter Stelle – die künstlerischen Berufe (10%) und an dritter Position die Beamten (8,8%). An vierter Stelle – im Verhältnis zu den anderen Publikationsorganen gut besetzt – die Pfarrer (7,5%). Die Gruppen der Arbeiter (3,7%) und der Angestellten (1,2%) nehmen zusammen mit den restlichen Autorengruppen nur unbedeutende Positionen ein (vgl. Tab. 16). Ein Vergleich der Romanwochenschrift mit den beiden anderen Organen führt jeweils, sowohl für die Gesamtheit der Autoren als auch für die deutschsprachigen Autoren allein, zu signifikanten Ergebnissen. Insbesondere die Berufsgruppen Lehrer, Militär und Pfarrer tragen zu diesem signifikanten Resultat bei, da die Romanwochenschrift sowohl bei den deutschsprachigen als auch bei der Gesamtzahl der Autoren hier systematisch überfrequentiert ist. [60]

Tab. 17: Zweiter Beruf der publizierten Autoren

	Berliner Volksblatt 1884–1890		Vorwärts 1891–1918		Vorwärts 1919–1933		Vorwärts 1891–1933		Die Neue Welt 1892–1917		In Freien Stunden 1897–1918/19	
	abs.	%	abs.	%	abs.	%	abs.	%	abs.	%	abs.	%
Angestellter			2	1,5	4	5,8	6	3,0	4	2,0	2	1,9
Arbeiter			2	1,5			2	1,0				
Arzt												
Bauer											1	0,9
Beamter	5	29,4	11	8,3	5	7,2	16	8,0	14	7,0	11	10,4
Gutsbesitzer			1	0,8			1	0,5	4	2,0	2	1,9
Handwerker												
Journalist	2	11,8	36	27,3	26	37,7	62	30,8	63	31,7	34	32,1
Kaufmann												
künstl. Beruf			4	3,0	2	2,9	6	3,0	7	3,5	1	0,9
Lehrer			14	10,6	5	7,2	19	9,5	5	2,5	19	17,9
Militär			1	0,8	2	2,9	3	1,5	1	0,5	5	4,7
Pfarrer			2	1,5			2	1,0	3	1,5	1	0,9
Schriftsteller	10	58,8	59	44,7	25	36,2	84	41,8	88	44,2	30	28,3
Selbständiger									10	5,0		
	17	100,0	132	100,0	69	100,0	201	100,0	199	100,0	106	100,0

Tab. 18: Drittberuf der publizierten Autoren

	Berliner Volksblatt 1884–1890		Vorwärts 1891–1918		Vorwärts 1919–1933		Vorwärts 1891–1933		Die Neue Welt 1892–1917		In Freien Stunden 1897–1919	
	abs.	%	abs.	%	abs.	%	abs.	%	abs.	%	abs.	%
Angestellter												
Arbeiter												
Arzt												
Bauer												
Beamter	1	50,0	4	7,5			4	4,4			5	8,6
Gutsbesitzer									2	2,9		
Handwerker												
Journalist			6	11,3	3	8,1	9	10,0	5	7,1	27	46,6
Kaufmann												
Künstl. Beruf									1	1,4	3	5,2
Lehrer			3	5,7			3	3,3	2	2,9	2	3,4
Militär												
Pfarrer											1	1,7
Schriftsteller	1	50,0	39	73,6	34	91,9	73	81,1	59	84,3	20	34,5
Selbständiger												
	2	100,0	53	100,0	37	100,0	90	100,0	69	100,0	58	100,0

Tab. 19: Zweiter Beruf der publizierten deutschsprachigen Autoren

	Vorwärts 1891–1918		Vorwärts 1919–1933		Vorwärts 1891–1933		Die Neue Welt 1892–1917		In Freien Stunden 1897–1919	
	abs.	%	abs.	%	abs.	%	abs.	%	abs.	%
Angestellter	1	1,8	2	6,1	3	3,4	2	1,4	1	1,5
Arbeiter										
Arzt										
Bauer										
Beamter	5	9,1	2	6,1	7	8,0	10	7,0	7	10,8
Gutsbesitzer							4	2,8	1	1,5
Handwerker										
Journalist	18	32,7	14	42,4	32	36,4	47	33,1	20	30,8
Kaufmann										
künstl. Beruf			2	6,1	2	2,3	6	4,2		
Lehrer	3	5,5	1	3,0	4	4,5	2	1,4	16	24,6
Militär									5	7,7
Pfarrer	1	1,8			1	1,1	1	0,7	1	1,5
Schriftsteller	27	49,1	12	36,4	39	44,3	60	42,3	14	21,5
Selbständiger							10	7,0		
	55	100,0	33	100,0	88	100,0	142	100,0	65	100,0

Tab. 20: Dritter Beruf der publizierten deutschsprachigen Autoren

	Vorwärts 1891–1918		Vorwärts 1919–1933		Vorwärts 1891–1933		Die Neue Welt 1892–1917		In Freien Stunden 1897–1919	
	abs.	%	abs.	%	abs.	%	abs.	%	abs.	%
Angestellter										
Arbeiter										
Arzt										
Bauer										
Beamter	2	10,5			2	5,4			5	12,5
Gutsbesitzer							1	1,9		
Handwerker										
Journalist			3	16,7	3	8,1	3	5,7	27	67,5
Kaufmann										
Künstl. Beruf									3	7,5
Lehrer	2	10,5			2	5,4	2	3,8	2	5,0
Militär										
Pfarrer										
Schriftsteller	15	78,9	15	83,3	30	81,1	46	86,8	2	5,0
Selbständiger							1	1,9	1	2,5
	19	100,0	18	100,0	37	100,0	53	100,0	40	100,0

Zweit- und Drittberuf der Autoren

Einige – nicht alle – der untersuchten Autoren geben ihren erlernten Beruf zugunsten anderer beruflicher Tätigkeiten auf. Die Tab. 17 und 18 weisen für die publizierten Autoren der Presseorgane die Häufigkeiten in dem Merkmal Zweit- und Drittberuf aus. Von den 179 publizierten Autoren des *Vorwärts* (1891–1918), für die der erste Beruf ermittelt werden konnte, geben 132 (73,4%) den erlernten Beruf auf und wenden sich einer anderen beruflichen Tätigkeit zu. Der größte Teil der Autoren etabliert sich als freier Schriftsteller oder als Journalist, wobei die Berufswahl des freien Schriftstellers eindeutig dominiert: 44,7% zu 27,3%. Der Lehrerberuf, ein typischer Aufsteigerberuf, steht an dritter Stelle (10,6%), gefolgt von den Autoren, die sich im zweiten Beruf als Beamte engagieren (8,3%). Ein Wechsel zu den anderen Berufsgruppen wird entweder gar nicht (Arzt, Bauer, Handwerker, Kaufmann) oder sehr selten vollzogen (Angestellte, Arbeiter, Gutsbesitzer, künstl. Beruf, Militär und Pfarrer). Bei einem neuerlichen Wechsel des Berufs – vom Zweit- in den Drittberuf – bleiben bei den Autoren des *Vorwärts* der Kaiserzeit in etwa die Präferenzen erhalten. Von den 132 Autoren mit einem Zweitberuf geben 53 (40,15%) diesen Beruf wieder auf. 73,6% der Autoren widmen sich nun ganz dem Schriftstellerberuf, 11,3% ergreifen eine journalistische Tätigkeit, 7,5% werden Beamte und 5,7% Lehrer. Nur ein Autor wird Angestellter (1,9%), die anderen Berufssparten finden in der Wahl des Drittberufs keine Berücksichtigung.

Von den 95 Autoren des *Vorwärts* der Weimarer Republik, für die der Erstberuf bestimmt werden konnte, wandern 69 (72,6%) in andere Berufe ab. Die Wahl fällt auf die Berufsgruppen, wie sie schon beim *Vorwärts* der Kaiserzeit beschrieben wurden, nur mit anderen Gewichtungen. Die Dominanz liegt noch immer bei den freien Schriftstellern (36,2%) und bei den Journalisten (37,7%), wobei die Distanz zwischen den Berufen geringer geworden ist und in dieser Zeit die Journalisten leicht überwiegen. Die Abwanderung zu den Lehrern und den Beamten ist – gemessen an den beiden ersten Berufsgruppen – sehr gering, nur je 7,2% der Autoren vollziehen diesen Wechsel. Als neue Berufsgruppe rücken die Angestellten ins Blickfeld, mit 5,8% sind sie gut vertreten. Zu den künstlerischen Berufen und dem Militär wandern je 2,9% der Autoren ab. Andere Berufsgruppen werden für den Zweitberuf nicht gewählt.

Von den 69 Autoren wechselt nochmals gut die Hälfte (53,6%) die berufliche Tätigkeit. Ausschließlich fällt die Wahl auf den Beruf des freien Schriftstellers (83,3%) oder des Journalisten (16,7%). Die beschriebenen Verteilungen für den *Vorwärts* der Kaiserzeit und der Weimarer Republik weichen nicht systematisch voneinander ab (p > .05; $\chi^2 = 9{,}76$; df = 9 und p > .05; $\chi^2 = 6{,}71$; df = 4). Das bedeutet, daß sich die in den beiden Untersuchungsabschnitten publizierten Autoren in der Wahl des Zweit- und Drittberufs, bis auf zufällige Unterschiede und Abweichungen, relativ konstant verhalten.

Bei den deutschsprachigen Autoren des *Vorwärts* ist insgesamt der Prozentsatz der Autoren, der von dem erlernten Beruf in einen anderen Beruf überwechselt, geringer als bei der Gesamtanzahl der publizierten Autoren, nämlich nur 63,95%. Die Tab. 19 u. 20 zeigen, daß die Rangreihe der ersten vier Plätze auch für die deutschsprachigen Autoren erhalten bleibt. Nur die Positionen der Beamten und Lehrer variieren, indem sich ihre Plätze umkehren: Schriftsteller (49,1%), Journalisten (32,7%), Beamte (9,1%), Lehrer (5,5%), Angestellte und Pfarrer mit je 1,8%. Bei der Wahl des Drittberufs – 19 Autoren des *Vorwärts* der Kaiserzeit entscheiden sich hierfür – treten nur noch drei Berufe in Erscheinung, freier Schriftsteller (78,9%), erstaunlicherweise nicht die Journalisten, sondern die Beamten und Lehrer mit je 10,5%.

70,2% der publizierten deutschsprachigen Autoren des *Vorwärts* der Weimarer Republik geben ihren ersten Beruf auf. Der Großteil ergreift wiederum (vgl. Tab. 19 u. 20) den Beruf des freien Schriftstellers und des Journalisten (42,4% und 36,4%). Deutlich wird der Abstand zu den anderen Berufsgruppen. Der Beruf des Angestellten, Beamten und Künstlers ist nur noch bei 6,1% der Autoren gefragt. Für den Beruf des Lehrers kann sich nur noch ein Autor entscheiden. Als Drittberuf wählen 54,4% den Beruf des freien Schriftstellers oder den des Journalisten. Damit bleibt auch für die deutschsprachigen Autoren das bereits bei der Gesamtanzahl der publizierten Autoren des *Vorwärts* (1919–1933) beobachtete Bild bestehen. Die Verteilungen des *Vorwärts* von 1891 bis 1918 und 1919 bis 1933 unterscheiden sich in dem untersuchten Merkmal nicht signifikant (p > .05; $\chi^2 = 6{,}81$; df = 6).

Von den in der *Neuen Welt* publizierten Autoren sind 74,81% beruflich flexibel. Wie den Tab. 19 u. 20 zu entnehmen ist, haben auch hier die Berufe des freien Schriftstellers (44,2%) und des Journalisten (31,7%) den stärksten Andrang. Die anderen Berufsgruppen sind bei der Wahl des Zweitberufs relativ unterrepräsentiert: Beamte (7,0%),

Selbständige (5,0%). Erstaunlich niedrig ist die Frequenz für den Lehrerberuf, nur 2,5% der Autoren wählen ihn als Zweitberuf. Die anderen Berufe sind ebenso belanglos für die Wahl.

35,17% der Autoren entscheiden sich nochmals für einen Berufswechsel. Der Hauptteil der Autoren strebt die Niederlassung als freier Schriftsteller an (84,1%), nur 7,1% wechseln in den Journalistenstand, je 2,9% der Autoren werden Gutsbesitzer oder Lehrer, nur 1,4% nimmt einen Beruf in der Kunstbranche an. Die Beamten sind nicht mehr vertreten.

75,5% der publizierten deutschsprachigen Autoren in der *Neuen Welt* verändern ihren beruflichen Status. Dabei sind kaum Abweichungen im Verhalten der Wahl der Zweitberufe zur Gesamtanzahl der publizierten Autoren zu beobachten, die ersten fünf Positionen in der Rangreihe sind identisch.

Auch in der Wahl des Drittberufs gibt es bei den deutschsprachigen Autoren der *Neuen Welt* keine gravierenden Unterschiede; die Schriftsteller, Journalisten, Lehrer und Gutsbesitzer behalten ihre führenden Positionen.

Was sich in der Wahl des Erstberufs bei den Autoren des *Vorwärts* (1891–1918) und der *Neuen Welt* bereits tendenziell angedeutet hatte, nämlich, daß die Autoren der Organe einer anderen Gesamtpopulation von Schriftstellern angehören, findet seine weitere empirische Erhärtung: der Vergleich der beruflichen Mobilität der Autoren führt zu einem signifikanten Ergebnis ($p < .05$; $\chi^2 = 20,46$; $df = 10$). Die *Neue Welt* ist in den Zweitberufen Arbeiter und Lehrer signifikant unter-, der *Vorwärts* signifikant überbesetzt. In der Gruppe der Selbständigen ist die *Neue Welt* dagegen überzufällig häufig repräsentiert, wogegen der *Vorwärts* hier systematisch unterbesetzt ist. [61]

Den höchsten Prozentsatz an Autoren, die nicht in ihrem ersten Beruf bleiben, stellt die Romanwochenschrift *In Freien Stunden,* nämlich 80,3 Prozent. Auffällig ist, daß im Vergleich zu den beiden anderen Presseorganen die Distanz zwischen der Gruppe der freien Schriftsteller und Journalisten nicht mehr so groß ist, die Schriftsteller stehen mit 28,3% hinter den Journalisten mit 32,1%. Auch der Wechsel in den Lehrerberuf wird sehr häufig vollzogen, immerhin von 17,9% der Autoren. 10,4% der Autoren entscheiden sich für eine Tätigkeit als Beamter. Damit sind die Berufsgruppen genannt, zu denen am häufigsten übergewechselt wird. In der Wahl des Drittberufs ist bei den Autoren ein ähnliches Verhalten zu beobachten wie bei den Autoren der beiden anderen Presseorgane: der Großteil der Autoren etabliert sich endgültig als freier Schriftsteller (33,9%) oder als Journalist (45,8%). Doch wandern sie auch in andere Berufssparten ab: zu den Beamten 8,5% der Autoren, in die künstlerischen Berufe 5,1%, zu den Lehrern 3,4% und schließlich zu den Pfarrern 1,7%. Andere Berufe werden nicht gewählt.

Von den publizierten deutschsprachigen Autoren der Romanwochenschrift wechseln 65, d. s. 81,25%, den Beruf. Von diesen verändern dann nochmals 65 (61,53%) ihre berufliche Position. In der Wahl des Zweitberufs weichen die deutschsprachigen Autoren nur geringfügig von der Gesamtzahl der Autoren ab. Wie die Tab. 19 und 20 dokumentieren, kehren sich nur die Positionen der Schriftsteller und Lehrer um, ansonsten bleibt die Rangreihe erhalten. In der Wahl des dritten Berufes zeigen sich jedoch einige Differenzen. Insgesamt ist die Bandbreite in dem Wechsel größer als bei den beiden anderen Organen, bei denen ja fast ausschließlich nur die Berufe freier Schriftsteller und

Journalist gewählt wurde. Die Etablierung als freier Schriftsteller im Drittberuf spielt bei den Autoren der Romanwochenschrift noch keine so große Rolle, dominierende Positionen nehmen folgende Berufe ein: Journalist (67,5%), Beamter (12,5%), künstlerischer Beruf (5,0%) und freier Schriftsteller (5,0%), Selbständiger (2,5%).

In der Wahl des Zweitberufs ergeben sich für die Autoren der Romanwochenschrift und des *Vorwärts* (1891–.1918) keine signifikanten Unterschiede (p > .05; $\chi^2 = 15,74$; df = 10), obwohl die Tendenz (.10% Niveau) dazu besteht. Danach ist die Romanwochenschrift tendenziell systematisch überfrequentiert in der Gruppe der Lehrer und dem Militär; tendenziell systematisch unterbesetzt in der Gruppe der freien Schriftsteller. Der *Vorwärts* der Kaiserzeit stellt in den genannten Gruppen den jeweiligen Gegenpol dar. Betrachtet man die deutschsprachigen Autoren allein, so lassen sich hier zwischen den beiden Organen systematische Unterschiede nachweisen (p < .01; $\chi^2 = 18,75$; df = 7), die Differenzen betreffen die bereits oben genannten Autorengruppen, ebenso die Richtung der Abweichungen. Auch in der Wahl des Drittberufs unterscheiden sich die Autoren der beiden Organe signifikant (p < .001; $\chi^2 = 39,79$; df = 5). Der *Vorwärts* ist im Drittberuf Journalist systematisch unter-, im Beruf freier Schriftsteller dagegen überbesetzt. Die Romanwochenschrift gibt hierzu das genaue Spiegelbild ab.

Das Merkmal Zweit- und Drittberuf der publizierten Autoren differenziert ebenfalls systematisch zwischen der Romanwochenschrift und der *Neuen Welt*, sowohl für die Gesamtanzahl der Autoren (p < .001; $\chi^2 = 41,72$; df = 10) als auch für die deutschsprachigen allein (p < .001; $\chi^2 = 52,67$; df = 9). Die Unterschiede decken sich mit denen zwischen Romanwochenschrift und *Vorwärts*.

Bislang wurden die Häufigkeiten in den einzelnen Berufsgruppen für den ersten-, zweiten und dritten Beruf der publizierten Autoren pro Presseorgan beschrieben. Von Interesse ist aber auch, aus welcher Herkunftsschicht sich die publizierten Autoren vornehmlich rekrutieren und vor allem, *wohin* sie aufsteigen bzw. absteigen. Für die Presseorgane *Vorwärts* (1891–1918), *Neue Welt* und *In Freien Stunden* wurde daher eine Aufschlüsselung der publizierten deutschsprachigen Autoren nach ihrer sozialen Herkunft und ihrem ersten Beruf, sowie eine Aufgliederung nach erstem und zweitem Beruf vorgenommen. Die gleiche Prozedur wurde auch für den *Vorwärts* der Weimarer Republik durchgeführt.

Aufschlüsselung der Gesamtheit der deutschsprachigen Autoren (1891–1933) nach Erst- und Zweitberuf

Die Tab. 21 weist für die Gesamtheit der publizierten deutschsprachigen Autoren im *Vorwärts* der Kaiserzeit, in der *Neuen Welt* und in der Romanwochenschrift den erlernten Beruf und die Veränderung des beruflichen Status (Zweitberuf) aus. Basis der Erhebung sind in diesem Fall sowohl die Erzähltexte (Zahl in Klammern) als auch die Einzelautoren. Die Tab. 21 dokumentiert, daß in dem Berufswechsel der Autoren vornehmlich drei Berufe präferiert werden. Der Aufstieg in die Beamtenschaft, die Niederlassung als freier Schriftsteller und die Aufnahme der Tätigkeit als Journalist bzw. Redakteur wird von den meisten Autoren vollzogen. Die Autoren, die im Hauptberuf als Arbeiter tätig sind, steigen hauptsächlich in den Schriftsteller- und Journalistenstand

Tab. 21: Verteilung der deutschsprachigen Autoren des »Vorwärts« (1891–1918), der »Neuen Welt« (1892–1917) und der Romanwochenschrift »In Freien Stunden« (1897–1919) nach Erst- und Zweitberuf (Basis = Einzelautoren; abs. Zahlen) (Die Zahlen in Klammern geben die Anzahl der publizierten Erzähltexte an)

Erster Beruf \ Zweiter Beruf	Angestellter	Arbeiter	Arzt	Bauer	Beamter	Gutsbesitzer	Handwerker	Journalist	Kaufmann	Künstl. Beruf	Lehrer	Militär	Pfarrer	Schriftsteller	Selbständiger	
Angestellter								1						2	1 (10)	4 (13)
Arbeiter	1 (2)							5 (20)						3 (5)		9 (27)
Arzt								1 (2)						2		3 (4)
Bauer	1															1
Beamter						1 (2)		2 (3)						3		6 (8)
Gutsbesitzer					1									1 (2)		2 (3)
Handwerker	1							1 (2)								2 (3)
Journalist					2	1				1	1 (19)			10 (33)		15 (56)
Kaufmann					1			2 (6)				1 (5)		5 (10)		9 (22)
Künstl. Beruf						1		4 (7)			1			5 (23)		12 (33)
Lehrer					3 (14)	1		11 (20)					2 (3)	8 (18)		24 (55)
Militär					1			1 (3)								2 (4)
Pfarrer								1 (4)			1					2 (5)
Schriftsteller					1 (2)			5 (7)		1 (2)						7 (11)
Selbständiger					1			6 (10)		2 (3)				3		12 (17)
	3 (4)				10 (22)	4 (5)		40 (85)		4 (6)	3 (21)	1 (5)	2 (3)	42 (101)	1 (10)	110 (262)

Tab. 22: *Verteilung der deutschsprachigen Autoren des »Vorwärts« (1919–1933), nach Erst- und Zweitberuf*

(Basis = Einzelautoren; abs. Zahlen)
(Die Zahlen in Klammern geben die Anzahl der publizierten Erzähltexte an)

Erster Beruf \ Zweiter Beruf	Angestellter	Arbeiter	Arzt	Bauer	Beamter	Gutsbesitzer	Handwerker	Journalist	Kaufmann	Künstl. Beruf	Lehrer	Militär	Pfarrer	Schriftsteller	Selbständiger
Angestellter														1	1
Arbeiter								3		1 (2)				1 (2)	2 (4)
Arzt															
Bauer															
Beamter								1							1
Gutsbesitzer															
Handwerker	1													1	2
Journalist	1				1									3	5
Kaufmann								1							1
Künstl. Beruf								3 (6)						2	5 (8)
Lehrer								1 (3)						3	4 (6)
Militär											1				1
Pfarrer															
Schriftsteller															
Selbständiger					1										
	2				2			9 (14)		1 (2)	1			11 (12)	26 (33)

auf; die Journalisten etablieren sich als freie Schriftsteller. Relativ hoch ist der Anteil der Autoren aus dem Kaufmannsstand, die sich im zweiten Beruf ganz der Schriftstellerei widmen. Die Autoren mit einem künstlerischen Beruf bevorzugen in der Wahl des Zweitberufs die journalistische und freie schriftstellerische Arbeit. Die Berufsgruppe der Lehrer stellt den größten Anteil an Autoren, die als Journalisten tätig werden. Gut vertreten ist diese Berufsgruppe auch bei den freien Schriftstellern. Einige freie Schriftsteller widmen sich wieder einer redaktionellen bzw. journalistischen Arbeit, allerdings muß gesagt werden, daß offenbar die Grenzen zwischen freier Schriftsteller und Journalist manchmal recht fließend sind. [62] Die im ersten Beruf als Selbständige titulierten Autoren wandern größtenteils zu den Journalisten ab. Ansonsten streut, wie die Tab. 21 zeigt, der Wechsel in andere Berufssparten breit. Allerdings finden einige Berufe hierbei keine Berücksichtigung mehr: Arbeiter, Arzt, Bauer, Handwerker und Kaufmann.

Die Tab. 22 dokumentiert für den *Vorwärts* der Weimarer Republik die Merkmalskombination Erst- und Zweitberuf der publizierten deutschsprachigen Autoren. Von den 42 deutschsprachigen Autoren gehen nur 26 in die Verteilung ein, teils, weil die Autoren keinen Berufswechsel vollziehen, teils aber auch deswegen, weil die Lexika die Informationen für die Berufe nicht liefern. Auch hier scheint sich abzuzeichnen, daß als Zweitberuf von den Arbeitern, den Lehrern und den künstlerischen Berufen überwiegend der journalistische oder freie schriftstellerische Beruf gewählt wird. Insgesamt hat sich das Spektrum der Berufsgruppen im Erst- und Zweitberuf reduziert.

Aufschlüsselung der Gesamtheit der deutschsprachigen Autoren (1891–1933) nach sozialer Herkunft und erstem Beruf

Die Tab. 23 vermittelt einen ersten Eindruck über die Distanz zwischen sozialer Ausgangslage der Autoren und ihrer ersten beruflichen Position. Bereits in dem Abschnitt über die soziale Herkunft der Autoren hatte sich die Dominanz der Autoren gezeigt, die sich aus dem Beamten und Kaufmannsstand, aber auch aus der Gruppe der Grundbesitzer rekrutieren. Von den 25 Autoren aus der Beamtenschaft verbleiben sechs, das sind etwa ein Viertel (24,0%), in diesem Stand. Fünf Autoren (20%) gehen einer Lehrtätigkeit nach, ebenso viele nehmen eine Arbeit als Journalist, Redakteur oder Herausgeber auf. Drei der Autoren aus dem Beamtenstand (12%) wechseln in den Kunstbetrieb über. Zusammen mit den Journalisten stellen diese Autoren das Hauptkontingent an literarischen Texten für die Publikationsorgane (die Journalisten 28,6%; die künstlerischen Berufe 34,3%). Damit sind für die Autoren aus der Beamtenschaft die relevantesten Veränderungen genannt. Aus dem Kaufmannsstand kommen 18 Autoren, die mit 63 literarischen Texten publiziert werden. Die Präferenzen in der Wahl des ersten Berufs sind eindeutiger als bei den Autoren aus der Beamtenschaft: ein Drittel der Autoren (33,3%) wird am Anfang der beruflichen Tätigkeit Journalist. Sie stellen auch in dieser Autorengruppe das Hauptkontingent an literarischen Texten (60,3%). Unter ihnen befinden sich zwei namhafte sozialdemokratische Autoren, A. Otto-Walster und R. Schweichel sowie D. Goebeler, eine Vertreterin der frühen sozialistischen Schriftstellerinnen. Von R. Schweichel werden allein 19 Erzähltexte publiziert, von D. Goebeler 7. Fünf der Autoren aus dem Kaufmannsstand lassen sich im Erstberuf als freie Schriftstel-

Tab. 23: *Verteilung der deutschsprachigen Autoren des »Vorwärts« (1891–1918), der »Neuen Welt« (1892–1917) und der Romanwochenschrift »In Freien Stunden« (1897–1919) nach sozialer Herkunft und erstem Beruf*

(Basis = Einzelautoren; abs. Zahlen. Die Zahlen in Klammern geben die Anzahl der publizierten Erzähltexte an)

Erster Beruf \ Soziale Herkunft	Angestellter	Arbeiter	Arzt	Bauer	Beamter	Gutsbesitzer	Handwerker	Journalist	Kaufmann	Künstl. Beruf	Lehrer	Militär	Pfarrer	Schriftsteller	Selbständiger	Σ
Angestellter					1										1 (10)	2 (11)
Arbeiter	1 (2)	3 (18)		1						1 (3)					1 (2)	7 (26)
Arzt			1						1 (2)		1					3 (4)
Bauer				2 (3)												2 (3)
Beamter				1 (3)	6 (9)	2					1					10 (16)
Gutsbesitzer						1 (2)						1				2 (3)
Handwerker		1 (2)		1			1									3 (4)
Journalist			1		5 (20)	1 (2)		1	6 (38)			1				17 (65)
Kaufmann					1	2			1 (2)				1 (3)			6 (9)
Künstl. Beruf					3 (24)	1	1		1	2 (9)				1		5 (15)
Lehrer	2	1 (5)		1	5 (8)	2	4 (18)		1 (2)		3 (5)		5 (6)			24 (49)
Militär					1 (3)							1				2 (4)
Pfarrer									1 (6)				2 (3)			3 (9)
Schriftsteller	1 (4)	1	1		2 (3)	4 (8)			5 (9)	1 (2)	1	4 (7)			1 (2)	19 (33)
Selbständiger					1	1			2 (3)	1			1		1	8 (12)
Σ	5 (9)	6 (26)	3	6 (9)	25 (70)	15 (21)	6 (20)	1	18 (63)	5 (15)	6 (8)	7 (10)	9 (13)	1	5 (17)	118 (286)

ler nieder, dazu gehören beispielsweise Hegeler, E. Schweichel, die Frau von R. Schweichel, und Schlaf. Erzähltexte werden von ihnen nicht in so großem Umfange publiziert.
Nur ein Autor verbleibt in dem beruflichen Stand seines Vaters (Rüderer), die anderen
wechseln in gehobene soziale Positionen über: je ein Autor wird Arzt, Lehrer, Pfarrer
oder ergreift einen Beruf im Kunstbetrieb. Als Selbständige etablieren sich zwei Autoren.
Andere Berufe werden von den Autoren aus dem Kaufmannsstand nicht ergriffen. Die
drittstärkste Gruppe der deutschsprachigen Autoren – jene, die aus der Schicht der
Gutsbesitzer kommen – streut in der Wahl des ersten Berufs breit. Die Verteilung weist
nicht so klare Präferenzen in der Wahl der Berufe aus, wie sie etwa für die Autoren aus
dem Kaufmannsstand konstatiert werden konnten. Vier der Autoren, davon zwei
Frauen (Droste-Hülshoff, Ebner-Eschenbach), widmen sich ganz der Schriftstellerei, die
anderen wechseln über zu den Beamten, Lehrern, Selbständigen, Journalisten usf. Mit
der Anzahl der publizierten Texte (21) liegen diese Autoren weit hinter den beiden
anderen Gruppen, die mit 70 (Beamtenstand) und mit 63 (Kaufmannsstand) Erzähltexten vertreten waren. Sie stellen quantitativ sogar weniger literarische Texte als jene
Autoren, die aus der sozialen Unterschicht (Arbeiter) stammen: sechs der Autoren, die
sich aus der Arbeiterklasse rekrutieren, liefern 26 literarische Produkte für den Abdruck
in der Presse. Die Hälfte dieser Autoren (3) verbleibt zunächst in der Herkunftsschicht
(z. B. Krille, Preczang, Groetzsch), je ein Autor wird Handwerker (Ostwald), Journalist
(Diefenbach) und Lehrer (O. Ernst). In dieser Gruppe liefern die Autoren, die Arbeiter
sind, die meisten Texte (18 von 26, d. s. 69,2 %). Damit sind soziale Herkunft und erste
berufliche Position der wichtigsten Autorengruppen beschrieben. Für die hier nicht
genannten verweisen wir auf die Tab. 23.

Für den *Vorwärts* der Weimarer Republik wurde ebenfalls die Aufschlüsselung der
deutschsprachigen Autoren nach sozialer Herkunft und eigenem beruflichen Status
durchgeführt, doch ist die Stichprobe so klein, daß kaum Aussagen getroffen werden
können.

Angenommen worden war, daß sich die zeitgenössischen deutschen Autoren vornehmlich aus den Berufsgruppen Lehrer, Journalist und freier Schriftsteller rekrutieren
werden. Weiterhin wurde unterstellt, daß der Beruf des Journalisten und freien Schriftstellers erst im Zweit- oder Drittberuf ausgeübt wird. Für die Autoren aus der Arbeiterklasse wurde erwartet, daß sie ihre Tätigkeit als Lohnarbeiter zugunsten der beruflichen
Position als Journalist oder Redakteur aufgeben werden. Betrachtet man die Befunde der
empirischen Analyse, so können diese Annahmen nur mit Modifikationen beibehalten
werden. Bestätigt hat sich die Vermutung, daß die dominierenden Berufsgruppen tatsächlich die Lehrer, die Journalisten und die freien Schriftsteller sind. Festzuhalten ist,
daß alle *drei* Berufssparten bereits im ersten Beruf eine Rolle spielen. Anzunehmen ist,
daß die Expansion der Presse in der zweiten Hälfte des 19. Jahrhunderts es den Autoren
ermöglichte, sich sofort als Journalist bzw. freier Schriftsteller zu etablieren. Vollziehen
die Autoren einen Berufswechsel, so wandern sie tatsächlich in der Mehrzahl der Fälle in
die Berufe des Journalisten bzw. freien Schriftstellers ab. Die für die Arbeiter erwartete
berufliche Mobilität hat sich bestätigt, wenn auch gesagt werden muß, daß die geringe
Anzahl der Autoren die Generalisierbarkeit der Ergebnisse beeinträchtigt. Die hier
untersuchten Autoren wechseln in der Mehrzahl der Fälle in den Journalistenstand über.

Klassische Lebensläufe dafür bieten die Arbeiterautoren Groetzsch, Krille und Preczang.

Nicht beantwortet werden kann mit den Daten die Frage, ob der Anteil der Autoren, der nach 1900 im Erstberuf Schriftsteller wird, ansteigt, da es sich hier um unterschiedliche Autorengenerationen handelt.

Die empirischen Ergebnisse der Konfigurationsfrequenzanalyse widersprechen ebenfalls den weiter vorn unterstellten Annahmen. Vermutet worden war, daß sich anhand der vorliegenden Daten ein konfiguraler Anti-Typus identifizieren lassen müßte, der die Merkmale trägt: soziale Herkunft = Arbeiter / erster Beruf = Arbeiter / zweiter Beruf = Journalist bzw. Redakteur. [63] Die 3-Variablen-Analyse dieser Merkmale deckt jedoch völlig andere Typen auf. In dem gesamten Untersuchungszeitraum sind für die Gesamtheit der Organe 3 Konfigurationen von 64 möglichen signifikant, jeweils mit wenigstens $p < .001$. Die Tab. 24 weist die Anzahl der Konfigurationsmöglichkeiten mit den Konfigurationsfrequenzen aus. Die Abb. 1 dokumentiert die überzufälligen Konfigurationsfrequenzen, also die konfiguralen Typen. Diese signifikanten Merkmalskombinationen lassen sich wie folgt umschreiben:

	Soziale Herkunft	1. Beruf	2. Beruf
1. Typus	unselbständig Beschäftigter (Arbeiter, Angestellter)	unselbständig Beschäftigter (Arbeiter, Angestellter)	selbständig Beschäftigter mit besonderer Staatsloyalität (Beamter, Militär, Lehrer, Pfarrer)

Dieser Typus erscheint mit am Material beobachteten Frequenzen von 19 und unter der Annahme der totalen Unabhängigkeit der Merkmale erwarteten Frequenzen von 2,3. Nur in einem von tausend Fällen ist diese Merkmalskonfiguration als zufällige Konstellation möglich.

Ebenfalls signifikant ist – mit $p < .001$ – die Konfiguration

	Soziale Herkunft	1. Beruf	2. Beruf
2. Typus	unselbständig Beschäftigter	unselbständig Beschäftigter	Journalistischer bzw. künstlerischer Beruf (Journalist, freier Schriftsteller, künstl. Beruf)

(beobachtete Frequenzen: 29; erwartete: 8,8)

Ein weiterer Typus – zufallskritisch abgesichert mit $p < .001$ – erscheint mit den Merkmalen

	Soziale Herkunft	1. Beruf	2. Beruf
3. Typus	selbständig Beschäftigter	unselbständig Beschäftigter	selbständig Beschäftigter

(beobachtete Frequenzen: 10; erwartete: 1,2)

Um die Merkmale, die für die überzufälligen Konfigurationsfrequenzen relevant sind, identifizieren zu können, wurde in einem nächsten Arbeitsschritt die hierarchische KFA durchgeführt. Außerdem haben wir für den *Vorwärts* (1891–1918), die *Neue Welt* und *In Freien Stunden* zusammen und den *Vorwärts* (1919–1933) isoliert für die jeweiligen bivariaten Kontingenzen Mehrfelder-Chi²-Tests angesetzt.

Für die 2-Variablen-Analyse der ersten hierarchischen KFA (n = 540; Konfigurationsmöglichkeiten: 16; Merkmale: soziale Herkunft und erster Beruf) ergeben sich zwei

Tab. 24: Einfache Konfigurationsfrequenzanalyse für den »Vorwärts« (1891–1933), die »Neue Welt« und die Romanwochenschrift »In Freien Stunden« nach 3 Variablen

Soziale Herkunft	1. Beruf	2. Beruf
1. unselbständig Beschäftigte	1. unselbständig Beschäftigte	1. unselbständig Beschäftigte
2. selbständig Beschäftigte	2. selbständig Beschäftigte	2. selbständig Beschäftigte
3. unselbständig Beschäftigte mit besonderer Staatsloyalität	3. unselbständig Beschäftigte mit besonderer Staatsloyalität	3. unselbständig Beschäftigte mit besonderer Staatsloyalität
4. journalistische und künstlerische Berufe	4. journalistische und künstlerische Berufe	4. journalistische und künstlerische Berufe

Konfigurationsfrequenzen

111 = 2	112 = 0	113 = 19	114 = 29	121 = 0
122 = 0	123 = 0	124 = 7	131 = 0	132 = 0
133 = 0	134 = 26	141 = 0	142 = 0	143 = 0
144 = 3	211 = 4	212 = 10	213 = 5	214 = 23
221 = 5	222 = 1	223 = 4	224 = 29	231 = 2
232 = 2	233 = 18	234 = 46	241 = 0	242 = 0
243 = 27	244 = 21	311 = 0	312 = 0	313 = 3
314 = 1	321 = 0	322 = 0	323 = 0	324 = 15
331 = 0	332 = 2	333 = 7	334 = 30	341 = 0
342 = 1	343 = 3	344 = 45	411 = 0	412 = 0
413 = 0	414 = 4	421 = 0	422 = 0	423 = 0
424 = 1	431 = 0	432 = 0	433 = 0	434 = 1
441 = 1	442 = 0	443 = 0	444 = 16	

n = 413

Überzufällige Konfigurationsfrequenzen: 3 (p < .001) (113, 114, 212)

Abb. 1

Soziale Herkunft 1. Beruf 2. Beruf

3. Typus
1. Typus
2. Typus

1. unselbständig Beschäftigte

2. selbständig Beschäftigte

3. unselbständig Beschäftigte mit besonderer Staatsloyalität

4. journalistische und künstlerische Berufe

überzufällige Konfigurationsfrequenzen. Charakteristisches Merkmal dieser beiden konfiguralen Typen ist, daß zwischen sozialer Ausgangslage und erlerntem Beruf keine Distanz ist: der erste Typus erscheint mit $p < .001$ mit den Merkmalen soziale Herkunft = unselbständig Beschäftigter und erstem Beruf = ebenfalls unselbständig Beschäftigter (beobachtete Frequenz 50, erwartete 15). Signifikant überfrequentiert ($p < .05$) ist die Kombination soziale Herkunft = journalistischer und künstlerischer Beruf und der erste Beruf mit den identischen Merkmalen (beobachtete Frequenz 22, erwartete 11). Die zweite hierarchische KFA ($n = 413$; Konfigurationsmöglichkeiten: 16, Merkmale: Soziale Herkunft und zweiter Beruf) deckt keine überzufälligen Konfigurationsfrequenzen auf, d. h., daß es zwischen sozialer Herkunft und Wahl des zweiten Berufes keinen systematischen Zusammenhang gibt. Bei der dritten hierarchischen KFA ($n = 507$, Konfigurationsmöglichkeiten: 16, Merkmale: erster und zweiter Beruf) schließlich ist eine Kombination mit $p < .05$ signifikant: erster Beruf = unselbständig Beschäftigter und zweiter Beruf = selbständig Beschäftigter (beobachtete Frequenzen 10, erwartete 3,1).

Die hierarchische KFA führt zu dem Ergebnis, daß als relevanteste Variable für die Typenbildung der erlernte Beruf mit der kategorialen Ausprägung unselbständig Beschäftigter anzusehen ist, denn dieses Merkmal *allein* generiert bei allen drei konfiguralen Typen der 3-Variablen-Analyse den Zusammenhang.

5.2.3. Nationalität

Ergebnis der vorliegenden Studien zur Literatur in der sozialdemokratischen Presse ist, daß sich die bewußte Feuilletonpolitik des Arbeiterfeuilletons in spezifischen Auswahlstrategien von Autoren der unterschiedlichsten Nationalliteraturen niederschlägt. [64] Eine Klassifikation der in der sozialdemokratischen Presse abgedruckten Autoren nach ihrer nationalen Zugehörigkeit zeige, so berichten die Autoren, daß bis zum Ausbruch des Ersten Weltkrieges bevorzugt skandinavische und osteuropäische – insbesondere russische – Autoren publiziert worden seien. Den Grund für diese Präferenzen sehen die Autoren in der sozialkritischen und realistischen Tendenz dieser Literatur. Die Arbeiterleser fänden sich und ihr eigenes Erleben, ihre Weltanschauung, ihre Atmosphäre und ihr Milieu in diesen Texten wieder. Von daher wirke gerade diese Literatur ganz besonders anziehend auf die proletarischen Leser. [65] Ludwig Lessen, über lange Jahrzehnte Feuilletonredakteur des *Vorwärts* und der *Neuen Welt,* bestätigt diesen Sachverhalt. Rückblickend auf die Zeit vor 1919 schreibt er aus seinen Erfahrungen:

»Dazu kam, daß der Roman der sozialdemokratischen Tagespresse politische Färbung haben mußte. Die großen Tagesfragen mußten gestreift sein, die allgemeinen, vorwärtsdrängenden Menschheitsprobleme durften im Handlungshintergrund nicht fehlen, die sozialen Nöte und Wünsche der Zeit mußten in der einen oder anderen Form zu Worte kommen. Das Arbeiterlesepublikum wollte kein rosiges Idyll, es wollte Ausschnitte aus dem eigenen Leben, wollte Kampf und Forderung der Gegenwart, wollte ehrliche, ungeschminkte Wahrheit.

Diese im Roman dichterisch niedergelegte Wahrheit war glücklicherweise da. Von Westen, Norden und Osten war in den achtziger Jahren des vorigen Jahrhunderts der sogenannte Realismus auch in die deutsche Literatur eingedrungen. Die Romane des Franzosen Zola hatten sich weite Kreise im deutschen Lesepublikum erobert. Die Erzählungen der Russen Turgenjew und Dostojewski wurden von der deutschen Jugend geradezu mit Heißhunger verschlungen. Der Däne Jacobson, der Norweger Björnson und zahlreiche schwedische Dichter gewannen tiefeinschneidenden Einfluß auf die Entwicklung der deutschen Literatur. Diese literarische Revolution ging natürlich auch am Unterhaltungsteil der Tageszeitungen nicht spurlos vorüber. Und wieder war es die sozialdemokratische Tagespresse, die der neuen Romankunst Tür und Tor öffnete.« [66]

Neben den skandinavischen und osteuropäischen Autoren dominieren – wie bereits von Ludwig Lessen angesprochen – die französischen, belgischen und flämischen Schriftsteller im Feuilleton der sozialdemokratischen Presse. Auch ihre literarischen Texte sind voller sozialer Empörung über die gesellschaftlichen Mißstände und können von daher auf breite Resonanz in Arbeiterkreisen rechnen.

Die Hauptakzente bei der Autorenauswahl in der sozialdemokratischen Presse liegen danach also, wie oben skizziert, bei den skandinavischen, osteuropäischen und französischen Autoren, wobei die beiden erstgenannten Autorengruppen eindeutig überwiegen. Ergänzend zu ihnen werden deutschsprachige Autoren veröffentlicht, die sich nach drei Kategorien klassifizieren lassen [67]: Klassiker und kritische Realisten; neuere Unterhaltungserzähler aus dem bürgerlichen Lager und sozialdemokratische Parteischriftsteller. Die neueren Unterhaltungserzähler machen in der Gruppe der deutschen Autoren, so das Ergebnis von Feddersen, den größten Anteil aus. Der Abdruck der deutschsprachigen Autoren insgesamt werde aber nicht so gepflegt wie der der skandinavischen und osteuropäischen Autoren. Die Auswahl der Klassiker sei häufig, so Feddersen, mehr Notbehelf und nicht Glied in der Kette der Bildungsarbeit des Feuilletons. [68] Einschränkend muß aber gesagt werden – insbesondere Feddersen verweist darauf – daß der Abdruck der Skandinavier und Osteuropäer auch aus anderen Motiven als den genannten erfolgte: die Werke der Norweger und der Dänen waren länger als die der anderen Autoren urheberrechtlich nicht geschützt, da diese Länder erst zu Beginn des 20. Jahrhunderts der Berner Konvention beigetreten sind. [69]

Faßt man zusammen, so kann für die sozialdemokratische Presse unterstellt werden, daß sich in dem Merkmal Nationalität bzw. Sprache der Autoren spezifische Auswahlstrategien nachweisen lassen. Diese Strategien müßten ihren Ausdruck darin finden, daß der Anteil der publizierten skandinavischen, osteuropäischen und französischen Autoren weit größer ist als der der deutsch- bzw. anderssprachigen Autoren. Diese Überlegungen sollen aber nur für den Zeitabschnitt bis etwa 1914 gelten. [70] Für die Zeit nach 1919 scheinen diese Auswahlkriterien, folgt man den Ausführungen von Kliche [71], keine Gültigkeit mehr gehabt zu haben. In diesem Zeitabschnitt verschwindet die kritisch-realistische Literatur der Skandinavier, Russen und Franzosen zugunsten der Romane der deutschsprachigen Unterhaltungsschriftsteller aus dem Feuilleton der Parteipresse. Unterstellt man die Richtigkeit dieser Ausführungen, so müßten sich, bezogen auf den *Vorwärts*, in dem Merkmal Sprache der Autoren zwischen den beiden Untersuchungsabschnitten – 1891 bis 1918 und 1919 bis 1933 – systematische Unterschiede nachweisen lassen.

Die Tab. 25 und 26 dokumentieren für die publizierten Autoren die Einzel- bzw. die in Sammelkategorien zusammengefaßten Sprachen, in denen die Autoren ihre literarischen Texte produzieren. Wie aus den Tabellen ersichtlich, können beim *Vorwärts* und bei der *Neuen Welt* zum Teil für die Autoren in diesem Merkmal keine Zuweisungen

Tab. 25: Verteilung des Merkmals »Nationalität/Sprache der Autoren« auf die untersuchten Publikationsorgane

	Berliner Volksblatt (1884–1890)		Vorwärts (1891–1918)		Vorwärts (1919–1933)		Vorwärts (1891–1933)		Die Neue Welt (1892–1917)		In Freien Stunden (1897–1918/19)	
Sprache	abs.	%	abs.	%	abs.	%	abs.	%	abs.	%	abs.	%
Amerikanisch			4	1,7	6	4,5	10	2,7				
Belgisch			2	0,9			2	0,5	1	0,2		
Brasilianisch					1	0,8	1	0,3				
Dänisch			20	8,6	11	8,3	31	8,5	8	1,9	5	3,2
Deutsch	12	30,8	88	37,8	52	39,1	140	38,3	218	53,0	86	55,1
Englisch	1	2,6	3	1,3	5	3,8	8	2,2	19	4,6	13	8,3
Estnisch									1	0,2		
Finnisch			1	0,4	2	1,5	3	0,8	2	0,5	1	0,6
Flämisch			1	0,4			1	0,3	5	1,2		
Französisch	2	5,1	13	5,6	9	6,8	22	6,0	11	2,7	19	12,2
Irisch			1	0,4	1	0,8	2	0,5				
Italienisch			2	0,9			2	0,5			2	1,3
Jiddisch					1	0,8	1	0,3				
Lettisch												
Niederländisch			1	0,4	1	0,8	2	0,5			1	0,6
Norwegisch			14	6,0	6	4,5	20	5,5	9	2,2	3	1,9
Polnisch	1	2,6	6	2,6			6	1,6	7	1,7	2	1,3
Rumänisch											1	0,6
Russisch	2	5,1	19	8,2	6	4,5	25	6,8	16	3,9	11	7,1
Schottisch											2	1,3
Schwedisch			3	1,3			3	0,8	7	1,7	1	0,6
Serbisch									1	0,2		
Spanisch			3	1,3			3	0,8				
Tschechisch			2	0,9			2	0,5				
Ungarisch	1	2,6	1	0,4	2	1,5	3	0,8			3	1,9
Rest	20	51,3	49	21,0	30	22,6	79	21,6	106	25,8	6	3,8
Total	39	100,0	233	100,0	133	100,0	366	100,0	411	100,0	156	100,0

getroffen werden, da die Autoren in den einschlägigen Lexika nicht verzeichnet sind. Aufgrund der Autorennamen kann zwar angenommen werden, daß sich in dieser Restgruppe ein großer Teil an deutschsprachigen Autoren versteckt, doch sollten nicht allein anhand der Autorennamen Codierungen vorgenommen werden, die sich dann letztlich doch als falsch herausstellen können. Der Prozentsatz der Autoren, die nicht eindeutig identifiziert werden können, ist für die Romanwochenschrift In Freien Stunden bedeutend geringer, ein erster Hinweis darauf, daß es sich größtenteils um kanonisierte Autoren handelt.

Etwa die Hälfte der im Vorwärts (1891–1918) publizierten Autoren sind deutschsprachige Autoren. Diese Relation hält sich über den gesamten Untersuchungszeitraum hin: in der Zeit von 1891 bis 1918 werden 88 deutschsprachige Autoren (47,8%) veröffent-

Tab. 26: Verteilung des Merkmals »Nationalität/Sprache der Autoren« (Sammelkategorien) auf die untersuchten Publikationsorgane

Sprache	Berliner Volksblatt (1884–1890)		Vorwärts (1891–1918)		Vorwärts (1919–1933)		Vorwärts (1891–1933)		Die Neue Welt (1892–1917)		In Freien Stunden (1897–1918/19)	
	abs.	%	abs.	%	abs.	%	abs.	%	abs.	%	abs.	%
Außereuropa			4	1,7	7	5,3	11	3,0				
Deutsch	12	30,8	88	37,8	52	39,1	140	38,3	218	53,0	86	55,1
Osteuropa	4	10,2	28	12,0	9	6,8	37	10,1	25	6,1	17	10,9
Skandinavien			38	16,3	19	14,3	57	15,6	26	6,3	10	6,4
Westeuropa	3	7,7	26	11,2	16	12,0	42	11,5	36	8,8	37	23,7
Rest	20	51,3	49	21,0	30	22,6	79	21,6	106	25,8	6	3,8
Total	39	100,0	233	100,0	133	100,0	366	100,0	411	100,0	156	100,0

licht, in der Zeit von 1919 bis 1933 steigt der Prozentsatz sogar noch geringfügig an (52 deutschsprachige, d. s. 50,2% der Autoren). Stark vertreten sind im *Vorwärts* von 1891–1918 die skandinavischen (20,7%) und die osteuropäischen (15,2%) Schriftsteller, wenn auch nicht mit der Dominanz, wie man es aufgrund der Forschungsliteratur hätte annehmen können. Etwa zahlenmäßig gleich vertreten wie die osteuropäischen Autoren sind die westeuropäischen (14,1%). Entsprechend den Erwartungen dominieren bei den Skandinaviern die Dänen und Norweger, bei den Osteuropäern die Russen, bei den Westeuropäern die Franzosen. Quantitativ nur sehr gering repräsentiert sind die Autoren außereuropäischer Länder, der *Vorwärts* der Kaiserzeit veröffentlicht nur 4 Erzähltexte aus dieser Gruppe (2,2%), der *Vorwärts* in der Weimarer Republik 7 literarische Texte (6,8%). Etwa gleich geblieben ist beim *Vorwärts* der Weimarer Republik der Anteil der deutschsprachigen Autoren (50,2%), auch die Repräsentanz der Skandinavier und Westeuropäer hat sich nur geringfügig verändert: die Skandinavier sind etwas zurückgegangen (18,4%), dafür ist der Anteil der westeuropäischen Autoren leicht gestiegen (15,5%). Fast um die Hälfte reduziert hat sich der Anteil der osteuropäischen Autoren, von 12% in der Kaiserzeit auf 6,8% in der Weimarer Republik. Häufiger als in der Vorkriegszeit werden Texte von außereuropäischen Autoren (Amerikaner, Brasilianer) publiziert (6,8%). Ein Vergleich der Häufigkeitsverteilungen des *Vorwärts* in dem Merkmal Sprache der Autoren für die beiden Untersuchungsabschnitte zeigt, daß das Merkmal *nicht* systematisch zwischen den beiden Untersuchungsphasen differenziert (p > .05; x² = 6,17; df = 4). Dem *Vorwärts* der Vor- und Nachkriegszeit liegen demnach in der Wahl der Nationalität der Autoren die identischen Konzepte zugrunde. Die beobachteten Abweichungen – man denke an die Reduktion der osteuropäischen Autoren – sind noch nicht Indiz für eine Modifikation des Konzepts in der Weimarer Republik, denn sie sind noch mit zufälligen Einflüssen erklärbar.

Die *Neue Welt* weicht von dem Konzept des *Vorwärts* in dem untersuchten Merkmal erheblich ab. Fast dreiviertel der Erzähltexte in der *Neuen Welt* stammen aus der Feder deutschsprachiger Autoren (71,4%), beim *Vorwärts* des gleichen Zeitabschnitts waren es nur 47,8%. Von untergeordneter Bedeutung sind die Vertreter der anderen Nationen in der *Neuen Welt:* nur 8,2% der Erzähltexte sind von osteuropäischen Autoren, 8,6% von skandinavischen und 11,8% von westeuropäischen Schriftstellern. Auch eine Encodierung der Autoren in der Restgruppe würde gerade für die *Neue Welt* das Bild sicherlich nicht erheblich ändern, denn der Anteil der deutschsprachigen Autoren scheint hier sehr hoch zu sein. In der Gruppe der westeuropäischen Autoren stellen nicht die Franzosen (2,7%), sondern die Engländer (4,6%) die meisten Texte. Dominierend bei den osteuropäischen Autoren sind noch immer die Russen (3,9%). Für die Verteilung der anderen Nationalitäten vgl. die Tab. 25.

Die augenscheinlichen Differenzen zwischen der *Neuen Welt* und dem *Vorwärts* der Vorkriegszeit werden durch den Chi^2-Test bestätigt (p < .001; χ^2 = 35,21; df = 4). Verantwortlich für die systematischen Unterschiede zwischen den beiden Presseorganen sind vornehmlich folgende Konstellationen: die *Neue Welt* ist signifikant unterrepräsentiert in der Gruppe der außereuropäischen, osteuropäischen und skandinavischen Autoren, dafür aber signifikant überfrequentiert in der Gruppe der deutschsprachigen Autoren. Für den *Vorwärts* liegen die Verhältnisse jeweils umgekehrt. Allein in der Gruppe der westeuropäischen Schriftsteller ergeben sich zwischen beiden Organen keine systematischen Unterschiede.

Für die Romanwochenschrift *In Freien Stunden* scheint wieder ein anderes Literaturkonzept gültig zu sein. Auch hier ist eine deutliche Dominanz der deutschsprachigen Autoren zu beobachten (57,3%), doch liegt der Anteil bei weitem nicht mehr so hoch wie bei der *Neuen Welt,* sondern nähert sich dem Wert des *Vorwärts* dieser Untersuchungsphase an. An zweiter Position rangieren die westeuropäischen Autoren (24,7%), die sich überwiegend aus Franzosen (12,2%) und Engländern (8,3%) zusammensetzen. Häufiger als in der *Neuen Welt* werden osteuropäische Autoren (11,3%) publiziert, überwiegend Russen (7,1%). Bei den skandinavischen Schriftstellern ergeben sich kaum Abweichungen zur *Neuen Welt,* veröffentlicht werden in der Romanwochenschrift 10 Erzähltexte (6,7%) dieser Provenienz, in der *Neuen Welt* 26 (8,6%). Die Romanwochenschrift ist in Relation zur *Neuen Welt* systematisch subfrequentiert in der Gruppe der deutschsprachigen Autoren und signifikant überfrequentiert bei den westeuropäischen Erzähltexten. Die *Neue Welt* publiziert überzufällig selten westeuropäische Schriftsteller (p < .01; χ^2 = 14,74; df = 3). Ein Vergleich der Romanwochenschrift mit dem *Vorwärts* der Vorkriegszeit führt ebenfalls zu dem Ergebnis, daß die beobachteten Differenzen nur in einem von tausend Fällen unter zufälligen Konstellationen zustandekämen (p < .001; χ^2 = 21,72; df = 4). Die divergierenden Auswahlstrategien der beiden Organe dokumentieren sich in folgenden Autorengruppen: der *Vorwärts* der Kaiserzeit ist in den Erzähltexten außereuropäischer und skandinavischer Autoren systematisch überbesetzt, dagegen systematisch unterbesetzt mit Texten westeuropäischer Schriftsteller. Die Romanwochenschrift ist hierzu das genaue Spiegelbild.

Angenommen worden war, daß der Anteil der skandinavischen, osteuropäischen und französischen Autoren bei weitem den der deutschsprachigen in der sozialdemokratischen Presse überwiegen soll. Diese Hypothese kann für die vorliegenden Daten nicht beibehalten werden. Dies überrascht, denn in der Forschungsliteratur wird immer wieder auf die Dominanz dieser Autorengruppen verwiesen, in der sich gerade das literaturpolitische Konzept der SPD für die Presse – breite Adaption und Vermittlung der kritisch-realistischen Erzähler des Auslandes – widerspiegeln sollte. Betrachtet man die einzelnen Organe für sich, so scheint der *Vorwärts* der Kaiserzeit diesem Konzept am nächsten zu kommen. Wenn auch nicht dominierend, doch aber relativ stark vertreten sind die skandinavischen Autoren, wogegen die osteuropäischen und die westeuropäischen quantitativ abfallen. Ob diese Auswahlstrategien allein für die sozialdemokratische *Tages*presse Gültigkeit hatten, müßte an einem gesonderten Datenfundus nochmals überprüft werden. Auch die Annahme, daß sich zwischen den beiden Untersuchungsabschnitten des *Vorwärts* signifikante Unterschiede zeigen müßten, findet keine Bestätigung. Für den *Vorwärts* ändern sich die Auswahlstrategien in dem untersuchten Merkmal über den Zeitraum von etwa fünfzig Jahren nicht.

5.2.4. Kanonisierung der Autoren

Als Indiz für die Bildungs- und Kulturarbeit der sozialdemokratischen Redakteure werten die Autoren der Forschungsliteratur, daß die sozialdemokratische Presse ihren Lesern nur ›künstlerisch wertvolle‹ Texte bieten wollte und keinen ›Kitsch‹ wie die bürgerliche Massen- bzw. Generalanzeigerpresse. [72] Auch auf den Parteitagen und in den Debatten des Fachorgans *Mitteilungen des Vereins Arbeiterpresse* wird auf die erzieherische Funktion des Zeitungsromans verwiesen, der den Arbeiter »sittlich und ethisch« beeinflussen sollte. [73] Gerade mit dem forcierten Abdruck der kritisch-realistischen Literatur des In- und Auslandes verfolgten die sozialdemokratischen Redakteure das Ziel, die Arbeiterleser mit den »besten Autoren der Weltliteratur« [74] vertraut zu machen. Aber auch die Publikation ›alter‹ Autoren diente dazu, dem Proletariat »die Schätze der Weltkultur« [75] zu erschließen. Entsprechend dem Programm der Publikationsorgane, mit dem Literaturangebot die »Schundliteratur« aus den Arbeiterkreisen zu vertreiben [76], legte man den Hauptakzent auf die Auswahl der »besten Autoren« und der »besten Romane«. [77] Gerade mit diesem Konzept, so die Ansicht der Programmatiker, könne man die proletarischen Leser von der Lektüre der Kolportageliteratur abbringen und sie »zu den Höhen der Kultur führen«. [78] So verzeichnet Kliche in seinen statistischen Untersuchungen zum Roman in der Parteipresse vor 1914 nur Autoren »von Rang und Namen«, mit einem »guten, gefestigten Ruf«. [79] Doch scheint, wie Stieg/Witte für die Romanwochenschrift *In Freien Stunden* nachweisen [80], zwischen theoretischem Anspruch und Praxis der Autorenauswahl häufig eine Kluft bestanden zu haben. Die Romanwochenschrift lege zwar, so Stieg/Witte, in ihrem Programm den Akzent auf die Auswahl von Romanen der Weltliteratur, die sich mit der sozialen Problematik befaßten, eine Klassifikation der Romane zeige aber, daß die umfangreichste Kategorie von den Unterhaltungs- und Kolportageromanen deutscher und ausländischer Autoren gestellt wird, »die denen der *Gartenlaube* an kleinbürgerlicher Sentimentalität in nichts nachstehen«. [81] Vergegenwärtigt man sich demgegenüber die Debatten um die Wochenschrift auf den Parteitagen, so scheint das Bild wiederum nicht ganz so eindeutig zu sein. Zwar versuchte das Blatt, mit dem Abdruck eines Kolportageromans neue Leserschichten zu erschließen, dennoch aber schien es im Großen und Ganzen an dem Konzept festzuhalten, nur ›gute‹ Autoren zu publizieren.

[82] Der spätere Erfolg des Publikationsorgans gründete sich, wie auf dem Parteitag referiert wird, darauf, daß es den Lesern nur »das Beste« brachte. [83] Trotz der Befunde von Stieg/Witte, die sich nur auf 11 von insgesamt 46 erschienenen Halbjahresbänden stützen, kann für die Romanwochenschrift angenommen werden, daß der überwiegende Teil der publizierten Autoren zum Kanon der bürgerlichen Weltliteratur zählt. Auch die Untersuchungen zur Kulturpolitik der Sozialdemokratischen Partei vor 1914 stützen die These, daß die Sozialdemokraten bemüht waren, neben der Parteiliteratur, den Lesern gute, und das hieß, die anerkannte bürgerliche Literatur zu vermitteln. Setzt man aus heutiger Sicht das Kriterium für ›anerkannt‹ relativ hoch an [84], nämlich, ob der Autor in den Kanon der Weltliteratur aufgenommen ist oder nicht, so läßt sich vermuten, daß die in der sozialdemokratischen Presse publizierten Autoren in der überwiegenden Zahl diesem Kanon angehören. Dabei kann auch davon ausgegangen werden, daß sich von den sozialdemokratischen Autoren kaum einer finden wird, der zu dieser kanonisierten Literatur zählt, da sie nach der bürgerlichen Literaturgeschichtsschreibung sowohl dem politischen als auch dem literarisch-ästhetischen Verdikt anheimfielen. Diese Überlegungen sollen wiederum – mit Ausnahme der Nicht-Kanonisierung der sozialdemokratischen Autoren – nur für die Zeit von 1890 bis 1919 gelten. Für die Zeit nach 1919 tritt, wie die Debatten in den *Mitteilungen* zeigen, ein Umschwung in den Auswahlkriterien für die Romanliteratur und die Erzähltexte ein. In der Presse publiziert werden nur noch, so etwa die Feststellung von Kliche [85], unbekannte Autoren mit ihrer ›Dutzendware‹. Nimmt man an, daß sich dieses von Kliche beobachtete Konzept generell durchgesetzt hat, so kann erwartet werden, daß sich für den *Vorwärts* signifikante Unterschiede in der Richtung ergeben, daß vor 1918 die Gruppe der Autoren dominiert, die dem Kanon der Weltliteratur zuzurechnen ist, wogegen diese Gruppe im zweiten Untersuchungsabschnitt unterrepräsentiert ist.

Wie die numerische Auswertung zeigt, können die Annahmen nur mit Einschränkungen beibehalten werden. Wie aus der Tab. 27 ersichtlich, dominiert – mit Ausnahme der *Neuen Welt* (und des *Berliner Volksblattes*) der Anteil der Autoren, der in den Kanon der Weltliteratur aufgenommen ist. Nur gut ein Drittel der im *Vorwärts* der Kaiserzeit veröffentlichten Autoren fallen nicht in diese Kategorie (33,6%). Hierzu zählt ein Teil der sozialdemokratischen Autoren (Minna Kautsky, Robert Schweichel, August Otto-Walster u. a.), aber auch bürgerliche Schriftsteller. Zwei Drittel der im *Vorwärts* der Kaiserzeit publizierten Autoren gehören zu den besten Erzählern der Weltliteratur (66,4%). Für den *Vorwärts* nach 1919 steigt der Prozentwert für jene Autoren, die nicht in diesem Sinne kanonisiert sind, doch überwiegen quantitativ noch immer die Autoren der Weltliteratur ganz eindeutig (61,4%). Diese zu beobachtenden geringfügigen Differenzen zwischen dem *Vorwärts* der Kaiserzeit und dem der Weimarer Republik schlagen sich auch in dem Ergebnis des Chi^2-Tests nieder, das nicht signifikant ist ($p > .05$; $\chi^2 = .70$; $df = 1$). Bei Ausgliederung der fremdsprachigen Autoren bleibt für die deutschsprachigen dieses Bild erhalten (vgl. auch Tab. 28). Auch in diesem Fall lassen sich zwischen den beiden Untersuchungsphasen des *Vorwärts* keine systematischen Differenzen nachweisen ($p > .05$; $\chi^2 = .004$; $df = 1$).

Bei der illustrierten Unterhaltungsbeilage *Die Neue Welt* kehren sich die Verhältnisse um: überwiegend werden solche Autoren veröffentlicht, die nicht zur Weltliteratur

Tab. 27: Autoren der Weltliteratur. Quantitative Verteilung auf die Publikationsorgane

	Berliner Volksblatt 1884–1890		Vorwärts 1891–1918		Vorwärts 1919–1933		Vorwärts 1891–1933		Die Neue Welt 1892–1917		In Freien Stunden 1897–1919	
	abs.	%	abs.	%	abs.	%	abs.	%	abs.	%	abs.	%
Autor nicht Angehöriger der Weltliteratur	21	63,6	76	33,6	51	38,6	127	35,5	213	53,3	43	28,9
Autor Angehöriger der Weltliteratur	12	36,4	150	66,4	81	61,4	231	64,5	187	46,7	106	71,1
Total	33	100,0	226	100,0	132	100,0	358	100,0	400	100,0	149	100,0

Tab. 28: Deutschsprachige Autoren der Weltliteratur. Quantitative Verteilung auf die Publikationsorgane

	Berliner Volksblatt 1884–1890		Vorwärts 1891–1918		Vorwärts 1919–1933		Vorwärts 1891–1933		Die Neue Welt 1892–1917		In Freien Stunden 1897–1919	
	abs.	%	abs.	%	abs.	%	abs.	%	abs.	%	abs.	%
Autor nicht Angehöriger der Weltliteratur	7	58,3	34	38,6	19	36,5	53	37,8	109	50,2	29	35,4
Autor Angehöriger der Weltliteratur	5	41,7	54	61,4	33	63,5	87	62,1	108	49,8	53	64,6
Total	12	100,0	88	100,0	52	100,0	140	100,0	217	100,0	82	100,0

zählen (53,3%). Doch ist der Anteil der Autoren der Weltliteratur mit 46,7% noch immer recht hoch. Bei den deutschsprachigen Autoren verschieben sich die Relationen wiederum nur recht schwach: 50,2% der Autoren bleiben unter dieser Schranke, 49,8% überschreiten sie und sind daher als Erzähler der Weltliteratur zu verstehen. Vergleicht man die Konzepte der *Neuen Welt* und des *Vorwärts* (1891–1918) in diesem Merkmal, so führt der Vergleich zu dem Ergebnis, daß für beide Organe divergierende redaktionelle Auswahlstrategien angesetzt werden müssen (p < .001; $\chi^2 = 21,58$; df = 1). Die *Neue Welt* publiziert überzufällig häufig solche Autoren, die nicht zu den Erzählern der Weltliteratur gehören, wogegen sie in der letztgenannten Gruppe systematisch subfrequentiert ist. Der *Vorwärts* (1891–1918) bezieht in den beiden Kategorien jeweils konträre Positionen. Die Betrachtung der Differenzen zwischen den beiden Organen für die deutschsprachigen Autoren allein führt zu keinem signifikanten Ergebnis (p > .05; χ^2 = 2,93; df = 1), obwohl konstatiert werden muß, daß die Tendenz – in dem bereits für die Gesamtheit der Autoren beschriebenen Sinne – dazu besteht (.10% Niveau). [86]

Wie erwartet, weist die Romanwochenschrift *In Freien Stunden* den geringsten Prozentsatz an Autoren auf, die nicht zur Weltliteratur zählen, nämlich nur 28,9%. Bei den deutschsprachigen Autoren steigt dieser Prozentsatz leicht an (35,4%), wie der Tab. 28 zu entnehmen ist. Vergleicht man die Romanwochenschrift mit dem Zentralorgan, dem *Vorwärts* (1891–1918), so ergeben sich sowohl für die Gesamtheit der Autoren (p > ,05; χ^2 = ,73; df = 1) als auch für die deutschsprachigen Autoren allein (p > .05; χ^2 = ,07; df = 1) keine signifikanten Unterschiede. Für beide Organe scheint als redaktionelle Leitlinie zu gelten, möglichst nur anerkannte Autoren der Weltliteratur zu publizieren. Anders wiederum sieht der Vergleich der Romanwochenschrift mit der *Neuen Welt* aus, die hier zu konstatierenden Abweichungen für die Gesamtheit der Autoren wie für die deutschsprachigen sind systematischer Art (Gesamtheit: p < .001; χ^2 = 24,98; df = 1; deutschsprachige: p < .05; χ^2 = 4,70; df = 1). Die Tab. 27 und 28 zeigen die jeweiligen Besetzungen in den Kategorien für die beiden Publikationsorgane und damit auch ihre konzeptuellen Differenzen in dem untersuchten Merkmal.

5.2.5. Autorengenerationen

Josef Kliche, der sich auf die Ergebnisse der von ihm durchgeführten statistischen Erhebungen zum Roman in der sozialdemokratischen Presse stützt [87], konstatiert, daß die Parteipresse sowohl die Romane guter lebender Schriftsteller zum Abdruck bringe, aber »ebenso die Kenntnis der großen Toten« pflege. Dabei gingen insgesamt jedoch die Bestrebungen in die Richtung, mehr zeitgenössische Autoren zu publizieren, um so den Arbeiterlesern die Möglichkeit zu eröffnen, auch die neue Literatur, die für sie in Buchform in der Regel zu teuer sei, kennenzulernen. [88] Die älteren Autoren sollten daher nur die Ausnahme sein, da sie ja bereits mit ihren Werken in billigen Buchpublikationen vorlägen oder auch preiswert über die Bibliotheken zu entleihen seien. Die Romanwochenschrift scheint diese Befunde zu bestätigen, denn sie betont in ihrem Programm explizit, daß sie nur die besten Romane der Neuzeit veröffentlichen wolle. [89] Trotz des Anspruchs der *Freien Stunden,* für die »großen Ideen der Zeit« zu kämpfen, sei jedoch die in ihr publizierte Literatur – so ein Ergebnis von Hüser – den politischen Zeitverhältnissen relativ fern. [90] Hüser belegt diese Aussage mit den Titeln der im Jahrgang 1918 publizierten Romane und Erzählungen, bedenkt dabei aber nicht, daß in den Kriegsjahren die Literatur offenbar nach anderen Gesichtspunkten ausgewählt wurde als in der Friedenszeit. [91] Insofern ist zu überprüfen, ob sein Resultat auch für die anderen Jahrgänge zutrifft.

Gerade zeitgenössische Autoren, die in ihren Romanen die Gegenwartsprobleme aufgriffen, waren unter den Arbeiterlesern beliebt, und wurden daher auch bevorzugt publiziert, wie Ludwig Lessen bestätigt:

»Die meisten Romane, die in den letzten fünfundzwanzig Jahren von der sozialdemokratischen Presse zum Abdruck gebracht wurden, waren von zeitgenössischen Tendenzen erfüllt; Großstadt- schilderung, Wohnungselend, Lohnforderungen, politisches Streben. Derartige aktuelle Erschei- nungen im Roman zu verarbeiten, lag im Zuge der Zeit.« [92]

Folgt man diesen Überlegungen von Lessen und unterstellt man weiterhin, daß diese Zeitromane eher von der jüngeren als von der alten Generation geschrieben wurden, so kann angenommen werden, daß doch die jüngere Generation mit ihren literarischen Texten in der sozialdemokratischen Presse häufiger zu Worte kommt als die ältere. Hypothesen über die Verteilung dieses Merkmals in den beiden Untersuchungsab- schnitten lassen sich aufgrund der schmalen Basis der Forschungsliteratur nicht formu- lieren.

Wie sich die Autoren, klassifiziert nach Generationen, auf die untersuchten Publika- tionsorgane verteilen, demonstrieren die Tab. 29 und 30. Beim *Vorwärts* der Kaiserzeit dominieren eindeutig die Autoren der 4. Generation (1851–1875 geb.) (61,0%), doch ist der Anteil der Autoren der dritten Generation (1826–1850 geb.) auch noch recht hoch (25.8%). Das heißt, daß ein Viertel der Schriftsteller bei Publikation des literarischen Textes in der Presse mindestens 40 Jahre alt, wenn nicht sogar älter, ist. Äußerst schwach besetzt ist die ›jüngste‹ Generation (1876–1900 geb.) mit 3,8%, sie stellt sogar weniger literarische Texte als die ganz ›alten‹ Autoren, die relativ stark vertreten sind: die zweite Generation (1801–1825 geb.) mit 6,6%. Wie nicht anders zu erwarten, verschieben sich für den *Vorwärts* in der Weimarer Republik die Relationen: die Dominanz liegt bei der 5. Generation (1876–1900 geb.) mit 56,1%, doch ist auch die ältere Generation (1851–1875 geb.) mit 32,7% gut besetzt. Häufiger als beim *Vorwärts* der Vorkriegszeit werden Texte jüngerer Schriftsteller publiziert (5,1%), wenn auch diese Gruppe im Verhältnis zur Gesamtanzahl unterrepräsentiert ist. Auch sie stellt quantitativ nicht so viele literarische Produkte wie die älteren Generationen: die 2. Generation (1801–1825 geb.) mit 3,1%, die 3. Generation (1826–1850 geb.) ebenfalls mit 3,1%.

Tab. 29: Quantitative Verteilung der Autorengenerationen auf die Publikationsorgane (Gesamt- heit der Autoren)

Generationen	Vorwärts 1891–1918		Vorwärts 1919–1933		Vorwärts 1891–1933		Die Neue Welt 1892–1917		In Freien Stunden 1897– 1918/19	
	abs.	%	abs.	%	abs.	%	abs.	%	abs.	%
1. bis 1800	5	2,1			5	1,4	1	0,2	16	10,3
2. 1801–1825	12	5,2	3	2,3	15	4,1	4	1,0	66	42,3
3. 1826–1850	47	20,2	3	2,3	50	13,7	34	8,3	32	20,5
4. 1851–1875	111	47,6	32	24,1	143	39,1	214	52,1	22	14,1
5. 1876–1900	7	3,0	55	41,4	62	16,9	17	4,1	1	0,6
6. 1901–1925			5	3,8	5	1,4				
Rest	51	21,9	35	26,3	86	23,5	141	34,3	19	12,2
Total	233	100,0	133	100,0	366	100,0	411	100,0	156	100,0

Tab. 30: Quantitative Verteilung der Autorengenerationen auf die Publikationsorgane (deutsch-sprachige Autoren)

	Vorwärts 1891–1918		Vorwärts 1919–1933		Vorwärts 1891–1933		Die Neue Welt 1892–1917		In Freien Stunden 1897– 1918/19	
Generationen	abs.	%	abs.	%	abs.	%	abs.	%	abs.	%
1. bis 1800	3	3,4	–	–	3	2,2	–	–	13	15,5
2. 1801–1825	7	8,0	2	4,0	9	6,6	2	1,1	52	61.9
3. 1826–1850	22	25,3	2	4,0	24	17,5	12	6,4	11	13,1
4. 1851–1875	52	59,8	7	14,0	59	43,1	158	84,5	7	8,3
5. 1876–1900	3	3,4	34	68,0	37	27,0	15	8,0	1	1,2
6. 1901–1925	–	–	5	10,0	5	3,6	–	–	–	–
	87	100,0	50	100,0	137	100,0	187	100,0	84	100,0

Bei den deutschsprachigen Autoren bleiben für den *Vorwärts* im ersten Untersuchungsabschnitt in etwa die Relationen erhalten (vgl. Tab. 30), eine geringfügige Zunahme ist bei den alten Autoren zu beobachten. Für den *Vorwärts* der Weimarer Republik ergeben sich einige Verschiebungen: die 2., 3., 5. und 6. Generation wird überwiegend von deutschsprachigen Autoren getragen, wogegen sich die 4. Generation zum größten Teil aus fremdsprachen Autoren zusammensetzt. Mit 68,0% rangiert bei den deutschsprachigen Autoren die 5. Generation an der Spitze, die 4. Generation hat deutlich abgenommen (14,0%). Die jüngere Generation (1901–1925 geb.) setzt sich ausschließlich aus deutschsprachigen Autoren zusammen. Die beobachteten Unterschiede zwischen dem *Vorwärts* der Kaiserzeit und der Weimarer Republik sind, wie zu erwarten, sowohl für die Gesamtheit der Autoren (p < .001; $\chi^2 = 120,6$; df = 5) als auch für die deutschsprachigen Autoren (p < .001; $\chi^2 = 83,9$; df = 5) signifikant.

Für die illustrierte Unterhaltungsbeilage die *Neue Welt* sieht die Verteilung in diesem Merkmal völlig anders aus. Die *Neue Welt* legt den Schwerpunkt auf die Autoren der 4. Generation (79,0%), ähnlich dem *Vorwärts* dieser Jahre, wenn auch diesem quantitativ in dieser Gruppe weit überlegen. Weniger stark vertreten sind die älteren Autoren in der *Neuen Welt,* hier weicht die Beilage deutlich von dem Konzept des *Vorwärts* ab (vgl. Tab. 29). In der Gruppe der ›jüngsten‹ Autoren ist die *Neue Welt* zwar häufiger besetzt als der *Vorwärts* dieser Zeit, doch ist auch bei der *Neuen Welt* diese Generation im Verhältnis zu den anderen äußerst schwach vertreten (6,3%). Die Verteilung der deutschsprachigen Schriftsteller differiert für die *Neue Welt* von der der Gesamtautoren erheblich: eine Zunahme in der 4. Generation (84,5%) ist zu konstatieren, die größtenteils auf Kosten der 3. Generation geht, die hier nur mit 6,4% erscheint. Die Vertreter der 5. Generation, also die jüngsten Schriftsteller, werden in der *Neuen Welt* vorwiegend von den deutschsprachigen Autoren gestellt (8,0%). Die Repräsentanz der älteren Generationen ist für die *Neue Welt* in der Gruppe der deutschsprachigen Autoren ohne Relevanz. Für die Gesamtheit der Autoren ist die *Neue Welt* in Relation zum *Vorwärts* (1891–1918) systematisch subfrequentiert in der 1., 2. und 3. Generation, systematisch überfrequentiert in der 4. Generation. Der *Vorwärts* bezieht in den jeweiligen Gruppen systematisch die Gegenposition. Die Ergebnisse sind mit p < .001; χ^2 = 29,33; df = 4 statistisch abgesichert. Für die 5. Generation gibt es zwischen den beiden Organen für die Gesamtheit der Autoren keine signifikanten Unterschiede. Auch die Differenzen zwischen den beiden Publikationsorganen für die deutschsprachigen Autoren sind systematischer Art (p < .001; χ^2 = 38,91; df = 4), sie decken sich inhaltlich mit denen der Gesamtheit der Autoren.

Für die Romanwochenschrift ergeben sich wieder ganz andere Verhältnisse in der Verteilung dieses Merkmals: am häufigsten publiziert werden Texte solcher Autoren, die in der Zeit von 1801–1825 geboren wurden (48,2%). Insgesamt liegt bei dem Organ der Schwerpunkt bei der Publikation alter Autoren, wie die Besetzung in der 1., 2. und 3. Generation (vgl. Tab. 29) demonstriert. Literarische Texte jüngerer Autoren gelangen in dem Presseorgan kaum zum Abdruck: die 4. Generation ist nur mit 22 Autoren (16,1%) vertreten, die 5. Generation gar nur mit einem Autor (0,7%). Bei den deutschsprachigen Autoren steigt für die Romanwochenschrift der Anteil der älteren Generation sogar noch erheblich an: 61,9% der publizierten Autoren gehören zur 2. Generation; 15,5% zur ersten und 13,1% zur dritten. Die Autoren jüngeren Alters reduzieren sich fast um die Hälfte (8,3%).

Die geradezu ins Auge fallenden Differenzen zwischen der Romanwochenschrift und den beiden anderen Publikationsorganen sind sowohl für die Gesamtheit der publizierten Autoren als auch für die deutschsprachigen allein zufallskritisch abgesichert. [93] Beschreiben lassen sich diese systematischen Unterschiede wie folgt: der *Vorwärts* (1891–1918) und die *Neue Welt* sind bei der Gesamtheit der Autoren in der 1. und 2. Generation systematisch unter-, die Romanwochenschrift dagegen überfrequentiert. Systematisch subfrequentiert ist die Romanwochenschrift in der 4. und 5. Generation, der *Vorwärts* und die *Neue Welt* hier dagegen das genaue Spiegelbild. In der Verteilung der 3. Generation – bis auf zufällige Schwankungen – ergeben sich zwischen den drei Publikationsorganen keine signifikanten Abweichungen. Für die deutschsprachigen Schriftsteller lassen sich die Differenzen zwischen den drei Organen wieder anders umschreiben. Für die 1. und 2. Generation bleiben zwischen dem *Vorwärts* und der Romanwochenschrift die Abweichungen erhalten; der *Vorwärts* ist jedoch in der 3. und 4. Generation systematisch über-, die Romanwochenschrift signifikant unterbesetzt. Die 5. Generation, bei beiden Publikationsorganen relativ schwach vertreten, trägt zu dem signifikanten Ergebnis nichts bei (p < .001; χ^2 = 79,53; df = 4). Die *Neue Welt* ist bei den deutschsprachigen Autoren in der 1., 2. und 3. Generation systematisch subfrequentiert, signifikant übersetzt in der 4. und 5. Generation. Für die Romanwochenschrift kehren sich die Verhältnisse in den einzelnen Kategorien jeweils um (p < .001; χ^2 = 199,44; df = 4).

Unterstellt worden war, daß in der sozialdemokratischen Presse vornehmlich Autoren der jüngeren Generation zu Worte kommen. Wie die empirischen Befunde offenlegen, kann die Hypothese in dieser Formulierung nicht beibehalten werden, denn für die Romanwochenschrift *In Freien Stunden* trifft sie nicht zu. Dieses Publikationsorgan veröffentlicht überwiegend literarische Texte von Autoren einer älteren Generation. Für die *Neue Welt* und den *Vorwärts* (1891–1933) hat sich die Hypothese bestätigt. Insgesamt dominieren in diesen Organen die jüngeren Schriftsteller, wenn auch nicht die jüngsten. Der *Vorwärts* der Kaiserzeit scheint eine gemischte Strategie in der Auswahl der Autoren zu verfolgen, derart, wie sie von Kliche erwünscht und beschrieben wurde: Übergewicht der jüngeren Schriftsteller (4. Generation), aber auch Publikation älterer Autoren, jedoch nicht mit der Dominanz, wie sie bei der Romanwochenschrift zu beobachten ist.

5.2.6. Geschlecht

In der zweiten Hälfte des 19. Jahrhunderts werden die Frauen im literarischen Betrieb zur ernsthaften Konkurrenz, denn sie drücken, da sie z.T. ihre literarischen Produkte ohne Honorarzahlung publizieren, die Preise. Sie konnten sich das leisten, denn nur wenige von ihnen betrieben die Schriftstellerei als Hauptberuf. Folge dieser Entwicklung war, daß die Presse von solchen Manuskriptofferten überschwemmt wird. [94] Das Familienblatt *Daheim* erhält in einem dreiviertel Jahr ca. 900 unverlangte Texte zugeschickt; ein Drittel davon ist erzählende Prosa, überwiegend von Frauen. [95] Diese stellen auch bei den Liebes- und Familienromanen das Hauptkontingent an Autoren und sind damit auch relativ stark in der bürgerlichen Presse vertreten, die gerne auf dieses Genre zurückgreift. [96] Andere Genres, wie die Studien von Zimmermann und Rossbacher zeigen [97], werden von den Autorinnen weniger präferiert, so der Bauernroman, der Heimatroman oder gar der historische und politische Roman. Da sich die sozialdemokratische Presse von den bürgerlichen Kitsch- und Schundromanen, von den rührseligen Liebes- und Familienromanen freihalten wollte, kann angenommen werden, daß die Frauen im Gesamt der publizierten Autoren unterrepräsentiert sind. Sozialdemokratische Schriftstellerinnen hat es zu dieser Zeit zwar auch schon gegeben, doch waren es zahlenmäßig nur sehr wenige. [98]

Aus der Tab. 31 ist die tatsächliche große Dominanz der männlichen Autoren bei allen drei Publikationsorganen ersichtlich. Im *Vorwärts* der Kaiserzeit sind 85,8% der publizierten literarischen Texte von Männern, nur 14,2% von Frauen. Für den *Vorwärts* der Weimarer Republik vermindert sich der Prozentsatz der Schriftstellerinnen nochmals um die Hälfte: von 129 publizierten Erzähltexten stammen nur 8 (6,2%) von Frauen, 121 (93,8%) dagegen von Männern. Diese Abweichungen in den beiden Untersuchungsabschnitten des *Vorwärts* sind nicht mehr mit zufälligen Einflüssen vereinbar, wie der Chi^2-Test demonstriert (p < .05; χ^2 = 4,39; df = 1). Im Verhältnis zum *Vorwärts* der Weimarer Republik greift der *Vorwärts* der Kaiserzeit überzufällig häufig (obwohl natürlich im Ganzen gesehen äußerst selten!) zu literarischen Texten von Frauen, wogegen der *Vorwärts* der Weimarer Republik systematisch zu wenig Texte von Frauen veröffentlicht. Der größte Teil der weiblichen Schriftsteller wird von deutschsprachigen Autorinnen gestellt (vgl. Tab. 32). Prozentual nimmt für den *Vorwärts* in beiden Phasen bei den deutschsprachigen Autoren der Anteil der Frauen zu, obwohl sie natürlich noch immer unterrepräsentiert sind. Auch hier sind die Differenzen zwischen den beiden Untersuchungsphasen systematischer Art (p < .05; χ^2 = 3,91; df = 1).

Für die *Neue Welt* liegen die Prozentwerte für die publizierten weiblichen Autoren am höchsten (16,9%). Für die deutschsprachigen Autoren erhöhen sie sich nochmals geringfügig (20,6%), liegen damit aber prozentual unter dem *Vorwärts* der Vorkriegszeit (27,3%). Obwohl die Verteilung der *Neuen Welt* in diesem Merkmal der Autoren anders verläuft als beim *Vorwärts* (1891–1918), lassen sich zwischen den beiden Presseorganen weder für die Gesamtheit der Autoren (p > .05; χ^2 = 0,6; df = 1) noch für die deutschsprachigen (p > .05; χ^2 = 1,2; df = 1) signifikante Unterschiede nachweisen.

Auch bei der Romanwochenschrift *In Freien Stunden* liegt der Anteil der Schriftsteller (92,8%) weit über dem der Schriftstellerinnen (7,2%). Bei den deutschsprachigen Autoren ist der höchste Prozentsatz für die Männer zu beobachten (94,1%). Nur fünf literarische Texte von deutschsprachigen Frauen werden in dem Organ publiziert (5,9%).

Obwohl in allen drei Publikationsorganen literarische Texte von Frauen unterrepräsentiert sind, publizieren der *Vorwärts* und die *Neue Welt* im Verhältnis zur Romanwochenschrift noch immer überzufällig häufig Prosatexte von Schriftstellerinnen, wogegen die Romanwochenschrift systematisch zu wenige Texte veröffentlicht. [99] Die vorliegenden Daten demonstrieren, daß das Geschlecht des Autors ein Merkmal ist, das zum Teil systematisch zwischen den untersuchten Presseorganen differenziert. Insgesamt bestätigen die empirischen Befunde die eingangs formulierte Annahme, daß die Frauen mit ihren Erzähltexten in der sozialdemokratischen Presse systematisch unterrepräsentiert sind.

Tab. 31: Verteilung des Merkmals ›Geschlecht der Autoren‹ auf die Publikationsorgane »Vorwärts« (1891–1933), »Neue Welt« und »In Freien Stunden« (Gesamtheit der Autoren)

	Vorwärts 1891–1918		Vorwärts 1919–1933		Vorwärts 1891–1933		Die Neue Welt 1892–1917		In Freien Stunden 1897– 1918/19	
Geschlecht	abs.	%	abs.	%	abs.	%	abs.	%	abs.	%
Männlich	188	80,7	121	91,0	309	84,4	305	74,2	141	90,4
Weiblich	31	13,3	8	6,0	39	10,7	62	15,1	11	7,1
Rest	14	6,0	4	3,0	18	4,9	44	10,7	4	2,6
Total	233	100,0	133	100,0	366	100,0	411	100,0	156	100,0

Tab. 32: Verteilung des Merkmals ›Geschlecht der Autoren‹ auf die Publikationsorgane »Vorwärts« (1891–1933), »Neue Welt« und »In Freien Stunden« (deutschsprachige Autoren)

	Vorwärts 1891–1918		Vorwärts 1919–1933		Vorwärts 1891–1933		Die Neue Welt 1892–1917		In Freien Stunden 1897– 1918/19	
Geschlecht	abs.	%	abs.	%	abs.	%	abs.	%	abs.	%
Männlich	64	72,7	46	88,5	110	78,6	170	79,4	80	94,1
Weiblich	24	27,3	6	11,5	30	21,4	44	20,6	5	5,9
Total	88	100,0	52	100,0	140	100,0	214	100,0	85	100,0

5.2.7. Typische Konfigurationen der Autorenmerkmale

Aufgrund der in den vorderen Abschnitten begründeten Hypothesen wurde weiterhin angenommen, daß die Autorenmerkmale mit ihren spezifischen Ausprägungen konfigurale Typen konstituieren müßten, die die sozialdemokratische Presse in systematischer Weise charakterisieren. [100] Aus den skizzierten Überlegungen sollten sich signifikant überfrequentierte Merkmalskombinationen wie folgt ergeben: skandinavische bzw. osteuropäische Sprache des Autors; Zugehörigkeit des Autors zur Weltliteratur und zu einer jüngeren Autorengeneration. Weiterhin wurde unterstellt, daß sich bezüglich des Merkmals ›Autor lebt bzw. ist verstorben zur Zeit des Abdrucks‹ und den anderen genannten Merkmalen ein konfiguraler Typus identifizieren lassen müßte, der folgende Merkmalsausprägungen trägt: skandinavische bzw. osteuropäische Sprache des Autors, Zugehörigkeit des Autors zur Weltliteratur, Autor lebt zur Zeit der Publikation seines Textes in der Presse. Nimmt man zu den bereits skizzierten Merkmalen noch die Geschlechtszugehörigkeit des Autors als Merkmal hinzu, so müßte sich aus den weiter vorn beschriebenen Annahmen eine signifikant überfrequentierte Merkmalskonfiguration ergeben, die sich folgendermaßen klassifizieren ließe: der Autor, ein Mann, ist Osteuropäer bzw. Skandinavier, der zur Zeit des Abdrucks seiner Prosa noch lebt und der zum Kanon der Weltliteratur zählt. Tauscht man das Merkmal ›Autor lebt bzw. ist tot zur Zeit des Abdrucks in der Presse‹ wiederum mit dem Merkmal der Zugehörigkeit des Autors zu einer spezifischen Autorengeneration, so läßt sich auch hier eine signifikant überbesetzte Konfiguration erwarten: der Autor, ein Mann, skandinavischer bzw. osteuropäischer Nationalität, Angehöriger der Weltliteratur und einer jüngeren Autorengeneration zugehörig. Erwartet wurde für die sozialdemokratische Presse eine Auseinanderentwicklung in den beiden Zeitabschnitten (1890–1918 und 1919–1933), eine Ausdifferenzierung in den jeweiligen Romanredaktionen, wie sie in den Debatten in den *Mitteilungen des Vereins Arbeiterpresse* prägnant zum Ausdruck kommt. Diese vermutete Auseinanderentwicklung soll sich in den behandelten Merkmalen am Beispiel des *Vorwärts* darin äußern, daß in dem zweiten Untersuchungsabschnitt *andere* konfigurale Typen auftreten als in dem ersten. Konfigurale Unterschiede in Abhängigkeit vom Untersuchungszeitraum wurden wie folgt erwartet:

1. Zeitraum 1890–1918	1. Zeitraum 1919–1933
2. Sprache: skandinavisch, osteuropäisch	2. Sprache: deutsch
3. Zugehörigkeit des Autors zur Weltliteratur	3. Autor gehört nicht zur Weltliteratur
4. Autor lebt zur Zeit des Abdrucks	4. Autor lebt zur Zeit des Abdrucks

Schließlich sollte noch getestet werden, ob sich zwischen den einzelnen Publikationsorganen bezüglich der Autorenmerkmale in der Konstituierung konfiguraler Typen systematische Unterschiede nachweisen lassen. Mit Ausnahme der Tatsache, daß es sich um verschiedene Zeitungstypen handelt, und mit Ausnahme der Annahme, daß sich die Presseorgane an andere Leserkreise richten – der *Vorwärts* an klassenbewußte und organisierte Arbeiter, die *Neue Welt* und die Romanwochenschrift *In Freien Stunden* nicht nur an Arbeiter, sondern auch an noch nicht organisierte Kleinbürger – lassen sich bislang keine stichhaltigen Gründe für diese Differenzen finden. Art und Richtung dieser

Unterschiede zwischen den Publikationsorganen können daher auch nicht näher spezifiziert werden. Als Merkmale gehen in diese Konfigurationsfrequenzanalyse ein: Publikationsorgan *(Vorwärts, Neue Welt, In Freien Stunden)*, Sprache des Autors und seine Zugehörigkeit zur Weltliteratur, sein Geschlecht und schließlich die Tatsache, ob er noch zur Zeit der Publikation des Textes lebt. Für einen Teil der Hypothesen – da, wo der Stichprobenumfang es ermöglicht – werden auch hierarchische Konfigurationsfrequenzanalysen gerechnet, um typologisch relevante Merkmale identifizieren zu können.

Die 3-Variablen-Analyse (Sprache, Zugehörigkeit des Autors zur Weltliteratur, Autor lebt bzw. tot zur Zeit des Abdrucks) führt für die Romanwochenschrift zu dem Ergebnis, daß sich zwei konfigurale Typen nachweisen ließen, die folgende Merkmale haben (vgl. auch Tab. 33) [101]:

1. *Typus*   deutschsprachiger Autor, lebt zur Zeit der Publikation, nicht Angehöriger der Weltliteratur (beobachtete Frequenzen 14; erwartete 6,4; $p < .001$)

2. *Anti-Typus*   deutschsprachiger Autor, lebt zur Zeit der Publikation, Angehöriger der Weltliteratur (beobachtete Frequenzen 10; erwartete 23,3; $p < .001$)

Die hierarchische KFA dieser 3-Variablen-Analyse zeigte, daß bei dem ersten Typus sich allein zwischen den Merkmalen ›deutschsprachiger Autor‹ und ›Nicht Angehöriger der Weltliteratur‹ ein systematischer Zusammenhang identifizieren ließ, nicht aber für die beiden anderen Merkmalskombinationen, diese für die Generierung des Zusammenhangs also irrelevant sind. Für den Anti-Typus, d. h. *systematische Subfrequentierung* dieser Merkmalskonfiguration, lassen sich zwischen je zwei Merkmalen keine Zusammenhänge offenlegen, somit kann auch nicht gesagt werden, welches der drei Merkmale für den systematischen Zusammenhang zwischen den drei Variablen verantwortlich ist, denn alle drei Merkmale sind zu gleichen Teilen daran beteiligt.

Für die *Neue Welt* sind in dieser 3-Variablen-Analyse 4 Konfigurationen von 20 möglichen signifikant:

1. *Typus*   Skandinavier, lebt zur Zeit der Publikation, Angehöriger der Weltliteratur (beobachtete Frequenzen 24; erwartete 9,7; $p < .01$)

2. *Typus*   Osteuropäer, lebt zur Zeit der Publikation, Angehöriger der Weltliteratur (beobachtete Frequenzen 20; erwartete 9,3; $p < .05$)

3. *Typus*   Westeuropäer, lebt zur Zeit der Publikation, Angehöriger der Weltliteratur (beobachtete Frequenzen 29; erwartete 13; $p < .01$)

4. *Typus*   deutschsprachiger Autor; lebt zur Zeit der Publikation, Angehöriger der Weltliteratur (beobachtete Frequenzen 105; erwartete 81; $p < .05$)

Wie ersichtlich, hat sich zwar nicht für die Romanwochenschrift *In Freien Stunden*, wohl aber für die *Neue Welt* die eingangs formulierte Annahme mit dem ersten und zweiten Typus (s.o.) bestätigt. Neben diesen beiden erwarteten überzufälligen Konfigurationen erscheinen aber noch zwei weitere, von denen die eine, der vierte Typus, sich bei der Romanwochenschrift gerade als *Anti*-Typus hatte identifizieren lassen.

Fragt man weiter, welche Merkmale für die konfigurale Typenbildung bei der *Neuen Welt* am relevantesten sind, so ergibt sich nach der hierarchischen KFA – drei Zweier-KFAs – folgendes: für den ersten und dritten Typus der 3-Variablen-Analyse generiert

Tab. 33: Konfigurationsfrequenzanalyse (KFA) von n = 135 Autoren der Romanwochenschrift »In Freien Stunden«, nach 3 Variablen

Variablen/ Merkmale	Merkmals-klassen	Konfigurations-möglichkeiten ABC	am Material beobachtete Frequenzen d. Konfigurationen f	theoretische erwartete Frequenzen der Konfigurationen e	$\chi^2 = \dfrac{(f-e)^2}{e}$	$z^2 = 6{,}65$
A. Lebt bzw. tot z.Zt. des Abdrucks in der Presse	1) Lebt	111	0	$50\times106\times 0/135^2 =$ 0,0	0,0	
	2) Tot	112	4	$50\times106\times 9/135^2 =$ 2,6	0,8	
		113	7	$50\times106\times11/135^2 =$ 3,2	4,5	
		114	13	$50\times106\times35/135^2 =$ 10,2	0,7	
B. Zugehörigkeit des Autors zur Weltliteratur	1) Ja	115	10	$50\times106\times80/135^2 =$ 23,3	7,6	Anti-Typus
	2) Nein	121	0	$50\times 29\times 0/135^2 =$ 0,0	0,0	
		122	0	$50\times 29\times 9/135^2 =$ 0,7	0,7	
		123	2	$50\times 29\times11/135^2 =$ 0,8	1,3	
C. Sprache des Autors	1) Außereuropäisch	124	0	$50\times 29\times35/135^2 =$ 2,8	2,8	
	2) Skandinavisch	125	14	$50\times 29\times80/135^2 =$ 6,4	9,0	Typus
	3) Osteuropäisch	211	0	$85\times106\times 0/135^2 =$ 0,0	0,0	
	4) Westeuropäisch	212	5	$85\times106\times 9/135^2 =$ 4,4	0,1	
	5) Deutsch	213	2	$85\times106\times11/135^2 =$ 5,4	2,1	
		214	22	$85\times106\times35/135^2 =$ 17,3	1,2	
		215	43	$85\times106\times80/135^2 =$ 39,6	0,2	
		221	0	$85\times 29\times 0/135^2 =$ 0,0	0,0	
		222	0	$85\times 29\times 9/135^2 =$ 1,2	1,2	
		223	0	$85\times 29\times11/135^2 =$ 1,5	1,5	
		224	0	$85\times 29\times35/135^2 =$ 4,7	4,7	
		225	13	$85\times 29\times80/135^2 =$ 10,8	0,4	
			135	135,0	$\chi^2 = 38{,}7$; 13 Fge	

allein das Merkmal ›Autor ist Angehöriger der Weltliteratur‹ den Zusammenhang, denn zwischen den beiden anderen Merkmalen läßt sich kein signifikanter Zusammenhang nachweisen (vgl. Tab. 34).

Tab. 34: Hierarchische Konfigurationsfrequenzanalyse für die »Neue Welt« nach 3 Variablen

Merkmale	Überzufällige Konfigurationen (= konfigurale Typen)
›Sprache‹, ›Lebt bzw. verstorben zur Zeit der Publikation‹ Anzahl der Konfigurationsmöglichkeiten: 10 n = 255	*keine*
›Sprache‹, ›Zugehörigkeit des Autors zur Weltliteratur‹ Anzahl der Konfigurationsmöglichkeiten: 10 n = 305	*zwei* Skandinavisch, Angehöriger der Weltliteratur (beobachtete Frequenzen 25; erwartete 12; $p < .01$) Westeuropäisch, Angehöriger der Weltliteratur (beobachtete Frequenzen 21; erwartete 16; $p < .01$)
›Lebt bzw. verstorben zur Zeit der Publikation‹, ›Zugehörigkeit des Autors zur Weltliteratur‹ Anzahl der Konfigurationsmöglichkeiten: 4 n = 255	*eine* Autor lebt zur Zeit der Publikation, Angehöriger der Weltliteratur (beobachtete Frequenzen 178; erwartete 114; $p < .001$)

Ähnlich liegen die Verhältnisse bei dem zweiten und dritten konfiguralen Typus, hier ist das entscheidende Merkmal, daß der Autor zum Zeitpunkt der Publikation seines Textes in der Presse noch lebt.

Für den *Vorwärts* erscheint in der 3-Variablen-Analyse mit den oben skizzierten Merkmalen nur ein konfiguraler Typus über den gesamten Untersuchungszeitraum. Diese signifikant überfrequentierte Kombination entspricht dem ersten Typus der *Neuen Welt* der gleichen Analyse (beobachtete Frequenzen 51; erwartete 29; $p < .01$). Andere konfigurale Typen, wie etwa bei der *Neuen Welt,* lassen sich für den *Vorwärts* dieser Jahre nicht identifizieren, somit trifft die eingangs formulierte Hypothese für den *Vorwärts* nur in Teilen zu. Der zweite erwartete konfigurale Typus (Osteuropäer, lebt zur Zeit der Publikation, Angehöriger der Weltliteratur) läßt sich nicht aufdecken. Wie die empirische Analyse zeigt, besteht für den Nachweis einer derartig überzufälligen Merkmalskonfiguration noch nicht einmal die Tendenz.

Die hierarchische KFA für den *Vorwärts* (1891–1833) nach 3 Variablen demonstriert, daß zwischen den Merkmalen ›Sprache‹ und ›Autor lebt/verstorben zur Zeit der Publikation‹ kein systematischer Zusammenhang existiert, wohl aber zwischen den jeweiligen anderen zwei Merkmalen (vgl. Tab. 35).

Tab. 35: Hierarchische Konfigurationsfrequenzanalyse für den »Vorwärts« (1891–1933) nach 3 Variablen

Merkmale	Überzufällige Konfigurationen (= konfigurale Typen)
›Sprache‹, ›Lebt bzw. verstorben zur Zeit der Publikation‹ Anzahl der Konfigurationsmöglichkeiten: 10 n = 278	*keine*
›Sprache‹, ›Zugehörigkeit des Autors zur Weltliteratur‹ Anzahl der Konfigurationsmöglichkeiten: 10 n = 290	*zwei* Skandinavisch, Angehöriger der Weltliteratur (beobachtete Frequenzen 57; erwartete 36; $p < .01$) Westeuropäisch, Angehöriger der Weltliteratur (beobachtete Frequenzen 42; erwartete 26; $p < .05$)
›Lebt bzw. verstorben zur Zeit der Publikation‹, ›Zugehörigkeit des Autors zur Weltliteratur‹ Anzahl der Konfigurationsmöglichkeiten: 4 n = 279	*eine* Autor lebt, Angehöriger der Weltliteratur (beobachtete Frequenzen 189; erwartete 150; $p < .001$)

Tab. 36: Konfigurationsfrequenzanalyse (KFA) von n = 278 Autoren des »Vorwärts« (1891–1933), nach 4 Variablen

1. Variable	2. Variable	3. Variable	4. Variable
Erscheinungszeitraum 1. 1891–1918 2. 1919–1933	Sprache/Nationalität 1. Außereuropäer 2. Skandinavier 3. Osteuropäer 4. Westeuropäer 5. deutschsprachiger Autor	Autor lebt bzw. verstorben zur Zeit der Publikation 1. Lebt 2. Verstorben	Zugehörigkeit des Autors zur Weltliteratur 1. Ja 2. Nein

Anzahl der Konfigurationsmöglichkeiten: 40; n = 278
Überzufällige Konfigurationsfrequenzen: 4 (1211, 1311 (Tendenz), 1421, 2121)

Konfigurationsfrequenzen

1111 = 3	1112 = 0	1121 = 1	1122 = 0	1211 = 33
1212 = 0	1221 = 3	1222 = 0	1311 = 24	1312 = 0
1321 = 4	1322 = 0	1411 = 16	1412 = 0	1421 = 10
1422 = 0	1511 = 44	1512 = 29	1521 = 10	1522 = 3
2111 = 3	2112 = 0	2121 = 4	2122 = 0	2211 = 18
2212 = 0	2221 = 1	2222 = 0	2311 = 5	2312 = 0
2321 = 1	2322 = 0	2411 = 15	2412 = 0	2421 = 1
2422 = 0	2511 = 28	2512 = 16	2521 = 5	2522 = 1

Betrachtet man den *Vorwärts* nicht en bloc, sondern in seinen beiden Untersuchungs-abschnitten getrennt, so finden sich in beiden Phasen nicht die identischen konfiguralen Typen, d.h., daß diese offenbar nicht über die Zeit stabil bleiben. Wie die Tab. 36 demonstriert, sind in dieser 4-Variablen-Analyse bei 40 Konfigurationsmöglichkeiten drei Konfigurationen signifikant und eine tendenziell systematisch überfrequentiert. Als überzufällige Konfigurationsfrequenzen erscheinen:

1. *Typus* »Vorwärts« der Kaiserzeit, Skandinavier, Autor lebt, Angehöriger der Weltliteratur
(beobachtete Frequenzen 33; erwartete 18; p < .05)

2. *Typus* »Vorwärts« der Kaiserzeit, Osteuropäer, Autor lebt, Angehöriger der Weltliteratur
(Tendenz) (beobachtete Frequenzen 24; erwartete 12; p < .10)

3. *Typus* »Vorwärts« der Kaiserzeit, Westeuropäer, Autor verstorben, Angehöriger der Welt-literatur (beobachtete Frequenzen 10; erwartete 2,5; p < .05)

4. *Typus* »Vorwärts« der Weimarer Republik, Außereuropäer, Autor verstorben, Angehöriger der Weltliteratur (beobachtete Frequenzen 4; erwartete .3; p < .05)

Wie aus dieser Aufstellung ersichtlich, trifft die Hypothese für den Durchschnitt der gesamten Untersuchungszeit des *Vorwärts* in Teilen zu, nicht aber für den abschnitt-weise betrachteten Zeitraum. Hier bestätigt sie sich nur für den *Vorwärts* der Kaiserzeit, jedoch nicht für den der Weimarer Republik. Für den *Vorwärts* der Vorkriegsjahre kann die Hypothese sogar in der ursprünglichen Formulierung – Identifizierung zweier konfi-guraler Typen – beibehalten werden. Nicht nur die skandinavischen Autoren, sondern auch die osteuropäischen erscheinen in diesem Zeitraum zusammen mit den anderen Merkmalen als signifikant überfrequentiert. Doch ist der zweite konfigurale Typus nicht so stark ausgeprägt wie der erste, denn er trifft für den Durchschnitt der Untersuchungs-zeit nicht mehr zu, wie die 3-Variablen-Analyse offengelegt hat. Hinzukommt, daß sich für den *Vorwärts* der Vorkriegsjahre ein zusätzlicher konfiguraler Typus aufdecken läßt (3. Typus), der ebenfalls nicht mehr in dem zweiten Zeitabschnitt in Erscheinung tritt. Für den *Vorwärts* der Nachkriegsjahre wiederum findet sich ein Typus (4. Typus), der nur in diesem Zeitraum von Bedeutung ist. Die Ergebnisse gestatten auch die Überprü-fung einer weiteren Annahme. Nicht identifizieren läßt sich der für den Zeitabschnitt von 1918–1933 erwartete konfigurale Typus, wohl aber für den ersten Untersuchungs-abschnitt. Faßt man die Ergebnisse zusammen, so bestätigen sie die Erwartung, daß sich die Auswahlstrategien der Feuilletonredaktion des *Vorwärts* über den Untersuchungs-zeitraum hin verändern; sie schlagen sich in der Konstituierung anderer konfiguraler Typen nieder.

Angenommen worden war weiterhin, daß ein konfiguraler Typus mit den bereits untersuchten Merkmalen, unter Hinzunahme des Merkmals Geschlecht in der Ausprä-gung ›männlich‹, erscheinen müßte. Diese Hypothese kann, wie die empirischen Befunde erweisen, ohne Einschränkungen beibehalten werden. Die 4-Variablen-Analyse führt bei 40 möglichen Konfigurationen zu fünf signifikanten und einer tendenziell signifikanten Konfiguration:

1. *Typus* Männlich, Skandinavier, Autor lebt, Angehöriger der Weltliteratur
(beobachtete Frequenzen 76; erwartete 32; p < .001)

2. *Typus* Männlich, Osteuropäer, Autor lebt, Angehöriger der Weltliteratur
(beobachtete Frequenzen 53; erwartete 28; p < .001)

3. *Typus*   Männlich, Westeuropäer, Autor lebt, Angehöriger der Weltliteratur
(beobachtete Frequenzen 72; erwartete 40; p < .001)

4. *Typus*   Männlich, Westeuropäer, Autor verstorben, Angehöriger der Weltliteratur
(beobachtete Frequenzen 37; erwartete 11; p < .001)

5. *Typus*   Weiblich, Deutsch, Autorin lebt, Angehörige der Weltliteratur
(beobachtete Frequenzen 41; erwartete 23; p < .05)

6. *Typus*   Weiblich, Deutsch, Autorin lebt, Nicht Angehörige der Weltliteratur
(Tendenz)   (beobachtete Frequenzen 30; erwartete 17; p < .10)

Fragt man weiter, zu welchem der drei untersuchten Presseorgane diese Typen gehören bzw. ob sie nur für die Gesamtheit der Organe einschlägig sind, ergibt sich folgendes Bild: der erste und der zweite Typus finden sich signifikant überfrequentiert nur beim *Vorwärts* (1891–1933); der vierte Typus wiederum nur bei der Romanwochenschrift. Die anderen konfiguralen Typen treffen zwar für die Gesamtheit der Presseorgane und auch für einige isoliert zu – man denke an den fünften Typus für die *Neue Welt* –, doch differenzieren sie nicht systematisch *zwischen* den Organen. Dafür finden sich in der hier angesprochenen 5-Variablen-Analyse (vgl. Tab. 37) noch weitere konfigurale Typen, die, betrachtet man die Romanwochenschrift, nur in dieser Merkmalskonfiguration als signifikant überfrequentiert erscheinen, denn bei Reduktion von einem oder mehr Merkmalen, läßt sich keine überzufällige Konfigurationsfrequenz mehr identifizieren. Der für den *Vorwärts* gefundene 1. Typus erscheint nur, wie die anderen Untersuchungen gezeigt haben, in dem zweiten Untersuchungsabschnitt.

Tab. 37: Konfigurationsfrequenzanalyse für den »Vorwärts« (1891–1933), die »Neue Welt« und die Romanwochenschrift »In Freien Stunden« nach 5 Variablen

1. Variable	2. Variable	3. Variable	4. Variable	5. Variable
Geschlecht	Presseorgan	Sprache/ Nationalität	Lebt bzw. verstorben zur Zeit der Publikation	Zugehörigkeit zur Weltliteratur
1. Männlich	1. Neue Welt	1. Außereuropäer	1. Lebt	1. Ja
2. Weiblich	2. Vorwärts (1891–1933)	2. Skandinavier	2. Verstorben	2. Nein
	3. In Freien Stunden	3. Osteuropäer		
		4. Westeuropäer		
		5. Deutschsprachiger Autor		

Anzahl der Konfigurationsmöglichkeiten: 160; n = 665
Überzufällige Konfigurationsfrequenzen: 5

Konfigurale Typen:

1. *Typus*   Männlich, Vorwärts, Außereuropäer, Verstorben, Angehöriger der Weltliteratur
(beobachtete Frequenzen 5; erwartete 0,4; p < .05)

2. *Typus*   Männlich, Vorwärts, Skandinavier, Autor lebt, Angehöriger der Weltliteratur
(beobachtete Frequenzen 50; erwartete 12; p < .001)

3. *Typus*   Männlich, Vorwärts, Osteuropäer, Autor lebt, Angehöriger der Weltliteratur
(beobachtete Frequenzen 28; erwartete 10; p < .01)

4. *Typus*   Männlich, In Freien Stunden, Westeuropäer, Verstorben, Angehöriger der Weltliteratur
(beobachtete Frequenzen 22; erwartete 1,8; p < .001)

5. *Typus*   Männlich, In Freien Stunden, Deutschsprachiger Autor, Verstorben, Angehöriger der Weltliteratur
(beobachtete Frequenzen 42; erwartete 7,1; p < .001)

Eine signifikant überfrequentierte Konfiguration sollte sich mit folgenden Merkmalen zeigen: skandinavischer bzw. osteuropäischer, männlicher Autor, der einer jüngeren Autorengeneration angehört und in den Kanon der Weltliteratur aufgenommen ist. In dieser 4-Variablen-Analyse sind in dem gesamten Zeitraum von 1891–1933 sechs Konfigurationen von 120 möglichen signifikant. Da sehr viele Kombinationen infrequentiert sind, wird gerade an dieser Stelle die hierarchische KFA zur Selektion irrelevanter Merkmale anzusetzen sein. Die nachfolgende Darstellung führt die sechs konfiguralen Typen mit ihren Merkmalen in tabellarischer Form auf:

1. Typus: Männlich, geb. 1826–1850; Skandinavier; Angehöriger der Weltliteratur
(beobachtete Frequenzen 21; erwartete 7,2; p < .01)

2. Typus: Männlich, geb. 1826–1850; Westeuropäer; Angehöriger der Weltliteratur
(beobachtete Frequenzen 29; erwartete 8,9; p < .001)

3. Typus: Männlich, geb. 1851–1875; Skandinavier; Angehöriger der Weltliteratur
(beobachtete Frequenzen 59; erwartete 23; p < .001)

4. Typus: Männlich, geb. 1851–1875; Westeuropäer; Angehöriger der Weltliteratur
(beobachtete Frequenzen 51; erwartete 29; p < .05)

5. Typus: Männlich, geb. 1876–1900; Außereuropäer; Angehöriger der Weltliteratur
(beobachtete Frequenzen 8; erwartete 0,5; p < .001)

6. Typus: Weiblich, geb. 1851–1875; Deutsch; Angehörige der Weltliteratur
(beobachtete Frequenzen 33; erwartete 16; p < .05)

Wie ersichtlich, kann nach diesen Ergebnissen die Hypothese, wenn auch mit leichten Abweichungen, beibehalten werden. Als ein konfiguraler Typus erscheint tatsächlich die in der Hypothese (s.o.) erwartete signifikante Merkmalskombination (3. Typus). Da der Großteil der Erzähltexte der Skandinavier vor 1918 in den Presseorganen publiziert wird, kann von einer jüngeren Autorengeneration gesprochen werden. Nicht bestätigt hat sich die Annahme, daß sich überzufällige Konfigurationsfrequenzen für Erzähltexte osteuropäischer Autoren identifizieren lassen, dafür erscheinen eine Reihe anderer konfiguraler Typen. Die vier Dreier-Konfigurationsfrequenzanalysen – Reduktion eines Merkmals – der hierarchischen KFA führen zu folgenden Ergebnissen: reduziert man bei dem *ersten Typus* der 4-Variablen-Analyse das Merkmal ›Angehöriger der Weltliteratur‹, so ergibt sich zwischen den anderen drei Merkmalen *kein* systematischer Zusammenhang mehr. Das genannte Merkmal ist also für diesen Typus am relevantesten, wogegen die anderen zur Generierung des Zusammenhangs zwischen den vier Merkmalen *nichts* beitragen. Das Gleiche gilt für den *zweiten* und *dritten* Typus der Analyse, auch hier ist allein die Tatsache, daß der Autor zur Weltliteratur zählt, für den Zusammenhang verantwortlich. Etwas anders gestalten sich die Verhältnisse bei den anderen konfiguralen Typen. Bei dem *vierten* Typus trägt sowohl das Merkmal ›Geschlecht‹ als auch das Merkmal ›Angehöriger der Weltliteratur‹ etwas zu dem überzufälligen Zusammenhang zwischen den vier Merkmalen bei; bei dem *fünften* Typus generieren die Merkmale ›Generation‹ und ›Sprache‹ den Zusammenhang. Der *sechste* Typus schließlich zeigt wiederum ein völlig anderes Bild: drei Merkmale sind an dem signifikanten Zusammenhang beteiligt, d.s. die Merkmale ›Geschlecht‹, ›Autorengeneration‹ und ›Sprache‹ des Autors. Allein das Merkmal ›Angehöriger der Weltliteratur‹ – ganz im

Gegensatz zu den erstgenannten Typen – trägt zu der überzufälligen Konstellation kaum etwas bei. Fragt man nun, welche Merkmale der 3-Variablen-Analyse am bedeutsamsten sind, so führen die sechs Zweier-KFAs der hierarchischen KFA zu folgendem Resultat (vgl. Tab. 38): relevanteste Merkmale für den *ersten Typus* der ersten Dreier-KFA sind die Merkmale ›Sprache‹ und ›Generation‹, denn sie sind für den überzufälligen Zusammenhang zwischen den drei Merkmalen verantwortlich, für den *zweiten* Typus dieser

Tab. 38: Hierarchische Konfigurationsfrequenzanalyse für den »Vorwärts« (1891–1933), die »Neue Welt« und die Romanwochenschrift »In Freien Stunden« nach 4 Variablen

Merkmale	Überzufällige Konfigurationsfrequenzen (= konfigurale Typen)
›Geschlecht‹, ›Generation‹ Anzahl der Konfigurationsmöglichkeiten: 12 n = 687	*keine*
›Geschlecht‹, ›Sprache‹ Anzahl der Konfigurationsmöglichkeiten: 10 n = 732	*eine* Weiblich, deutschsprachige Autorin (beobachtete Frequenzen 79; erwartete 56; $p < .05$)
›Geschlecht‹, ›Zugehörigkeit des Autors zur Weltliteratur‹ Anzahl der Konfigurationsmöglichkeiten: 4 n = 860	*zwei* Männlich, Angehöriger der Weltliteratur (beobachtete Frequenzen 476; erwartete 433; $p < .001$) Weiblich, Nicht Angehörige der Weltliteratur (beobachtete Frequenzen 63; erwartete 46; $p < .05$)
›Generation‹; ›Sprache‹ Anzahl der Konfigurationsmöglichkeiten: 30 n = 684	*eine* geb. 1876–1900; Außereuropäer (beobachtete Frequenzen 8; erwartete 1; $p < .001$)
›Generation‹, ›Zugehörigkeit des Autors zur Weltliteratur‹ Anzahl der Konfigurationsmöglichkeiten: 12 n = 683	*zwei* geb. 1826–1850; Angehöriger der Weltliteratur (beobachtete Frequenzen 96; erwartete 66; $p < .01$) geb. 1851–1875; Angehöriger der Weltliteratur (beobachtete Frequenzen 292; erwartete 217; $p < .001$)
›Sprache‹, ›Zugehörigkeit des Autors zur Weltliteratur‹ Anzahl der Konfigurationsmöglichkeiten: 10 n = 736	*drei* Skandinavier, Angehöriger der Weltliteratur (beobachtete Frequenzen 91; erwartete 53; $p < .001$) Osteuropäer, Angehöriger der Weltliteratur (beobachtete Frequenzen 64; erwartete 45; $p < .05$) Westeuropäer, Angehöriger der Weltliteratur (beobachtete Frequenzen 110; erwartete 65; $p < .001$)

KFA ist das Merkmal ›Generation‹ irrelevant. Für die konfiguralen Typen der zweiten und dritten Dreier-KFA ist das Merkmal ›Angehöriger der Weltliteratur‹ von größter Bedeutung, denn dieses Merkmal trägt zu dem Zusammenhang zwischen den drei Merkmalen bei. Reduziert man jeweils für die Analyse das genannte Merkmal, so ergeben sich keine systematischen Zusammenhänge mehr. Auch für die vierte Dreier-KFA bleibt das Bild, mit einer leichten Abweichung erhalten. Für die drei ersten Typen ist das Merkmal ›Angehöriger der Weltliteratur‹ entscheidend. Nur der vierte Typus ist auf andere überzufällige Kombinationen zurückzuführen. Hier sind von zentraler Bedeutung die Merkmale ›Sprache‹ und ›Generation‹, die ›Zugehörigkeit des Autors zur Weltliteratur‹ ist unerheblich.

Wie die Resultate demonstrieren, erscheinen die – wenn man sie so nennen will – konfiguralen *Grundtypen* in neuer Variation, d. h. mit ergänzenden Merkmalen. Völlig neue konfigurale Typen, mit anderen spezifischen Merkmalen, treten nicht auf. Da die Stichprobengröße die Untersuchung weiterer Merkmalskombinationen, jedenfalls solcher, die sinnvoll und aussagekräftig erscheinen, nicht zuläßt, wird auf eine weitere Spezifikation der konfiguralen Grundtypen verzichtet.

5.3.   Die literarischen Produkte

5.3.1. Gattungen

Ist von der Literatur in der sozialdemokratischen Presse die Rede, so ist fast immer der Roman gemeint, selten andere literarische Formen wie Novellen oder gar Reportagen. [102] Jedenfalls spricht man auf den Parteitagen und in den *Mitteilungen des Vereins Arbeiterpresse* fast nur vom Roman. Die Kritik an der *Neuen Welt* richtete sich ja in den Anfangsjahren dagegen, daß ihr Redakteur nur »zwei Romane und sonst nichts« gebracht habe. [103] Erst in den späteren Jahrgängen ist man von diesem Prinzip abgekommen und hat in dem Organ auch vermehrt Erzählungen, Geschichten und kleine literarische Formen publiziert. [104] Bei der Tagespresse sieht das Bild wieder ganz anders aus. Hier benutzte man die kleinen Formen offenbar nur zum ›Einschalten‹ [105], ansonsten dominierte der Roman.

Bei der Romanwochenschrift *In Freien Stunden* kündigt sich der Schwerpunkt bereits im Untertitel der Zeitschrift an: *Romane* und *Erzählungen* für das arbeitende Volk. Vom spezifischen, direkt für die Presse konzipierten Roman, also dem ›eigentlichen‹ Zeitungsroman, ist bei allen drei Organen nicht die Rede. Gerade darin sieht Kliche auch den Grund, daß die sozialdemokratische Presse – im Gegensatz zur bürgerlichen Presse – nur so wenig Abnehmer finde. [106] Der ›raffiniert‹ geschriebene Zeitungsroman der bürgerlichen Presse ziehe dort die Leser geradezu mit magischer Kraft an. [107] Dagegen scheint die sozialdemokratische Presse nach 1918 noch immer die ›langweiligen Wälzer‹, die altbewährten Romane, in denen der ›graue Alltag der kleinen Leute‹ geschildert wird, abzudrucken. Nicht nur die Diskussionen in den *Mitteilungen des Vereins Arbeiterpresse* verweisen auf diesen Sachverhalt, sondern auch im Roman selbst wird das thematisiert:

»An die Parteizeitungen is ja kein Papier dran«, sagten die Frauen, »womit sollen wir denn die Schränke auslegen? Und so wenig Annoncen, wat soll man denn da lesen! Vielleicht die Romane? Die sind ja so langweilig, lauter alten Kappes, und wenn sie neu sind, reden sie immer vom Proletarierelend. Dat wissen wir ja selber, und es is gar nich so, wie sie schreiben. Wenn ich einen Roman lese, will ich 'nen Lichtschimmer sehn, da muß was von oben drin vorkommen, von die Vornehmen, ich kriege ja nie so'n Leben, da darf ich doch wohl wenigstens davon lesen.« [108]

Folgt man der Debatte in den *Mitteilungen des Vereins Arbeiterpresse,* so scheint auch der Sozialdemokratische Pressedienst in der überwiegenden Zahl nur alte Romane angeboten zu haben, jedenfalls lassen die Initiativen der Redakteure, unabhängig vom Pressedienst Erzählungen und Geschichten, kleine Reportagen für die Publikation zu finden, darauf schließen. Für die sozialdemokratische Presse kann demnach unterstellt werden, daß sie sich relativ einseitig am Abdruck von Romanen orientiert, auch wenn für die drei untersuchten Publikationsorgane Unterschiede in dem Merkmal Gattung zu erwarten sind. Angenommen wird, daß der *Vorwärts* und die Romanwochenschrift *In Freien Stunden* überwiegend Romane publizieren, wogegen in der *Neuen Welt* − entsprechend ihrem Charakter als Unterhaltungszeitschrift − die anderen literarischen Formen wie Erzählungen, Geschichten und Novellen dominieren. Ebenso kann für die sozialdemokratische Presse nicht erwartet werden, daß es zu einer Weiterentwicklung des »Feuilletonromans« gekommen ist, sondern daß sich diese besondere Form des Romans nur relativ selten findet. [109] Andere literarische Formen, wie etwa Reportage und Bericht, scheinen weniger gepflegt worden zu sein. [110]

Die Tab. 39/40 vermittelt einen Überblick über die Gattungen der literarischen Texte − Romane, Erzählungen, Geschichten, Novellen, Skizzen, Reportagen etc. −, die von den Feuilletonredaktionen der sozialdemokratischen Presse für die Publikation präferiert werden. Wie gering die Bandbreite in der Wahl der Gattungen ist, verdeutlicht die Tab. 39/40 für den *Vorwärts* in den beiden Untersuchungsabschnitten. Dominierende Gattung ist der Roman. Beim *Vorwärts* der Weimarer Republik liegt der Anteil der publizierten Romane prozentual sogar noch höher als beim *Vorwärts* der Kaiserzeit (79,8% zu 76,5%). Dafür reduzieren sich beim *Vorwärts* in der zweiten Phase die literarischen Kurzformen wie Erzählung, Geschichte und Novelle. Als neue literarische Gattung erscheint in dieser Zeit die Reportage, wenn auch nur sehr selten (3,2%). In beiden Untersuchungsphasen finden die kleineren literarischen Formen wie Skizze, Bild, Anekdote etc. kaum Beachtung und Berücksichtigung in der Auswahl. Zum Teil liegt das natürlich auch an dem Auswahlkriterium für die Erhebung der Daten, das vorsah, für die Tagespresse nur literarische Texte mit mehr als drei Folgen aufzunehmen. Die Durchsicht der einzelnen Nummern zeigte jedoch, daß diese literarischen Formen insgesamt nur geringe Aufmerksamkeit finden.

Ein Blick auf die Texte der deutschsprachigen Autoren zeigt in dem Merkmal einige Verschiebungen in der Verteilung. Beim *Vorwärts* der Vorkriegsjahre steigt der Anteil der Romane an (79,7%), kürzere literarische Texte wie Erzählungen, Novellen und Geschichten werden weniger häufig publiziert (18,6%). Die Kleinformen sind noch immer schwach ausgeprägt (1,7%). Für den *Vorwärts* der Weimarer Republik kehren sich die Verhältnisse um: Reduktion der Romane (68,3%), Zunahme der Kurzformen (24,4%). Doch sind die beobachteten Differenzen sowohl für die Gesamtheit der Erzähltexte (p > .05; χ^2 = 6,1; df = 1) als auch für die deutschsprachigen (p > .05; χ^2 = 3,5; df = 3) nicht statistisch abgesichert und somit nicht Ausdruck für divergierende Konzepte in den beiden Untersuchungsabschnitten. Wie die Tab. 39/40 ausweist, publiziert die *Neue Welt* überwiegend literarische Kurzformen wie Erzählungen, Geschichten und Novellen (69,7%). Wie der Charakter des Blattes erwarten läßt, spielt der Roman nur eine untergeordnete Rolle (12,7%). Insgesamt ist das Organ in der Wahl der Gattungen vielseitiger, worauf auch die Häufigkeiten in der Kategorie ›Kleine Formen‹ (17,5%) hindeuten. [111] Für die Texte deutschsprachiger Autoren verändern sich die Verteilungen nur sehr geringfügig (vgl. Tab. 39/40).

Tab. 39/40: Die literarischen Texte und ihre Gattungen
(1. Zeile = Gesamtheit der Texte; 2. Zeile: deutschsprachige Texte)

Gattungen	Vorwärts 1891–1918		Vorwärts 1919–1933		Vorwärts 1891–1933		Die Neue Welt 1892–1917		In Freien Stunden 1897–1918/19	
	abs.	%	abs.	%	abs.	%	abs.	%	abs.	%
Kurzformen wie Erzählung, Novelle, Geschichte	27	22,7	14	14,9	41	19,2	219	69,7	59	42,8
	11	18,6	10	24,4	21	21,0	139	72,4	45	60,8
Reportage, Erlebnisbericht	–	–	3	3,2	3	1,4	–	–	1	0,7
	–	–	1	2,4	1	1,0	–	–	–	–
Roman	91	76,5	75	79,8	166	77,9	40	12,7	59	42,8
	47	79,7	28	68,3	75	75,0	27	14,1	22	29,7
Kleine Formen wie Bild, Idyll, Skizze	1	0,8	2	2,1	3	1,4	55	17,5	19	13,8
	1	1,7	2	4,9	3	3,0	26	13,5	7	9,5
	119	100,0	94	100,0	213	100,0	314	100,0	138	100,0
	59	100,0	41	100,0	100	100,0	192	100,0	74	100,0

In der Romanwochenschrift *In Freien Stunden* sind Erzählungen, Geschichten, Novellen und Romane zu gleichen Teilen vertreten, je mit 42,8%, und entsprechen damit dem programmatischen Untertitel des Blattes, »*Romane* und *Erzählungen* für das arbeitende Volk« zu publizieren. Dominiert in den ersten Jahren des Bestehens der Zeitschrift ausschließlich der Roman, so ist in den späteren Jahren, aufgrund des kontinuierlichen Ausbaus des Organs, die Gruppe der kleinen literarischen Formen, die das Blatt abwechslungsreicher gestalten, gut besetzt, insgesamt mit 13,8%. Reportagen und Erlebnisberichte sind nach wie vor schwach ausgeprägt. Der Vergleich der drei Publikationsorgane führt, wie nicht anders zu erwarten, in allen Fällen zu signifikanten Abweichungen in dem untersuchten Merkmal ›Gattung‹. Allerdings kann die eingangs formulierte Annahme für die Verteilung des Merkmals auf die Presseorgane, wie die empirischen Befunde demonstrieren, nur mit Einschränkungen beibehalten werden. Für den *Vorwärts* trifft sie in beiden Untersuchungsphasen zu, ebenfalls hat sie sich für die illustrierte Beilage *Neue Welt* bestätigt. Allein die Romanwochenschrift weicht von dem unterstellten Konzept ab: die Dominanz liegt nicht beim Roman, sondern ebenso häufig werden in dem Blatt andere literarische Gattungen wie Novellen, Geschichten und Erzählungen publiziert. Die Unterrepräsentanz der Reportagen und Erlebnisberichte bei allen Presseorganen entspricht der Erwartung. Die Frage, ob sich der Feuilletonroman tatsächlich in der sozialdemokratischen Presse selten findet, kann mit der Untersuchung des Merkmals Gattung nicht beantwortet werden, da der Feuilletonroman als eigenständige literarische Gattung nicht ausgewiesen wird, sondern allgemein unter der Gattung Roman firmiert.

5.3.2. Genre

Dem Roman in der sozialdemokratischen Presse fiel vor 1914 die Aufgabe zu, Ludwig Lessen berichtet darüber rückblickend, politisches Agitationsmittel zu sein, wenn auch nur indirekt. [112] Er sollte auch »auf Ausbreitung derjenigen Ideen und Tendenzen« achten, die im politischen Teil des Blattes vertreten werden. Daher mußte der Roman in der sozialdemokratischen Presse »politische Färbung« haben:

> »Die großen Tagesfragen mußten gestreift sein, die allgemeinen, vorwärtsdrängenden Menschheitsprobleme durften im Handlungshintergrund nicht fehlen, die sozialen Nöte und Wünsche der Zeit mußten in der einen oder anderen Form zu Worte kommen. Das Arbeiterlesepublikum wollte kein rosiges Idyll, es wollte Ausschnitte aus dem eigenen Leben, wollte Kampf und Forderung der Gegenwart, wollte ehrliche, ungeschminkte Wahrheit.« [113]

Josef Kliche bestätigt in seinem Diskussionsbeitrag in den *Mitteilungen des Vereins Arbeiterpresse* diese Auswahlpraxis der sozialdemokratischen Redakteure vor 1914. Demgegenüber seien jedoch nach 1919 der politische und soziale Tendenzroman, auch die großen »Zeit- und Gesellschaftsgemälde«, aus dem Feuilleton der sozialdemokratischen Presse verschwunden. [114] An ihre Stelle seien die Liebes- und Familienromane, insgesamt die leichtere Kost, getreten. Zwar sei dieser Vorgang, so Kliche, zu bedauern, doch wolle die sozialdemokratische Presse mit der bürgerlichen Presse konkurrieren, so müsse sie in dieser Richtung einige Vorurteile über Bord werfen. Die sozialdemokratische Presse soll daher seiner Meinung nach weniger »in Bildung« und mehr »in Unterhaltung machen«, im Gegensatz zu früheren Jahren. [115] Für die Tagespresse, den *Vorwärts* kann demnach erwartet werden, daß sich bezüglich des Merkmals ›Genre‹ in den beiden Zeitabschnitten signifikante Unterschiede zeigen. In dem ersten Untersuchungsabschnitt (1891–1918) müßten die politischen, sozialen und auch historischen Romane [116] vorherrschen, wogegen sie in dem zweiten Zeitabschnitt unterrepräsentiert sein müßten. Hier müßte der Liebes- und Familienroman dominieren.

Auch die Romanwochenschrift *In Freien Stunden* tritt mit dem Anspruch auf, für die »großen Ideen der Zeit« zu streiten. [117] Ob allerdings der soziale und politische Roman tatsächlich ein so großes Gewicht erhält, kann nicht eindeutig gesagt werden. Hüser bezweifelt das zwar, bringt aber keine einschlägigen Belege für seine These. Stieg/ Witte bescheinigen der Romanwochenschrift einen großen Anteil an Unterhaltungs- und Kolportageliteratur. Aber auch daraus lassen sich noch keine eindeutigen Annahmen über die Verteilung des Genres ableiten, da ihre Bezugsbasis zu klein ist. Angenommen werden kann für die Romanwochenschrift, da sie sich an unterschiedliche Rezipientengruppen richten und keinen eigentlichen Parteicharakter tragen sollte [118], daß sie im Genre keine Präferenzen aufweist, sondern daß die verschiedenen Genres etwa gleich verteilt sind. Ausgesprochene Liebes- und Eheromane sollen jedoch nicht vertreten sein, denn sie würden dem Programm der Wochenschrift widersprechen. Auch für die *Neue Welt* lassen sich kaum Vorhersagen treffen. Zwar ist aus der Geschichte des Blattes bekannt, daß in dem ersten Jahrgang und auch später naturalistische Romane publiziert werden, doch für die späteren Jahrgänge liegen über die Auswahlpraxis keine Informationen vor.

Leider reicht der Fundus an vorliegenden Daten nicht aus, um auf seiner Basis sinnvolle Aussagen über die Verteilung des Genres der Erzähltexte zu treffen. Dieses Defizit an Daten liegt in der Tatsache begründet, daß die Redaktionen der untersuchten Presseorgane nur in ganz seltenen Fällen – vgl. die Aufstellung weiter unten – zusammen mit der Gattungs- auch die Genrebezeichnung der literarischen Texte mitliefern.

Neue Welt: 7 Bauernromane, 3 Dorfgeschichten, 1 Kriminalgeschichte, 1 Weihnachtsgeschichte (deutschsprachige Autoren)
In Freien Stunden: 1 Bauernroman, 10 Historische Romane und Erzählungen (deutschsprachige Autoren)
Neue Welt: 8 Bauernromane, 5 Dorfgeschichten/Romane, 1 Historischer Roman, 2 Kriminalromane, 1 Revolutionsroman, 1 Soldatengeschichte, 1 Sozialgeschichte, 1 Weihnachtsgeschichte (Gesamtheit der Texte)
In Freien Stunden: 1 Bauernroman, 13 Historische Romane und Erzählungen, 1 Kriminalroman, 1 Seeroman (Gesamtheit der Texte).

Für den *Vorwärts* (1891–1933) liegen mit einer Ausnahme (1 Histor. Roman in der Kaiserzeit) keine Daten vor. Zur Kompensation des oben beschriebenen Defizits an Daten war zunächst daran gedacht worden, anhand einer Zufallsstichprobe aus dem Gesamt der Erzähltexte einen Datenfundus für diesen Analyseschritt bereitzustellen. Von dieser Vorgehensweise wurde dann aber aus verschiedenen Gründen Abstand genommen. Die bisherigen Untersuchungsergebnisse haben gezeigt, daß sich die ausgewählten Presseorgane in fast allen Merkmalen systematisch unterscheiden. Eine Analyse des Genres auf der Basis einer Zufallsstichprobe aus dem Gesamt aller publizierten Erzähltexte würde zwar einige Informationen über präferiert ausgewählte Stoff- und Themenkreise vermitteln, andererseits aber doch die Gefahr begünstigen, die Differenzen *zwischen* den Organen zu verwischen. Eine andere methodische Variante, bei der dieses Problem nicht gegeben gewesen wäre – Auswahl von repräsentativen Zufallsstichproben aus dem Gesamt der Erzähltexte *pro* Organ – scheiterte allein an dem dazu notwendigen Zeitaufwand, denn mindestens 200 Romane und Erzählungen (je 50 pro Organ) hätten für eine Klassifikation nach dem Genre ausgewählt und gelesen werden müssen. [119] Ob dieser Zeitaufwand in einem vernünftigen Verhältnis zum Ertrag der Arbeit gestanden hätte, mag bezweifelt werden. Aus den genannten methodischen Schwierigkeiten wird an dieser Stelle auf eine empirische Analyse des Merkmals Genre verzichtet. In der Diskussion der Ergebnisse sollen anhand von einzelnen Beobachtungen am Material einige Überlegungen über die Verteilung des Genres angestellt werden.

5.4.   Die Verwertungsstrategien

5.4.1.   Das Copyright. Freie Autoren. Buchverlage. Literarische Agenturen.

Aus der Sekundärliteratur ist bekannt, daß in der sozialdemokratischen Presse nach 1890 eine Umorientierung in der Romanstoffbeschaffung einsetzte [120], da der enorme Bedarf an Literatur für das Feuilleton nicht mehr nur durch eigene Mitarbeiter gedeckt werden konnte. Auch die sozialdemokratische Presse mußte auf die Angebote der bürgerlichen Feuilleton-Korrespondenzen und Literarischen Büros zurückgreifen, da noch keine sozialistischen Korrespondenzen existierten. Aufgrund der großen Nachfrage nach Roman- und Erzählstoffen für die Massenpresse in der zweiten Hälfte des 19. Jahrhunderts hatten sich diese Korrespondenzen etablieren können. Sie schoben sich als neue Institution, die die Verwertung und die Vermittlung der Literatur übernahm, zwischen Autor und Zeitung, der direkte Kontakt zwischen Autor und Presse wurde zunehmend abgebaut. Nur wenige anerkannte Autoren, deren Marktwert über dem Durchschnitt lag, konnten es sich trotz dieser strukturellen Veränderungen des literarischen Marktes noch leisten, auf diese Vermittlungsinstanzen zu verzichten. Der Durchschnittsautor war auf eine optimale Verwertung seines literarischen Textes angewiesen, wollte er nicht ökonomisch zugrundegehen. Diese optimale Verwertung lag aber nicht in seiner Hand, sondern er mußte sie diesen Institutionen übertragen, denn leben konnte er nur von der Schriftstellerei, wenn sein Text als Erst-, Zweit- und Mehrfachdruck in der Presse publiziert worden war. Von der Buchpublikation allein konnte er sich nicht ernähren:

»Für *Romanschriftsteller* seien noch ein paar Ausführungen beigegeben. Wenn man mitunter liest, daß Zeitschriften, wie die ›Gartenlaube‹ für Romane bis zu 15 000 Mark bezahlen, so wisse man, daß hierfür Namen ersten Ranges in Betracht kommen. Gewöhnliche Sterbliche erhalten eben nur ein Durchschnittshonorar. Der Romanschriftsteller fährt am besten, wenn er seinen Roman zuerst einer größeren Zeitung anbietet. Bringt er ihn an, so erhält er wohl sehr häufig ein Honorar von 100 Mk. und darüber.

Provinzzeitungen zahlen mäßigere Honorare. Ihnen ist es einerlei, ob ein Roman schon einmal gedruckt worden ist oder nicht. Man kann also einen Roman zum wiederholten Abdruck verkaufen, so daß man mitunter von einem gangbaren Roman eine ganz hübsche Summe herausschlagen kann. Erst wenn der Zeitungsvertrieb nichts mehr einbringt, gebe man den Roman als Buch heraus. Der Verleger zahlt nämlich keinen Pfennig mehr, wenn der Roman noch nicht erschienen ist als er anlegt, wenn der Roman auch schon gedruckt ist. Der Kundenkreis des Buchhandels kennt in den allerseltensten Fällen einen in der Zeitung erschienenen Roman. Zeitungsromane und Buchromane machen sich also gar keine Konkurrenz.

Der rationelle Schriftsteller wird also beide Erwerbsmöglichkeiten ins Auge fassen und nicht einen Roman um ein Spottgelt in den Buchverlag geben, wenn er bei dem Zeitungsabdruck das Vielfache dafür erhalten kann.« [121]

Um ihre Verlagsprodukte möglichst gewinnträchtig zu vermarkten, gliederten sich viele Verlage angesichts dieser Situation eigene Literarische Büros an, die den Verkauf von Nebenrechten, Übersetzungen und Zweitdrucken für die Presse betrieben.

Erst mit der Einstellung eigenständiger Feuilletonredakteure, erstmals 1898 beim *Vorwärts,* und der Intensivierung der Arbeit im Feuilleton, tritt für die Arbeiterpresse eine Veränderung ein. Die sozialdemokratische Presse versucht, aufgrund der minderen

Qualität vieler literarischer Texte der bürgerlichen Korrespondenzen, eigene literarische Feuilleton-Korrespondenzen zu gründen, die die Presse mit Roman- und Erzählstoff, aber auch mit belehrenden Texten versorgen sollte. Eine dieser Korrespondenzen beispielsweise rief Kurt Eisner ins Leben. [122] Eine andere Möglichkeit der Stoffbeschaffung war, daß die sozialdemokratische Presse mit solchen Verlagen Verträge abschloß, bei denen sich die sozialkritische ausländische Literatur konzentrierte (Albert Langen, Merseburger). Nach diesen Abkommen überließen die Verlage der Presse relativ preiswerte autorisierte Übersetzungen. [123] Schließlich bot sich als dritte Variante an, den Kontakt mit den Autoren selbst zu intensivieren und sie mit ihrer Produktion für das Organ zu gewinnen (freie Autoren). Erst in den späteren Jahren wurde die Zusammenarbeit mit den parteieigenen Verlagen intensiviert. [124]

Angenommen werden kann also, daß die sozialdemokratische Presse in der überwiegenden Zahl der Fälle Angebote bürgerlicher Korrespondenzen und Verlage berücksichtigt hat, auch wenn nach 1900 eine leichte Verschiebung zugunsten der sozialdemokratischen Korrespondenzen festzustellen sein müßte. Dem stehen zwar die Äußerungen von J. Kliche gegenüber, der behauptet, daß der sozialdemokratische Redakteur vor 1914 für sein Blatt den Roman immer selbst ausgewählt, es keine zentrale Romanvermittlungsinstanz oder Korrespondenz gegeben habe. [125] Doch steht seine Aussage im Widerspruch zu der Tatsache, daß es bis 1898 für die sozialdemokratische Presse keinen eigenständigen Feuilletonredakteur gegeben hat. Das Feuilleton wurde zu dieser Zeit im Nebenamt von einem anderen Redakteur betreut. Diese nahmen dann schon, aufgrund ihrer großen Arbeitsüberlastung, Angebote und Vorschläge von Korrepondenzen entgegen. [126]

Auch für die Erhebung der Daten zu dem Merkmal ›Copyright der Erzähltexte‹ stellte sich das Problem, daß die Feuilletonredaktionen keinerlei Angaben darüber machen – mit Ausnahme von 21 Fällen [127] – woher sie das literarische Produkt beziehen bzw. in welchem Verlag der Titel erschienen ist. Da eine Nacherhebung der Daten anhand bibliografischer Nachschlagewerke einerseits zu zeitaufwendig ist, andererseits eine Stichprobe auch gezeigt hat, daß wiederum nur ein Bruchteil der erwünschten Informationen zu erreichen wäre, soll ebenfalls im letzten Abschnitt an einzelnen Fällen dieser Fragestellung nachgegangen werden.

5.4.2. Verwertungsarten

Wie die Debatten auf den Parteitagen und in den *Mitteilungen des Vereins Arbeiterpresse* zeigen, war die sozialdemokratische Presse selten in der Lage, für die Publikation Originalarbeiten anzuschaffen, da diese in der Regel zu teuer waren. Allein bei den sozialdemokratischen Schriftstellern kann davon ausgegangen werden, daß ein großer Teil ihrer Arbeiten zuerst in der Presse abgedruckt wurde, da ihnen die bürgerlichen Medien verschlossen blieben. [128] Zu erwarten ist daher, daß es sich bei den Erzähltexten in der Mehrzahl der Fälle um den Nachdruck bereits vorliegender Buchpublikationen handelt.

Die Tab. 41 und 42 vermitteln einen ersten Überblick über die Verteilung des Merkmals ›Verwertungsart der publizierten literarischen Texte‹ für die einzelnen Presseorgane. Wie bereits an anderer Stelle erwähnt, konnte für einen großen Teil der Erzähltexte keine Klassifikation vorgenommen werden, da die einschlägigen bibliografischen Daten nicht ermittelt werden konnten. Die nachfolgend referierten Ergebnisse der empirischen Verteilungen in dem genannten Merkmal sind daher nur beschränkt aussagekräftig, denn in der Restgruppe können sich vielerlei Informationen verstecken: zum einen erscheinen hier literarische Texte, die tatsächlich *ausschließlich* für die Presse konzipiert und später nicht mehr in einem anderen Medium publiziert wurden, also der typische *Roman für die Presse;* zum anderen handelt es sich aber auch um solche Erzähltexte, die durchaus als Vorabdruck- oder Nachdruck einer Buchpublikation anzusehen sind, für die aber die genauen bibliografischen Angaben nicht mehr zu eruieren sind. In die Kategorie ›Vorabdruck‹ kann nun sowohl der für die Presse verfaßte Roman fallen, aber auch der bereits komplett vorliegende Roman, der nur zuerst in diesem Medium veröffentlicht wird, aber auf eine Buchpublikation hin produziert wurde. Demnach erfaßt diese Kategorie sowohl den *Roman für die Presse* als auch den *Roman in der Presse,* betrachtet man die letztgenannte Variante als den Vorabdruck einer Buchpublikation. Allein mit der Kategorie ›Nachdruck einer vorliegenden Buchpublikation‹ liegen eindeutige Informationen vor. Hier handelt es sich ausschließlich um den *Roman in der Presse,* der für den Abdruck in diesem neuen Medium bearbeitet werden kann, aber nicht muß.

Gut vier Fünftel der Erzähltexte des *Vorwärts* in der Zeit von 1891–1918, für die die

Tab. 41: Verwertungsarten der publizierten literarischen Texte (Gesamtheit der Autoren)

Verwertungsart	Vorwärts 1891–1918		Vorwärts 1919–1933		Vorwärts 1891–1933		Die Neue Welt 1892–1917		In Freien Stunden 1897–1919	
	abs.	%	abs.	%	abs.	%	abs.	%	abs.	%
Nachdruck	57	81,4	31	79,5	88	80.7	43	66,2	124	100,0
Paralleldruck	–	–	–	–	–	–	9	13,8	–	–
Vorabdruck	13	18,6	8	20,5	21	19,3	13	20,0	–	–
	70	100,0	39	100,0	109	100,0	65	100,0	124	100,0

Tab. 42: Verwertungsarten der publizierten literarischen Texte (deutschsprachige Autoren)

Verwertungsart	Vorwärts 1891–1918		Vorwärts 1919–1933		Vorwärts 1891–1933		Die Neue Welt 1892–1917		In Freien Stunden 1897–1919	
	abs.	%	abs.	%	abs.	%	abs.	%	abs.	%
Nachdruck	39	92,9	16	84,2	55	90,2	40	66,7	81	100,0
Paralleldruck	–	–	–	–	–	–	8	13,3	–	–
Vorabdruck	3	7,1	3	15,8	6	9,8	12	20,0	–	–
	42	100,0	19	100,0	61	100,0	60	100,0	81	100,0

Zuweisungen getroffen werden konnten, fallen in die Kategorie Nachdruck einer vorliegenden Buchpublikation: von 70 Erzähltexten sind das 57 (81,4%) Texte. Nur 13 literarische Texte (18,6%) werden zunächst in der Presse publiziert, später dann als Buch herausgegeben. Der *Vorwärts* in seinem zweiten Untersuchungsabschnitt publiziert etwas häufiger Erzähltexte, für die die Presse das Medium der Erstpublikation darstellt (20,5%). Für die deutschsprachigen Autoren verschieben sich die Relationen zuungunsten der Kategorie ›Vorabdruck‹ (vgl. Tab. 42). Der Anteil der Erzählprosa, die eine Adaption bereits publizierter Texte in Buchform darstellt, steigt an: von 42 deutschsprachigen Erzähltexten sind 92,9% (= 39 Texte) Nachdrucke, nur 7,1% Vorabdrucke. Diese Angaben gelten jedoch nur für den *Vorwärts* in der ersten Untersuchungsphase. In dem zweiten Untersuchungsabschnitt ist die Kategorie Vorabdruck in Relation zur ersten Phase zwar häufiger besetzt (15,8%), insgesamt ist sie aber noch immer unterrepräsentiert (15,8% zu 84,2%).

Betrachtet man die *Neue Welt*, so ergeben sich in der Verteilung deutliche Verschiebungen zum *Vorwärts*. Für die deutschsprachigen Autoren differenziert das Merkmal Verwertungsart eindeutig – jedenfalls auf der Basis dieser Daten – zwischen den beiden Publikationsorganen. Systematisch häufiger als der *Vorwärts* publiziert die *Neue Welt* Texte, die noch nicht (20,0%) als Buchpublikationen vorliegen, bzw. bei denen eine relativ kurze zeitliche Differenz zwischen Publikation in der Presse und Buchpublikation oder Buchpublikation und Abdruck in der Presse liegt (13,3%). Diese Unterschiede sind mit $p < .001$; ($\chi^2 = 0,01$; df = 2) zufallskritisch abgesichert. Für die Romanwochenschrift liegen die umfangreichsten Daten vor. Ein Blick in die Tab. 41, 42 zeigt, daß die in der Wochenschrift publizierten Romane und Erzählungen alle schon früher als Buchveröffentlichungen den Lesern zugänglich waren (124 Texte = 100%), bzw. in anderer Form, z. B. Parteikalendern, zu rezipieren waren.

Die Unterschiede zwischem dem *Vorwärts* (1891–1918) und der Romanwochenschrift sind für die Gesamtheit der Autoren ($p < .001$; $\chi^2 = 21,80$; df = 1) und für die deutschsprachigen ($p < .05$; $\chi^2 = 3,30$; df = 1) nicht mehr mit zufälligen Einflüssen erklärbar. Den Redaktionen beider Organe müssen in diesem Merkmal andere Richtlinien zugrundeliegen. Für die *Neue Welt* und die Romanwochenschrift bestätigt der Chi^2-Test für die deutschsprachigen Autoren nur das, was anhand der Einzelverteilungen bereits prägnant zum Ausdruck kam: überzufällig häufig druckt die Romanwochenschrift Erzählungen und Romane ab, die auf dem literarischen Markt schon als Buchpublikationen vorliegen, wogegen die *Neue Welt* überzufällig häufig – in den anderen Kategorien systematisch zu selten – Texte publiziert, die dem Leser als Buchpublikationen noch nicht bzw. erst seit kurzem zugänglich sind ($p < .001$; $\chi^2 = 47,49$; df = 2).

Die Hypothese, daß es sich in der Mehrzahl der Erzähltexte der sozialdemokratischen Presse um Adaptionen bereits vorliegender Publikationen handelt, kann beibehalten werden. Sie trifft für die Gesamtheit der Organe zu, aber auch für die einzelnen Blätter allein, wenn hier auch die Gewichtungen in der Verteilung des untersuchten Merkmals verschieden sind. Diese Gewichtungen sind so unterschiedlich, daß das Merkmal Verwertungsart systematisch zwischen den Publikationsorganen differenziert, d. h., daß die Organe in diesem Merkmal von divergierenden Richtlinien, die für die Redaktionen verbindlich sind, geleitet werden.

Zur Zeit der Publikation lebende bzw. verstorbene Autoren

Aus den bereits in den vorderen Abschnitten genannten Gründen kann erwartet werden, daß die überwiegende Zahl der in der sozialdemokratischen Presse publizierten Autoren zum Zeitpunkt des Abdrucks ihrer Werke noch lebt. Josef Kliche stellte bei einer Stichprobe von 23 Parteiblättern im Jahre 1913 fest, daß zu dieser Zeit 21 Blätter bezahlte Romane druckten und nur zwei ein ›freies‹ Werk laufen ließen. [129] Dieses Ergebnis geht konform mit den Bestrebungen der Parteipresse, möglichst lebende Autoren zu publizieren, wogegen die älteren doch die Ausnahme bleiben sollten. [130] Der *Vorwärts* der Vorkriegsjahre veröffentlicht tatsächlich überwiegend Erzähltexte von Autoren, die zur Zeit der Publikation noch leben (82,7%). Zur Zeit des Abdrucks verstorbene Autoren werden nur 31 publiziert, d. s. 11,2%. Betrachtet man für den *Vorwärts* dieser Jahre die deutschsprachigen Autoren gesondert, so steigt der Anteil der lebenden Autoren sogar an (84,5%). Auch für die Zeit in der Weimarer Republik (vgl. Tab. 43, 44) bleibt für den *Vorwärts* das Konzept bestehen, den Lesern überwiegend lebende Autoren vorzustellen: 84 von 97 Autoren leben zur Zeit der Publikation (86,6%), nur 13 Autoren (13,4%) sind verstorben. Für die deutschsprachigen Autoren bleiben diese Relationen erhalten.

Die illustrierte Unterhaltungsbeilage *Neue Welt* druckt ebenfalls überwiegend lebende Autoren ab. Der Prozentwert für diese Gruppe an Autoren liegt höher als für den *Vorwärts* dieser Jahre, denn von 254 Autoren leben noch 243, d. s. 95,7%. Nur 11 Autoren sind verstorben (4,3%). Bei den deutschsprachigen Schriftstellern liegt der Wert für die lebenden noch höher, nämlich bei 97,1%; verstorben sind nur 5 Autoren (2,9%). Allerdings muß einschränkend gesagt werden, daß immerhin für 38% der Gesamtautoren keine Klassifikation in diesem Merkmal vorgenommen werden konnte. Doch ist zu vermuten, daß sich bei Encodierung dieser Restgruppe die Relationen nur geringfügig verschieben würden.

Ein Vergleich der Verteilung der *Neuen Welt* mit der des *Vorwärts* dieser Jahre zeigt, daß die zwischen den beiden Blättern zu beobachtenden Differenzen nicht mehr mit zufälligen Einflüssen zu vereinbaren sind, sondern Ausdruck sind für systematische Unterschiede in den redaktionellen Leitlinien der Organe ($p < .001$; $\chi^2 = 18,7$; $df = 1$; Gesamtheit der Autoren; $p < .001$; $\chi^2 = 12,09$; $df = 1$; deutschsprachige Autoren).

Die Romanwochenschrift *In Freien Stunden* weicht erheblich in ihrem Konzept von den beiden anderen Publikationsorganen ab. Erstmals dominieren nicht die lebenden, sondern die verstorbenen Autoren: 36,9% der Schriftsteller leben zur Zeit der Publikation, 63,1% sind bereits tot (vgl. auch Tab. 43, 44). Bei den publizierten deutschsprachigen Autoren der Romanwochenschrift liegt der Prozentsatz für die verstorbenen Autoren sogar noch höher: 71,4% sind tot, nur 28,6% leben noch. Die Abweichungen zu den beiden anderen Publikationsorganen sind auf allen Ebenen signifikant. [131] Wie das Ergebnis der empirischen Analyse demonstriert, kann die eingangs formulierte Hypothese, daß die überwiegende Anzahl der publizierten Autoren zur Zeit der Publikation des Textes in der Presse noch lebt, nur mit Einschränkungen beibehalten werden: für den *Vorwärts* (1891–1933) und die *Neue Welt* trifft sie zu, nicht aber für die Romanwochenschrift *In Freien Stunden*.

Tab. 43: Verteilung des Merkmals ›Autor lebt bzw. tot zur Zeit der Publikation‹ (Gesamtheit der Autoren)

Autor	Vorwärts 1891–1918		Vorwärts 1919–1933		Vorwärts 1891–1933		Die Neue Welt 1892–1917		In Freien Stunden 1897– 1918/19	
	abs.	%	abs.	%	abs.	%	abs.	%	abs.	%
Lebt	148	63,5	84	63,2	232	63,4	244	59,4	52	33,3
Tot	31	13,3	13	9,8	44	12,0	11	2,7	89	57,1
Rest	54	23,2	36	27,1	90	24,6	156	38,0	15	9,6
	233	100,0	133	100,0	266	100,0	411	100,0	156	100,0

Tab. 44: Verteilung des Merkmals ›Autor lebt bzw. tot zur Zeit der Publikation‹ (deutschsprachige Autoren)

Autor	Vorwärts 1891–1918		Vorwärts 1919–1933		Vorwärts 1891–1933		Die Neue Welt 1892–1917		In Freien Stunden 1897– 1918/19	
	abs.	%	abs.	%	abs.	%	abs.	%	abs.	%
Lebt	71	84,5	43	87,8	114	85,7	170	97,1	24	28,6
Tot	13	15,5	6	12,2	19	14,3	5	2,9	60	71,4
	84	100,0	49	100,0	133	100,0	175	100,0	84	100,0

Techniken des Abdrucks

Geht man davon aus, daß die sozialdemokratische Presse – insbesondere in der Zeit nach 1919 – mit dem Roman die Leser an das Publikationsorgan fesseln wollte [132], so kann unterstellt werden, daß sie ähnliche Publikationsstrategien entwickelt wie die bürgerliche Presse. Die Übernahme dieser Techniken soll sich darin zeigen, daß auch bei der sozialdemokratischen Presse der Beginn des Romans auf das Wochenende fällt, um so dem Leser Gelegenheit zu bieten, sich in den literarischen Text in Muße einlesen zu können. [133] Diese Annahme gilt natürlich nur für die Tagespresse. Außerdem kann erwartet werden, daß sich dieser Trend, bürgerliche Verwertungstechniken zu adaptieren, in den zwanziger Jahren verstärkt, da in dieser Zeit ganz bewußt eine Annäherung an die bürgerliche Massenpresse vollzogen wird. [134] Aufgrund der Klagen auf den Parteitagen und in den *Mitteilungen des Vereins Arbeiterpresse* über die lange Laufzeit der publizierten Romane kann unterstellt werden, daß die Romane im Schnitt eine hohe Anzahl von Folgen aufweisen. [135] Für die Jahre nach 1919 soll die Entwicklung gegenläufig sein, da man in den sozialdemokratischen Redaktionsstuben erkannt hat, daß eine zu lange Laufzeit der Romane leicht dazu führt, daß die Leser von der Lektüre des Textes und damit auch von dem Publikationsorgan abspringen. Für diese Jahre soll daher die Anzahl der Folgen für die abgedruckten literarischen Texte zurückgehen.

Für beide Phasen des *Vorwärts* gilt, daß am häufigsten am Ersten des Monats, also mit Erneuerung des Abonnements, mit dem Abdruck eines neuen Erzähltextes begonnen wird (vgl. Tab. 45). Insgesamt ist aber die Verteilung auf die Tage des Monats relativ gleichmäßig, fast alle Tage sind besetzt, d. h., daß in diesem Merkmal kaum eindeutige Präferenzen – mit Ausnahme des Monatsbeginns – zu erkennen sind. Systematische Differenzen für den *Vorwärts* der Kaiserzeit und der Weimarer Republik lassen sich nicht feststellen ($p > .05$; $\chi^2 = 37,5$; $df = 31$). Ebenso lassen sich für den Tag der Beendigung des Abdrucks keine Schwerpunkte nachweisen, das gilt für beide Untersuchungsphasen ($p > .05$; $\chi^2 = 8,6$; $df = 11$).

Die Tab. 46 weist für den Beginn der Publikation der Texte die Verteilung auf die einzelnen Monate des Jahres aus. Für den *Vorwärts* der Kaiserzeit liegen die Schwerpunkte auf dem Monat Januar und April, für den *Vorwärts* der Weimarer Republik verteilt sich das Merkmal gleichmäßig auf alle Monate. Signifikante Differenzen zwischen den beiden Zeitabschnitten gibt es nicht ($p > .05$; $\chi^2 = 10,8$; $df = 11$).

Signifikante Unterschiede zwischen den beiden Phasen lassen sich allein in der Wahl des Wochentags für den Beginn der Publikation des Erzähltextes nachweisen: für den *Vorwärts* der Vorkriegsjahre verteilt sich der Beginn auf fast alle Wochentage (vgl. Tab. 47), wogegen der *Vorwärts* im zweiten Abschnitt die Wochentage Freitag und Samstag präferiert. Diese Schwankungen sind allerdings nur mit $p < .10$; $\chi^2 = 10,6$; $df = 6$ statistisch abgesichert.

Die Verteilung in dem Merkmal ›Anzahl der Folgen‹, wie sie der Tab. 49 zu entnehmen ist, demonstriert, daß der *Vorwärts* in der Weimarer Republik an dem Prinzip festhält, in den Spalten des Blattes lange, über viele Folgen laufende literarische Texte zu publizieren, wie es schon für den *Vorwärts* der Vorkriegsjahre gültig war. Auf dieser Ebene kann zumindest, entgegen der Erwartung, keine Annäherung an die bürgerliche Massenpresse festgestellt werden. Die Annahme, daß mit der Publikation der Texte größtenteils am Wochenende begonnen wird, hat sich nur für den *Vorwärts* der Weimarer Republik bestätigt, hier scheint eine Annäherung an bürgerliche Verwertungsstrategien vorgenommen worden zu sein.

Im nächsten Kapitel sollen die wichtigsten Befunde der empirischen Analyse diskutiert werden. Zunächst sollen für die einzelnen Publikationsorgane die Variablenkomplexe herausgegriffen und auf dem Hintergrund der Untersuchung die relevantesten Ergebnisse besprochen werden. In einem nächsten Schritt werden die Beziehungen zwischen den Variablen – Hypothesen der Arbeit und ihre empirische Prüfung – behandelt. Zum besseren Verständnis werden vorab, soweit notwendig, die wichtigsten Befunde kurz zusammengefaßt, ohne allerdings ins Detail zu gehen. Bei beiden Arbeitsschritten wird auf die literaturkritischen Debatten, wie sie auf den Parteitagen und in den *Mitteilungen des Vereins Arbeiterpresse* geführt wurden, zurückgegriffen und die dort vertretenen Positionen mit den empirischen Befunden konfrontiert. Ebenso werden die Ergebnisse über die Lesegewohnheiten von Arbeitern, wie sie anhand der Bibliotheksberichte und Arbeiterautobiografien gewonnen wurden, mit in die Bewertung der Modelle für den Literaturteil der sozialdemokratischen Presse einbezogen.[136] Nach der Betrachtung der Gesamtergebnisse sollen einige Vorschläge für weiterführende Untersuchungen unterbreitet werden.

Tab. 45: Romanbeginn und Romanende: Monatstage

	Vorwärts (1891–1918)		Vorwärts (1919–1933)	
	Beginn	Ende	Beginn	Ende
1. des Monats	7 (13,7%)	3 (6,1%)	10 (7,5%)	7 (5,3%)
2.	1 (2,0%)	1 (2,0%)	6 (4,5%)	1 (0,8%)
3.	4 (7,8%)	3 (2,3%)	5 (3,7%)	3 (2,3%)
4.	2 (3,9%)	3 (2,3%)	2 (1,5%)	3 (2,3%)
5.	1 (2,0%)	2 (4,1%)	2 (1,5%)	1 (0,8%)
6.	1 (2,0%)	–	3 (2,2%)	7 (5,3%)
7.	–	–	6 (4,5%)	5 (3,8%)
8.	–	2 (4,1%)	2 (1,5%)	3 (2,3%)
9.	–	1 (2,0%)	5 (3,7%)	4 (3,0%)
10.	–	1 (2,0%)	5 (3,7%)	8 (6,0%)
11.	2 (3,9%)	–	3 (2,2%)	5 (3,8%)
12.	–	–	6 (4,5%)	3 (2,3%)
13.	1 (2,0%)	3 (6,1%)	2 (1,5%)	3 (2,3%)
14.	1 (2,0%)	3 (6,1%)	5 (3,7%)	3 (2,3%)
15.	2 (3,9%)	1 (2,0%)	2 (1,5%)	4 (3,0%)
16.	1 (2,0%)	2 (4,1%)	5 (3,7%)	5 (3,8%)
17.	3 (5,9%)	2 (4,1%)	6 (4,5%)	6 (4,5%)
18.	–	3 (6,1%)	5 (3,7%)	4 (3,0%)
19.	2 (3,9%)	1 (2,0%)	4 (3,0%)	7 (5,3%)
20.	3 (5,9%)	1 (2,0%)	8 (6,0%)	2 (1,5%)
21.	–	2 (4,1%)	3 (2,2%)	3 (2,3%)
22.	3 (5,9%)	2 (4,1%)	3 (2,2%)	4 (3,0%)
23.	3 (5,9%)	2 (4,1%)	4 (3,0%)	5 (3,8%)
24.	5 (9,8%)	1 (2,0%)	2 (1,5%)	4 (3,0%)
25.	–	1 (2,0%)	6 (4,5%)	6 (4,5%)
26.	1 (2,0%)	1 (2,0%)	6 (4,5%)	6 (4,5%)
27.	1 (2,0%)	1 (2,0%)	7 (5,2%)	4 (3,0%)
28.	2 (3,9%)	3 (6,1%)	1 (0,7%)	5 (3,8%)
29.	3 (5,9%)	1 (2,0%)	2 (1,5%)	3 (2,3%)
30.	1 (2,0%)	3 (6,1%)	3 (2,2%)	3 (2,3%)
31.	1 (2,0%)	3 (6,1%)	5 (3,7%)	6 (4,5%)
	51 100,0%	49 100,0%	134 100,0%	133 100,0%

Tab. 46: Romanbeginn: Monate

	Vorwärts (1891–1918)	Vorwärts (1919–1933)
Januar	9 (18,0%)	19 (14,3%)
Februar	1 (2,0%)	9 (6,8%)
März	1 (2,0%)	7 (5,3%)
April	10 (20,0%)	12 (9,0%)
Mai	2 (4,0%)	14 (10,5%)
Juni	3 (6,0%)	14 (10,5%)
Juli	6 (12,0%)	10 (7,5%)
August	5 (10,0%)	12 (9,0%)
September	5 (10,0%)	9 (6,8%)
Oktober	4 (8,0%)	12 (9,0%)
November	2 (4,0%)	6 (4,5%)
Dezember	2 (4,0%)	9 (6,8%)
	50 100,0%	133 100,0%

Tab. 47: Romanbeginn: Wochentage

	Vorwärts (1891–1918)		Vorwärts (1919–1933)	
Montag	–		6	(4,6%)
Dienstag	12	(23,5%)	15	(11,5%)
Mittwoch	11	(21,6%)	23	(17,6%)
Donnerstag	11	(21,6%)	19	(14,5%)
Freitag	11	(21,6%)	28	(21,4%)
Samstag	4	(7,8%)	26	(19,8%)
Sonntag	2	(3,9%)	14	(10,7%)
	51	100,0%	131	100,0%

Tab. 48: Romanende: Wochentage

	Vorwärts (1891–1918)		Vorwärts (1919–1933)	
Montag	–		4	(3,1%)
Dienstag	15	(31,3%)	17	(13,2%)
Mittwoch	6	(12,5%)	20	(15,5%)
Donnerstag	10	(20,8%)	29	(22,5%)
Freitag	5	(10,4%)	28	(21,7%)
Samstag	10	(20,8%)	19	(14,7%)
Sonntag	2	(4,2%)	12	(9,3%)
	48	100,0%	129	100,0%

Tab. 49: Anzahl der Folgen der publizierten Texte

	Vorwärts (1891–1918)		Vorwärts (1919–1933)	
1– 20 Folgen	91	(41,7%)	41	(31,3%)
21– 40 Folgen	44	(20,2%)	35	(26,7%)
41– 60 Folgen	43	(19,7%)	26	(19,8%)
61– 80 Folgen	21	(9,6%)	20	(15,3%)
81–100 Folgen	9	(4,1%)	8	(6,1%)
> 100 Folgen	10	(4,6%)	1	(7,6%)
	218	100,0%	131	100,0%

6. ZUSAMMENFASSUNG UND DISKUSSION DER ERGEBNISSE DER EMPIRISCHEN UNTERSUCHUNG ZUM ROMANFEUILLETON IN DER SOZIALDEMOKRATISCHEN PRESSE 1876 BIS 1933

6.1. *In Freien Stunden. 1897 bis 1919*

Für die Wochenschrift kann konstatiert werden, daß die Redaktion von Anfang an den Hauptakzent auf die *Vermittlung bürgerlicher Erzähler der Weltliteratur* setzt. An ausländischen oder deutschsprachigen Autoren, die sich der sozialdemokratischen Bewegung verbunden fühlen oder sich ihr angeschlossen haben, werden nur vier publiziert: Anderson-Nexö (1913, 1916); Heijermans (Pseudonym = Sperber, 1909); Minna Kautsky (1909) und Robert Schweichel (1897 bis 1915 mit diversen Titeln).

Zum Abdruck gelangen in dem Organ überwiegend *urheberrechtlich nicht mehr geschützte Werke*, d. h., daß der Großteil der Autoren zum Zeitpunkt der Publikation des Erzähltextes seit über 30 Jahren tot ist. Mit Ausnahme einiger weniger Autoren, die zum weiteren Umkreis der Heimatliteratur gehören (Viebig, Moeschlin, Kröger), kann in dem Literaturprogramm der Romanwochenschrift *kein Zusammenhang zu zeitgenössischen bürgerlichen Literaturströmungen* festgestellt werden. Der Großteil der Texte stammt von Autoren, die, wählt man diese Fixpunkte, zwischen der französischen Revolution und der 48er Revolution geboren und aufgewachsen sind und in dieser Zeit ihre Prosa produziert haben. Aufgrund dieses Sachverhalts kann unterstellt werden, daß die *Mehrzahl der Erzähltexte inhaltlich keine besondere Nähe zu tagespolitischen und aktuellen Zeitereignissen aufweisen*. Die Annahme, wie sie häufiger artikuliert wird, daß die Romanwochenschrift nach der gescheiterten russischen Revolution 1905/1906 mit einer Vielzahl von Texten auf diese Thematik eingeht, findet nicht die empirische Erhärtung. Nur einige wenige Titel, die entweder direkt oder indirekt auf diese Problematik eingehen, werden publiziert. [1]

Um dennoch einen ersten groben Überblick über präferiert ausgewählte Romangenres zu erhalten, wurde eine Klassifikation der in der Romanwochenschrift publizierten Erzähltexte nach dem Genre vorgenommen. [2] Folgende Präferenzen scheinen sich dabei herauszukristallisieren: an der Spitze steht der historische Roman (z. B. von Alexis, Eyth, Grillparzer, Schücking, Schweichel, Scott, Spindler, Wildenrath u.a.m.). Ins Auge fällt auch die starke Dominanz des Bauernromans und der Dorfgeschichte (Auerbach, Droste-Hülshoff, Gotthelf, Moeschlin, Viebig u.a.m.), aber ebenso der große Anteil an Abenteuerromanen (Gerstäcker, Scherr u.a.). Der soziale Roman scheint keine so große Rolle zu spielen.

Bevorzugt publiziert werden von der Redaktion der Romanwochenschrift *deutschsprachige und westeuropäische* (insbesondere französische und englische) Autoren. Skandinavische und osteuropäische Schriftsteller werden zwar auch veröffentlicht, sind aber nicht in der großen Zahl vertreten, wie man anhand der Befunde der Sekundärliteratur hätte annehmen können.

Auf der Basis der untersuchten Autorenmerkmale haben sich für die Romanwochenschrift *In Freien Stunden* eine Reihe von konfiguralen Typen identifizieren lassen. Diese – im Sinne einer konfiguralen Typendefinition – autorentypologisch relevanten Merkmalskombinationen charakterisieren die Romanwochenschrift in *systematischer* Weise. Als typologisch relevanteste und effizienteste Autorenmerkmale haben sich die Zugehörigkeit des publizierten Autors zum Kanon der Weltliteratur und die Tatsache, daß er zum Zeitpunkt der Publikation schon lange verstorben ist, herausgestellt.

Die Befunde, wie sie bislang referiert wurden, deuten bereits darauf hin, daß bei der Romanwochenschrift von dem ›eigentlichen‹ Feuilletonroman bzw. dem ›typischen‹ Zeitungsroman – also dem direkt für die Publikation in der Presse konzipierten Roman – keine Rede sein kann. Bestätigt wird diese Annahme durch die Tatsache, daß es sich bei den publizierten Erzähltexten ausschließlich, soweit eruierbar (124 von 159 Texten), um den Nachdruck vorliegender Buch- und Pressepublikationen handelt. Andere Varianten der Literaturverwertung – etwa Vorabdruck – treten nicht auf. Konstatiert werden kann demnach, daß die Romanwochenschrift intensiver Verwerter bereits publizierter literarischer Texte ist. Zur Aufgabe des verantwortlichen Redakteurs gehört es, aus einem vorhandenen Repertoire an literarischen Produkten, auf deren Beschaffenheit und Gestaltung er keinen Einfluß hat, das ›Passende‹ für das antizipierte Publikum auszuwählen. Mit in den Entscheidungsprozeß bei der Auswahl der Texte geht offenbar eine so unliterarische Frage ein, ob mit der Publikation der Texte Honorarkosten verbunden sind oder nicht. Die Entscheidung fällt überzufällig häufig auf solche Werke, die urheberrechtlich nicht mehr geschützt sind. Wie die Überprüfung an einer Stichprobe von Texten gezeigt hat, erfolgt die Publikation für die einzelnen Hefte der Romanwochenschrift in Anlehnung an die Buchpublikation (Umbruch der Seiten etc.). Somit dürften auch hier für die Adaption der Texte in dem neuen Medium keine Veränderungen, Bearbeitungen und damit verbunden Kosten angefallen sein. Die hier umrissenen Strategien der Romanwochenschrift für die Auswahl der literarischen Texte stehen in eklatantem Widerspruch zur Programmatik des Organs. Zur Aufgabe gestellt hatte sich das Blatt, »die besten Romane der Neuzeit, die ihrer hohen Preise wegen für den Arbeiter in der Regel unzugänglich sind, zu billigem Preis zu publizieren.« [3] Wie ist diese offensichtliche Diskrepanz zwischen Anspruch und Wirklichkeit zu erklären? Endgültige Antworten werden sich nicht finden lassen, hypothetisch unterstellt werden kann nur folgendes: da die Sozialdemokratische Partei der Kunst und Literatur im Klassenkampf nur eine untergeordnete Rolle zuwies, war sie auch nicht bereit, für die Ausgestaltung der literarischen und publizistischen Unternehmen der Partei große finanzielle Investitionen zu tätigen. Die Überschüsse aus den Einnahmen der Parteipresse wurden anderen, als wichtiger erachteten, Formen der Agitation und Propaganda zur Verfügung gestellt: für die Gründung *neuer* publizistischer Unternehmen, für die Herstellung und den Vertrieb von politischem Werbematerial (politische Broschüren für die Agitation auf dem flachen Land) usf. [4] Aufgrund dieses geringen finanziellen Spielraums war es den sozialdemokratischen Redakteuren nur in den seltensten Fällen möglich, für die Publikation in der Presse Originalarbeiten zu beschaffen. Auch der Vorab- oder Nachdruck neuerer literarischer Werke war häufig nur dann möglich, wenn mit dem Buchverleger Sonderkonditionen, d. h. geringere Honorarpreise für die Veröffentlichung in der sozialdemokratischen Presse als marktüblich, vereinbart werden konnten. [5] Die geringen finanziellen Kapazitäten erklären zumindest zum Teil die starke Dominanz der honorarfreien Werke in der Romanwochenschrift.

Ein anderer Grund für die Kluft zwischen dem theoretischen Anspruch der Literaturvermittlung und der praktischen Realisation in dem Organ mag darin liegen, daß sich die Romanwochenschrift mit dem literarischen Programm an die kultur- und literaturpolitischen Konzepte der Partei anzupassen suchte. Diese lassen sich in den 90er Jahren global durch ihre einseitige Orientierung an den kulturellen Normen des Bürgertums, durch die relativ unkritische Rezeption und Vermittlung der kulturellen Errungenschaften des Bürgertums charakterisieren. Im Sinne sozialen Aufstiegsdenkens ging es nicht um die Konzeption einer eigenen proletarischen Kultur und Literatur, sondern um die Adaption der ästhetischen und sittlichen Ideale des Bürgertums und die Teilung seines literarischen Geschmacks. [6] Betrachtet man das Literaturprogramm der Romanwochenschrift, so fügt es sich gut in diesen Gesamtrahmen ein. Intention des Blattes ist es offenbar, den antizipierten Leserkreis am kulturellen Erbe des Bürgertums partizipieren zu lassen. Damit entspricht das Blatt auch den konzeptuellen Vorstellungen, wie sie auf den Parteitagen bezüglich der Romanwochenschrift von einigen Delegierten artikuliert werden: das Blatt dürfe keinen eigentlichen Parteicharakter tragen.

Diese Agitation im ›verborgenen Gewande‹ sollte ja nach Ansicht der Parteitagsdelegierten gewährleisten, daß das Organ auch in die sogenannten unpolitischen und indifferenten Arbeiter- und Kleinbürgerkreise eindringt, um dort einerseits die bürgerlich-kapitalistische Massen- und Schundliteratur zu verdrängen und um andererseits auf diesem Umweg für die politischen und ökonomischen Ziele der Sozialdemokratischen Partei zu werben. Die Realisation dieser *doppelten* Aufgabe ist der Romanwochenschrift – vergegenwärtigt man sich die Parteitagsdiskussionen – nie so recht gelungen. Für diesen Mißerfolg können vielerlei Gründe als verantwortlich herangezogen werden. Die in der Romanwochenschrift publizierten literarischen Titel dürften dem antizipierten Rezipientenkreis – organisierte und nichtorganisierte Arbeiter und Kleinbürger – zum größten Teil bereits bekannt gewesen sein. Einmal, weil eine große Anzahl der Texte schon früher durch die Presse gelaufen ist [7], zum anderen, weil die Werke seit längerer Zeit in billigen Taschenbuchausgaben und Heftchen auf dem literarischen Markt gehandelt wurden. [8] Verwiesen sei – um nur ein Beispiel zu nennen – auf den von Fränkel 1889 im Kampf gegen die Schundliteratur gegründeten »Verein zur Massenverbreitung guter Schriften«, der Texte von Kleist, Hebel, Zschokke, Hauff, Auerbach, J. J. Engel, Gotthelf, K. v. Holtei, Freytag, H. Schaumberger, Rosegger, Anzengruber, Ganghofer, Dickens, Bret Harte und Björnson »in Auflagen von vielen Hunderttausenden oder mehr« ›sehr wohlfeil‹ ins Volk schmuggeln sollte«. [9] Der Verein selbst war zwar ein Fehlschlag, Ende 1892 hatte er nur 5–6000 Mitglieder, doch hatte er immerhin über 1 026 831 Zehnpfennig-Heftchen als Gratis-Vertriebs- oder Agitationsmaterial verbraucht. Der *Buchabsatz* war weit geringer: verkauft wurden in der gleichen Zeit nur 16 000 Bücher. [10]

Die Ähnlichkeiten im Programm der Romanwochenschrift zu dem bürgerlicher Verleger sind augenscheinlich. [11] Kann von daher angenommen werden, daß ein großer Teil der Texte in dem Leserkreis der Romanwochenschrift bereits rezipiert wurde, so wird sich dieser Anteil an bekannten Werken aber nochmals aus einem anderen Grund erhöht haben. Von 120 Autoren und Werken, die sich im Literaturangebot der Arbeiterbibliotheken befinden und die von Arbeiterbibliothekaren als ›beliebteste Autoren und Werke‹ ausgewiesen werden [12], werden in der Romanwochenschrift 31 Autoren publiziert, d. s. 26 Prozent der am häufigsten ausgeliehenen Schriftsteller in den Arbeiterbibliotheken. [13] Wechselt man die Perspektive, so kann gesagt werden, daß 20 Prozent der in der Romanwochenschrift publizierten Autoren zu den meistgelesenen Schriftstellern in den Arbeiterbibliotheken zählen, und nicht nur in den Arbeiterbibliotheken, sondern auch, wie der Vergleich gezeigt hat, in den Volksbibliotheken. Läßt man die Dunkelziffer unberücksichtigt – sie würde sicherlich den Anteil an gemeinsamen Autoren noch erhöhen – so dürften *zumindest* diese 20 Prozent als bereits gelesen angesehen werden können. Wertet man den Anteil an identischen Autoren und Werken im Literaturangebot der beiden oben genannten Institutionen – also Arbeiterbibliotheken und Romanwochenschrift – als Indiz für spezifische Gemeinsamkeiten im literaturpolitischen Konzept, so findet diese Hypothese durch weitere Übereinstimmungen im Angebot auch auf anderen Dimensionen ihre empirische Erhärtung. Für die Lesegewohnheiten der Arbeiter und damit auch indirekt für das Literaturangebot der Arbeiterbibliotheken war konstatiert worden: überwiegend rezipiert werden deutschsprachige Autoren; die Wahl fällt auf alte Autoren, nämlich jene, die zur Generation der 1801–1825 Geborenen zählen. Das bedeutet, daß der Großteil der Schriftsteller zum Zeitpunkt der Rezeption bereits verstorben ist. Schließlich konnte für den Großteil der Schriftsteller die Zugehörigkeit zum Kanon der Weltliteratur festgestellt werden.

Betrachtet man die in der Romanwochenschrift publizierten Autoren unter diesen Gesichtspunkten, so ergeben sich in allen diesen Merkmalen Übereinstimmungen. Daß die Arbeiterbibliotheken nur einen Teil der literarischen Bedürfnisse der Arbeiter befriedigten, ist bekannt. [14] Berücksichtigt man die Identitäten in den Literaturprogrammen, so muß dieser Sachverhalt auch auf die Romanwochenschrift zutreffen.

Aber noch mehr Gründe sind zu nennen dafür, daß die Romanwochenschrift niemals das gesteckte Ziel erreicht, die bürgerlich-kapitalistische Massen- und Schundliteratur aus den ›indifferenten‹ Arbeiterkreisen zu vertreiben. Die sozialdemokratische Presse versäumt es, die Arbeiterleser über die sogenannte Schundliteratur aufzuklären. Die kapitalistische Massenliteratur wird in Bausch und Bogen verdammt, ohne ideologiekritische Analyse, ohne eine Untersuchung der Produktionsbedingungen, die ihrer Produktion zugrundeliegen, und ohne Rekurs auf die Bedingungen und Bedürfnisse, die ihre Konsumtion begründen. Diese Defizite in der aufklärerischen Arbeit lassen sich auch auf anderer Ebene wiederfinden: die in der sozialdemokratischen Presse publizierten literarischen Texte, die der Intention der Organe nach als ›Gegenliteratur‹ zur massenhaft verbreiteten Schundliteratur fungieren sollen, werden weitgehend *kommentarlos abgedruckt*. Das betrifft insbesondere die *Neue Welt* und den *Vorwärts*, die Romanwochenschrift *In Freien Stunden* wiederum folgt einem etwas anderen Muster. Sie stellt einem Teil der publizierten Erzähltexte einen biografischen Abriß des Autors voran, der sich jedoch in aller Regel auf die bloße Angabe von Lebensdaten und die Nennung weiterer Werke des Autors beschränkt. [15] Der Versuch, dem Leser die Publikation der literarischen Texte in einen politischen und ideologischen Begründungszusammenhang zu stellen, den Text selbst kritisch zu analysieren und damit das Rezeptionsverhalten zu kanalisieren, unterbleibt. Dadurch, daß die Erzähltexte nicht durch historische Erläuterungen in ihren sozialgeschichtlichen Bedingungen sichtbar gemacht werden, *wird einer undifferenzierten Rezeption Vorschub geleistet.* Gerade bei der Romanwochenschrift, mit ihrer Fixierung auf bürgerliche Autoren und Texte vergangener historischer Epochen und Zeiten, wäre die Organisierung einer spezifischen Form der Rezeption für das Proletariat von besonderer Relevanz gewesen. Denn nur so, und nicht durch die kommentarlose und kritiklose Adaption und Weitervermittlung bürgerlicher Schriftsteller, hätte die Romanwochenschrift ihr zweites Ziel, die Gewinnung neuer Sympathisanten für die sozialistische Bewegung, realisieren können. [16] Das Literaturprogramm der Romanwochenschrift, das sich einseitig an den durch die bürgerliche Literaturgeschichtsschreibung kanonisierten Autoren orientiert, fügt sich damit gut in das kulturelle Gesamtkonzept der Partei ein. [17] Doch erstaunt, betrachtet man das Literaturangebot der Wochenschrift en detail, folgendes Moment: auch im Rahmen der Vermittlung der bürgerlichen Literatur der Vergangenheit und Gegenwart gelingt es dem Organ nicht, eine radikale und eigenständige Gegenposition zu Literaturzeitschriften bürgerlicher Unternehmer zu entwickeln. Zu denken wäre etwa – wie Liebknecht es in dem ersten Jahrgang der *Neuen Welt* 1876 initiiert hatte – an die Anknüpfung und Fortführung einer bürgerlich-demokratischen Publizistik durch Publikation der Literatur des Vormärz bzw. der progressiv-bürgerlichen Literatur im Umfeld der 48er Revolution. Von den hier gemeinten Autoren – Börne, Büchner, Heine und Weerth, um nur einige Namen beliebig herauszugreifen – findet sich *nicht einer* in der Romanwochenschrift. Nicht nur, daß das Blatt die frühe sozialistische Literatur systematisch ausklammert [18], sondern ebenso vernachlässigt sie die Traditionen einer bürgerlich-demokratischen Literatur und orientiert sich damit einseitig an einer *traditionell-konservativen* Literaturgeschichtsschreibung. [19] Ein weiteres, für die Wochenschrift ebenso charakteristisches Defizit, läßt sich kurz wie folgt umschreiben: eine Vermittlung der zeitgenössischen, also auch der dem Naturalismus folgenden Literatur, wird nicht angestrebt. [20] Die Erzähltexte der neueren literarischen Richtungen – Symbolismus, Impressionismus und später Expressionismus –, aus sozialdemokratischer Sicht als dekadente bürgerliche Literaturströmungen abklassifiziert [21], bleiben dem Arbeiterleser vorenthalten. Für die Leser der Romanwochenschrift *In Freien Stunden* – die ja immerhin bis 1919 erscheint – endet die Literaturgeschichtsschreibung mit dem Naturalismus bzw. mit der Heimatliteratur.

6.2. *Die Neue Welt. 1876 bis 1919*

Mit den Befunden der empirischen Analyse der *Neuen Welt* liegt eine Reihe weiterer neuer Ergebnisse vor. Zunächst ist als wichtig festzuhalten, daß entgegen den herkömmlichen Darstellungen in der Forschungsliteratur, die naturalistische Literatur weit früher von dem Blatt rezipiert wurde, nämlich mit Gründung der Beilage 1892. Mit diesem Befund erscheint auch die Naturalismusdebatte 1896 in einem etwas anderen Licht. Der forcierte Abdruck der Erzähltexte der ›Literarischen Moderne‹ verwundert insofern, als die *Neue Welt* mit diesem Programm in deutlichem Widerspruch zur Haltung führender

Parteifunktionäre und -schriftsteller steht. [22] Diese hatten schon im Vorjahr – 1891 – in öffentlichen Polemiken dezidiert *gegen* die neue literarische Bewegung, gegen das ›jüngste Deutschland‹, Stellung bezogen. [23] Dennoch versucht Curt Baake, leitender Redakteur der *Neuen Welt*, den Naturalismus durch Publikation in der *Neuen Welt* durchzusetzen. [24] Er selbst gehört zum Kreis der ›Jungen‹ innerhalb der Partei, zu dem auch – vor dem Parteiausschuß – Wille, Bölsche, Mackay, Land u. a. zählten. Baake ist Mitglied der Gründungskommission der »Freien Volksbühne«; als Beisitzer ist er in der Leitung derselben tätig. Nach Spaltung der »Freien Volksbühne« ist Baake weiterhin als Redakteur für die *Neue Welt* tätig. [25] Hier hält er nach wie vor, trotz der Auseinandersetzungen innerhalb der Partei um die naturalistische Literatur, an seinem Konzept fest, den Naturalismus mit den Zielen der Arbeiterbewegung in Einklang zu bringen. Auf dem Parteitag 1892 wird zwar vereinzelt die Auswahl der literarischen Texte moniert, doch kommt es zu *keiner grundsätzlichen Debatte* über das literarische Programm der Beilage. Im Großen und Ganzen nimmt man die Auswahl der literarischen Produkte mit Desinteresse hin, empfiehlt eine allgemeine qualitative Verbesserung des Organs, ohne diese inhaltlich zu konkretisieren, und sanktioniert damit indirekt die redaktionellen Leitlinien Baakes für die Ausgestaltung der Beilage. Das Interesse an den in der *Neuen Welt* publizierten Texten wird auf parteioffizieller Seite erst dann wach, als die Publikationspraxis der *Neuen Welt* sich auf die sozialdemokratische Bewegung und Politik *negativ* auszuwirken schien. Dieser Zeitpunkt war offenbar 1896 gegeben. Nachdem mit dem Ausscheiden von Baake aus der Redaktion der *Neuen Welt* die naturalistische Literatur nicht mehr in dem Maße wie vorher gefördert wird, tritt mit der verantwortlichen Leitung des Blattes durch Steiger 1896 wieder ein Umschwung im redaktionellen Konzept ein. Steiger knüpft an das von Baake praktizierte Konzept an und publiziert wieder – wie aus der Forschungsliteratur bekannt – forciert naturalistische Autoren. Diese Publikationspraxis führt innerhalb der Sozialdemokratischen Partei zu heftigen Kontroversen, die zunächst als literarische Fehde in zwei sozialdemokratischen Presseorganen ausgetragen werden [26], dann aber, in der Zuspitzung der Konflikte, vor das höchste Gremium der Partei, den sozialdemokratischen Parteitag, gebracht werden.

Betrachtet man diese Entwicklung, so setzt die Debatte 1896 doch mit einiger zeitlicher Verzögerung ein. Zwar liefert Steiger mit seinem Literaturprogramm einen *aktuellen* Anlaß für die Diskussion, doch hätte es schon Jahre vorher genügend Stoff für eine derartig grundsätzliche Diskussion gegeben. Wie ist nun diese zeitliche Verzögerung zu erklären? Die erhöhte Aufmerksamkeit, die man 1896 von seiten der sozialdemokratischen Partei der naturalistischen Literatur widmet, erklärt sich u. E. allein aus den politischen und ökonomischen Konstellationen der Zeit. Dazu an dieser Stelle kurz folgendes [27]: Dezember 1894 wird von den sogenannten Ordnungsparteien im Reichstag die Umsturzvorlage eingebracht, über die im Dezember 1894, Januar und Mai 1895 im Reichstag beraten wird. Diese Vorlage sieht Änderungen und Ergänzungen des Strafgesetzbuches vor, des Militär-Strafgesetzbuches und des Gesetzes über die Presse. Im Gesetzestext vorgesehen sind Strafandrohungen bei »Glorifikation von Verbrechen oder Vergehen« in öffentlichen Darstellungen (Theater) und in der Literatur. Wie ersichtlich, stellt die Vorlage den Versuch dar, eine wirkungsvollere gesetzgeberische Grundlage für die Zensur zu schaffen. [28] Aber nicht nur das. Die Einbringung der

Vorlage in den Reichstag ist in den 90er Jahren Höhepunkt des politischen Kampfes gegen die Sozialdemokratie wie auch gegen den Naturalismus. Denn in der Reichstagsdebatte um die Vorlage wird von konservativer Seite aus eine Verbindung von Naturalismus, Sozialismus und Anarchismus konstruiert. Diese Argumentationskette ist bereits seit Ende der 80er Jahre von dem national-konservativen Lager vorbereitet worden. Treibende Kraft für die Einbettung des Naturalismus in den politischen Zusammenhang ist, die Sozialdemokratische Partei, die nach Aufhebung des Sozialistengesetzes beachtliche politische Erfolge verbuchen konnte, damit in der Öffentlichkeit zu kompromittieren. Die Konstruktion eines Zusammenhangs zwischen Naturalismus, Sozialismus und Anarchismus ist ein Mittel, in der bürgerlichen Öffentlichkeit erneut die Angst vor der ›roten Gefahr‹ zu schüren. Mit der Umsturzvorlage soll der Regierung ein neues Instrument der politischen Repression gegenüber der Sozialdemokratischen Partei bzw. der Arbeiterbewegung insgesamt in die Hand gegeben werden. Die Umsturzvorlage, die vom Reichstag nicht angenommen wird, ist kein unmittelbarer politischer Gewinn für die Ordnungsparteien, doch ist ihre Bedeutung auch auf einer anderen Ebene zu suchen. Diese liegt in der öffentlichen parlamentarischen Diskussion über die Rezeption des Naturalismus in den 90er Jahren. Sie dokumentiert die Verschärfung des politischen Kampfes gegen die Sozialdemokratie, die in engem Zusammenhang mit den Wirtschaftskrisen der Jahre 1890 bis 1896 gesehen werden muß. [29]

Für wie ernst die Sozialdemokratische Partei die politische Situation selbst einschätzte, ist aus der Tatsache abzulesen, daß die Sozialdemokratische Partei in diesen Jahren das Parteieigentum in Privateigentum umwandelte, um nicht in die gleiche Situation wie 1878 versetzt zu werden: Konfiskation des gesamten Parteieigentums von staatlicher Seite aus. Bebel berichtet auf dem Parteitag 1897 wie folgt:

»Genosse Hänisch wundert sich, daß der diesmalige Geschäftsbericht keine genaue Übersicht über die Partei-Buchhandlung enthält. Nun, wir haben seit länger als einem Jahre keine Partei-Buchhandlung mehr, und deshalb kann auch nichts davon im Bericht stehen. Wenn ich noch nicht deutlich genug gewesen bin, so will ich darauf hinweisen, daß die Umsturzvorlage uns bewogen hat, sowohl die Partei-Buchhandlung als auch eine Reihe anderer Unternehmungen, die bisher Partei-Eigenthum waren, in Privatunternehmungen umzuwandeln.« [30]

Erst vor dem Hintergrund dieser politischen Konstellationen wird die Naturalismus-Debatte 1896 verständlich. Ohne nochmals auf die Diskussion im Detail einzugehen, das ist zur Genüge getan worden, sei nur soviel gesagt: um politisch zu überleben, mußte die Sozialdemokratische Partei die unterstellte Dreieinigkeit von Sozialismus, Naturalismus und Anarchismus aufbrechen. [31]

Zwar war die Distanzierung vom Naturalismus von parteioffizieller Seite schon Jahre vorher erfolgt, doch blieb sie offenbar – betrachtet man beispielsweise das Programm des ersten Jahrgangs der *Neuen Welt* 1892 – ohne große praktische Relevanz. Erst nach 1896 zieht die Partei *auch* die praktischen Konsequenzen: in der sozialdemokratischen Presse, jedenfalls in den von uns untersuchten Organen, finden sich nur noch vereinzelt Vertreter der naturalistischen Literaturströmung. Das neue literarische Konzept der sozialdemokratischen Organe, zumindest aber das der *Neuen Welt*, richtet sich nun an einer anderen bürgerlichen Literaturströmung aus: der Heimatliteratur.

Bevor wir im Text weiterschreiten, muß an dieser Stelle zum Folgenden einschränkend gesagt werden: in welchem quantitativen Ausmaß die Rezeption von Werken der Heimatliteratur in der *Neuen Welt* erfolgt, kann noch nicht endgültig beantwortet werden. Bislang stützen wir uns allein auf die Beobachtung, daß der Anteil der Autoren, die nach der Literaturgeschichtsschreibung dieser literarischen Strömung zugerechnet werden [32], relativ hoch ist. [33] Doch erst eine Klassifikation der *Gesamtheit* der in der *Neuen Welt* (und in den beiden anderen Organen) publizierten literarischen Texte nach Stoff- und Themenkomplexen und eine qualitative Analyse der Texte selbst werden eindeutigere und vor allem methodisch abgesicherte Aussagen zulassen. Derzeit kann allerdings anhand der vorliegenden empirischen Befunde hypothetisch unterstellt werden, daß Erzähltexte der Heimatliteratur (Bauernromane und Dorfgeschichten im weiteren Sinne) in Relation zu anderen literarischen Texten stark dominierend sein dürften. Wie bereits an anderer Stelle erwähnt, finden sich für diese Annahme auch in der Sekundärliteratur einige Belege.

Um zumindest einen ersten groben Überblick über die im *Vorwärts* und in der *Neuen Welt* publizierten Bauernromanautoren zu vermitteln, haben wir eine Klassifikation der in den beiden Organen publizierten Autoren nach ihrer Zugehörigkeit zu dieser Autorengruppe vorgenommen. Als Hilfsmittel diente uns dabei die Studie von Zimmermann über den Bauernroman, die eine Liste der Autoren enthält, die in der Zeit von 1830 bis 1970 Bauernromane publiziert haben.

Zimmermann beschränkt sich allerdings nur auf die Autoren von Bauernromanen, die Autoren der Heimatliteratur insgesamt finden keine Berücksichtigung.

Tab. 50: Bauernromanautoren

im »Vorwärts«	*in der »Neuen Welt«* [34]
Ludwig Anzengruber (1920)	Alfred Bock (1911, 1917)
Alfred Bock (1901, 1906, 1912)	Anna Croissant-Rust (1908)
Marie v. Ebner-Eschenbach (1909, 1911, 1913)	Heinrich Diefenbach (1906)
W. v. Hillern (1897)	Max Grad (1903)
Alfred Huggenberger (1913)	Wilhelm Holzamer (1900, 1901, 1902, 1903, 1903, 1904, 1906, 1909, 1912, 1912)
Richard Huldschiner (1905)	Richard Huldschiner (1910)
Hans Nikolaus Krauß (1896, 1902, 1905)	Wilhelm Jensen (1900, 1900, 1902, 1903)
Timm Kröger (1907, 1907, 1909, 1919)	Minna Kautsky (1905, 1909, 1912)
Hermann Kurz (1911)	Hans Nikolaus Krauß (1901)
Peter Rosegger (1897)	Wilhelm v. Polenz (1898, 1899)
Robert Schweichel (1891, 1898, 1907)	Fritz Skowronnek (1909)
Hermann Stegemann (1905)	Richard Skowronnek (1893)
Ludwig Thoma (1908, 1912)	Hermann Stegemann (1911, 1913, 1917)
Clara Viebig (1897, 1899, 1900, 1903, 1906, 1909, 1911, 1915, 1918, 1926)	Lulu v. Strauß u. Torney (1903, 1903, 1904)
	Ludwig Thoma (1903, 1908)
	Clara Viebig (1898, 1899, 1900, 1901, 1903, 1910, 1911, 1912, 1912, 1916)
	Ernst Zahn (1906, 1907, 1907, 1908, 1909, 1912, 1913, 1915, 1915, 1917)

Die Zahlen in Klammern geben die Jahre der Publikation des Autors in dem Organ an.

Rechnet man die Texte der Autoren zusammen, so kann als erster Schätzwert angenommen werden, daß etwa 15% der im *Vorwärts* (1891–1918) und in der *Neuen Welt*
(1892–1917) publizierten Texte von Bauernromanautoren stammen. Sicherlich erhöht
sich dieser Prozentwert nochmals, wenn die restlichen Autoren, die zur Heimatliteratur
gehören und die in dieser Aufstellung noch nicht verzeichnet sind, mitberücksichtigt
werden. [35]

Die Vermittlung der Heimatliteratur an ein proletarisches Publikum dürfte mehr als
problematisch gewesen sein, noch dazu, wenn die Literatur ohne jeden Kommentar von
seiten der Redaktion in dem Organ publiziert wurde. Die Rezeption der Heimatliteratur
in Arbeiterkreisen, wird, so unsere Vermutung, nicht unwesentlich zur ideologischen
Integration der Arbeiter in das bürgerlich-kapitalistische System beigetragen haben.
Anstelle einer kritischen Analyse und Auseinandersetzung mit der bestehenden Wirklichkeit und der Schilderung ihrer Lebens- und Arbeitsbedingungen, wird in dieser
Literatur der Hymnus auf eine bäuerlich-handwerkliche Wirklichkeit gesungen. [36]
Nicht Klassenkampf wird propagiert, sondern – den Vorstellungen eines romantischen
Antikapitalismus folgend – die Rückkehr in die ›heile‹ Welt der dörflichen und bäuerli-
chen Gemeinde, in der allein Gesundung vom Kapitalismus möglich zu sein scheint.

Intention der *Neuen Welt* ist, mit der Publikation dieser Erzähltexte in die ländlichen
Leserkreise einzudringen, die Interessen der »Dörfler und Kleinstädter« zu treffen. [37]
Ebenso sollen die vom Land in die Großstadt abwandernden Bauern gewonnen werden.
Ob das Ziel erreicht wurde, kann nicht mehr rekonstruiert werden, da keine Angaben
über die soziale Struktur der Leser der *Neuen Welt* vorliegen. Die Beantwortung dieser
Frage ist auch relativ unerheblich, denn das Ziel, die Bauern und Landflüchtigen in die
sozialdemokratische Bewegung zu integrieren, dürfte auf der Basis dieser Erzähltexte so
gut wie ausgeschlossen gewesen sein, da eine zusätzliche politische Aufklärung, auch
über die Erzähltexte selbst, in der *Neuen Welt* völlig fehlte. [38]

Zwar erfreut sich die *Neue Welt* – vergegenwärtigt man sich die Parteitagsdebatten –
nach 1896 bei den Lesern großer Beliebtheit, ob sich dieser Erfolg aber auf die literarischen Texte der Heimatliteratur gründet oder nicht vielmehr auf die große Anzahl der
Texte der ›leichten Unterhaltungsliteratur‹, kann nicht eindeutig beantwortet werden.

Fest steht jedenfalls, und das schlägt sich auch im literarischen Programm der Beilage
nieder, daß die literarischen Anprüche an die *Neue Welt* in Parteikreisen erheblich
reduziert werden. Am prägnantesten kommt diese veränderte Haltung in der Formulierung von Bérard zum Ausdruck, der in dem Blatt eine »Eintagsfliege« sieht, ein Blatt, das
man liest und dann wegwirft. Die Wechselbeziehung von Literatur und Klassenkampf,
wie sie in den ersten Jahren in der *Neuen Welt* zu beobachten ist, wird aufgegeben
zugunsten der Befriedigung eines bloßen Unterhaltungsbedürfnisses. Im Vordergrund
steht nicht mehr die erzieherische, sondern nur noch die werbende Funktion der Erzähltexte; die Gewinnung neuer Leser wird zum Selbstzweck.

Mit der Ausrichtung auf die Unterhaltungsliteratur scheint die *Neue Welt* allerdings in
weit stärkerem Maße die literarischen Bedürfnisse des Leserkreises zu treffen, nimmt
man die Auflagensteigerung des Blattes nach 1900 als Indiz hierfür.

Ausdruck findet die Orientierung der *Neuen Welt* an der ›leichten Unterhaltungskost‹
auch in den empirischen Befunden der vorliegenden Arbeit: über die Hälfte der in der

Neuen Welt publizierten Autoren sind *nicht* in den Kanon der Weltliteratur aufgenommen. Bei ihnen handelt es sich nicht, wie man annehmen könnte, um sozialdemokratische Autoren, sondern überwiegend um unbekannte zeitgenössische bürgerliche Autoren. Die sozialdemokratischen Autoren sind – ebenso wie bei der Romanwochenschrift – bis auf eine Reihe sogenannter ›Standardautoren‹ (Preczang, Goebeler, Kautsky) unterrepräsentiert. Auch für die *Neue Welt* muß konstatiert werden, daß sie jungen literarischen Talenten aus der Arbeiterbewegung kaum Gelegenheit zur Publikation bietet [39], geschweige denn selbst Talente fördert. Daraus läßt sich folgern, daß die *Neue Welt* das Lesepublikum lediglich als Konsumenten von Literatur begreift, ohne zu zeigen, wie es in den künstlerischen Produktionsprozeß selbst einbezogen werden könnte. Damit weicht die Beilage auch von ihrer gleichnamigen Vorläuferin, der *Neuen Welt* von 1876 bis 1887, ab. Diese hatte den Versuch unternommen, die Distanz zwischen Autor und Leser abzubauen, indem der Rezipient zugleich zum Produzenten wurde. Basis der Produktion und Rezeption der Erzähltexte ist dann der gemeinsame Erfahrungshorizont von Autor und Leser. [40]

Orientiert sich die *Neue Welt* nach 1900 in der Mehrzahl der Texte an der zeitgenössischen Unterhaltungsliteratur und weicht damit erheblich von dem Konzept der Romanwochenschrift ab, so ergeben sich zwischen den beiden Organen auch auf anderen Dimensionen Ausdifferenzierungen.

Zunächst aber noch eine Gemeinsamkeit: auch die *Neue Welt* publiziert größtenteils Texte deutschsprachiger Autoren, sogar in weit größerem Umfange als die Romanwochenschrift. Neben den deutschsprachigen Autoren werden in der *Neue Welt* vornehmlich Schriftsteller westeuropäischer Länder veröffentlicht, entgegen der Erwartung dominieren nicht die Franzosen, sondern die Engländer. Skandinavische und osteuropäische Autoren sind in der *Neuen Welt* so gut wie ohne Bedeutung. In der Wahl der Nationalität bzw. Sprache der Autoren gibt es also gewisse Identitäten zwischen den beiden Organen. Die Differenzen zeigen sich erst in der Wahl der Autorengenerationen und damit verbunden, in der Wahl der Verwertungsstrategien. Zum Programm der *Neuen Welt* gehört *nicht* die Vermittlung des bürgerlichen kulturellen Erbes, sondern die Beilage legt den *Akzent auf die Vermittlung zeitgenössischer Literatur.* Jedenfalls kann von der *starken Dominanz der jungen Autorengeneration* (1851–1875 geb.) indirekt darauf geschlossen werden. Eng in Zusammenhang damit steht, daß bei der *Neuen Welt* auch andere Verwertungsarten der Literatur auftreten. Da der Großteil der Autoren zum Zeitpunkt der Publikation des Erzähltextes noch lebt, sind die Werke noch urheberrechtlich geschützt. Das bedeutet, daß die *Neue Welt* für die Mehrzahl der Texte – im Gegensatz zur Romanwochenschrift – Honorar zahlen muß. Dominierende Verwertungsart ist bei der Beilage der Nachdruck vorliegender literarischer Texte, doch ist der Anteil der Erzähltexte, die entweder vorab- oder parallel zur Buchausgabe veröffentlicht werden, relativ hoch. Die vorliegenden Daten geben leider keine Auskunft darüber, ob sich unter diesen der ›typische‹ Fortsetzungsroman befindet. Die vorgenommene Klassifikation der Erzähltexte nach Vorab-, Parallel- und Nachdruck kann nur das Terrain abstecken, auf dem man auf der Suche nach dem ›typischen‹ Feuilletonroman ›fündig‹ werden könnte. Bei den Erzähltexten, für die *keine* Klassifikation durchgeführt werden konnte bzw. bei den vorabgedruckten Erzähltexten, müßte mit einer qualitativen Strukturanalyse der Texte selbst begonnen werden. Nur so wäre es möglich, *den* Feuilleton-, Fortsetzungs- bzw. Zeitungsroman zu identifizieren.

Mit den verschiedenartigen Publikations- und Verwertungsstrategien scheint zumindest die *Neue Welt* in Teilen das realisiert zu haben, was von der sozialdemokratischen Presse häufiger gefordert wurde [41]: Publikation neuer literarischer Texte, um den Arbeiterleser auch mit der zeitgenössischen Literatur vertraut zu machen, die er sich wegen der hohen Preise als Buchpublikation nicht kaufen konnte.

Doch ist bei der *Neuen Welt* das gleiche Phänomen zu beobachten wie bei der Romanwochenschrift *In Freien Stunden:* die Erzähltexte der neueren literarischen Strömungen, wie sie nach 1900 aufkommen, werden nicht mehr – mit Ausnahme der Heimatliteratur – an das sozialdemokratische Lesepublikum weitervermittelt. Für die Romanwochenschrift spielt das, mit ihrer Fixierung auf alte Autoren und Werke, auch keine so große Rolle, denn sie kann dennoch an ihrem Konzept festhalten, den Lesern die anerkannte bürgerliche Literatur, die sogenannte ›hohe‹ Literatur zu vermitteln. Anders sieht es bei der *Neue Welt* aus, hier setzt ein Trivialisierungsprozeß der in dem Organ publizierten Literatur ein: *parallel* zu den in der *Neuen Welt* veröffentlichten Erzähltexten läuft auf dem bürgerlichen Buch-, und zum Teil auch Zeitschriftenmarkt, die Produktion und Rezeption der kanonisierten, der ›hohen‹ zeitgenössischen Literatur. Die *Neue Welt* selbst ist nicht mehr, wie etwa in den Anfangsjahren ihres Bestehens, an diesem Prozeß beteiligt, sie publiziert in der Mehrzahl der Fälle die ›triviale Unterhaltungsliteratur‹.

Abweichend von den Auswahlstrategien der Romanwochenschrift publiziert die *Neue Welt* weit häufiger Erzähltexte von *Schriftstellerinnen*. Der geschilderte Sachverhalt hat sich auch in der Konstituierung zweier konfiguraler Typen niedergeschlagen, die sich in der vorgefundenen Ausprägung nur für die *Neue Welt* identifizieren lassen. Als relevante Merkmale gehen in die konfiguralen Typen ein: die Zugehörigkeit zum weiblichen Geschlecht und zu einer jüngeren Autorengeneration, weiterhin die zum Kanon der Weltliteratur. Die letztgenannte Zugehörigkeit betrifft nur den einen Typus, der andere ist in diesem Sinne nicht kanonisiert. Zu diesem zählen vor allem die frühen sozialistischen Schriftstellerinnen, denen die *Neue Welt* breiten Raum zur Artikulation gewährt. [42]

Das Auswahlprinzip der Redaktion, auch literarische Texte von Frauen in der Beilage zu publizieren, läßt sich relativ einfach erklären: eine Aufgabe der illustrierten Unterhaltungsbeilage sollte sein, wie es verschiedentlich auf den Parteitagen von den Delegierten formuliert wurde, die Frauen der Arbeiter auf dem Umweg über die Literatur für die sozialistische Bewegung zu gewinnen. Literarische Texte von Frauen schienen der Realisierung der Aufgabe förderlich zu sein, da z.T. in ihnen die Probleme und Nöte geschildert werden, die die Leserinnen tagtäglich am eigenen Leibe erfahren; insbesondere in den Erzähltexten der sozialistischen Autorinnen, die aber zugleich auch, mit der Schilderung der eigenen politischen Bewußtwerdung, Strategien zur Bewältigung und Lösung der Konflikte eröffnen und anbieten. [43]

Natürlich darf die Publikation literarischer Texte von Frauen nicht überbewertet werden, denn noch immer sind sie – in Relation zu den Schriftstellern – auch in der *Neuen Welt* unterrepräsentiert. ,

Bevor wir im nächsten Schritt zum Zentralorgan der Sozialdemokratischen Partei, dem *Vorwärts* überleiten, gehen wir vorab auf einige Punkte der Parteitagsdebatten ein, die u. E. zur Einschätzung der Ergebnisse aller drei Organe von Wichtigkeit sind.

6.3. Debatten über die Literatur in der sozialdemokratischen Presse

Betrachtet man den Verlauf der literaturkritischen Debatten, wie sie auf den Parteitagen und in dem Fachorgan der Parteijournalisten *Mitteilungen des Vereins Arbeiterpresse* geführt werden, so läßt sich als wesentliches Ergebnis konstatieren, daß die in der Parteipresse publizierten literarischen Produkte nicht als autonome literarische Gebilde angesehen werden, sondern immer im Bezugssystem ihrer Distribution und Rezeption betrachtet werden. Bezugspunkte, die mitreflektiert werden, sind: die politische, wirtschaftliche und organisatorische Struktur der Parteipresse sowie ihre Aufgaben und Funktionen im Klassenkampf; aber auch auf seiten der Rezipienten die legitimen Bedürfnisse einer spezifischen Leserschaft nach Unterhaltung und Bildung.

Von Anfang an ist man sich in der Arbeiterbewegung über die Bedeutung einer starken Presse als Kampfmittel gegen das Bürgertum und als Organisator der eigenen Klasse bewußt. Enge Beziehungen bestehen zwischen der Organisierung der Partei und der Presse, zeitweilig erwirbt man sogar mit dem Zeitungsabonnement die Parteimitgliedschaft. [44] Der Kampf um die ›richtige‹ politische Linie ist auch immer ein Kampf in der Presse, da hier die politischen Kontroversen artikuliert und ausgetragen werden.

Vertritt die Parteipresse vor und während des Ausnahmegesetzes diesen Organisationsgedanken, ist sie Agitations- und Propagandamittel, Schulungs- und Bildungsorgan zugleich, so verändern sich diese Funktionen zu dem Zeitpunkt, als die Sozialdemokratische Partei politisch und organisatorisch gefestigt aus der Verbotsphase heraustritt und in das parlamentarische öffentliche Leben eingreift. [45] Die Integration der Partei in das bestehende System und die einseitige Ausrichtung auf die reformerische parlamentarische Arbeit, die wachsende Dominanz der revisionistischen Kräfte in der Partei, zeigen sich nicht nur in Modifikationen der politischen und ökonomischen Zielvorstellungen (langsames *Hineinwachsen* in den Sozialismus), sondern auch in Veränderungen der pressepolitischen Konzepte der Partei. Die konzeptionellen Veränderungen führen vor 1914 innerhalb der Partei noch zu lebhaften Debatten und Kontroversen, scheinen sich aber nach 1918 voll durchzusetzen: Reduktion des politischen Teils, Entpolitisierung des lokalen und provinziellen Teils, Ausbau des Unterhaltungsteils, gleichzeitig aber Aussonderung dieses Teils aus der Ebene des politischen Kampfes und der Agitation.

Ist der Unterhaltungsteil in der Arbeiterpresse vor 1914 im Großen und Ganzen ein Vehikel zur kulturellen Qualifikation und intellektuellen Emanzipation der Leser, ohne daß dabei das legitime Bedürfnis der Leser nach Unterhaltung völlig in den Hintergrund gedrängt wird, so verschiebt sich nach 1918 diese Funktion in eine völlig andere Richtung. Der Unterhaltungsteil – und damit auch die Erzähltexte in der Parteipresse ganz allgemein – wird von seinem kulturellen ›Ballast‹ befreit und nur noch – in Anlehnung an die bürgerliche Massenpresse – als ›Lockmittel‹ für neue Abonnenten und Leser eingesetzt. Dominierendes Moment ist der *werbende Charakter* der Literatur. Dieser Funktionswandel dokumentiert sich ebenfalls in einer stofflichen Annäherung an

den Romanteil der bürgerlichen Presse sowie in der Adaption seiner ästhetischen Maßstäbe (Tempo, Handlung, raffinierte Schreibweise).

Läßt sich das redaktionelle Konzept der Parteipresse für die Zeit nach 1918 relativ
leicht mit den Worten umschreiben ›Leser gewinnen um jeden Preis‹ [46], so sind die
Positionen vor 1918 nicht ganz so knapp zu umreißen, da sie zum Teil voller Widersprüche sind. Betrachtet man die Debatten auf den Parteitagen, so scheint eine Fraktion die
erzieherische Aufgabe der Literatur in der Parteipresse im Auge zu haben, die andere –
z. B. Bérard – eher die werbende. Die erzieherische Aufgabe wird jedoch in aller Regel nie
expliziert, sondern mit allgemeinen Qualitätsnormen begründet: der Unterhaltungsteil
der Parteipresse müsse ›besser‹ sein als der der bürgerlichen Presse, er müsse ein ›höheres‹
Niveau haben, müsse ›gediegen‹ und ›künstlerisch wertvoll‹ sein. Zu einer konkreten
inhaltlichen Bestimmung dieser Begriffe kommt es nicht. Dieser Mangel an einer ver-
bindlichen Theorie zeigt sich auch noch auf einer anderen Ebene.

Wie die Debatten auf den Parteitagen demonstrieren, wird die Kritik an der literarischen Ausgestaltung der Parteipresse nicht argumentativ in ein literaturpolitisches Konzept eingebunden. Zu beobachten ist dagegen im allgemeinen eine argumentative Verkürzung der Problematik. Die eigentliche Problematik nämlich, das Verhältnis der Partei
zur bürgerlichen Intelligenz und die Einschätzung der Funktion von Literatur in der
aktuellen Phase des Klassenkampfes, wird niemals ausdiskutiert. Daraus resultiert auch,
daß keine alternativen Literaturkonzepte entwickelt werden, ja man scheut sich geradezu, die literarischen Produkte von einem sozialdemokratischen Standpunkt aus zu
beurteilen. Die theoretischen Schwächen kommen dann am prägnantesten zu Tage,
wenn auf den Parteitagen wiederholt gefordert wird, die alten Organe eingehen zu
lassen, um dafür neue zu schaffen, *ohne allerdings jemals das Konzept für die neuen
Unternehmen zu formulieren.* Aber nicht nur das Desinteresse der SPD an kultur- und
literaturpolitischen Fragen ist ein Hindernis zur Entwicklung einer klaren Programmatik
für die hier untersuchten Organe, sondern auch die Zwänge des Zeitungsbetriebs selbst,
wie es häufiger auch in den Debatten angesprochen wird.

Diese Zwänge lassen sich stichpunktartig wie folgt zusammenfassen:
– Der Konkurrenzkampf mit der bürgerlich-kapitalistischen Massenpresse zwingt die
   sozialdemokratische Presse dazu, die Kosten der Parteiorgane möglichst niedrig zu
   halten (Herstellung und Vertrieb). Nur so ist es möglich, den Preis für die Organe
   billig zu halten. Die geringen finanziellen Ressourcen der Parteipresse lassen es nicht
   zu, für den Unterhaltungsteil Originalarbeiten in Auftrag zu geben bzw. anzukaufen.
   J. Kliche formuliert es rückblickend so:

> »Zudem spielte ja bei uns sehr häufig noch ein anderes mit, nämlich die Tatsache, daß wir *kein*
> Geld hatten. Und so druckten wir denn in hundert oder zweihundert (!) Fortsetzungen gelegent-
> lich die der gesetzlichen Schonzeit entronnenen Willibald Alexis, Bulwer, Dickens und wie sie
> alle heißen.« [47]

Nach 1918 sieht die Situation schon anders aus. Kliche fährt fort:

> »Heute kommt selbst bei unsern kleinsten Parteiblättern dieser finanziellen Seite keine ent-
> scheidende Bedeutung mehr bei. Jeder Kundige weiß, daß mittelmäßige (raffiniert spannende)
> und auch gute Zeitungsromane bereits zu sehr billigen Preisen zu haben sind. Man muß nur einen
> Überblick über die deutsche Belletristik und über die Romanverlage haben.« [48]

– Für die sozialdemokratische Presse stehen nur wenig qualifizierte Redakteure zur
  Verfügung. Da man in den frühen Jahren noch nicht die Bedeutung des Romanfeuilletons im Konkurrenzkampf mit der bürgerlich-kapitalistischen Presse erkennt, wird
  das Feuilleton von einem Redakteur im Nebenamt verwaltet.

  Erschwerend kommt hinzu, daß die sozialdemokratischen Redakteure in ihrer
  Arbeit – im Gegensatz zu ihren bürgerlichen Kollegen – durch Polizeimaßnahmen
  (Gefängnisstrafen wegen Preßvergehen etc.) behindert werden. Dadurch gestaltet es
  sich sehr schwierig, Redakteure für die Arbeiterpresse zu gewinnen. Aber noch aus
  einem anderen Grund: die Bezahlung der sozialdemokratischen Redakteure liegt weit
  unter dem Niveau ihrer bürgerlichen Kollegen. [49]

– Der von den Redakteuren antizipierte Leserkreis – insbesondere bei der *Neuen
  Welt* und der Romanwochenschrift – stellt die unterschiedlichsten Bedürfnisse
  und Anforderungen an die Publikationsorgane. Um sowohl die politisch fortgeschrittenen Leser, aber auch die politisch indifferenten zu erreichen, sehen sich
  die Redaktionen genötigt, in der Auswahl der Erzähltexte Kompromisse einzugehen.

– Sozialistische Romanliteratur, wie sie für die Publikation in der Parteipresse benötigt
  wird, ist nicht in ausreichendem Maße vorhanden. Die Redakteure der Parteipresse
  müssen daher aus dem Angebot der bürgerlichen Agenturen und Verlage das Passende
  für die Arbeiterleser auswählen. Da sich nicht jeder Roman – so die Ansicht der
  Redakteure – für die Publikation in der Presse eignet, sind von daher nochmals
  Beschränkungen in der Auswahl gesetzt.

– Das sozialdemokratische Vertriebssystem (Kolportagehandel, Buchhandel etc.) kann
  die Barrieren zum bürgerlichen Buch- und Zeitschriftenhandel nicht überwinden,
  d. h., dort nicht eindringen.

– Viele Redakteure stehen dem Abdruck von Romanen in der Presse recht skeptisch
  gegenüber. Allein die Konkurrenzsituation mit der bürgerlichen Presse zwingt sie
  dazu, auch in der Parteipresse Romane und Erzählungen zu publizieren.

  Wie aus dem Verlauf der Debatten in den *Mitteilungen* deutlich geworden ist, hat es
Ansätze und Versuche für die Schaffung einer einheitlichen Linie bei der Auswahl der
Romane – wenn auch zeitlich erst recht spät – gegeben, doch scheitern diese am
Widerstand der sozialdemokratischen Redakteure, die sich nur ungern ein einheitliches
Konzept, einen ›Original-Einheits-Roman‹, aufdrängen lassen wollen. Das abweisende
Verhalten der Redakteure basiert wohl zu einem großen Teil auf den Erfahrungen, die sie
mit dem völlig veralteten Feuilletonmaterial des Sozialdemokratischen Pressedienstes
machen mußten.

  Im Gegensatz zu den Parteitagsdelegierten, die zwar ihr Unbehagen an den Konzepten der *Neuen Welt* und der Romanwochenschrift artikulieren, niemals aber inhaltlich konkretisieren und über Alternativprogramme diskutieren, versuchen die
Redakteure in den *Mitteilungen* Modelle für den Unterhaltungsteil der Parteipresse zu
entwickeln und spezifische Auswahlkriterien für die Erzähltexte zu definieren. Diese
sollen hier nicht nochmals aufgegriffen werden. Im Zusammenhang mit der Bewertung der Ergebnisse der Überprüfung der Hypothesen werden wir darauf zurückkommen.

6.4. »*Vorwärts. Berliner Volksblatt.*
Zentralorgan der Sozialdemokratischen Partei Deutschlands.«
1891–1933

Über den Feuilletonteil der sozialdemokratischen Presse insgesamt und über den des
Vorwärts im besonderen wird auf den Parteitagen der SPD nicht debattiert. Allein zwei
marginale Äußerungen lassen sich entdecken. Die sächsischen Parteigenossen richten
sich auf dem Parteitag 1893 gegen die Publikation von Kriminal- und Liebesromanen in
der Parteipresse und bringen zum Vorschlag,

»durch Biographien berühmter, edler Menschen, welche sich um die Wohlfahrt des Volkes verdient
gemacht haben, auf den Charakter des Volkes einzuwirken und das Gefühl für alles Gute und
Erhabene zu wecken und zu pflegen.« [50]

Dieser Vorschlag geht jedoch in der Debatte um die *Neue Welt* unter und wird auch
später nicht mehr aufgegriffen.

Der Literaturteil des Zentralorgans der Partei, des *Vorwärts*, wird auf den Parteitagen
nur einmal, in einer scherzhaften Bemerkung von R. Fischer, thematisiert: durch den
Feuilletonteil des *Vorwärts* sei man im allgemeinen »zum Verzeihen und zur Resignation« erzogen worden. [51]

Die Parteitagsdebatten dokumentieren – das bezieht auch die Jahre nach 1918 bis
1933 mit ein – das Desinteresse innerhalb der Partei an literarischen Fragen und am
Unterhaltungsteil der sozialdemokratischen Presse. Geben die Parteitagsdebatten keine
Aufschlüsse über den Literaturteil des *Vorwärts*, so lassen sich doch einer literarischen
Debatte, die in dem *Vorwärts* selbst geführt wird, einige Hinweise entnehmen. In dem
Zeitraum von 1910 bis 1912 diskutieren sozialdemokratische Redakteure und Schriftsteller über die Möglichkeiten und die Grenzen einer proletarischen Kultur und Literatur. [52] Die einzelnen Phasen und Stationen dieser Debatte sollen hier nicht wiedergegeben werden, nur folgendes sei gesagt: initiiert wird die Debatte durch einen Artikel des
sozialistischen dänischen Schriftstellers Heijermans (Pseudonym Sperber) im *Vorwärts*,
in dem er sich gegen die Trennung von Kunst und Politik wendet, insbesondere aber
gegen die Verbürgerlichung des Programms der »Freien Volksbühne«. Weiterhin argumentiert er, daß eine neue proletarische Kunst nicht tatenlos von der Zukunft erwartet
werden dürfe, sondern schon in der Gegenwart müßten ihre Grundsteine gelegt werden.
[53]

Die Debatte um die von Heijermans angeschnittenen Probleme und Fragen wird
zunächst im *Vorwärts* ausgetragen, greift dann aber auf die anderen sozialdemokratischen Organe wie die *Neue Zeit*, die *Gleichheit*, die *Freie Volksbühne* und die *Sozialistischen Monatshefte* über. Beteiligte an dieser Diskussion sind der politische Redakteur
und der Feuilletonredakteur des *Vorwärts*, Ströbel und Döscher, sowie Mehring, Stampfer, Lu Märten u.a.m.

Für uns von Interesse sollen hier nur die Positionen von Ströbel und Döscher sein, da
sie verantwortliche Redakteure des von uns untersuchten Publikationsorgans sind.

Ströbel vertritt den Standpunkt – wir fassen ganz knapp zusammen [54] –, daß die
Kunst niemals Anspruch erheben kann, Einfluß auf das parteipolitische Verhalten der

SPD zu gewinnen. Damit geht er mit der bereits von Mehring, Kautsky und W. Liebknecht geprägten These konform, daß zwischen bürgerlicher Kultur und sozialistischer
Politik scharf geschieden werden müsse. Im Prinzip bekennt sich Ströbel zwar zu den
Möglichkeiten einer sozialistischen Tendenzliteratur, doch habe der soziale und politische Kampf der Arbeiterbewegung Vorrang. Das sei auch der Grund dafür, daß es zur
Zeit noch keine sozialistische Literatur gebe. Daher empfiehlt Ströbel, solange keine
sozialistische Dichtung vorhanden sei, die besten Traditionen der bürgerlichen Kultur
aufzugreifen und fortzusetzen.

Karsten H. Döscher geht im Großen und Ganzen mit den Positionen von Heijermans
konform und plant, da sich das theoretische Organ der Partei, die *Neue Welt* diesen
Fragen nur ungenügend gewidmet hat, eine Umfrage

> »über die Stellung des modernen Proletariats zur Kunst zu veranstalten und vorzüglich die Meinun-
> gen der drei modernen Dichter, die man als die berufensten in dieser Frage ansehen darf, einzuho-
> len: Gorki, Heijermans, Andersen-Nexö. Zum Unglück Mehrings stehen sie alle drei auf unserem
> Standpunkt.« [55]

Döscher vertritt die Position, daß die Werke der bürgerlichen Schriftsteller nicht die
Kunst für das Proletariat sein können. Solange allerdings noch keine proletarische
Literatur vorliege, sei man auf die bürgerliche Literatur angewiesen. Erste Ansätze einer
sozialistischen Literatur liegen seiner Meinung nach mit den Werken von Gorki und
Andersen-Nexö, über die im Rahmen der Debatte auch geurteilt wird, vor. Ihre Werke
entsprächen den Forderungen Sperbers (= Heijermans) nach einer proletarischen Literatur. [56]

Die von Ströbel und Döscher in der Debatte vertretenen Positionen kommen in der
Praxis der Literaturvermittlung des *Vorwärts* in diesen Jahren zum Ausdruck: in den
Jahren des Verlaufs der Debatte, also von 1910 bis 1912, werden im Literaturteil des
Vorwärts die Werke von Gorki, Heijermans und Andersen-Nexö publiziert. [57] Parallel
zu dieser ›sozialistischen‹ Literatur werden literarische Texte anerkannter bürgerlicher
Autoren veröffentlicht. Zu denken ist hier an Texte ›klassischer‹ Autoren, aber auch an
Erzähltexte von kanonisierten jüngeren Bauernromanautoren.

Die Auswahlstrategien der Redakteure lassen sich auch an den von uns untersuchten
Merkmalen ablesen. Die Orientierung des *Vorwärts* an der anerkannten bürgerlichen
Literatur dokumentiert sich in dem hohen Anteil an Autoren, die zu den Erzählern der
Weltliteratur gehören (⅔ der publizierten Autoren im *Vorwärts*).

Die Intention der Redaktion des *Vorwärts* [58], dem Arbeiterleser die zeitkritische, die
sozialistische Erzählliteratur des In- und Auslandes zu vermitteln, spiegelt sich auch in
dem Merkmal ›Nationalität bzw. Sprache der Autoren‹ wider. Viele der kritisch-realisti-
schen und sozialistischen Texte vor 1914 werden von Ausländern, insbesondere den
Russen, Skandinaviern, Dänen und Franzosen verfaßt. So kommt es auch, daß im
Vorwärts der Anteil dieser Autoren sehr hoch ist: erstmals stellen *nicht* die deutschspra-
chigen Autoren das Hauptkontingent an Erzähltexten, sondern die Skandinavier, die
Osteuropäer und in der Gruppe der Westeuropäer die Franzosen. Allerdings sind die
Osteuropäer nicht ganz so stark vertreten, wie man es aufgrund der Hinweise in der
Sekundärliteratur hätte annehmen können. Im zweiten Zeitabschnitt des *Vorwärts*

zeigen sich in der Wahl der Autoren einige Veränderungen. Etwa gleich bleibt der Anteil der deutschsprachigen und der skandinavischen Autoren, fast um die Hälfte gehen die osteuropäischen Autoren – überwiegend ja Russen – zurück. Neu hinzu kommen Autoren außereuropäischer Nationalität.

Wenn auch nicht statistisch abgesichert, so kündigen sich hier in den Auswahlstrategien der Autoren in dem zweiten Untersuchungsabschnitt doch einschneidende Veränderungen an. Ob diese darauf zurückzuführen sind, daß sich der *Vorwärts* von den Publikationspraktiken des Zentralorgans der KPD, der *Roten Fahne*, abgrenzen will, die ja eine Vielzahl von Texten russischer Autoren publiziert [59], muß weiter verfolgt werden. Ebenso kann der Rückgang in der Vermittlung von Texten zeitgenössischer russischer Autoren im *Vorwärts* ein Verweis darauf sein, daß sich das Zentralorgan und damit auch die Partei von dem politischen System des ›kommunistischen‹ Sowjetrußland distanzieren will. Die in der zeitgenössischen russischen Literatur propagierten politischen und ökonomischen Ziele haben nichts mehr mit den Zielen der SPD der Weimarer Republik gemein. Zur Erhärtung dieser These bedarf es natürlich noch weiterer Belege und Recherchen.

Die weiter oben beschriebenen Vorlieben in der Wahl der Nationalität der Autoren haben ihren Grund nicht allein in den redaktionellen Leitlinien des *Vorwärts,* dem Arbeiterleser die zeitkritische in- und ausländische Literatur zu vermitteln. Sie sind auch Ausdruck des Sachverhaltes, daß die Vermittlung der ausländischen Literatur weit billiger ist als die der deutschen. Dadurch, daß sich einige der Feuilletonredakteure der sozialdemokratischen Presse – sie sind zum großen Teil akademisch gebildet – auf die Übersetzung fremdsprachiger Literatur spezialisiert haben – Döscher z. B. auf die Russen [60], fallen entweder gar keine oder nur sehr geringe Honorarkosten an.

Das Literaturkonzept des *Vorwärts* in der Zeit von 1890 bis 1918 – Vermittlung der zeitkritischen bürgerlichen und sozialistischen Literatur des In- und Auslandes – schlägt sich auch noch in einem anderen Merkmal nieder.

Auch beim *Vorwärts* – das bezieht sich auf seine beiden Untersuchungsabschnitte – werden wir kaum den Feuilletonroman im klassischen Sinne finden. Gut 93% der Erzähltexte (allerdings ist hier die Dunkelziffer sehr hoch) stellen den Nachdruck einer Buchpublikation dar, der Rest den Vorabdruck. Daß sich in der letztgenannten Gruppe viele Fortsetzungsromane finden lassen, kann bezweifelt werden, denn in diese Gruppe fallen überwiegend die Vorabdrucke von *Buchtexten* ausländischer Autoren. Mit dieser Publikationspraxis übernimmt der *Vorwärts* in dieser Zeit eine wichtige Funktion auf dem literarischen Markt: Vermittlung und Durchsetzung der zeitkritischen ausländischen Literatur in Deutschland.

Generell verfolgt der *Vorwärts* das Ziel, sowohl Erzähltexte jüngerer als auch älterer Autoren zu publizieren. Dieser Sachverhalt trifft auf beide Zeitabschnitte zu. Die Autoren der ›jüngsten‹ Generation sind in beiden Untersuchungsphasen unterrepräsentiert. Erstaunlich gering ist daher auch im *Vorwärts* der Anteil der ›Arbeiterdichter‹. [61] Von den jüngeren – mit Ausnahme von Max Barthel – ist nicht ein Autor vertreten. [62] Damit scheinen sich die Befunde von Stieg/Witte zu bestätigen, daß im Organisations- und Pressewesen der SPD nach 1918 die Arbeiterdichtung nur einen äußerst bescheidenen Platz einnimmt. [63]

Bei den ›alten‹ Autoren greift der *Vorwärts* – ähnlich wie die Romanwochenschrift – auf die Klassiker der deutschen Erzählliteratur zurück. Ähnlichkeiten in der Wahl dieser Autoren gibt es somit zum Programm der Romanwochenschrift und zu dem der Arbeiterbibliotheken. [64] Doch ist der Rückgriff auf Autoren der älteren Generationen im *Vorwärts* nicht die Regel, sondern die Ausnahme. Der Großteil der Autoren gehört einer jüngeren Autorengeneration an.

In der Wahl der Gattungen ist der *Vorwärts* in beiden Zeitabschnitten sehr konservativ. Er publiziert überwiegend Romane oder kürzere Erzähltexte (Erzählungen, Geschichten, Novellen). Neue literarische Formen, etwa die Reportage, werden in beiden Zeitabschnitten nicht gepflegt. [65] Das mag damit zusammenhängen, daß der *Vorwärts* seine Aufgabe darin sieht, dem Arbeiterleser die neuere Romanliteratur, die in Buchform vorliegt, durch Publikation in der Presse möglichst *preiswert* zugänglich zu machen.

6.5. Überprüfung der Hypothesen

Bei der Darstellung der Ergebnisse wurde schon deutlich, daß die in den Hypothesen formulierten – in der Forschungsliteratur weithin anerkannten – Sachverhalte sich nicht in allen Fällen bestätigen. Diese Einschätzung gilt sowohl für den *Vorwärts* in seinen beiden Untersuchungsabschnitten und für die *Neue Welt,* wie auch für die Romanwochenschrift *In Freien Stunden.*

Bei diesen Resultaten steht man vor dem Problem, entweder die Überlegungen, die zur Formulierung der Hypothesen geführt haben, zu bezweifeln oder die Güte der Operationalisierung der Variablen in Frage zu stellen. Verzerrungen in den Ergebnissen aufgrund inadäquater Operationalisierung der Variablen kommen unseres Erachtens als Erklärung dafür, daß sich einige der in den Hypothesen formulierten Erwartungen nicht erfüllt haben, nicht in Betracht. Zum einen haben sich die kategoriale Differenzierung und Operationalisierung der Variablen bereits in einer anderen Studie der Verfasserin bewährt. [66] Zum anderen stellt die Operationalisierung *noch keine interpretatorische Leistung komplexer sprachlicher Strukturen dar,* wie es zum Teil bei anderen inhaltsanalytischen Arbeiten üblich ist, so daß von daher Fehlerquellen kaum denkbar sind. [67]

Eher mag die Güte der vorliegenden Forschungsergebnisse angezweifelt werden. Als Ursache der dort zu beobachtenden Fehleinschätzungen kann gesagt werden: die Sekundärliteratur stützt sich in ihren Befunden weitgehend auf Einzelbeobachtungen und Einzelanalysen, von denen her dann generalisierende Aussagen getroffen werden. Diese, auf einer zu schmalen Materialbasis gewonnenen Befunden, werden dann von Studie zu Studie tradiert. [68] Hinzu kommt, daß zum Teil zu voreilig von den in der SPD entwickelten literaturtheoretischen Konzepten auf die Praxis der Literaturvermittlung geschlossen wird, ohne zu bedenken, daß hier Diskrepanzen auftreten können. Ein weiterer Grund für die Fehleinschätzungen und -interpretationen ist die nur ungenügende Differenzierung zwischen den verschiedenen literarischen und publizistischen Unternehmen der SPD.

Der heuristische Wert der bisherigen Forschung auf dem von uns untersuchten Sektor soll damit natürlich keineswegs geschmälert werden.

Die Überprüfung der Hypothesen hat gezeigt, daß die Differenzen zwischen den Organen die Gemeinsamkeiten überwiegen. Konstatieren läßt sich, *daß die publizierten Autoren der einzelnen Publikationsorgane einer anderen Gesamtpopulation an Schriftstellern angehören, die sich jeweils mit anderen Merkmalen und typologisch relevanten Merkmalskonfigurationen definieren läßt.*

Deutlich wird dieser Sachverhalt in der *Identifizierung unterschiedlicher konfiguraler Typen für die einzelnen Publikationsorgane* bzw. für die einzelnen Untersuchungsabschnitte, wie sie an anderer Stelle im Detail beschrieben sind.

Zur Herausbildung der konfiguralen Typen sei noch folgendes angemerkt.

Auf S. 33 hatten wir zum methodischen Vorgehen gesagt, daß die hierarchische Konfigurationsfrequenzanalyse ein heuristisches Suchverfahren ist. Das impliziert, daß die an einer Population an Merkmalsträgern identifizierten konfiguralen Typen an einer zweiten Population von Merkmalsträgern der *gleichen Gesamtpopulation* inferenzstatistisch nachgewiesen werden müssen, wenn sie als real existent angesehen werden sollen.

Unter Berücksichtigung dieser Überlegungen wurden die drei von uns untersuchten Publikationsorgane in einer Reihe von Analyseschritten bei der KFA nicht en bloc untersucht, sondern jeweils getrennt. Jedes Publikationsorgan für sich sollte bei dieser Verfahrensweise *eine* Stichprobe aus der definierten Grundgesamtheit ›sozialdemokratische Presse‹ darstellen. [69] Wenn sich nun in allen drei Publikationsorganen die identischen konfiguralen Typen hätten aufdecken lassen, so wäre es dann, aber *nur* dann, möglich gewesen, von diesen Ergebnissen her generalisierende Aussagen auf die Gesamtheit der sozialdemokratischen Presse zu treffen. In der Mehrzahl der Fälle haben sich jedoch für die drei untersuchten Presseorgane *keine* identischen Konfigurationstypen nachweisen lassen. Das bedeutet natürlich *nicht,* daß die identifizierten konfiguralen Typen für die einzelnen Organe nicht existieren. Sondern es bedeutet nur, daß sie sich nur auf das jeweilige Organ beziehen, nicht aber auf die Gesamtheit der sozialdemokratischen Presse.

Gerade die Identifizierung unterschiedlicher konfiguraler Typen für den *Vorwärts,* die *Neue Welt* und die Romanwochenschrift *In Freien Stunden* stellt den Nachweis dar, daß für die drei Organe divergierende Konzepte in der Literaturvermittlung angesetzt wurden. Wie diese sich in den von uns untersuchten Merkmalen unterscheiden, ist bereits an anderer Stelle beschrieben worden.

Die Merkmale, die vor allem für die Herausbildung der unterschiedlich signifikant über- bzw. unterfrequentierten Merkmalskonfigurationen in den drei Organen verantwortlich sind, beziehen sich auf die Nationalität bzw. die Sprache der Autoren und ihre Zugehörigkeit zu einer spezifischen Autorengeneration bzw. zur Weltliteratur. Eng im Zusammenhang damit stehen eine Reihe anderer Merkmale, die bislang noch nicht besprochen wurden: die sozialstatistischen Daten der Autoren.

Die Befunde zu den sozialstatistischen Daten der untersuchten Autoren bestätigen im Großen und Ganzen die Untersuchungsergebnisse anderer autorensoziologischer Studien dahingehend, daß sich in der sozialen Struktur der Autoren im 19. Jahrhundert ein tiefgreifender Wandel vollzogen hat. [70]

Sehr deutlich tritt dieser Sachverhalt zutage, wenn die Autoren der Romanwochenschrift, die in der Mehrzahl einer älteren Generation angehören, mit den Autoren des *Vorwärts* bzw. der *Neuen Welt* verglichen werden. Spielt bei den Autoren der Romanwochenschrift das ›Pfarrhaus‹ als sozialer Herkunftsort noch eine große Rolle, so bei den Autoren der beiden anderen Organe überhaupt keine mehr. Ebenso ergeben sich zwischen den Publikationsorganen Abweichungen in der beruflichen Struktur der publizierten Autoren. Rekrutieren sich beim *Vorwärts* und bei der *Neuen Welt* die Autoren vornehmlich aus dem Journalisten-, Lehrer-, Schriftsteller- und Arbeiterstand, so die der Romanwochenschrift aus dem Journalisten-, Lehrer-, Beamten- und Schriftstellerstand. Der Beruf des ›freien Schriftstellers‹ wird von den Autoren der Romanwochenschrift weit weniger häufig gewählt, als bei den beiden anderen Organen. Die Erklärung für diesen beschriebenen Sachverhalt ist sehr einfach: die Generation der Autoren, die in der Romanwochenschrift publiziert wird, konnte es sich finanziell noch nicht leisten, allein von der Schriftstellerei zu leben. Die Buchverleger zahlten ihnen miserable Honorare, die Massenpresse als Absatzmarkt ihrer literarischen Produkte existierte noch nicht in den Ausmaßen wie am Ende des 19. Jahrhunderts. Der relativ hohe Anteil an Beamten bei der Romanwochenschrift ist auch aus diesen Gründen zu erklären. Von ihrer gesicherten finanziellen Position aus konnten sie schriftstellern, waren aber nicht auf die Schriftstellerei als Hauptverdienstquelle angewiesen.

Auf die Gründe für den hohen Anteil an Lehrern unter den Autoren im 19. Jahrhundert, nämlich ihren bildungsmäßigen Vorsprung anderen sozialen Gruppen gegenüber, hatte schon Zimmermann verwiesen. [71]

Nicht bestätigt hat sich für unsere Autoren die Annahme, daß der Beruf des Journalisten und der des freien Schriftstellers erst als Zweitberuf gewählt wird. Beide Berufssparten werden von unseren Autoren in großer Zahl schon im Erstberuf genannt. Ob sich hier Differenzen zwischen Autoren, die überwiegend für den Buchmarkt produzieren, und jenen, die hauptsächlich für die Presse schreiben, anzeigen, muß weiter verfolgt werden. [72]

Veränderungen in der beruflichen Mobilität zeigen sich nach 1918. Aufgrund der schwierigen wirtschaftlichen Situation in den 20er Jahren und den damit verbundenen Krisen im Verlags- und Buchwesen, die sich in sehr geringen Honorarzahlungen niederschlugen, tendieren viele ›freie Schriftsteller‹ dahin, sich wieder als Journalisten im Hauptberuf zu betätigen. Dieser Wechsel war meist wenigstens mit der Garantie eines, wenn auch recht geringen, festen Einkommens verbunden. [73]

Aber noch ein anderer Aspekt ist bei der Analyse der sozialstatistischen Daten der publizierten Autoren von Interesse. Die erhobenen Daten wurden ja auf zwei Ebenen untersucht: einmal unter dem Gesichtspunkt, wie sich die Autoren nach ihrer sozialen Herkunft und ihrer beruflichen Mobilität beschreiben lassen; zum anderen, wie häufig die Publikationsorgane Erzähltexte von Autoren spezifischer gesellschaftlicher Gruppierungen publizieren. Im ersten Fall, wie oben beschrieben, ist die *Gesamtheit der Autoren* Basis der Analyse, im zweiten die *Gesamtheit der Erzähltexte.*

Bei dem zweiten Analyseschritt hat sich ein sehr interessantes Ergebnis herausgestellt. Überzufällig häufig – das betrifft nur den *Vorwärts* und die *Neue Welt,* nicht aber die Romanwochenschrift – werden Erzähltexte von Autoren publiziert, *die der sozialen*

Herkunft und dem erlernten Beruf nach aus dem proletarischen Milieu stammen. Im Zweitberuf wechseln die Autoren in typische ›Aufsteiger‹berufe über, nämlich entweder in den Beamten- oder Lehrerstand oder in den Journalistenstand. Die hier beschriebene Merkmalskonfiguration hat sich als *signifikant überfrequentiert* identifizieren lassen. [74]

Nimmt man die soziale Herkunft aus der Arbeiterklasse und die Stellung im Produktionsprozeß als Arbeiter als *ein* Kriterium für proletarische Dichtung, so muß konstatiert werden, daß der *Vorwärts* und die *Neue Welt im Rahmen ihrer Möglichkeiten* bemüht waren, den Arbeitern auch diese Literatur zu vermitteln und nicht nur die bürgerliche Literatur. Wir sind uns selbstverständlich darüber im klaren, daß für die Bestimmung von proletarischer Dichtung noch weitere soziologische, ideologische und thematische Kriterien berücksichtigt werden müssen.

Einige der Hypothesen, in denen Annahmen über bevorzugt ausgewählte Stoff- und Themenkreise formuliert wurden, konnten aus den an anderer Stelle bereits erwähnten Gründen noch nicht überprüft werden. Ebenso muß noch die Frage offenbleiben, woher die sozialdemokratische Presse in der überwiegenden Zahl der Fälle ihre Texte bezieht, mit welchen Korrespondenzen und Verlagen sie verstärkt zusammengearbeitet hat, welche Sonderabmachungen es gab etc. Hier, wie auch im Falle der Untersuchung des Genres der Erzähltexte sind weitere Recherchen angebracht, die im Rahmen dieser Arbeit nicht mehr geleistet werden konnten. Dabei würden sicherlich gerade die Ergebnisse dieser Analysen wichtige Interpretationshilfen für die bereits vorliegenden Befunde darstellen.

Bislang sind wir aber noch, was die oben angesprochenen Merkmale anbelangt, auf Einzelbeobachtungen angewiesen. Für den *Vorwärts* der Weimarer Republik, allerdings erst in den späten 20er Jahren, scheint sich ein engerer Kontakt zu den anderen sozialdemokratischen Medien – so wie es von Albrecht in den *Mitteilungen* gefordert worden war – abzuzeichnen. Wie aus der Tab. 51 ersichtlich [75], werden eine Reihe der im *Vorwärts* publizierten Erzähltexte auch in der sozialdemokratischen Buchgemeinschaft ›Der Bücherkreis‹ vertrieben. Die zeitliche Differenz zwischen Erscheinen des Titels im *Vorwärts* und Herausgabe in der Buchgemeinschaft ist sehr kurz gehalten. In der Regel erfolgt die Publikation in den beiden Institutionen im gleichen Jahr, so daß jede der beiden am Erfolg der anderen partizipieren kann.

Tab. 51: Liste der im »Bücherkreis« G.m.b.H. publizierten Romane von Oktober 1924 bis Dezember 1931

1924 bis 1927
    1. Friedrich Wendel, Das 19. Jahrhundert in der Karikatur
*   2. Martin Andersen-Nexö, Sühne
    3. Paul Zech, Die Geschichte einer armen Johanna
+   4. R. H. Francé, Das Land der Sehnsucht. Reisen eines Naturforschers im Süden
      (1917)
*   5. Maxim Gorki, Der Sohn der Nonne. Roman
    6. Richard Woldt, Die Arbeitswelt der Technik
    7. Friedrich Wolf, Kreatur

8. A. Francé-Harrar, Tier und Liebe. Geschichte von Unterdrückten und Verkannten
9. Alfred A. Stolze, Angela
10. Hermann Horn, Die Dämonen und das blaue Band. Abenteuerroman
11. Friedrich Wendel, Das Schellengeläut. Kulturkritische Karikaturen des 19. Jahrhunderts
* 12. Max Barthel, Der Putsch
13. Friedrich M. Kircheisen, Die Bastille
14. Heinrich B. Grosser, Auf dem toten Gleise. Die Geschichte eines verfehlten Lebens
15. Heinrich Cunow, Technik und Wirtschaft des europäischen Urmenschen
* 16. Max Barthel, Der Mensch am Kreuz
* 17. Oskar Wöhrle, Der Baldamus und seine Streiche

1928
* 18. Goncourt, Das Dienstmädchen Germinie
19. Kampffmeyer u. Altmann, Vor dem Sozialistengesetz
+ 20. Schröder, Der Sprung über den Schatten
       (1928)
21. Bernstein, Sozialdemokratische Lehrjahre
* 22. Lemonnier, Der eiserne Moloch
23. Grottewitz u. Bölsche, Der Mensch als Beherrscher der Natur
* 24. Lemonnier, Es geht ein Wind durch die Mühlen
       (1918)
25. Müller, Die Novemberrevolution

1929
   Das Lustige Buch des Bücherkreises
* K. Schröder, Jan Beek
* Aakjär, Gärende Kräfte
+ A. M. de Jong, Mereyntje Geysen
   (1929) Bd. I
   Fritz Wildung, Arbeitersport
* Das Viermännerbuch, Erlebnisnovellen von Barthel, Jung, Scharrer, Wöhrle
* Max Barthel, Aufstieg der Begabten
   (1929)
   Eva Broido, Wetterleuchten
   Schönlank, Agnes
   A. Karawajewa, Das Sägewerk
   Cunow, Liebe und Ehe im Leben der Völker
+ A. M. de Jong, Mereyntje Geysen
   (1929) Bd. II

1930
+ Pierre Hamp, Flachs. Roman aus dem Französischen
   (1930)
   Erich Herrmann, Vorher-Hernach. Geschichte eines Findlings
   W. Illing, Utopolis. Roman
* A. M. de Jong, Einfältige Kinder
+ L. S. Woolf, Ein Dorf im Djungel. Roman aus dem Englischen
   (1930)
   Rob. Budzinski, Kehr' um. Roman
* A. M. de Jong, Im Strudel. Roman
+ Felix Scherret, Der Dollar steigt. Ein Inflationsroman
   (1931)

A. Sigrist, Das Buch vom Bauen
A. Scharrer, Aus der Art geschlagen. Erinnerungen eines Arbeiters
Vidocq, Vom Galeerensträfling zum Polizeichef. Lebenserinnerungen
J. M. Frank, Das Leben der Marie Szameitat. Ein Frauenroman

1931

  O. Mänchen-Helfen, Reise ins asiatische Tuwa
  »Das Lustige Buch«
  Tschetwerikov, Die Rebellion des Ing. Karinski
* K. Schröder, Familie Markert. 1. und 2. Bd.
  Franz Jung, Hausierer
  Ramon J. Sender, Iman – Kampf um Marokko
  O. B. Wendler, Laubenkolonie Erdenglück
  Paul Banks, Das geduldige Albion
+ Oskar Wöhrle, Jan Hus – Der letzte Tag
  (1932)
* Oskar Wöhrle, Der Baldamus und seine Streiche. Neuaufl.
  H. Müller, Die Novemberrevolution. Neuaufl.
  Eva Broido, Wetterleuchten der Revolution. Neuaufl.
* A. M. de Jong, Der seltsame Küster
  J. M. Frank, Das Leben der Marie Szameitat

* = Autor ist auch im »Vorwärts« von 1891–1933 veröffentlicht worden
+ = Autor ist mit identischem Titel im »Vorwärts« 1919–1933 veröffentlicht worden
(die nachfolgenden Zahlen in Klammern geben das Jahr der Publikation im »Vorwärts« an)

Die engeren Beziehungen zwischen sozialdemokratischer Presse und sozialdemokratischen Verlagen ist sicherlich auch ein Ausdruck der intensivierten kulturellen Aktivitäten der Sozialdemokratie ab Mitte der 20er Jahre, doch spielt der Literatursektor dabei wiederum nur eine relativ untergeordnete Rolle. [76] Ins Blickfeld des Interesses rücken weit mehr der Arbeitersport, das Arbeitertheater, insgesamt die Arbeiterfestkultur, die Arbeiterbibliotheken sowie vor allem die neuen Medien Rundfunk und Film. [77] Viele der Kräfte werden in diesen Jahren im Kampf gegen das Schmutz- und Schundgesetz absorbiert, so daß kaum Zeit für die Entwicklung und Entfaltung einer literaturpolitischen Programmatik bleibt. Zum Ende der 20er Jahre zu werden aufgrund der zugespitzten wirtschaftlichen und politischen Situation die kulturellen Aktivitäten der Partei wieder völlig in den Hintergrund gedrängt.

Konstatiert werden kann, daß die Sozialdemokratische Partei es auch in der Weimarer Republik nicht versteht – allerdings erkennt sie auch die Notwendigkeit dazu nicht an [78] – ein dezidiert *sozialistisches literaturpolitisches Konzept* zu entwickeln. Dieser Sachverhalt zeigt sich nicht nur darin, wie bescheiden der Platz der sozialistischen bzw. der Arbeiterdichtung im Programm der sozialdemokratischen Buchgemeinschaften und Verlage bzw. im gesamten Organisations- und Pressewesen der Partei ist. Sondern er schlägt sich auch im Literaturprogramm des *Vorwärts* in der Weimarer Republik nieder.

Zunächst ist als wichtig festzuhalten, daß die Überprüfung der Hypothesen in den von uns untersuchten Merkmalen in der Mehrzahl der Fälle *nicht* die Differenzen zwischen den beiden Untersuchungsabschnitten des *Vorwärts* bestätigt haben, wie man sie aufgrund der Debatten in den *Mitteilungen* hätte erwarten können. Auf der Ebene der von uns analysierten Merkmale – Autoren, Gattungen, Verwertungsstrategien – scheint der *Vorwärts* der Weimarer Republik in seinem Programm nur eine Verlängerung der Publikationspraktiken des *Vorwärts* der Vorkriegsjahre zu sein: vermittelt wird die anerkannte bürgerliche Literatur; publiziert werden überdimensional lange Romane; in der Mehrzahl der Fälle handelt es sich bei den Texten um den Nachdruck einer Buchpublikation, d. h., der ›raffiniert‹ geschriebene Zeitungsroman findet in starkem Maße noch keinen Eingang in das Organ; dominierende Gattung ist der Roman, neue literarische Formen – wie etwa die Reportage – fehlen völlig; dominierend, sogar noch stärker als in der Vorkriegszeit, sind die männlichen Autoren, usf. In einem Merkmal, das sich auf die Abdrucktechniken bezieht, hat es eine Veränderung und damit auch eine Annäherung an die bürgerliche Massenpresse gegeben: der *Vorwärts* der Weimarer Republik beginnt mit der Publikation der Erzähltexte überwiegend am Wochenende, um dem Leser genügend Zeit zum Einlesen in den neuen literarischen Text zu gewähren.

In einigen Befunden der empirischen Analyse deuten sich dennoch auch für den *Vorwärts* der Weimarer Republik Veränderungen im Konzept für den Unterhaltungsteil an. Ganz allgemein muß aber angenommen werden, daß die gravierenden Modifikationen in den Auswahlstrategien für die Erzähltexte, die wir nach wie vor unterstellen, *nicht, bzw. nur sehr beschränkt durch die von uns untersuchten Merkmale in den Griff zu bekommen sind.* Wahrscheinlich sind sie nur über eine vergleichende *qualitative Analyse* der literarischen Texte selbst zu identifizieren. Eine Klassifikation der Erzähltexte nach ihrem Genre, würde sicherlich *erste* wichtige Hinweise über diese Veränderungen in der Literaturvermittlung geben.

Eine Umorientierung des *Vorwärts*, die wir an unseren Befunden ablesen können, hatten wir schon früher genannt: die bevorzugte Wahl von Texten außereuropäischer Autoren und der Rückgang in der Wahl osteuropäischer Autoren. Diese Umorientierung ist so massiv, daß sie zur Herausbildung eines konfiguralen Typus in der Weimarer Republik geführt hat, bei dem relevantestes Merkmal die außereuropäische Nationalität ist. Zu dieser Gruppe zählt beispielsweise Jack London, der wiederholt publiziert wird und der in den 20er Jahren zum Erfolgsautor in der sozialdemokratischen Presse und in den Arbeiterbüchereien wird. [79]

Ebenso ist ein Rückgang in der Wahl *deutschsprachiger* sozialistischer bzw. sozialdemokratischer Autoren zu konstatieren. Nur wenige Autoren, die dem proletarischen Milieu entstammen und die sich der sozialdemokratischen Bewegung angeschlossen haben, die sogenannten ›Arbeiterdichter‹, werden in dem *Vorwärts* der Weimarer Republik publiziert. [80]

Max Barthel, einer der wenigen, der mit einem Roman vertreten ist, läßt in diesem jedoch jegliche klassenkämpferische Intention vermissen. Der Roman (›*Aufstieg der Begabten*‹) ist eine kitschige und rührselige Geschichte von einem ›einfachen‹ Mädchen, das vom Land in die Großstadt kommt und dort, mit Hilfe der Protektion eines ›Bosses‹ der Filmbranche (natürlich ein älterer Herr), zu einem Filmstar avanciert. Der Roman ist nicht, wie man denken könnte, satirisch angelegt. [81] Die hier zu beobachtende Tendenz, den Feuilletonteil vom politischen Kampfteil zu trennen und die Erzähltexte nur nach rein ›literarischen‹ bzw. ›künstlerischen‹ Kriterien auszuwählen, findet ihre Bestätigung noch in einer Reihe anderer Titel. Um nur einen zu nennen: der Roman von Irmgard Keun, *Gilgi, eine von uns.* Grundthema: einfaches Mädchen (Gilgi) liiert sich mit einem Schriftsteller, von dem sie später ein uneheliches Kind erwartet. Wie bereits an anderer Stelle erwähnt, entbrennt um diesen Roman innerhalb der Partei und unter den Lesern eine heftige Debatte, ob nun dieses Mädchen ›Gilgi‹ tatsächlich ›eine von uns ist‹. [82] Die Redaktion des »Vorwärts« jedenfalls ist der Meinung, daß ›Gilgi‹ ein durch und durch ›proletarisches Mädchen‹ ist, auch in ihrem geschilderten sozialen Verhalten. Das spricht für sich selbst.

Nicht realisiert wird in dem Programm des *Vorwärts* die andere Forderung, wie sie in den *Mitteilungen* artikuliert wurde, nur solche Romane zu publizieren, die konsequent die sozialistische Weltanschauung widerspiegeln. [83]

Mit diesem Konzept unterscheidet sich der *Vorwärts* in seinem zweiten Untersuchungsabschnitt erheblich von dem des *Vorwärts* der Vorkriegsjahre und nähert sich dem Konzept des *Berliner Volksblattes* an. Dieses Organ hatte – aufgrund der Restriktionen des Sozialistengesetzes – in der Mehrzahl der Fälle bürgerliche Unterhaltungsliteratur veröffentlicht. Das Blatt scheute sogar nicht davor zurück, den Erfolgsautor des Konkurrenzunternehmens, des ›Lokalanzeigers‹, auch in seinen Spalten zu publizieren. Gemeint ist der Schriftsteller Ewald August König, der dem ›Lokalanzeiger‹ zu beachtlichen Auflagensteigerungen verhalf. [84]

Die Gründe für den *Vorwärts* der Weimarer Republik, sich in seinem Literaturprogramm ›unpolitisch‹ zu geben, sind recht einfach zu benennen.

Vor 1914 richtete sich der *Vorwärts*, wie es auch Kliche in den *Mitteilungen* bestätigt hat, an die Parteimitglieder, an die organisierten, an die klassenbewußten Arbeiter, die zum großen Teil selbst aktiv in der sozialdemokratischen Bewegung tätig sind.

Nach 1918 verändert sich die Struktur des Leserkreises des *Vorwärts,* wenn man von der veränderten sozialen Struktur der Parteimitglieder darauf schließen darf. Diese Veränderung geht konform mit dem Konzept des *Vorwärts,* nicht mehr ›Kampfblatt‹ sein zu wollen, sondern ›Volksblatt‹. Die Veränderungen liegen also auf zwei Seiten: im Selbstkonzept des *Vorwärts* und in der Struktur des antizipierten Leserkreises. Kann von einer gewissen Identität zwischen den Lesern des *Vorwärts* und den Parteimitgliedern der SPD ausgegangen werden, so muß folgendes konstatiert werden: der veränderten Stellung der Sozialdemokratischen Partei im politischen System der Weimarer Republik, ihrer Profilierung als systemerhaltender und staatstragender Kraft, entsprechen Veränderungen in der Mitglieder- und Wählerstruktur. [85] Ein großer Teil der alten SPD-Mitglieder wandert 1918 entweder zur USPD oder zur KPD, da in der SPD die Bündnispolitik mit den bürgerlich-konservativen Parteien bestimmendes Moment geworden ist. Der SPD wiederum schließen sich neue Mitglieder an, die während des Krieges im konservativen, liberalen und alldeutschen Lager gestanden haben. [86] Der nichtproletarische Anteil an Mitgliedern in der Partei wächst an, obwohl insgesamt die Arbeiter noch immer dominieren. [87]

Die große Mehrheit der sozialdemokratischen Parteimitglieder in der Weimarer Republik ist erst zu dem Zeitpunkt in die Partei eingetreten, in dem die Partei bereits die Burgfriedens- und Koalitionspolitik vertritt. 1930 gehören nur noch 21 Prozent der

Parteimitglieder seit mehr als 15 Jahren der Partei an. D.h., daß nur ein Fünftel der Parteimitglieder noch in klassenkämpferischer Tradition erzogen wurde bzw. die sogenannte revolutionäre Phase der SPD selbst miterlebt- und -gestaltet hat. [88]

Unterstellt werden kann demnach, daß sich sowohl auf Seiten der SPD als auch auf Seiten der Leser der sozialdemokratischen Presse in der Weimarer Republik ein Wandel in den politischen und ökonomischen Zielsetzungen vollzogen hat. Da wir wissen, daß die sozialdemokratischen Feuilletonredakteure die Romane und Erzählungen immer unter Bezug auf die antizipierte Leserschaft auswählten, kann ihr Konzept, keine Literatur mehr zu publizieren, die den Klassenkampf und die Revolution propagiert, nur als eine konsequente Antwort auf den Wechsel in den politisch-ideologischen Vorstellungen der Leserschaft verstanden werden.

Da das Werben von neuen, ›unpolitischen‹ Lesern offenbar auch zum alleinigen Zweck des Unterhaltungteils des *Vorwärts* wird, kann gesagt werden, daß – unter zusätzlicher Berücksichtigung der oben genannten Punkte – eine weitere Publikation der sozialistischen bzw. der proletarischen Literatur in seinem Feuilletonteil nur ein Anachronismus gewesen wäre.

6.6. Ausblick

Die vorliegende Studie stellt in der Erforschung der Literatur in der sozialdemokratischen Presse einen Anfang dar, kein Ende, denn die untersuchten Aspekte sind ja nur eine kleine Auswahl aus einer ganzen Reihe potentiell bedeutsamer Aspekte. Die ermittelten Befunde der empirischen Analyse werfen daher auch eine Anzahl neuer Fragen auf, die an dieser Stelle nicht mehr beantwortet werden können. Sie müssen in weiterführende Fragestellungen eingebettet und im Kontext der Produktions- und Rezeptionsbedingungen der sozialdemokratischen Presse sowie der allgemeinen kulturellen Entwicklung in der Partei neu interpretiert werden.

In der Eröffnung von weiterführenden Frage- und Analysemöglichkeiten liegt u.E. auch das produktive Moment des gewählten methodischen Verfahrens, das von einer *systematischen Erfassung und Erschließung* der *tatsächlich* publizierten literarischen Texte ausgeht. Nicht nur, daß mit dieser methodischen Vorgehensweise die Repräsentativität der Ergebnisse gesichert werden konnte, sondern zugleich war es möglich, neue Datenanalyseverfahren, die für literatur- und medienwissenschaftliche Fragestellungen in Zukunft an Bedeutung gewinnen werden, vorzuführen. Außerdem werden für nachfolgende Arbeiten zu diesem Thema die notwendigen Materialien bereitgestellt, auf deren Basis erst Analysen von Entwickungen und Tendenzen möglich sind. Um diese Weiterarbeit zu garantieren, ist die Studie von Anfang an methodisch und arbeitstechnisch so angelegt worden, daß *jederzeit* neue Daten und Informationen *zusammen* mit den alten Daten, aber auch getrennt von ihnen, verarbeitet werden können.

Dabei wird es in einem nächsten Arbeits- und Analyseschritt notwendig sein, die Aufmerksamkeit auf die Texte selbst zu lenken, *auf ihre mediale Vermittlung und ihre Inhalte,* um nur zwei relevante Aspekte zu nennen. Erst dann wird es möglich sein, einigen der in den *Mitteilungen des Vereins Arbeiterpresse* angeschnittenen Fragen weiter nachzugehen, die auf der Basis der erhobenen Daten und Merkmale nicht beantwortet werden konnten. Zu denken ist an die Analyse der präferiert ausgewählten Genres, der Stoff- und Themenkomplexe sowie des Stils. Um nur ein Beispiel zu nennen: für den *Vorwärts* und die *Neue Welt* haben wir einen relativ hohen Anteil an Bauernromanautoren identifizieren können. Natürlich sagt diese Feststellung noch gar nichts über die Gestaltung der Texte selbst aus. Zu überprüfen wäre, welchem Bauernromantypus, etwa dem ›liberalen‹ oder mehr dem ›konservativen‹, die Erzähltexte entsprechen. [89] Anhand unserer Befunde können zwar erste Hypothesen formuliert werden, doch bedarf es natürlich hier der genauen Analyse der Romane und Erzählungen. Ähnliches gilt für die anderen Genres, insbesondere für den historischen und den sozialen Roman.

Ein weiteres wichtiges Arbeitsfeld wäre, mehr über die Rezeption der Erzähltexte zu erfahren, insbesondere über die in der Tagespresse.

Wie die empirischen Befunde verdeutlicht haben, besteht für die Rezipienten der sozialdemokratischen Presse kaum eine Möglichkeit, auf die Gestaltung der publizierten literarischen Produkte Einfluß zu gewinnen, da es sich in der überwiegenden Zahl der Fälle um den Nachdruck einer Buchpublikation handelt. Somit war es auch den Lesern nicht gegeben, bei der Lektüre der Texte auftretende kognitive Dissonanzen, durch Eigeninitiativen, etwa durch Leserbriefe an den Autor mit detaillierten Korrektur- und Änderungswünschen, abzubauen. Inwieweit hier das kontextuelle Umfeld des Romanfeuilletons diese regulierende Funktion übernahm, muß noch geklärt werden, denn das Feuilleton in der Parteipresse ist ja nicht zu isolieren gegenüber den Kommentaren des politischen Teils, seine Wirkung – also auch die der Romane und Erzählungen – wird durch dessen Perspektive vermittelt. Unterstellt man die Richtigkeit dieser Überlegungen, so muß der Rezeptionsprozeß bei den untersuchten Organen jeweils anders verlaufen sein, denn bei der Romanwochenschrift fehlt dieses kontextuelle Umfeld völlig, bei der *Neuen Welt,* einer *Beilage* zu einer Tageszeitung, war es nur beschränkt gegeben. Allein beim *Vorwärts* resultiert die Wirkung aus dem Zusammenwirken aller publizistischen Mittel.

Weitere Problemfelder, die es zu untersuchen gilt, sind bereits früher im Text genannt worden. Sicherlich wird auch eine Analyse des Romans in der bürgerlichen Presse dieser Zeit neue Fragestellungen für die sozialdemokratische Presse aufwerfen, aber auch einige neue Aspekte für die Interpretation der vorliegenden Befunde liefern.

Versucht man zum Abschluß ein zusammenfassendes Ergebnis zu formulieren, so könnte das in der globalen Feststellung bestehen, daß es der sozialdemokratischen Presse ebensowenig wie den anderen Kulturorganisationen der Partei gelungen ist, eine den politischen und ästhetischen Erfahrungen der Arbeiter adäquate Literaturpolitik zu entwickeln und zu etablieren. Dies wäre auch nur möglich gewesen *auf der Basis einer radikalen Kritik der bürgerlichen Kultur und der Entwicklung und Entfaltung einer eigenständigen proletarischen Kultur und Literatur.* Beides ist aber, wie wir aus der Forschungsliteratur wissen und wie die Befunde der vorliegenden Studie es erneut bestätigen, nicht geschehen, war auch nicht von der Sozialdemokratischen Partei intendiert. Die Gründe dafür sind hinreichend bekannt: die strikte Trennung von Kunst und Politik in der SPD, die einseitige Ausrichtung auf den politischen und gewerkschaftlichen Kampf, das Desinteresse an kulturellen Fragen insgesamt.

Doch ist auf dem untersuchten Sektor, der sozialdemokratischen Presse, ein anderer Grund noch von entscheidender Bedeutung, nämlich die Verquickung von politisch-ideologischen und wirtschaftlichen Aufgaben der sozialdemokratischen Presse. Wie Auer es 1890 formulierte, sollte die Parteipresse nicht mehr nur Agitations- und Propagandamittel sein, sondern zugleich auch eine der ›Lebensquellen‹ der Partei.

Zur Folge hatte diese neue Aufgabendefinition der sozialdemokratischen Presse, daß in den folgenden Jahren eine Trennung des politischen Teils der Presse von dem Unterhaltungsteil vollzogen wurde, denn nur mit einem ›unpolitischen‹ Unterhaltungsteil, so hoffte die SPD, konnten neue Leser, neue Abonnenten und das hieß, höhere Einnahmen, gewonnen werden.

ANMERKUNGEN

EINLEITUNG

1 Vgl. hierzu genauer Friedrich *Knilli*, Die Literaturwissenschaft und die Medien. In: Jahrbuch für Internationale Germanistik. Jg. V, H. 1. Ffm. 1973.

2 Vgl. etwa: F. *Knilli*, Massenmedien und Literaturwissenschaft. In: Neue Ansichten einer künftigen Germanistik. München 1973, S. 290–305; Helmut *Schanze*, Medienkunde für Literaturwissenschaftler. München 1974; Trivialliteratur und Medienkunde. Lili. Zeitschrift für Literaturwissenschaft und Linguistik. 6 (1972) Hg. Helmut *Kreuzer*. Ffm. 1972; Literatur in den Medien – Demontage von Literatur? Hrsg. *Knilli, Hickethier, Lützen*. München 1977.

3 Helmut *Kreuzer*, Veränderungen des Literaturbegriffs. Göttingen 1975, S. 64–75; Karl *Riha*, Ein Beitrag zur Diskussion um Fiction-Nonfiction-Literatur und gleichzeitig: Vorläufige Bemerkungen zu einem neuen Literaturbegriff in der Literaturwissenschaft. In: Neue Ansichten einer künftigen Germanistik, a.a.O., S. 272–289; Guntram *Vogt:* Zur Veränderung des Literaturbegriffs durch die Massenmedien. In: Diskussion Deutsch. 9 (1972).

4 Vgl. Helmut *Schanze*, Literaturgeschichte als ›Mediengeschichte‹? In: Literaturwissenschaft-Medienwissenschaft. Hrsg. H. Kreuzer. Heidelberg 1977, S. 131–144.

5 Vgl. Friedrich *Knilli*, Die Schwierigkeiten beim Einbau der Massenmedien in die Literaturwissenschaft. In: Literaturwissenschaft-Medienwissenschaft. A.a.O., S. 122–130.

6 Vgl. einen Teil der Referate in: Literaturwissenschaft-Medienwissenschaft. A.a.O.

7 Vgl. Eberhard *Lämmert*, Einführung in den Band Literaturwissenschaft-Medienwissenschaft, a.a.O., S. V–VII.

8 Mündlicher Vortrag von Karl-Heinz *Stahl* Januar 78 am Institut für Medienwissenschaft und Literatursoziologie der Technischen Universität Berlin.

9 Vgl. z.B. die Debatten um das Fernsehspiel: Oliver *Storz*, Fernsehspiel – gibt es das? In: Der Deutschunterricht, 1966. H. 1, S. 90 ff.; vgl. auch Knut *Hickethier*, Für eine Programmgeschichte des Fernsehspiels. In: Literaturwissenschaft-Medienwissenschaft, a.a.O., S. 81–102.

10 Z.B. wird 1910 in der »Neuen Welt« der Roman von A. Ger »Erweckt« publiziert. Die »Neue Welt« hat zu diesem Zeitpunkt eine Auflage von *500 000 Ex*. Der Roman wird vom Vorwärts Verlag in einer Auflage von *4000 Exemplaren* veröffentlicht.

11 Vgl. Joseph *Leute*, Schriftstellerei und Journalismus. Berlin 1914, S. 225/226.

12 Vgl. Harald *Feddersen*, Das Feuilleton der sozialdemokratischen Tagespresse Deutschlands von den Anfängen bis zum Jahre 1914, mit einem Überblick über das sozialistische Feuilleton von August 1914 bis Mai 1922. Phil. Diss. Leipzig 1922; Wolfgang *Friedrich*, Die sozialistische deutsche Literatur in der Zeit des Aufschwungs der Arbeiterbewegung während der sechziger Jahre des 19. Jahrhunderts bis zum Erlaß des Sozialistengesetzes. Habilitationsschrift 1964 Halle-Wittenberg.

13 Vgl. *Feddersen*, a.a.O.

14 Vgl. Oskar *Negt*/Alexander *Kluge*, Öffentlichkeit und Erfahrung. Zur Organisationsanalyse von bürgerlicher und proletarischer Öffentlichkeit. Frankfurt 1973; Peter *Brückner*/Gabriele *Ricke*, Über die ästhetische Erziehung des Menschen in der Arbeiterbewegung. In: Das Unvermögen der Realität. Beiträge zu einer anderen materialistischen Ästhetik. Berlin 1974, S. 37–68.

15 Vgl. hierzu auch Martin H. *Ludwig*, Arbeiterliteratur in Deutschland. Stuttgart 1976; Michael *Vester*, Was dem Bürger sein Goethe, ist dem Arbeiter seine Solidarität. Zur Diskussion der ›Arbeiterkultur‹. In: Ästhetik und Kommunikation. 24/1976, S. 62–72.

16 Martin H. *Ludwig,* a.a.O.; Michael *Vester,* a.a.O.
17 Vgl. hierzu die ausführlichen bibliografischen Nachweise in: M. H. *Ludwig,* a.a.O.; Walter *Fähnders,* Proletarisch-revolutionäre Literatur der Weimarer Republik. Stuttgart 1977; Handbuch zur Deutschen Arbeiterliteratur. Hrsg. Heinz Ludwig *Arnold.* 2 Bde. München 1977.
18 Vgl. detaillierter Georg *Fülberth,* Sozialdemokratische Literaturkritik vor 1914. Phil. Diss. Darmstadt 1969, S. 12 ff.
19 Ebda, S. 22; vgl. auch M. H. *Ludwig,* S. 24/25; als ersten Überblick vgl. z. B. Friedrich *Knilli,* Die Arbeiterbewegung und die Medien. Ein Rückblick. In: Gewerkschaftliche Monatshefte 25, 1974, Nr. 6, S. 349–362.
20 Das methodische Verfahren läßt sich natürlich auch auf andere Untersuchungen übertragen, die typologisch relevante Merkmale – sei es bei der Produktanalyse oder der Rezeptionsanalyse – erarbeiten wollen.
21 Für den Abdruck von Romanfortsetzungen (inkl. Novellen, Erzählungen und Geschichten mit mehreren Folgen) in der Presse sind die unterschiedlichsten Begriffe geläufig: Feuilletonroman, Romanfeuilleton, Zeitungsfortsetzungsroman, Fortsetzungsroman, Zeitungsroman, Fortsetzung-folgt-Roman etc.
22 Z. B. auch zeitungswissenschaftliche und publizistikwissenschaftliche Studien zum Feuilleton.
23 Vgl. Christiana *Adler,* Die Entwicklung des französischen Feuilletonromans. Diss. Wien 1957; Peter *Demetz,* Karl Marx' Kommentare zu Sue's ›Die Geheimnisse von Paris‹. In: Marx, Engels und die Dichter. Stuttgart 1959, S. 135–143; Umberto *Eco,* Eugène Sue: Sozialismus und Vertröstung. In: Literatur für viele 2. Studien zur Trivialliteratur und Massenkommunikation im 19. u. 20. Jahrhundert. Hrsg. H. *Kreuzer,* Göttingen 1976 (= Lili, Zeitschrift für Literaturwissenschaft und Linguistik, Beiheft 2), S. 43–72; Erich *Edler,* Eugène Sue und die deutsche Mysterienliteratur. In: ders., Die Anfänge des sozialen Romans und der sozialen Novelle in Deutschland. Diss. Berlin 1932; Eugen *Franz,* Die großen sozialpolitischen Romane K. Gutzkows in ihrem Verhältnis zu den sozialen Greuelromanen Eugen Sue's. Diss. München 1922; Helga *Grubitzsch,* Materialien zur Kritik des Feuilletonromans. Die Geheimnisse von Paris von Eugène Sue. Wiesbaden 1977; Volker *Klotz,* Abenteuer-Romane. München 1979; Marx/Engels, Eugène Sue. In: Über Kunst und Literatur. Bd. 2. Berlin. DDR 1967/1968, S. 63–142; Norbert *Miller*/Karl *Riha,* Eugène Sue und die Wildnis der Städte. Nachwort in: Eugène Sue. Die Geheimnisse von Paris. München 1970, S. 671–691; Hans-Jörg *Neuschäfer,* Populärromane im 19. Jahrhundert von Dumas bis Zola. München 1976; ders., Supermanns gesellschaftlicher Auftrag oder: Die Wirkung des Actionromans, am Beispiel des »Grafen von Montecristo«. In: Literatur für viele 2, a.a.O., S. 104–121 (ebenfalls enthalten in seinem Buch ›Populärromane …, s.o.); Rudolf *Schenda,* Leserbriefe an Eugène Sue. In: Literatur für viele 2, a.a.O., S. 73–104; ders., Sozialproblematischer Erwartungsraum und Autorenlenkung. Der Rezeptionsprozeß des ideologiekonformen ›populären‹ Romans. (Eugène Sue: Les Mystères de Paris, 1842/43) In: Zeitschrift für Volkskunde. Halbjahresschrift d. dt. Gesellschaft für Volkskunde, 72. Jg. 1976, I, S. 62–73

Nachfolgend einige Untersuchungen, in die der Komplex in einen größeren Untersuchungszusammenhang integriert ist:

Rudolf *Hackmann,* Die Anfänge des Romans in der Zeitung. Diss. Berlin 1938; Arnold *Hauser,* Sozialgeschichte der Kunst und Literatur. München 1967, S. 764–768; Tony *Kellen,* Aus der Geschichte des Feuilletons. (Sonderdruck der Essener Volks-Zeitung) Essen-Ruhr 1909; Wolfgang R. *Langenbucher,* Der aktuelle Unterhaltungsroman. Beiträge zur Geschichte und Theorie der massenhaft verbreiteten Literatur. Bonn 1964; Rudolf *Schenda,* Volk ohne Buch. Studien zur Sozialgeschichte der populären Lesestoffe 1770–1910. Frankfurt/Main 1970; ders., Die Lesestoffe der kleinen Leute. Studien zur populären Literatur im 19. u. 20. Jahrhundert. München 1976.
24 Allein Wolfgang Iser verweist im Rahmen seiner Theorie ästhetischer Wirkung auf die Schnittechniken Dickens, vgl. Wolfgang *Iser,* Der Akt des Lesens. Theorie ästhetischer Wirkung. München 1976, S. 294–298; ders., Die Appelstruktur der Texte. Unbestimmtheit als

Wirkungsbedingung literarischer Prosa. Konstanz 1971. S. 17/18 und S. 37/38; auch bei A. *Klein*, Die Krise des Unterhaltungsromans im 19. Jahrhundert. Bonn 1969, S. 147 findet sich ein kurzer Hinweis auf Dickens.

25 Vgl. Eva D. *Becker*, »Zeitungen sind doch das Beste«. Bürgerliche Realisten und der Vorabdruck ihrer Werke in der periodischen Presse. In: Gestaltungsgeschichte und Gesellschaftsgeschichte (Festschrift Fritz Martini). Hrsg. H. *Kreuzer*, in Zusammenarbeit mit K. *Hamburger*. Stuttgart 1969, S. 383–408.

26 Vgl. W. R. *Langenbucher*, a.a.O., S. 67; s. a. R. *Hackmann*, a.a.O., S. 8/9.

27 Vgl. *Iser*, Der Akt des Lesens, a.a.O., S. 296; s. a. *Klein*, a.a.O., S.147.

28 Vgl. *Iser*, Die Appelstruktur …, a.a.O., S. 37.

29 Ebda.

30 Vgl. *Miller/Riha*, a.a.O.

31 In deutscher Ausgabe liegen vor: Eugène Sue, Die Geheimnisse von Paris. München 1970; auch als Taschenbuchausgabe bei dtv Nr. 1004/1005.

32 In einer Laufzeit von über einem Jahr wurde der Roman vom 19. 6. 1842 bis zum 15. 10. 1843 in dem Presseorgan abgedruckt.

33 Vgl. Tony *Kellen*, a.a.O., S. 37, hier auch detaillierte Angaben zu Girardins Konzeption eines Massenblattes, vgl. auch W. R. *Langenbucher*, a.a.O., S. 67/68; R. *Hackmann*, a.a.O., S. 10/11.

34 Das Blatt konnte innerhalb kurzer Zeit seine Auflage verdoppeln: von 20 000 Abonnenten auf 38 000. Balzac lieferte dem Blatt angeblich zwischen 1837 und 1847 jährlich einen Roman; Sue überließ ihm die meisten seiner Werke. Vgl. A. *Hauser*, a.a.O., S. 765.

35 Seit dem Abdruck der ›Geheimnisse‹ gehört Sue zu den begehrtesten und bestbezahlten Autoren. »Der ›Constitutionel‹ bietet ihm hunderttausend Francs für seinen *Juif errant*, und dieser Betrag gilt von nun an als Maßstab für die ihm zu zahlenden Honorare. Das größte Einkommen hat aber noch immer Dumas, der etwa zweihunderttausend Francs im Jahr verdient und dem die ›Presse‹ und der ›Constitutionel‹ für 220 000 Druckzeilen jährlich einen Betrag von 63 000 Francs zahlen.« Vgl. A. *Hauser*, a.a.O., S. 765.

36 Allerdings berichtet R. Hackmann, daß Sue bereits mit seinem Roman ›Mathilde, ou Memoires d'une jeune Femme‹, abgedruckt als Feuilletonroman in der ›Presse‹, Paris in fieberhafter Spannung hielt. Vgl. R. *Hackmann*, a.a.O., S. 11.

37 Zit. nach *Miller/Riha*, a.a.O., S. 671.

38 Zu den genauen bibliografischen Angaben vgl. Anm. 23.

39 Vgl. Tony *Kellen*, a.a.O., S. 40.

40 Vgl. Rudolf *Schenda*, Leserbriefe …, a.a.O.; ders., Sozialproblematischer …, a.a.O.

41 Vgl. *Kellen*, a.a.O., *Langenbucher*, a.a.O., *Miller/Riha*, a.a.O., *Hickethier/Riha/Staats*, a.a.O.

42 Vgl. Anm. 23.

43 Vgl. *Schenda*, Leserbriefe …, a.a.O., S. 87.

44 Ebda.; zu gleichen Ergebnissen – mit anderer Untersuchungsmethodik – gelangen Marx/Engels und Eco, vgl. *Marx/Engels*, a.a.O., *Eco*, Sozialismus und Vertröstung, a.a.O.

45 Der Analphabetismus war zu dieser Zeit in Paris und Umgebung noch weit verbreitet, vgl. *Schenda*, Sozialproblematischer …, a.a.O., S. 64.

46 *Eco*, a.a.O., S. 59.

47 *Schenda*, Leserbriefe …, a.a.O., S. 104.

48 *Eco*, a.a.O., S. 61.

49 Ebda.

50 Vgl. *Schenda*, Leserbriefe …, S. 86/87.

51 *Schenda*, Sozialproblematischer …, a.a.O., S. 62.

52 Vgl. *Iser*, Appelstruktur …, a.a.O., S. 17.

53 Vgl. *Iser*, Der Akt des Lesens, a.a.O., S. 284–301.

54 Vgl. *Schenda*, Sozialproblematischer …, a.a.O., S. 66–68.

55 Miller/Riha sprechen von dem offenen, publikumsbezogenen Roman, vgl. *Miller/Riha*, a.a.O., S. 675.

56 Das soll nicht heißen, daß für einige Autoren der enge Kontakt nicht erhalten blieb. Allerdings war das – gemessen am Gros der Autoren – die Ausnahme.

57 Die gleichen Funktionen übernehmen heute die aufwendigen Leseranalysen der Zeitungen, Zeitschriften und Verlage. Für die ›neueren‹ Medien sei z. B. auf die amerikanischen *Preview*-techniken verwiesen, vgl. hierzu Friedrich *Knilli,* Amerikanisches Fernsehen aus deutscher Sicht, in: ›medium‹ 5/1976.

58 Zu den zeitgenössischen literaturtheoretischen Diskussionen um Sue vgl. *Adler,* a.a.O., S. 33 ff.

59 Vgl. Tony *Kellen,* a.a.O.; W. R. *Langenbucher,* a.a.O.; H. *Grubitzsch,* a.a.O.; R. *Hackmann,* a.a.O.; die Rezeption blieb natürlich nicht auf die westeuropäischen Länder beschränkt. Von Kropotkin wissen wir, daß er in seiner Haft plante, einen ähnlichen Roman wie die »Mystères du Peuple«, ebenfalls von Sue, zu schreiben. Er berichtet in seinen Erinnerungen: »Feder und Tinte erhält man in der Festung nur auf besondere Erlaubnis des Kaisers selbst. Unter dieser erzwungenen Untätigkeit litt ich sehr und fing, um ihr zu entgehen, an, im Kopfe eine Reihe volkstümlicher Erzählungen über Stoffe aus der russischen Geschichte, etwa in der Art von Eugen Sues ›Mystères du Peuple‹ auszuarbeiten. Ich entwarf die Verwicklung, die Schilderungen, die Zwiegespräche und versuchte, das Ganze von Anfang bis zum Ende im Gedächtnis festzuhalten.« Petr *Kropotkin,* Memoiren eines Revolutionärs. Frankfurt/M. 1969, S. 410.

60 W. R. *Langenbucher,* a.a.O., S. 68; vgl. auch *Hauser,* a.a.O., S. 765/766, der es noch schärfer faßt: »Um der unerhörten Nachfrage zu genügen, assoziieren sich die beliebtesten und gesuchten Autoren mit den literarischen Kulis, die ihnen bei der standardisierten Produktion unschätzbare Dienste leisten. Es entstehen ganze Literaturfabriken, und die Romane werden wie auf dem laufenden Band erzeugt. Bei einer Gerichtsverhandlung wird nachgewiesen, daß Dumas mehr unter seinem Namen veröffentlicht, als er schreiben könnte, auch wenn er Tag und Nacht ununterbrochen arbeiten würde. Tatsächlich beschäftigt er dreiundsiebzig Mitarbeiter und unter diesen einen gewissen Auguste Maquet, den er vollkommen selbständig arbeiten läßt. Das Literaturwerk wird nun im vollsten Sinne des Wortes zur ›Ware‹; es hat einen Preistarif, wird nach Mustern angefertigt und auf Termin geliefert.«

61 Vgl. Anm. 59.

62 An dieser Stelle soll nur auf die Untersuchungen eingegangen werden, die das Verhältnis von Literatur zur Tagespresse thematisieren, da sie fast immer verdrängt werden von den Studien, die sich den Vorläufern des Illustriertenromans zuwenden. Für die letzteren werden allein Literaturhinweise gegeben.

Zeitungsroman in der bürgerlichen Presse des 19. und frühen 20. Jahrhunderts:
W. *Bauer,* Der Roman als Zeitungsroman im 20. Jahrhundert. Seine kulturelle wie soziologische Bedeutung. Diss. München 1955; Eva D. *Becker,* a.a.O., Eugen *Franz,* a.a.O.; H. *Gruhl-Brahms,* Zeitung und Kriminalroman. Diss. München 1955; R. *Hackmann,* a.a.O.; Doris *Huber,* Romanstoffe in den bürgerlichen Zeitungen des 19. Jahrhunderts (1860–1890), Diss. Berlin 1943; Paul Erich *Schütterle,* Der Heimatroman in der deutschen Presse der Nachkriegszeit. Würzburg 1936; Friedkarl *Wieber,* Der deutsche Zeitungsroman im 20. Jahrhundert. Eine volkskundliche Auseinandersetzung. Halle 1933.
Einzelne *Aspekte* werden in den Untersuchungen aufgegriffen von Erich *Edler,* a.a.O.; Albert *Klein,* a.a.O.; W. R. *Langenbucher,* a.a.O.; R. *Schenda,* Volk ohne Buch; ders., Populäre Lesestoffe …, a.a.O.

Zeitungsroman in der sozialdemokratischen Presse des 19. und frühen 20. Jahrhunderts:
Harald *Feddersen,* Das Feuilleton der sozialdemokratischen Tagespresse Deutschlands von den Anfängen bis zum Jahre 1914, mit einem Überblick über das sozialistische Feuilleton von August 1914 bis Mai 1922. Diss. Leipzig 1922; Wolfgang *Friedrich,* Die sozialistische deutsche Literatur in der Zeit des Aufschwungs der Arbeiterbewegung während der sechziger Jahre des 19. Jahrhunderts bis zum Erlaß des Sozialistengesetzes. Habilitationsschrift Halle/Wittenberg 1964; Cäcilia *Friedrich,* Minna Kautsky. Diss. Halle/S. 1963; Alfred *Heller,* Der

Roman in der österreichischen ›Arbeiter-Zeitung Wien‹. Diss. Wien 1957; Helga *Herting,* Der Aufschwung der Arbeiterbewegung um 1890 und ihr Einfluß auf die Literatur. 2 Tle. Diss. Berlin/DDR 1961; Dirk *Hoffmann,* Sozialismus und Literatur. Literatur als Mittel politisierender Beeinflussung im Literaturbetrieb der sozialistisch organisierten Arbeiterklasse des Deutschen Kaiserreichs 1876–1918. Phil. Diss. 1980. Die Studie konnte leider nicht mehr für die vorliegende Arbeit berücksichtigt werden, da sie erst nach Manuskriptbeendigung zugänglich wurde. Erika *Pick,* Robert Schweichel. Phil. Diss. Berlin/DDR 1961.

Im Rahmen breiter angelegter Studien verweisen – wenn auch nur kurz – auf die Literatur in der sozialdemokratischen Presse und die ›Naturalismusdebatte‹ der Sozialdemokratischen Partei:

Manfred *Brauneck,* Literatur und Öffentlichkeit im ausgehenden 19. Jahrhundert. Stuttgart 1974; ders., Die Rote Fahne. Kritik, Theorie, Feuilleton 1918–1933. München 1973; Rolf *Engelsing,* Massenpublikum und Journalistentum im 19. Jahrhundert in Nordwestdeutschland. Berlin 1966; Dieter *Fricke,* Die deutsche Arbeiterbewegung 1869 bis 1914. Ein Handbuch über ihre Organisation und Tätigkeit im Klassenkampf. Berlin/DDR 1976, S. 363–484; Georg *Fülberth,* Proletarische Partei und bürgerliche Literatur. Auseinandersetzung in der deutschen Sozialdemokratie der II. Internationale über Möglichkeiten und Grenzen einer sozialistischen Literaturpolitik. Luchterhand 1972; ders., Sozialdemokratische Literaturkritik vor 1914. Die Beziehungen von Sozialdemokratie und bürgerlicher ästhetischer Kultur in den literaturtheoretischen und -kritischen Beiträgen der »Neuen Zeit« 1883–1914, der »Sozialistischen Monatshefte« 1895–1914 und bei Franz Mehring 1888–1914. Diss. Marburg/Lahn 1969; Kurt *Koszyk,* Anfänge und frühe Entwicklung der sozialdemokratischen Presse im Ruhrgebiet (1875–1908), Dortmund 1953; Lexikon sozialistischer deutscher Literatur von den Anfängen bis 1945. Berlin/DDR 1963; (auch als Reprint s'Gravenhage 1973); Dietger *Pforte,* Die deutsche Sozialdemokratie und die Naturalisten. Aufriß eines fruchtbaren Mißverständnisses. In: Helmut *Scheuer* (Hrsg.), Naturalismus in neuer Sicht. Stuttgart 1973; Günther *Roth,* Die kulturellen Bestrebungen der Sozialdemokratie im kaiserlichen Deutschland. In: Moderne deutsche Sozialgeschichte. Hrsg. H. V. *Wehler.* Köln 1966, S. 342–365; Herbert *Scherer,* Bürgerlich-oppositionelle Literaten und sozialdemokratische Arbeiterbewegung nach 1890. Stuttgart 1974; Werner *Thönessen,* Die Frauenemanzipation in Politik und Literatur der Sozialdemokratie (1863–1933). Diss. Frankfurt/M. 1958 (auch als Buchpublikation unter dem Titel: Frauenemanzipation. Politik und Literatur der deutschen Sozialdemokratie zur Frauenbewegung 1863–1933. Frankfurt/M. 1969); Frank *Trommler,* Sozialistische Literatur in Deutschland. Ein historischer Überblick. Stuttgart 1976; Gerald *Stieg*/Bernd *Witte,* Abriß einer Geschichte der deutschen Arbeiterliteratur. Stuttgart 1973.

Der Schwerpunkt der Forschungsliteratur, die sich den Wochen- und Familienzeitschriften des 19. und frühen 20. Jahrhunderts zuwendet, liegt auf der »Gartenlaube«. Das entspricht zwar ihrer dominierenden Stellung im 19. Jahrhundert, die auf die Erfolgsautorin Marlitt (eig. Eugenie John) zurückgeführt wird, die in dem Blatt ihre Romane publizierte, dennoch wäre es wünschenswert, wenn auch die anderen Familienzeitschriften (z. B. »Daheim«, »Über Land und Meer«, »Velhagen & Klasings Monatshefte«, »Westermanns Monatshefte«, »Deutsche Roman-Zeitung« u.v.a.m.) in die Analysen eingingen.

Für die literarischen Unternehmen der Sozialdemokratischen Partei dieser Zeit gibt es so gut wie gar keine Literatur. Allein in dem »Lexikon sozialistischer deutscher Literatur«, a.a.O., bei *Feddersen,* a.a.O., und auch bei Fritz *Hüser,* Literatur- und Kulturzeitschriften der Arbeiterbewegung. In: Arbeiterbewegung, Erwachsenenbildung, Presse. Festschrift für Walter Fabian zum 75. Geburtstag. Frankfurt/M. 1977, S. 144–163, finden sich einige Belege. W. *Friedrich,* a.a.O., behandelt nur die Zeit bis 1878. Neuerdings auch ein Kapitel zur »Neuen Welt« bei Brigitte *Emig,* Die Veredelung des Arbeiters. Sozialdemokratie als Kulturbewegung. Frankfurt/M. 1980; ebenso bei Dirk *Hoffmann* zur »Neuen Welt«, »Gleichheit«, »Die Arbeiter-Jugend«. A.a.O.

Für die »Gartenlaube« liegen an Untersuchungen vor: Wolfgang *Brückner,* Trivialisierungsprozesse in der bildenden Kunst zu Ende des 19. Jahrhunderts, dargestellt an der

»Gartenlaube«. In: Das Triviale in Literatur, Musik und bildender Kunst. Hrsg. v. Helga de la *Motte-Haber*. Frankfurt/M. 1972; Ludwig *Deibel*, Die Gartenlaube. Eine Kritik. München 1879 (zur politischen Haltung des Blattes, Kulturkampf); Karl *Feisskohl*, Ernst Keil's publizistische Wirksamkeit und Bedeutung, Stuttgart 1914; Ruth *Horovitz*, Vom Roman des Jungen Deutschland zum Roman der Gartenlaube. Ein Beitrag zur Geschichte des deutschen Liberalismus. Breslau 1937; Michael *Kienzle*, Der Erfolgsroman. Zur Kritik seiner poetischen Ökonomie bei Gustav Freytag und Eugenie Marlitt. Stuttgart 1975; Eva-Maria *Kirschstein*, Die Familienzeitschrift. Ihre Entwicklung und Bedeutung für die deutsche Presse. Diss. Leipzig 1936; Karoline *Lorenz*, Die publizistischen Wirkungsmittel der »Gartenlaube« (1853–1878) Diss. Wien 1951; Eugenie *John-Marlitt*, Ihr Leben und ihre Werke. In: E. *Marlitt*. Gesammelte Romane und Novellen. 2. Aufl. Bd. 10, Leipzig o.J., S. 399–444; George L. *Mosse*, Was die Deutschen wirklich lasen. Marlitt, May, Ganghofer. In: Popularität und Trivialität. Fourth Wisconsin Workshop. Hrsg. Reinhold *Grimm*/Jost *Hermand*. Frankfurt/M. 1974, S. 101–120; Berta *Potthast*, Eugenie Marlitt. Ein Beitrag zur Geschichte des deutschen Frauenromans. Diss. Köln 1926; Johannes *Proelß*, Zur Geschichte der Gartenlaube 1853–1903. Leipzig 1903; Heide *Radeck*, Zur Geschichte von Roman und Erzählung in der »Gartenlaube« (1853–1914). Heroismus und Idylle als Instrument nationaler Ideologie. Diss. Erlangen-Nürnberg 1967; Hazel E. *Rosenstrauch*, Zum Beispiel Die Gartenlaube. In: Trivialliteratur. Hrsg. *Rucktäschel/Zimmermann*. München 1976, S. 169–189 (ärgerlich ist an dieser Studie, daß sie kaum aus eigenständiger Lektüre der »Gartenlaube« entstanden ist, denn aus einem Aufwärmen der bereits vorliegenden Ergebnisse der Sekundärliteratur); Gabriele *Strekker*, Frauenträume, Frauentränen. Über den deutschen Frauenroman. Weilheim/Obb. 1969; Hermann *Zang*, Die »Gartenlaube« als politisches Organ. Belletristik, Bilderwerk und literarische Kritik im Dienste der liberalen Politik 1860–1880. Diss. Würzburg-Coburg 1935; Magdalene *Zimmermann*, Die Gartenlaube als Dokument ihrer Zeit. München o.J.
63 Konrad Telman, der selbst Zeitungsromane publiziert hat. Zit. nach Eva D. *Becker*, a.a.O., S. 383.
64 Adolf *Braun*, Grundlinien der äußeren und inneren Gliederung des Schriftstellertums und Verlages. In: Die geistigen Arbeiter. Zweiter Teil. Journalisten und bildende Künstler. Hrsgg. im Auftrage des Vereins für Sozialpolitik von Ernst *Francke* und Walther *Lotz*. München/Leipzig 1922, S. 3–27.
65 Eva D. *Becker*, a.a.O., S. 401.
66 Eine Ausnahme bildete die »Vossische Zeitung«, sie führte erst bedeutend später, etwa um 1897, das Romanfeuilleton ein. Vgl. Arend *Buchholtz*, Die Vossische Zeitung. Geschichtliche Rückblicke auf drei Jahrhunderte. Zum 29. Oktober 1904. Berlin 1904.
67 So z.B. die beiden Schriftsteller Levin Schücking und Friedrich Spielhagen.
68 Die Zeitschrift »Daheim« lehnte Fontanes Text »Poggenpuhls« aus politischen Gründen ab. Vgl. Eva D. *Becker*, a.a.O., S. 399.
69 So z.B. Fontane, vgl. Eva D. *Becker*, a.a.O., S. 397.
70 Heyse an Storm 1886. Zit. nach Eva D. *Becker*, a.a.O., S. 397; beide Autoren tauschten sich stets intensiv über Honorarfragen etc. aus, vgl. hierzu als wichtige Quelle ihren Briefwechsel: Theodor Storm – Paul Heyse. Briefwechsel. Kritische Ausgabe. 3 Bde. Berlin 1969, 1970, 1974.
71 Albert *Emmerich*, Der Zeitungsroman. In: Mitteilungen des Vereins Arbeiterpresse. Berlin, 26. Jg., 1926, Nr. 253, Mai, S. 3–4.
72 Ilse *Böttcher*, Film und Tageszeitung. Diss. Leipzig 1937, S. 80.
73 Vgl. Hilfsbuch für schriftstellerische Anfänger. Hrsgg. v. d. Redaktion die ›Feder‹. Berlin 1909, S. 22 ff.
74 Vgl. z.B. Gerhard *Eckert*, Der Zeitungsroman von heute. Ffm. 1937; s. a. Heide *Radeck*, a.a.O.
75 Eckert, a.a.O.
76 Eine Ausnahme bildet die sog. ›Naturalismusdebatte‹, d. i. die Debatte, die die Sozialdemokratische Partei auf ihrem Parteitag 1896 in Gotha-Siebleben über Literatur und Kunst geführt

hat. Zur Sekundärliteratur vgl. Anm. 62.

77 Vgl. *Brauneck*, Literatur und Öffentlichkeit, a.a.O., S. 258.

78 Vgl. z.B. die Jahrgänge der Publikationsorgane »Zeitungs-Verlag« und »Deutsche Presse«.

79 Vgl. Manfred *Brauneck*, Die Rote Fahne, a.a.O.

80 Ebda.

81 Vgl. z.B. die »Rote Fahne« Nr. 72/1926 in der Rubrik »Unser Neuer Roman«.

82 Vgl. Kristina *Zerges*, »Der Kampf mit der Feder als Waffe«. Zur Geschichte der Arbeiterkorre-spondentenbewegung in der ›Roten Fahne‹.« Vervielfältigtes Typoskript 1974.

83 So in dem Fachblatt »Mitteilungen des Vereins Arbeiterpresse«. Berlin 1900 bis 1933. Vgl. hier S. 88 ff.

84 Vgl. die Parteitagsprotokolle der SPD der frühen 70er Jahre bis etwa 1919. Auf den Partei-tagen nach 1919 spielten literarische oder gar künstlerische Fragen keine Rolle mehr. Vgl. hier S. 72 ff.

85 Als Ausnahme sei wiederum die ›Naturalismusdebatte‹ erwähnt. Allerdings wird sie in aller Regel von den Literaturwissenschaftlern (mit Ausnahme der DDR-Forschungsliteratur) als einzige Parteitagsdebatte der SPD um kulturelle Fragen dargestellt. Dabei hat es lange vor 1896 und auch danach, wenn auch nicht in dieser Ausführlichkeit, Debatten um literarische Fragen auf den Parteitagen gegeben.

    Für die Jahre vor 1878 gibt eine erste Orientierung die Arbeit von W. *Friedrich*, a.a.O.; neuerdings auch *Emig*, a.a.O.; D. *Hoffmann*, a.a.O.; Fülberth greift nur die Diskussionen auf, die in den Publikationsorganen der Partei um literaturtheoretische Fragen geführt wurden, vgl. *Fülberth*, a.a.O., die Debatten auf den Parteitagen und in den Fachorganen der Partei bleiben ihm unberücksichtigt.

86 Das trifft für die DDR-Forschung nicht zu. Sie hat sich relativ früh bemüht, die Medien der Arbeiterbewegung zu erforschen. Dennoch gibt es natürlich auch hier noch – insbesondere was die SPD-Presse anbelangt – Lücken.

87 Vgl. Erika *Pick*, Robert Schweichel. A.a.O.

88 Vgl. Anm. 62.

89 Vgl. Karl *Kautsky*, Erinnerungen und Erörterungen. s'Gravenhage 1960, S. 302.

90 Vgl. *Trommler*, a.a.O.

91 Vgl. *Stieg/Witte*, a.a.O., S. 52–58.

92 Vgl. z.B. ihre Analyse des Romans von Minna *Kautsky*, Die Alten und die Neuen, in: *Stieg/Witte*, a.a.O., S. 54/55.

93 Vgl. Otto *Groth*, Die Zeitung. Ein System der Zeitungskunde. (Journalistik) Bd. I. Mannheim/Berlin/Leipzig 1928, S. 850.

94 Ebda.

95 Bei Gründung dieser Konzerne war die sozialdemokratische Presse aufgrund der Gültigkeit des Sozialistengesetzes verboten.

96 Vgl. Götz *Schmidt*/Detlef *Michel*, Bürgerliche Massenpresse und Sozialpolitik. Zur Kritik politischer Auffassungen der bürgerlichen Ideologie. Diss. Berlin 1973, S. 107 ff.

97 Vgl. Eva D. *Becker*, a.a.O., S. 407.

98 Vgl. *Groth*, a.a.O., S. 854.

99 Vgl. Anm. 62.

100 Vgl. *Huber*, a.a.O., S. 120; eine Zusammenfassung davon bringt auch W. R. *Langenbucher*, a.a.O., S. 71.

101 F. *Wieber*, a.a.O.; W. R. *Langenbucher* referiert ebenfalls einige Ergebnisse dieser Untersu-chung, a.a.O., S. 75/76.

102 Vgl. R. *Hackmann*, a.a.O.

103 Vgl. *Bauer*, a.a.O.; ebenso die anderen Untersuchungen unter Anm. 62 zur bürgerlichen Presse dieser Zeit.

104 Kristina *Zerges*/Wolf Dieter *Lützen*/Knut *Hickethier* (Hrsg.), Der Zeitungsroman im 19. Jahrhundert. Analysen und Dokumente. Stuttgart in Vorb.

105 Wilfrid *Bade*, Kulturpolitische Aufgaben der deutschen Presse. Berlin 1933; Gerhard *Eckert*,

Der Zeitungsroman von heute. Frankfurt/M. 1937; Georg *Fritzsche,* Feuilleton und Kulturpolitik. Radebeul 1938; Helmut *Kallenbach,* Die Kulturpolitik der deutschen Tageszeitung im
Krieg. Eine Untersuchung über den politischen Einsatz und die publizistische Einsatzmöglichkeit der Kulturpolitik in der deutschen Tageszeitung aufgezeigt am Beispiel des Krieges
1939–1940. Dresden 1941.

106 Zur Pressepolitik unter dem Nationalsozialismus vgl. Jürgen *Hagemann,* Die Presselenkung
im Dritten Reich. Bonn 1970; Walter *Hagemann,* Publizistik im Dritten Reich. Hamburg
1948; Joseph *Wulf,* Presse und Funk im Dritten Reich. Eine Dokumentation. Gütersloh 1964.

107 Vgl. die Beiträge in den Fachorganen ›Deutsche Presse‹ und ›Zeitungs-Verlag‹.

108 Vgl. *Bade,* a.a.O., S. 18 und S. 27; *Fritzsche,* a.a.O., S. 69; *Eckert,* a.a.O., S. 7; *Kallenbach,*
a.a.O., S. 122.

109 Zit. nach *Langenbucher,* a.a.O., S. 76; in der der Verf. zugänglichen Studie Dovifats waren die
Daten nicht mehr enthalten. Vgl. E. *Dovifat,* Zeitungslehre II. Berlin 1962, S. 67–74.

110 Vgl. *Eckert,* a.a.O., S. 11.

111 Ilse *Schuster,* Schriftsteller unter dem Strich im Dritten Reich. In: Deutsche Presse, 1935, Nr.
47, S. 577–578.

112 Vgl. *Eckert,* a.a.O., S. 55.

113 Vgl. ebda.

114 *Kallenbach,* a.a.O., *Schütterle,* a.a.O.

115 Vgl. *Kallenbach,* a.a.O., S. 124/125.

116 *Langenbucher,* a.a.O., S. 97–99; Gerhard *Eckert,* Stiefkind der Literatur: Der Zeitungsroman, In: Der Journalist, Handbuch der Publizistik, Bd. III. 1957, S. 171; A. E. *Fischer,* Der
Zeitungsroman heute. In: Der Deutsche Verleger. Jg. 1949, Nr. 1, S. 9/10; Hermann *Feller,*
Fragen um den Zeitungsroman. In: Die deutsche Zeitung, Juni 1949, S. 9/10; Bauer widmet
dem Zeitungsroman nach 1945 in seiner Dissertation ganze acht Seiten, die noch dazu
antikommunistisch eingefärbt sind. Vgl. *Bauer,* a.a.O., S. 81–89; auch Gruhl-Brahms, der den
Beziehungen zwischen Krininalroman und Zeitungsroman nachgeht, wirft nur einen kurzen
Blick in die Zeit nach 1945. Vgl. *Gruhl-Brahms,* a.a.O., S. 141ff.; vgl. auch *Hickethier/Riha/*
Staats, a.a.O.

117 Z.B. die Agentur Ferenczy, die größte dieser Art. Vgl. Der Spiegel, Nr. 8/1962 ›Ferenczy‹.

118 Vgl. *Hickethier/Riha/Staats,* a.a.O., S. 134.

119 Vgl. z.B. Walter *Hollstein,* Der deutsche Illustriertenroman der Gegenwart. Produktionsweise
– Inhalte – Ideologie. München 1973. Hier auch umfangreiche Literaturhinweise.

120 Kristina *Zerges,* Literatur in der Massenpresse. In: H. *Kreuzer* (Hg.), Literaturwissenschaft-
Medienwissenschaft, a.a.O., S. 103–121.

121 Vgl. *Neuschäfer,* a.a.O., S. 15.

122 Vgl. die dreiteilige Artikelserie von Wieland *Schulz-Keil* in: ›Die Zeit‹ v. 28. 11. 1975, 5. 12.
1975 u. 12. 12. 1975.

123 Vgl. Carl *Weiss* (Korrespondent des ZDF in Washington) in der Nachrichtensendung ›heute‹
im ZDF am 15. 4. 1977 um 21.15 Uhr.

PROBLEMSTELLUNG DER EMPIRISCHEN UNTERSUCHUNG ZUM ROMANFEUILLETON DER SOZIAL-
DEMOKRATISCHEN PRESSE 1876 BIS 1933

1 Zit. nach: Robert *Prutz,* Schriften zur Literatur und Politik. Hrsgg. v. Bernd *Hüppauf.*
Tübingen 1973, S. 92 (Die Deutsche Belletristik und das Publikum).

2 Mit Ausnahme der Studien von Feddersen und W. Friedrich konzentrierte sich die DDR-
Forschung auch nur auf wenige ausgewählte Autoren, z.B. Schweichel, M. Kautsky, Otto-
Walster etc.

3 Vgl. zur konfiguralen Typendefinition: J. *Krauth/G.* A. *Lienert,* KFA. Die Konfigurationsfrequenzanalyse und ihre Anwendung in Psychologie und Medizin, München 1973.

4 Vgl. hierzu auch Norbert *Groeben,* Rezeptionsforschung als empirische Literaturwissen-

schaft. Paradigma – durch Methodendiskussion an Untersuchungsbeispielen. Kronberg/Ts. 1977.

5 Vgl. hierzu detaillierter J. *Krauth/*G. A. *Lienert,* a.a.O.; s. a. Kristina *Zerges,* Der Einsatz von Klassifikationsverfahren im Rahmen der systematischen Inhaltsanalyse. In: Literaturwissenschaft und empirische Methoden. Hrsg. H. Kreuzer, R. Viehoff. (Zeitschrift für Literaturwissenschaft und Linguistik (Lili) Beiheft 12), Göttingen 1981, S. 116–141.

6 »nonparametrisch« meint, daß die Methode nicht an bestimmte Voraussetzungen (Normalverteilungsannahme) gebunden ist, im Gegensatz zu den parametrischen Verfahren (z. B. Faktorenanalyse), wo diese Annahme erfüllt sein muß.

7 Vgl. *Krauth/Lienert,* a.a.O.

8 Vgl. *Feddersen,* a.a.O., S. 133/134.

9 Das »Berliner Volksblatt« geht mit in den deskriptiven Teil der statistischen Auswertung ein. Für die »Neue Welt« war dieses Vorgehen auch geplant, mußte aber wegen technischer Schwierigkeiten in der Materialbeschaffung aufgegeben werden. Für dieses Publikationsorgan haben wir daher die Geschichte möglichst detailliert nachzuzeichnen versucht.

10 Etwa die Illustrierte »Volk und Zeit«, die Zeitschrift »Proletarische Heimstunden«.

11 Vgl. Karlheinz *Rossbacher,* Heimatkunstbewegung und Heimatroman. Zu einer Literatursoziologie der Jahrhundertwende. Stuttgart 1975, der ähnlich vorgeht.

    Ebda.; vgl. auch die Studie von Peter *Zimmermann,* Der Bauernroman. Antifeudalismus – Konservatismus – Faschismus. Stuttgart 1975.

12 Vgl. hierzu genauer *Rossbacher,* a.a.O., S. 68.

13 Vgl. *Zimmermann,* a.a.O., S. 180 ff.

14 Häufig wird in den Lexika nur die Sammelkategorie ›Beamter‹ und ›Angestellter‹ genannt, nicht aber die Klassifikation nach ›höherer Beamter‹ und ›höherer Angestellter‹ vorgenommen. Aus den Berufsangaben allein läßt sich z. T. keine Zuordnung zu den beiden letztgenannten Kategorien treffen. Wir haben daher, um die Ergebnisse nicht zu verzerren, auf diese Klassifikation verzichtet.

15 Die Arbeit mit den Kategorien hat gezeigt, daß sie die Autoren differenziert genug beschreiben, vgl. hierzu Kristina *Zerges,* Literatur in der Massenpresse, a.a.O., S. 112.

16 Vgl. *Zimmermann,* a.a.O., S. 180; Hannes *Schwenger,* Schriftsteller und Gewerkschaft. Ideologie, Überbau, Organisation. Darmstadt 1974, S. 101.

17 Karla *Fohrbeck,* Andreas J. *Wiesand,* Der Autorenreport. Reinbek 1972.

18 Vgl. hierzu auch *Zimmermann,* a.a.O., S. 181.

19 Ebda., S. 184.

20 Ebda.

21 Robert *Prutz,* Die Literatur und die Frauen. In: ders., Schriften zur Literatur und Politik. Hrsg. Bernd *Hüppauf.* Tübingen 1973, S. 103.

22 Ebda., S. 106.

23 Ebda.

24 Vgl. Hans Friedrich *Foltin,* Zur Erforschung der Unterhaltungs- und Trivialliteratur, insbesondere im Bereich des Romans, a.a.O., S. 252.

25 Vgl. *Zimmermann,* a.a.O., S. 166.

26 Neuere Untersuchungen im entwicklungspsychologischen Bereich demonstrieren die Unzulässigkeit der bei Escarpit beschriebenen methodischen Vorgehensweise zur Bestimmung des Zusammenhangs von ›Alter und Produktivität‹, bzw. von ›Alter und bester Leistung‹. Vgl. Robert *Escarpit,* Das Buch und der Leser. Köln 1961, S. 45. Vgl. zur Kritik an dem Verfahren: Joachim F. *Wohlwill,* Strategien entwicklungspsychologischer Forschung. Klett 1977, insbesondere das Kapitel VII, Zur Methodologie von Längsschnitt und Querschnitt, S. 153–195, hier besonders die Seiten 169 ff. (Veränderungen mit dem Alter).

27 Klassifikation der Zeitabschnitte in Anlehnung an: dtv-Atlas zur Weltgeschichte. München 1966. Vgl. auch Wilhelm *Hasse,* Das Sendespielschaffen in der Funk-Stunde Berlin von den Anfängen bis 1930. Unveröff. Staatsexamensarbeit. Technische Universität Berlin 1975.

28 Vgl. Friedrich *Knilli,* Die Literaturwissenschaft und die Medien, a.a.O., ders.; Massenmedien

und Literaturwissenschaft, a.a.O.; Literatur in den Massenmedien – Demontage von Dichtung? Hg. *Knilli, Hickethier, Lützen,* a.a.O.; K. *Hickethier,* Für eine Programmgeschichte des Fernsehspiels. Überlegungen zu einer systematischen Analyse der Entwicklung des bundesdeutschen Fernsehspiels. In: Literaturwissenschaft-Medienwissenschaft. Hrsg. H. Kreuzer, a.a.O., S. 81–102; vgl. auch die anderen Beiträge in diesem Band.

29 Der große Bedarf auf dem literarischen Markt nach 1850 an Novellen und Erzählungen und das entsprechende Angebot führten zu einem qualitativen Höhepunkt der Novellenliteratur. Vgl. Eva D. *Becker,* ›Zeitungen sind doch das Beste‹, a.a.O., S. 387.

30 Vgl. hierzu auch Textsortenlehre-Gattungsgeschichte. Hrsg. Walter *Hinck.* Heidelberg 1977, insbesondere den Beitrag von Wilhelm *Voßkamp,* Gattungen als literarisch-soziale Institution, S. 27–44.

31 *Eckert,* a.a.O.

32 Da die beiden anderen Organe wöchentlich erschienen, erübrigt sich für sie diese Fragestellung. Nur die Anzahl der Folgen haben wir auch für diese Organe erhoben.

33 Bei der Arbeit zeigte sich, daß die einschlägigen Nachschlagewerke diese Angaben nur *lückenhaft* bringen.

Gerade bei den sozialdemokratischen Autoren ist man auf ›versteckte‹ bio-bibliografische Angaben angewiesen, so etwa finden sich wichtige Hinweise in dem Autorenverzeichnis der Anthologie ›Von Unten Auf. Das Buch der Freiheit. Ges. u. gestaltet von Franz *Diederich.* Bearbeitet und ergänzt von Anna *Siemsen.* Dresden 3. Aufl. 1928.

Ansonsten wurden benutzt:

ADB. Allgemeine Deutsche Biografie. Hg. durch die Historische Commission bei der Bayrischen Akademie der Wissenschaften, red. v. Rochus Frhr. von *Liliencron* und Franz Xaver von *Wegele,* Bd. 1–56, Leipzig 1875–1912; Franz *Brümmer* (Hrsg.), Lexikon der deutschen Dichter und Prosaisten vom Beginn des 19. Jahrhunderts bis zur Gegenwart. 6. Aufl. I–VIII. Leipzig 1913; Elisabeth *Friedrichs,* Literarische Lokalgrößen 1700–1900. Verzeichnis der in regionalen Lexika und Sammelwerken angeführten Schriftsteller. Stuttgart 1967; Geschichte der deutschen Arbeiterbewegung. Biographisches Lexikon. Berlin 1970; Joh. *Groß,* Biographisch-literarisches Lexikon der deutschen Dichter und Schriftsteller vom 9. bis zum 20. Jahrhundert. Nach besten Quellen zusammengestellt von J. Gr. Leipzig 1922; Kindlers Literatur Lexikon. Bd. I–VII u. Erg. Bd. Zürich 1965; Wilhelm *Kosch,* Deutsches Literatur-Lexikon. Biographisches und bibliographisches Handbuch. 2. Aufl., 4 Bde., Bern 1949–58; Kürschners Deutscher Literatur-Kalender. Jg. 1 ff., Berlin 1897 ff.; Kürschners Deutscher Literatur-Kalender. Nekrolog. 1901–1935. Berlin 1936, 1936–1970, Berlin 1973; Karl August *Kutzbach,* Autorenlexikon der Gegenwart. Schöne Literatur in deutscher Sprache. Bonn 1950; Franz *Lennartz,* Deutsche Dichter und Schriftsteller unserer Zeit. Stuttgart, 9. Aufl. 1963; Franz *Lennartz,* Ausländische Dichter und Schriftsteller unserer Zeit. Stuttgart 1960; Lexikon deutscher Frauen der Feder. 2 Bde. Hrsg. Sophie *Pataky.* Berlin 1898. Neudruck Bern 1971; Lexikon deutschsprachiger Schriftsteller von den Anfängen bis zur Gegenwart. 2 Bde. Leipzig 1972 u. 1974; Lexikon Sozialistischer Deutscher Literatur von den Anfängen bis 1945. Monographisch-Biographische Darstellungen. Leipzig 1964. Nachdruck s'Gravenhage 1973; Literaturlexikon 20. Jahrhundert. Hrsg. Helmut *Olles.* Reinbek 1971; NDB Neue deutsche Biographie. Hg. v. d. Historischen Kommission bei der Bayrischen Akademie der Wissenschaften. Bd. 1 ff., Berlin 1953 ff.; ÖBL Österreichisches Biogaphisches Lexikon 1815–1950. Hg. d. Österreichischen Akademie der Wissenschaften. Unter der Leitung von Leo *Santifaller* bearb. v. Eva *Obermayer-Marnach,* Bd. 1 ff.; Graz/Köln 1957 ff.; Franz *Osterroth,* Biographisches Lexikon des Sozialismus. Bd. I. Verstorbene Persönlichkeiten. Hannover 1960; Gero von *Wilpert,* Deutsches Dichterlexikon. Stuttgart 1963; ders., Lexikon der Weltliteratur. Bd. I. Autoren. Stuttgart 2. erweit. Aufl. 1975; Gero von *Wilpert*/A. *Gühring,* Erstausgaben deutscher Dichtung. Stuttgart 1967.

Außerdem div. engl., frz. und amerikan. Handbücher (Who is who, etc.).

34 Zum mathematischen Rationale vgl. *Krauth/Lienert,* a.a.O.; s. a. *Zerges,* Der Einsatz von Klassifikationsverfahren …, a.a.O.

35 Ebda.
36 Vgl. *Krauth/Lienert*, a.a.O., S. 53–68.
37 N. H. *Nie/C. H. Hull/J. G. Jenkins/K. Steinbrenner/D. H. Bent*, SPSS. Statistical package for the social sciences. New York. 2. Aufl. 1975.
38 B. *Roeder*, Die Konfigurationsfrequenzanalyse (KFA) nach Krauth und Lienert. In: Kölner Zeitschrift für Soziologie und Sozialpsychologie, Heft 12, 1974, S. 819–844.

GESCHICHTE DER PUBLIKATIONSORGANE

1 Vgl. Wilhelm *Schröder*, Handbuch der sozialdemokratischen Parteitage 1863 bis 1913, a.a.O., S. 339–344, hier S. 339.
2 Vgl. Frank *Trommler*, Sozialistische Literatur in Deutschland. Ein historischer Überblick. Stuttgart 1976, S. 206.
3 Ebda.
4 Ebda. Gegen die von dem Delegierten *Milke* geforderte ›Wissenschaftlichkeit‹ des Blattes spricht sich vornehmlich Geiser aus.
5 Vgl. Geib im Namen des Parteiausschusses auf dem Kongreß zu Coburg 1874, in: Wilhelm *Schröder*, a.a.O., S. 339.
6 Vgl. zum ›Volksstaat-Erzähler‹ *Feddersen*, a.a.O., S. 89/90.
7 Vgl. W. *Friedrich*, a.a.O., S. 115.
8 Vgl. das Programm der »Sozialpolitischen« in Wolfgang *Friedrich*, a.a.O., S. 79; vgl. auch Wilhelm *Tölcke*, Zweck, Mittel und Organisation des ADAV. Berlin 1873, S. 101.
9 Vgl. Wolfgang *Friedrich*, a.a.O., S. 79.
10 Vgl. »Neue Welt« 1878, S. 10; s. a. Karl *Kautsky*, Erinnerungen und Erörterungen. s'Gravenhage 1960, S. 525. Hier heißt es: »Mit diesem Titel wollte man wohl, ähnlich wie bei der später gegründeten »Die Neue Zeit« unser Programm schon im Titel zu erkennen geben und dabei völlig harmlos erscheinen.«
11 Die »Neue Welt« ist demnach nicht, wie bislang in der Literatur dargestellt, kontinuierlich von 1876 bis 1919 erschienen, sie ist auch nicht unter dem Sozialistengesetz verboten worden, wie andere wiederum behaupten, *sondern sie hat Ende 1887 ihr Erscheinen eingestellt.*
12 Vgl. »Neue Welt« 31/1878, S. 372.
13 Aus der Abonnenteneinladung der Redaktion. In: Vorwärts, Probenummer, Ende September 1876. Zit. nach *Fricke*, a.a.O., S. 449.
14 Vgl. »Neue Welt« 25/1876, S. 228.
15 Vgl. »Neue Welt« 51/1876, S. 512.
16 Vgl. Auer auf dem Sozialistenkongreß zu Gotha 1877, in: Wilhelm *Schröder*, a.a.O., S. 443.
17 Vgl. Harald *Feddersen*, Das Feuilleton der Sozialdemokratischen Tagespresse Deutschlands von den Anfängen bis zum Jahre 1914, a.a.O., S. 173.
18 W. *Friedrich*, a.a.O., S. 83.
19 W. *Friedrich*, a.a.O., S. 81; vgl. hierzu auch Karl Kautsky, der es noch viel schärfer faßt: »(...) Allerdings, Lyrik wirkte gewaltig auf die Genossen ein, von denen viele Sangesbrüder waren. Freiligrath, Herwegh, namentlich aber Heine wurde von ihnen verehrt, doch für Romane und Erzählungen hatten die meisten der männlichen Arbeiter nichts übrig, in der Regel fehlte es ihnen an Zeit und Ruhe, derartiges Zeugs zu lesen. Den Höherstrebenden gehörte ihr bißchen Muße Broschüren ökonomischen, politischen, historischen Inhalts. Erzählungen wurden in die Parteiblätter nur aufgenommen, der Weiber der Genossen wegen, die in ihrer Beschränktheit nach solcher Lektüre verlangten und denen man etwas bieten mußte, um ihnen das Parteiorgan schmackhaft zu machen.« Karl *Kautsky*, a.a.O., S. 299/300.
20 Vgl. »Neue Welt« 51/1881.
21 Zu ähnlichen Unternehmen und ihrer Bedeutung für die Arbeiterbewegung vgl. *Fricke*, a.a.O., S. 364.
22 Vgl. »Neue Welt« 6/1876 und 29/1876, S. 268.

23 Die »Gartenlaube« kostet zur gleichen Zeit mehr: vierteljährlich 1 Mark 60 Pfennige, in Heften 50 Pfennig, vgl. »Gartenlaube« 1/1876.
24 Vgl. die Angaben auf der Titelseite der »Neuen Welt« 1/1876.
25 Vgl. »Neue Welt« 25/1876, S. 228.
26 Dezember 1876 sind es 21 000 Abonnenten. Vgl. *Fricke*, a.a.O., S. 449.
27 Vgl. Wilhelm *Schröder*, a.a.O., S. 443; auch Ernst *Drahn*, Die Entwicklung der Arbeiterpresse. In: Die Aktion. Jg. 1922, Sp. 278–282, hier Sp. 281. Fricke dagegen verzeichnet erst für 1878 einen Abonnentenstand von 35 000, vgl. *Fricke*, a.a.O., S. 449.
28 Vgl. »Neue Welt« 29/1878, S. 348.
29 Aus einem Bericht von J. H. W. *Dietz*, in: Ein Leben für das politische Buch. Ein Almanach zum 120. Geburtstag von Johann Heinrich Wilhelm Dietz. Hannover 1963, S. 32/33.
30 Vgl. *Fricke*, a.a.O., S. 450.
31 Die Zahlen für die »Gartenlaube« wurden aus der Sekundärliteratur zusammengestellt. Zum Teil schwanken die Angaben für die einzelnen Jahre erheblich. Deswegen wurden vornehmlich drei Quellen, die die zuverlässigsten Daten haben, benutzt. Die anderen wurden nur zum Vergleich herangezogen.

   Die Daten in den Klammern sind von Eva-Maria Kirschstein, die anderen aus der Schrift »Das 25jährige Jubiläum der ›Gartenlaube‹«. In: Central-Blatt für Deutsche Papierfabrikation. Hrsg. Carl Adolf *Rudel*. 28. Jg., 1877, Nr. 3, S. 19/20 und aus Eugenie *Marlitt*, Gesammelte Werke. Bd. 10, Leipzig o.J. (1888–1891), S. 399 ff.: Eugenie John-Marlitt. Ihr Leben und ihre Werke; Eva-Annemarie *Kirschstein*, Die Familienzeitschrift. Ihre Entwicklung und Bedeutung für die deutsche Presse. Diss. Leipzig 1936, S. 88. Die *Auflagenstatistik zur »Neuen Welt«*, die bereits den Zeitraum nach 1890 mitberücksichtigt, wurde aus den Bänden der Zeitschrift selbst, aus Parteitagsprotokollen und vereinzelt aus der Sekundärliteratur zusammengestellt.

   Ein Artikel in der »Neuen Welt« (Zur Zeitungsliteratur in Deutschland) vermittelt eine erste Orientierung über Auflagenhöhen anderer belletristischer Unternehmen. Vgl. »Neue Welt« 3/1879, S. 34/35 (19. 10. 1878). Für das Jahr 1878 verzeichnen die einzelnen Blätter an Auflagen:

Über Land und Meer	140 000
Das Buch für Alle	100 000
Der Bazar	100 000
Der Hausfreund	80 000
Die Illustrierte Welt	80 000
Daheim	60 000
Modenzeitung	60 000
Bunte Welt	45 000
Fliegende Blätter	80 000
Berliner Wespen	32 000

32 Vgl. den Parteitagsbeschluß auf dem Sozialistenkongreß zu Gotha 1877, in: Wilhelm *Schröder*, a.a.O., S. 339.
33 Vgl. »Neue Welt« 38/1877, S. 452. Ab 1. 10. 1877 gilt folgende Jahrgangszählung:

I. Quartal	Nr. 1– 7	(Sept.–Dez.)
II. Quartal	Nr. 8–14	(Jan.–März)
III. Quartal	Nr. 15–20	(April–Juni)
IV. Quartal	Nr. 21–26	(Juli–Sept.)

34 Erste Ankündigungen über eine Umstrukturierung in den Besitzverhältnissen finden sich im Mai 1880. Ab Nr. 34/1880 (22. 5.) übernimmt W. Fink den Verlag der »Neuen Welt«, der Druck bleibt bei der Genossenschaftsdruckerei in Leipzig. Die völlige Übernahme durch W. Fink erfolgt ab Nr. 37/1880 (12. 6. 1880).
35 Vgl. »Neue Welt« 15/1881, S. 184 (8. 1. 1881)
36 Ebda.
37 Vgl. Erich *Ollenhauer*, in: Ein Leben für das politische Buch. A.a.O., S. 10.

38 Vgl. z.B. die Unternehmen der Partei in Hamburg, die Dietz geleitet hatte.
39 Vgl. »Neue Welt« 51/1881, S. 628 (17. 9. 1881)
40 Vgl. Gerhard *Beier,* Schwarze Kunst und Klassenkampf. Bd. I. Vom Geheimbund zum
    königlich-preußischen Gewerkverein (1830–1890) Frankfurt/Main 1966, S. 533; Vgl. auch:
    Ein Leben für das politische Buch, a.a.O., S. 18 und 32; s. a. August *Bebel,* Aus meinem Leben,
    Berlin DDR 1964, S. 743.
41 Vgl. Ein Leben für das politische Buch, a.a.O., S. 32/33.
42 Vgl. G. *Beier,* a.a.O., S. 533.
43 Ebda.
44 Vgl. »Neue Welt« 51/1881, S. 628 (17. 9. 1881)
45 Vgl. Tab. 3, S. 37.
46 Vgl. »Neue Welt« 14/1882, S. 180.
47 Vgl. »Neue Welt« 51/52/1882 (15. 9. 1881 u. 22. 9. 1881), s.a. 1/1883 (1. 10. 1883)
48 Vgl. 1/1883 v. 1. 10. 1882, S. 28.
49 Ebda.
50 Ebda.
51 Vgl. z.B. die dreiteilige Artikelserie über's Schlafwandeln im 9. Jg. 1884. Gemeint ist die Serie
    von Karl du *Prel,* Der Somnambulismus. Vgl. hierzu auch *Fricke,* a.a.O., S. 450. Er berichtet,
    daß Engels aufgrund dieser Publikation und weiterer ›kühner Geiseriaden‹ das baldige Ende
    der Zeitschrift voraussagte.
52 Vgl. *Fricke,* a.a.O., S. 450.
53 Vgl. »Neue Welt« 26/1886.
54 Zit. nach *Fricke,* a.a.O., S. 450.
55 Vgl. »Neue Welt« 24/1906, S. 188; vgl. auch PTP 1893, S. 123, wo Bérard, Geschäftsführer
    der Hamburger Druckerei, referiert: »Ich verweise ihn darauf, daß auch die alte ›Neue Welt‹
    früher so in Heften erschien, aber stets in großer Defizitnoth war und zu Grabe getragen
    worden ist, weil sie so enorme Zuschüsse erforderte.«
56 Vgl. »Neue Welt« 1/1877, S. 12.
57 Vgl. Auer auf dem Sozialistenkongreß zu Gotha 1877, in: Wilhelm *Schröder,* a.a.O., S. 443.
58 Für den belletristischen Teil der Wochenschrift vgl. die Romanliste im Anhang. Aufgenommen
    wurden alle belletristischen Texte mit zwei und mehr Folgen (Romane, Erzählungen, Novel-
    len, belletristische Skizzen, Gedichte)
        Robert *Schweichel* (1821–1907), sozialdemokratischer Romanschriftsteller, Mitkämpfer
    Bebels und Liebknechts in den 60er Jahren des 19. Jahrhunderts in den sächsischen Arbeiter-
    bildungsvereinen, seit 1869 Feuilleton-Redakteur der im Verlag Janke hrsgg. bürgerlichen
    »Roman-Zeitung« in Berlin; nach Entlassung aus diesem Arbeitsverhältnis 1883 freier
    Schriftsteller, Mitarbeiter der »Neuen Zeit« (Pseudonym: Rosus), Mitarbeit in den Kultur-
    organisationen der Arbeiterbewegung und in bürgerlichen Schriftstellerorganisationen. Fast
    alle seiner Erzählungen, vornehmlich die Bauernkriegserzählungen, wurden in den 70er
    Jahren in den Kalendern der Partei publiziert.
        1876 veröffentlicht die »Neue Welt« von ihm: Major Davel. Eine biografische Skizze aus
    der Schweizergeschichte des vorigen Jahrhunderts. 26/1876–35/1876; Pfingsten im Harz.
    Wanderinnerungen. 36/1876–38/1876 und 39/1876–45/1876.
        Friedrich *Engels,* Wilhelm Wolff. »Neue Welt« 27/28/1876, 30/31/1876, 40/1876–45/1876,
    47/1876.
        Johann Philipp *Becker* (1809–1886), Bürstenbinder, 1849 Badischer Volksführer, 1862
    Organisator des Demokratenkongresses aus dem 1864 die erste Internationale Arbeiter-
    Assoziation hervorging, Organisator und Leiter der Schweizer Sektion der IAA, langjähriger
    Freund von Marx und Engels, 1869 Mitbegründer der SDAP in Eisenach. Publizist und
    Organisator der Arbeiterbewegung.
        Die »Neue Welt« druckt von ihm ab: Abgerissene Bilder aus meinem Leben. 17/18/1876,
    20/1876, 23/24/1876, 26/1876, 28/29/1876.
        Johann *Most* (1846–1906), sozialdemokratischer Reichstagsabgeordneter, später An-

archist, Ausschluß aus der Partei, Hrsg. der Londoner »Freiheit«, Übersiedlung nach USA. Die »Neue Welt« druckt von ihm ab: Das alte Peru. 2/3/1876; Der Mensch. 5/1876, 7/1876–10/1876, 14/15/1876, 26/27/1876, 37/1876–40/1876, 49/1876–51/1876.
August *Otto-Walster* (1834–1898), Sozialdemokratischer Politiker und Dichter. Die »Neue Welt« publiziert von ihm: Rinaldowsky. Eine moderne Räubergeschichte. 3/1876–11/1876.

59 Carl *Lübeck* (?–?), Anfang der 70er Jahre des 19. Jh. erster Redakteur der Berliner »Demokratischen Zeitung«, Annäherung an die Eisenacher Partei. Wegen Preßvergehen zu längeren Freiheitsstrafen verurteilt. Emigration in die Schweiz, dort große wirtschaftliche Not. Mitarbeiter bürgerlicher (»Frankfurter Zeitung«) und sozialdemokratischer Presseorgane.
Die Qualität seiner Texte ließ allerdings, wie Kautsky schreibt, sehr zu wünschen übrig: »Ein besonderer Gewinn für uns war seine Feder nicht. Er hatte den besten Willen, war fleißig und gewissenhaft, aber ohne klare Begriffe, und was am schlimmsten, von einer tödlichen Langeweile. Seine Einsendungen wurden daher meist mit Erschrecken begrüßt. Und doch konnte man sich nur schwer entschließen, sie zurückzuweisen. Denn der Ärmste war schwerkrank, unheilbar krank.« Vgl. Karl *Kautsky,* Erinnerungen und Erörterungen, a.a.O., S. 445.
Minna *Kautsky* (1837–1912), Mutter Karl Kautskys, Ausbildung als Schauspielerin, Aufgabe des Berufs wegen Krankheit; durch ihren Sohn Beschäftigung mit theoretischen und praktischen Problemen der Arbeiterbewegung; beginnt Ende der 70er Jahre als Schriftstellerin für die Arbeiterbewegung zu wirken, Unterstützung des agitatorischen Kampfes der Partei durch Abdruck ihrer Texte in sozialdemokratischen Presseorganen (vgl. die Romanlisten), etwa »Neue Welt«, »Neue Zeit« etc.

60 Vgl. z.B. Rudolf Lavant, eig. Richard Cramer (1844–1915), der neben seinem bürgerlichen Beruf als Prokurist für die Arbeiterbewegung als Schriftsteller und Publizist tätig war. Wer sich hinter dem Pseudonym verbarg, wurde auch den Lesern der »Neuen Welt« nicht verraten. Vgl. die Redaktions-Korrespondenz v. 1878, S. 432, dort heißt es:
»Über die Person unseres Mitarbeiters R. = L. sind wir vorläufig nicht befugt, Unbekannten Auskunft zu geben.«
Anonym abgedruckt wurde beispielsweise das Drama »Demos und Libertas«, auch der Roman »Im Banne Mammons«.

61 Liebknecht hatte erst bei Schweichel angefragt, ob er den Roman abdrucken soll. Schweichel befürwortete die Publikation. Vgl. Erika *Pick,* a.a.O., S. 145; zum Roman vgl. W. *Friedrich,* a.a.O., 2. Bd., S. 148, Anm. 36.

62 Vgl. »Neue Welt« 1/1876, S. 1.

63 Wie Engels berichtet, stieß die Publikation der Erinnerungen zum Teil in Parteikreisen auf Widerstände. 1886 wendet sich Engels dagegen, »Memoiren von Revolutionären nach literarischen Vorgaben her statt nach ihrem dokumentarischen Wert zu beurteilen.« Er unterrichtete Bebel davon, daß J. Ph. Becker seine Erinnerungen geschrieben habe, »aber bei fragmentarischer Veröffentlichung auf wenig wirkliche Aufmunterung gestoßen (so bei der »Neuen Welt«, der er vor Jahren einige ganz prächtige Sachen geschickt, die aber nicht »novellistisch« genug gefunden wurden, wie ihm Lieb(knecht) durch Motteler schreiben ließ) ... Ich halte diese Arbeit für sehr nötig, da mit dem alten Becker sonst eine ganze Masse des wertvollsten geschichtlichen Materials in die Grube fährt ...« (Engels an Bebel 8. 10. 1886. In: *Marx/ Engels,* Werke. Bd. 36. Berlin 1967, S. 541–542.

64 Vgl. C. *Friedrich,* Minna Kautsky. Diss. Halle/S. 1963, S. 75/76 u. S. 170.
Vgl. die Textstelle des Romans, wo Denk vor Sozialdemokratischen Parteimitgliedern eine Rede hält. »Neue Welt« 1876, S. 402.

65 Vgl. »Neue Welt« 36/1877, S. 428.

66 Ebda. Die Buchausgabe des Romans erschien im Verlag von Paul Winger, Leipzig. Titel: Berliner Sittenbilder. Eine Erzählung aus der Gegenwart von Hieronymus Bitterklee. Motto des Romans: »Des Hasses bin ich stolz, des Hohns zufrieden!« Shelley.

67 Vgl. z.B. Max Kegel, Der Untergang der Commune. Gedicht. »Neue Welt« 26/1876, S. 240.

Die Arbeit. Text und Komposition. Text: A. Scheu. Komposition: A. Douai. »Neue Welt« 35/1876, S. 324.

Die Arbeitsmänner. Text und Komposition. Text: J. Most. Komposition: A. Douai. »Neue Welt« 43/1876, S. 409.

Lied der pennsylvanischen Bergleute. Text: ? Komposition: A. Douai. »Neue Welt« 36/1876, S. 332.

Trotz alledem. Text: Ferdinand Freiligrath, Komposition: A. Douai. »Neue Welt« 41/1876, S. 384.

Zum Andenken an Georg Büchner, den Verfasser von Danton's Tod. Georg Herwegh. »Neue Welt« 1/1876, S. 314.

Ufnau und St. Helena. Gedicht von Georg Herwegh. »Neue Welt« 18/1876, S. 164.

Das Drama »Demos und Libertas oder Der entlarvte Betrüger. Ein Liebesdrama in zwei Akten.« wurde in zwei Folgen anonym abgedruckt. Vgl. »Neue Welt« 29/30/1876, S. 265–268 und S. 275–280. Der Autor ist nicht bekannt. Neuabdruck des Textes in: Aus den Anfängen der sozialistischen Dramatik I, Hrsg. Ursula *Münchow*. Berlin DDR 1964, S. 79–118.

68 Vgl. das Gedicht von Lavant (anonym publiziert): »Die Flinte schießt, der Säbel haut«, »Neue Welt« 10/1876, S. 88.

Im redaktionellen Vorspann zum Gedicht heißt es: »(Graf *Eulenburg,* Bevollmächtigter zum deutschen Bundesrath und preußischer Minister des Innern, in seiner famosen »Rede« gegen die Sozialdemokraten (für § 130 der Strafgesetznovelle, am 27. Januar d.J.): »Sind Sie in der Majorität nicht meiner Meinung, meine Herren (und verwerfen Sie den § 130), so ist damit noch nicht festgestellt, daß Sie ein richtigeres Urtheil haben als ich, aber ich muß mich dann bescheiden, daß wir vor der Hand nicht anders können, als uns mit dem schwachen Gesetzesparagraphen (dem § 130 in seiner jetzigen sauberen Gestalt!) so lange zu behelfen, *bis die Flinte schießt und der Säbel haut.«).«*

Neuabdruck des Gedichts in: Rudolf *Lavant,* Auswahl aus seinem Werk. Berlin DDR 1965. S. VII ff.

69 Vgl. z.B. die Darstellungen über Béranger, Robert Blum, Die Proklamation der Commune, Der Untergang der Commune, George Danton, Charles R. Darwin, Camille Desmoulins, Ferdinand Freiligrath, Hébert, einiges aus Lassalle's Leben, Marat, Mirabeau, Robespierre, George Sand u.a.m.

70 Vgl. z.B. die Illustrationen: Georg Büchner, Béranger, Robert Blum, Gustave Courbet, Danton, Darwin, Desmoulins, Dombrowski, Freiligrath, Hébert, Hutten, Lassalle, Lassalle's Grabmal zu Breslau, Marat, Owen, Wilhelm Wolff u.a.m.

71 Vgl. z.B. Johann Most, Dr. Ludwig Büchner, in den späteren Jahrgängen Manfred Wittich, Wilhelm Blos, Frohme, Ludwig Rosenberg.

72 Vgl. z.B. die Artikelserie des New Yorker Mitarbeiters der »Neuen Welt«, A. Douai: Land und Leute in der Union. »Neue Welt« 23/1876, 24–26/1876. Als Grund für den Abdruck nennt der Verfasser:

»damit die Einwanderung hierher, welche besonders allen Lohnarbeitern jetzt sehr abzuraten ist, nicht länger durch ihn mitveranlaßt werde.« »Neue Welt«, 23/1876, S. 203.

Auch in den folgenden Jahren wird immer wieder auf diese Thematik zurückgegangen. Vgl. Emil *Bruck,* Die politischen Verhältnisse in Nordamerika. »Neue Welt« 1877/S. 444; auch Suchanzeigen von Verwandten Ausgewanderter werden publiziert, vgl. »Neue Welt« 22/1881, S. 268, auch 27/1881, S. 336 u.a.m.

Illustrationen ergänzen das Geschriebene: vgl. z.B. Der Auswanderer Abschied. »Neue Welt« 2/1876, »Kehr wieder«. Gedicht mit Ill., »Neue Welt«, 2/1876.

73 Engels an Eduard Bernstein 9. 10. 1886, in: *Marx/Engels* Werke, Bd. 36, S. 545, vgl. auch Fricke, a.a.O., S. 449.

74 Vgl. *Feddersen,* a.a.O., S. 174.

75 Die Sonne gehört zum Fundus der Allegorik und Symbolik der Arbeiterbewegung, Sonne = Künderin einer neuen Welt, Licht einer neuen Gesellschaft.

76 Vgl. »Die Sozialdemokratie. Nach dem Kopfbilde der ›Neuen Welt‹«. Von P. Köhler. »Neue Welt« 5/1876; vgl. in der später eingeführten Rubrik »Proben deutscher Volkspoesie der Gegenwart« das Gedicht von Aug. Enders »Zum Kopfbilde unserer ›Neuen Welt‹«. »Neue Welt« 8/1883, S. 220 (s. hier S. 35). Vgl. auch die letzte Strophe des Gedichtes von N-r. »Tagesahnung«, wo es heißt:

> »Wann wird die Nacht des Geistes schwinden,
> Die schlummernd uns in starrer Fessel hält?
> Wann uns der Sonne Strahl verkünden
> Den neuen Tag? – die neue Welt? –«

Mit dem 4. Jg. der »Neuen Welt« tritt eine Veränderung in der Gestaltung des Kopfbildes ein. Der Begriff »Gleichheit« wird aus dem Strahlenkranz der Sonne gestrichen, so daß in den Jahren ab 16. 11. 1878 (Nr. 7/1879) nur noch die »Gerechtigkeit« aufblendet. Inwieweit diese Veränderung eine Auflage des Sozialistengesetzes war, läßt sich nicht mehr rekonstruieren. Dagegen spricht, daß zu einem späteren Zeitpunkt, nach Fall des Sozialistengesetzes, auch die »Gerechtigkeit« aus dem Kopfbild entfernt wird. Vgl. »Neue Welt« 1/1901, S. 1.

77 Vgl. »Neue Welt« 1/1877, S. 12.

78 Zwei Redakteure hatten sich um die Redaktionsführung der »Neuen Welt« bemüht: Bruno Geiser und Franz Mehring. Die Wahl fiel auf Bruno Geiser. Vgl. Karl *Kautsky*, a.a.O., S. 301; Liebknecht hatte zuallererst Schweichel angesprochen, der aber lehnte ab. Vgl. Helga *Herting*, Der Aufschwung der Arbeiterbewegung um 1890 und ihr Einfluß auf die Literatur. Diss. Berlin DDR 1961, 2 Tle. Tl. 2, S. 181; vgl. auch *Kautsky*, a.a.O., S. 301. Vgl. auch PTP 1903, S. 170.

79 Vgl. die Romanliste in Anhang.

80 Insofern trifft die Darstellung von Feddersen, die er auf den gesamten Erscheinungszeitraum der Zeitschrift bezieht, nicht zu, er schreibt:

> »In einer Fülle von kleineren und größeren Aufsätzen brachten Liebknecht und dessen Mitarbeiter Marx, Engels, Bebel, Most, Dietzgen, J. Ph. Becker, Rossmässler und andere, Darstellungen aus der Ideenwelt des Sozialismus.« *Feddersen*, a.a.O., S. 174.

Von einer Fülle kann keine Rede sein, die Artikel stellen – im Gesamt aller Beiträge – eine verschwindende Minderheit dar und sind zudem fast ausschließlich nur im ersten Jahrgang vorzufinden.

In den späteren Jahrgängen ist nur noch der sog. ›reformistische‹ Flügel der Partei im populärwissenschaftlichen Teil der Zeitung vertreten: Geiser, Blos, Frohme.

81 Karl *Kautsky,* a.a.O., S. 302.

82 Ebda., S. 300.

83 Vgl. Minna *Kautsky*, Autobiografische Skizze, in: »In Freien Stunden«, 13. Jg. 2. Hjb. Berlin 1909, S. 23/24, hier S. 24.

84 Ebda., S. 23.

85 Karl *Kautsky*, a.a.O., S. 301.

86 Ebda.

87 Ebda.

88 Ebda., S. 302.

89 Ebda.

90 Vgl. C. *Friedrich*, a.a.O., S. 274, hier heißt es: »Es verdroß sie, wie Luise Kautsky berichtete, die ›sozialistische Marlitt‹ genannt zu werden, weil sie mit ihren Büchern nicht, wie es die Marlitt tat, den schönen Schein eines nie zu erreichenden Glücks vorgaukeln, sondern den Kampf um ein Ziel unterstützen wollte, das zu erreichen war.«

91 Vgl. hierzu die detaillierten bibliografischen Angaben bei C. *Friedrich*, a.a.O., S. 47 ff.

92 Vgl. Engels an Minna Kautsky, 26. 11. 1885. In: *Marx/Engels,* Über Kunst und Literatur. Bd. 2, Berlin DDR 1968, S. 322; vgl. in diesem Kontext auch seinen Brief an Miss Harkness, in: *Marx/Engels*, Über Kunst und Literatur, a.a.O., s.a. Marxismus und Literatur. Hrsg. F. J. *Raddatz,* Bd. I. Reinbek 1969, S. 157–159.

Unter dem Pseudonym ›John Law‹ wurden einige Titel von Harkness in der sozialdemokratischen Presse abgedruckt, vgl. z.B. »Neue Welt« 2. Jg. 1893, Nr. 1, S. 1 ff.

93 Vgl. Rudolf *Lavant*, Ein verlorener Posten. Roman. »Neue Welt« 14/1878–43/1878.

94 Vgl. »Neue Welt« 1/1879, S. 24.

95 Vgl. Rudolf *Lavant*, Auswahl aus seinem Werk, a.a.O., S. XII.

96 Ebda., S. VII–XIX, hier S. XV.

97 Ebda.

98 Ebda.

99 Gemeint ist das Gedicht »Die Flinte schießt, der Säbel haut« vgl. Anm. 68.

100 Vgl. »Neue Welt« 27/1882, S. 349. Als erstes Gedicht wird das Gedicht des Fabrikarbeiters Gust. Schmidt ›Drang‹ abgedruckt.

101 Vgl. z.B. die »Gartenlaube«. Zwar gab es zu dieser Zeit schon literarische Agenturen, die Texte für den ›Briefkasten‹ lieferten, dennoch aber ist anzunehmen, daß es sich bei der »Neuen Welt« wie auch bei der ›Gartenlaube« um originäre Texte der Leser und der Redaktion handelt.

Die Praxis, eine Rubrik mit Leserbriefen und Antworten der Redaktion darauf, einzurichten, war weit verbreitet, so z.B. später auch bei anderen sozialdemokratischen Organen, wie »Der Wahre Jakob« etc. Später wurde die Rubrik auch als satirisches Mittel eingesetzt, vgl. z.B. Pfempfert's ›Aktion‹ und die ›Fackel‹ von Karl Kraus.

102 Die Annoncen-Beilage wurde erst 1879 eingerichtet. In den ersten Jahrgängen der Zeitschrift finden sich mehrfach Hinweise, daß die »Neue Welt« *keine* Inserate aufnimmt. Vgl. z.B. »Neue Welt« 1878, S. 588 und 1878, S. 144.

103 Der Jahrgang 1876 weist keine Redaktions-Korrespondenz auf. Die Jahrgänge 1877 bis 1879 führen sie stets auf der letzten Seite. Ende 1879 wird den Abonnenten angekündigt:

»Zur gefälligen Beachtung

Die Redaktionskorrespondenz wird, um mit dem Raum des Hauptblatts der ›Neuen Welt‹ möglichst zu sparen, fortan *stets* in der Annoncenbeilage untergebracht werden. Welch' letztere in Zukunft auch ein Verzeichniß aller der Redaktion zur Besprechung zugegangenen Bücher bringen wird, während ausführlichere Rezensionen nach wie vor im Hauptblatte Platz finden werden.« Vgl. »Neue Welt« 9/1880 (Dez. 1879), S. 108.

Februar 1881 wird die Annoncen-Beilage wieder abgeschafft. 1881 und 1882 finden sich nur noch relativ wenig Korrespondenzen im Hauptblatt, die späteren Jahrgänge weisen gar keine mehr auf.

1879 wird eine zusätzliche Rubrik eingerichtet, der »Sprechsaal für jedermann«, in der komplette Leserbriefe abgedruckt werden, sofern sie geeignet sind, »das öffentliche Interesse zu gewinnen«. Vgl. »Neue Welt« 1879, S. 216.

104 Die einzelnen Korrespondenzen enthalten folgende Angaben: Wohnsitz des Einsenders (regelmäßig), Beruf bzw. Titel des Einsenders (unregelmäßig), Name bzw. Kürzel des Namens des Einsenders (regelmäßig), Antwort der Redaktion.

105 Vgl. A. *Kirschstein*, a.a.O., S. 90.

106 Vgl. »Neue Welt« 1877, S. 216 u. 292; 1878, S. 144, 444 und 312, 1879, S. 216.

107 Vgl. »Neue Welt« 1879, S. 216.

1877 berichtet ein Tischler aus Philadelphia, »daß es bereits genug Leute in Amerika gibt, darunter sogar bejahrte Frauen, welche heute ebenso auf die »Neue Welt« warten, wie früher auf die »Gartenlaube«. Vgl. »Neue Welt« 1877, S. 216.

108 Vgl. »Neue Welt« 1878, S. 144, die Redaktion der »Arbeiterstimme« New York; s.a. den freundlichen Gruß und den Dank für die eingesandte Arbeit der »Neuen Welt« an A. O.-W. in St. Louis (= August Otto-Walster, K.Z.) in der gleichen Nummer.

109 Vgl. »Neue Welt«, 1878, S. 604.

110 Durchgesehen wurden *alle* Korrespondenzen, sofern sie im Hauptblatt publiziert wurden.

111 1877 wurden z.B. genannt: Steindrucker, Ingenieur, Schlosser, Stud., Tischler, Maschinenschlosser, Schriftsteller, Schuhmacher, Instrumentenmacher, Lehrling, Dr. med., Glasschleifer, Maschinenbauer, Stud. med., Stud. phil., Prof. Dr. Dr.

1878 etwa: Dr., Arbeiter, Genossen, Schlosser, Dr., Tischler, Weber, Frau Dr. K., Maschinenbauer, Musiklehrer, Stud., Dr. G., Apotheker, Schneidermeister, Maurer, Fabrikarbeiter, Maschinenschlosser, Ingenieur, Lehrer, Gerichtsvollzieher, Bäckergesell, Premierlieutenant, Landmann, Postsekretär, Buchdrucker, Lieutenant;

1879 z.B.: Ingenieur, Tischler, Tuchscheerer, Kunst- u. Handelsgärtner, Schriftsteller, Novellist, Tapezierer;

1881: Maurer, Lehrer, Lehrerin, Drechsler, Mühlenbesitzer, Schiffszimmerer, Stud., Maurermeister, Fabrikarbeiter;

1882: Fabrikarbeiter

112 Vgl. »Neue Welt« 1878, S. 48, S. 72.
113 Vgl. »Neue Welt« 1877, S. 156.
114 Vgl. »Neue Welt« 1878, S. 432.
115 Vgl. »Neue Welt« 1877, S. 228.
116 Vgl. »Neue Welt« 1878, S. 60.
117 Vgl. »Neue Welt« 1878, S. 372.
118 Vgl. »Neue Welt« 1877, S. 204.
119 Vgl. »Neue Welt« 1877, S. 440; 1879, S. 264.
120 Vgl. »Neue Welt« 1877, S. 228.
121 Vgl. »Neue Welt« 1877, S. 380.
122 Vgl. »Neue Welt« 1879, S. 264.
123 Vgl. »Neue Welt« 1877, S. 380, 1878, S. 384.
    Das gleiche Prinzip hatte Keil bei der »Gartenlaube« verfolgt, vgl. sein 6-Punkte-Programm zur »Gartenlaube«, in: *Lorenz*, a.a.O., S. 22/23.
124 Dieses Auswahlkriterium hatte bereits *vor* dem Sozialistengesetz Gültigkeit.
125 Vgl. »Neue Welt« 1878, S. 120.
126 Vgl. »Neue Welt« 1878, S. 324.
127 Vgl. »Neue Welt« 1878, S. 84.
128 Vgl. »Neue Welt« 1879, S. 24.
129 Vgl. »Neue Welt« 1878, S. 372.
130 Vgl. »Neue Welt« 1879, S. 540; s.a. 1878, S. 12, hier heißt es: »Hamburg. C. F. H. Ihre Novelle ist an Schilderung überreich und an Handlung bettelarm. Sogar der Held thut gar nichts weiter, als daß er sich vom Schicksal schieben läßt; dabei bricht er nicht weniger als dreimal in Thränen aus – solche Helden und solche Novellen kann die »Neue Welt« nicht brauchen.«
131 Vgl. »Neue Welt« 1878, S. 60.
132 Vgl. »Neue Welt« 1878, S. 432.
133 Vgl. »Neue Welt« 1878, S. 216.
134 Vgl. »Neue Welt« 1879, S. 264; die Namenskürzel lassen auf Max Kretzer schließen. Dafür spricht, daß von Geiser auch eine andere Arbeit Kretzer's abgelehnt wird, die später in der Unterhaltungsbeilage »Die Neue Welt« publiziert wird. Gemeint ist die Novelle »Die Geschichte eines schwarzen Anzuges«. Vgl. »Neue Welt«, 1879, S. 540.
    Abgedruckt wird die Geschichte dann in der »Neuen Welt« 1892, Nr. 34: Max Kretzer, Die Geschichte eines schwarzen Anzuges.
135 Vgl. »Neue Welt« 1878, S. 60.
136 Vgl. »Neue Welt« 1878, S. 72.
137 Vgl. »Neue Welt« 1878, S. 216.
138 Vgl. »Neue Welt« 1878, S. 444.
139 Vgl. »Neue Welt« 1878, S. 48.
140 Vgl. »Neue Welt« 1877, S. 248.
141 Vgl. »Neue Welt« 1878, S. 120; s.a. 1877, S. 72: »H. Wilhelm. Gedichten, wie Ihrem »Traumbild«, werden die Spalten der ›N. W.‹ offenstehen, wenn denselben alle religiösen Anklänge fehlen werden. Der ›Glaube‹ muß allgemach auch aus der Poesie verbannt werden.«
142 Vgl. »Neue Welt« 1878, S. 604.
143 Vgl. »Neue Welt« 1877, S. 380.

144 Vgl. »Neue Welt« 1878, S. 36.
145 Vgl. »Neue Welt« 1877, S. 356.
146 Vgl. z.B. die Redaktions-Korrespondenz in der »Neuen Welt« 34/1882:
     »Ottensen«. Fabrikarbeiter G. Sch. Nur immer mehr von der Sorte!
     Von Gustav Schmidt, Ottensen, wurde in der Rubrik »Proben deutscher Volkspoesie der
     Gegenwart« das Gedicht »Drang« abgedruckt, vgl. »Neue Welt« 27/1882, S. 349.
147 Vgl. »Neue Welt« 1878, S. 588.
148 Vgl. z.B. die Geschichte »Mein Freund der Klopfgeist. Eine Spiritistengeschichte aus dem
     letzten Drittel des neunzehnten Jahrhunderts. Von H. E. »Neue Welt« 1/1881–15/1881.
149 Vgl. *Feddersen*, a.a.O., S. 175.
150 Vgl. 19/1881, S. 232 (5. 2. 1881) Die Annoncenbeilagen sind leider in den gebundenen
     Jahrgängen der Zeitschrift nicht enthalten.
151 Ebda.
152 Vgl. »Neue Welt« 1881, S. 528 (23. 7. 1881); ein Grund wird nicht genannt. Inwieweit das
     Sozialistengesetz diesen Wechsel erforderlich machte, ist nicht zu klären.
153 Vgl. *Feddersen*, a.a.O., S. 175.
154 Engels an Bernstein Juli 1884, zit. nach *Fricke*, a.a.O., S. 450.
155 Vgl. *Fricke*, a.a.O., S. 450.
156 Gerade in die Periode, in der die sozialdemokratische Presse verboten war, fallen die spektaku-
     lären Berliner Zeitungsgründungen und -käufe der drei großen Konzerne Mosse, Ullstein und
     Scherl.
         Winfried B. *Lerg*, Die Anfänge der Zeitung für alle. Methodenkritisches zur Geschichte der
     Massenpresse. In: Massenpresse und Volkszeitung. Zwei Beiträge zur Pressegeschichte des
     19. Jahrhunderts. Von Winfried B. *Lerg* und Michael *Schmolke*. Assen 1968.
         Vgl. zur Pressesituation dieser Jahre auch: Isolde *Rieger*, Die wilhelminische Presse im
     Überblick. 1888–1918. München 1957; Kurt *Koszyk*, Deutsche Presse im 19. Jahrhundert.
     Geschichte der deutschen Presse. Tl. II. Berlin 1966, insbesondere die Seiten 267–290; Götz
     Schmidt und Detlef *Michel*, Bürgerliche Massenpresse und Sozialpolitik. Zur Kritik politi-
     scher Auffassungen der bürgerlichen Ideologie. Phil. Diss. Berlin 1973; Friedrich *Apitzsch*, Die
     deutsche Tagespresse unter dem Einfluß des Sozialistengesetzes. Leipzig 1928, insbesondere
     die Seiten 150 ff. und 205 ff.; Peter de *Mendelssohn*, Zeitungsstadt Berlin. Menschen und
     Mächte in der Geschichte der deutschen Presse. Berlin 1959.
157 Die Blätter enthielten, neben der Vielfalt des feuilletonistischen Materials, umfangreiche
     Rubriken über Stellenangebote und Stellengesuche, ebenso einen großen Inseratenteil. Gerade
     damit konnten sie in den unteren Bevölkerungsschichten Fuß fassen. Vgl. *Apitzsch*, a.a.O.,
     S. 207.
158 So berichtet Oertel (Nürnberg) auf dem Parteitag: »Es hat sich in den letzten Jahren eine ganze
     Anzahl sogenannter parteiloser Blätter breit gemacht, Lokalanzeiger, Generalanzeiger usw.
     Sie erscheinen unter der Maske der Parteilosigkeit und sind in Wirklichkeit nichts, als reaktio-
     näre Blätter, die mit großem Wohlbehagen die reaktionären Ansichten und Bestrebungen
     verbreiten. Die Arbeitermassen sind es vor allen, die diese Blätter unterhalten.« Vgl. PTP 1890,
     S. 234.
159 Die bürgerliche Presse greift hier auf Errungenschaften der Arbeiterpresse zurück: um unter
     dem Sozialistengesetz zu verhindern, daß sich die sozialdemokratischen Organisationen auf-
     lösten, wurde mit dem Abonnement des Parteiorgans eine Versicherung gekoppelt. Ebenso
     dienten die Sprechstunden in den Redaktionen der Arbeiterpresse dem Schutz der Arbeiter.
     Vgl. hierzu detaillierter *Schmidt/Michel*, a.a.O., S. 117 ff.
160 So I. Auer in dem Geschäftsbericht auf dem Parteitag 1893, vgl. PTP 1893, S. 109.
161 Vgl. PTP 1890, S. 124 ff.
162 Vgl. Oertel (Nürnberg), PTP 1890, S. 233.
163 Vgl. die Ausführungen von Oertel, PTP 1890, S. 233.
164 Vgl. PTP 1890, S. 231/232.
165 Vgl. Auer, PTP 1890, S. 127.

166 Vgl. Bericht des Parteivorstands auf dem Parteitag 1892, PTP 1892, S. 42.
167 Vgl. die Debatten auf dem Parteitag 1890, PTP 1890.
168 Vgl. PTP 1890, S. 301 »Nichtverhandelte Anträge«. Gruppe III, Antrag 8.
169 Vgl. PTP 1891, S. 253.
170 Vgl. *Feddersen,* a.a.O., S. 230.
171 Das Tausend kostete zunächst 8,50 Mark, später dann 11 Mark; die Nummer 1¹⁄₁₀ Pfennige. Vgl. die Berechnung von Bérard auf dem Parteitag 1893, S. 122. Offenbar wird der Preis in den folgenden Jahren etwas herabgesetzt: 1912 werden Tausend Exemplare für 9,50 Mark, bei kleineren Parteigeschäften für 9 und 8 Mark abgegeben. Vgl. PTP 1912, S. 257.
172 Vgl. PTP 1895, S. 15, Antrag 66 zur »Unterhaltungs-Literatur«, vgl. auch PTP 1906, S. 46.
173 Vgl. PTP 1901, S. 97.
174 Vgl. PTP 1896 und 1897. Vgl. hierzu detaillierter den Abschnitt über die Diskussionen auf den Parteitagen, hier S. 72 ff.
175 Vgl. W. *Schröder,* Handbuch der sozialdemokratischen Parteitage von 1863 bis 1909, a.a.O., S. 340.
176 Vgl. den Artikel »Wie die ›Neue Welt‹ gedruckt wird.« In: »Die Neue Welt«, Nr. 24/1906, S. 188/189; vgl. auch die Auseinandersetzungen zwischen den Hamburger und den Berliner Parteigenossen über die ›Halbierung‹ des Druckauftrages auf dem Parteitag 1904, PTP 1904, S. 177–180.
177 Vgl. Tabelle 3, S. 37.
178 Vgl. zum folgenden die Jahrgänge der »Neuen Welt« 1892 bis 1919.
179 Verändert wird der Titelkopf mit dem Jg. 1/1901. Das Wort Gerechtigkeit verschwindet aus dem Strahlenkranz.
180 Die Bilder stammen meist aus dem ländlichen Milieu, Großstadtbilder finden sich erst in den späten Jahrgängen, etwa ab 1909/1910.
   Zu den Illustrationen der »Gartenlaube« vgl. Wolfgang *Brückner,* Trivialisierungsprozesse in der bildenden Kunst zu Ende des 19. Jahrhunderts, dargestellt an der »Gartenlaube«. In: Das Triviale in Literatur, Musik und bildender Kunst. Hrsg. Helga de la *Motte-Haber,* a.a.O., S. 226–254.
181 Vgl. *Feddersen,* a.a.O., S. 236.
182 Vgl. die Debatten über die Illustrationen der »Neuen Welt« auf allen Parteitagen 1892 bis 1919.
183 Vgl. »Neue Welt« 1/1893.
184 Ebda.
185 Ab Nr. 10/1893 wird kein Briefkasten mehr publiziert.
186 Vgl. z.B. den Jg. 1909:
Land und Leute 3/1909
Kunst und Kunstgewerbe 3/1909
Räthsel und Spiele 8/1909
Technik 14/1909
187 Vgl. »Neue Welt« 27/1910, letzte Seite.
188 Diese Neuerung setzt noch früher ein als die aktuelle Ausgestaltung, vgl. z.B. den Jg. 1906.
189 Vgl. PTP 1896, S. 182.
190 Vgl. PTP 1897, S. 22.
191 Vgl. »Neue Welt« 32/1916, letzte Seite.
192 Curt *Baake* (1864–1938), Redakteur des offiziellen Organs der Berliner Sozialdemokraten »Berliner Volksblatt«; Mitglied der Gründungskommission der »Freien Volksbühne«; ab 1891 bis Mitte 1893 Chefredakteur der »Neuen Welt«; ab 1899 wieder in der »Freien Volksbühne« tätig, ab 1902 2. Vorsitzender des Vereins.
193 Vgl. Walther Victor in der »Neuen Welt« 1/1921.
194 Vgl. die »Neue Welt« 1/1892, S. 1.
195 Ebda.
196 Vgl. Anm. 27, S. 246/247.

197 Vgl. »Neue Welt« 1/1892, S. 5/6. Als Autor zeichnet C. S., vermutlich Conrad Schmidt, mit dem Baake eng zusammengearbeitet hat.

198 Ebda., S. 6.

199 Vgl. PTP 1892, S. 16, 18, 98, 129, 262–267.

200 Ludwig Lessen, eig. Louis Salomon (1873–1943), Lyriker und Arbeiterdichter, von 1900 bis 1919 verantwortlicher Redakteur der »Neuen Welt« und des »Vorwärts«.

201 Vgl. PTP 1908, S. 229.

202 Zur Situation des Zeitungsgewerbes nach 1919 vgl. Martin *Carbe,* Die gegenwärtige Lage des deutschen Zeitungsgewerbes, in: Die geistigen Arbeiter. Zweiter Teil. Journalisten und bildende Künstler. Hrsgg. im Auftrage des Vereins für Sozialpolitik von Ernst *Francke* und Walther *Lotz.* München/Leipzig 1922, S. 31–61.

203 Vgl. PTP 1919, S. 180.

204 Vgl. den Bericht der Parteileitung auf dem Parteitag 1897, PTP 1897, S. 24.

205 Vgl. die Annonce zum Erscheinen der Wochenschrift, in: PTP 1897, nach S. 177.

206 Die Kolportage-Romane kosteten ebenfalls pro Lieferung (ein Druckbogen) 10 Pfennige. Vgl. Tony *Kellen,* Der Massenvertrieb der Volksliteratur. In: Preußische Jahrbücher. Hrsg. Hans *Delbrück.* Bd. 89/1899. Berlin 1899, S. 79–103. Hier detaillierte Angaben über Herstellungskosten und Vertrieb bürgerlicher Kolportageromanhefte.

207 Vgl. PTP 1898, S. 34.

208 Zu literarischen Unternehmen ähnlicher Art vgl.: Realismus und Gründerzeit. Manifeste und Dokumente zur deutschen Literatur 1848–1880/Bd. 1, Stuttgart 1976, S. 173–178.
   Zu Jankes »Romanzeitung« vgl.: 50 Jahre Deutsche Roman-Zeitung. Festschrift zum fünfzigjährigen Jubiläum 1863–1913. Hrsgg. u. verlegt von Otto *Janke.* Berlin o.J. Die Festschrift enthält eine komplette Liste der in dem Organ publizierten Autoren mit ihren Werken.

209 Wilhelm Raabe publizierte hier beispielsweise neun Romane und Erzählungen. Vgl. die Romanliste in der o.g. Festschrift a.a.O., S. 27ff.

210 Vgl. 50 Jahre Deutsche Roman-Zeitung, a.a.O., S. 65. Schweichel publiziert hier:
   1868   Der Axtschwinger
   1873   Der Bildschnitzer vom Achensee
   1881   Die Falkner von St. Vigil
   1894   Sein oder Nichtsein
   Über Schweichels schwierige Position innerhalb der bürgerlich-kapitalistischen Presse, über die »erbärmlichen Rücksichten«, die er zu nehmen hatte und die sich auch auf sein literarisches Schaffen auswirkten, finden sich beredte Äußerungen in seiner Korrespondenz mit Wilhelm Liebknecht. 1883 wird er aus der Redaktion der »Roman-Zeitung« entlassen. Seine Nachfolge tritt Otto von Leixner an, mit dem der offensiven bürgerlich-junkerlichen Kulturpolitik auch bei Janke Rechnung getragen werden sollte.
   Zu Schweichels Tätigkeit bei Janke vgl. E. *Pick,* a.a.O., S. 44–48. Über die »Zweigleisigkeit« seines literarischen Schaffens vgl. Wolfgang *Friedrich,* a.a.O., Bd. II, S. 144, Anm. 10. Einerseits schrieb er »bürgerliche Belletristik«, andererseits, im Auftrag der Sozialdemokratischen Partei, literarische Beiträge für die Parteikalender. Vgl. hierzu auch E. *Pick,* a.a.O., S. 53.

211 Th. Glocke, sozialdemokratischer Verleger.

212 Ernst Preczang (1870–1949), Sohn einer Arbeiterfamilie, gelernter Buchdrucker, Redakteur u. freier Schriftsteller, Verleger (Mitbegründer u. Cheflektor der Büchergilde Gutenberg), Mitglied der SPD.

213 Vgl. z.B. Deutsche Novellenzeitung. 2. Bd., NF. Leipzig 1848.

214 Vgl. die Debatten auf den Parteitagen, hier S. 72ff.

215 Vgl. Jg. 13/1908/09 der Zeitschrift »Freie Volksbühne«.

216 Vgl. die Berichte auf den Parteitagen, daß die Auflagenhöhe stagniert, vgl. PTP 1907, S. 55.

217 Vgl. Fritz *Hüser,* Literatur- und Kulturzeitschriften der Arbeiterbewegung. In: Arbeiterbewegung, Erwachsenenbildung, Presse. Festschrift für Walter Fabian zum 75. Geburtstag. Frankfurt/Main 1977, S. 144–163, hier S. 148.

218 Vgl. »Freie Volksbühne« 16. Jg. 1911/12, 3. Seite n. S. 38.

219 Vgl. »In Freien Stunden«, II/1913, S. 24.

220 Vgl. »In Freien Stunden«, II/1919, Nr. 39, zit. nach *Hüser*, a.a.O., S. 149.

221 Vgl. den genauen Wortlaut des Gesetzes, das mit seiner Publikation im »Reichsanzeiger« in Kraft trat, in: Dieter *Fricke*, Die Deutsche Arbeiterbewegung 1869–1890. Ihre Organisation und Tätigkeit. Leipzig 1964, S. 128–134.

222 Ebda., S. 128.

223 Vgl. z.B. Paul *Singer* in der Jubiläumsnummer des »Vorwärts« »Fünfundzwanzig Jahre«, v. 31. 3. 1909.

224 Vgl. die Statistik über die Anzahl der verbotenen Parteiorgane in: Dieter *Fricke*, a.a.O., S. 210 ff.; Wilhelm *Schröder*, Handbuch der sozialdemokratischen Parteitage 1863 bis 1913, a.a.O., S. 445; s.a. Wilhelm *Blos*, Denkwürdigkeiten eines Sozialdemokraten. Erster Band. München 1914, S. 251.

225 Vgl. die Tabellen über die Gesamtzahl der Ausgewiesenen bei D. *Fricke*, a.a.O., S. 141/142; s.a. *Blos*, a.a.O., S. 253.

226 Zum Zentralorgan, das auf Beschluß des Sozialistenkongresses zu Gotha 1876 aus der Vereinigung der beiden Zentralorgane »Neuer Sozialdemokrat« (Lassalleaner) und »Volksstaat« (Eisenacher) hervorging vgl. Wilhelm *Schröder*, a.a.O., S. 440; s.a. Vorwärts 1876–1976. Ein Querschnitt in Faksimiles. Hrsgg. v. Günter *Grunwald* und Friedhelm *Merz*. Eingeleitet von Heinz-Dietrich Fischer und Volker Schulze. Berlin/Bonn-Bad Godesberg 1976, S. IX–XV.

227 Zur Geschichte dieses Presseorgans vgl. Den Freunden der Vorwärts Buchdruckerei. Berlin, den 1. 10. 1927. Berlin 1927.

228 Zur Geschichte des Organs vgl. Horst *Bartel*, Marx und Engels im Kampf um ein revolutionäres deutsches Parteiorgan 1879–1890. Berlin 1961; s.a. Horst *Bartel*, Wolfgang *Schröder*, Gustav *Seeber*, Heinz *Wolter*, Der Sozialdemokrat 1879–1890. Berlin 1975.

229 So Clara *Zetkin*, Zur Geschichte der proletarischen Frauenbewegung Deutschlands. Berlin 1958, S. 193.

230 Zu den Hintergründen des Verbots in der Schweiz vgl. Friedrich *Apitzsch*, Die deutsche Tagespresse unter dem Einfluß des Sozialistengesetzes. Leipzig 1928.

231 Das Blatt wurde in Deutschland illegal vertrieben. Apitzsch spricht dagegen davon, daß der Vertrieb des Blattes nicht verboten war, vgl. *Apitzsch*, a.a.O., S. 68.

232 Vgl. Ernst *Engelberg*, Deutschland von 1871 bis 1897. Berlin 1967.

233 Ausspruch des preußischen Innenministers am 20. 1. 1879. Zit. nach *Fricke*, a.a.O., S. 215/216.

234 Vgl. Paul *Singer* in »Vorwärts«. Jubiläumsnummer zum 31. 3. 1909.

235 Ebda.

236 Ebda.

237 Vgl. »Die Vorwärts Buchdruckerei«. Dem VSPD-Parteitag Berlin 1924 gewidmet. Berlin o.J., S. 7.

238 Vgl. Vorwärts 1876–1976, a.a.O., S. XI; vgl. auch Volker *Schulze*, Vorwärts (1876–1933), in: Heinz-Dietrich *Friedrich* (Hrsg.), Deutsche Zeitungen des 17. bis 20. Jahrhunderts. Pullach bei München 1972, S. 329–347.

239 Vgl. Paul *Singer* in »Vorwärts«. Jubiläumsnummer zum 31. 3. 1909; s.a. Vorwärts 1876–1976, a.a.O., S. XI.

240 Vgl. Paul *Singer* a.a.O.

241 Vgl. Vorwärts 1876–1976, a.a.O., S. X; s.a. Karl *Schottenloher*, Flugblatt und Zeitung. Ein Wegweiser durch das gedruckte Tagesschrifttum. Berlin 1922, S. 419.

242 Vgl. das Faksimile der Probenummer in der Jubiläumsnummer des »Vorwärts« v. 31. 3. 1909.

243 Vgl. den zweiten Teil des programmatischen Artikels (Was wir wollen II) in: »Berliner Volksblatt«, 1. 4. 1884, S. 1.

244 Ebda.

245 Vgl. Wilhelm *Blos*, a.a.O., Bd. 2, München 1919, S. 109/110.

Zur Problematik der Lokalorgane, die unter dem Sozialistengesetz »die revolutionären Prinzipien der Partei eher verwässerten als verteidigten« (Jens Christensen) vgl. *Fricke,* a.a.O., S. 233.

246 Vgl. PTP 1890, S. 156; s.a. Den Freunden der Vorwärts Buchdruckerei, a.a.O. (unpaginiert).

247 Vgl. die Ankündigung der Redaktion in »Berliner Volksblatt« Nr. 146/1884.

248 Vgl. Den Freunden der Vorwärts Buchdruckerei, a.a.O.

249 Vgl. Paul *Singer* in der Jubiläumsnummer, a.a.O.

250 Vgl. PTP 1890, S 33.

251 Vgl. Jubiläumsnummer des »Vorwärts« v. 31. 3. 1909.

252 Wir zeichnen die Geschichte des »Vorwärts« hier nur in ganz groben Zügen, da für dieses Organ – im Gegensatz zu den anderen untersuchten Presseorganen – eine Reihe an Publikationen vorliegen.

253 Vgl. auch Volker *Schulze,* Vorwärts (1876–1933). In: Heinz-Dietrich *Fischer* (Hrsg.), Deutsche Zeitungen des 17. bis 20. Jahrhunderts. München 1972, S. 329–347.

254 Zum Doppelcharakter des Zentralorgans vgl. die Debatten auf den Parteitagen, dokumentiert in PTP 1893, S. 128; PTP 1896, S. 100; PTP 1896, S. 115; PTP 1905, S. 178 ff.; PTP 1917, S. 39.

255 *Schulze,* a.a.O., S. 334.

256 Ebda.

257 Ebda.

258 Ebda.

259 PTP 1897, S. 176.

260 *Schulze,* a.a.O., S. 335.

261 Vgl. z.B. PTP 1905, S. 178 ff.

262 Vgl. zu den Anträgen und zur Gründung des Organs PTP 1892, S. 16, S. 18, S. 254; 1893, S. 17, S. 110, S. 145; PTP 1894, S. 80; PTP 1895, S. 15, S. 28. 1894 verfügt der »Sozialdemokrat« über eine Auflage von 5700 Exemplaren, 1895 sind es nur noch 4300. Zur Parteitagsdebatte um das Einstellen des Erscheinens des Organs vgl. PTP 1895, S. 76 ff.

263 Vgl. hierzu Paul *Singer,* a.a.O.; s.a. Den Freunden der Vorwärts-Buchdruckerei. Zum 25jährigen Jubiläum der Vorwärts-Buchdruckerei. Berlin Oktober 1927; Die Vorwärts-Buchdruckerei. Dem VSPD-Parteitag Berlin 1924 gewidmet. Berlin 1924.

264 Vgl. Bebel auf dem PT 1892, in PTP 1892, S. 95.

265 Vgl. PTP 1897, S. 98.

266 Vgl. Den Freunden der Vorwärts-Buchdruckerei, a.a.O., unpaginiert.

267 Ebda.

268 *Schulze,* a.a.O., S. 337.

269 Vgl. PTP 1892–1931.

270 Die Tab. 4 verzeichnet auch die Ausgaben für das ›Feuilleton‹ des »Vorwärts« und die Ausgaben für die »Neue Welt«. Leider werden die Ausgaben im Geschäftsbericht der Partei nicht spezifiziert. Zu beobachten ist, wie die Feuilletonausgaben für den »Vorwärts« nach 1896 sukzessive ansteigen, in den Jahren der Wirtschaftskrisen 1907/08 aber wieder zurückgehen. Die Ausgaben der »Neuen Welt« gehen erst mit dem Redaktionsantritt von L. Lessen (ab 1900) kontinuierlich zurück. Sicherlich ein Grund mehr, aus der Sicht des Parteivorstandes, mit seinem Konzept zufrieden zu sein.

271 Vgl. PTP 1893, S. 145.

272 Vgl. hierzu detaillierter Kurt *Koszyk,* Zwischen Kaiserreich und Diktatur. Die sozialdemokratische Presse von 1914 bis 1933. Heidelberg 1958.

273 Vgl. Den Freunden der Vorwärts-Buchdruckerei, a.a.O., unpaginiert.

274 Vgl. hier S. 100.

275 Vgl. Tab. 5, S. 67, die Auflagenentwicklung für die Gesamtheit der sozialdemokratischen Presseorgane. Der Geschäftsbericht der Partei weist nach 1918 für den »*Vorwärts*« kein *konkretes Zahlenmaterial* mehr nach.

276 Anträge, eine Montagsausgabe oder ein Abendblatt des »Vorwärts« herauszugeben, finden

sich schon auf früheren Parteitagen, scheitern aber an den damit verbundenen Mehrausgaben. Vgl. PTP 1898, S. 59; PTP 1909, S. 191; PTP 1910, S. 16, S. 164, S. 216; PTP 1911, S. 16.
277 *Schulze,* a.a.O., S. 342.
278 Vgl. z.B. PTP 1919, S. 179.
279 Vgl. PTP 1896, S. 182.
280 Vgl. hierzu auch *Feddersen,* a.a.O., S. 142 ff.
281 Vgl. PTP 1900, S. 24.
282 Vgl. hier S. 203.
283 Vgl. PTP 1921, S. 39.
284 Vgl. Paul *Singer,* a.a.O.
285 Vgl. PTP 1892, S. 121.
286 So R. Fischer auf dem PT 1892, vgl. PTP 1892, S. 128.
287 Vgl. PTP 1896, S. 105.
288 Rosa *Luxemburg,* Unser leitendes Zentralorgan, in: dies., Gesammelte Werke. Berlin/DDR 1970, Bd. 1/1, S. 555 ff.
289 Vgl. R. Fischer PTP 1896, S. 104, vgl. auch Clara Zetkin PTP 1898, S. 112 ff.
290 Bebel, PTP 1901, S. 137.
291 Clara Zetkin, PTP 1898, S. 112 ff.
292 Vgl. PTP 1893, S. 124.
293 *Schulze,* a.a.O., S. 336.
294 Vgl. hierzu detaillierter *Schulze,* a.a.O.; *Koszyk,* a.a.O.
295 Der Vorwärts-Konflikt. Gesammelte Aktenstücke. München 1905.
296 Vgl. PTP 1906, S. 46.
297 *Schulze,* a.a.O., S. 337, Anm. 56.
298 Vgl. genauer *Koszyk,* a.a.O.
299 Vgl. *Schulze,* a.a.O., S. 337.

DISKUSSIONEN ÜBER DIE LITERATUR IN DER SOZIALDEMOKRATISCHEN PRESSE

1 Z.B. die gesamte Parteipresse, so etwa das Zentralorgan der Partei, der »Vorwärts«; die literarische Wochenschrift »In Freien Stunden«, das theoretische Organ der Partei »Die Neue Zeit«; die Witzblätter »Der wahre Jakob« und der »Süddeutsche Postillon«, das Frauenorgan »Die Gleichheit«, die Parteikalender, Flugblätter, die Parteiverlage, die Parteibuchhandlung (Buchhandlung Vorwärts), u.a.m.
2 Vgl. PTP 1896, S. 14 (Anträge zur Unterhaltungs-Literatur der Partei), Debatte: S. 78–85, 92–98, 102–110, 117 (Beschluß Anträge).
3 Vgl. PTP 1908, S. 229.
4 Vgl. PTP 1892, S. 16.
5 Vgl. PTP 1892, S. 18.
6 Vgl. PTP 1892, S. 98.
7 Vgl. Wilhelm *Bölsche,* Die Mittagsgöttin. Ein Roman aus dem Geisteskampfe der Gegenwart. In: »Neue Welt« Nr. 27/1892 bis Nr. 52/1892. Originalpublikation 1891.
8 Vgl. PTP 1892, S. 98.
9 So z.B. der Parteitagsdelegierte Ullenbaum (Elberfeld) im Namen seiner Parteigenossen. Vgl. PTP 1892, S. 100.
10 Eine Forderung des Parteitagsdelegierten Emmel; vgl. PTP 1892, S. 98. Abgedruckt wurde der Roman in der ersten Jahreshälfte 1892 im Zentralorgan der Partei, dem »Vorwärts«. Der Roman lief aber bereits früher schon einmal durch die sozialdemokratische Presse. Publiziert wurde er 1870 im Zentralorgan der Eisenacher, dem »Volksstaat«. Dieser Roman von August Otto-Walster spielte auch auf den Debatten der Parteitage der Eisenacher 1870 und 1871 eine bedeutende Rolle, denn Ende 1870 war es zwischen dem leitenden Parteiausschuß, dem Otto-Walster angehörte, und der Redaktion des »Volksstaat« zu einer Kontroverse um das Werk

gekommen. Die Redaktion der Zeitung hatte den Abdruck des Romans, da er sich aufgrund der Länge des Romans über Jahre hinziehen würde, eingestellt; der Parteiausschuß aber verlangte die Wiederaufnahme. Die Mehrzahl der Delegierten, so auch August Bebel, hielten den Abdruck des Romans für notwendig, da er die Leser für »die sozialistischen Ideen« begeistere. Vgl. hierzu detaillierter Wolfgang *Friedrich,* a.a.O., S. 80–82.

11 Vgl. Meister, PTP 1892, S. 259.

12 Vgl. Emmel, PTP 1892, S. 98.

13 Vgl. Hülle (Erfurt), PTP 1892, S. 266.

14 Vgl. Emmel, PTP 1892, S. 98.

15 Ebda.

16 Vgl. PTP 1892, S. 129.

17 Vgl. PTP 1893, S. 123.

18 So der Parteitagsdelegierte Antrick (Berlin), vgl. PTP 1892, S. 262.

19 Ebda. Anspielung auf den Friedrichshagener Naturalistenkreis, zu dem Bölsche, neben Bruno Wille, Wilhelm Hegeler, Ludwig Jacobowski, John Henry Mackay, Felix Holländer, Hans Land, gehörte. Aber auch andere Schriftsteller zählten zeitweilig zu diesem Kreis. Vgl. hierzu und zu einer genauen Definition des Typus »Friedrichshagener« Herbert *Scherer,* Bürgerlich-oppositionelle Literaten und sozialdemokratische Arbeiterbewegung nach 1890. Die »Friedrichshagener« und ihr Einfluß auf die sozialdemokratische Kulturpolitik. Stuttgart 1974.

20 Antrick (Berlin), PTP 1892, S. 262.

21 Vgl. Baake, PTP 1892, S. 262–264.

22 Vgl. die von dem Parteivorstand publizierte Strafliste im PTP 1892, S. 46, d. i. eine tabellarische Aufstellung über die seit dem Erfurter Parteitag 1891 verhängten Strafen über Parteimitglieder. Sie bezieht sich auf Urteile in Prozessen, die *nach* dem Sozialistengesetz über sozialdemokratische Parteiangehörige aus Anlaß ihrer agitatorischen, politischen und gewerkschaftlichen Arbeit in der Arbeiterbewegung verhängt wurden.
Vgl. auch die Tabelle »Verfolgungen und Bestrafungen« in PTP 1897, S. 35.

23 Vgl. PTP 1893, S. 135, auch bekannt unter dem Begriff »Saalabtreiberei«, vgl. auch PTP 1900, S. 109 (Pfannkuch).

24 Vgl. hierzu auch: Begeisterung und Opfermut schuf Arbeiterpresse. Von Fleischer. In: Neue deutsche Presse. H. 3/1963, S. 40.

25 Vgl. Baake, PTP 1892, S. 263, der Roman von Bölsche war noch nicht beendet.

26 Vgl. Baake, PTP 1892, S. 263/264.

27 Neben Bölsche werden Texte und Gedichte anderer Schriftsteller, die der naturalistischen Literaturströmung zuzurechnen sind, abgedruckt:

Nr. 1/1892: Karl Henckell, Was wir wollen
(programmatisches Gedicht zum Erscheinen der »Neuen Welt«)
C. S. Literatur und Sozialdemokratie (Essay)

Nr. 3/1892: Wilhelm Bölsche, Die Entstehung des Menschen.

Nr. 4/1892: Drei naturgeschichtliche Aufsätze.

Nr. 5/1892: Johannes Schlaf, Helle Nacht. Aus: Dingsda (S. Fischer, Berlin).

Nr. 4/1892: Julius Hart, Des Arbeiters Sterben. Gedicht.

Nr. 6/1892: M. Sievers, Die soziale Frage auf der Bühne. (Essay)
Hans Land, Zwei Kameraden (Erzählung).

Nr. 7/1892: Hans Land, Zwei Kameraden (Fortsetzung).

Nr. 8/1892: Nikolaus Krauß, Der Klavierdoktor (Erzählung).

Nr. 9/1892: Fritz Mauthner, Der Papierdrache (Erzählung).

Nr. 10/1892: Otto Ernst, Bei gebildeten Leuten.
Aus der Novellensammlung »Aus verborgenen Tiefen.« (C. Cloß, Hamburg).

Nr. 11/1892: Otto Ernst, Bei gebildeten Leuten (Fortsetzung).

Nr. 13/1892: Karl Henckell, Eisgang (Zu unserem Bilde).

Nr. 15/1892: Emile Zola, In der Kirche (Erzählung).
Otto Ernst, Jubel auf Kamtschatka. Gedicht.

Nr. 16/1892:   F. M. (Fritz Mauthner?), Der Selbstmörder. Erzählung.
Nr. 18/1892:   Zum Maifest. Karl Henckell, Gedicht.
Nr. 19/1892:   Alphonse Daudet, Aus der Kanzlei des Todes. Erzählung.
Nr. 20/1892:   Nikolaus Krauß, Der Schwämmesammler. Erzählung.
Nr. 21/1892:   August Strindberg, Unnatürliche Zuchtwahl oder: Die Entstehung der Race. Essay.
Nr. 22/1892:   Otto Ernst, Ein Begräbnis. Erzählung.
Nr. 24/1892:   Fedor Dostojewski, Die Hundertjährige. Skizze.
Nr. 28/1892:   Fritz Mauthner. Wie der Franischko das Stehlen lernte. Kleine Abenteuer eines Kesselflickers. Erzählung.
               Arno Holz, Selbstredend! (Gedicht).
Nr. 29/1892:   Arno Holz, Fragezeichen. (Gedicht).
Nr. 30/1892:   Alphonse Daudet, Der Mann mit dem goldenen Gehirn. Erzählung.
Nr. 31/1892:   Arne Garborg, Rache. Erzählung.
Nr. 34/1892:   Max Kretzer, Die Geschichte eines schwarzen Anzuges. Erzählung.
               Julius Hart, Zukunftsland. Gedicht.
Nr. 35/1892:   Fritz Mauthner, Gedichte in Prosa.
Nr. 36/1892:   Karl Henckell, Die neue Zeit. Gedicht.
Nr. 38/1892:   Arno Holz, Ein Bild. Gedicht.
               ders., Ein Anderes. Gedicht.
Nr. 38/1892:   Arno Holz, Drei Dinge. Gedicht.
Nr. 44/1892:   Otto Ernst, Der süße Willy. Ein feines Erziehungsidyll. Erzählung.
Nr. 45/1892:   Otto Ernst, Der süße Willy (Fortsetzung).
Nr. 46/1892:   Otto Ernst, Der süße Willy (Fortsetzung).
Nr. 47/1892:   Otto Ernst, Der süße Willy (Fortsetzung).
               Arno Holz, Nachbars Lieschen. Gedicht.
Nr. 48/1892:   Otto Ernst, Der süße Willy (Fortsetzung).
Nr. 49/1892:   August Strindberg, Ist das nicht genug? Erzählung.
               O. E. (Otto Ernst?), Aphorismen.
               Arno Holz, Weltgeschichte. Gedicht.
Nr. 50/1892:   Hans Land, Kontraktbrüchig. Erzählung.
Nr. 51/1892:   Fritz Mauthner, Wie der Franischko seine Weihnachten feierte. Erzählung.

28 Vgl. Bérard, PTP 1892, S. 265. Die Beilage kostete pro Tausend 11 Mark.
29 So der Delegierte Grünberg (Hartha), vgl. PTP 1892, S. 265.
30 August Bebel, vgl. PTP 1892, S. 265.
31 Antrick (Berlin), vgl. PTP 1893, S. 127.
32 Fuchs (München), vgl. PTP 1893, S. 112.
33 Zubeil (Teltow), vgl. PTP 1893, S. 114.
34 Frau Eichhorn (Dresden), vgl. PTP 1893, S. 134.
35 Antrick (Berlin), vgl. PTP 1893, S. 127.
36 Vgl. Hans Land. In dunklen Tiefen. In: »Neue Welt« Nr. 29/1893 bis Nr. 39/1893.
37 Frau Schneider (Köln), vgl. PTP 1893, S. 136.
38 Vgl. Hans Land, In dunklen Tiefen, a.a.O.
39 Harm (Elberfeld), vgl. PTP 1893, S. 135.
40 Schmalfeldt (Bremerhaven), vgl. PTP 1893, S. 117.
41 Ebda.
42 Ebda.
43 Bérard über Baake, vgl. PTP 1893, S. 122.
44 So ein Vorschlag von Fuchs (München), dem leitenden Redakteur des »Postillon«, sich für die Redaktion der »Neuen Welt« um Karl Henckell oder Leopold Jacoby zu bemühen. Vgl. PTP 1893, S. 112.
45 Koenen (Hamburg), vgl. PTP 1893, S. 120.
46 Galm (Offenbach) verweist auf diese Erklärung des Parteivorstandes, vgl. PTP 1893, S. 137.

47 Vgl. die Angaben in den Jahrgängen der »Neuen Welt« 1892 bis 1917; jeweils die letzte Seite
der einzelnen Nummer:
Nr.   1/1892–Nr. 26/1893   Curt Baake (in Vertretung: Rudolph Seiffert), beide Hbg.
Nr. 27/1893–Nr. 43/1893   Reinhold Cronheim, Berlin
Nr. 44/1893–Nr. 45/1893   R. Seiffert, Hbg.
Nr. 46/1893–Nr. 8/1896   S. Kokosky, Berlin (in Vertr.: R. Seiffert)
Nr.   9/1896–Nr. 20/1897   Edgar Steiger, Leipzig
Nr. 21/1897–Nr. 43/1897   Gustav Macasy, Leipzig
Nr. 44/1897–Nr. 13/1898   Edgar Steiger, Leipzig
Nr. 14/1898–Nr. 24/1900   Oscar Kühl, Berlin
Nr. 25/1900–Nr. 16/1913   Ludwig Salomon-Lessen, Berlin
Nr. 17/1913–Nr. 20/1913   Dr. A. Conrady, Berlin
Nr. 21/1913–Nr. 52/1917   Ludwig Salomon-Lessen, Berlin
(Die Jahrgänge 1918 und 1919 lagen der Verf. nicht vor)
48 Vgl. den Antrag 60 (Allgemeines) der Parteigenossen des 19. Sächsischen Wahlkreises, PTP
1893, S. 21.
49 Stolten (Hamburg), vgl. PTP 1893, S. 133.
50 Vgl. die Liste der von dem Parteitag angenommenen Beschlüsse PTP 1893, S. 273.
51 Bérard über Kokosky, vgl. PTP 1893, S. 122.
52 Vgl. den Antrag 45 (Unterhaltungsliteratur) der Parteigenossen in Rudolstadt auf dem Parteitag 1894. PTP 1894, S. 14.
53 Vgl. PTP 1895, S. 15; so der Antrag der Parteigenossen des 17. hannoverschen Wahlkreises.
54 Ebda.
55 Vgl. Anm. 52; zum Lebensweg von Edgar Steiger vgl. Herbert *Scherer,* a.a.O., S. 140 ff.
56 Vgl. PTP 1896, S. 109.
57 Wilhelm Liebknecht auf dem PT 1896, vgl. PTP 1896, S. 102.
58 Vgl. hier S. 205 ff.
59 Zur Revisionismusdebatte vgl. neuerdings Helga *Grebing,* Der Revisionismus. Von Bernstein
bis zum ›Prager Frühling‹. München 1977.
60 Vgl. PTP 1897, S. 22.
61 Schaal (Solingen), vgl. PTP 1897, S. 96.
62 Vgl. PTP 1897, S. 94; nur *ein* Bild mehr in jeder Nummer würde 4000 Mark im Jahr kosten,
vgl. PTP 1897, S. 96; Bérard vgl. PTP 1897, S. 105/106.
63 So Bérard, vgl. PTP 1897, S. 106.
64 Frau Steinbach (Hamburg), PTP 1897, S. 109/110.
65 Vgl. PTP 1898, S. 35.
66 Vgl. PTP 1899, S. 25.
67 Vgl. PTP 1901, S. 35.
68 Vgl. PTP 1899, S. 22.
69 Vgl. PTP 1901, S. 38; auch »Neue Welt« 24/1906, S. 189.
70 Vgl. »Neue Welt« 24/1906, S. 189. Hier heißt es u. a.: »Nunmehr waren wir imstande, die
ganze Auflage des Blattes in Hamburg auf dieser Maschine zu drucken und zu falzen, während
vordem fünf Schnellpressen allein für den Druck erforderlich waren und das Falzen dann noch
besonders besorgt werden mußte.«
71 Vgl. PTP 1902, S. 26. Gleichlautende Anträge auf dem vorjährigen Parteitag wurden noch
abschlägig beschieden. Vgl. PTP 1901, S. 91 (Antrag 51 ›Inserate‹).
72 Vgl. die Anträge 48 und 49 »Neue Welt« auf dem Parteitag 1902, die eine strenge Kontrolle
der aufzunehmenden Annoncen vorsahen, vgl. PTP 1902, S. 81.
73 Vgl. PTP 1901, S. 97.
74 Vgl. den Antrag von Bérard Nr. 103, PTP 1901, S. 97; Auer, David und Quarck sprechen sich
dagegen aus.
75 Vgl. PTP 1911, S. 277, Bérard referiert: »Als die ›Neue Welt‹ Inserate hatte und dadurch Überschuß erzielte, wurde ja gegen die Inserate so gewütet, daß beschlossen wurde,

sie wieder fallen zu lassen, und damit trat wieder das große Defizit ein.«

76 Vgl. »Neue Welt« 24/1906, S. 189.
77 Ebda.
78 So Jacob (Bant) auf dem Parteitag 1904, vgl. PTP 1904, S. 183.
79 Vgl. PTP 1904, S. 115 u. S. 177.
80 Vgl. PTP 1903, S. 122.
81 Vgl. PTP 1910, S. 43; seit dem 1. Juli bringt das Blatt auf der letzten Seite aktuelle Illustrationen.
82 Ein Teil der Auflage erschien zeitweilig auf besserem Papier, war aber auch bedeutend teurer. Wegen des hohen Preises und der geringen Abnahme dieser Exemplare wurde diese Vorgehensweise wieder rückgängig gemacht. Vgl. PTP 1911, S. 271; auch PTP 1912, S. 257.
83 Vgl. Anm. 47, S. 248.
84 So Gerisch (Pseudonym als Schriftsteller Ger), vgl. PTP 1908, S. 256.
85 Schwenk, vgl. PTP 1911, S. 271.
86 Bérard, vgl. PTP 1911, S. 275.
87 Vgl. PTP 1911, S. 273.
88 Vgl. PTP 1900, S. 24.
89 Vgl. PTP 1912, S. 257.
90 Vgl. PTP 1920, S. 48.
91 Vgl. PTP 1927, S. 89.
92 Vgl. PTP 1897, S. 24.
93 Ebda.
94 Vgl. die Anträge an den Parteitag (Presse) Nr. 26, 27, PTP 1897, S. 62.
95 Vgl. PTP 1897, S. 93.
96 Hoffmann (Berlin), vgl. PTP 1897, S. 93.
97 Hänisch (Leipzig), vgl. PTP 1897, S. 97.
98 Vgl. die Annonce zum Erscheinen der Wochenschrift in PTP 1897, nach S. 117.
99 Vgl. auch die Aufstellung der in dem Organ abgedruckten literarischen Texte im Anhang der vorliegenden Studie.
100 Eliza Orzeszkowa (1841–1910), Tochter eines polnischen Gutsbesitzers, Schriftstellerin. »Der Kampf um die Scholle«, in: »In Freien Stunden«, II/1897.
Robert Schweichel (1821–1907), »In Acht und Bann«, »Die Weber von Ober-Geiersdorf«, in: »In Freien Stunden«, II/1897.
101 Vgl. die Anzeige »In Freien Stunden« im Parteitagsprotokoll 1897, nach S. 117.
102 Ebda.
103 Richard Fischer (1855–1926), gelernter Metteur. Unter dem Sozialistengesetz ausgewiesen. Arbeitete dann in der Zürcher Genossenschaftsdruckerei als Metteur, zusammen mit den ausgewiesenen Buchbindern Karl Manz und Karl Grimm. Nach Aufhebung des Sozialistengesetzes in Berlin Leiter der Parteibuchhandlung und der Vorwärts-Druckerei.
104 Vgl. Richard Fischer, PTP 1897, S. 102–105, hier S. 104.
105 Ebda.
106 Vgl. PTP 1897, S. 114 (angenommene Anträge).
107 Zur Situation der Parteikolporteure vgl. PTP 1897, S. 105; s. a. in diesem Kontext: Bernhard *Schuster*, Bürgerlicher Buchhandel, Parteibuchhandel und Bildungsarbeit. In: »Die Neue Zeit«. Nr. 11/Dezember 1912, S. 400–405; Heinrich *Dietz*, Ein Beitrag zur Frage des Schriftenvertriebs innerhalb unserer Partei. In: »Die Neue Zeit«, Nr. 13/Juni 1914, S. 576–580.
Zur Situation des bürgerlichen Kolportage-Buchhandels der Zeit vgl. Tony *Kellen*, Der Massenvertrieb der Volksliteratur, a.a.O.; Hans *Blumenthal* (Verlags- und Sortiments-Buchhändler), Das Buch-Sortiment und der Colportage-Buchhandel. Sehr zeitgemäße Betrachtungen. Iglau (Selbstverlag des Verfassers) 1894; K. *Heinrici*, Die Zustände im deutschen Colportagebuchhandel. In: Schriften des Vereins für Socialpolitik, Bd. 79. Leipzig 1899. Vgl. auch *Schenda*, Volk ohne Buch, a.a.O., S. 228–270; Gert *Ueding*, Glanzvolles Elend. Versuch über Kitsch und Kolportage. Frankfurt/M. 1973.

108 Vgl. den Bericht der Parteileitung auf dem Parteitag 1898, PTP 1898, S. 34/35, hier S. 34.
109 Auf dem Parteitag 1896 wurde beschlossen, die gesamte Parteipresse feuilletonistisch auszugestalten, vgl. PTP 1896, S. 182.
110 Vgl. PTP 1898, S. 34.
111 Vgl. PTP 1899, S. 24.
112 Ebda.
113 Bibliografisch konnte nicht ermittelt werden, ob es sich bei dem Roman »Töchter des Südens« um eine Übersetzung des genannten französischen Titels handelt. Bedauerlicherweise ist auch der Roman »Töchter des Südens« weder in Buchform noch als Abdruck in der Romanwochenschrift »In Freien Stunden« greifbar gewesen.
114 Vgl. Christiana *Adler*, a.a.O., S. 87–91.
115 Sindermann (Dresden), vgl. PTP 1899, S. 287.
116 Vgl. PTP 1899, S. 24.
     Vgl. Konrad *Haenisch*, Was lesen die Arbeiter? In: »Die Neue Zeit«, Jg. 18, 2/1900, S. 691–696, hier S. 695.
117 Vgl. PTP 1899, S. 59.
118 Schubert (Schöneberg), PTP 1899, S. 287.
119 Vgl. Bericht des Parteivorstandes PTP 1900, S. 26.
120 Vgl. den Antrag 44 (»Freie Stunden«) der Parteigenossen von Reichenbach-Neurode, PTP 1900, S. 89. Der Antrag bezieht sich auf den Roman »Der Sohn des Rebellen«, d. i. eine Bearbeitung des Romans von Victor Hugo »Der lachende Mann«. Abgedruckt wird er in der Romanzeitschrift im zweiten Halbjahr 1900.
     In dem Antrag heißt es: »Der jetzt erscheinende Roman ›Der Sohn des Rebellen‹ kann trotz seines für belesene Leute hochinteressanten Inhalts nicht als geeignet für das Volk gehalten werden.«
121 Vgl. PTP 1903, S. 39 und PTP 1904, S. 45. Leider werden keine konkreten Zahlenangaben gemacht.
122 Z.B. der Roman von Victor Hugo »1793«, der in einer billigen, »prachtvoll illustrierten« Neuausgabe in 2000 Exemplaren gedruckt wird. Vgl. PTP 1904, S. 45.
123 Vgl. PTP 1907, S. 55.
     Der Abonnentenstand betrug im Jahresdurchschnitt etwa 36 000 Ex., vgl. PTP 1912, S. 45.
124 Vgl. PTP 1907, S. 55.
125 Ebda.
126 Vgl. Antrag 22 (Presse und Literatur) auf dem Parteitag 1909, S. 191.
127 Vgl. PTP 1911, S. 46 und PTP 1912, S. 45.
     Zur Ausgabe gelangten u. a.: Ruisdael, Flußlandschaft mit Windmühle; Ruisdael, Bewegte See bei aufziehendem Gewitter. Die Auflage betrug je Bild ca. 36 000 Ex., vgl. PTP 1911, S. 46. 1912 wurden publiziert: Millet, Aehrenleserinnen; Crane, Der Triumph der Arbeit, vgl. PTP 1912, S. 45.
128 Dieses Urteil bezieht sich zwar auf ein anderes, zeitlich früher liegendes Unternehmen der Partei, das aber die gleichen Ziele verfolgte: 1899 gab die Parteibuchhandlung Kunstblätter in Kupferradierung heraus, mit dem Ziel, einerseits das Tätigkeitsfeld der Buchhandlung zu erweitern, andererseits, um »den künstlerischen Geschmack in den Massen zu wecken und zu läutern.« Auf die dabei gemachten Erfahrungen rekurriert das Zitat. Vgl. PTP 1900, S. 26, auch PTP 1901, S. 34, z.B. wurde eine Kupfergravüre des berühmten Gemäldes von E. Delacroix »Die Freiheit führt das Volk« herausgegeben.
129 Vgl. den Antrag 22 (Presse und Literatur) an den Parteitag 1900, S. 191; s. a. PTP 1904, S. 183 und 187, PTP 1909, S. 191, dort heißt es:
     22. Mannheim: Um der Schundliteratur mehr als bisher entgegenarbeiten zu können, sind auf dem diesjährigen Parteitage Mittel und Wege zu suchen, um eine geeignete Zeitschrift, vielleicht ähnlich wie die »Gartenlaube«, und für den Preis von 20 Pf., namentlich für die Frauen und für die Jugend zu gründen.«
     Die Anträge finden zu diesem Zeitpunkt noch nicht die ausreichende Unterstützung, erst 1913

wird darüber positiv beschlossen. Vgl. PTP 1913, S. 222.

130 Die »Berliner Illustrirte Zeitung« wurde 1892 von dem Verleger Dr. O. Eysler in Berlin gegründet; die erste Nummer erschien am 4. 1. 1892. Anfang 1894 geht das Publikationsorgan aufgrund finanzieller Schwierigkeiten Eyslers an Ullstein über. An Auflagenhöhe kann es in den folgenden Jahren verzeichnen:

1900   100 000
1904   600 000
1906   800 000
1914   1 000 000
1931   1 950 000

Das Blatt brachte viele Bilder, Karikaturen, Illustrationen und Fotografien, auch spannende Fortsetzungsromane aus der Feder bekannter und beliebter Schriftsteller: bis 1916 etwa von Rudolf Herzog, Georg von Ompteda, Rudolf Stratz, Georg Hirschfeld, Richard Skowronnek, Clara Viebig, Max Kretzer, Ricarda Huch; nach 1920: Norbert Jacques, Bernhard Kellermann, Arthur Schnitzler, Carl Zuckmayer, Wilhelm Speyer, Fred Andreas, Vicky Baum, Hans Fallada u. a.
Vgl. Facsimile Querschnitt durch die Berliner Illustrirte. Hrsg. Friedrich *Luft,* o.O., o.J.; Joachim *Kirchner,* Redaktion und Publikum. Gedanken zur Gestaltung der Massenzeitschrift im 19. Jahrhundert. In: Publizistik 6/1965, S. 463–475.

131 Vgl. Bromme (Lübeck) auf dem Parteitag 1913, PTP 1913, S. 274.

132 Vgl. hierzu den letzten Jahrgang der Wochenschrift 1918/19, letzte Seite »An unsere Leser«.

133 Die »Mitteilungen« stellen eine – bislang kaum systematisch aufgearbeitete – wichtige historische Quelle zu den Medien der Arbeiterbewegung von 1900 bis 1933 dar. In die Debatten und Erörterungen miteinbegriffen waren auch die neu aufkommenden Medien Hörfunk und Film. Vgl. hierzu auch die – leider nicht vollständige – Bibliografie von Kurt *Koszyk*/Gerhard *Eisfeld,* Die Presse der deutschen Sozialdemokratie. Eine Bibliographie im Namen des Vorstandes der Friedrich-Ebert-Stiftung hrsg. v. F. *Heine.* Hannover 1966.
   Die Gründung des »Vereins Arbeiterpresse« stieß zum Teil auf den heftigen Widerstand eines Teils der Parteimitglieder, die in dieser Organisation einen »Streikverein« und eine »Kampforganisation« der sozialdemokratischen Redakteure sahen. Vgl. hierzu und zu den Aufgaben des Vereins I. Auer in seinem Vorstandsbericht auf dem Parteitag 1902, PTP 1902, S. 108.

134 In regelmäßigen Abständen publizierte der Verein die berufliche Struktur seiner Mitglieder. Vgl. hierzu die Gesamttabelle von 1900 bis 1915 bei Dieter *Fricke,* Die deutsche Arbeiterbewegung 1869 bis 1914. Ein Handbuch über ihre Organisation und Tätigkeit im Klassenkampf. Berlin 1976, S. 478, Tabelle 63: Zur beruflichen Tätigkeit der Mitglieder des Vereins Arbeiterpresse (1900–1915), siehe dort auch Auszüge aus den Statuten des Vereins S. 476; vgl. auch die Jubiläumsnummer der »Mitteilungen« vom 3. 5. 1911 (Nr. 100).

135 Allein Manfred Brauneck verweist in zwei *Anmerkungen* auf diese Debatte. Vgl. Manfred *Brauneck,* Literatur und Öffentlichkeit im ausgehenden 19. Jahrhundert. Studien zur Rezeption des naturalistischen Theaters in Deutschland. Stuttgart 1974, S. 258, Anm. 15; ders., Die Rote Fahne. Kritik, Theorie, Feuilleton 1918–1933. München 1973, S. 51, Anm. 66.

136 Konrad *Haenisch,* Eine Anregung. In: MdVA, Jg. 12, 1911, Nr. 102, Sept., S. 8–9. Zeitlich fällt der Artikel zusammen mit den Diskussionen in der SPD (1910–1912) über Möglichkeiten und Grenzen einer proletarischen Literatur. Vgl. Georg *Fülberth,* Proletarische Partei und bürgerliche Literatur, Neuwied/Berlin 1972, S. 123–150.

137 Vgl. PTP 1913, S. 226 ff. (Vorstandsbericht und Debatte).

138 Ebda.

139 Ebda.

140 Vgl. *Kantorowicz,* Die sozialdemokratische Presse, a.a.O., S. 26 ff.

141 Vgl. PTP 1913, S. 251; vgl. auch *Kantorowicz,* a.a.O., S. 37 ff.

142 Vgl. Kurt *Koszyk,* Zwischen Kaiserreich und Diktatur. Die sozialdemokratische Presse von 1914 bis 1933. Heidelberg 1958, S. 15/16; Herbert *Scherer,* Bürgerlich-oppositionelle Litera-

ten und sozialdemokratische Arbeiterbewegung nach 1890. Die ›Friedrichshagener‹ und ihr Einfluß auf die sozialdemokratische Kulturpolitik. Stuttgart 1974, S. 246/247, Anm. 2; bei Dieter Fricke fehlen gerade die ›kritischen‹ Jahre bei der Auflagenentwicklung der Gesamtpresse, vgl. Dieter *Fricke,* Die deutsche Arbeiterbewegung 1869–1914, a.a.O., S. 403; ders., Zur Organisation und Tätigkeit der deutschen Arbeiterbewegung 1890–1914. Dokumente und Materialien. Leipzig 1962, S. 133.

143 Vgl. PTP 1909, S. 15 u. S. 251; PTP 1910, S. 206.

144 Vgl. PTP 1913, S. 29 (ungeheuer große Arbeitslosigkeit im Baugewerbe).

145 Vgl. PTP 1913, S. 226.

146 PTP 1913, S. 256.

147 PTP 1913, S. 257.

148 PTP 1913, S. 226; vgl. auch S. 250/51.

149 PTP 1913, S. 257; vgl. auch *Koszyk,* Zwischen Kaiserreich und Diktatur, a.a.O., S. 21/22.

150 *Kantorowicz,* Die sozialdemokratische Presse, a.a.O.; *Koszyk,* Zwischen Kaiserreich und Diktatur, a.a.O.; Friedrich *Apitzsch,* Die deutsche Tagespresse unter dem Einfluß des Sozialistengesetzes, a.a.O.

151 Zitiert nach: *Kantorowicz,* Die sozialdemokratische Presse, a.a.O., S. 56.

152 Vgl. PTP 1913, S. 261.

153 Vgl. PTP 1917, Anhang, S. 5 und S. 15/16.

154 Vgl. auch *Koszyk,* Zwischen Kaiserreich und Diktatur, a.a.O.; an dieser Stelle werden nur die allgemeinen, groben Züge dargestellt, die zum Verständnis der Diskussion in den »Mitteilungen« relevant sind.

155 Vgl. Arno *Franke,* Die Parteipresse auf dem Parteitag, in: »Die Neue Zeit«. 32. Jg., Oktober 1913, S. 22–27, hier S. 22.

156 Ebda., S. 23.

157 Ebda.

158 Ebda., S. 25.

159 Vgl. *Koszyk,* a.a.O., S. 19.

160 Arno *Franke,* a.a.O., S. 26.

161 Gustav *Hoch,* Die Aufgabe der Parteipresse, in: »Die Neue Zeit«, 32. Jg., November 1913, S. 189–192, hier S. 190.

162 Ebda., S. 191.

163 Arno *Franke,* Nochmals die Parteipresse, in: »Die Neue Zeit«, 32. Jg., Dezember 1913, S. 427/428, hier 427.

164 Ebda., S. 428.

165 Konrad *Haenisch,* Eine Anregung, in: MdVA, Jg. 12, 1911, Nr. 102, Sept., S. 8–9.

166 Ebda., S. 8.

167 Ebda.

168 Ebda., S. 9.

169 Ebda.

170 Ebda.

171 Zur Tätigkeit dieses Ausschusses vgl. *Fülberth,* Proletarische Partei und bürgerliche Literatur, a.a.O., S. 118/119.

172 *Haenisch,* a.a.O., S. 9.

173 Ebda.

174 Emil *Rabold,* Das Feuilleton unserer Parteipresse, in: MdVA, Jg. 14, 1913, Nr. 117, Oktober, S. 1–2.

175 Ebda.

176 Ebda.

177 Ebda.

178 Ebda.

179 Ebda.

180 Ebda.

181 Ebda.
182 Ebda.
183 Ebda., vgl. z.B. Friedrich *Thieme*, Das Recht zu leben, in »Vorwärts« 1893, Nr. 259–261. Zu Thieme: geb. 1862, Vater Kaufmann; Beruf Redakteur, dann freier Schriftsteller.
184 *Rabold*, a.a.O., S. 2.
185 Ebda.
186 Konrad *Haenisch*, Der Roman in der Parteipresse, in: MdVA, Jg. 14, 1913, Nr. 117, Oktober, S. 3–4.
187 *Haenisch*, Der Roman in der Parteipresse, a.a.O., S. 3; vgl. auch zum ›Wegweiser für Arbeiterbibliotheken‹ das PTP 1917, Anhang 1, S. 39.
188 *Haenisch*, a.a.O., S. 3.
189 Arno *Franke*, Der Unterhaltungsteil, in: MdVA, Jg. 14, 1913, Nr. 118, November, S. 3–6.
190 *Franke*, Der Unterhaltungsteil, a.a.O., S. 4.
191 Ebda., Hervorhebung im Original.
192 Ebda., S. 5.
193 Ebda.
194 Ebda.
195 Ebda.
196 Josef *Kliche*, Der Roman in der Parteipresse, in: MdVA, Jg. 15, 1914, Nr. 122, März, S. 4–5.
197 Ebda.
198 Ebda.
199 Ebda., S. 4.
200 In jedem der Monate etwa ein Zehntel, vgl. a.a.O., S. 4.
201 Ebda.
202 Ebda.
203 Ebda.
204 *Kl(iche)*, J(osef), Der Roman in der Arbeiterpresse, in: MdVA, Jg. 17, 1916, Nr. 152, November, S. 8.
205 Vgl. PTP 1919, S. 161/162 (Vorstandsbericht).
206 Nach Ausbruch der Revolution erfolgten allein 24 Neugründungen; vgl. dazu Tabelle 5, S. 67.
207 Am 31. 3. 1918 betrug die Gesamtauflage der sozialdemokratischen Parteipresse 847 881, am 31. 3. 1919 dagegen 1 706 262. Vgl. Tabelle 5, S. 67.
208 Vgl. PTP 1919, S. 33 und S. 175–177; siehe auch den instruktiven Artikel (mit detailliertem Datenmaterial) von Martin *Carbe*, Die gegenwärtige Lage des deutschen Zeitungsgewerbes, in: Die geistigen Arbeiter. Zweiter Teil. Journalisten und bildende Künstler. Hrsg. im Auftrag des Vereins für Sozialpolitik von Ernst *Francke* u. Walther *Lotz*. München/Leipzig 1922, S. 31–61.
       So sind allein im ersten Vierteljahr des Jahres 1922 nach ersten Schätzungen ungefähr zwischen 150 und 170 deutsche Tageszeitungen eingegangen. Angesichts der Preissteigerungen verschärfte sich die Lage zunehmend. Vgl. *Carbe*, a.a.O., S. 31/32.
209 Vgl. PTP 1919, S. 33; *Koszyk*, Zwischen Kaiserreich und Diktatur, a.a.O., S. 128, vgl. auch hier Tab. 5, S. 67.
210 Vgl. PTP 1919, S. 177.
211 Die einzelnen Details dieser Entwicklung können hier nicht näher dargestellt werden, vgl. die entsprechende Literatur: *Koszyk*, Zwischen Kaiserreich und Diktatur, a.a.O., S. 67 ff.; Georg *Fülberth*, Jürgen *Harrer*, Die deutsche Sozialdemokratie 1890–1933. Neuwied/Darmstadt 1974, S. 136 ff.; Hartfrid *Krause*, Kleine Schritte zur neuen Mitte. Kurze Historie der Socialdemokratie. In: SPD und Staat. Geschichte, Reformideologie, ›Friedenspolitik‹. Hrsg. von Mitarbeitern der ›darmstädter studentenzeitung‹. Berlin 1974, S. 10–52; Wolfgang *Ruge*, Deutschland 1917–1933. Berlin/DDR 1967.
212 Z.B. »Die Freiheit«, Organ der USPD.
213 Z.B. »Die Rote Fahne«, Zentralorgan der KPD.
214 Vgl. *Koszyk*, Zwischen Kaiserreich und Diktatur, a.a.O., S. 158 und 170/171.

215 Bei den Nationalwahlen Januar 1919 konnte die SPD 11¼ Mill. Stimmen auf sich ver-
    einigen, die Zahl der Abonnenten belief sich aber nur auf 2 Mill. Vgl. PTP 1919,
    S. 174/175.
216 Vgl. PTP 1919, S. 92.
217 PTP 1919, S. 180.
218 Ebda., S. 181.
219 Ebda., S. 179.
220 Vgl. *Koszyk,* Zwischen Kaiserreich und Diktatur, a.a.O., S. 166/167. Am deutlichsten zeigte
    sich die veränderte Haltung im Anzeigenteil der Presseorgane. Am radikalsten formuliert
    Sollmann 1926 diesen Umschwung in den »MdVA«:
        »Wir müssen unseren Genossen beibringen, sozialistische Politik und Ethik im redaktionel-
    len Teil zu suchen und den Inseratenteil zu beurteilen wie einen anderen Markt auch. *Lassalles*
    Ideal, die Presse von dem Annoncengeschäft zu befreien, ist nach der Entwicklung der seitdem
    verflossenen sechs Jahrzehnte nicht zu verwirklichen. Zeigen wir uns zimperlich, so helfen wir
    nur, die Kassen der bürgerlichen Inseratenplantagen noch mehr zu füllen, die mit Annoncen-
    gewinnen Politik gegen die Arbeiterklasse machen.« Zitiert nach *Koszyk,* Zwischen Kaiser-
    reich und Diktatur, a.a.O., S. 173.
221 Ebda.
222 Vgl. *Koszyk,* Zwischen ..., a.a.O., S. 167.
223 Vgl. Tab. 5, S. 67.
224 Vgl. PTP 1924.
225 Vgl. MdVA, Nr. 250, 1. 2. 1926.
226 Vgl. Wilhelm *Sollmann,* Auf dem Wege zur Zeitung, in: MdVA, Nr. 238, 1. 2. 1925; vgl. auch
    Koszyk, Zwischen ..., a.a.O., S. 172.
227 Ebda., siehe auch *Sollmann,* Anfänge. In: MdVA, 1. 7. 1927.
228 Vgl. Tab. 5, S. 67; vgl. *Koszyk,* a.a.O.
229 Werner *Freimund,* Das Feuilleton. In: MdVA, Jg. 20, 1919, Nr. 178, Januar, S. 1–4.
230 Ebda., S. 1.
231 Ebda.
232 Ebda.
233 Ebda., S. 2.
234 Ebda.
235 Ebda.
236 Ebda.
237 Ebda.
238 Ebda.
239 Ebda., S. 3.
240 Reiner *Kempkens,* Der Ausbau unserer Presse. In: MdVA, Jg. 26, 1926, Nr. 251, März 1926,
    S. 1–3.
241 Ebda., S. 1.
242 Ebda.
243 Wilhelm *Bolze,* Der Unterhaltungsteil. In: MdVA, Jg. 26, 1926, Nr. 253, Mai 1926, S. 2–3.
244 Hier die einzelnen Titel: Pierre Broodcoorens, Rotes Flamenblut. Übers. v. Johannes Schlaf,
    eine »Erzählung aus dem flämischen Landproletariat, die vor einigen Jahren bei ihrem
    Abdruck in einem größeren Parteiblatte so stark ansprach, daß die Parteibuchhandlung
    nachher noch eine ganze Reihe Exemplare der Buchausgabe absetzen konnte«. Camille
    Lemonnier, Im Dorfwinkel. Der Roman spielt ebenfalls unter dem flämischen Bauernvolk, es
    hat nach Bolze noch den »Vorzug eines wirksamen humoristischen Einschlags«. Charles de
    Coster, Die Hochzeitsreise, ist »von kräftigem, lachendem Humor erfüllt«. Stijn Streuvels, Die
    Ernte. Der Arbeiter. Zwei Erzählungen. Allerdings schildern sie »das Elend des Landproleta-
    riats in mehr düsteren Farben«. Anatole France, mehrere Werke; Sherwood Anderson, Der
    arme Weiße. Für Gegenden, »in denen man den Lesern ein ernsthaftes Nachdenken über
    religiöse Probleme bei aller Abneigung gegen die Kirche zutrauen kann«, empfiehlt Bolze

folgende Titel: Paul Gurk, Meister Eckehart; Hermann Stehr, Peter Brindeisener. Weiterhin entsprächen die nachfolgenden »Meisterwerke deutscher Prosadichtung« dem Verständnis und der Gefühlswelt der Leser: Jakob Wassermann, Der unbekannte Gott. Oberlins drei Stufen; Wilhelm Schmidtbonn, Uferleute. Vgl. Wilhelm *Bolze,* Der Unterhaltungsteil, a.a.O.

245 Lemonnier und Wassermann werden schon Jahre früher z.B. in der »Vossischen Zeitung« publiziert, vgl. Jg. 1904, 1905 der »Vossischen Zeitung«. Betrachtet man die anderen, in der ›Vossischen‹ publizierten Autoren, so ergeben sich viele Überschneidungen zur sozialdemokratischen Presse.

246 Zum ›SPD‹ vgl. Jahrbuch der SPD 1927, a.a.O., S. 224.

247 Albert *Emmerich,* Der Zeitungsroman! In: MdVA; Jg. 26, 1926, Nr. 253, Mai 1926, S. 3–4.

248 Ebda., S. 3.

249 Ebda.

250 Im einzelnen nennt er folgende Autoren und Romane: Löns, Werwolf; Hermann Stegemann, Theresle; Johann Ferch, Mutter; P. Trimborn (ein Kölner Kollege), Aus jungen Tagen; E. v. Wolzogen, Kraft-Mayr; A. Ger, Der Gotteslästerer, »für alle Blätter, die Neuland zu bearbeiten haben. Er tut heute noch gute Dienste als Urgrund aller Agitation, ebenso wie die übrigen Ger-Erzählungen.« E. Preczang, Nuckel, Das Kapital und Der Tolpatsch; Gottfried Stoffers (Redakteur in Düsseldorf), Die schwarze Hofmännin, »eine Geschichte aus dem Dreißigjährigen Kriege [...], die in wildbewegten Bildern in die sozialen und menschlichen Urgründe dieser Bewegung schauen läßt«; Klara Viebig, Der Müller-Hannes, eine Geschichte aus den ›Eifelgeschichten‹, für die »Bodenständige Bevölkerung, der Eifelverhältnisse nicht zu weit liegen«. Gottfried Keller, Romeo und Julia auf dem Dorfe; Ludwig Anzengruber, Sternsteinhof; Anton Tschechow, Die Bauern; Gottfried Keller, Die drei gerechten Kammacher; Maria Linden, Christel, »für einfache, empfindsame Seelen geschaffen«; Otto Ludwig, Zwischen Himmel und Erde; R. Wenz, Aus einer Chronik. Erinnerungen; Jack London, Wolfsblut, »ein wahres Prachtstück von Zeitungsroman [...] Wer den zu lesen beginnt, wartet voll Spannung auf die Fortsetzung.« W. Höhne, Heimat. Zum ›Einschalten‹ nennt Emmerich »folgende sehr interessante Werkchen«: Rosegger, Aus der Eisenhämmerzeit; Maxim Gorki, Der Köhlerschlitten; Kurt Eisner, Die Kindesmörderin; Martin Andersen-Nexö, Sühne (abgedruckt unter dem Titel »Das Leben auf Naesgarden«); Henni Lehmann, Die Frauen aus dem alten Staden; Adolf Schmitthenner, Die Frühglocke. Vielen Lesern erweise man eine Freude mit den Viebig-Romanen »Das tägliche Brot« und »Eine Handvoll Erde«, »die das Sehnen unserer Eltern aus dem Stadtleben hinaus packend darstellen«. Georg Gärtner, Der Findling von Nürnberg; Lawrence H. Desbury, An den Ufern des Hudson (gemeint ist Lawrence H. Desberry, Pseudonym für Hermynia Zur Mühlen; K. Z.) Löns, Der letzte Hansbur. »Und wer den Roman ›Ingenieur Horstmann‹ von W. Hegeler abgedruckt, wird allen seinen Lesern einen gern gelesenen Unterhaltungsstoff mit Einblick in die ›bürgerliche‹ Gesellschaft bieten.« Vgl. alle Angaben *Emmerich,* Der Zeitungsroman!, a.a.O., S. 3 und 4.

251 Ebda.

252 August Bebel erteilt am Ende der Debatte um die Romanabdrucke der »Neuen Welt« 1896 an Steiger, den verantwortlichen Redakteur, den Ratschlag, in Zukunft »mit größerer Energie seinen Rothstift zu benutzen«. Seiner Meinung nach hätten verschiedene Stelle des Romans von Hegeler (Mutter Bertha) »ganz gut ohne Gefahr für den übrigen Inhalt gestrichen werden können. (Vgl. PTP, 1896, S. 109) Was Bebel offenbar nicht wußte, ist, daß Steiger bereits vor den Auseinandersetzungen um den Kurs der »Neuen Welt« auf dem Parteitag 1896 – sozusagen in freiwilliger Selbstkontrolle – den Rothstift angesetzt hatte. Ihm fiel eine ganze Szene des Romans zum Opfer, aber auch andere Passagen. Gestrichen wird von Steiger die Szene des Romans, in der die erste Liebesnacht Berthas mit ihrem neuen Freund geschildert wird. Ebenso eliminiert er eine Textstelle, in der das Wort ›Popo‹ vorkommt. Vgl. hierzu *Scherer,* a.a.O., S. 141/142.

253 Walther *Victor,* Romane korrigieren? In: MdVA, Jg. 26, 1926, Nr. 254, Juni 1926, S. 5.

254 Ebda.

255 Josef *Kliche*, Ketzereien zum Zeitungsroman. In: MdVA, Jg. 26, 1926, Nr. 255, Juli 1926, S. 2–4.

256 Ebda., S. 2.

257 Ebda.

258 Vgl. Anm. 196 u. 204.

259 *Kliche*, Ketzereien …, a.a.O., S. 2.

260 Ebda., S. 3.

261 Ebda., Hervorhebung im Original.

262 Ebda.

263 Ebda.

264 Ebda., S. 3 u. S. 4.

265 Josef *Kliche*, Vom Roman in der Tagespresse. In: MdVA, Jg. 29, 1929, Nr. 289, Mai 1929, S. 5–6, hier S. 6.

266 Ebda., Hervorhebung im Original.

267 Ebda., Hervorhebung im Original.

268 Ebda.

269 Ebda.

270 Ebda., Hervorhebung im Original.

271 Ebda.

272 Vgl. *Fülberth/Harrer*, a.a.O.

273 *Kliche*, Vom Roman …, S. 5.

274 Ebda., S. 6, Hervorhebungen im Original. »… höchst langweiligen Wälzern von den ›Abenteuern des braven Soldaten Schweijk‹ ist eine Anspielung auf den Abdruck des Romans in der ›Roten Fahne‹.« Vgl. die »Rote Fahne« von Nr. 229/1926–Nr. 26/1927 und Nr. 25/1927–Nr. 94/1927; vgl. auch die Romanliste im Anhang.

275 *Kliche*, Vom Roman …, a.a.O., S. 6, Hervorhebung im Original.

276 Ebda.

277 Ebda.; leider geht Kliche auf diese literarischen Techniken nicht näher ein.

278 Ebda.

279 O. F. *Heinrich*, Zum Thema »Zeitungsroman«. In: MdVA, Jg. 29, 1929, Juli 1929, S. 5–6, hier S. 5.

280 Ebda.

281 Ebda.

282 Ebda.

283 Ebda., S. 5/6.

284 Ebda., S. 6.

285 E. *B.*, Der Zeitungsroman. In: MdVA, Jg. 30, 1930, Nr. 302, Juni 1930, S. 4–5.

286 Ebda., S. 4.

287 Ebda.

288 Ebda.

289 Wilhelm *Bolze*, Offener Brief an Josef Kliche. In: MdVA, Jg. 30, 1930, Nr. 302, Juni 1930, S. 5.

290 Ebda.

291 Hermann *Bicker*, Wohin des Weges? Noch eine Antwort an den Genossen Bolze. In: MdVA, Jg. 30, 1930, Nr. 304, August 1930.

292 Ebda.

293 Ebda.

294 Ebda.

295 Ebda.

296 Edwin *Nenninger*, Soll eine Gewerkschaftszeitung einen Roman abdrucken? In: MdVA, Jg. 31, 1931, Nr. 315, Juli 1931.

297 Max *Eck-Troll*, Der Roman in der Gewerkschaftspresse. In: MdVA, Jg. 32, Nr. 324, April 1932; S. 4–6.

298 K. *Bielig,* Zum Kapitel Roman. In: MdVA, Jg. 33, 1933, Nr. 334, Februar 1933, S. 8.
299 Ebda., Hervorhebung im Original. Gemeint ist das Buch vom Malik Verlag »30 neue Erzähler des neuen Deutschland«. Es enthält Erzählungen von Graf, Hauptmann, Huelsenbeck, Kästner, Körner, Latzko, Marchwitza, Ottwalt, Plivier, Turek, Türk, Weiskopf, Wolf u.a.m. Vgl. Der Malik-Verlag 1916–1947. Ausstellungskatalog. Hrsg. v. d. Deutschen Akademie der Künste zu Berlin. Berlin o.J.
300 Zu Fallada vgl. Helmut *Lethen,* Neue Sachlichkeit 1924–1932. Studien zur Literatur des »Weissen Sozialismus«. Stuttgart 1970; besonders die Seiten 156–167. Falladas Roman »Kleiner Mann, was nun?« wurde in der »Vossischen Zeitung« vorabgedruckt und etwa fünfzigmal als Feuilletonroman in Provinzzeitungen abgedruckt. Vgl. *Lethen,* a.a.O., S. 157.
   Der Roman von Irmgard *Keun,* Gilgi, eine von uns, wurde im »Vorwärts« vom 26. 8. 1932–25. 10. 1932 abgedruckt. Um den Roman entbrannte eine heftige Diskussion sowohl in Parteikreisen als auch bei den Lesern, die den Roman unterschiedlich bewerteten. Vgl. hierzu den Abdruck einiger Leserbriefe im »Vorwärts« v. 25. 10. 1932 und 23. 10. 1932. Eine Polemik gegen den im »Vorwärts« in Fortsetzungen laufenden Roman findet sich auch in der »Linkskurve«. Vgl. hier Bernard von *Brentano,* Keine von uns. Ein Wort an die Leser des »Vorwärts«. In: Die Linkskurve, Jg. 1932, Heft 10 (Oktober), S. 844/847.
301 Vgl. auch die positive Kritik zu Agnes *Smedley,* Eine Frau allein (Frankfurter Sozietätsdruckerei) in: Die Linkskurve, Jg. 1930, Februar 1930, Nr. 2, S. 29/30, v. R. R.
   Abgedruckt wurde der Roman *nach 1945* im »Neuen Deutschland« v. 26. 5. 1946 – 5. 9. 1946.
   Mit enormer zeitlicher Verzögerung, als große Entdeckung der Feministinnen gefeiert, wurde der Roman 1976 vom Verlag Frauenoffensive unter dem Titel »Tochter der Erde« neu herausgegeben. Vgl. auch die Rezension von Verena Stefan zu dem Roman in »Die Zeit« v. 26. 11. 1976, S. 6 ›Literatur‹.
302 Abgedruckt wurde der Roman von Agnes Smedley offenbar auch in der AIZ ›Arbeiter Illustrierten Zeitung‹. Vgl. Heinz *Willmann,* Geschichte der Arbeiter-Illustrierten Zeitung 1921–1938. Berlin DDR 1974, S. 90. Hier unter dem Titel »Eine Tochter der Tiefe. Ein Frauen-Roman von Agnes Smedley.« AIZ Nr. 3/1930.
303 Josef *Kliche,* Zum Thema Roman. In: MdVA, Jg. 33, 1933, März 1933, Nr. 335, S. 8–9.
304 Ebda., S. 8, Hervorhebung im Original.
305 Ebda.
306 Julius *Zerfaß,* Unser Feuilleton und die sozialistischen Schriftsteller. In: MdVA, Jg. 33, 1933, Nr. 335, März 1933, S. 10.
307 Ebda., Hervorhebung im Original.
308 August *Albrecht,* Zum Thema Roman. In: MdVA, Jg. 33, 1933, Nr. 336, April.
309 Ebda.

ERGEBNISSE DER EMPIRISCHEN UNTERSUCHUNG ZUM ROMANFEUILLETON DER SOZIALDEMOKRATISCHEN PRESSE 1876 BIS 1933

1 Bei der Romanwochenschrift »In Freien Stunden« fehlen einige Jahrgänge, die über keine Bibliothek zu beschaffen waren. Es handelt sich dabei um die Jahrgänge 1903 (1. u. 2. Halbjahr), 1904 (2. Halbjahr), 1916 (1. Halbjahr) und 1917 (2. Halbjahr). Das Gleiche gilt für die Jahrgänge 1918 und 1919 der »Neuen Welt«.
2 Jährliche Abdruckfrequenzen im Durchschnitt:

»Neue Welt«	16 Erzähltexte
»In Freien Stunden«	7 Erzähltexte
»Berliner Volksblatt«	6 Erzähltexte
»Vorwärts« (1891–1918)	8 Erzähltexte
»Vorwärts« (1919–1933)	10 Erzähltexte
»Vorwärts« (1891–1933)	9 Erzähltexte

»Vorwärts« (1884–1933)   8 Erzähltexte
Die Zahlen wurden jeweils auf- bzw. abgerundet.

3 Vgl. den Vorschlag von E. B. in den MdVA, der lautete, neben dem Roman eine Reportage laufen zu lassen, denn dann könne der Roman auf Aktualität verzichten.
4 Tschernyschewsky, Was thun? »Neue Welt«, 1/1892–43/1892; Bölsche, Die Mittagsgöttin. »Neue Welt«, 27/1892–52/1892.
5 Für den ›Ausreißer‹ 1886 konnten keine Begründungen gefunden werden.
6 Hans Nikolaus Krauß schreibt selbst Romane, vgl. die Romanliste im Anhang für die »Neue Welt« und den »Vorwärts«.
7 Vgl. *Feddersen*, a.a.O., S. 220.
8 Ebda., S. 221.
9 Otto Ruppius war nach der 1848er Revolution in Deutschland nach Amerika ausgewandert. Er war in den frühen Jahren des Bestehens der »Gartenlaube« ihr ständiger Mitarbeiter.
10 Theodor *Mügge*, Sigrid, das Fischermädchen. In: »Gartenlaube« Jg. 1860. Mügge war von 1848 bis 1951 Feuilletonredakteur der »National-Zeitung« und publizierte dort auch selbst einige seiner Romane und Novellen. 1851 mußte er den Redaktionsposten verlassen, weil er das Feuilleton zu kämpferisch gehalten hatte. Ende 1851 erscheint von Mügge noch ein Fortsetzungsroman im Feuilleton, zu dem die Polizei schrieb:
»Grobe Unarten und wohl auch sträfliche Angriffe, wie Übertretungen gesetzlicher Vorschriften tauchen in dem Blatte wohl auf und werden von den Behörden streng in's Auge gefaßt, indeß im Ganzen ist eine feindselige systematische Haltung gegen die Regierung nicht vorhanden.
Am bedenklichsten erschien in der jüngsten Zeit eine Novelle von Mügge »Fünf Tage aus dem Leben eines Königs«, worin aus den Schicksalen des Karl I. von England abscheuliche Anspielungen sich herauslesen ließen. Der Verfasser ist veranlaßt worden, jene Novelle abzukürzen, was er auch gethan hat.« Vgl. Ernst Gerhard *Friehe*, Die Geschichte der Berliner National-Zeitung in den Jahren 1848 bis 1878. Phil. Diss. Leipzig 1933, S. 30.
11 Victor Hugo, 1793.
12 Wir stützen uns hier in der Aussage auf einen Überblick über die publizierten Texte und Autoren und eine erste, mehr subjektive Einschätzung der Texte nach ihrem Genre. Das gleiche Prinzip gilt an dieser Stelle auch für die anderen Organe.
13 Vgl. *Rossbacher*, a.a.O., S. 96.
14 Vgl. *Huber*, a.a.O., S. 133, S. 140.
15 Merkmal ›Autor lebt bzw. verstorben z. Z. des Abdrucks: $p < .001$; $\chi^2 = 35,3$; $df = 4$ / Merkmal ›Zugehörigkeit des Autors zur Weltliteratur‹: $p > .05$; $\chi^2 = 5,6$; $df = 2$ / Merkmal ›Generation‹: $p < .001$; $\chi^2 = 40,24$; $df = 6$ / Merkmal ›Sprache‹: $p > .05$; $\chi^2 = 19,3$; $df = 8$.
16 Vgl. hier S. 157ff.
17 *Rossbacher*, a.a.O., S. 69. Die Mehrzahl der Heimatromanautoren stammt aus dem wirtschaftenden Kleinbürgertum, Kleingewerbe und Kleinhandel (34,5%); an zweiter Position rangieren die niederen und mittleren Beamten und Angestellten (18,1%) und den dritten Platz nehmen die Bauern mit 16,4% ein.
18 *Zimmermann*, a.a.O., S. 261; *Rossbacher*, a.a.O., S. 74.
19 *Engelsing*, Analphabetentum und Lektüre, a.a.O., S. 101ff.
20 *Stieg/Witte*, a.a.O.; *Feddersen*, a.a.O.; W. *Friedrich*, a.a.O.
21 *Engelsing*, Massenpublikum …, a.a.O., S. 155ff.
22 *Fülberth*, a.a.O.; *Stieg/Witte*, a.a.O.; *Scherer*, a.a.O.; Peter *Brückner*/Gabriele *Ricke*, Über die ästhetische Erziehung des Menschen in der Arbeiterbewegung. In: Das Unvermögen der Realität. Beiträge zu einer anderen materialistischen Ästhetik. Berlin 1974, S. 37–68; Christoph *Rülcker*, Arbeiterkultur und Kulturpolitik im Blickwinkel des »Vorwärts« 1918–1928, in: Archiv für Sozialgeschichte. Bd. XIV, 1974. Bonn-Bad Godesberg, S. 115–155.
23 Franz *Mehring*, Kunst und Proletariat, in: ders. Gesammelte Schriften, Bd. 11; Aufsätze zur deutschen Literatur von Hebbel bis Schweichel, Berlin DDR 1961, S. 139; *Fülberth*, a.a.O.
24 Zum Begriff vgl. *Fülberth*, Proletarische …, a.a.O., S. 52 u. S. 160.

25 Ebda., S. 160, Anm. 83.
26 *Rülcker,* Arbeiterkultur ..., a.a.O., S. 118.
27 Vgl. *Fülberth,* a.a.O.; s. a. die Parteitagsdebatten und die Diskussionen in den MdVA.
28 Ebda.
29 *Fülberth,* a.a.O., S. 40 ff.
30 Ebda., S. 59.
31 Ebda., S. 127 ff.
32 Das soll nicht heißen, daß wir die soziale Herkunft als alleiniges Kriterium für Arbeiterdichtung ansetzen. Vgl. hierzu detaillierter Florian *Vaßen,* Über die Brauchbarkeit des Begriffs »Arbeiterdichtung«, in: Arbeiterdichtung. Analysen – Bekenntnisse – Dokumentationen. Wuppertal 1973, S. 117–131.
33 Vgl. die Debatten in den MdVA.
34 Vgl. *Brauneck,* Die rote Fahne, a.a.O., S. 35/36.
35 Wie die Tab. 13 ausweist, reduzieren sich die Daten erheblich, da die Lexika nicht in allen Fällen die gewünschten Informationen liefern.
36 Hierunter fallen allerdings allein 16 Texte von E. Preczang.
37 Zu den künstlerischen Berufen zählen etwa: Schauspieler, Harfenist, Kunstmaler, Opernsänger, Bildhauer, Organist, Tenor, Dirigent etc.
38 Vgl. Eva D. *Becker,* a.a.O.; Realismus und Gründerzeit, a.a.O., Bd. 1, S. 197–226.
39 E. *Peschkau,* Die Zeitungen und die Literatur. In: Die Gegenwart 26/30 (1884), S. 59–61, hier S. 59.
40 Z. B. wurde Spielhagens *Sturmflut gleichzeitig* in fünf verschiedenen Zeitungen publiziert, pro Publikation erhielt er im Schnitt 10 000 Mark; Paul Heyse erhielt für den Abdruck seines Romans »Kinder der Welt« in der Spenerschen Zeitung 15 000 Mark; doch war der Roman bei den Lesern wegen seiner ›Unsittlichkeit‹ ein derartiger Mißerfolg, daß das Blatt sein Erscheinen einstellen mußte; die führenden Familienzeitschriften zahlten den Damen Marlitt, Heimburg, Eschstruth und Werner pro Vorabdruck zwischen 3000 und 15 000 Mark. Alle Angaben nach »Realismus und Gründerzeit«, a.a.O., Bd. 1, S. 211.
41 Fontane gab beispielsweise seine Berliner Romane mit Vorliebe an die »Vossische Zeitung«, vgl. »Realismus und Gründerzeit«, a.a.O., S. 209.
42 Zit. nach Eva D. *Becker,* a.a.O., S. 382.
43 So etwa Paul Heyse, der, wie die »Gartenlaube« schrieb, »ein langes Menschenleben hindurch die Kunst stets höher schätzte als den Erfolg«. Zit. nach Eva D. *Becker,* a.a.O., S. 386. Heyse publizierte rund 150 Novellen und Romane in Zeitschriften, Zeitungen, in Sammelbänden und auch als Einzelpublikationen bis etwa 1914; von den Erträgen dieser Publikationen konnte er sich ein angenehmes Leben leisten und auf seine königliche Pension verzichten.
44 Zit. nach »Realismus und Gründerzeit«, Bd. 1, a.a.O., S. 211; s. a. Eva D. *Becker,* a.a.O., S. 394. Gemeint ist der Redakteur Gustav Karpeles.
45 Vgl. Hannes *Schwenger,* Schriftsteller und Gewerkschaft, a.a.O., S. 101–134.
46 Eva D. *Becker,* a.a.O., S. 395–400.
47 Konrad *Telmann,* Über den Einfluß des Zeitungswesens auf Litteratur und Leben. In: Deutsche Schriften für Litteratur und Kunst. 1. Reihe. H. 3. Kiel/Leipzig 1891, S. 39–44, hier S. 42.
48 Zit. nach Eva D. *Becker,* a.a.O., S. 408.
49 Ebda.
50 Vgl. Hannes *Schwenger,* a.a.O., S. 104. Schwenger bezieht sich auf eine vom Verein für Sozialpolitik 1922 durchgeführte Umfrage zur Situation der Schriftsteller und Journalisten. Vgl. hierzu die Publikation: Die geistigen Arbeiter. 2 Bde. Bd. 1 hrsgg. v. Ludwig *Sinzheimer.* Bd. 2 hrsgg. v. Ernst *Franke* und Walther *Lotz.* München/Berlin 1922. Max Teichmann berichtet im ersten Band über die Umfrage. Angeschrieben wurden rund 4000 freie Autoren, geantwortet haben 600.
51 Ebda.
52 *Schwenger,* a.a.O., S. 103.
53 *Engelsing,* Massenpublikum ..., a.a.O., S. 249.

54 *Kantorowicz* berichtet über folgende Zahlen: 1914 waren von 241 in der sozialdemokratischen Presse tätigen Redakteuren ihrer Vorbildung oder ihrem beruflichen Werdegang nach:
52 Schriftsetzer und Lithographen, 24 Buchdrucker, 16 Schlosser, 13 Tischler, 10 Maler,
8 Buchbinder, 8 Handlungsgehilfen, 7 Zigarrenarbeiter, 6 Maurer, 5 Bergleute, 5 Bildhauer,
5 Schneider, 4 Lehrer, 4 Bureauangestellte, 3 Kaufleute, Barbiere, Sattler, Töpfer, Schuhmacher, Bäcker, Korbmacher usw. Vgl. *Kantorowicz,* a.a.O., S. 104.

55 *Zimmermann,* a.a.O., S. 180; *Langenbucher,* a.a.O., S. 61; *Engelsing,* Massenpublikum ...,
a.a.O., S. 155 ff.

56 *Zimmermann,* a.a.O., S. 180.

57 *Schwenger,* a.a.O., S. 103.

58 Ebda., S. 102/103; *Zimmermann,* a.a.O., S. 182.

59 Für die Hypothesen, die Merkmalskonfigurationen betreffen, wurden simultane Binomialtests mit Alphaadjustierung durchgeführt. Vgl. *Krauth/Lienert,* a.a.O., S. 43 ff.

60 Vergleich »Vorwärts« mit »In Freien Stunden« für die Gesamtheit der Autoren: $p < .05$; $\chi^2 =$
27,68; df = 14 und für die deutschsprachigen Autoren: $p < .001$; $\chi^2 = 35,9$; df = 14.
Vergleich »Neue Welt« und »In Freien Stunden« für die Gesamtheit der Autoren: $p < .001$;
$\chi^2 = 37,82$; df = 14 und für die deutschsprachigen $p < .001$; $\chi^2 = 44,74$; df = 14.

61 Für die Verteilungen des Drittberufs und die Verteilungen der deutschsprachigen Autoren
wird nicht der Chi^2-Test angesetzt, da die Stichproben zu klein sind und die Erwartungswerte
einen zu kleinen Wert annehmen.

62 *Schwenger,* a.a.O.

63 Für diesen Analyseschritt wurden Kategorien zusammengefaßt, zur Begründung vgl. S. 26.

64 Vgl. *Feddersen,* a.a.O.; *Trommler,* a.a.O.; S. 284; W. *Friedrich,* a.a.O.; Lexikon sozialistischer deutscher Literatur, a.a.O., S. 237–239 und S. 380–382; *Hüser,* a.a.O.; L. *Lessen,*
Allerlei vom Zeitungsroman. In: Die Neue Zeit. 37. Jg., 1. Bd., Stgt. 1919, S. 400–404.

65 *Feddersen,* a.a.O., S. 144/145; *Trommler,* a.a.O., S. 284.

66 Ludwig *Lessen,* a.a.O., S. 401.

67 *Feddersen,* a.a.O., S. 148.

68 Ebda., S. 149.

69 Ebda., S. 210/211.

70 Auch die Kriegsjahre nehmen hier eine Sonderstellung ein, wie die statistischen Erhebungen
von Kliche gezeigt haben: in diesen Jahren werden weniger fremd- und mehr deutschsprachige
Titel publiziert. Vgl. J. *Kliche,* Der Roman in der Arbeiterpresse, a.a.O.

71 Vgl. J. *Kliche,* Vom Roman in der Tagespresse, a.a.O.

72 *Feddersen,* a.a.O., S. 144/145.

73 Vgl. PTP 1893, S. 21; s. a. *Rabold,* Das Feuilleton unserer Parteipresse, a.a.O.

74 *Stieg/Witte,* a.a.O., S. 53.

75 Lexikon sozialistischer deutscher Literatur, a.a.O., S. 382.

76 Programmatik der Romanwochenschrift »In Freien Stunden«.

77 Ebda.

78 *Rabold,* Das Feuilleton unserer Parteipresse, a.a.O.

79 J. *Kliche,* Der Roman in der Arbeiterpresse, a.a.O.

80 *Stieg/Witte,* a.a.O., S. 52/53.

81 Ebda., S. 52; ihre Aussagen schließen die »Neue Welt« mit ein.

82 Vgl. die Parteitagsdebatten, hier S. 72 ff.

83 PTP 1907, S. 55.

84 Dabei verstehen wir die Kanonisierung durchaus als historischen Prozeß.

85 J. *Kliche,* Vom Roman in der Tagespresse, a.a.O.

86 10% Niveau meint, daß die Irrtumswahrscheinlichkeit von den sonst üblichen 1% und 5%
auf 10% erhöht wurde. Das Festhalten dieser Tendenzen ist von großer Wichtigkeit, weil sich
hier *spezifische Entwicklungsrichtungen* abzuzeichnen scheinen, die an einem anderen Datenfundus dann nochmals überprüft werden können.

87 Vgl. J. *Kliche,* Vom Feuilleton der Tageszeitungen. In: Der Kunstwart, 27. Jg. IV, Juli–Sept.

1914, S. 127–129.

88 J. *Kliche*, Der Roman in der Parteipresse, a.a.O.

89 Vgl. Anlage PTP 1898, nach S. 239.

90 *Hüser*, a.a.O., S. 148.

91 Vgl. J. *Kliche*, Der Roman in der Arbeiterpresse, a.a.O.

92 L. *Lessen*, a.a.O., S. 402.

93 Vergleich »Vorwärts« und Romanwochenschrift für die Gesamtheit der Autoren: p < .001; $\chi^2 = 105,8$, df = 4.
    Vergleich »Neue Welt« und Romanwochenschrift für die Gesamtheit der Autoren: p < .001; $\chi^2 = 217,77$; df = 4.

94 Vgl. »Realismus und Gründerzeit«, a.a.O., Bd. 1. S. 204.

95 Ebda.

96 *Schenda*, Volk ohne Buch, a.a.O., S. 147, Anm. 25; *Zimmermann*, a.a.O., S. 183/184.

97 *Zimmermann*, a.a.O.; *Rossbacher*, a.a.O.

98 Vgl. Aus dem Schaffen früher sozialistischer Schriftstellerinnen. Hrsg. C. *Friedrich*. Berlin/DDR 1966.

99 Vergleich »Vorwärts« und Romanwochenschrift für die Gesamtheit der Autoren: p < .05; $\chi^2 = 3,61$; df = 1 und für die deutschsprachigen: p < .001; $\chi^2 = 12,68$; df = 1.
    Vergleich »Neue Welt« und Romanwochenschrift für die Gesamtheit: p < .01; $\chi^2 = 7,5$; df = 1 und für die deutschsprachigen: p < .01; $\chi^2 = 8,52$; df = 1.

100 Anzumerken ist, daß alle Hypothesen *vor* der Datenerhebung formuliert wurden.

101 Wichtig ist, daß die Konfigurationsverteilung eine ganze Reihe von intuitiv konzipierten Typen hätte vermuten lassen – z. B. 215 und 214 – weil sie, gemessen an den anderen, häufiger besetzt sind. Nach Anwendung des statistischen Prüfverfahrens stellt sich aber heraus, daß diese Häufigkeiten noch im Rahmen der zu erwartenden Häufigkeiten bei Annahme der stochastischen Unabhängigkeit der Einzelmerkmale liegen. Deutlich wird an dieser Stelle der Unterschied zwischen intuitiv konzipiertem Typ und konfiguralem Typ: in der Konfiguration 125 läßt sich ein konfiguraler Typ, der mit 14 beobachteten Frequenzen erscheint, nachweisen, wogegen die Kombination 215 keinen konfiguralen Typ ergibt, obwohl die beobachteten Häufigkeiten – 43 – weit höher liegen!

102 Gedichte etc. klammern wir hier aus.

103 Vgl. PTP 1892, S. 263/264.

104 Vgl. die Geschichte der Publikationsorgane, hier S. 34 ff.

105 Albert *Emmerich*, Der Zeitungsroman, a.a.O.

106 J. *Kliche*, Vom Roman in der Tagespresse, a.a.O.

107 Ebda.

108 So eine Szene in dem Roman von Erik *Reger*, Union der Festen Hand. Roman einer Entwicklung. Neuauflage Berlin 1946, S. 234.

109 Jedenfalls ist nie die Rede davon, sondern fast immer nur vom Nachdruck, vom sog. ›Einrichten‹ der Buchpublikation für die Presse, vgl. z.B. L. *Lessen*, a.a.O., S. 401.

110 Z.B. E. *B.*, Der Zeitungsroman, a.a.O.

111 Genannt werden: Anekdote (1×), Bild (4×), Burleske (1×), Episode (1×), Erinnerung (12×), Humoreske (1×), Idyll (2×), Märchen (1×), Satire (1×), Skizze (26×), Studie (3×), Szenen (1×), Tagebuch (1×).

112 L. *Lessen*, a.a.O., S. 400.

113 Ebda.

114 J. *Kliche*, Vom Roman in der Tagespresse, a.a.O.

115 Ebda.

116 Zur Dominanz dieses Genres in den Jahren vor 1878 vgl. W. *Friedrich*, a.a.O., S. 272.

118 Vgl. *Hüser*, a.a.O., S. 148.

118 Vgl. PTP 1899, S. 24.

119 Auch ein bloßes Anlesen der Texte reicht für eine Klassifikation nach dem Genre nicht aus.

120 *Feddersen*, a.a.O., S. 199 ff.; vgl. auch Hans *Bergmann*, Die Feuilletonkorrespondenzen.

Diss. Leipzig 1922.

121 J. *Leute,* Schriftstellerei und Journalismus. Berlin 1914, S. 225/226.

122 *Feddersen,* a.a.O., S. 203. Die Korrespondenz hieß »Arbeiter-Feuilleton«. Hrsg. Kurt *Eisner.* Sie erschien 1× wöchentlich in München. Inhalt: Novellen, kulturhistorische und sozialpolitische Abhandlungen, satirische, literarische und geschichtliche Beiträge.

123 *Feddersen,* a.a.O., S. 210; ein Roman von 60–100 Folgen kostete nur 15–30 Mark.

124 Vgl. A. *Albrecht,* zum Thema Roman. In: MdVA, Jg. 33, 1933, Nr. 336, April.

125 Vgl. J. *Kliche,* Vom Feuilleton der Tageszeitungen, a.a.O., S. 129.

126 *Feddersen,* a.a.O., S. 199 ff.

127 Genannt werden: Der Bücherkreis (2×), Cotta (1×), Fackelreiter (1×), Fuessli (1×), Gottschalch (1×), Grethlein (1×), Gutenberg (3×), Kiepenheuer (2×), Malik (2×), Merlin (1×), Müller (1×), Safari (1×), Späth (1×), Wegweiser (1×), Zsolnay (1×).

128 *Feddersen,* a.a.O., S. 150 ff.

129 J. *Kliche,* Vom Feuilleton der Tageszeitungen, a.a.O.

130 J. *Kliche,* Der Roman in der Arbeiterpresse, a.a.O.

131 Vergleich »Vorwärts« und »In Freien Stunden« für die Gesamtheit der Autoren: p < .001; $\chi^2 = 68,6$; df = 1 und für die deutschsprachigen p < .001; $\chi^2 = 51,25$; df = 1).

   Vergleich »Neue Welt« und »In Freien Stunden« für die Gesamtheit der Autoren p < .001; $\chi^2 = 162,64$; df = 1 und für die deutschsprachigen p < .001; $\chi^2 = 138,34$; df = 1.

132 J. *Kliche,* Vom Roman in der Tagespresse, a.a.O.; L. *Lessen,* a.a.O., S. 404.

133 Vgl. *Eckert,* Der Zeitungsroman von heute, a.a.O.

134 Vgl. die Debatten in den MdVA.

135 *Franke,* Der Unterhaltungsteil, a.a.O.

136 Das Kapitel über die Lesegewohnheiten von Arbeitern vor 1914 wird an dieser Stelle aus verlagskalkulatorischen Gründen – der erhöhte Umfang hätte den Preis des Buches in unrealistische Größenordnungen wachsen lassen – nicht publiziert. Das Kapitel ist separat unter folgendem Titel veröffentlicht worden: Kristina Zerges, Was haben Arbeiter gelesen? Siegen 1979.

ZUSAMMENFASSUNG UND DISKUSSION

1 So etwa Wassili Jakszakow, Zum Bleibergwerk verurteilt. Briefe des zu lebenslänglicher Zwangsarbeit nach Sibirien verbannten russischen Professors (1/1906); Tschirikow, Rebellen (1/1907); Sawinkowa, Die Kummerjahre (1/1909).

2 Die Klassifikation wurde nach eigener Kenntnis der Romane sowie einschlägigen Romanführern vorgenommen. Vgl. hierzu die bibliographischen Hinweise Anm. 33, S. 231.

3 Vgl. PTP der SPD, 1898, letzte Seite.

4 Vgl. hierzu den Geschäftsbericht des Parteivorstandes auf den Parteitagen von 1890 bis 1933.

5 *Feddersen,* a.a.O., S. 210.

6 Vgl. *Fülberth,* a.a.O.; *Brückner/Ricke,* a.a.O.

7 Vgl. J. *Kliche,* Der Roman in der Parteipresse, in: MdVA, Jg. 15, 1914, Nr. 122, März, S. 4–5, hier S. 5.

8 Vgl. »Realismus und Gründerzeit«, a.a.O., Bd. 1, S. 163 ff. (Literarisches Leben 1848 bis 1880).

9 Zit. nach *Schenda,* Volk ohne Buch, a.a.O., S. 226/227.

10 Ebda., S. 227.

11 Vgl. auch die Umfrage der Zeitschrift das ›Litterarische Echo‹ nach Bestsellern und Bestredern in Leihbibliotheken und Lesezirkeln, durchgeführt in den Jahren 1900 bis 1906. Viele der dort genannten Titel decken sich mit den in der Romanwochenschrift publizierten. Vgl. den vollständigen Abdruck der Liste der meistgelesenen Bücher, in: *Rossbacher,* a.a.O., S. 100.

12 Vgl. Zerges, Was haben Arbeiter gelesen, a.a.O.

13 Es handelt sich dabei um folgende Autoren:

Alexis, Auerbach, Björnson, Daudet, Dickens, Dumas, Gerstäcker, Gorki, Grillparzer, Hauff, E. Th. Hoffmann, Jokai, M. Kautsky, Kleist, Maupassant, Meyr, Mügge, Nieritz, Raabe, Rosegger, Ruppius, R. Schweichel, Scott, Spielhagen, Stifter, Storm, Telman, Tolstoi, Verne, Zola, Zschokke.

14 Vgl. *Fülberth,* Proletarische Partei ..., a.a.O., S. 112.
15 Vgl. die Texte der Redaktion zu:
   Willibald Alexis (2/1914, S. 23); Léon Cladel (1/1908, S. 24); Charles Dickens (1/1901, S. 23 und 1/1911, S. 23); Bucura Dumbrava (2/1908, S. 23); Max Eyth (1/1918/19, S. 66); Friedrich Gerstäcker (2/1913, S. 21); Victor Hugo (1/1907, S. 191); Minna Kautsky (2/1909, S. 23); H. v. Kleist (1/1918/19, S. 46); August Kopisch (2/1918/19, S. 1030); Selma Lagerlöf (2/1907, S. 23/24); Jonas Lie (2/1918/19, S. 982); Koloman Mikszath (1/1907, S. 24); Johannes Scherr (2/1907, S. 23); Levin Schücking (2/1918/19, S. 694); Robert Schweichel (1/1915, S. 20; 2/1907, S. 215 [Anekdote über Schweichel], 1/1907, S. 479 [zum Tode von Schweichel]); Walter Scott (2/1912, S. 24 und 1/1909, S. 71 und S. 95); Carl Spindler (1/1911, S. 23); Adalbert Stifter (1/1906, S. 311); Leo N. Tolstoi (1/1915, S. 21); Eugen Tschirikow (1/1907, S. 23/24); Ernst Wichert (2/1918/19, S. 807 [Bild], S. 815 [Text]); Emile Zola (1/1912, S. 23).
16 Vgl. im Gegensatz dazu etwa die vielfach geübte Aufführungspraxis der »Freien Volksbühne«, die durch einführende Vorträge, Informationen in den Programmheften (z.T. von Mehring) und anschließender Diskussion nach der Aufführung, die dialektische Perspektive herzustellen versuchte, die dem aufgeführten Stück selbst fehlen mochte. Vgl. *Brauneck,* Literatur und Öffentlichkeit, a.a.O., S. 36.
17 Vgl. hierzu die vorliegenden Studien von *Fülberth,* a.a.O., *Brauneck,* a.a.O., *Brückner/Ricke,* a.a.O., *Scherer,* a.a.O.; *Trommler,* a.a.O., um nur die wichtigsten zu nennen.
18 Mit Ausnahme von Robert Schweichel, von dem eine Vielzahl an literarischen Texten publiziert wird.
19 Vgl. die Autorennamen in der Romanliste im Anhang, die sich in jeder ›guten‹ bürgerlichen Literaturgeschichte finden werden.
20 Mit Ausnahme einiger Autoren, die zur Heimat- bzw. Bauernromanliteratur zählen.
21 Vgl. *Fülberth,* a.a.O.
22 Vgl. *Brauneck,* Literatur und Öffentlichkeit, a.a.O., S. 99 ff.
23 Ebda.
24 Vgl. hier S. 72 ff.
25 Er redigiert die »Neue Welt« von Hamburg aus, dem Ort, in dem sie auch gedruckt wird.
26 Zwischen Steiger (Leipziger Volkszeitung) und Bérard (Hamburger Echo).
27 Wir folgen hier der Darstellung von Brauneck, der als erster auf diese Zusammenhänge verwiesen hat, wenn auch nur mit Bezug auf das naturalistische Theater. Vgl. *Brauneck,* Literatur und Öffentlichkeit, a.a.O., S. 94 ff.
28 Das gleiche Ziel verfolgte schon Jahre vorher eine andere Gesetzesvorlage mit ihren sog. ›Kunstparagraphen‹, die ›Lex Heinze‹. Die Vorlage sah Verbote, Beschlagnahmungen und Strafen vor für öffentliche Aufführungen und literarische Texte, in denen ›unsittliche Handlungen‹ dargestellt werden. Die ›Kunstparagraphen‹ dieser Vorlage wurden bereits das erste Mal 1892 eingebracht. Sie richteten sich natürlich auch gegen die ›Obszönitäten‹ in der naturalistischen Literatur und damit wiederum gegen die Sozialdemokratie. Dank der Hinhaltetaktik der SPD im Reichstag konnte die Vorlage nicht durchgesetzt werden. Vgl. dazu *Fülberth,* Proletarische Partei, a.a.O., S. 104. Zur Genese der Gesetzesvorlage und zur Haltung der SPD vgl. PTP, 1900, S. 64–67.
29 Vgl. Ernst *Engelberg,* Deutschland 1871–1897, a.a.O., S. 289 ff.
30 Vgl. PTP 1897, S. 98.
31 In diesen Jahren distanziert sich die SPD auch verstärkt vom internationalen Anarchismus. In diesem Zusammenhang sind auch die Debatten in der Partei um die Haltung zum ›Lumpenproletariat‹ (die sog. ›Ballonmützen‹) wichtig. Vgl. hierzu die Debatten auf den Parteitagen; s.a. *Brauneck,* Literatur und Öffentlichkeit, a.a.O., S. 90.
32 Vgl. *Zimmermann,* a.a.O.; *Rossbacher,* a.a.O.

33 Vgl. die Autoren in den Romanlisten im Anhang.

34 Die Romanwochenschrift »In Freien Stunden« ist mit den Autoren und den Werken von Viebig, Moeschlin, Kröger, H. Kurz, Gotthelf, Krauß, Auerbach, Meißner und Schweichel vertreten.

35 Z.B. die relativ unbekannten Autoren Effner, Zöldi; vgl. die Romanliste im Anhang für die »Neue Welt« 1892–1917.

36 Vgl. die Untersuchung von Zimmermann, a.a.O., der eine Bauernromantypologie erarbeitet und die Studie von *Rossbacher*, a.a.O.

37 Vgl. Ludwig *Lessen*, Allerlei vom Zeitungsroman, a.a.O., S. 402.

38 So wurden die Kleinbauern auch nicht von der SPD aufgefangen, sondern von dem konservativen Lager, wie etwa dem Bund der Landwirte (BdL), der politisch mächtigsten Massenorganisation in den 90er Jahren neben der SPD. Nur etwa ein Prozent der Mitglieder dieses Bundes waren Großgrundbesitzer, der Rest Mittel- und Kleinbauern. Vgl. hierzu das Standardwerk von Hans-Jürgen *Puhle*, Agrarische Interessenpolitik und politischer Konservatismus im wilhelminischen Reich 1893–1914. Bonn 2. Aufl. 1975, S. 39 und S. 63.

39 Grötzsch und Krille sind nur mit sehr wenigen Erzähltexten vertreten. E. Preczang dafür allerdings mit einer stattlichen Anzahl. Vgl. die Romanliste im Anhang.

40 Vgl. hierzu beispielsweise die Feuilletonpolitik der »Roten Fahne« in der Weimarer Republik. Erste Informationen dazu liefert *Brauneck*, Die Rote Fahne, a.a.O., S. 30–38.

41 Vgl. *Kliche*, Der Roman in der Parteipresse, a.a.O., S. 5.

42 So z.B. D. Goebeler, A. Modegaard. Vgl. hierzu auch Cäcilia *Friedrich* (Hg.) Aus dem Schaffen früher sozialistischer Schriftstellerinnen. Berlin/DDR 1966.

43 Vgl. z.B. den autobiografischen Roman von Clara *Müller-Jahnke,* Ich bekenne, der im »Vorwärts« 1904 publiziert wird.

44 Vgl. Dokumente der deutschen Arbeiterbewegung zur Journalistik. Tl. I: Vormärz bis 1905. Berlin/DDR 1961, S. 48.

45 Vgl. detaillierter *Koszyk*, Zwischen Kaiserreich und Diktatur. Heidelberg 1958.

46 Vgl. die Debatten in den »Mitteilungen des Vereins Arbeiterpresse«, hier S. 88 ff.

47 Vgl. *Kliche*, Ketzereien zum Zeitungsroman, a.a.O., S. 2/3.

48 Ebda., S. 3.

49 1892 berichtet Bebel über die Gehälter der »Vorwärts«-Redakteure: »[…] Der erste Redakteur erhält monatlich 600, der zweite jährlich 5000, die anderen drei monatlich 275, 250 und 200 Mark. Außerdem ist ein Hilfsarbeiter in der Redaktion mit kleinen Nebenarbeiten für wöchentlich 25 Mark beschäftigt …« (vgl. PTP 1892, S. 93).

Als Gehälter der Redakteure Berliner Blätter vom Umfange des »Vorwärts« werden genannt: der erste Redakteur eines konservativen Blattes bezieht im Jahr 24000 Mark, die ersten Redakteure zweier liberaler Blätter 18000 und 15000 Mark. Fast ausnahmslos verdienen die ersten Redakteure nicht unter 10000 Mark. Auch die zweiten Redakteure werden viel besser bezahlt als bei der sozialdemokratischen Presse. (Vgl. ebenda)

50 Vgl. PTP 1893, S. 21.

51 Vgl. PTP 1896, S. 105.

52 Vgl. den genauen Verlauf der Debatte bei *Fülberth*, Proletarische Partei …, a.a.O., S. 123–150.

53 Vgl. ebda.

54 Vgl. ausführlicher *Fülberth*, a.a.O., S. 130/132.

55 Zit. nach *Fülberth*, a.a.O., S. 138.

56 Ebda.

57 Vgl. die Romanliste für den »Vorwärts« im Anhang.

58 Vgl. Ludwig *Lessen*, Allerlei vom Zeitungsroman, a.a.O., S. 401.

59 18,5% der Erzähltexte in der »Roten Fahne« (1919–1933) mit mehr als drei Folgen stammen von russischen Autoren (Gesamtanzahl der Texte = 108). Im »Vorwärts« der Weimarer Republik waren es nur 4,5%.

60 Vgl. *Feddersen*, a.a.O., S. 209.

61 Zum Begriff ›Arbeiterdichter‹ vgl. hier Ch. *Rülcker,* Ideologie der Arbeiterdichtung 1914–1933. Stuttgart 1970, S. 12 ff.
62 Vgl. die Repräsentanten der Arbeiterdichtung bei *Rülcker,* a.a.O., S. 15.
63 Vgl. *Stieg/Witte,* a.a.O., S. 65.
64 Vgl. hierzu die Tab. 16, Autorenüberschneidungen zwischen den drei untersuchten Presseorganen, hier S. 130–133.
65 Für den »Vorwärts« auch nicht außerhalb des täglichen Romanfeuilletons.
66 Vgl. *Zerges,* Literatur in der Massenpresse, a.a.O., S. 103–121.
67 Bei der Codierung der Merkmale für die vorliegende Studie ergaben sich zwischen den drei Beurteilern keine Abweichungen.
68 Meist greifen die Untersuchungen zur Literatur in der Parteipresse auf die Studie von Feddersen zurück. Seine Ergebnisse sind allerdings zum großen Teil zu undifferenziert und zum Teil auch falsch, wie die eigene Untersuchung zeigt.
   Dennoch soll natürlich seine Pionierarbeit auf diesem Sektor anerkannt werden.
69 Über die Zulässigkeit dieser Verfahrensweise vgl. *Krauth/Lienert,* a.a.O., S. 87 ff.
70 Vgl. *Zimmermann,* a.a.O., S. 180.
71 Ebda.
72 Zimmermann stützt sich ja auch nur auf einen spezifischen *Autorentypus,* nämlich jene Autoren, die Bauernromane schreiben. Ob seine Ergebnisse daher auf die anderen Autoren auch zutreffen, muß noch überprüft werden.
73 Vgl. *Schwenger,* Schriftsteller und Gewerkschaft, a.a.O., S. 104/105.
74 Wir hatten an dieser Stelle der Auswertung der Daten ganz bewußt darauf verzichtet, als weitere Variable bei der KFA das Publikationsorgan einzuführen. Denn bei einer Basis von 413 Autoren mit 256 Konfigurationsmöglichkeiten wären zu viele Konfigurationen infrequentiert, die KFA insgesamt also wenig praktisch bedeutsam gewesen.
   Dennoch zeichnete sich ab, daß für die Romanwochenschrift völlig andere konfigurale Typen existieren als für die beiden anderen Organe. Diese verfügten bei den hier untersuchten Merkmalskonfigurationen über identische konfigurale Typen.
75 Die Tabelle wurde aus den Jahrbüchern der Deutschen Sozialdemokratie für die Jahre 1926 bis 1931 zusammengestellt, die detaillierte Angaben über die kulturellen Aktivitäten der Partei in diesen Jahren enthalten. Vgl. Jahrbuch der Deutschen Sozialdemokratie für das Jahr 1926. Hrsg. Vorstand der Sozialdemokratischen Partei Deutschlands. Berlin 1927. Die Jahrgänge 1927–1931 erschienen ebenfalls dort.
76 Vgl. die Jahrgänge der Jahrbücher der Deutschen Sozialdemokratie, a.a.O.
77 Ebda.
78 Vgl. *Stieg/Witte,* a.a.O., S. 64 ff.
79 Vgl. die detaillierten Angaben über die Lektürefrequenzen in den Wiener Arbeiterbibliotheken bei *Exenberger,* a.a.O.
80 Vgl. die Romanliste im Anhang für den »Vorwärts« und die Aufstellung bei Rülcker über die Autoren, die zur ›Arbeiterdichtung‹ zählen: Rülcker, a.a.O., S. 15 (Max Barthel, Karl Bröger, Heinrich Lersch, Alfons Petzold, Gerrit Engelke, Schönlank, Brand, Diederich, Henckell, Preczang, Lessen, Claudius, Schenk, Krille, Kläber, Zerfaß, Kagelmacher, Thieme, Dortu, Grisar, Thurrow, Ginkel).
81 Vgl. zu Barthel auch die Glosse von Slang in der »Roten Fahne« v. 28. 12. 1928 ›Der alte und der neue Barthel‹.
82 Noch während der Roman im »Vorwärts« publiziert wird, beginnt die *Verfilmung* des Romans durch die Paramount Film A.G. Vgl. »Vorwärts«, Nr. 405, 28. 8. 1932.
   Außerdem veranstaltet der »Vorwärts« ein Preisausschreiben mit Bezug auf diesen Roman. In der Ankündigung des Preisausschreibens heißt es: »Der große Erfolg, den der jetzt im ›Vorwärts‹ und in zahlreichen anderen sozialdemokratischen Zeitungen erscheinende Roman von Irmgard Keun ›Gilgi, eine von uns‹, unter den weiblichen Angestellten gefunden hat, veranlaßt den ›Vorwärts‹, ein besonderes Preisausschreiben für seine Leserinnen zu veranstalten.« Vgl. »Vorwärts« v. 28. 10. 1932, Anzeige. Zu den Preisträgern dieses Preisausschreibens

vgl. »Vorwärts« v. 23. 2. 1933, 2. Beilage (207 Teilnehmer am Preisausschreiben).

Sehr kritisch wurde der Roman im Kreis von organisierten Leserinnen aufgenommen. So schriebt beispielsweise Gerda Backhaus (SAJ):

»[...] Warum ist denn die einzige Arbeiterin in dem ganzen Roman so schlecht beschrieben? Die Näherin. Schmutzig, verkommen, liederlich, ist es eine Schande, Schneiderin zu sein? Freilich, so eine Garderobe und Aufmachung wie Gilgi es sich mit 150 Mark leisten kann, werden wir bei einer Arbeiterin wohl kaum finden.

Die Schriftstellerin hat verschiedene Fehler gemacht, begreiflich, aber der ›Vorwärts‹, das sozialdemokratische Blatt, das wissen müßte, wie es in der Welt wirklich zugeht, darf diese Fehler nicht durchgehen lassen. Erstens, schon nicht schön, daß wir monatelang mit solch einer Geschichte beglückt werden, zweitens wird die Jugend falsch erzogen. [...] Drittens dürfen wir aber auch unseren Arbeitgebern nicht mit Gewalt die Waffen in die Hand drücken. Ganz klar und deutlich geht aus Gilgis Lebensgeschichte hervor, daß sie viel mit dem Geld anfangen kann und daß sie viel Zeit hat und viel Kraft. Acht Stunden Arbeitszeit brauchen noch nicht alle Kraft auf, sie kann noch des Abends für andere schreiben, warum soll der Arbeitgeber nicht noch dies bissel Kraft für weniger Lohn nehmen?« Vgl. »Vorwärts« v. 25. 10. 1932.

83   Wir stützen uns hier auf Einzelbeobachtungen bzw. auf einen Überblick über das Gesamtprogramm. Natürlich bedarf es einer *genauen* Überprüfung dieser Annahme.

84   Vgl. Peter de *Mendelssohn,* a.a.O., S. 90. Hier heißt es: »Er (= Scherl, K. Z.) begann mit dem Abdruck von Romanen in Fortsetzungen, aber auf eine neue Weise. Fortsetzungsromane waren an sich in der deutschen Presse nichts Neues; viele angesehene Blätter pflegten sie. Aber die Qualität der Belletristik ›unter dem Strich‹ hatte dem seriösen und gewichtigen politischen Teil zu entsprechen. Außerdem waren die meisten Zeitungen bestrebt, aus Fairneß ihren Lesern gegenüber, den Fortsetzungsroman jeweils am Ende des Monats mit dem Ablauf des Abonnements schließen zu lassen. Diese Gepflogenheiten waren für Scherls Zwecke untauglich. Leser des »Lokal-Anzeigers« konnten mit seriöser Belletristik ›unter dem Strich‹ ebensowenig anfangen wie Scherl selbst. Scherl glaubte zu wissen, was die Leute lesen wollten. Er holte sich seinen alten Mitarbeiter Ewald August König zurück, der ihm serienweise einen spannenden Roman nach dem anderen lieferte. Und was einst für die Groschenheft-Fortsetzungen galt, das galt jetzt auch für die Romanfortsetzungen: die jeweilige Fortsetzung mußte so spannend schließen, daß der Leser bestimmt auch die nächste kaufte. Scherl brachte König eine neue Schreibtechnik bei, die bei jeder Fortsetzung die Neugier auf die nächste weckte, und er richtete den Abdruck so ein, daß die spannendsten Kapitel auf die letzten Tage des Monats fielen, so daß kein Leser auf den Gedanken kam, die Zeitung am Monatsende abzubestellen. Der sogenannte »Spannungs-Umbruch« des Zeitungsromans war erfunden. Er machte bald Schule.«

Wie ersichtlich, bezieht sich der »Spannungs-Umbruch« nicht allein inhaltlich auf die einzelne Folge mit ihren Spannungsbögen, sondern auch auf die Techniken des Abdrucks innerhalb des Erscheinungsrhythmus des Publikationsorgans.

85   Vgl. die Statistik über die Zusammensetzung der Parteimitglieder und ihre Altersstruktur in PTP 1927, S. 43 und PTP 1931, S. 245. Vgl. auch Jahrbuch der Deutschen Sozialdemokratie für das Jahr 1926, a.a.O., S. 22–24; s. a. Georg *Fülberth,* Jürgen *Harrer,* Die deutsche Sozialdemokratie 1890 bis 1933, a.a.O., S. 195 ff.; s. a. Geschichte der deutschen Sozialdemokratie 1863–1975. Autorenkollektiv. Köln 1975, S. 94 ff.

86   Vgl. Geschichte der deutschen Sozialdemokratie 1890 bis 1933, a.a.O., S. 93.

87   Ebda.

88   Ebda.

89   Zur Klassifikation der Bauernromane vgl. *Zimmermann,* a.a.O., S. 67 ff. Zimmermann unterscheidet vier Grundtypen: den konservativen Krisenroman I (Handels- und Industriekapitalismus als Feindbild); den konservativfn Krisenroman II (Klassenkampf und Sozialismus als Feindbild); den konservativen Rückkehr-, Konversions- und Siedlerroman; die liberale Version des bäuerlichen Krisenromans.

ANHANG

Liste der publizierten Erzähltexte

Für die *Neue Welt* (1876–1887) chronologisch geordnet nach Jahrgängen.
Für die anderen Publikationsorgane: Nach Autoren alphabetisch geordnet.
Auflistung der Daten in der Reihenfolge:
Autorenname, Lebensdaten, Pseudonyme, Sprache des Autors (S), soziale Herkunft des Autors (V),
ausgeübte berufliche Tätigkeiten des Autors (B), Titel des publizierten Erzähltextes, Jahreszahl der
Publikation in dem Presseorgan. Gattung des publizierten Erzähltextes.

Die Neue Welt
Illustrirtes Unterhaltungsblatt für das Volk
1876–1887

1876   1. Jg.

(anonym), Die wahre Geschichte des Josua Davidsohn.
Nr. 1/1876 – Nr. 15/1876.

August Otto-Walster, Rinaldowsky. Eine moderne Räubergeschichte.
Nr. 3/1876 – Nr. 11/1876.

E. K., Ein belohnter Dienst.
Nr. 12/1876 – Nr. 16/1876.

Carl Lübeck, Goldene und eiserne Ketten.
Nr. 16/1876 – Nr. 45/1876.

Johann Philipp Becker, Abgerissene Bilder aus meinem Leben.
Nr. 17/1876 – Nr. 29/1876.

D …, P., Danton. Episode aus dem Jahre 1792.
Nr. 17/1876 – Nr. 23/1876.

Iwan Turgeniew, ›Je suis envoyé par les nôtres!‹ Eine Episode aus den Junitagen von 1848 zu Paris.
Nr. 24/1876 – Nr. 25/1876.

Robert Schweichel, Major Davel. Eine biographische Skizze aus der Schweizergeschichte des vorigen Jahrhunderts.
Nr. 26/1876 – Nr. 35/1876.

(anonym), Demos und Libertas oder Der entlarvte Betrüger. Ein Liebesdrama in zwei Akten.
Nr. 29/1876 – Nr. 30/1876.

Emil König, Ein Briefdieb. Eine wahre Erzählung.
Nr. 32/1876 – Nr. 37/1876.

Robert Schweichel, Pfingsten im Harz. Wandererinnerungen.
Nr. 36/1876 – Nr. 38/1876 und Nr. 39/1876 – Nr. 45/1876.

Minna Kautsky, Ein Proletarierkind. Novelle.
Nr. 38/1876 – Nr. 48/1876.

(anonym), Im Banne Mannons. Berliner Sittenbilder. Erzählung aus der Gegenwart von einem ›Ketzer‹.
Nr. 45/1876 – Nr. 52/1876.

1877   2. Jg.

Minna Kautsky, Eine gute Partie. Novelle.
Nr. 1/1877 – Nr. 19/1877.

W. H., Aus meinem Soldatenleben. Skizzen.
Nr. 1/1877 – Nr. 27/1877.

Theobald, Proletarier überall. Ein Märchen für große Kinder.
Nr. 9/1877 – Nr. 10/1877.

Ernst von Waldow, Straflose Verbrechen. Tagebuchblätter einer Verlassenen. Novelle.
Nr. 14/1877 – Nr. 19/1877.

Ada Christen, Wie Gretel lügen lernte.
Nr. 20/1877 – Nr. 21/1877.

P. St., In der Neuen Welt. Ein Stück Lebensge-
schichte.
Nr. 22/1877 – Nr. 24/1877.
F. Klinck, Vaters Liebling. Novelle aus dem
Emsgau.
Nr. 25/1877 – Nr. 31/1877.
Ernst von Waldow, Ein sonnenloses Leben. Fe-
derzeichnung nach der Natur.
Nr. 32/1877 – Nr. 34/1877.
Minna Kautsky, Moderne Mütter und Töchter.
Originalskizze.
Nr. 33/1877 – Nr. 35/1877.
Karl Hannemann, Die Entweihung der Fahne
des Propheten. Historische Erzählung.
Nr. 35/1877 – Nr. 39/1877.
W. H., Aus dem Wanderburschenleben.
Skizzen.
Nr. 35/1877 – Nr. 39/1877.
Ludwig Rosenberg, Ein Beitrag zum Kapitel
von der Liebe.
Nr. 38/1877 – Nr. 39/1877.

1878   3. Jg.

Ernst von Waldow, Der Erbonkel. Novelle.
Nr. 1/1878 – Nr. 17/1878.
W. H., Deutschlands Festzeit. Skizze aus den
Jahren 1860–63.
Nr. 6/1878 – Nr. 12/1878.
Minna Kautsky, Weihnachten. Erzählung.
Nr. 9/1878 – Nr. 13/1878.
Rudolf Lavant, Ein verlorener Posten. Roman.
Nr. 14/1878 – Nr. 43/1878
E. S., Exekution.
Nr. 21/1878 – Nr. 23/1878.
R. Rüegg, Aus den Erinnerungen eines Commu-
narden.
Nr. 23/1878 – Nr. 25/1878.
Max Trausil, Komödiantenfahrten im Kau-
kasus.
Nr. 27/1878 – Nr. 28/1878.
Kade, Weltausstellungsbriefe.
Nr. 29/1878 – Nr. 49/1878.
Karl Hannemann, Der Schlächter von Lithau-
en. Episode aus dem polnischen Aufstande.
Nr. 30/1878 – Nr. 32/1878.
Max Trausil, Komödiantenfahrten zwischen
Trapezunt und Fiume.
Nr. 33/1878 – Nr. 36/1878.
Lissagaray, Wie ein Communard den Versail-
lern entkam. Erzählung.
Nr. 37/1878 – Nr. 39/1878.
Max Trausil, Bei Garibaldi und am Aetna.

Nr. 41/1878 – Nr. 42/1878.
Adolf Douai, Eine Seereise und eine Auswande-
rung. Reisebericht.
Nr. 44/1878 – Nr. 48/1878.
Die Rache des Volkstribunen. Nach dem Fran-
zösischen des K. v. Wazade von Arnold
Sch...
Nr. 44/1878 – Nr. 45/1878.
August Otto-Walster, Das Patent. Novelle.
Nr. 49/1878 – Nr. 52/1878.
Minna Kautsky, Moderne Gattinnen. Skizze
aus der Gesellschaft.
Nr. 50/1878 – Nr. 52/1878.

1879   4. Jg.

Minna Kautsky, Stefan vom Grillenhof.
Roman.
Nr. 1/1879 – Nr. 52/1879.
Modernes Leben. Lose Blätter aus dem Tage-
buch eines Weltzufriedenen.
    I. Haute finance
    II. Haute volée
Nr. 3/1879 – Nr. 12/1879.
(anonym) Beim Kinde, das gestorben ist.
Nr. 13/1879 – Nr. 15/1879.
Aus den Erzählungen eines Halbasiaten (an-
onym)
Nr. 21/1879 – Nr. 24/1879 – Nr. 25/1879
Maximilian Dittrich. Herr Knauerhase. Eine
Maierinnerung.
Nr. 33/1879 – Nr. 34/1879.
Eine ungarische Räubergeschichte. Beitrag zur
Kulturgeschichte der jüngsten Vergangen-
heit. Von einem alten Honvedoffizier.
Nr. 37/1879 – Nr. 40/1879.
(anonym) Der heilige David.
Nr. 43/1879, Nr. 44/1879, Nr. 46/1879.
Manfred Wittich, Robin Hood, der König der
Geächteten und lustigen Gesellen.
Nr. 46/1879 – Nr. 47/1879.
W. H., Der Uglei-See. Erzählung.
Nr. 48/1879 – Nr. 52/1879.

1880   5. Jg.

Rudolf von B..., Dem Schicksal abgerungen.
Novelle.
Nr. 1/1880 – Nr. 52/1880.
Wilhelm Blos, Hamburg.
Nr. 1/1880 – Nr. 4/1880.
Ludwig Rosenberg, Irrfahrten. Briefe.
Nr. 14/1880 – Nr. 52/1880.
Hermann Hirschfeld. Ein verlorener Mann.

Nr. 27/1880 – Nr. 32/1880.
Rudolf Lavant, Idealisten. Novelle.
Nr. 33/1880 – Nr. 52/1880.
Carl Stichler, Ein Blick in die italienische
Schweiz. Skizze.
Nr. 38/1880 – Nr. 39/1880.
Theodor Drobisch, Bäume, die in den Himmel
wachsen wollen. Ein zeitgemäß' Wörtlein in
der Blüthenepoche des Größenwahns.
Nr. 47/1880 – Nr. 48/1880.

1881 6. Jg.

Minna Kautsky, Die Schwestern. Roman.
Nr. 1/1881 – Nr. 26/1881.
H. E., Mein Freund, der Klopfgeist. Eine Spiriti-
stengeschichte aus dem letzten Drittel des
neunzehnten Jahrhunderts.
Nr. 1/1881 – Nr. 15/1881.
Quida, Ein flandrischer Hund.
Nr. 14/1881 – Nr. 20/1881.
Wanda von Dunajew, Die Herrin von Dar-
Dschun.
Nr. 21/1881 – Nr. 23/1881.
(anonym), Ein Lorbeerkranz. Das Ende eines
Dichterlebens.
Nr. 24/1881 – Nr. 26/1881.
Minna Kautsky, Herrschen oder Dienen?
Roman.
Nr. 27/1881 – Nr. 52/1881.
(anonym) Ein kleiner Streber. Ein Stück mo-
dernsten Menschenlebens.
Nr. 38/1881 – Nr. 43/1881.
Carl Cassau, Aus Deutschlands schlimmster
Blut- und Eisenzeit. Historische Novelle.
Nr. 46/1881 – Nr. 52/1881.

1882 7. Jg.

Ferdinand Stiller, Im Kampf wider alle. Roman.
Nr. 1/1882 – Nr. 43/1882.
Max Vogler, Im Dorf der Schmid. Eine Ge-
schichte aus dem Elsaß.
Nr. 1/1882 – Nr. 15/1882.
(anonym), Auch ein Stück sozialen Lebens.
Nr. 5/1882 – Nr. 6/1882.
Karl Kassau, Geschichtliche Gespenster. Strei-
fereien im alten und neuen Athen.
Nr. 7/1882 – Nr. 11/1882.
Karl Stichler, Meine erste Gotthardfahrt. Rei-
seskizze.
Nr. 21/1882 – Nr. 24/1882.
C. Dreßler, Die Fliederzweige. Eine einfache

Geschichte.
Nr. 23/1882 – Nr. 26/1882.
Franz Carion, Verschlungene Lebenswege.
Nr. 27/1882 – Nr. 52/1882.
(anonym) Wie es in Brasilien aussieht. Brief ei-
nes Ausgewanderten.
Nr. 27/1882 – Nr. 28/1882.
M. B., Der Eltern Sünde. Eine Skizze nach dem
Leben.
Nr. 27/1882 – Nr. 29/1882.
(anonym) Edle Liebe. Novelle.
Nr. 46/1882 – Nr. 51/1882.

1883 8. Jg.

P. Olliverio, Am Nordpol. Novelle.
Nr. 1/1883 – Nr. 7/1883.
Max Vogler, Serena. Venetianische Novelle.
Nr. 1/1883 – Nr. 13/1883.
J. Zadeck, Vom Baume der Erkenntnis. Roman.
Nr. 8/1883 – Nr. 21/1883.
Otto Sigl, Der Schwedeneinfall. Novelle.
Nr. 12/1883 – Nr. 14/1883.
Antonio Schneider, Aus Brasilien. Originalbe-
richt.
Nr. 14/1883 – Nr. 15/1883.
B. Rudolf, Im Fegefeuer.
Nr. 17/1883 – Nr. 19/1883.
Enrico Castelnuovo, Ich bleibe ledig. Novel-
lette.
Nr. 20/1883 – Nr. 21/1883.
A. Titus, Böse Zungen. Novelle.
Nr. 22/1883 – Nr. 24/1883.
Reinhard Kern, Um Wahrheit. Novelle.
Nr. 22/1883 – Nr. 26/1883.
B. Oulet, Eine Geschichte von fünf Tauben.
Nr. 25/1883 – Nr. 26/1883.

1884 9. Jg.

Minna Kautsky, Die Alten und die Neuen.
Roman.
Nr. 1/1884 – Nr. 26/1884.
Carl Görlitz, Moderne Schicksale. Novelle.
Nr. 1/1884 – Nr. 10/1884.
J. S., Der Bart. Humoreske.
Nr. 2/1884 – Nr. 3/1884.
A. Titus, Warum ich kein Pfarrer wurde.
Nr. 5/1884 – Nr. 7/1884.
H. Rackow, Ein Ehepaar. Weihnachtserzäh-
lung aus dem Proletarierleben in London.
Nr. 7/1884 – Nr. 8/1884.
Hans Eckart, Hans Hasenfuß. Eine Alltagsge-

schichte aus der jüngsten Vergangenheit.
Nr. 9/1884 – Nr. 11/1884.
E. Langer, Wer trägt die Schuld? Novelle.
Nr. 11/1884 – Nr. 13/1884.
Franz Lehmann, Aus der Franzosenzeit. Erzählung.
Nr. 14/1884 – Nr. 15/1884.
M. A. Lerei, »O die Freunde!«
Nr. 16/1884 – Nr. 17/1884.
Spiridion Gopcevic, Aus dem Sklavenlande.
Nr. 18/1884 – Nr. 19/1884.
Hans Flux, Am Bodensee. Eine kleine Erzählung.
Nr. 21/1884 – Nr. 22/1884.
Hans Eckart, Ein schnurrig Stück Menschenleben. Humoristische Erzählung.
Nr. 23/1884 – Nr. 26/1884.

1885 10. Jg.

Sebastian Prutz, Auf hoher See. Sozialer Roman.
Nr. 1/1885 – Nr. 26/1885.
Berta Akermann-Haßlacher, Gräfin Eva.
Nr. 1/1885 – Nr. 6/1885.
Semper Notnagel, Fortschritt und Liebe in Birkelwitz. Eine höchst ernsthaftige Zeitgeschichte.
Nr. 2/1885 – Nr. 6/1885.
A. Weber, Tanz-Anka.
Nr. 8/1885 – Nr. 11/1885.
Maria Rupp, Christblumen.
Nr. 12/1885 – Nr. 17/1885.
W. Niedermann, Mons angelorum.
Nr. 20/1885 – Nr. 21/1885.
Albert Dulk, Reise-Erinnerungen.
Nr. 21/1885 – Nr. 26/1885.
Alfred Stelzner, Eine lange Hopfenstange. Erzählung.
Nr. 22/1885 – Nr. 23/1885.
J. Steinbeck, Mein alter Nachbar. Erzählung.
Nr. 24/1885 – Nr. 25/1885.

1886 11. Jg.

E. Langer, Vom Stamm gerissen. Roman.
Nr. 1/1886 – Nr. 10/1886.
Max Vogler, Um die Jahreswende. Erzählung.
Nr. 1/1886 – Nr. 2/1886.
Alfred Stelzner, Auf der Kleinseite. Erzählung.
Nr. 5/1886 – Nr. 7/1886.

Hans Eckhardt, Neujahr. Eine Geschichte aus dem Leben.
Nr. 10/1886 – Nr. 11/1886.
Paul Feldburg, Frühlings Sonnenstrahl. Novelle.
Nr. 11/1886 – Nr. 17/1886.
M. Thoresen, Ein Lebensbild aus dem hohen Norden. Skizze.
Nr. 12/1886 – Nr. 13/1886.
C. Steinitz, Funken. Novelle in Briefen.
Nr. 14/1886 – Nr. 17/1886.
Osk. Mokrauer-Mainé, Im Gewühle der Welt. Skizzen aus der Großstadt.
Nr. 16/1886 – Nr. 17/1886.
Maria Rupp, Vorüber. Novelle
Nr. 18/1886 – Nr. 23/1886.
E. H., Jurist und Abenteurer. Erzählung.
Nr. 24/1886 – Nr. 26/1886.
Alfred Stelzner, Hempel's Löwe. Novellette.
Nr. 24/1886 – Nr. 27/1886.

1887 12. Jg.*

J. Hirsch, Anna Pelzer, Sozialer Roman a. d. Gegenwart. (13 Folgen).
Alfred Stelzner, Die Diamantenhexe (6 Folgen).
Alfred Stelzner, Die Gefangenen des Cardinals (3 Folgen).
A. Remmin, Unter dem Giftbaum. Novelle. (10 Folgen).
Otto Berdrow, Das wahre Glück. Novellette (2 Folgen).
Maria Rupp, Aus der Jugendzeit (4 Folgen).
Otto Roquette, Der Kobold. Roman. (24 Folgen).
K. v. K., In der letzten Stunde. Pariser Novelle (3 Folgen).
Maria Rupp, Mutter und Kind (6 Folgen).
M. Rudolf, Nelken und Reseda. Humoreske (3 Folgen).
Bernhard Westenburger, Allerlei Rechnungen (3 Folgen).
Erckmann-Chatrian, Vetter Fritz (Übers. v. Ludwig Pfau) (15 Folgen).
M. H., Weihnachtsfest (2 Folgen).

* Für den Jahrgang 1887 lag der Verfasserin nur das Inhaltsverzeichnis vor. Da dieses nur die Seitenzahlen, nicht aber die Heftnummern auswies, konnte nur die jeweilige Anzahl der Folgen bestimmt werden.

Berliner Volksblatt (BV) 1884–1890
Vorwärts (V) 1891–1933

Aakjär, Jeppe (1866–1930); S.: Dänisch; V.:
Bauer; B.: Lehrer, Journalist, Schriftsteller;
Frederik Tapbergs Pflugessen, V (1907).
Aho, Juhani (1861–1921); S.: Finnisch; V.:
Pfarrer; B.: Journalist; Der Herr von Kaarna-
järvi, V (1908); Schweres Blut, V (1921),
Roman.
Aisman, D.; S.: –; V.: –; B.: –; Das Erwachen, V
(1907); So hat jeder seinen Kummer, V
(1911).
Alechem, Scholem (1859–1916); S.: Jiddisch;
V.: –; B.: Redakteur, Schriftsteller; Mit der
Etappe, V (1920).
Andersen-Nexö, Martin (1869–1954); S.: Dä-
nisch; V.: Steinhauer; B.: Arbeiter, Lehrer,
Schriftsteller; Schicksal, V (1910), Erzäh-
lung; Pelle der Eroberer, V (1911), Roman;
Pelle der Eroberer. Lehrjahre, V (1911); Das
Glück, V (1911), Erzählung; Pelle der Erobe-
rer, V (1912); Pelle der Eroberer, V (1912);
Das gelobte Land, V (1913), Eine Erzählung
aus dem Bornholmer Nordland; Überfluß, V
(1915), Roman; Stine Menschenkind, V
(1919), Roman; Stine Menschenkind. II, V
(1921); Die Familie Frank, V (1924),
Roman.
Andrejew, Leonid (1871–1919); S.: Russisch;
V.: Geometer; B.: Rechtsanwalt, Journalist,
Schriftsteller; Die Geschichte der sieben Ge-
henkten, V (1908), Novelle.
Anzengruber, Ludwig (1839–1889); S.:
Deutsch; V.: Beamter; B.: Schauspieler, Re-
dakteur, Schriftsteller; Die Märchen des
Steinklopferhanns, V (1920), Erzählung.
Aram, Kurt (1869–1934); eig. Hans Fischer; S.:
Deutsch; V.: –; B.: Redakteur, Schriftsteller;
Unter Wolken, V (1900), Ein Herbst- und
Ehestandsroman.
Arzybaschew, Michail (1878–1927); S.: Rus-
sisch; V.: Kreispolizeichef; B.: Journalist,
Schriftsteller; Der Arbeiter Schewyrjoff, V.
(1909); Ein Tag, V (1910), Erzählung.
Asch, Nathan; S.: Amerikanisch; V.: –; B.: –;
Als die Firma verkrachte, V (1929), Roman.
Azevedo, Aluizio (1857–1913); S.: Brasilia-
nisch; V.: –; B.: Schriftsteller, Diplomat; Ein
brasilianisches Mietshaus, V (1930), Roman.

Baake, Curt (1864–1938); S.: Deutsch; V.: –;
B.: Theaterdirektor, Redakteur, Politiker;

Ein Sprung, BV (1886).
Balzac, Honoré de (1799–1850); S.: Franzö-
sisch; V.: –; B.: Angestellter, Schriftsteller;
Haus Nuzinger, V (1893), Roman; Gobseck,
V (1905).
Barbusse, Henry (1873–1935); S.: Franzö-
sisch; V.: Schriftsteller; B.: Journalist,
Schriftsteller; Das Morgengrauen, V (1919),
(Auszug aus ›Das Feuer‹); Erleuchtung, V
(1919), Roman.
Barta, Ludwig; S.: Ungarisch; V.: –; B.: –; Die
Verbreitung des Wortes, V (1919).
Barthel, Max (1893–1975); S.: Deutsch; V.:
Maurer; B.: Fabrikarbeiter, Schriftsteller,
Journalist; Aufstieg der Begabten, V (1929),
Roman.
Baum, Oskar (1883–1941); S.: Deutsch; V.: –;
B.: Klavierlehrer; Der Weg des blinden Bru-
no, V (1926), Roman.
Baum, Vicky (1888–1960); S.: Deutsch; V.:
Beamter; B.: Harfenistin, Redakteurin,
Schriftstellerin; Die Welt ohne Sünde, V
(1922), Der Roman einer Minute.
Beach, Rex (1877–1949); S.: Amerikanisch;
V.: Farmer; B.: Arbeiter, Schriftsteller; Die
Silberschwärme, V (1927), Roman.
Bérence, Fred; S.: –; V.: –; B.: –; Gerichtstag.
Erinnerungen, V (1927).
Berger, Henning; S.: –; V.: –; B.: –; Helge Ben-
dels Luftschlösser, V (1913), Ein Chicago-
Roman.
Bernard, Tristan (1866–1947); S.: Franzö-
sisch; V.: Unternehmer; B.: Advokat, Redak-
teur; Der Fall Larcier, V (1928).
Berthel, Elie; S.: –; V.: –; B.: –; Das Diamant-
auge, BV (1889).
Björnson, Björnstjerne (1832–1910); S.: Nor-
wegisch; V.: Pfarrer; B.: Journalist, Theater-
direktor, Schriftsteller; Mutters Hände, V
(1910).
Blasco-Ibanez, Vicente (1867–1928); S.: Spa-
nisch; V.: –; B.: Politiker, Redakteur, Schrift-
steller; Die Ruerta, V (1905), Roman; Schiff
und Schlamm, V (1908), Roman; Die Arena,
V (1910), Roman.
Blos, Wilhelm (1849–1927); S.: Deutsch; V.:
Arzt; B.: Journalist, Politiker; Rothenburger
Tage, V (1891), Historischer Roman.
Bock, Alfred (1859–1932); S.: Deutsch; V.: –;
B.: (Dr. h. c.) Schriftsteller; Der Flurschütz, V
(1901), Roman; Der Kuppelhof, V (1906),
Roman; Die Oberwälder, V (1912), Roman.
Bojer, Johan (1872–1959); S.: Norwegisch; V.:

Bauer; B.: Arbeiter, Offizier, Schriftsteller; Eine Pilgerfahrt, V (1905), Erzählung; Die Macht der Lüge, V (1922), Roman; Die Lofotfischer, V (1923/24), Roman.

Borchard, Heinrich; S.: –; V.: –; B.: –; Der Kampf um Bliesener, V (1899).

Bordeaux, Henry (1870–1963); S.: Französisch; V.: Beamter; B.: Rechtsanwalt, Journalist, Schriftsteller; Yamile unter den Zedern, V (1926), Roman.

Boßhart, Jakob (1862–1924); S.: Deutsch; V.: Landwirt; B.: Lehrer, Schriftsteller; Das Dödeli, V (1921).

Brachvogel, Albert Emil; S.: Deutsch; V.: Kaufmann; B.: Schauspieler, Sekretär, Schriftsteller; Der Trödler, BV (1886), Roman.

Brinkmann, Ludwig; S.: Deutsch; V.: –; B.: –; Die Erweckung der Maria Carmen, V (1915), Roman.

Brissac, Henry; S.: –; V.: –; B.: –; Erinnerungen eines Kommunekämpfers, V (1897).

Broodcoorens, Pierre; S.: –; V.: –; B.: –; Rotes Vlamenblut, V (1915).

Bruun, Laurids (1864–1935); S.: Dänisch; V.: –; B.: Angestellter, Schriftsteller; Eine seltsame Nacht. V (1922). Roman in vier Stunden.

Buchholtz, Johannes (1882–1940); S.: Dänisch; V.: –; B.: Eisenbahnbeamter; Die Wunder der Klara van Haag, V (1927), Roman.

Bührer, Jakob (geb. 1882); S.: Deutsch; V.: –; B.: Kaufmann, Journalist, Schriftsteller; Kilian, V (1923), Roman.

Büsing, Erna (1889–1952); S.: Deutsch; V.: –; B.: –; Anita und ihr Cowboy, V (1932), Novelle.

Bulwer, Edward Lytton (1803–1873); S.: Englisch; V.: Adel; B.: Privatsekretär, Politiker, Schriftsteller; Rienzi, V (1896), Roman.

Bundgaard, Christen; S.: –; V.: –; B.: –; Proletarier, V (1908).

Burgstaller, Paul; S.: Deutsch; V.: –; B.: –; Die Befreiung der Hilde Fernleitner. V (1928). Ein Wiener Roman.

Busse, Karl (1872–1918); S.: Deutsch; V.: Beamter; B.: Journalist, Schriftsteller; Die schöne Andrea, V (1905).

Caine, Thomas Henry Hall (1853–1931); S.: Englisch; V.: –; B.: Journalist, Schriftsteller; Der Manterman, V (1902), Roman.

Christiansen, Sigurd (1891–1947); S.: Norwegisch; V.: –; B.: Postangestellter; Zwei Lebende und ein Toter, V (1932), Roman.

Colonius, D.; S.: –; V.: –; B.: –; Die Verführerin, BV (1886).

David, Jakob Julius (1859–1906); S.: Deutsch; V.: Kleinhändler; B.: (Dr. phil.), Journalist, Schriftsteller; Das Blut, V (1899), Roman; Das Ungeborene, V (1905).

Deledda, Grazia (1871–1936); S.: Italienisch; V.: –; B.: Schriftstellerin; Der Alte vom Berge, V (1904), Roman.

Delle Grazie, Marie (1864–1931); S.: Deutsch; V.: Bergbaudirektor; B.: Lehrerin, Schriftstellerin; Vor dem Sturm, V (1911), Roman.

Delta, Kurt; S.: –; V.: –; B.: –; Der erste Flug zum Mars, V (1928), Eine technisch-phantastische Erzählung.

Desberry, Lawrence H. (1883–1951); eig.: Hermynia Zur Mühlen; S.: Deutsch; V.: Beamter; B.: Lehrerin, Journalistin, Schriftstellerin; Im Schatten des elektrischen Stuhls, V (1929), Roman.

Detring, K.; S.: –; V.: –; B.: –; Ihre Tochter, BV (1888).

Deutsch, Michael (geb. 1868); S.: Deutsch; V.: –; B.: –; Berliner Märztage, V (1895).

Didring, Ernst; S.: –; V.: –; B.: –; Pioniere, V (1918), Roman aus dem Norden.

Disraeli, Benjamin (1804–1881); S.: Englisch; V.: Literarhistoriker; B.: Journalist, Politiker; Sybil, BV (1886/1887), Roman.

Dos Passos, John (1896–1970); S.: Amerikanisch; V.: Rechtsanwalt; B.: Journalist, Schriftsteller; Drei Soldaten, V (1923), Roman.

Dostojewski, Fedor (1821–1881); S.: Russisch; V.: Arzt; B.: Angesteller, Schriftsteller; Raskolnikov, BV (1888/1889), Roman.

Drescher, R.; S.: –; V.: –; B.: –; Block S. V (1930). Ein Eisenbahnerroman.

Dux, Dr.; S.: –; V.: –; B.: –; Gesucht und gefunden, BV (1884/1885).

Ebner-Eschenbach, Marie v. (1830–1916); S.: Deutsch; V.: Adel; B.: Schriftstellerin; Der Vorzugsschüler, V (1909); Das Gemeindekind, V (1911); Rittmeister Brand, V (1913), Erzählung.

Eekhoud, Georges (1854–1927); S.: Belgisch; V.: –; B.: Gutsbesitzer, Lehrer, Journalist; Neu-Karthago, V (1898), Roman.

Egge, Peter Andreas (1869–1959); S.: Norwegisch; V.: Fuhrmann; B.: Kaufmann, Seemann, Journalist; Der Schiffsjunge, V (1898), Erzählung; Hanna, V (1899).

Ehrenburg, Ilja (1891–1967); S.: Russisch; V.: Angestellter; B.: Journalist, Schriftsteller; Ich bin ein echter Kommunard, V (1925); Am laufenden Band, V (1929).

Eisner, Kurt (1867–1919); S.: Deutsch; V.: Fabrikant; B.: Journalist, Politiker; Sinnenspiel, V (1925). Aus einem Tagebuch.

Elvestad, Sven (1884–1934); S.: Norwegisch; V.: –; B.: Journalist; Montrose, V (1920), Detektivroman.

Enderling, Paul (1880–1938); S.: Deutsch; V.: –; B.: Schriftsteller; Fräulein, V (1921), Roman.

Ernst, Otto (1862–1926); S.: Deutsch; V.: Arbeiter; B.: Lehrer, Schriftsteller; Semper der Jüngling, V (1908), Roman.

Ewald, Karl; S.: –; V.: –; B.: –; Der Fuchs, V (1910).

Fern, Edna (geb. 1861); S.: Deutsch; V.: Gutsbesitzer; B.: Angestellte, Schriftstellerin; Fé, V (1891).

Fischer, Karl; S.: –; V.: –; B.: –; ›Soldat sein schon‹, V (1909).

Fleuron, Svend (1874–1966); S.: Dänisch; V.: Gutsbesitzer; B.: Offizier, Schriftsteller; Sommer auf dem Lande, V (1925), Dackelerlebnisse; Schnock, V (1925), Ein Roman von See und Sümpfen.

Förter, Wilhelm Meyer; S.: –; V.: –; B.: –; Alltagsleute, V (1898).

France, Anatole (1844–1924); S.: Französisch; V.: Buchhändler; B.: Lektor, Bibliothekar, Schriftsteller; Putois, V (1924).

Francé, R.; S.: –; V.: –; B.: –; Die welsche Nachtigall, V (1917), Der Roman eines sterbenden Jahrhunderts.

Frank, Leonhard (1882–1961); S.: Deutsch; V.: Schreiner; B.: Arbeiter, Schriftsteller; Der Bürger, V (1924), Roman; Die Entgleisten, V (1929/1930), Roman in Bildern.

Frank, Paul; S.: –; V.: –; B.: –; Der Ruf durchs Fenster, V (1922), Roman.

Franke-Schievelbein, Gertrud (1851–1914); S.: Deutsch; V.: Bildhauer; B.: Schriftstellerin; Der Unkenteich, V (1902), Roman.

Franko, Iwan (1836–1916); S.: Russisch; V.: Bauer; B.: Journalist, Politiker; Am häuslichen Herd, V (1898).

Frapié, Leon (1863–1949); S.: Französisch; V.: –; B.: Beamter; Die Figurantin, V (1926), Roman eines Dienstmädchens.

Freuchen, Lorentz Peter (1886–1957); S.: Dänisch; V.: –; B.: Forscher, Ethnologe; Der Eskimo, V (1929), Ein Roman von der Hudson-Bai.

Frey, Alexander Moritz (1881–1957); S.: Deutsch; V.: Galeriedirektor; B.: Schriftsteller; Die Pflasterkästen, V (1929), Roman.

Friedrich, Friedrich (1828–1890); S.: Deutsch; V.: Pfarrer; B.: Redakteur, Schriftsteller; Am Horizont, BV (1887).

Garborg, Arne (1851–1924); S.: Norwegisch; V.: Bauer; B.: Lehrer, Revisor, Schriftsteller; Bei Mama, V (1891).

Garschin, Wsewolod (1855–1888); S.: Russisch; V.: Adel; B.: Offizier, Schriftsteller; Vier Tage, BV (1885), Novelle; Vier Tage, V (1895), Novelle.

Geijerstam, Gustav (1858–1909); S.: Schwedisch; V.: –; B.: Journalist, Schriftsteller; Auf der letzten Schäre, V (1902).

Gerstäcker, Friedrich (1816–1872); S.: Deutsch; V.: Bühnentenor; B.: Arbeiter, Schriftsteller; Im Eckfenster, BV (1885), Roman; Eine Mutter, BV (1886), Roman; Der Erbe, BV (1888), Roman.

Gibbs, John Sir (1877–1962); S.: Englisch; V.: Beamter; B.: Redakteur, Schriftsteller; Der Mittelweg, V (1925), Roman.

Gladkow, Fjodor (1883–1958); S.: Russisch; V: Bauer; B.: Lehrer, Schriftsteller; Zement, V (1928), Roman.

Glümer, Hans von; S.: –; V.: –; B.: –; Tagebuch eines entlassenen Sträflings, V (1912).

Gogol, Nikolaus (1809–1852); S.: Russisch; V.: Gutsbesitzer; B.: Lehrer, Professor, Schriftsteller; Der Hader zweier Mirogoder Größen, V (1909).

Goncourt, Edmond de (1822–1896); S.: Französisch; V.: Offizier; B.: Schriftsteller; Die Brüder Zemganno, V (1907), Autobiographischer Roman.

Gorki, Maxim (1868–1936); S.: Russisch; V.: Tischler; B.: Arbeiter, Lektor, Schriftsteller; Die Mutter, V (1907), Roman; Foma Gardjejew, V (1902), Roman; Im Kosakendorf, V (1925).

Grenen, Esther (Hrsg.); S.: –; V.: –; B.: –; Der Fall Rist. Zeitungsausschnitte, Dokumente, Protokolle, V (1930).

Grimm, Hans (1875–1959); S.: Deutsch; V.: Professor; B.: kaufmänn. Angestellter, selb-

ständiger Kaufmann, Schriftsteller; Dina.
Eine Erzählung aus Südwestafrika, V (1915).
Grötzsch, Robert (1878–1946); S.: Deutsch;
V.: Arbeiter; B.: Arbeiter, Redakteur; In der
nordalbanischen Wildnis, V (1929), Reisebe-
richt.

Hagemeister, Heinz; S.: –; V.: –; B.: –; Der
Mann am Faden, V (1930), Ein Boxerroman.
Hahnewald, Edgar; S.: –; V.: –; B.: –; Peter
Schlemihls Erlösung, V (1919), Erzählung.
Hamp, Pierre (1876–1962); S.: Französisch;
V.: Küchenmeister; B.: Koch, Fabrikinspek-
tor; Flachs, V (1930), Roman.
Hamsun, Knut (1859–1952); S.: Norwegisch;
V.: Schneider; B.: Arbeiter, Angestellter,
Schriftsteller; Schwärmer, V (1906), Novel-
le; Segen der Erde, V (1920), Roman; Kleine
Erlebnisse, V (1932).
Harry, Myriam; S.: –; V.: –; B.: –; Die Erobe-
rung von Jerusalem, V (1906).
Harte, Bret (1836–1902); S.: Amerikanisch;
V.: Lehrer; B.: Arbeiter, Lehrer, Journalist;
Cressy, V (1901).
Hedenstjerna, Alfred af; S.: –; V.: –; B.: –; Die
Badereise der Familie Hellvic, V (1898).
Hegeler, Wilhelm (1870–1943); S.: Deutsch;
V.: Kaufmann; B.: Schriftsteller; Flammen,
V (1905), Roman; Der Apfel der Elisabeth
Hoff, V (1925), Roman.
Heijermans, Hermann (1864–1924); S.: Nie-
derländisch; V.: –; B.: Kaufmann, Journalist;
Der Hungerkünstler, V (1911).
Heilbut, Iwan (1898–1972); S.: Deutsch; V.: –;
B.: Journalist, Lehrer, Journalist; Zu stark
für dieses Leben, V (1927); Damals, V
(1929), Roman; Quartett, V (1930), Ein Ber-
liner Roman.
Held, Franz (1862–1908); S.: Deutsch; V.: Fa-
brikbesitzer; B.: Schriftsteller; Zu Tode ge-
hetzt, V (1895); Veine, V (1912).
Hellwig, Wilhelm; S.: –; V.: –; B.: –; Auf
Nachtposten, V (1909).
Hermann, Georg (1871–1943); S.: Deutsch;
V.: Kaufmann; B.: Journalist; Die Zukunfts-
frohen, V (1898), Skizze.
Herrmann, Ferdinand; S.: –; V.: –; B.: –; Ein
Brillantenhalsband, BV (1886).
Herrmann-Neiße, Max (1886–1941); S.:
Deutsch; V.: –; B.: Journalist, Schriftsteller;
Die Begegnung, V (1925).
Heye, Arthur (1885–1947); S.: Deutsch; V.: –;
B.: –; Eine Angstsafari, V (1923).

Hillern, Wilhelmine von (1836–1916); S.:
Deutsch; V.: –; B.: Schauspielerin, Schrift-
stellerin; Ein alter Streit, V (1897), Ein Baye-
rischer Volksroman.
Hinrichs, August (1879–1956); S.: Deutsch;
V.: Schreiner; B.: Tischlermeister, Schrift-
steller; Das Licht der Heimat, V (1920),
Roman.
Hoefer, Edmund (1819–1882); S.: Deutsch;
V.: Stadtgerichtsdirektor; B.: (Dr. phil.) Re-
dakteur; Erzählungen eines alten Tambours,
V (1916), Roman.
Hoffmann, Adolph; S.: –; V.: –; B.: –; Knorke,
V (1926).
Holek, Heinrich; S.: Deutsch; V.: –; B.: –;
In Sommerarbeit auf dem Rittergut, V
(1913).
Holländer, Felix (1867–1931); S.: Deutsch; V.:
Arzt; B.: Intendant, Redakteur, Schriftstel-
ler; Der Baumeister, V (1905), Roman.
Holzamer, Wilhelm (1870–1907); S.: Deutsch;
V.: Sattler; B.: Lehrer, Bibliothekar, Schrift-
steller; Der Entgleiste, V (1910), Roman;
Luls, V (1912).
Huggenberger, Alfred (1867–1960); S.:
Deutsch; V.: Bauer; B.: Bauer; Die Bauern
von Steig, V (1913), Roman.
Hugo, Victor (1802–1885); S.: Französisch;
V.: General; B.: Schriftsteller; Mord im
Zuchthaus, V (1929), Novelle; Der letzte
Tag eines Verurteilten, V (1899).
Huldschiner, Richard (1872–1931); S.:
Deutsch; V.: Kaufmann; B.: Arzt, Journalist;
Die heilige Kumernus, V (1905).
Hyan, Hans (1868–1944); S.: Deutsch; V.: –;
B.: Kaufmann, Schriftsteller; Im Namen des
Geistes, V (1910).

Ilf, Ilja – F. *Petrow* (1897–1937); S.: Russisch;
V.: Angestellter; B.: Journalist; 12 Stühle, V
(1931), Roman.
Ilg, Paul (1875–1957); S.: Deutsch; V.: –; B.:
Kaufmann, Redakteur, Schriftsteller; Tobel-
volk, V (1909); Das Menschlein Matthias, V
(1914), Roman; Der starke Mann, V (1917),
Eine schweizerische Offiziersgeschichte.

Jenö, Tersanky; S.: Ungarisch; V.: –; B.: –; Die
fliegende Familie. Geschichte eines Artisten,
V (1931).
Janson, Gustav; S.: Schwedisch; V.: –; B.: –;
Lügen, V (1912); Das Meer, V (1912); An die
Scholle gebunden, V (1913).

Jensen, Johannes V. (1873–1950); S.: Dänisch; V.: Tierarzt; B.: (Dr. h. c.) Journalist; Madame d'Ora, V (1907), Roman.

Jerome, Jerome K. (1859–1927); S.: Englisch; V.: Pfarrer; B.: Eisenbahnbeamter, verschiedene Berufe, Schriftsteller; Anthony John, V (1925), Roman.

Jokai, Moritz (1825–1904); S.: Ungarisch; V.: Adel; B.: Redakteur, Politiker; Ein Goldmensch, BV (1889), Roman.

Jong, Adrianus Michael de (1888–1943); S.: Niederländisch; V.: Arbeiter; B.: Lehrer, Journalist; Mereyntje Geysens Kindheit, V (1929), (Romanauszug).

Juschkewitsch, Semen (1868–1927); S.: Russisch; V.: –; B.: Schriftsteller; Ita Haine, V (1909).

Kahler, Franz, S.: –; V.: –; B.: –; Der Bauernführer, V (1897).

Kautsky, Minna (1837–1912); S.: Deutsch; V.: Dekorationsmaler; B.: Schauspielerin, Schriftstellerin; Helene, V (1893/94), Roman; Im Vaterhause, V (1904), Roman.

Keller, Gottfried (1819–1890); S.: Deutsch; V.: Drechsler; B.: Landschaftsmaler, Schreiber, Schriftsteller; Romeo und Julia auf dem Dorfe, V (1913), Erzählung; Die drei gerechten Kammacher, V (1920), Erzählung.

Kesser, Hermann (1880–1952); S.: Deutsch; V.: –; B.: (Dr. phil.) Journalist, Schriftsteller; Das Verbrechen der Elise Geitler, V (1923).

Keun, Irmgard (geb. 1910); S.: Deutsch; V.: –; B.: Schauspielerin, Schriftstellerin; Gilgi, eine von uns, V (1932), Roman.

Kielland, Alexander Lange (1849–1906); S.: Norwegisch; V.: Kaufmann; B.: Ziegeleibesitzer, Politiker; Else, V (1899), Novelle; Treu, V (1911).

Knauf, Erich (1895–1944); S.: Deutsch; V.: –; B.: Lektor, Journalist; Donner über der Adria, V (1932), Nach einem Tagebuchroman von Karl Hans Schober.

Knoeckel, Charlotte (geb. 1881); S.: Deutsch; V.: –; B.: Krankenschwester, Arbeiterin, Schriftstellerin; Kinder der Gasse, V (1906), Roman.

Knudsen, Jakob Christian (1858–1917); S.: Dänisch; V.: Lehrer; B.: Lehrer, Pfarrer, Schriftsteller; Anders Hjarmsted, V (1917).

Köhler, W. H.; S.: –; V.: –; B.: –; Das Erntefest, BV (1884).

König, Ewald August (1833–1888); S.:

Deutsch; V.: Kaufmann; B.: Kaufmann, Schriftsteller; Die Hand der Nemesis, BV (1885/86), Roman; Spuren im Sande, BV (1886), Roman.

Komaromi, Johann; S.: Ungarisch; V.: –; B.: –; He, Kosaken, V (1929).

Konopnicka, Maria (1842–1910); S.: Polnisch; V.: Advokat; B.: Redakteurin, Schriftstellerin; Unter dem Schutze des Gesetzes, V (1900).

Korolenko, Vladimir (1853–1921); S.: Russisch; V.: Gutsbesitzer; B.: Journalist; Marusja, V (1900); Ein gewöhnlicher Fall, V (1903); Eine alltägliche Erscheinung, V (1910).

Krause, August Friedrich (geb. 1872); S.: Deutsch; V.: –; B.: Lehrer, Redakteur; Die Meisterin, V (1911).

Krauß, Hans Nicolas (1861–1906); S.: Deutsch; V.: –; B.: Schriftsteller, Redakteur; Lena, V (1896), Roman; Die Stadt, V (1902), Roman; Wolfgang Wietling, V (1905), Roman.

Kretzer, Max (1854–1941); S.: Deutsch; V.: Gastwirt; B.: Arbeiter, Schriftsteller; Was ist Ruhm, V (1910), Roman.

Kristensen, Aage Tom (geb. 1893); S.: Dänisch; V.: Arbeiter; B.: Lehrer, Journalist; Das unbegreifliche Ich. Geschichte einer Jugend, V (1925), Roman.

Kröger, Timm (1844–1918); S.: Deutsch; V.: Bauer; B.: Landwirt, Richter, Schriftsteller; Der Einzige und seine Liebe, V (1907), Novelle; Du sollst nicht begehren, V (1907); Erhaltung der Kraft, V (1909), Schneiderglück, V (1919), Erzählung.

Krohg, Christian (1852–1925); S.: Norwegisch; V.: –; B.: Kunstmaler, Direktor d. Kunstakademie; Albertine, V (1912), Roman.

Kuprin, Aleksandr (1870–1938); S.: Russisch; V.: Beamter; B.: Offizier, Schriftsteller; Das Duell, V (1905), Roman; Die Hochzeit, V (1915).

Kurz, Hermann (1813–1873); S.: Deutsch; V.: Handwerker; B.: Vikar, Schriftsteller, Redakteur, Bibliothekar; Die Guten von Gutenburg, V (1911), Roman.

Kuylenstjerna, Elisabeth; S.: –; V.: –; B.: –; Kleinbürger, V (1903).

Lagerlöf, Selma (1858–1940); S.: Schwedisch; V.: Gutsbesitzer; B.: Lehrerin, Schriftstellerin; Jans Heimweh. Eine Geschichte aus dem Wärmland, V (1916).

Latzko, Andreas (1876–1943); S.: Deutsch; V.: –; B.: –; Marcia Reale, V (1926), Novelle.

Law, John (eig.: M. Harkness); S.: Englisch; V.: –; B.: –; Kapitän Lobe, V (1891); Joseph Coney, V (1899).

Lemonnier, Camille (1844–1913); S.: Belgisch; V.: –; B.: Schriftsteller; Ein Mann, V (1913), Roman.

Lewis, Sinclair (1885–1951); S.: Amerikanisch; V.: Arzt; B.: Journalist, Lektor, Schriftsteller; Der Erwerb, V (1930), Roman.

Lichtneher, Friedrich; S.: –; V.: –; B.: –; Jaoe, jaoe, Taifun über Schanghai, V (1930), Roman eines Aufstandes.

Lie, Jonas (1833–1908); S.: Norwegisch; V.: Richter; B.: Rechtsanwalt, Schriftsteller; Schlächter Tobias, V (1897); Drauf Los, V (1901), Roman; Böse Mächte, V (1903), Roman; Niobe, V (1904), Roman; Auf Irrwegen, V (1908), Roman.

Linnankoski, Johannes (1869–1913); S.: Finnisch; V.: Bauer; B.: Redakteur, Lehrer, Schriftsteller; Die Flüchtlinge, V (1924), Roman.

Löffel, Gustav: S.: –; V.: –; B.: –; Die Tochter des Bankerotteurs, BV (1886).

London, Jack (1876–1916); S.: Amerikanisch; V.: Astrologe; B.: Arbeiter, Journalist, Schriftsteller; Wenn die Natur ruft, V (1910); Mauki, V (1925), Erzählung; Wolfsblut, V (1928), Roman; Lockruf des Goldes, V (1929), Roman.

Luitpold, Josef (eig. Stern, Josef Luitpold) (1886–1966); S.: Deutsch; V.: Redakteur; B.: Redakteur, Leiter d. Wiener Arbeiterbüchereien (Professor h.c.); Bilal, V (1919).

Madelung, Aage (1872–1949); S.: Dänisch; V.: –; B.: –; Ein Pogrom, V (1909).

Madsen, Oscar; S.: –; V.: –; B.: –; Frau Pilatus, V (1902).

Malot, Hector (1830–1907); S.: Französisch; V.: –; B.: Angestellter, Journalist; Der Schuldige, V (1899), Roman.

Maupassant, Guy de (1850–1893); S.: Französisch; V.: Adel; B.: Beamter, Schriftsteller; Bel Ami, V (1892/93), Roman; Nach Kairman, V (1896); Fettchen, V (1909).

Mauthner, Fritz (1849–1923); S.: Deutsch; V.: Fabrikant; B.: Redakteur, Schriftsteller; Die Fanfare, V (1900), Roman; Die bunte Reihe,

Meroz, Jean; S.: –; V.: –; B.: –; Er kehrt zurück, V (1891), Roman.

Mikkelsen, Ejuar; S.: Dänisch; V.: –; B.: –; Sachawachiak, der Eskimo, V (1922).

Mikszath, Koloman (1847–1910); S.: Ungarisch; V.: –; B.: Beamter, Journalist; Der Zauberkasten, V (1897), Roman.

Möbus, Else; S.: –; V.: –; B.: –; Familie Loriot, V (1932), Roman.

Möllhausen, Balduin (1825–1905); S.: Deutsch; V.: Ingenieur; B.: Topograph, Kustos, Schriftsteller; Das Mormonenmädchen, BV (1885), Roman.

Molo, Walter von (1880–1958); S.: Deutsch; V.: Adel; B.: Ingenieur, Schriftsteller; Ums Menschentum, V (1917), Ein Schiller-Roman.

Moore, George (1852–1933); S.: Irisch; V.: Grundbesitzer; B.: Sheriff, Theaterdirektor; Esther Waters, V (1904), Roman.

Mostar, Gerhart Hermann (1901–1973); S.: Deutsch; V.: Lehrer; B.: Lehrer, Redakteur, Schriftsteller; Der Aufruhr der schiefen Bahn, V (1929), Roman einer Revolution; Schicksal im Sande, V (1931), Roman; Anja, V (1932).

Müller-Jahnke, Clara (1860–1905); S.: Deutsch; V.: Pfarrer, B.: Lehrerin, Redakteurin, Schriftstellerin; Ich bekenne, V (1904), Autobiographischer Roman.

Müller-Schlösser, Hans (1884–1956); S.: Deutsch; V.: –; B.: Schriftsteller; Jan Krebsereuter. Seine Taten, Fahrten und Meinungen, V (1920), Roman.

Nenni, Pietro; S.: –; V.: –; B.: –; Todeskampf der Freiheit, V (1929), Tatsachenbericht.

Nitschke, Wilhelm; S.: –; V.: –; B.: –; Geschichte eines Tischlerjungen, V (1929).

Nylander, John W.; S.: –; V.: –; B.: –; Heimweh, V (1923), Eine Geschichte der Sehnsucht.

O'Flaherty, Liam (geb. 1897); S.: Irisch; V.: –; B.: Gelegenheitsarbeiter, Schriftsteller; Die Nacht nach dem Verrat, V (1928), Roman.

Ojetti, Ugo (?–1946); S.: Italienisch; V.: Architekt; B.: Journalist; Sünde und Buße, V (1910).

Ortmann, Reinhold (1859–1929); S.: Deutsch; V.: –; B.: Dramaturg, Schriftsteller; Im Hause des Verderbens, BV (1886), Roman.

Orzesko, Elise (1841–1910); S.: Polnisch; V.:

Gutsbesitzer; B.: Schriftstellerin; Der Winterabend, BV (1890).

Otto-Walster, August (1834–1898); S.: Deutsch; V.: Lederhändler; B.: (Dr. phil.) Redakteur, Politiker, Schriftsteller; Am Webstuhl der Zeit, V (1892), Roman.

Pakosch, Franz; S.: Deutsch; V.: –; B.: Arbeiter; Drei Jahre in Sowjetrußland, V (1928), Erlebnisse eines deutschen Arbeiters.

Panow, J. G.; S.: –; V.: –; B.: –; Der Mord auf dem Balle, BV (1890).

Parelius, Fredrik; S.: –; V.: –; B.: –; Schwarze Legende, V (1930).

Pasqué, Ernst (1821–1892); S.: Deutsch; V.: –; B.: Opernsänger, Sekretär; Drei Gesellen, BV (1884), Erzählung.

Perbandt, Richard; S.: –; V.: –; B.: –; Landstreicher, V (1929), Aus dem Leben eines Taugenichts, der noch was wurde.

Perfall, Anton Freiherr von (1853–1912); S.: Deutsch; V.: Adel; B.: Schriftsteller; Die Achenbacher, V (1903), Roman.

Persich, Walter Anatole (geb. 1904); S.: –; V.: –; B.: –; Vielleicht morgen ..., V (1930).

Poe, Edgar Allan (1809–1849); S.: Amerikanisch; V.: Schauspieler; B.: Redakteur, Schriftsteller; Der Goldkäfer, V (1909).

Polevvi; S.: –; V.: –; B.: –; Ludmilla, BV (1886).

Pollatschek, Stefan; S.: –; V.: –; B.: –; Schicksal Maschine, V (1932), Roman.

Pontoppidan, Henrik (1857–1943); S.: Dänisch; V.: Pfarrer; B.: Lehrer, Schriftsteller; Die Sandinger Gemeinde, V (1906), Erzählung.

Prus, Boleslaw (1847–1912); S.: Polnisch; V.: Angesteller; B.: Arbeiter, Hauslehrer, Journalist; Gottlieb Adler und Sohn, V (1897).

Ramuz, Charles Ferdinand (1878–1947); S.: Französisch; V.: Bauer; B.: Redakteur, Schriftsteller; Das Regiment des Bösen, V (1929), Roman.

Ranc, A.; S.: –; V.: –; B.: –; Der Roman einer Verschwörung, V (1897).

Rasmussen, Emil; S.: –; V.: –; B.: –; Sultana. Ein arabisches Frauenschicksal, V (1912); Mafia, V (1908).

Ratzel, Friedrich; S.: Deutsch; V.: Kammerdiener; B.: Apotheker, Journalist, Professor (Dr. phil.); Die Erzählung des Mobilgardisten, V (1915), Erzählung.

Ratzka, Clara (1872–1928); S.: Deutsch; V.: –;

B.: (Dr.) Schriftstellerin; Die Venus von Syrakus, V (1924), Roman.

Reck-Malleczewen, Friedrich (1884–1945); S.: Deutsch; V.: Gutsbesitzer; B.: Offizier, (Dr. med.), Schriftsteller; Sif. Das Weib, das den Mord beging, V (1927).

Reichert, Anna; S.: –; V.: –; B.: –; Fahrende Leute, V (1909).

Renard, Georges; S.: Französisch; V.: –; B.: –; Im Exil, V (1894/95).

Reuter, Gabriele (1859–1941); S.: Deutsch; V.: Kaufmann; B.: Schriftstellerin; Clementine Holm, V (1900).

Reuze, André; S.: –; V.: –; B.: –; Giganten der Landstraße, V (1928), Ein Rennfahrer-Roman.

Revillon, Tony; S.: –; V.: –; B.: –; Die Vorstadt St. Antoine, BV (1890).

Reymond, M. v.; S.: –; V.: –; B.: –; Parpanese, V (1907).

Reymont, Wladislaw St. (1868–1925); S.: Polnisch; V.: Organist; B.: Arbeiter, Wanderschauspieler, Bahnwärter; Lodz. Das gelobte Land, V (1918), Roman.

Rhenius, Wilhelm; S.: –; V.: –; B.: –; Kolonisten aus Weltschmerz, V (1921).

Richepin, Jean (1849–1926); S.: Französisch; V.: Arzt; B.: Matrose, Schauspieler, Journalist; Cesarine, V (1897).

Riss, Peter; S.: –; V.: –; B.: –; Stahlbad Anno 17, V (1930).

Rivalta, Erzole; S.: –; V.: –; B.: –; Die letzte Exekution, V (1915).

Rod, Edouard (1857–1910); S.: Französisch; V.: –; B.: Redakteur, Schriftsteller, Professor; Das entfesselte Schicksal, V (1913), Roman.

Röder, Hans (geb. 1859); S.: Deutsch; V.: Gutsbesitzer; B.: (Dr. phil.), Gutsbesitzer, Schriftsteller; Das Gasthaus zum hungrigen Lamm, V (1897); Die Gräfin, V (1897).

Rosegger, Peter (1843–1918); S.: Deutsch; V.: Bauer; B.: Hirt, Buchhändler, Redakteur; Jacob der Letzte, V (1897), Roman.

Rosen, U.; S.: –; V.: –; B.: –; Das Kind des Proletariers, BV (1884).

Rosenfeld, S.; S.: –; V.: –; B.: –; Zusammenbruch, V (1932), Roman.

Rosny, Joseph Henri (1856–1940); S.: Französisch; V.: –; B.: Schriftsteller; Das Verbrechen des Arztes, V (1903), Roman.

Roth, Joseph (1894–1939); S.: Deutsch; V.: –; B.: Journalist; Die Rebellion, V (1924),

Roman.

Ruederer, Joseph (1861–1915); S.: Deutsch; V.: Großkaufmann; B.: Kaufmann, Schriftsteller; Ein Verrückter, V (1895); Der Totengräber, V (1910).

Rüdiger, Otto (1845–1904); S.: Deutsch; V.: Schneider; B.: –; Das Meisterstück, BV (1884).

Rung, Otto Christian H. (1874–1945); S.: Dänisch; V.: Hauptmann; B.: Jurist, Gerichtsschreiber; Die Erzählung des Ingenieurs, V (1911); Der Weizenkönig, V (1917); Der Traumbahnwagen der Freiheit, V (1921), Novelle; Als die Wasser fielen, V (1923), Roman.

Schalom, Asch; S.: –; V.: –; B.: –; Onkel Moses, V (1926), Roman.

Scherret, Felix; S.: Deutsch; V.: –; B.: –; Wenn der Kurs fällt, V (1931), Roman.

Schmidtbonn, Wilhelm (1876–1952); S.: Deutsch; V.: Kaufmann; B.: Buchhändler, Dramaturg, Schriftsteller; Die Sünde im Wasser, V (1922).

Schröder, Karl; S.: Deutsch; V.: –; B.: (Dr. phil.), Lehrer, Redakteur, Lehrer; Der Sprung über den Schatten, V (1928).

Schweichel, Elise; S.: Deutsch; V.: Kaufmann; B.: Schriftstellerin; Vom Stamm gerissen, V (1893).

Schweichel, Robert (1821–1907); S.: Deutsch; V.: Kaufmann; B.: Lehrer, Redakteur, Schriftsteller; Die Falkner von St. Vigil, V (1891), Roman; Um die Freiheit, V (1898), Roman; Verloren, V (1907), Erzählung.

Seemann, Willibald; S.: –; V.: –; B.: –; Pioniere im Westen, V (1929), Aus den Aufzeichnungen eines Tischlergesellen.

Seidel, Willy (1887–1934); S.: Deutsch; V.: Professor; B.: (Dr. phil.); Der Sang der Sakije, V (1916), Ein Roman aus dem modernen Ägypten.

Senftleben, Wilhelm; S.: –; V.: –; B.: –; Sein Freund, V (1901).

Seydlitz, Reinhart Freiherr v. (1850–1932); S.: Deutsch; V.: Gutsbesitzer; B.: Porträtmaler; Der Kastl vom Hollerbräu, V (1901), Roman.

Sieroczewski, Waclaw (1858–1945); Ps.: K. Bagrynowski; S.: Polnisch; V.: Adel; B.: Techniker, Kulturpolitiker; Im Kreise, V (1902); Die Flucht, V (1904), Roman.

Simacek, Matej A. (1860–1913); S.: Tsche-chisch; V.: –; B.: Beamter, Redakteur; Bei den Schneidemaschinen, V (1897); Eheleute Strouhal, V (1899).

Sinclair, Upton (1878–1968); S.: Amerika-nisch; V.: Händler; B.: Journalist, Schriftsteller; Der Sumpf, V (1906), Roman.

Skjoldborg, Johan (1861–1936); S.: Dänisch; V.: Häusler; B.: Lehrer, Schriftsteller; Gyldholm. Eine Landarbeitergeschichte, V (1914), Roman; Im Bauernland, V (1914); Sara, V (1910), Erzählung; Die Familie Kragl, V (1910), Roman.

Spindler, Carl (1796–1855); S.: Deutsch; V.: Schauspieler; B.: Komödiant, Schriftsteller; Der Jude, V (1894), Roman.

Stegemann, Hermann (1870–1945); S.: Deutsch; V.: Rechnungsrat; B.: Dramaturg, Redakteur, Professor; Daniel Junt, V (1905), Roman.

Stein, G.; S.: –; V.: –; B.: –; Brigitte, V (1898).

Stepniak, Sergej (1851–1895); S.: Russisch; V.: –; B.: –; Die Laufbahn eines Nihilisten, V (1893), Roman.

Storm, Theodor (1817–1888); S.: Deutsch; V.: Advokat; B.: Advokat, Amtsgerichtsrat; Hans und Heinz Kirch, V (1912), Novelle; Ein Doppelgänger, V (1919), Erzählung.

Stramm, August (1874–1915); S.: Deutsch; V.: –; B.: Postbeamter; Das Fest der Liebe, V (1925), Novelle.

Streuvels, Stijn (1871–1969); S.: Flämisch; V.: –; B.: Bäcker, Schriftsteller; Arbeiter, V (1917), Novelle.

Strindberg, August (1849–1912); S.: Schwe-disch; V.: Dampfbootkommissionär; B.: Lehrer, Journalist, Schriftsteller; Die Inselbauern, V (1909).

Strug, Andreas (1871–1937); S.: Polnisch; V.: Adel; B.: –; Geschichte einer Bombe, V (1913), Roman.

Suttner, Bertha von (1843–1914); S.: Deutsch; V.: Feldmarschalleutnant; B.: Schriftstellerin; Die Waffen nieder, V (1892), Roman; Es müssen doch schöne Erinnerungen sein, V (1893).

Talmeyer, Maurice; S.: –; V.: –; B.: –; Das schlagende Wetter, V (1892).

Tandrup, Harald; S.: –; V.: –; B.: –; Die Schicksalsmaus, V (1915), Eine Erzählung von Tieren und Menschen.

Thoma, Ludwig (1867–1926); S.: Deutsch; V.: Förster; B.: Rechtsanwalt, Redakteur,

Schriftsteller; Andreas Vöst, V (1908), Roman; Der Wittiber, V (1912), Roman.

Thossan, O. Eugen (eig. Otto Anthes); (1867–1954); S.: Deutsch; V.: Pfarrer; B.: Lehrer, Professor; Herrn Zickendrahts Pensionäre, V (1899).

Tieck, Ludwig (1773–1853); S.: Deutsch; V.: Seiler; B.: Dramaturg, Hofrat; Der Aufruhr in den Cevennen, V (1893), Novelle.

Tolstoi, Leo (1828–1910); S.: Russisch; V.: Gutsbesitzer; B.: Gutsbesitzer, Schriftsteller; Auferstehung, V (1900), Roman; Die Kosaken, V (1908), Novelle; Chadschi-Murat, V (1912), Erzählung; Warum? V (1916).

Traven, Bruno (eig. Ret Marut); (1890–1969); S.: Deutsch; V.: –; B.: Regisseur, Schauspieler, Schriftsteller; Die Baumwollpflücker, V (1925), Roman; Der Wobbly, V (1926), Roman; Die Brücke im Dschungel, V (1927), Roman; Der Schatz der Sierra Madre, V (1928), Roman.

Tschirikow, Eugen; S.: Russisch; V.: –; B.: –; Ein Paria, V (1909); Auf der Schwelle des Lebens, V (1925).

Türk, Julius; S.: –; V.: –; B.: –; Schauspieler-Elend, BV (1890).

Verni, L.; S.: –; V.: –; B.: –; Zwischen zwei Stühlen, V (1899).

Viebig, Clara (1860–1952); S.: Deutsch; V.: Oberregierungsrat; B.: Sängerin, Schriftstellerin; Die Schuldige, V (1897); Es lebe die Kunst! V (1899), Roman; Das Weiberdorf, V (1900), Roman; Der Müllerhannes, V (1903), Erzählung; Einer Mutter Sohn, V (1906), Roman; Das tägliche Brot, V (1909), Roman; Der Vater, V (1911); Vom Weg meiner Jugend, V (1915); Töchter der Hekuba, V (1918), Ein Roman unserer Zeit; Die Passion, V (1926), Roman.

Vring, Georg von der (1889–1968); S.: Deutsch; V.: Seemann; B.: Schriftsteller; Soldat Suhren, V (1928/29), Roman.

Wagner, Hermann (1880–1927); S.: Deutsch; V.: –; B.: Advokatenschreiber, Schriftsteller; Die Rächer, V (1921), Roman.

Walla, Josef; S.: –; V.: –; B.: –; Die Teufelsbraut, BV (1889).

Wallace, Edgar (1875–1932); S.: Englisch; V.: Schauspieler; B.: Soldat, Journalist, Schriftsteller; Die Blaue Hand, V (1929), Roman.

Walthausen, H. W. M. v. (eig. Hermann Weise); S.: Deutsch; V.: Schuhmacher; B.:

Schuhmacher, Redakteur, Schriftsteller; Clotilde, V (1895/96).

Wells, Herbert George (1866–1946); S.: Englisch; V.: Kaufmann; B.: Lehrer, Schriftsteller; In der Tiefe, V (1910); Menschen, Göttern gleich …, V (1928), Roman.

Werbitzkaja, Anastasia; S.: Russisch; V.: –; B.: –; Zwei Frauen, V (1910).

Werner, Franz; S.: Deutsch; V.: Lehrer; B.: Lehrer; Heimkehr. Nach den Tatsachen erzählt, V (1919).

Werner, Max; S.: –; V.: –; B.: –; Im sonnigen Süden, V (1912).

Wichert, Ernst (1831–1902); S.: Deutsch; V.: Assessor; B.: (Dr. jur. h.c.) Richter, Justizrat; Endrik Kraupatis, V (1916), Eine litauische Geschichte; Für tot erklärt, V (1916).

Wied, Gustav Johannes (1858–1914); S.: Dänisch; V.: Gutsbesitzer; B.: Lehrer, Journalist, Schriftsteller; Lebensfreude, V (1909).

Williams, V.; S.: –; V.: –; B.: –; Der gelbe Diwan, V (1928), Roman.

Wöhrle, Oskar (1890–1946); S.: Deutsch; V.: Schuhmacher; B.: Arbeiter, Journalist, Schriftsteller; Sundgaugeschichten, V (1929), Jugenderinnerungen; Jan Hus. Der letzte Tag, V (1932), Roman.

Wolzogen, Ernst von (1855–1934); S.: Deutsch; V.: Regierungsassessor; B.: Redakteur, Schriftsteller; Zimmer Nr. 13, V (1897); Strandgut, V (1903).

Woolf, Leonard (1880–1969); S.: Englisch; V.: –; B.: Verleger; Ein Dorf im Dschungel, V (1930), Roman.

Zapolska, Gabryela (1857–1921); S.: Polnisch; V.: Adel; B.: Schauspielerin; Der Polizeimeister, V (1917), Ein russischer Polizeiroman.

Zickler, Arthur; S.: –; V.: –; B.: –; Der Sprung in die Welt, V (1922), Ein Jungarbeiterroman.

Zielke, Karl; S.: –; V.: –; B.: –; Dunkle Gestalten, BV (1886).

Zola, Emile (1840–1902); S.: Französisch; V.: Ingenieur; B.: Arbeiter, Journalist, Schriftsteller; Zum Glück der Damen, BV (1890), Roman; Germinal, BV (1889/90), Roman; Arbeit, V (1901), Roman; Das Geld, V (1903), Roman.

Zschokke, Heinrich (1771–1848); S.: Deutsch; V.: Tuchmacher; B.: (Dr. phil.) Lehrer, Dichter einer Wandertruppe, Beamter; Es ist sehr möglich, V (1917).

ANONYMA
W. H.; Wiedergefunden, BV (1884).
N. v. K.; Durchgerungen, BV (1884).
–; Isaura, BV (1884).
J. L.; An unrechter Stelle, BV (1888).
Zor.; Die Ritter der Arbeit, BV (1888).
R. B.; Arbeitslos, BV (1889).
An; Die Fabriklerin, V (1893).
–, (Übers.: Jakob Audorf); Erinnerungen eines Kommunarden, V (1894).
–, Skizzen aus der sozialistischen Bewegung in Rußland, V (1893).

–, Skizzen aus dem südamerikanischen Hinterland, V (1895).
–, Skizzen aus dem südamerikanischen Hinterland, V (1895).
–, Im Kampf für Rußlands Freiheit, V (1907).
F. G.; Akt Nr. 513. Aus den Papieren eines Rechtsanwalts, V (1928).

Nachtrag
Seemann, W. – O. *Wöhrle;* S.: –; V.: –; B.: –; Unternehmer ..., V (1930).

Die Neue Welt
1892–1917

Aho, Juhani (1861–1921); S.: Finnisch; V.: Pfarrer; B.: Journalist; Der Geächtete (1915), Erzählung.
Alis, Harry; S.: –; V.: –; B.: –; Mutter Erde (1900).
Almsloh, Ernst; S.: –; V.: –; B.: –; Auf Korrektion II (1895), Studie.
Alscher, Otto (1880–1945); S.: Deutsch; V.: Unteroffizier; B.: Journalist, Gutsbesitzer, Schriftsteller; Die Augen (1911), Erzählung.
Aram, Kurt (1869–1934); eig. Hans Fischer; S.: Deutsch; V.: –; B.: Redakteur, Schriftsteller; Lamberts Frida (1906), Idyll.
Arzybaschew, Michail (1878–1927). S.: Russisch; V.: Kreispolizeichef; B.: Journalist, Schriftsteller; Barrikaden (1906), Erzählung aus der russischen Revolution.

Baar, Arthur; S.: –; V.: –; B.: –; Tobacco (1917), Erzählung.
Backhaus, Franz; S.: –; V.: –; B.: –; Für den Anderen. Erinnerung aus dem holländisch-ostindischen Soldatenleben (1893).
Baldamus, E.; S.: –; V.: –; B.: –; Der Alte (1915), Skizze.
Baldrian, Fritz; S.: –; V.: –; B.: –; Hinter Schloß und Riegel (1913), Erinnerungen.
Bang, Hermann Joachim (1857–1912); S.: Dänisch; V.: Pfarrer; B.: Schauspieler, Redakteur, Regisseur; Am Wege (1900), Roman.
Basedow, Hans von (geb. 1864); S.: Deutsch; V.: –; B.: Theaterdirektor, Redakteur; Ein Mörder (1892).
Bazin, René (1853–1932); S.: Französisch; V.: –; B.: Professor; Donatienne (1895).

Bergmann, B.; S.: –; V.: –; B.: –; Die Reise nach Paris (1908), Erzählung.
Blicher, Steen Steensen (1782–1848); S.: Dänisch; V.: Pfarrer, B.: Lehrer, Pastor; Der Pfarrer von Dejlby (1896), Kriminalhistorie.
Blicher-Clausen; S.: –; V.: –; B.: –; Onkel Franz (1905), Roman.
Bock, Alfred (1859–1932); S.: Deutsch; V.: –; B.: (Dr. h.c.) Schriftsteller; Die Pariser (1911), Roman; Alte Liebe (1917), Erzählung.
Bodman, Emanuel Freiherr von und zu (1874–1946); S.: Deutsch; V.: Offizier; B.: Schriftsteller; Das hohe Seil (1907), Novelle.
Böhlau, Helene (1856–1940); S.: Deutsch; V.: Verleger; B.: Schriftstellerin; Schlimme Flitterwochen (1900); Jugend (1903), Novelle.
Bölsche, Wilhelm (1861–1939); S.: Deutsch; V.: Redakteur; B.: Redakteur; Die Mittagsgöttin (1892), Ein Roman aus dem Geisteskampf der Gegenwart.
Bojer, Johan (1872–1959); S.: Norwegisch; V.: Bauer; B.: Arbeiter, Offizier, Schriftsteller; Die Fischer (1904).
Bonde, Sophus (geb. 1867); (eig. Carl Sophus Johannsen-Bonde); S.: Deutsch; V.: Bauer; B.: Arbeiter; De Fleigend Holländer (1911), Geschichte.
Bosshart, Jakob (1862–1924); S.: Deutsch; V.: Landwirt; B.: Lehrer, Schriftsteller; Durch Schmerzen empor (1913), Erzählung.
Boyesen, Hjalmar Hjorth (1848–1895); S.: Norwegisch; V.: –; B.: Redakteur, Professor; Ein Opfer des Rechtsgefühls (1893).
Bredenbrücker, Richard (1848–1931); S.: Deutsch; V.: Major; B.: verschiedene Berufe, Schriftsteller; Die Furcht vor dem Unterirdischen (1903), Erzählung.

Busse, Karl (1872–1918); S.: Deutsch; V.: Beamter; B.: Journalist, Schriftsteller (Dr. phil.); Die Bergleute (1903), Erzählung; An der Warthe (1906), Erzählung; Schliefche (1912), Erzählung; Begegnung (1912), Skizze; O Theophil (1912), Erzählung; Die Teggen (1915), Erzählung; Das Mündel (1915), Erzählung; Micku Einaug (1915), Erzählung.

Busse-Palma, Georg (1876–1915); S.: Deutsch; V.: Beamter; B.: –; Recht oder Unrecht (1905), Erzählung.

Buysse, Cyriel (1859–1932); S.: Flämisch; V.: Fabrikant; B.: Fabrikant, Redakteur; Der Einsame (1903), Erzählung; Grueten Broos (1904); Die Gärtnersfrau (1904); Teuer erkauft (1905); Die Erlösung (1915), Geschichte.

Chemnitzer, Paul; S.: –; V.: –; B.: –; Der Nachlaß (1902).

Croissant-Rust, Anna (1860–1943); S.: Deutsch; V.: Salineninspektor; B.: Lehrerin; Der Herr Buchhalter (1908), Novelle.

Danilowski, Gustav (1871–1927); S.: Polnisch; V.: –; B.: –; Der Zug (1900).

Daudet, Alphonse (1840–1897); S.: Französisch; V.: Fabrikant; B.: Lehrer, Angestellter, Schriftsteller; Die Evangelistin (1896), Roman.

David, Jakob Julius (1859–1906); S.: Deutsch; V.: Kleinhändler; B.: (Dr. phil.), Journalist, Schriftsteller; Ein Poet (1899), Erzählung; Das Höfe-Recht (1900), Erzählung; Am Wege sterben (1901), Roman; Die Troika (1902), Erzählung; Die Hanna (1904), Erzählung; Cyrill Wallenta (1904), Erzählung; Der Übergang (1904), Roman; Ruzena Capek (1906), Erzählung.

Diederich, Franz (1865–1921); S.: Deutsch; V.: Postbeamter; B.: (Dr. phil.) Redakteur; Erntenöte (1905), Erzählung; Das Verborgene (1905), Erzählung.

Diefenbach, Heinrich (geb. 1871); S.: Deutsch; V.: Arbeiter; B.: Redakteur; Der letzte Willen Hohenroths (1906), Eine Dorfgeschichte aus Nassau.

Diefenbach, K. H.; S.: –; V.: –; B.: –; Auf Mariahilf (1900), Geschichte; Der Herr Verwalter (1899), Erzählung.

Dmitriewa, W. S.; S.: –; V.: –; B.: –; Wie ein Wolf (1902).

Doering, Elisabeth; S.: Deutsch; V.: –; B.: –; Der Leinkauf (1895), Geschichte.

Drachmann, Holger H. (1846–1908); S.: Dänisch; V.: Arzt; B.: Kunstmaler, Schriftsteller; Los, Tommy! (1905), Erzählung.

Duimchen, Theodor (1853–1908); S.: Deutsch; V.: Fabrikant; B.: Kaufmann; Der Herr Rittmeister (1899), Novelle.

Dybest, Arne; S.: –; V.: –; B.: –; Der erste Tag (1896).

Edgren, A. Ch.; S.: –; V.: –; B.: –; Im Kampf um die Pflicht (1893).

Eekhoud, Georges (1854–1927); S.: Belgisch; V.: –; B.: Gutsbesitzer, Lehrer, Journalist; Kees Doorik (1901), Roman.

Effner, Emil; S.: –; V.: –; B.: –; Obdachlos. Berliner Skizze (1893); Eine Dorfgeschichte (1893).

Eitel, Paul; S.: –; V.: –; B.: –; Der Dieb (1913), Erzählung; Der Brudermörder (1913).

Elert, Emmi (1864–1927); S.: Deutsch; V.: Arzt; B.: Schriftstellerin; Heimat Landstraße (1915), Roman.

Engel, Eduard (1851–1938); S.: Deutsch; V.: Kanzleirat; B.: (Dr. phil.) Beamter; Ausgewiesen (1894).

Ernst, Otto (1862–1926); (eig.: Otto Ernst Schmidt); S.: Deutsch; V.: Arbeiter; B.: Lehrer, Schriftsteller; Bei gebildeten Leuten (1892); Der süße Willy. Ein feines Erziehungsidyll (1892).

Ertl, Emil (1860–1935); S.: Deutsch; V.: Fabrikant; B.: (Dr. phil.) Bibliothekar d. TH Graz; Der Bub (1912), Erzählung.

Falkberget, Johan Petter (1879–1967); S.: Norwegisch; V.: Grubenarbeiter; B.: Arbeiter, Redakteur, Bauer; Junge Leiden (1910), Skizze.

Falke, Gustav (1853–1916); S.: Deutsch; V.: Kaufmann; B.: Buchhändler, Klavierlehrer; Potts und ihre Hühner (1905), Geschichte.

Fink, C.: S.: –; V.: –; B.: –; Proletarier (1909), Erzählung.

Flaubert, Gustav (1821–1880); S.: Französisch; V.: Arzt; B.: Schriftsteller; Ein schlichtes Herz (1893), Novelle; Herodias (1904), Erzählung.

Folkart, M.; (eig.: Martha Meyer); S.: Deutsch;

V.: Kaufmann; B.: Schriftstellerin; Warum Peter Brinkmann Sozialdemokrat wurde (1894); Schwestern (1895); Friedel (1895).

Franke-Schievelbein, Gertrud (1851–1914); S.: Deutsch; V.: Bildhauer; B.: Schriftstellerin; Rechts oder links (1896), Novelle.

Frapan-Akumian, Ilse (1852–1908); S.: Deutsch; V.: –; B.: Lehrerin, Schriftstellerin; Heimweh (1907), Geschichte; Vaterrecht (1907), Novelle; Die verfluchte Stelle (1908), Erzählung.

Fries-Schwenzen, Hermann (geb. 1857); S.: Deutsch; V.: –; B.: Ingenieur, Schriftsteller, Gutsbesitzer; Zwei Menschen (1898).

Galitzin, Dimitry; S.: –; V.: –; B.: –; Der Rubel (1895), Roman.

Garborg, Arne (1851–1924); S.: Norwegisch; V.: Bauer; B.: Lehrer, Revisor, Schriftsteller; Eine Großthat (1893); Ein Freidenker (1894).

Gaulke, Johannes (geb. 1869); S.: Deutsch; V.: –; B.: Schriftsteller, Redakteur; Im Zwischendeck (1898), Erinnerungen.

Ger, A. (1857–1922); (eig.: A. Gerisch); S.: Deutsch; V.: –; B.: Maschinenbauer, Angestellter, Politiker; Maria und Joseph (1906), Eine Geschichte aus dem Wald. Nach dem Leben erzählt; Die Husterhütte (1908), Erzählung aus dem Erzgebirge; Erweckt (1910), Roman; Der Gotteslästerer (1914), Roman; Um eine Urkunde (1915), Erzählung; Sein Eiland (1916), Erzählung.

Ghosh, Sarah Kumar; S.: –; V.: –; B.: –; Im Indischen Sumpf (1914), Novelle.

Goebeler, Dorothee (geb. 1867); S.: Deutsch; V.: Kaufmann; B.: Journalistin; Frühlingsstürme (1894), Novelle; Heilige Cäcilie (1894); Zu alt (1895); Schuldige (1898), Novelle; Frau Kläre (1899), Novelle; Der Sohn (1899), Novelle; Aus der Gesellschaft (1900), Erzählung.

Goldmann, Karl; S.: –; V.: –; B.: –; Eine Kaufmannsgeschichte (1917), Erzählung.

Gorki, Maxim (1868–1936); S.: Russisch; V.: Tischler; B.: Arbeiter, Lektor, Schriftsteller; Jemeljan Piljaj (1901), Erzählung; Tschelkasch (1901), Erzählung.

Grad, Max (1864–1927); (eig.: Maria Bernthsen); S.: Deutsch; V.: Beamter; B.: Schriftstellerin; Der Mantel der Maria (1903), Novelle.

Greinz, Hugo (1873–1946); S.: Deutsch; V.:

Baurat; B.: Beamter, Redakteur; Die Droste (1914), Erzählung.

Grötzsch, Robert (1878–1946); S.: Deutsch; V.: Arbeiter; B.: Arbeiter, Redakteur; Emil und Familie (1916), Tagebuchblätter; Die Kohlenzille (1917), Erzählung.

Guttmann, Ketty; S.: –; V.: –; B.: –; Mutter und Sohn (1912), Erzählung.

Haase, Lene; S.: –; V.: –; B.: –; Buschkrieg (1917), Erzählung.

Habicht, Ludwig (1832–1908); S.: Deutsch; V.: –; B.: Angestellter, Redakteur, Schriftsteller; Die guten Dummen (1895), Erzählung.

Haertl, Josef; S.: –; V.: –; B.: –; Zu spät (1894), Skizze.

Hahnewald, Edgar; S.: –; V.: –; B.: –; Das heimliche Gericht (1913), Soldatengeschichte.

Hamsun, Knut (1859–1952); S.: Norwegisch; V.: Schneider; B.: Arbeiter, Angestellter, Schriftsteller; Die Versicherungsagentin (1906), Erzählung.

Hansen, Fritz; S.: –; V.: –; B.: –; Im neuen Athen (1895).

Hardy, Thomas (1840–1928); S.: Englisch; V.: Baumeister; B.: Architekt, Schriftsteller; Weil die Frau es so wollte (1911), Erzählung.

Hartung, Guido; S.: –; V.: –; B.: –; Erhärtet (1893), Erzählung aus der Zeit des Sozialistengesetzes.

Hedberg, Tor Harald (1862–1931); S.: Schwedisch; V.: Schriftsteller; B.: Theaterdirektor, Journalist; Ein Kind der Liebe (1894).

Hegeler, Wilhelm (1870–1943); S.: Deutsch; V.: Kaufmann; B.: Schriftsteller; Mutter Bertha (1896), Roman; Der letzte Taler (1912), Erzählung.

Heiberg, Hermann (1840–1910); S.: Deutsch; V.: –; B.: Buchhändler, Journalist, Schriftsteller; Du sollst nicht begehren ... (1894).

Heidenstam, Werner (1859–1940); S.: Schwedisch; V.: Offizier, B.: Kunstmaler, Schriftsteller (Dr. h.c.); Die Brüder (1902), Novelle.

Hermann, Georg (1871–1943); eig.: G. H. Borchardt; S.: Deutsch; V.: Kaufmann; B.: Journalist; Spielkinder (1897), Roman.

Hesse, Heinrich; S.: –; V.: –; B.: –; Das sinkende Schiff (1913), Erlebnisse eines Geretteten.

Hilditsch, Jacob; S.: –; V.: –; B.: –; Der Guinea-Jack (1899); Die Ausgestoßenen (1902); Der Magister (1903), Erzählung.

Hoernle, Edwin (1883–1952); S.: Deutsch; V.:
Pfarrer; B.: Lehrer, Redakteur, Professor;
Frau Oberke und ihre Kinder (1915), Dem
Leben nacherzählt.
Hoffenstahl, Hans von (1877–1914); S.:
Deutsch; V.: Gutsbesitzer; B.: (Dr. med.)
Arzt, Schriftsteller; Hildegard Ruhs Haus
(1911), Erzählung.
Holzamer, Wilhelm (1870–1907); S.: Deutsch;
V.: Handwerker; B.: Lehrer, Bibliothekar,
Schriftsteller; Die Prinzessin (1900), Skizze;
Herbst (1901), Novelle; Peter Nockler
(1902), Roman; Der arme Lukas (1903); Die
Sturmfrau (1903), Seenovelle; Der Schmied-
Baron (1904); Die Freite (1906), Erzählung;
Kleine Geschichte (1909), Erzählung; Aus
dem Leben des Arno Strozzi (1912), Erzäh-
lung; Veilchen (1912), Erzählung.
Horn, Hermann (1875–1928); S.: Deutsch; V.:
–; B.: Schriftsteller; Die Brüder (1899), Er-
zählung.
Hübel, Felix (geb. 1874); S.: Deutsch; V.: Fa-
brikant; B.: Fabrikant; In einer Winternacht
(1905), Erzählung.
Huldschiner, Richard (1872–1931); S.:
Deutsch; V.: Kaufmann; B.: (Dr. med.) Arzt,
Journalist; Die drei Höfe (1910), Skizze.
Hyan, Hans (1868–1944); S.: Deutsch; V.: –;
B.: Kaufmann, Schriftsteller; Der Hauptkas-
sierer (1907), Erzählung; Die elegante Freun-
din (1908), Geschichte.

Ilg, Paul (1875–1957); S.: Deutsch; V.: –; B.:
Kaufmann, Redakteur, Schriftsteller; Le-
bensdrang (1906), Roman; Der Kadett
(1915), Novelle.
Isenheim, Ludwig; S.: –; V.: –; B.: –; Bergab
(1896), Erzählung; Die Seele im Mehlsack
(1897), Burleske.

Jacobs, William Wymark (1863–1943); S.:
Englisch; V.: Werftaufseher; B.: Postbeamter, Schriftsteller; Unter falscher Flagge
(1904), Erzählung; Kapitän Wilsons Werbung (1904); Der Spartopf (1905), Erzählung; Kapitäne (1906), Humoristische Erzählung; Die Tigerjagd (1907), Erzählung;
Die Verrücktheit des Herrn Riemke (1909),
Humoristische Erzählung; Der Chef der Familie (1911), Geschichte; Eine schwarze Tat
(1914), Lustige Geschichte.
Janson, Kristofer Nagel; S.: Norwegisch; V.: –;

B.: Lehrer, Prediger, Schriftsteller; Die Liebe
auf dem ›Kuhfänger‹ (1901), Erzählung.
Jaraststjerna, Karla; S.: –; V.: –; B.: –; Die
Stock-Lene (1894).
Jensen, Johannes V. (1873–1950); S.: Dänisch;
V.: Tierarzt; B.: (Dr. h. c.) Journalist; Tho-
mas vom Spanghofe (1899).
Jensen, Wilhelm (1837–1911); S.: Deutsch; V.:
Landvogt; B.: (Dr. phil.) Redakteur, Schrift-
steller; Der Odeanderschwärmer (1900), Er-
zählung; In der Schluchtmühle (1900), No-
velle. Unter der Linde (1902), Novelle;
Sankt-Elmsfeuer (1903), Novelle.

Kautsky, Minna (1837–1912); S.: Deutsch; V.:
Dekorationsmaler; B.: Schauspielerin,
Schriftstellerin; Poldl, der Zimmermann
(1905), Erzählung; Die Leute von St. Bonifaz
(1909), Roman; Das Kloster in den Lagunen
(1912), Erzählung.
Keller, Heinrich (geb. 1866); S.: Deutsch; V.: –;
B.: (Dr. med.) Arzt; Ketten (1908), Roman.
Kielland, Alexander Lange (1849–1906); S.:
Norwegisch; V.: Kaufmann; B.: Ziegeleibe-
sitzer, Politiker; Jakob (1899), Roman.
Kinkel, Gottfried (1815–1882); S.: Deutsch;
V.: Pfarrer; B.: Lehrer, Pfarrer, Lehrer; Ge-
schichte eines Patenlöffels (1907), Ge-
schichte.
Kipling, Rudyard (1865–1936); S.: Englisch;
V.: Pfarrer; B.: Redakteur; Im Walde (1900);
Mylord, der Elefant (1901), Novelle; Das
Licht erlosch (1902), Roman; Der Teufel und
die tiefe See (1902), Erzählung; Die Todten-
stadt (1902), Erzählung; Dungara's Rache
(1903), Skizze; Brot auf dem Wasser (1903),
Erzählung; Zur Zeit der Flut (1904), Erzäh-
lung.
Kolisch, Leo; S.: –; V.: –; B.: –; Das Land der
Zukunft (1911), Erlebnisse.
Korolenko, Vladimir (1853–1921); S.: Rus-
sisch; V.: Gutsbesitzer; B.: Journalist; Der
Teufelsfinger (1897).
Kowalewska, Sonja; S.: Russisch; V.: Gutsbe-
sitzer; B.: –; Die Nihilistin (1897).
Krause, August Friedrich (geb. 1872); S.:
Deutsch; V.: –; B.: Lehrer, Redakteur; Grete
(1904), Erzählung; Andreaszauber (1904);
Johannisfeuer (1905), Erzählung.
Krauß, Hans Nikolaus (1861–1906); S.:
Deutsch; V.: –; B.: Schriftsteller, Redakteur;
Der Förster von Konradsreuth (1901),
Roman.

Kretzer, Max (1854–1941); S.: Deutsch; V.: Gastwirt; B.: Arbeiter, Schriftsteller; Die blutige Kugel (1896).

Kretzschmar, Otto; S.: –; V.: –; B.: –; Das Kind (1913), Erzählung.

Krieg, Karl; S.: –; V.: –; B.: –; Ein Kind der Armuth (1895), Erzählung.

Krille, Otto (1878–1954); S.: Deutsch; V.: Maurer; B.: Fabrikarbeiter, Redakteur; Georges und Jeannette (1914), Novelle.

Krüger, Gustav; S.: –; V.: –; B.: –; Gestrandet (1914), Erzählung.

Kruhöffer, Else; S.: –; V.: –; B.: –; Aus dem Leben einer Einsamen (1907).

Krzyzanowski, Heinrich; S.: –; V.: –; B.: –; Im Bruch (1900), Roman.

Kurz, Isolde (1853–1944); S.: Deutsch; V.: Schriftsteller; B.: (Dr. phil. h. c.) Schriftstellerin; Der kleine Schuh (1902), Erzählung.

Land, Hans (geb. 1861); (eig.: Hugo Landsberger); S.: Deutsch; V.: Theologe; B.: Kaufmann, Schriftsteller, Redakteur; Zwei Kameraden (1892); In dunklen Tiefen (1893), Roman; Der neue Gott (1896), Roman aus der Gegenwart.

Lange, Ida; S.: –; V.: –; B.: –; Kleine Leute (1903).

Larsen, Werner Peter; S.: –; V.: –; B.: –; Heimat (1911), Novelle.

Law, John; (eig.: Margret Harkness); S.: Englisch; V.: –; B.: –; Die Hemdennäherin von Manchester (1893), Erzählung aus der Gegenwart.

Lehmann, O.; S.: –; V.: –; B.: –; Der Patronenschuppen (1913), Soldatengeschichte.

Leitgeb, Otto Ritter von (1860–1951); S.: Deutsch; V.: Oberst; B.: (Dr. jur.) Gutsbesitzer; Der Keil (1904), Erzählung.

Leubner, Ernst; S.: –; V.: –; B.: –; Konterbande (1912), Humoristische Erzählung.

Lie, Bernt; S.: –; V.: –; B.: –; Ein Sturmvogel (1907), Roman.

Lier, Jan; S.: –; V.: –; B.: –; Celestyne (1899), Novelle.

Linzen-Ernst, Clara; S.: –; V.: –; B.: –; Melinka (1910), Erzählung.

Lorenz, Paul; S.: –; V.: –; B.: –; Die Gottesgeißel (1893); Eine zärtliche Mutter (1894).

Ludwig, Otto (1813–1865); S.: Deutsch; V.: Hofadvokat; B.: Kaufmann, Schriftsteller; Zwischen Himmel und Erde (1895), Roman.

Lunde, Hans P.; S.: –; V.: –; B.: –; Großmuttersöhnchen (1898), Erzählung.

Macasy, Gustav (1871–1905); S.: Deutsch; V.: –; B.: Schriftsteller, Redakteur; Gerichtsrath Johnmann (1898), Novelle; Der Steinbruch (1898), Novelle; Die Brüder Ruhland (1902), Erzählung.

Mackay, John Henry (1864–1933); S.: Deutsch; V.: –; B.: Buchhändler, Schriftsteller; Die letzte Pflicht (1896), Geschichte.

Mamin-Sibirjak, Dmitrij (1852–1912); S.: Russisch; V.: Geistlicher; B.: Schriftsteller; In den heiligen Gräbern (1901).

Marchionini, Karl; S.: –; V.: –; B.: –; Wahlkampf (1912), Episode; Die Berichtigung (1912), Skizze; Der Simulant (1913), Skizze; Die Auswärtigen (1913), Skizze.

Mark, Toni; S.: –; V.: –; B.: –; Die Wittib (1905), Roman.

Markowics, Marie Antoinette v. (geb. 1858); S.: Deutsch; V.: Opernregisseur; B.: Schauspielerin, Schriftstellerin; Einer nur weiß es! (1893), Erzählung aus dem ungarischen Volksleben; Die Höllenmaschine (1894), Erzählung; Marthe Ludos (1895), Bild.

Masson-Forestier, A.; S.: Französisch; V.: –; B.: –; Hinter den Coulissen (1899), Skizze; Piratentum (1905), Novelle.

Matschtet, Gregor; S.: –; V.: –; B.: –; Eine Eroberung (1899); Der Traum des Richters (1903).

Maupassant, Guy de (1850–1893); S.: Französisch; V.: Adel; B.: Beamter, Schriftsteller; Hans und Peter (1901), Roman; Der Ertrunkene (1910), Novelle.

Meiberg, Hermann; S.: –; V.: –; B.: –; Vom Stamm gerissen (1894).

Möhring, Elisabeth (geb. 1869); S.: Deutsch; V.: –; B.: –; Weisser Mohn (1901), Erzählung; Am Zaun (1913), Skizze.

Möller, A.; S.: –; V.: –; B.: –; Dat Schipp geiht (1907), Szenen a. d. Leben eines Hafenarbeiters; Cholera (1908), Erinnerung.

Moes, Wally; S.: –; V.: –; B.: –; Das Begräbnis des Symen Stroop (1912), Erzählung.

Morburger, Karl; (eig.: Joseph Schloßberger); S.: Deutsch; V.: –; B.: –; Zu spät (1910), Erzählung.

Morrow, W. C.; S.: –; V.: –; B.: –; Der Sträfling (1912), Novelle.

Mosegaard, Anna; S.: Deutsch; V.: –; B.: –; In

der Elisabethstr. (1911), Aufzeichnungen; Rose Köster (1913), Erzählung.

Nemirow-Danschenko, Wassili (1848–1936); S.: Russisch; V.: Offizier; B.: Journalist, Schriftsteller; Der Bruder des einzigen Sohnes (1898).

Neuenhagen, Heinrich; S.: –; V.: –; B.: –; Als Zwischendecksteward nach Südamerika (1916), Erzählung.

Nicolas, Ernst; S.: –; V.: –; B.: –; Der Kinderschuster (1917), Erzählung.

Nielsen, L. G.; S.: –; V.: –; B.: –; Edele (1901).

Niemann, Elise; S.: –; V.: –; B.: –; Das Waisenkind (1915), Erzählung.

Nisle-Klein, Charlotte; S.: –; V.: –; B.: –; Das Messer mit dem beinernen Griff (1897).

Nordensvan, Georg; S.: –; V.: –; B.: –; Maler Figge (1902), Erzählung.

Nuschitsch, Branislaw (1864–1938); S.: Serbisch; V.: Kaufmann; B.: Diplomat, Redakteur, Schriftsteller; Gjorgje, der Elefant (1907).

Orzeszko, Elise (1841–1910); S.: Polnisch; V.: Gutsbesitzer; B.: Schriftstellerin; Koboldstreiche (1893), Novelle.

Oesteren, Friedrich W. von (geb. 1874); S.: Deutsch; V.: –; B.: Schriftsteller, Schauspieler; Anna Eve (1908), Erzählung; Ein Untergang (1909), Erzählung.

Ostwald, Hans; S.: Deutsch; V.: Schmied; B.: Goldschmied, Redakteur, Schriftsteller; Buchhalter Ehlers (1900), Erzählung; Der Defraudant (1909), Erzählung.

Päivärinta, Pietari (1827–1913); S.: Finnisch; V.: Häusler; B.: Bauer, Organist; In der Einöde (1892).

Passer, Arnold v. d. (geb. 1851); S.: Deutsch; V.: Kammermusiker; B.: Ingenieur, Redakteur, Ingenieur; Hunger und Liebe (1894), Geschichte.

Perfall, Anton Freiherr von (1853–1912); S.: Deutsch; V.: Adel; B.: Schriftsteller; Die schöne Barbara (1901), Novelle.

Perner, Richard; S.: –; V.: –; B.: –; Der Schulmeister (1912), Erzählung.

Polenz, Wilhelm von (1861–1903); S.: Deutsch; V.: Klostervogt; B.: Gerichtsreferendar, Grundbesitzer, Schriftsteller; Der Büttnerbauer (1898), Roman; Bet-Julchen (1899).

Pontoppidan, Henrik (1857–1943); S.: Dänisch; V.: Pfarrer; B.: Lehrer, Schriftsteller; Bis zum Tode getreu (1895); Ein Fischernest (1896); Des Königs Uniform (1898); Ein Bauer (1902).

Potapenko, I. N. (1856–1929); S.: Russisch; V.: Dorfgeistlicher; B.: Priester; Illusion und Wirklichkeit (1894), Skizze; Eine saubere Geschichte (1899).

Pouvillon, Emile (1840–1906); S.: Französisch; V.: –; B.: –; Mehl-Supel's Tod (1895), Skizze; Justin Segol (1895), Lebensbild.

Preczang, Ernst (1870–1949); S.: Deutsch; V.: Landgendarm; B.: Buchdrucker, Redakteur, Schriftsteller; Der Schirmflicker (1904); Der Tolpatsch (1904), Erzählung; Lembke (1905), Skizze; Raupen (1905), Skizze; Am letzten Tag (1905), Erzählung; Hans der Blinde (1906), Heitere Erzählung; Die Glücksbude (1907), Erzählung; Im Moor (1909), Erzählung; Der Träumer (1910), Erzählung; Der Lachs (1911), Erzählung; Der Ausweg (1912), Erzählung; Kaffe-Frölen (1913), Erzählung; Förster Wolfram (1913), Weihnachtserzählung; Andreas Wulhow (1916), Erzählung; Nuckel, das Kapital (1916), Erzählung; Die Liebe der Schwester Elfriede (1917), Novelle.

Provins, Michel; S.: –; V.: –; B.: –; Tragikomödie (1899).

Prus, Boleslaw (1847–1912); S.: Polnisch; V.: Angestellter; B.: Arbeiter, Hauslehrer, Journalist; Der dumme Hans (1898).

Reimes, W.; S.: –; V.: –; B.: –; Erinnerungen (1916), Erinnerungen.

Reisberger, Ludwig; S.: –; V.: –; B.: –; Der einzige Sohn (1894).

Renard, Georges; S.: Französisch; V.: –; B.: –; Eine Vernunftheirat (1906), Erzählung.

Renaudin, Paul; S.: –; V.: –; B.: –; Jettchen (1901), Novellette.

Reuling, Carlot Gotfried; S.: –; V.: –; B.: –; Meister Tobias (1899).

Richter, Hans; S.: –; V.: –; B.: –; Frei (1896).

Riebeck, Friedrich; S.: –; V.: –; B.: –; Auf der Walze (1897), Roman. Aus den Papieren eines Fechtbruders.

Rohmann, Ludwig (geb. 1865); S.: Deutsch; V.: –; B.: Kaufmann, Redakteur; Wer wirft den ersten Stein auf sie? (1895).

Rudolph, Alwin; S.: Deutsch; V.: –; B.: –; Kötzschkes (1912), Berliner Geschichte.

Sänger, Fritz; S.: –; V.: –; B.: –; Krieg im Lande (1913), Bilder aus dem Dorfleben.

Sawinkowa, S. A.; S.: Russisch; V.: –; B.: –; Am Galgen vorbei (1909), Erinnerungen.

Schäfer, Wilhelm (1868–1952); S.: Deutsch; V.: Bäcker, B.: (Dr. h. c.) Lehrer, Schriftsteller; Die Bearnaise (1903), Anekdote; Der blaue Christian (1903), Erzählung; Der Enkel des Tiberius (1906), Erzählung.

Scharrelmann, Wilhelm (1875–1950); S.: Deutsch; V.: Kaufmann, B.: Lehrer, Schriftsteller; Feierabend (1908), Skizze; Im Kampf um Arbeit (1910), Skizze.

Schaumberg, Georg; S.: Deutsch; V.: –; B.: –; Ein Opfer der Gerechtigkeit (1893), Erzählung aus den bayerischen Bergen.

Scheffler, F.; S.: –; V.: –; B.: –; Ein Leben (1912), Erzählung.

Schiraki, J.; S.: –; V.: –; B.: –; Die Brücke (1906), Eine türkische Geschichte; Schecho (1907), Geschichte.

Schlaf, Johannes; S.: Deutsch; V.: Kaufmann, B.: Schriftsteller; Gerechtigkeit (1901), Novelle.

Schlumpf, Maria (1853–1907); S.: Deutsch; V.: Bauer; B.: Schneiderin; Der Weibermann (1910), Roman.

Schmidt, Wilhelm (1876–1952); S.: Deutsch; V.: Kaufmann; B.: Buchhändler, Dramaturg, Schriftsteller; Nur noch drei (1903), Novelle; Schlaraffenland (1904).

Schmit, Artur; S.: –; V.: –; B.: –; Der Scheintote (1910), Erinnerung; Und sie bewegt sich doch! (1911), Dorfskizze; ›Lotte is dot‹! (1912).

Schmitt, F. W. G.; S.: Deutsch; V.: –; B.: –; Der Geschmeidige (1893), Erzählung aus dem Russischen.

Schmitthenner, Adolf; S.: Deutsch; V.: Pfarrer; B.: Pfarrer, Lehrer; Der Landsmann (1911), Erzählung.

Schönherr, Karl (1867–1943); S.: Deutsch; V.: Dorflehrer; B.: (Dr. med.) Arzt, Schriftsteller; Das Glückskind (1905), Kindergeschichte.

Schröder, Wilhelm; S.: Deutsch; V.: –; B.: –; Der Hosenkauf (1905), Erzählung; Der gerechte Richter (1906); Jürgen Jeserich (1907), Erinnerung.

Schubert, E.; S.: –; V.: –; B.: –; Leberecht, der Besenbinder (1909), Dorfhumoreske.

Schwarzkopf, Gustav (1853–1939); S.: Deutsch; V.: –; B.: Schauspieler, Schriftsteller; Vermittelte Liebe (1893), Studie.

Schymanski, Adam; S.: Russisch; V.: –; B.: –; Maciej (1903).

Seeliger, Ewald Gerhard (geb. 1877); S.: Deutsch; V.: Lehrer; B.: Lehrer, Schriftsteller; Mutter Schulzen (1905), Dorfgeschichte; Miss Ibsen von Bombell (1911), Erzählung.

Seidel, C. A.; S.: –; V.: –; B.: –; Die erste Schicht (1902).

Serafimowitsch, Aleksandr (1863–1949); S.: Russisch; V.: Offizier; B.: Journalist; Seine Hoffnung (1902).

Shalow, J. A.; S.: –; V.: –; B.: –; Der Leichnam (1895).

Sienkiewicz, Henryk (1846–1916); S.: Polnisch; V.: Gutsbesitzer; B.: Journalist, Schriftsteller; Ein Märtyrer der Schule (1897), Novelle.

Sieroszewski, Waclaw (1858–1945); S.: Polnisch; V.: Adel; B.: Techniker, Kulturpolitiker; Der Mailacm (1900); Den Göttern zum Opfer (1902); Novelle.

Skowronnek, Fritz (1858–1939); S.: Deutsch; V.: Förster; B.: Lehrer, Journalist, Schriftsteller; Familie Oschke (1909), Erzählung.

Skowronnek, Richard (1862–1932); S.: Deutsch; V.: Förster; B.: Redakteur, Dramaturg; Jan's Roman (1893), Eine masurische Dorfgeschichte.

Skram, Amalie (1846–1905); S.: Norwegisch; V.: Kaufmann; B.: Schriftstellerin; Knud Tandberg (1903).

Smirnoff, J. P.; S.: –; V.: –; B.: –; Das Soldatenkind (1895), Studie.

Stegemann, Hermann (1870–1945); S.: Deutsch; V.: Rechnungsrat; B.: Dramaturg, Redakteur, Professor; Die Wirtin von Heiligenbronn (1911), Roman; Die Himmelspachter (1913), Roman; Der Lohn (1917), Erzählung.

Stigson, Stig; S.: –; V.: –; B.: –; Die Buabraut (1902), Erzählung.

Stilgebauer, Edward (1868–1936); S.: Deutsch; V.: Pfarrer; B.: (Dr. phil.) Lehrer, Redakteur; Friedrich Kräuterleins Roman (1914), Novellette.

Strauß und Torney, Lulu von (1873–1956); S.: Deutsch; V.: Generalmajor; B.: Schriftstellerin; Wasser (1903), Erzählung; Bauernstolz (1903), Dorfgeschichte; Schuld (1904), Erzählung.

Strindberg, August (1849–1912); S.: Schwedisch; V.: Dampfbootkommissionär; B.:

Lehrer, Journalist, Schriftsteller; Ein Unwillkommener (1904), Erzählung; Ein Triumph (1904), Erzählung; Neue Waffen (1904), Erzählung; Die Insel der Seligen (1906), Novelle.

Stroinski, A.; S.: −; V.: −; B.: −; Die Beeren waren schuld (1909), Eine Kindheitserinnerung.

Strug, Andreas (1871–1937); S.: Polnisch; V.: Adel; B.: −; Von Freundes Hand (1910), Erzählung.

Stutz, Siegfried; S.: −; V.: −; B.: −; Verfehlt (1894), Novelle.

Téry, Gustave; S.: −; V.: −; B.: −; Ein Gebildeter (1897).

Tesselaar, R.; S.: −; V.: −; B.: −; In der Redaktion einer Arbeiterzeitung (1897), Skizze.

Theden, Dietrich (1857–1909); S.: Deutsch; V.: Bauer; B.: Lehrer, Redakteur; Jochen Duggen (1897), Kriminalgeschichte.

Theuriet, André; S.: Französisch; V.: −; B.: Beamter; Herzkirsche (1898).

Thoma, Ludwig (1867–1921); S.: Deutsch; V.: Oberförster; B.: (Dr. jur.) Rechtsanwalt, Redakteur, Schriftsteller; Die Hochzeit (1903), Geschichte; Kabale und Liebe (1908), Skizze.

Thoresen, Magdalena; S.: −; V.: −; B.: −; Die Finnenkirche (1899).

Traudt, Valentin (geb. 1864); S.: Deutsch; V.: −; B.: Lehrer; Die Steinfeldbauern (1914), Roman.

Troll Borostyani, Irma von (1849–1912); S.: Deutsch; V.: Beamter; B.: Pianistin, Privatlehrerin, Schriftstellerin; Non olet (1892), Geschichte.

Tschechow, Anton P. (1860–1904); S.: Russisch; V.: Kaufmann, B.: Arzt, Schriftsteller; Feinde (1896).

Tschernyschewskij, Nikolai G. (1828–1889); S.: Russisch; V.: Geistlicher; B.: Lehrer, Redakteur; Was tun. Schilderungen neuer Menschen (1892), Roman.

Tschirikow, Eduard; S.: Russisch; V.: −; B.: −; Progress (1903).

Unger, Emil; S.: −; V.: −; B.: −; Annemarie (1913), Erzählung; Heiraten (1915), Erzählung.

Viebig, Clara (1860–1952); S.: Deutsch; V.: Oberregierungsrat; B.: Sängerin, Schriftstellerin; Vor Thau und Tag (1898); Dilettanten des Lebens (1899), Roman; Wen die Götter lieben (1900), Novelle; Rother Mohn (1901), Erzählung; Der Fuhrmann. Ein Bild aus der Eifel (1903); Das Los (1910), Erzählung; Die Hotte (1911), Erzählung; Der Depp (1912), Erzählung; Brummelstein (1912), Erzählung; Eine Handvoll Erde (1916), Roman.

Vollrat Schumacher, Heinrich; S.: −; V.: −; B.: −; Mein Havelock (1893).

Voss, C.; S.: −; V.: −; B.: −; Auf Festung (1909), Erzählung.

Wagner, Hermann (1880–1927); S.: Deutsch; B.: Advocatenschreiber, Schriftsteller; Die Begegnung (1913).

Waldmann; S.: −; V.: −; B.: −; Treue Diener und ihre Herren (1896), Skizze.

Weerth, Hugo; S.: −; V.: −; B.: −; Gesühnt. Eine Tragödie aus dem Bergmannsleben (1893), Erzählung.

Wenger, Lisa (1858–1941); S.: Deutsch; V.: −; B.: Malerin; Die Schuldige (1910), Novelle.

Wengraf, Edmund (geb. 1860); S.: Deutsch; V.: −; B.: (Dr. jur.) Advokat, Redakteur; Armer Leute Kinder (1894), Gesellschaftsbild (Roman).

Wenz, Richard (geb. 1876); S.: Deutsch; V.: Bahnmeister; B.: Lehrer, Rektor; Hochzeit im Dorfe (1911), Erzählung.

Weressajew, Vikentij (1867–1945); S.: Russisch; V.: Arzt; B.: Arzt, Schriftsteller; Der Stern (1906), Ein orientalisches Märchen.

Wermuth, K.; S.: −; V.: −; B.: −; Lehrjahre (1912), Jugendgeschichte.

Wetzker, Heinrich; S.: −; V.: −; B.: −; Der Spieler (1905).

Wilde, Eduard; S.: Estnisch; V.: −; B.: Journalist, Schriftsteller; Ihr Sohn (1906).

Winnig, August (1878–1956); S.: Deutsch; V.: Totengräber; B.: Arbeiter, Politiker, Schriftsteller; Theaterrausch (1916), Erinnerung; Ein Jungenstreich (1917), Erinnerungen.

Zahn, Ernst (1867–1952); S.: Deutsch; V.: Gastwirt; B.: Gastwirt (Dr. phil. h. c.); Der Geiß-Christeli (1906), Erzählung; Stephan, der Schmied (1907), Erzählung; Die Mutter (1907), Erzählung; Der Schatten (1908), Erzählung; Die Säge von Mariels (1909), Erzählung; Verena Stadler (1912), Erzählung;

Der Mondstrahl (1913), Erzählung; Der Gerngroß (1915), Erzählung; Der Liberi (1915), Erzählung; Kriegszeit (1917), Erzählung.

ANONYMA

F. K.; Des Verbrechers Vermächtnis (1893).
–, Der Wasunger Krieg (1893), Eine deutsche Fürstengeschichte aus dem Jahre 1747.
–, Familie Duckmäuser, oder: Ein Pharisäerheim (1893), Satire.
–, Aus finsteren Zeiten (1894).

Zimmermann-Hirschfeld, E.; S.: –; V.: –; B.: –; Ein Lump (1897).
Zöldi, Martin; S.: –; V.: –; B.: –; Bauernbunt (1905), Novelle.

–, An einem Winterabend (1894).
H. F.; Opfer des Elends (1894), Erzählung.
–, La Marseillaise (1895).
M. A.; Durch Macht zum Sieg (1896), Erinnerung.
J. F.; Das Recht zu Tödten (1896).
–, Saidjah und Adinda (1899).

In Freien Stunden
1897–1918/19
(I = 1. Halbjahrsband; II = 2. Halbjahrsband)

Aakjär, Jeppe (1866–1930); S.: Dänisch; V.: Bauer; B.: Lehrer, Journalist, Schriftsteller; Sidsels Hochzeitslichte (I/1909), Erzählung.
Alexis, Willibald (1798–1871); (eig.: G. W. H. Häring); S.: Deutsch; V.: Kanzleidirektor; B.: Beamter, verschiedene Berufe, Schriftsteller; Die Hosen des Herrn von Bredow (II/1914), Roman.
Andersen, Hans Christian (1805–1875); S.: Dänisch; V.: Schuhmacher; B.: Schriftsteller; Die Galoschen des Glücks (I/1918/19), Märchen.
Andersen-Nexö, Martin (1869–1954); S.: Dänisch; V.: Steinhauer; B.: Arbeiter, Lehrer, Schriftsteller; Die Mär vom Glück. Den zerlumpten Kleinen erzählt (II/1913); Eine Frauenrevolution (II/1916).
Auerbach, Berthold (1812–1882); (eig.: M. B. Auerbacher; Ps.: Theobald Chauber); S.: Deutsch; V.: Kaufmann, B.: Redakteur, Schriftsteller; Die Geschichte des Diethelm von Buchenberg (II/1915), Roman.

Bandello, Matteo (um 1485); S.: Italienisch; V.: –; B.: Mönch, Lehrer, Bischof (II/1907), Romeo und Julia.
Baring-Gould, I.; S.: –; V.: –; B.: –; Der Besen-Junker (I/1900), Roman.
Madame Bigot; S.: –; V.: –; B.: –; Zwei Welten (II/1906), Roman.
Björnson, Björnstjerne (1832–1910); S.: Norwegisch; V.: Pfarrer; B.: Journalist, Theater-

direktor, Schriftsteller; Der Brautmarsch (II/1914), Novelle.
Buchanan, Robert (1841–1901); S.: Englisch; V.: Lehrer; B.: Schriftsteller; Der Deserteur (II/1906), Roman.

Caine, Thomas Henry Hall (1853–1931); S.: Englisch; V.: –; B.: Journalist, Schriftsteller; Der verlorene Sohn (I/1906), Roman; Der rote Jason (II/1910), Roman.
Cartellierie, Cesare; S.: Italienisch; V.: –; B.: –; Ein Luca della Robbia (I/1912), Kriminalroman.
Cladel, Léon (1835–1892); S.: Französisch; V.: –; B.: Advokat; Das Einaug (I/1908).

Daudet, Alphonse (1840–1897); S.: Französisch; V.: Fabrikant; B.: Lehrer, Angestellter, Schriftsteller; Rosa und Minette (II/1907), Roman.
Dickens, Charles (1812–1870); S.: Englisch; V.: Angestellter; B.: Angestellter, Journalist, Schriftsteller; Dombey und Sohn. Tl. I (I/1901), Roman; Dombey und Sohn. Tl. II (II/1901), Roman; Der Weihnachtsabend. Eine Geistergeschichte (II/1906); Oliver Twist (II/1911), Roman.
Droste-Hülshoff, Annette v. (1797–1848); S.: Deutsch; V.: Adel; B.: Schriftstellerin; Die Judenbuche (I/1914).
Dumas, Alexander (père) (1802–1870); S.: Französisch; V.: General; B.: Angestellter, Beamter, Schriftsteller; Die drei Musketiere (II/1902), Roman; Gabriel Lambert, der Galeerensklave (I/1904).

Dumbrava, Bucura; S.: Rumänisch; V.: –; B.: –; Der Haiduck (II/1908); Roman.

Ernst, Otto (1862–1926); (eig.: Otto Ernst Schmidt); S.: Deutsch; V.: Zigarrenarbeiter; B.: Lehrer, Schriftsteller; Asmus Sempers Jugendland (I/1914), Der Roman einer Kindheit; Semper der Jüngling (II/1914), Ein Bildungsroman.

Eyth, Max (1836–1906); S.: Deutsch; V.: Theologe; B.: Ingenieur; Der Schneider von Ulm (I/1918/19), Roman.

Gerschuni, Gregor; S.: Russisch; V.: –; B.: –; Aus jüngster Vergangenheit; Tl. I: In der Peter-Pauls-Festung (II/1911).

Gerstäcker, Friedrich (1816–1872); S.: Deutsch; V.: Bühnentenor; B.: Arbeiter, Schriftsteller; Die Flußpiraten des Mississippi (I/1904), Roman; Der tote Zimmermann (II/1906), Humoreske; Gold. Ein kalifornisches Lebensbild (II/1913), Roman.

Gorki, Maxim (1868–1936); (eig.: A. M. Peskov); S.: Russisch; V.: Tischler; B.: Arbeiter, Journalist, Schriftsteller; Im Banne der Dämonen (I/1902), Roman.

Gotthelf, Jeremias (1797–1864); (eig.: Albert Bitzius); S.: Deutsch; V.: Pfarrer; B.: Pfarrer; Wie Joggeli eine Frau sucht (II/1908), Eine heitere Erzählung aus der Schweiz; Die angenehme Überraschung (II/1912).

Grillparzer, Franz (1791–1872); S.: Deutsch; V.: Hof- und Gerichtsadvokat; B.: Lehrer, Beamter, Schriftsteller; Das Kloster bei Sendomir (I/1905).

Halm, Friedrich (1806–1871); (eig.: E. F. J. Reichsherr v. Münch-Bellinghausen); S.: Deutsch; V.: Appellationsgerichtsrat; B.: Generaldienst, Regierungssekretär, Kustos; Die Marzipan-Lise (I/1917).

Hartmann, Moritz (1821–1872); S.: Deutsch; V.: –; B.: Erzieher, Redakteur; Der Flüchtling (I/1906), Novelle; Eine Stunde im Leuchtturm (II/1909), Skizze; Die Brüder Matthieu (II/1911), Novelle; Der Hetman (II/1915), Erzählung.

Hauff, Wilhelm (1802–1827); S.: Deutsch; V.: Regierungssekretär; B.: (Dr. phil.) Lehrer, Redakteur; Abner, der Jude, der nichts gesehen hat (II/1902), Ein Märchen; Der Zwerg Nase (II/1910), Ein Märchen; Die Höhle von

Steensoll (II/1916); Das kalte Herz (I/1917), Ein Märchen.

Heijermans, Hermann (1864–1924); (Ps.: Heinz Sperber u. a.); S.: Niederländisch; V.: –; B.: Kaufmann, Journalist; Trinette (I/1909), Skizze.

Hoefer, Edmund (1819–1882); S.: Deutsch; V.: Stadtgerichtsdirektor; B.: (Dr. phil.) Redakteur; Rolof, der Rekrut (II/1911); Seegeschichten (II/1916).

Hoffmann, E. Th. A. (1776–1822); S.: Deutsch; V.: Advokat; B.: Richter; Das Fräulein von Scudéry (I/1913), Novelle.

Holländer, Felix (1867–1931); S.: Deutsch; V.: –; B.: Dramaturg, Intendant, Redakteur; Magdalene Dornis (II/1899), Roman.

Hugo, Victor (1802–1885); S.: Französisch; V.: General; B.: Schriftsteller; Siebzehnhundertdreiundneunzig (I/1897), Historischer Roman; Die Elenden (II,$_{1,2}$/1898), Roman; Der Sohn des Rebellen (II/1900), (nach Hugo's Roman ›Der lachende Mann‹); Der Glöckner von Notre-Dame (I/1907), Historischer Roman.

Jacobs, William Wymark (1863–1943); S.: Englisch; V.: Werftaufseher; B.: Postbeamter, Schriftsteller; Kapitän Rosselmanns Extratour (II/1907), Humoreske; Bruder Hutchins (II/1908), Humoreske; Der graue Papagei (II/1908), Humoreske; Der Maschinist des ›Stintfang‹ (I/1909), Humoreske; Der schwarze Kater (II/1910), Humoreske.

Jakszakow, Wassili; S.: Russisch; V.: –; B.: Lehrer; Zum Bleibergwerk verurteilt, Briefe des zu lebenslänglicher Zwangsarbeit nach Sibirien verbannten russischen Professors (I/1906).

Jokai, Moritz (1825–1904); S.: Ungarisch; V.: Adel; B.: Redakteur, Politiker; Das Erbe des Nabob (I/1900), Roman; Fortunatus (I/1901), Aus der Chronik eines alten Mannes.

Kautsky, Minna (1837–1912); S.: Deutsch; V.: Dekorationsmaler; B.: Schauspielerin, Schriftstellerin; Stefan vom Grillenhof (II/1909), Roman.

Kinkel, Gottfried (1815–1882); S.: Deutsch; V.: Pastor; B.: Lehrer, Prediger, Lehrer; Margret (I/1914), Novelle.

Kleist, Heinrich von (1777–1811); S.: Deutsch; V.: Offizier; B.: Leutnant, Volontär i. Finanzdepartment, Redakteur; Der Findling (I/1918/19), Novelle.

Klotzhuber, Nikolaus; S.: Deutsch; V.: –; B.: –; Ein kleiner Trick (I/1910), Militärhumoreske.

Kopisch, August (1799–1853); S.: Deutsch; V.: Kaufmann; B.: Kunstmaler, Hofmarschall, Professor; Der Träumer (II/1918/19), Humoristische Novelle.

Krauß, Klaus; S.: –; V.: –; B.: –; Der falsche Heilige (II/1914).

Kröger, Timm (1844–1918); S.: Deutsch; V.: Bauer; B.: Landwirt, Kreisrichter, Schriftsteller; Im Nebel (I/1917), Novelle.

Kurz, Hermann (1813–1873); S.: Deutsch; V.: Kaufmann; B.: Pfarrer, Journalist, Bibliothekar; Wie der Großvater die Großmutter nahm (II/1905), Erzählung; Sankt Urbans Krug (I/1910), Erzählung aus dem 16. Jahrhundert; Der Sonnenwirt (II/1916), Roman; Das gepaarte Heiratsgesuch (I/1917).

Lagerlöf, Selma (1858–1940); S.: Schwedisch; V.: Leutnant, Gutsbesitzer; B.: Lehrerin, Schriftstellerin (Dr. h. c.); Eine Herrenhofsage (II/1907), Erzählung.

Lie, Jonas (1833–1908); S.: Norwegisch; V.: Richter; B.: Rechtsanwalt, Schriftsteller; Lindelin (I/1912), Eine Märchen-Novelle; Drauf Los! (II/1918/19), Roman.

Loti, Peter (1850–1923); (eig.: Julien Viaud); S.: Französisch; V.: Schiffsarzt; B.: Offizier, Schriftsteller; Islandfischer (II/1901), Roman; Ein Seemann (I/1902), Roman.

Malot, Hector (1830–1907); S.: Französisch; V.: –; B.: Angestellter, Journalist; Vergeltung (II/1899), Roman; Im Banne der Versuchung (I/1905), Roman.

Maupassant, Guy de (1850–1893); S.: Französisch; V.: Adel; B.: Beamter, Schriftsteller; Der Vater (I/1915), Novelle.

Meißner, Alfred v. (1822–1885); S.: Deutsch; V.: Arzt; B.: (Dr. med.) Arzt; Der Müller vom Höft (I/1917), Novelle.

Meyr, Melchior (1810–1871); S.: Deutsch; V.: Bauer; B.: (Dr. phil.); Der schwarze Hans (I/1908), Eine Erzählung aus dem Ries.

Mikszath, Koloman (1847–1910); S.: Ungarisch; V.: –; B.: Beamter, Journalist; St. Peters Regenschirm (I/1907), Erzählung.

Moeschlin, Felix (1882–1969); S.: Deutsch; V.:

Lehrer; B.: (Dr. phil. h. c.) Schriftsteller, Redakteur; Der Amerika-Johann (I/1914), Ein Bauernroman aus Schweden.

Montépin, Xavier de (1824–1902); S.: Französisch; V.: –; B.: Journalist, Schriftsteller; Die Töchter des Südens (I/1899), Roman.

Mügge, Theodor (1806–1861); S.: Deutsch; V.: –; B.: Kaufmann, Soldat, Redakteur; Am Malanger Fjord (II/1905), Erzählung; Sigrid, das Fischermädchen (I/1908), Erzählung; Es lebe die Gerechtigkeit! (II/1909), Novelle; Romana (I/1910), Erzählung aus den korsischen Freiheitskämpfen; Die Auserwählte des Propheten (II/1912), Novelle.

Nieritz, Gustav (1795–1876); S.: Deutsch; V.: Lehrer; B.: Lehrer; Der Kreuzturm zu Dresden (I/1911), Eine Erzählung aus dem Siebenjährigen Krieg; Der Pulverturm San Spirito zu Venedig (II/1914).

Orzesko, Elise (1841–1910); S.: Polnisch; V.: Gutsbesitzer; B.: Schriftstellerin; Der Kampf um die Scholle (II/1897), Roman.

Potapenko, J. N. (1856–1929); S.: Russisch; V.: Dorfgeistlicher; B.: Priester; Vater und Sohn (I/1908).

Raabe, Wilhelm (1831–1910); (Ps.: Jakob Corvinus); S.: Deutsch; V. Justizbeamter; B.: Buchhandelslehre, Schriftsteller, Redakteur (Dr. h. c.); Die schwarze Galeere (II/1902), Erzählung.

Reich, Moritz (1831–1857); S.: Deutsch; V.: –; B.: –; Veilchen (I/1904), Erzählung; Der Trutzian (I/1904), Erzählung.

Rennison, Renni; S.: Englisch; V.: –; B.: –; Eigene Kraft (II/1910), Roman aus den englischen Weberbezirken.

Rosegger, Peter (1843–1918); (Ps.: Petri Kettenfeier); S.: Deutsch; V.: Bauer; B.: Hirt, Buchhändler, Redakteur; Der Hinterschöpp oder die Geschichte dreier zweifelhafter Personen (I/1918/19).

Rosenkrantz, Palle; S.: Dänisch; V.: –; B.: –; Der rote Hahn (II/1913).

Ruppius, Otto (1819–1864); S.: Deutsch; V.: Beamter; B.: Soldat, Redakteur, Dirigent; Der Pedlar (I/1905); Das Vermächtnis des Pedlars (II/1905), Roman; Waldspinne (II/1906), Ein Genrebild.

Russell, Clark; S.: –; V.: –; B.: –; Steuermann Holdsworth (I/1908), Seeroman.

Sawinkowa, S. A.; S.: Russisch, V.: –; B.: –; Die Kummerjahre (I/1909), Erinnerungen einer Mutter.

Scherr, Johannes (1817–1886); S.: Deutsch; V.: Lehrer; B.: Lehrer, Professor; Die Pilger der Wildnis (II/1907), Historische Novelle.

Schücking, Levin (1814–1883); S.: Deutsch; V.: Richter; B.: Schriftsteller, Bibliothekar, Redakteur; Pulver und Gold (II/1916), Roman aus dem Kriege von 1870/71; Die drei Freier (II/1918/19), Novelle

Schulze-Smidt, Bernhardine (1846–1920); (Ps.: B. Oswald); S.: Deutsch; V.: Senator; B.: Schriftstellerin; Die Mörderin (I/1905), Novelle.

Schweichel, Robert (1821–1907); S.: Deutsch; V.: Kaufmann; B.: Lehrer, Journalist, Schriftsteller; Aus dem Leben der Enterbten. Erzählungen: I. Florian Geyer's Heldentod (I/1897); II. In Acht und Bann; III. Die Weber von Ober-Geiersdorf (II/1897); IV. Umsonst geopfert. Erz. a. d. Zeit der schlesischen Weberunruhen (I/1899); V. Im Hinterhause; VI. Die Stimme der Natur; VII. Auferstanden (II/1900); VIII. Gesetz und Recht (II/1901); IX. Zerbrochene Ketten; X. Der Märtyrer (II/1902); Wiedergeboren (I/1907), Erzählung; Umseher (II/1907), Erzählung; Der Pauker von Niklashausen (II/1908), Erzählung aus der Zeit der Bauernkriege; ›Unser Flüchtling‹ (II/1913), Erzählung; Rote Ostern (I/1914), Erzählung aus dem Bauernkriege; Um die Freiheit (I/1915), Geschichtlicher Roman a. d. Bauernkrieg 1525.

Scott, Walter (1771–1832); S.: Englisch; V.: Anwalt; B.: Angestellter, Gutsbesitzer, Schriftsteller; Kenilworth (I/1909), Roman; Ivanhoe (II/1912), Roman.

Sienkiewicz, Heinrich (1846–1916); S.: Polnisch; V.: Gutsbesitzer; B.: Journalist, Schriftsteller; Hanna (I/1901), Roman.

Silberstein, A.: S.: –; V.: –; B.: –; Der Bleibdraus (I/1904), Eine heitere Geschichte.

Spielhagen, Friedrich (1829–1911); S.: Deutsch; V.: Regierungsbeamter; B.: Hauslehrer, Redakteur; Was die Schwalbe sang (I/1898), Roman.

Spindler, Carl (1796–1855); (Ps.: C. Spinalba); S.: Deutsch; V.: Schauspieler; B.: Komödiant, Schriftsteller; Der Bastard (I/1902),

Roman; Der Jude (I/1911), Deutsches Sittengemälde a. d. ersten Hälfte des fünfzehnten Jahrhunderts.

Stevenson, Burton R.; S.: –; V.: –; B.: –; Fräulein Holladay (II/1908), Roman.

Stifter, Adalbert (1805–1868); S.: Deutsch; V.: Leineweber; B.: Hauslehrer, Hofrat; Die Narrenburg (I/1906), Erzählung.

Storm, Theodor (1817–1888); S.: Deutsch; V.: Advokat; B.: Assessor, Richter, Amtsgerichtsrat; Der Schimmelreiter (I/II/1911/12), Novelle; Draußen im Heidedorf (II/1918/19), Novelle.

Stroinski, Andreas; S.: –; V.: –; B.: –; Unbezahlte Schuld (II/1908), Erzählung.

Tavaststjerna, Karl August (1860–1898); S.: Finnisch-Schwedisch; V.: –; B.: Architekt, Journalist; Der Gefangene (II/1915), Skizze.

Telmann, Konrad (1854–1897); S.: Deutsch; V.: –; B.: Justizbeamter; Unter den Dolomiten (II/1899), Roman.

Tolstoi, Leo (1828–1910); S.: Russisch; V.: Gutsbesitzer; B.: Gutsbesitzer, Schriftsteller; Iwan der Narr (II/1914), Ein Märchen; Sewastopol (I/1915), Novelle.

Tschirikow, Eugen; S.: Russisch; V.: –; B.: –; Rebellen (I/1907), Eine Erzählung aus der russischen Revolution; Der Zensor (II/1918/19).

Verne, Jules (1828–1905); S.: Französisch; V.: –; B.: Schriftsteller; Der Kurier des Zaren (II/1905), Roman.

Viebig, Clara (1860–1952); S.: Deutsch; V.: Regierungsrat; B.: Sängerin, Schriftstellerin; Das Weiberdorf (II/1912), Roman aus der Eifel; Das tägliche Brot (I/1917), Roman.

Werbitzkaja, Anastasia; S.: Russisch; V.: –; B.: –; Aus Sturmeszeit (I/1913).

Wichert, Ernst (1831–1902); S.: Deutsch; V.: Assessor; B.: Richter, Justizrat (Dr. jur. h. c.); Eve (II/1918/19), Novelle.

Wereschtschagin, Wassily; S.: Russisch; V.: –; B.: –; Der Soldat (II/1915).

Wildenradt, Johann von (1845–1909); S.: Deutsch; V.: –; B.: Graveur, Unternehmer,

Redakteur; Der Zöllner von Klausen (I,₁/ 1898); Historischer Roman.

Wille, Bruno (1860–1928); S.: Deutsch; V.: Beamter; B.: (Dr. phil.) Hauslehrer, Redakteur, Schriftsteller; Die Abendburg (I/1910), Chronika eines Goldsuchers in zwölf Abenteuern.

Zola, Emile (1840–1902); S.: Französisch; V.: Ingenieur; B.: Arbeiter, Journalist, Schriftsteller; Madame Sourdis (I/1904), Novelle; Nantas (II/1908), Novelle; Germinal (I/ 1912), Sozialer Roman; Das Geld (II/1915), Roman.

Zschokke, Heinrich (1771–1848); (Ps.: J. v. Magdeburg, L. Weber); S.: Deutsch; V.: Tuchmacher; B.: (Dr. phil.) Lehrer, Dichter einer Wandertruppe, Beamter; Der zerbrochene Krug (II/1911).

Die Rote Fahne
1919–1933

Abusch, Alexander (geb. 1902); (Ps.: Ernst Reinhardt, Ernst Bayer); S.: Deutsch; V.: Kutscher u. Kleinhändler; B.: Schriftsteller, Publizist u. Kulturpolitiker; Der Kampf vor den Fabriken (1926), Erzählung.

Acél, Paul; S.: Französisch; V.: –; B.: –; Die sonderbaren Geschichten zweier Pariser Straßenkinder (1926).

Andersen-Nexö, Martin (1869–1954); V.: Steinhauer; B.: Arbeiter, Lehrer, Schriftsteller; Das Liebeskind (1921); Zwei Brüder (1929).

Barbusse, Henry (1873–1935); S.: Französisch; V.: Schriftsteller; B.: Journalist u. Schriftsteller; Die blutige Quelle (1929).

Barta, Alexander (geb. 1878); S.: Ungarisch; V.: –; B.: –; Mischa (1929), Novelle.

Barthel, Max (1893–1975); S.: Deutsch; V.: Maurer; B.: Fabrikarbeiter, Schriftsteller, Journalist; Erdgeräusche (1920), Prosa; Die Knochenmühle (1924), Erzählung; Vom roten Moskau bis zum schwarzen Meer (1921), Reportage.

Becher, Johannes R. (1891–1958); S.: Deutsch; V.: Amtsrichter; B.: Journalist, Kulturpolitiker; Der Bankier reitet über das Schlachtfeld (1925), Erzählung.

Braun, Franz (?–1933); S.: Deutsch; V.: Arbeiter; B.: Arbeiter, Redakteur; Wer seinen Sohn lieb hat, züchtigt ihn (1931). Aus einem großen antiklerikalen Roman.

Credé, Carl (geb. 1878); S.: Deutsch; V.: Arzt; B.: Arzt (Dr. med.); Frauen in Not (1931), Bericht.

Desberry, Lawrence H. siehe Hermynia Zur Mühlen.

Dollar, Jim (d. i.: Marietta Saginjan) (geb. 1888); S.: Russisch; V.: Gutsbesitzer; B.: Schriftstellerin; Mess Mend (1924/25), Roman.

Domski, L.; S.: Polnisch; V.: –; B.: –; Die Wiedergeburt (1923), Ein polnischer Arbeiterroman.

Dornberger, Emma D.; S.: Deutsch; V.: Arbeiter; B.: Arbeiterin; Frauen führen Krieg (1932), Kriegserzählung.

Dorochow, Pawel; S.: Russisch; V.: –; B.: –; Golgatha (1924), Roman.

Dostojewskij, Fjodor (1821–1881); S.: Russisch; V.: Arzt; B.: Leutnant, Angestellter, Schriftsteller; Weiße Nächte (1920).

Duffaud, Jean; S.: –; V.: –; B.: –; Der Hingeschlachtete (1925), Roman aus dem heutigen Marokko.

Eca de Queiroz, José (1846–1900); S.: Portugiesisch; V.: –; B.: Rechtsanwalt, Redakteur, Beamter; Das Verbrechen des Paters Amaro (1930), Roman.

Eydeman, R.; S.: Lettisch; V.: –; B.: –; Anja (1927), Novelle.

Gábor, Andor (1884–1953); S.: Ungarisch/ Deutsch; V.: Beamter; B.: Bühnenautor, Journalist; Tutuska (1925), Eine amerikanische Geschichte aus Europas Mitte.

Gladkow, Fjedor (1883–1958); S.: Russisch; V.: Bauer; B.: Lehrer, Schriftsteller; Belagerung eines Flusses (1930).

Glösa, Otto; S.: Deutsch; V.: Arbeiter; B.: Arbeiter; Der Betriebsmord (1928), Erzählung.

Grünberg, Karl (1891–1972); S.: Deutsch; V.:

Schuhmacher; B.: Arbeiter, Laborant, Redakteur u. Schriftsteller; Brennende Ruhr (1928), Roman.
Guidony, Alexander; S.: –; V.: –; B.: –; Dizzy (1924), Erzählung aus dem Jahre 1950.

Harzheim, Willy; S.: Deutsch; V.: –; B.: –; Zwischen Tanks und Stacheldraht (1933), Erzählung aus den Tagen der Ruhrbesetzung.
Harris, Frank; S.: Amerikanisch; V.: –; B.: Arbeiter, Redakteur; Die Bombe (1922), Roman.
Hasek, Jaroslav (1883–1923); S.: Tschechisch; V.: Beamter; B.: –; Die Abenteuer des braven Soldaten Schwejks. Tl. II (1926); Tl. III (1927).
Hergesheimer, Joseph (1880–1954); S.: Amerikanisch; V.: –; B.: –; Tampico (1928), Roman.
Herzog, Wilhelm (1884–1960); S.: Deutsch; V.: –; B.: Dramatiker, Journalist; Im Zwischendeck nach Südamerika (1924).
Hoffmann, Walter (erg. Walter Kolbenhoff); geb. 1908; S.: Deutsch; V.: Arbeiter; B.: Fabrikarbeiter, Straßensänger, Journalist; Das Hinterhaus (1930).

Illes, Béla (geb. 1895); S.: Ungarisch; V.: Kaufmann; B.: (Dr. jur.) Militär, Arbeiter, Journalist; Das Massengrab (1925), Erzählung.
Iwanow, Wsewolod (1895–1963); S.: Russisch; V.: Lehrer; B.: Schauspieler, Matrose, Buchdrucker; Panzerzug Nr. 14–69 (1924), Erzählung; Das Kind (1927).

Jazienski, Bruno (1901–1939); S.: Russisch; V.: –; B.: –; Der Sohn des Kulis (1932).
Jung, Franz (1888–1963); S.: Deutsch; V.: Uhrmacher; B.: Schriftsteller; Der Arbeitsfriede (1921), Roman.

Kisch, Egon Erwin (1885–1948); S.: Deutsch; V.: Tuchhändler; B.: Journalist (Dr. h. c.); Sowjets an der Grenze Indiens und Chinas (1932), Reportageserie aus der Sowjetrepublik Tadschikistan.

Lask, Berta (1878–1967); S.: Deutsch; V.: Fabrikant; B.: Schriftstellerin; Gottlieb Neumann in Priwolnoje (1932), Erzählung aus dem Leben eines deutschen Arbeiters in der Sowjetunion.

Lekai, Johann; S.: Ungarisch; V.: –; B.: –; Rot und Weiß (1921), Erzählung aus der ungarischen Gegenrevolution.
Lengyel, Josef (1896–1975); S.: Ungarisch; V.: –; B.: Journalist, Dramaturg; Das Brot im Munde (1926), Erzählung aus dem Lande der Horthy-Banditen; Der Zeitspanner (1927), Filmnovelle.
Loele, Konrad; S.: Deutsch; V.: –; B.: –; Die besessene Braut (1921).
London, Jack (eig. John Griffith) (1876–1916); S.: Amerikanisch; V.: Astrologe; B.: Arbeiter, Journalist, Schriftsteller; Die eiserne Ferse (1923), Roman; Nur Fleisch (1930), Erzählung; Die Perle Südsee (1925), Erzählung; Der Ruf der Wildnis (1926); Südseegeschichten (1920).

Mann, Heinrich (1871–1950); S.: Deutsch; V.: Kaufmann; B.: Angestellter, Schriftsteller; Mit allen Mitteln (1925), (aus dem Roman ›Die Armen‹).
Maran, René (1887–1960); S.: Französisch; V.: –; B.: –; ›Batula‹ (1923), Roman.
Marchwitza, Hans (1890–1965); S.: Deutsch; V.: Bergarbeiter; B.: Bergarbeiter, Redakteur, Kulturpolitiker; Sturm auf Essen (1931), Roman.
Maumov, J. K.; S.: Russisch; V.: –; B.: –; Der Aufstand (1925), Erinnerungen aus der Oktoberrevolution. (Auszug aus ›Oktobertage‹).
Mehring, Franz (1846–1919); S.: Deutsch; V.: Beamter; B.: (Dr. phil.) Journalist; Militärische Schutzhaft (1919), Eine Gefängnisarbeit.
Multatuli (eig. E. D. Dekker) (1820–1887); S.: Niederländisch; V.: Seekapitän; B.: Angestellter, Beamter; Japanische Gespräche (1920).

Neukrantz, Klaus (1895(?)– nach 1941); S.: Deutsch; V.: –; B.: Offizier, Redakteur; Die Gasse (1930), (A. d. Roman ›Maibarrikaden‹); Barrikaden am Wedding (1931), Der Roman einer Straße aus den Berliner Maitagen 1929.

Ognev, Nikolaj (1888–1938); S.: Russisch; V.: Lehrer; B.: Lehrer, Schriftsteller; Das Tagebuch des Schülers Kostja Rjabrew (1928).
K. Olectiv; S.: Deutsch; V.: –; B.: Arbeiter; Die Letzten Tage von … (1931).

Orchansky, B.; S.: Russisch; V.: –; B.: –; Die zwei Pläne (1930), Kriminalgeschichte.

(anonym) (eig. Samuel Ornitz); S.: Amerikanisch; V.: –; B.: –; Herr Fettwanst (1927), Eine amerikanische Autobiographie von ...

Peng Pai; S.: Chinesisch; V.: –; B.: –; Das rote Hai-Peng (1933).

Panferow, Fedor (1896–1960); S.: Russisch; V.: Bauer; B.: Schriftsteller, Politiker; Die Genossenschaft der Habenichtse (1929), Roman.

Panin, Victor; S.: –; V.: –; B.: –; Märtyrer (1921), (Auszug aus ›Das zaristische Rußland‹).

Pell, Mike; S.: –; V.: –; B.: –; S. S. Utah (1932), Roman einer amerikanischen Schiffsmannschaft.

Peters, Paul; S.: –; V.: –; B.: –; Baumwollspinnerei (1930).

Philippe, Charles-Louis (1874–1909); S.: Französisch; V.: Schuster; B.: Angestellter; Der alte Perdrix (1922), Roman; Charles Blanchard (1922), Romanfragment.

Pijet, Georg W.; S.: Deutsch; V.: Dreher; B.: Bankangestellter, Redakteur, Schriftsteller; Treibjagd (1929), Erzählung.

Plivier, Theodor (1892–1955); S.: Deutsch; V.: Arbeiter; B.: Arbeiter, Redakteur, versch. Berufe, Schriftsteller; Des Kaisers Kulis (1929), Roman; Der Kaiser ging, die Generäle blieben (1932), Roman.

Podaschewski, P.; S.: –; V.: –; B.: –; Dort wo man Hunger stirbt (1921).

Polonskiy; S.: Russisch; V.: – B.: –; Die Empörer (1922), Szenen aus der russischen Revolution 1917.

Condesa de Ratzenau; S.: –; V.: –; B.: –; Memoiren (1926), Durchgesehen u. bearbeitet von Havelock und Slang.

Romains, Jules (eig. Louis Farigoule); (1885–1972); S.: Französisch; V.: Lehrer; B.: Lehrer; Durchbruch der Autobusse (1926), Erzählung.

Romanow, Panteileimon (1884–1938); S.: Russisch; V.: Gutsbesitzer; B.: –; Schwarze Zuckerplätzchen (1926).

Rück, Fritz (1895–1959); S.: Deutsch; V.: –; B.: Schriftsetzer, Redakteur; Der Hauptfeind steht im eigenen Land (1929), Erzählungen aus der Kriegszeit.

Schapowalow, A.; S.: Russisch; V.: –; B.: –; Illegal (1932), Ein alter Bolschewik erzählt aus seinem Leben.

Scharrer, Adam (1889–1948); S.: Deutsch; V.: Hirt; B.: Metallarbeiter, Redakteur, Schriftsteller; Vaterlandslose Gesellen (1930), Roman; Der große Betrug (1932), Ein Inflationsroman.

Schultze, Martin; S.: Deutsch; V.: –; B.: –; Der Blaubunte (1930).

Sejfullina, Lydia (1889–1954); S.: Russisch; V.: Geistlicher; B.: Schauspielerin, Lehrerin, Schriftstellerin; Wirinjea (1925), Erzählung; Der Banditenüberfall (1927).

Serafimowitsch, Aleksandre (1863–1949); S.: Russisch; V.: Offizier; B.: Journalist; Der Eiserne Strom (1925), Roman.

Sergejew, Michail A.; S.: Russisch; V.: –; B.: –; Unteroffizier Poskakuchin (1923).

Sinclair, Upton (1878–1968); S.: Amerikanisch; V.: Händler; B.: Journalist, Schriftsteller; Der Klassenkampf in Amerika (1921); Sklavenhatz (1921), (Auszug aus dem Roman ›Manassas‹); König Kohle (1921), Roman; Man nennt mich Zimmermann (1922), Roman; Petroleum (1927/28), Roman.

Smolan, A. J.; S.: Schwedisch; V.: Arbeiter; B.: –; Der Weg der Massen (1926), Roman aus dem schwedischen Arbeiterleben.

Strindberg, August (1849–1912); S.: Schwedisch; V.: Dampfbootkommissionär; B.: Lehrer, Journalist, Schriftsteller; Die Insel der Seligen (1921); Höhere Zwecke (1921), Erzählung; Beschützer (1921).

Swienty, Wilhelm; S.: –; V.: –; B.: –; Ein Soldat der Revolution (1932), Das Leben Karl Liebknechts.

Thackeray, William M. (1811–1863); S.: Englisch; V.: Beamter; B.: Anwalt, Journalist, Schriftsteller; Der verhängnisvolle Stiefel (1920); Die Denkwürdigkeiten des Herrn Charles J. Yellowplush, früher in vielen vornehmen Häusern bedienstet (1921); ›Die Liebesabenteuer des Herrn Denceace‹ (1923), Beschrieben von Charles J. Yellowplush.

Thornfeifer, Otto; S.: Deutsch; V.: Arbeiter; B.: Arbeiter; Hinter Schloß und Riegel (1925), Die Geschichte eines politischen Gefangenen.

Tokunaga, N.; S.: Japanisch; V.: Erbpächter;

B.: Arbeiter, Journalist; Die Straße ohne Sonne (1930), Ein japanischer Arbeiterroman.

Tschumandrin, Michael; S.: Russisch; V.: –; B.: –; Der weiße Stein (1933), Roman.

Türk, Werner; S.: Deutsch; V.: Arbeiter; B.: –; Kellernächte (1928), Erzählung.

Vanzetti, Bartolomeo; S.: Amerikanisch; V.: –; B.: Arbeiter; Geschichte meines Lebens (1926).

Wilts, Georg; S.: –; V.: –; B.: –; Jacob (1930).

Zola, Emile (1840–1902); S.: Französisch; V.: Ingenieur; B.: Arbeiter, Journalist, Schriftsteller; Die vier Tage des Jean Gourdon (1921).

Zur Mühlen, Hermynia (1883–1951); Ps.: Lawrence H. Desberry, Traugott Lehmann); S.: Deutsch; V.: Beamter; B.: Lehrerin, Journalistin, Schriftstellerin; Schupomann Karl Müller (1924); Kleine Leute (1925), Erzählung; Der Unsterbliche (1926).

(anonym); S.: Englisch; V.: –; B.: –; Beschof Morehouse (1921).

LITERATURVERZEICHNIS

Protokolle, Jahrbücher

Protokoll über die Verhandlungen des Parteitages der Sozialdemokratischen Partei Deutschlands. Abgehalten zu Halle a. S. v. 12.–18. Okt. 1890, Berlin 1890.
Protokoll über die Verhandlungen des Parteitages der Sozialdemokratischen Partei Deutschlands. Abgehalten zu Erfurt v. 14.–20. Okt. 1891, Berlin 1891.
Protokoll über die Verhandlungen des Parteitages der Sozialdemokratischen Partei Deutschlands. Abgehalten zu Berlin v. 14.–21. Nov. 1892, Berlin 1892.
Protokoll über die Verhandlungen des Parteitages der Sozialdemokratischen Partei Deutschlands. Abgehalten zu Köln a. Rh. v. 22.–28. Okt. 1893, Berlin 1893.
Protokoll über die Verhandlungen des Parteitages der Sozialdemokratischen Partei Deutschlands. Abgehalten zu Frankfurt a. M. v. 21.–27. Okt. 1894, Berlin 1894.
Protokoll über die Verhandlungen des Parteitages der Sozialdemokratischen Partei Deutschlands. Abgehalten zu Breslau v. 6.–12. Okt. 1895, Berlin 1895.
Protokoll über die Verhandlungen des Parteitages der Sozialdemokratischen Partei Deutschlands. Abgehalten zu Gotha v. 11.–16. Okt. 1896, Berlin 1896.
Protokoll über die Verhandlungen des Parteitages der Sozialdemokratischen Partei Deutschlands. Abgehalten zu Hamburg v. 3.–9. Okt. 1897, Berlin 1897.
Protokoll über die Verhandlungen des Parteitages der Sozialdemokratischen Partei Deutschlands. Abgehalten zu Stuttgart v. 3.–8. Okt. 1898, Berlin 1898.
Protokoll über die Verhandlungen des Parteitages der Sozialdemokratischen Partei Deutschlands. Abgehalten zu Hannover v. 9.–14. Okt. 1899, Berlin 1899.
Protokoll über die Verhandlungen des Parteitages der Sozialdemokratischen Partei Deutschlands. Abgehalten zu Mainz v. 17.–21. Sept. 1900, Berlin 1900.
Protokoll über die Verhandlungen des Parteitages der Sozialdemokratischen Partei Deutschlands. Abgehalten zu Lübeck v. 22.–28. Sept. 1901, Berlin 1901.
Protokoll über die Verhandlungen des Parteitages der Sozialdemokratischen Partei Deutschlands. Abgehalten zu München v. 24.–30. Sept. 1902, Berlin 1902.
Protokoll über die Verhandlungen des Parteitages der Sozialdemokratischen Partei Deutschlands. Abgehalten zu Dresden v. 13.–20. Sept. 1903, Berlin 1903.
Protokoll über die Verhandlungen des Parteitages der Sozialdemokratischen Partei Deutschlands. Abgehalten zu Bremen v. 18.–24. Sept. 1904, Berlin 1904.
Protokoll über die Verhandlungen des Parteitages der Sozialdemokratischen Partei Deutschlands. Abgehalten zu Jena v. 17.–23. Sept. 1905, Berlin 1905.
Protokoll über die Verhandlungen des Parteitages der Sozialdemokratischen Partei Deutschlands. Abgehalten zu Mannheim v. 23.–29. Sept. 1906, Berlin 1906.
Protokoll über die Verhandlungen des Parteitages der Sozialdemokratischen Partei Deutschlands. Abgehalten zu Essen v. 15.–21. Sept. 1907, Berlin 1907.
Protokoll über die Verhandlungen des Parteitages der Sozialdemokratischen Partei Deutschlands. Abgehalten zu Nürnberg v. 13.–19. Sept. 1908, Berlin 1908.
Protokoll über die Verhandlungen des Parteitages der Sozialdemokratischen Partei Deutschlands. Abgehalten zu Leipzig v. 12.–18. Sept. 1909, Berlin 1909.
Protokoll über die Verhandlungen des Parteitages der Sozialdemokratischen Partei Deutschlands. Abgehalten zu Magdeburg v. 18.–24. Sept. 1910, Berlin 1910.

Protokoll über die Verhandlungen des Parteitages der Sozialdemokratischen Partei Deutschlands. Abgehalten zu Jena v. 10.–16. Sept. 1911, Berlin 1911.
Protokoll über die Verhandlungen des Parteitages der Sozialdemokratischen Partei Deutschlands. Abgehalten zu Chemnitz v. 15.–21. Sept. 1912, Berlin 1912.
Protokoll über die Verhandlungen des Parteitages der Sozialdemokratischen Partei Deutschlands. Abgehalten zu Jena v. 14.–20. Sept. 1913, Berlin 1913.
Protokoll über die Verhandlungen des Parteitages der Sozialdemokratischen Partei Deutschlands. Abgehalten zu Würzburg v. 14.–20. Okt. 1917, Berlin 1917.
Protokoll über die Verhandlungen des Parteitages der Sozialdemokratischen Partei Deutschlands. Abgehalten zu Weimar v. 10.–15. Juni 1919, Berlin 1919.
Protokoll über die Verhandlungen des Parteitages der Sozialdemokratischen Partei Deutschlands. Abgehalten zu Kassel v. 10.–16. Okt. 1920, Berlin 1920.
Protokoll über die Verhandlungen des Parteitages der Sozialdemokratischen Partei Deutschlands. Abgehalten zu Görlitz v. 18.–24. Sept. 1921, Berlin 1921.
Protokoll der Sozialdemokratischen Parteitage in Augsburg, Gera und Nürnberg 1922. Berlin 1922.
Sozialdemokratischer Parteitag 1924. Protokoll mit dem Bericht der Frauenkonferenz. Berlin 1924.
Sozialdemokratischer Parteitag 1925 in Heidelberg. Protokoll mit dem Bericht der Frauenkonferenz. Berlin 1925.
Sozialdemokratischer Parteitag 1927 in Kiel. Protokoll mit dem Bericht der Frauenkonferenz. Berlin 1927.
Sozialdemokratischer Parteitag Magdeburg 1929 v. 26.–31. Mai in der Stadthalle. Protokoll. Berlin 1929.
Sozialdemokratischer Parteitag in Leipzig 1931 v. 31. 5. bis 5. 6. im Volkshaus. Protokoll. Berlin 1931.

Jahrbücher der Sozialdemokratischen Partei Deutschlands. Hrsgg. v. Vorstand der Sozialdemokratischen Partei Deutschlands. Berlin 1926, 1927, 1928, 1929, 1930, 1931.

Zeitschriften, Zeitungen

Berliner Volksblatt. Organ für die Interessen der Arbeiter. 1884 bis 1890.
Die Gartenlaube. Illustriertes Familienblatt. Jg. 1885.
Die Gleichheit. Zeitschrift für die Interessen der Arbeiterinnen. 1891 bis 1922.
In Freien Stunden. Romane und Erzählungen für das arbeitende Volk. 1897 bis 1918/19.
Mitteilungen des Vereins Arbeiterpresse. 1900 bis 1933.
Die Neue Welt. Illustriertes Unterhaltungsblatt für das Volk. 1876 bis 1886.
Die Neue Welt. Illustrierte Beilage für Wissenschaft, Belehrung und Unterhaltung. 1892 bis 1919.
Die Neue Zeit. Revue des geistigen und öffentlichen Lebens. 1893 bis 1922.
Proletarische Heimstunden. Zeitschrift für proletarische Literatur, Kunst, Aufklärung und Unterhaltung. Hrsgg. u. geleitet v. Arthur Wolf. Jg. 1923, 1925, 1926.
Die Rote Fahne. Zentralorgan der Kommunistischen Partei Deutschlands. 1919 bis 1933.
Sozialistische Monatshefte. Internationale Revue des Sozialismus. 1898 bis 1933.
Vorwärts. Berliner Volksblatt. Zentralorgan der Sozialdemokratischen Partei Deutschlands. 1891 bis 1933.
Die Zukunft. Sozialistische Revue. 1877. 1878.

Nachschlagewerke

ADB. Allgemeine Deutsche Biographie. Hg. durch die Historische Commission bei der Bayrischen Akademie der Wissenschaften, red. v. Rochus Frhr. von Liliencron und Franz Xaver von Wegele. Bd. 1–56, Leipzig 1875–1912.

Eva D. Becker, Manfred Dehn, Literarisches Leben. Eine Bibliographie. Hamburg 1968.

Franz Brümmer, Lexikon der deutschen Dichter und Prosaisten vom Beginn des 19. Jahrhunderts bis zur Gegenwart. 8 Bde. Leipzig 1913.

Alfred Eberlein, Die Presse der Arbeiterklasse und der sozialen Bewegungen. Von den 30er Jahren des 19. Jahrhunderts bis 1967. Bibliographie und Standortverzeichnis. Berlin/DDR 1968.

Elisabeth Friedrichs, Literarische Lokalgrößen 1700–1900. Verzeichnis der in regionalen Lexika und Sammelwerken angeführten Schriftsteller. Stuttgart 1967.

Geschichte der deutschen Arbeiterbewegung. Biographisches Lexikon. Berlin/DDR 1970.

Geschichte der russischen Sowjetliteratur. 1917–1941. Hrsg. Willi Beitz, Barbara Hiller, Harri Jünger, Gerhard Schaumann. Berlin/DDR 1975.

Joh. Groß, Biographisch-literarisches Lexikon der deutschen Dichter und Schriftsteller vom 9. bis zum 20. Jh. Nach besten Quellen zusammengestellt von J. G. Leipzig 1922.

Alrik Gustafson, A History of Swedish Literature. Minneapolis 1961.

James D. Hart, The Oxford Companion to American Literature. 4 ed. N.Y. 1965.

Kindlers Literatur Lexikon. Bd. I–VII u. Erg. Band. Zürich 1965.

Joachim Kirchner, Bibliographie der Zeitschriften des deutschen Sprachgebietes bis 1900. Stuttgart 1966.

Wilhelm Kosch, Deutsches Literatur-Lexikon. Biographisches und bibliographisches Handbuch. 4 Bde, 2. Aufl. Bern 1949–58.

Kurt Koszyk, Gerhard Eisfeld, Die Presse der deutschen Sozialdemokratie. Eine Bibliographie. Im Namen des Vorstandes der Friedrich-Ebert-Stiftung herausgegeben von Fritz Heine. Hannover 1966.

Karel Krejci, Geschichte der polnischen Literatur, Halle/S. 1958.

Kürschners Deutscher Literatur-Kalender. Jg. 1 ff. Berlin 1897 ff.

Kürschners Deutscher Literatur-Kalender. Nekrolog. 1901–1935. Berlin 1936. 1936–1970. Berlin 1973.

Karl August Kutzbach, Autorenlexikon der Gegenwart. Schöne Literatur in deutscher Sprache. Bonn 1950.

Franz Lennartz, Deutsche Dichter und Schriftsteller unserer Zeit. Stuttgart, 9. Aufl. 1963.

Franz Lennartz, Ausländische Dichter und Schriftsteller unserer Zeit. Stuttgart 1960.

Lexikon deutscher Frauen der Feder. 2 Bde. Hrsg. Sophie Pataky. Berlin 1898. Neudruck Bern 1971.

Lexikon deutschsprachiger Schriftsteller von den Anfängen bis zur Gegenwart. 2 Bde. Leipzig 1972, 1974.

Lexikon sozialistischer deutscher Literatur. Von den Anfängen bis 1945. Monographisch-biographische Darstellungen. Berlin/DDR 1963. Nachdruck s'Gravenhage 1973.

Literaturlexikon 20. Jahrhundert. Hrsg. Helmut Olles. Reinbek 1971.

Der Malik-Verlag 1916–1947. Ausstellungskatalog. Hrsg. v. d. Deutschen Akademie der Künste zu Berlin. Berlin/DDR o.J.

Brigitte Melzwig, Deutsche sozialistische Literatur 1918–1945. Bibliographie der Buchveröffentlichungen. Berlin/DDR 1975.

NDB. Neue deutsche Biographie, hg. v. d. Historischen Kommission bei der Bayrischen Akademie der Wissenschaften. Bd. 1 ff. Berlin 1953 ff.

ÖBL. Österreichisches Biographisches Lexikon 1815–1950. Hg. v. d. Österreichischen Akademie der Wissenschaften. Unter der Leitung v. Leo Santifaller, bearb. v. Eva Obermayer-Marnach. Bd. 1 f. Graz/Köln 1957 ff.

Franz Osterroth, Biographisches Lexikon des Sozialismus. Bd. I. Verstorbene Persönlichkeiten. Hannover 1960.

Der Romanführer. Hrsg. Wilhelm Olbrich, u. Mitw. v. Karl Weitzel u. Joh. Beer. Bd. I–XV. Stuttgart 1960 ff.

Romanführer A–Z. Hrsgg. v. Kollektiv für Literaturgeschichte unter Leitung von Kurt Böttcher in Zusammenarbeit mit Günter Albrecht. Bd. 1. Von den Anfängen bis Ende des 19. Jahrhunderts. Der deutsche, österreichische und schweizerische Roman. Berlin/DDR 1973.

Sachwörterbuch der Geschichte Deutschlands und der deutschen Arbeiterbewegung. 2 Bde. Berlin/ DDR 1969.

Fritz Schlawe, Literarische Zeitschriften. 1. 1885–1910. 2. 1910–1933. Stuttgart 1961, 1962.

Marc Slonim, Die Sowjetliteratur. Eine Einführung. Stuttgart 1972.

Adolf Stender-Petersen, Geschichte der Russischen Literatur. Bd. I/II. München 1957.

Gleb Struve, Geschichte der Sowjetliteratur. München 1957.

Hanne Marie und Werner Svendsen, Geschichte der Dänischen Literatur. Neumünster 1964.

Albert Tezla, Hungarian Authors. A Bibliographical Handbook. Cambridge Mass. 1970.

Veröffentlichungen deutscher sozialistischer Schriftsteller in der revolutionären und demokratischen Presse 1918–1945. Bibliographie. Berlin/DDR 1966.

Gero von Wilpert, Deutsches Dichterlexikon. Stuttgart 1963.

Gero von Wilpert, Lexikon der Weltliteratur. Bd. I. Autoren. Stuttgart, 2. Aufl. 1975.

Gero von Wilpert, A. Gühring, Erstausgaben deutscher Dichtung. Stuttgart 1967.

Sonstige Veröffentlichungen

Christiana Adler, Entwicklung des französischen Feuilletonromans. Phil. Diss. Wien 1957.

Advocatus (= Paul Vogt), Was liest der deutsche Arbeiter? In: Die Neue Zeit, Jg. 1894/95, Bd. 13, 2, S. 814–817.

Advocatus (= Paul Vogt), Ein weiterer Beitrag zur Frage: Was liest der deutsche Arbeiter? In: Die Neue Zeit, Jg. 1895/96, Bd. 14, 1, S. 631–635.

Friedrich Apitzsch, Die deutsche Tagespresse unter dem Einfluß des Sozialistengesetzes, Leipzig 1928.

Arbeiterbewegung. Erwachsenenbildung. Presse. Festschrift für Walter Fabian zum 75. Geburtstag. Köln/Ffm. 1977.

Arbeiterdichtung. Analysen – Bekenntnisse – Dokumentationen. Hrsgg. v. d. Österreichischen Gesellschaft für Kulturpolitik. Wuppertal 1973.

Arbeiterinnen kämpfen um ihr Recht. Autobiographische Texte rechtloser und entrechteter ›Frauenspersonen‹ in Deutschland, Österreich und der Schweiz des 19. und 20. Jahrhunderts. Hrsgg. v. R. Klucsarits u. F. G. Kürbisch. Wuppertal o.J.

Arbeiterliteratur. Texte zur Theorie und Praxis. Hrsg. J.-W. Goethe. Ffm. 1975.

Aus dem Schaffen früher sozialistischer Schriftstellerinnen. Hrsg. C. Friedrich. Berlin/DDR 1966.

Aus den Anfängen der sozialistischen Dramatik. Bd. I u. II. Hrsg. Ursula Münchow. Berlin/DDR 1964, 1965.

Wilfried Bade, Kulturpolitische Aufgaben der deutschen Presse. Eine Rede. Berlin 1933.

Adam Bär. Die Arbeiterbibliotheken. In: Die Neue Zeit, Jg. 1906/07, Bd. 25, 2, S. 718–720.

Horst Bartel, Marx und Engels im Kampf um ein revolutionäres deutsches Parteiorgan 1879–1890. Berlin/DDR 1961.

Horst Bartel, Wolfgang Schröder, Gustav Seeber, Heinz Wolter, Der Sozialdemokrat, 1879–1890. Ein Beitrag zur Rolle des Zentralorgans im Kampf der revolutionären Arbeiterbewegung gegen das Sozialistengesetz. Berlin 1975.

Adolf Bartels, Deutsche Literatur von Hebbel bis zur Gegenwart. Leipzig 1922.

Max Barthel, Aufstieg der Begabten. Berlin 1929.

W. Bauer, Der Roman als Zeitungsroman im 20. Jahrhundert. Seine kulturelle wie soziologische Bedeutung. Phil. Diss. München 1955.

August Bebel, Aus meinem Leben. Berlin/DDR 1964.

Eva D. Becker, ›Zeitungen sind doch das Beste‹. Bürgerliche Realisten und der Vorabdruck ihrer Werke in der periodischen Presse. In: Gestaltungsgeschichte und Gesellschaftsgeschichte. Festschrift Fritz Martini. Hrsg. H. Kreuzer, in Zusammenarbeit mit K. Hamburger. Stuttgart 1969.

Gerhard Beier, Schwarze Kunst und Klassenkampf. Bd. I. Vom Geheimbund zum königlichpreußischen Gewerkverein (1830–1890). Frankfurt/M. 1966.

B. Berelson, Content Analysis in Communication Research. Glencoe 1952.

Eduard Bernstein, Sozialdemokratische Lehrjahre. Berlin 1928.

Hermann Bertlein. Jugendleben und soziales Bildungsschicksal. Reifungsstil und Bildungserfahrung werktätiger Jugendlicher 1860–1910. Hannover 1966.

H. J. Bessler, Aussagenanalyse. Bielefeld 1970.

Wilhelm Blos, Denkwürdigkeiten eines Sozialdemokraten. Bd. 1. München 1914.

Hans Blumenthal, Das Buch-Sortiment und der Colportage-Buchhandel. Iglau 1894.

Ilse Böttcher, Film und Tageszeitung. Phil. Diss. Leipzig 1937.

Georg Bollenbeck, Zur Theorie und Geschichte der frühen Arbeiterlebenserinnerungen. Kronberg/Taunus 1976.

Jürgen Bortz, Lehrbuch der Statistik für Sozialwissenschaftler. Berlin/Heidelberg 1977.

Adolf Braun, Grundlinien der äußeren und inneren Gliederung des Schriftstellertums und Verlages. In: Die geistigen Arbeiter. Zweiter Teil. Journalisten und bildende Künstler. Hrsgg. im Auftrage des Vereins für Sozialpolitik von Ernst Francke und Walther Lotz. München/Leipzig 1922, S. 3–27.

Manfred Brauneck, Literatur und Öffentlichkeit im ausgehenden 19. Jahrhundert. Stuttgart 1974.

Manfred Brauneck, Die Rote Fahne. Kritik, Theorie, Feuilleton 1918–1933. München 1973.

Willi Bredel, Die Väter. Roman. Berlin/DDR 1970.

Bernard von Brentano, Keine von uns. Ein Wort an die Leser des »Vorwärts«. In: Die Linkskurve. Jg. 1932. Heft 10, S. 844–847.

Moritz Th. W. Bromme, Lebensgeschichte eines modernen Fabrikarbeiters. Nachdruck der Ausgabe von 1905. Frankfurt a. M. 1971.

Peter Brückner, Gabriele Ricke, Über die ästhetische Erziehung des Menschen in der Arbeiterbewegung. In: Das Unvermögen der Realität. Beiträge zu einer anderen materialistischen Ästhetik. Berlin 1974.

Wolfgang Brückner, Trivialisierungsprozesse in der bildenden Kunst zu Ende des 19. Jahrhunderts, dargestellt an der »Gartenlaube«. In: Das Triviale in Literatur, Musik und bildender Kunst. Hrsg. Helga de la Motte-Haber. Ffm. 1972, S. 226–254.

Arend Buchholtz, Die Vossische Zeitung. Geschichtliche Rückblicke auf drei Jahrhunderte. Zum 29. Oktober 1904. Berlin 1904.

Bruno H. Bürgel, Vom Arbeiter zum Astronom. Die Lebensgeschichte eines Arbeiters. Berlin 1922.

Martin Carbe, Die gegenwärtige Lage des deutschen Zeitungsgewerbes. In: Die geistigen Arbeiter. Zweiter Teil. Journalisten und bildende Künstler. Hrsgg. im Auftrage des Vereins für Sozialpolitik von Ernst Francke und Walther Lotz, München 1922.

Günter Clauss, Heinz Ebner, Grundlagen der Statistik für Psychologen, Pädagogen und Soziologen. Frankfurt/M. 1972.

Jens-Ulrich Davids, Das Wildwestromanheft in der Bundesrepublik. Tübingen, 2. erweit. Aufl. 1975.

Ludwig Deibel, Die Gartenlaube. Eine Kritik. München 1879.

Peter Demetz, Marx, Engels und die Dichter. Stuttgart 1950.

Deutsche Arbeiterliteratur von den Anfängen bis 1914. Hrsg. Bernd Witte. Stuttgart 1977.

Deutsche Novellenzeitung. 2. Bd. NF. Leipzig 1848.

Deutsche Zeitungen des 17. bis 20. Jahrhunderts. Hrsg. H. Friedrich. Pullach b. München 1972.

dtv-Atlas zur Weltgeschichte. München 1966.

Heinrich Dietz, Ein Beitrag zur Frage des Schriftenvertriebs innerhalb unserer Partei. In: Die Neue Zeit. Nr. 13, Juni 1914, S. 576–580.

Dokumente der deutschen Arbeiterbewegung zur Journalistik. 2 Tle. Hrsg. Karl-Marx-Universität Leipzig. Fakultät für Journalistik. Institut für Pressegeschichte. Leipzig 1961.

Emil Dovifat, Zeitungslehre I. Berlin 1962.

Ernst Drahn, Die Anfänge der Arbeiterpresse. In: Die Aktion. Jg. 1922, Sp. 278–282.

Wilhelm Düwell, Was lesen Arbeiter? In: Die Neue Zeit, Jg. 20, 1, S. 319/20.

Anselm Dworak, Der Kriminalroman der DDR. Hrsg. H.-F. Foltin. Marburg 1974.

Gerhard Eckert, Stiefkind der Literatur: Der Zeitungsroman. In: Der Journalist. Handbuch der Publizistik. Bd. III., 1957, S. 171.

Gerhard Eckert, Der Zeitungsroman von heute. Frankfurt/M. 1937.

Ernst Eckstein, Beiträge zur Geschichte des Feuilletons. 2 Bde. Leipzig 1876.

Umberto Eco, Eugène Sue – Sozialismus und Vertröstung. In Literatur für viele 2. Studien zur Trivialliteratur und Massenkommunikation im 19. und 20. Jahrhundert. Hrsg. H. Kreuzer. Göttingen 1976.

Erich Edler, Die Anfänge des sozialen Romans und der sozialen Novelle in Deutschland. Phil. Diss. Berlin 1932.

H. Eggert, Studien zur Wirkungsgeschichte des deutschen historischen Romans 1850–1875. Frankfurt/M. 1971.

Ein Leben für das politische Buch. Ein Almanach zum 120. Geburtstag von Johann Heinrich Wilhelm Dietz. Hannover 1963.

Brigitte Emig, Die Veredelung des Arbeiters. Sozialdemokratie als Kulturbewegung. Frankfurt/M. 1980.

Ernst Engelberg, Deutschland von 1871 bis 1897. Berlin 1967.

Rolf Engelsing, Analphabetentum und Lektüre. Zur Sozialgeschichte des Lesens in Deutschland zwischen feudaler und industrieller Gesellschaft. Stuttgart 1973.

Rolf Engelsing, Arbeit, Zeit und Werk im literarischen Beruf. Göttingen 1976.

Rolf Engelsing, Massenpublikum und Journalistentum im 19. Jahrhundert in Nordwestdeutschland. Berlin 1966.

Rolf Engelsing, Zur Sozialgeschichte deutscher Mittel- und Unterschichten. Göttingen 1973.

Robert Escarpit, Das Buch und der Leser. Entwurf einer Literatursoziologie. Köln 1961.

Herbert Exenberger, Die Wiener Arbeiterbüchereien. Ihre Geschichte und ihre kulturellen Leistungen im Dienst der Wiener Volksbildung. O. O., o.J.

Facsimile Querschnitt durch die Berliner Illustrierte. Hrsg. Friedrich Luft. O. O., o.J.

Walter Fähnders, Proletarisch-revolutionäre Literatur der Weimarer Republik. Stuttgart 1977.

Harald Feddersen, Das Feuilleton der sozialdemokratischen Tagespresse Deutschlands von den Anfängen bis zum Jahre 1914, mit einem Überblick über das sozialistische Feuilleton von August 1914 bis Mai 1922. Phil. Diss. Leipzig 1922.

Karl Feisskohl, Ernst Keil's publizistische Wirksamkeit und Bedeutung. Stuttgart 1914.

Hermann Feller, Fragen um den Zeitungsroman. In: Die deutsche Zeitung. Juni 1949.

A. E. Fischer, Der Zeitungsroman heute. In: Der Deutsche Verleger, Nr. 1, 4. Jg. 1949, S. 9/10.

Heinz-Dietrich Fischer, ... und der Vorwärts ergriff die Fahne. Vor hundert Jahren erschien erstmals der ›Social-Demokrat‹. In: »Vorwärts«. Bad Godesberg, 88. Jg., Nr. 52/53 (23. 12. 1964).

Fleischer, Begeisterung und Opfermut schuf Arbeiterpresse. In: Neue deutsche Presse. Heft 3/1963.

Karla Fohrbeck, Andreas J. Wiesand, Der Autorenreport. Reinbek 1972.

Hans-Friedrich Foltin, Zur Erforschung der Unterhaltungs- und Trivialliteratur, insbesondere im Bereich des Romans. In: Studien zur Trivialliteratur. Hrsg. Heinz Otto Burger. Frankfurt/M. 1968.

Arno Franke, Die Parteipresse auf dem Parteitag. In: Die Neue Zeit. 32. Jg., Oktober 1913, S. 22–27.

Arno Franke, Nochmals die Parteipresse. In: Die Neue Zeit, 32. Jg., Dezember 1913, S. 427/428.

Eugen Franz, Die großen sozialpolitischen Romane Karl Gutzkows in ihrem Verhältnis zu den sozialen Greuelromanen Eugène Sues. Phil. Diss. München 1922.

Den Freunden der Vorwärts-Buchdruckerei. Berlin 1927.

Dieter Fricke, Die Deutsche Arbeiterbewegung 1869–1890. Ihre Organisation und Tätigkeit. 2 Bde. Leipzig 1964.

Dieter Fricke, Die deutsche Arbeiterbewegung 1869 bis 1914. Ein Handbuch über ihre Organisation und Tätigkeit im Klassenkampf. Berlin/DDR 1976.

Cäcilia Friedrich, Minna Kautsky. Phil. Diss. Halle/S. 1963.

Wolfgang Friedrich, Die sozialistische deutsche Literatur in der Zeit des Aufschwungs der Arbeiterbewegung während der sechziger Jahre des 19. Jahrhunderts bis zum Erlaß des Sozialistengesetzes. Habilitationsschrift Halle-Wittenberg 1964.

Jürgen Friedrichs, Methoden empirischer Sozialforschung. Reinbek 1973.

Ernst Gerhard Friehe, Die Geschichte der Berliner National-Zeitung in den Jahren 1848–1878. Phil. Diss. Leipzig 1933.

Georg Fritzsche, Feuilleton und Kulturpolitik. Politische Führung durch das Feuilleton unter besonderer Berücksichtigung der Zeit nach 1918 bis 1933. Phil. Diss. Leipzig 1938.

Georg Fülberth, Proletarische Partei und bürgerliche Literatur. Auseinandersetzung in der deutschen Sozialdemokratie der II. Internationale über Möglichkeiten und Grenzen einer sozialistischen Literaturpolitik. Darmstadt 1972.

Georg Fülberth, Sozialdemokratische Literaturkritik vor 1914. Die Beziehungen von Sozialdemokratie und bürgerlicher ästhetischer Kultur in den literaturtheoretischen und -kritischen Beiträgen der »Neuen Zeit« 1883–1914, der »Sozialistischen Monatshefte« 1895–1914 und bei Franz Mehring 1888–1914. Phil. Diss. Marburg 1969.

Georg Fülberth, Jürgen Harrer, Die deutsche Sozialdemokratie 1890–1933. Neuwied/Darmstadt 1974.

50 Jahre Deutsche Roman-Zeitung. Festschrift zum fünfzigjährigen Jubiläum 1863–1913. Hrsgg. u. verlegt von Otto Janke. Berlin o.J.

Die geistigen Arbeiter. 2 Bde. Bd. 1 hrsgg. v. Ludwig Sinzheimer. Bd. 2 hrsgg. v. Ernst Franke u. Walther Lotz. München/Berlin 1922.

A. Ger, Erweckt. Ein Roman aus dem Proletarierleben. Berlin 1913.

Geschichte der Deutschen Literatur. Von den Anfängen bis zur Gegenwart. Autorenkollektiv. Bd. 8,1; 8,2; 9. Berlin/DDR 1974.

Geschichte der deutschen Sozialdemokratie 1863–1975. Autorenkollektiv. Köln 1975.

Gestaltungsgeschichte und Gesellschaftsgeschichte. Festschrift Fritz Martini. Hrsg. H. Kreuzer, in Zusammenarbeit mit K. Hamburger. Stuttgart 1969.

Helga Grebing, Geschichte der deutschen Arbeiterbewegung. Ein Überblick. München 4. Aufl. 1973.

Helga Grebing, Der Revisionismus. Von Bernstein bis zum ›Prager Frühling‹. München 1977.

Norbert Groeben, Rezeptionsforschung als empirische Literaturwissenschaft. Paradigma – durch Methodendiskussion an Untersuchungsbeispielen. Kronberg/Ts. 1977.

George Grosz, Ein kleines Ja und ein großes Nein. Reinbek 1955.

Otto Groth, Die Zeitung. Ein System der Zeitungskunde. (Journalistik) Bd. I. Mannheim 1928.

J. G. (Julius Grünwald), Was lesen die Wiener Arbeiter? In: Die Neue Zeit, Jg. 1898/99, Bd. 17, 2, S. 89–91.

Helga Grubitzsch, Materialien zur Kritik des Feuilleton-Romans. »Die Geheimnisse von Paris« von Eugène Sue. Wiesbaden 1977.

Hans Gruhl-Brahms, Zeitung und Kriminalroman. Phil. Diss. München 1955.

Wilhelm Haacke, Handbuch des Feuilletons. 3 Bde. Emsdetten 1951.

Rudolf Hackmann, Die Anfänge des Romans in der Zeitung. Phil. Diss. Berlin 1938.

Konrad Haenisch, Was lesen die Arbeiter. In: Die Neue Zeit, Jg. 1899/1900, Bd. 18, 2, S. 691–696.

Jürgen Hagemann, Die Presselenkung im Dritten Reich. Bonn 1970.

Walter Hagemann, Publizistik im Dritten Reich. Hamburg 1940.

Handbuch zur deutschen Arbeiterliteratur. 2 Bde. Hrsg. Heinz Ludwig Arnold. München 1977.

Wilhelm Hasse, Das Sendespielschaffen in der Funkstunde Berlin von den Anfängen bis 1930. Unveröff. Staatsexamensarbeit Technische Universität Berlin 1975.

H. (= J. Hatschek), Was liest der deutsche Bauer? In: Die Neue Zeit, Jg. 1895/96, Bd. 14, 1, S. 213–217.

Arnold Hauser, Sozialgeschichte der Kunst und Literatur. München 1967.

K. Heinrici, Die Zustände im deutschen Colportagebuchhandel. In: Schriften des Vereins für Socialpolitik. Bd. 79, Leipzig 1899.

Adolf Held, Die deutsche Arbeiterpresse der Gegenwart. ND der Ausgabe 1873. Aalen 1969.

Alfred Heller, Der Roman in der österreichischen ›Arbeiterzeitung Wien‹. Phil. Diss. Wien 1957.

Gustav Hennig, Zehn Jahre Bibliotheksarbeit. Geschichte einer Arbeiterbibliothek. Ein Wegweiser für Bibliotheksverwaltungen. Leipzig 1908.

Helga Herting, Der Aufschwung der Arbeiterbewegung um 1890 und ihr Einfluß auf die Literatur. 2 Bde. Phil. Diss. Berlin/DDR 1961.

Knut Hickethier, Für eine Programmgeschichte des Fernsehspiels. Überlegungen zu einer systematischen Analyse der Entwicklung des bundesdeutschen Fernsehspiels. In: Literaturwissenschaft-Medienwissenschaft. Hrsg. H. Kreuzer. Heidelberg 1977, S. 81–102.

K. Hickethier, K. Riha, A. Staats, Kommunikative Funktion von Sprache und Literatur. Funkkolleg Literatur, Begleitbrief 2. Weinheim 1976.

Hilfsbuch für schriftstellerische Anfänger. Hrsgg. v. d. Redaktion ›Die Feder‹. Berlin 1909.

Helmut Hiller, Die Ausbreitung des Buches. München 1962.

Gustav Hoch, Die Aufgabe der Parteipresse. In: Die Neue Zeit, 32. Jg., November 1913, S. 189–192.

Dirk Hoffmann, Sozialismus und Literatur. Literatur als Mittel politisierender Beeinflussung im Literaturbetrieb der sozialistisch organisierten Arbeiterklasse des Deutschen Kaiserreiches 1876–1918. 2 Bde. Phil. Diss. 1978.

Walter Hollstein, Der deutsche Illustriertenroman der Gegenwart. München 1973.

O. R. Holsti, Content Analysis. In: G. Lindzey, E. Aronson (ed.), The Handbook of Social Psychology. Vol. 2. Reading (Mass.) 2. Aufl. 1968, S. 596–692.

O. R. Holsti, Content Analysis for the Social Sciences and Humanities. London 1969.

Ruth Horovitz, Vom Roman des Jungen Deutschland zum Roman der Gartenlaube. Phil. Diss. 1937.

Doris Huber, Romanstoffe in den bürgerlichen Zeitungen des 19. Jahrhunderts (1860–1890). Phil. Diss. Berlin 1943.

Fritz Hüser, Literatur- und Kulturzeitschriften der Arbeiterbewegung. In: Arbeiterbewegung, Erwachsenenbildung, Presse. Festschrift für Walter Fabian zum 75. Geburtstag. Frankfurt/M. 1977, S. 144–163.

Wolfgang Iser, Der Akt des Lesens. Theorie ästhetischer Wirkung. München 1976.

Wolfgang Iser, Die Appellstruktur der Texte. Unbestimmtheit als Wirkungsbedingung literarischer Prosa. Konstanz 1971.

Helmut Kallenbach, Die Kulturpolitik der deutschen Tageszeitung im Krieg. Eine Untersuchung über den politischen Einsatz und die publizistische Einsatzmöglichkeit der Kulturpolitik in der deutschen Tageszeitung aufgezeigt am Beispiel des Krieges 1939–1940. Dresden 1941.

Ludwig Kantorowicz, Die sozialdemokratische Presse Deutschlands. Tübingen 1922.

Karl Kautsky, Erinnerungen und Erörterungen. s'Gravenhage 1960.

Minna Kautsky, Auswahl aus ihrem Werk. Hrsg. C. Friedrich. Textausgaben zur frühen sozialistischen Literatur in Deutschland. Bd. IV, Berlin/DDR 1965.

Minna Kautsky, Der Pariser Garten und anderes. Berlin 1910.

Tony Kellen, Aus der Geschichte des Feuilletons. Essen-Ruhr 1909 (Sonderdruck der Essener Volkszeitung).

Tony Kellen, Der Massenvertrieb der Volksliteratur. In: Preußische Jahrbücher. Hrsg. Hans Delbrück. Bd. 89/1899. Berlin 1899, S. 79–103.

Tony Kellen, Die Presse in Deutschland. In: Herders Jahrbücher. Jahrbuch der Zeit- und Kulturgeschichte 1907. 1. Jg. Hrsg. Dr. Franz Schnürer. Freiburg i. Br. 1908, S. 135–146.

Michael Kienzle, Der Erfolgsroman. Zur Kritik seiner poetischen Ökonomie bei Gustav Freytag und Eugenie Marlitt. Stuttgart 1975.

Joachim Kirchner, Redaktion und Publikum. Gedanken zur Gestaltung der Massenzeitschrift im 19. Jahrhundert. In: Publizistik 6/1965, S. 463–475.

Eva-Annemarie Kirschstein, Die Familienzeitschrift. Ihre Entwicklung und Bedeutung für die deutsche Presse. Berlin 1936.

Albert Klein, Die Krise des Unterhaltungsromans im 19. Jahrhundert. Bonn 1969.

Josef Kliche, Arbeiterlektüre. In: Sozialistische Monatshefte, 1911, 1. Bd., Heft 5, März, S. 315–319.

Josef Kliche, Vom Feuilleton der Tageszeitungen. In: Der Kunstwart. 27. Jg. IV, Juli–Sept. 1914, S. 127–129.

Volker Klotz, Abenteuer-Romane. Sue/Dumas/Ferry/Retcliffe/May/Verne. München 1979.

Friedrich Knilli, Amerikanisches Fernsehen aus deutscher Sicht. In: medium 5/1976.

Friedrich Knilli, Die Arbeiterbewegung und die Medien. Ein Rückblick. In: Gewerkschaftliche Monatshefte. 25/1974, Nr. ?, S. 349–362.

Friedrich Knilli, Die Literaturwissenschaft und die Medien. In: Jahrbuch für Internationale Germanistik. Jg. V, H. 1, Frankfurt/Main 1973.

Kurt Koszyk, Anfänge und frühe Entwicklung der sozialdemokratischen Presse im Ruhrgebiet (1875–1908). Dortmund 1955.

Kurt Koszyk, Deutsche Presse im 19. Jahrhundert. Geschichte der deutschen Presse. Tl. II. Berlin 1966.

Kurt Koszyk, Zwischen Kaiserreich und Diktatur. Die Sozialdemokratische Presse von 1911 bis 1933. Heidelberg 1958.

Siegfried Kracauer, The Challenge of Qualitative Content Analysis. In: Public Opinion Quarterly. Vol. 16. Nr. 4, 1952, S. 631–641.

Hartfried Krause, Kleine Schritte zur neuen Mitte. Kurze Historie der Socialdemokratie. In: SPD und Staat. Geschichte, Reformideologie, Friedenspolitik. Hrsgg. v. Mitarbeitern der ›darmstädter studentenzeitung‹. Berlin 1974.

J. Krauth, G. A. Lienert, Die Konfigurationsfrequenzanalyse und ihre Anwendung in Psychologie und Medizin. Ein multivariates nichtparametrisches Verfahren zur Aufdeckung von Typen und Syndromen. Freiburg/München 1973.

Helmut Kreuzer, Veränderungen des Literaturbegriffs. Göttingen 1975.

Friedhelm Kron, Schriftsteller und Schriftstellerverbände. Schriftstellerberuf und Interessenpolitik 1842–1973. Stuttgart 1976.

Petr Kropotkin, Memoiren eines Revolutionärs. Frankfurt 1969.

Wolfgang Langenbucher, Der aktuelle Unterhaltungsroman. Beiträge zur Geschichte und Theorie der massenhaft verbreiteten Literatur. Bonn 1964.

Rudolf Lavant, Auswahl aus seinem Werk. Berlin/DDR 1965.

Ludwig Lessen, Allerlei vom Zeitungsroman. In: Die Neue Zeit, 37. Jg. 1919, 1. Bd., S. 400 bis 404.

Helmut Lethen, Neue Sachlichkeit 1924 bis 1932. Studien zur Literatur des »Weissen Sozialismus«. Stuttgart 1970.

Joseph Leute, Schriftstellerei und Journalismus. Berlin 1914.

Wilhelm Liebknecht, Erinnerungen eines Soldaten der Revolution. Berlin/DDR 1976.

Literatur für viele 2. Studien zur Trivialliteratur und Massenkommunikation im 19. und 20. Jahrhundert. Hrsg. H. Kreuzer, Göttingen 1976.

Literatur in den Massenmedien – Demontage von Dichtung? Hrsg. F. Knilli, K. Hickethier, W. D. Lützen. München 1976.

Literaturwissenschaft-Medienwissenschaft. Hrsg. H. Kreuzer. Heidelberg 1977.

Das Litterarische Berlin. Illustriertes Handbuch der Presse in der Reichshauptstadt. Hrsg. Gustav Dahms. Berlin 1895.

Jochen Loreck, Wie man früher Sozialdemokrat wurde. Das Kommunikationsverhalten in der deutschen Arbeiterbewegung und die Konzeption der sozialistischen Parteipublizistik durch August Bebel. Bonn-Bad Godesberg 1977.

Karoline Lorenz, Die publizistischen Wirkungsmittel der »Gartenlaube« (1853–1878). Phil. Diss. Wien 1951.

Martin H. Ludwig, Arbeiterliteratur in Deutschland. Stuttgart 1976.

Rosa Luxemburg, Gesammelte Werke. Berlin/DDR 1970.

Gerhard Maletzke, Publizistikwissenschaft zwischen Geistes- und Sozialwissenschaft. Berlin 1967.

Eugenie Marlitt, Gesammelte Romane und Novellen. Leipzig o.J.

Marx, Engels, Gesammelte Werke. Bd. 36. Berlin 1967.

Marx, Engels, Über Kunst und Literatur. 2 Bde. Berlin/DDR 1967, 1968.

Marxismus und Literatur. Hrsg. F. J. Raddatz. 3 Bde. Reinbek 1969.

Massenpresse und Volkszeitung. Zwei Beiträge zur Pressegeschichte des 19. Jahrhunderts. Von W. B. Berg, M. Schmolke. Assen 1968.

Paul Mayer, Viel Bruderzwist im Hause Vorwärts. Ein bißchen »Vorwärts«-Geschichte. In: Vorwärts gestern – heute – morgen. 1876–1966. 90 Jahre. Aus dem neuen Haus einen Gruß an alle Freunde. Bad Godesberg 1966, S. 25.

Ernst Mehlich, Kleiner Leitfaden für Arbeiter-Bibliotheken. Leipzig 1910.

Ernst Mehlich, Die Zukunft der Arbeiterbüchereien. In: Die Neue Zeit, 1918, 2, Nr. 3, April, S. 65–69.

Franz Mehring, Geschichte der deutschen Sozialdemokratie. 2 Bde. Berlin/DDR 2. Aufl. 1976.

Franz Mehring, Kunst und Proletariat. In: ders., Gesammelte Schriften. Bd. 11, Aufsätze zur deutschen Literatur von Hebbel bis Schweichel. Berlin/DDR 1961.

Peter de Mendelssohn, Zeitungsstadt Berlin. Menschen und Mächte in der Geschichte der deutschen Presse. Berlin 1959.

E. Meunier, H. Jessen. Das Deutsche Feuilleton. Ein Beitrag zur Zeitungskunde. Berlin 1931.

Helmuth Mielke, Der deutsche Roman des 19. Jahrhunderts. Berlin 1898.

Klausjürgen Miersch, Die Arbeiterpresse der Jahre 1869 bis 1889 als Kampfmittel der österreichischen Sozialdemokratie. Wien 1969.

N. Miller, K. Riha, Eugène Sue und die Wildnis der Städte. Nachwort zu E. Sue, Die Geheimnisse von Paris. München 1970, S. 671–691.

Moderne deutsche Sozialgeschichte. Hrsg. H. v. Wehler. Köln 1966.

George L. Mosse, Was die Deutschen wirklich lasen. Marlitt, May, Ganghofer. In: Popularität und Trivialität. Fourth Wisconsin Workshop. Hrsg. R. Grimm, J. Hermand. Frankfurt a. M. 1974, S. 101–120.

Oskar Negt, Alexander Kluge, Öffentlichkeit und Erfahrung. Zur Organisationsanalyse von bürgerlicher und proletarischer Öffentlichkeit. Frankfurt/M. 1973.

Neue Ansichten einer künftigen Germanistik. Hrsg. Jürgen Kolbe. München 1973.

Hans-Jörg Neuschäfer, Populärromane im 19. Jahrhundert von Dumas bis Zola. München 1976.

Hans-Jörg Neuschäfer, Supermanns gesellschaftlicher Auftrag oder: Die Wirkung des Actionromans, am Beispiel des ›Grafen von Monte-Cristo‹. In: Literatur für viele 2. Studien zur Trivialliteratur und Massenkommunikation im 19. und 20. Jahrhundert. Hrsg. H. Kreuzer, Göttingen 1976.

N. H. Nie, C. H. Hull, J. G. Jenkins, K. Steinbrenner, D. H. Bent, SPSS. Statistical package for the social sciences. New York 2. Aufl. 1975.

Wilhelm Nutschke, Wie und nach welcher Richtung entwickelt sich das Lesebedürfnis der Arbeiterschaft. In: Sozialistische Monatshefte, 1913, 1. Bd., März, H. 6, S. 364–370.

August Otto-Walster, Leben und Werk. Eine Auswahl mit unveröffentlichten Briefen an Karl Marx. Hrsg. W. Friedrich. Textausgaben zur frühen sozialistischen Literatur in Deutschland. Bd. VII. Berlin/DDR 1966.

Christina Padrutt, Publizistikwissenschaft, in: Einführung in die Massenkommunikationsforschung. Hrsg. G. Maletzke. Berlin 1972.

E. Peschkau, Die Zeitungen und die Literatur. In: Die Gegenwart. 26/30 (1884), S. 59–61.

A. H. Th. Pfannkuche, Was liest der deutsche Arbeiter? Auf Grund einer Enquête beantwortet. Leipzig 1900.

Dietger Pforte, Die Anthologie als Instrument literarischer Sozialisation. Franz Diederich »Von unten auf« als Beitrag zur literarischen Bildungsarbeit der frühen Sozialdemokratie. Phil. Diss. 1974.

Dietger Pforte, Die deutsche Sozialdemokratie und die Naturalisten. Aufriß eines fruchtbaren Mißverständnisses. In: Helmut Scheuer (Hrsg.), Naturalismus in neuer Sicht. Stuttgart 1973, S. 175–205.

Erika Pick, Robert Schweichel. Phil. Diss. Berlin/DDR 1961.

Adelheid Popp, Die Jugendgeschichte einer Arbeiterin. Mit einführenden Worten von August Bebel. München 3. Aufl. 1927.

Popularität und Trivialität. Fourth Wisconsin Workshop. Hrsg. R. Grimm, J. Hermand. Frankfurt/M. 1974.

Berta Potthast, Eugenie Marlitt. Ein Beitrag zur Geschichte des deutschen Frauenromans. Phil. Diss. Köln 1926.

Johannes Proelß, Zur Geschichte der Gartenlaube 1853–1903. Leipzig 1903.

Projektarbeit als Lernprozeß. Projektgruppe ›Textinterpretation und Unterrichtspraxis. Frankfurt/M. 1974.

Proletarische Lebensläufe. Autobiografische Dokumente zur Entstehung der zweiten Kultur in Deutschland. 2 Bde. Hrsg. W. Emmerich. Reinbek 1974, 1975.

Robert Prutz, Die Literatur und die Frauen. In: ders., Schriften zur Literatur und Politik. Hrsg. Bernd Hüppauf. Tübingen 1973.

Hansjürgen Puhle, Agrarische Interessenpolitik und politischer Konservatismus im wilhelminischen Reich 1893–1914. Bonn 2. Aufl. 1975.

Heide Radeck, Zur Geschichte von Roman und Erzählung in der Gartenlaube (1853–1914). Heroismus und Idylle als Instrument nationaler Ideologie. Phil. Diss. 1967.

Realismus und Gründerzeit. Manifeste und Dokumente zur deutschen Literatur 1848 bis 1880. Bd. 1. Hrsg. Max Bucher, Werner Hahl, Georg Jäger, Reinhard Wittmann. 2 Bde. Stuttgart 1976.

Erik Reger, Union der Festen Hand. Roman einer Entwicklung. Berlin 1946.

Isolde Rieger, Die wilhelminische Presse im Überblick. 1888–1918. München 1957.

Karl Riha, Ein Beitrag zur Diskussion um Fiction-Nonfiction-Literatur und gleichzeitig: Vorläufige Bemerkungen zu einem neuen Literaturbegriff in der Literaturwissenschaft. In: Neue Ansichten einer künftigen Germanistik. München 1973, S. 272–289.

Jürgen Ritsert, Inhaltsanalyse und Ideologiekritik. Ein Versuch über kritische Sozialforschung. Frankfurt/M. 1972.

Gerhard A. Ritter, Die Arbeiterbewegung im Wilhelminischen Reich. Die sozialdemokratische Partei und die freien Gewerkschaften 1890 bis 1900. Berlin 1959.

B. Roeder, Die Konfigurationsfrequenzanalyse (KFA) nach Krauth und Lienert. In: Kölner Zeitschrift für Soziologie und Sozialpsychologie. Heft 12, 1974, S. 819–844.

Hazel E. Rosenstrauch, Zum Beispiel Die Gartenlaube. In: Annamaria Rucktäschel, Hans Dieter Zimmermann (Hrsg.), Trivialliteratur. München 1976, S. 169–189.

Karlheinz Rossbacher, Heimatkunstbewegung und Heimatroman. Zu einer Literatursoziologie der Jahrhundertwende. Stuttgart 1975.

Günther Roth, Die kulturellen Bestrebungen der Sozialdemokratie im kaiserlichen Deutschland. In: Moderne deutsche Sozialgeschichte. Hrsg. H. v. Wehler. Köln 1966, S. 342–365.

Christoph Rülcker, Arbeiterkultur und Kulturpolitik im Blickwinkel des »Vorwärts« 1918–1928. In: Archiv für Sozialgeschichte. Bd. XIV, 1974. Bonn-Bad Godesberg. S. 115–155.

Christoph Rülcker, Ideologie der Arbeiterdichtung 1914–1933. Eine wissenssoziologische Untersuchung. Stuttgart 1970.

Wolfgang Ruge, Deutschland 1917–1933. Berlin 1967.

J. S., E. F., Was lesen die organisierten Arbeiter in Deutschland? In: Die Neue Zeit, 1894/95, Bd. 13, 1, S. 153–155.

Helmut Schanze, Literaturgeschichte als ›Mediengeschichte‹? In: Literaturwissenschaft-Medienwissenschaft. Hrsg. H. Kreuzer. Heidelberg 1977.

Helmut Schanze, Medienkunde für Literaturwissenschaftler. München 1974.

Rudolf Schenda, Leserbriefe an Eugène Sue. In: Literatur für viele 2. Studien zur Trivialliteratur und Massenkommunikation im 19. und 20. Jahrhundert. Hrsg. H. Kreuzer, Göttingen 1976, S. 73–104.

Rudolf Schenda, Die Lesestoffe der Kleinen Leute. Studien zur populären Literatur im 19. u. 20. Jahrhundert. München 1976.

Rudolf Schenda, Sozialproblematischer Erwartungsraum und Autorenlenkung. Der Rezeptionsprozeß des ideologiekonformen ›populären‹ Romans. (Eugène Sue: Les Mystères de Paris, 1842/43). In: Zeitschrift für Volkskunde. Halbjahresschrift d. dt. Ges. f. Volkskunde. 72. Jg. 1976, I, S. 62–73.

Rudolf Schenda, Volk ohne Buch. Studien zur Sozialgeschichte der populären Lesestoffe 1770–1910. Frankfurt/M. 1970.

Rudolf Schenda, Die Zeitung als Quelle volkskundlicher Forschung. In: Württembergisches Jahrbuch für Volkskunde 1970. Stuttgart 1971, S. 156–168.

Herbert Scherer, Bürgerlich-oppositionelle Literaten und sozialdemokratische Arbeiterbewegung nach 1890. Stuttgart 1974.

Felix Scherret, Der Dollar steigt. Inflationsroman aus einer alten Stadt. Berlin 1930.

Helmut Scheuer (Hrsg.), Naturalismus in neuer Sicht. Stuttgart 1973.

Götz Schmidt, Detlef Michel, Bürgerliche Massenpresse und Sozialpolitik. Zur Kritik politischer Auffassungen der bürgerlichen Ideologie. Phil. Diss. Berlin 1973.

Karl Schottenloher, Flugblatt und Zeitung. Ein Wegweiser durch das gedruckte Tagesschrifttum. Berlin 1922.

Wilhelm Schröder (Bearb.), Handbuch der Sozialdemokratischen Parteitage von 1863–1909. München 1910.

Paul Erich Schütterle, Der Heimatroman in der deutschen Presse der Nachkriegszeit. Würzburg 1936.

Volker Schulze, Vorwärts (1876–1933). In: Heinz-Dietrich Fischer (Hrsg.), Deutsche Zeitungen des 17. bis 20. Jahrhunderts. Pullach bei München 1972, S. 329–347.

Bernhard Schuster, Bürgerlicher Buchhandel, Parteibuchhandel und Bildungsarbeit. In: Die Neue Zeit, Nr. 11, Dez. 1912, S. 400–405.

Ilse Schuster, Schriftsteller unter dem Strich im Dritten Reich. In: Deutsche Presse, 1935, Nr. 47, S. 577–578.

Robert Schweichel, Erzählungen. Hrsg. E. Pick. Textausgaben zur frühen sozialistischen Literatur in Deutschland. Bd. II, Berlin/DDR 1964.

Hannes Schwenger, Schriftsteller und Gewerkschaft. Ideologie, Überbau, Organisation. Darmstadt 1974.

Agnes Smedley, Tochter der Erde. Roman. München 1976.

SPD und Staat. Geschichte, Reformideologie, Friedenspolitik. Hrsgg. v. Mitarbeitern der ›darmstädter studentenzeitung‹. Berlin 1974.

Heinrich Spiero, Geschichte des deutschen Romans. Berlin 1950.

Hans-Josef Steinberg, Sozialismus und deutsche Sozialdemokratie. Zur Ideologie der Partei vor dem I. Weltkrieg. Bonn-Bad Godesberg, 3. erweit. Aufl. 1972.

Gerald Stieg, Bernd Witte, Abriß einer Geschichte der deutschen Arbeiterliteratur. Stuttgart 1973.

Theodor Storm, Paul Heyse, Briefwechsel. Kritische Ausgabe. 3 Bde. Berlin 1969, 1970, 1974.
Oliver Storz, Fernsehspiel – gibt es das? In: Der Deutschunterricht. 1/1966.
Gabriele Strecker, Frauenträume, Frauentränen. Über den deutschen Frauenroman. Weilheim/ Obb. 1969.
Eugène Sue, Die Geheimnisse von Paris. München 1970.
Albert Südekum, Wanderbibliotheken. Eine Anregung zur Arbeiterbildung. In: Sozialistische Monatshefte, 2. Bd., Nr. 9 (Sept.), S. 770–774.

Konrad Telmann, Über den Einfluß des Zeitungswesens auf Litteratur und Leben. In: Deutsche Schriften für Litteratur und Kunst. 1. Reihe. Heft 3. Kiel/Leipzig 1891, S. 39–44.
Textsortenlehre – Gattungsgeschichte. Hrsg. W. Hinck. Heidelberg 1977.
Werner Thönnessen, Die Frauenemanzipation in Politik und Literatur der Sozialdemokratie (1863–1933) Ffm. 1969.
Wilhelm Tölcke, Zweck, Mittel und Organisation des ADAV. Berlin 1873.
Das Triviale in Literatur, Musik und bildender Kunst. Hrsg. Helga de la Motte-Haber. Ffm. 1972.
Trivialliteratur. Hrsg. A. Rucktäschel, H. P. Zimmermann. München 1976.
Trivialliteratur und Medienkunde. Lili. Zeitschrift für Literaturwissenschaft und Linguistik. Hrsg. H. Kreuzer. Ffm. 1972, 6/1972.
Frank Trommler, Sozialistische Literatur in Deutschland. Ein historischer Überblick. Stuttgart 1976.

Gert Ueding, Glanzvolles Elend. Versuch über Kitsch und Reportage. Ffm. 1973.
Das Unvermögen der Realität. Beiträge zu einer anderen materialistischen Ästhetik. Berlin 1974.
Florian Vaßen, Über die Brauchbarkeit des Begriffs ›Arbeiterdichtung‹. In: Arbeiterdichtung. Analysen – Bekenntnisse – Dokumentationen. Wuppertal 1973.
Michael Vester, Was dem Bürger sein Goethe, ist dem Arbeiter seine Solidarität. Zur Diskussion der ›Arbeiterkultur‹. In: Ästhetik und Kommunikation. 24/1976, S. 62–72.
Clara Viebig, Es lebe die Kunst. Roman. Berlin 1899.
Guntram Vogt, Zur Veränderung des Literaturbegriffs durch die Massenmedien. In: Diskussion Deutsch 9/1972.
Von unten Auf. Das Buch der Freiheit. Ges. u. gestaltet von Franz Diederich. Bearbeitet und ergänzt v. A. Siemsen. Dresden 3. Aufl. 1928.
Die Vorwärts-Buchdruckerei. Dem VSPD-Parteitag Berlin 1924 gewidmet. Berlin o.J.
Der Vorwärts-Konflikt. Gesammelte Aktenstücke. München 1905.
Vorwärts 1876–1976. Ein Querschnitt in Facsimiles. Hrsg. Günter Grunwald u. Friedhelm Merz. Eingeleitet von Heinz Dietrich Fischer u. Volker Schulze. Berlin 1876.
Wilhelm Voßkamp, Gattungen als literarisch-soziale Institution. In: Textsortenlehre – Gattungsgeschichte. Hrsg. Walter Hinck. Heidelberg 1977, S. 27–44.

Gernot Wersig, Inhaltsanalyse. Einführung in ihre Systematik und Literatur. Berlin 1968.
Friedkarl Wieber, Der deutsche Zeitungsroman im 20. Jahrhundert. Eine volkskundliche Auseinandersetzung. Phil. Diss. Halle 1933.
Heinz Willmann, Geschichte der Arbeiter-Illustrierten-Zeitung 1921–1938. Berlin/DDR 1974.
Lutz Winckler, Kulturwarenproduktion. Aufsätze zur Literatur- und Sprachsoziologie. Ffm. 1973.
Joachim F. Wohlwill, Strategien entwicklungspsychologischer Forschung. Klett 1977.
Joseph Wulf, Presse und Funk im Dritten Reich. Eine Dokumentation. Gütersloh 1964.

Hermann Zang, Die ›Gartenlaube‹ als politisches Organ. Belletristik, Bilderwerk und literarische Kritik im Dienst der liberalen Politik 1860–1880. Phil. Diss. Würzburg-Coburg 1935.
Kristina Zerges, Literatur in der Massenpresse. In: Literaturwissenschaft-Medienwissenschaft. Hrsg. H. Kreuzer. Heidelberg 1977, S. 103–121.

Kristina Zerges, Der Einsatz von Klassifikationsverfahren im Rahmen der systematischen Inhalts-
analyse. In: Literaturwissenschaft und empirische Methoden. Hrsg. H. Kreuzer, R. Viehoff.
(Zeitschrift für Literaturwissenschaft und Linguistik (Lili), Beiheft 12), Göttingen 1981.
Kristina Zerges, Was haben Arbeiter gelesen? Siegen 1979.
Kristina Zerges, Wolf Dieter Lützen, Knut Hickethier (Hrsg.), Der Zeitungsroman im 19. Jahrhun-
dert. Analysen und Dokumente. Stuttgart (Metzler) i. Vorb.
Clara Zetkin, Zur Geschichte der proletarischen Frauenbewegung. Berlin 1958.
Magdalene Zimmermann, Die Gartenlaube als Dokument ihrer Zeit. München o.J.
Peter Zimmermann, Der Bauernroman. Antifeudalismus – Konservatismus – Faschismus. Stuttgart
1975.

Die Artikel in den »Mitteilungen des Vereins Arbeiterpresse« sind im Literaturverzeichnis nicht
aufgeführt worden. Sie finden sich mit allen bibliografischen Angaben in den Anmerkungen.

Benutzte Abkürzungen

MdVA, ›Mitteilungen‹   = »Mitteilungen des Vereins Arbeiterpresse«
PTP, Parteitagsprotokoll = Protokoll über die Verhandlungen des Parteitages der Sozialdemo-
                           kratischen Partei Deutschlands
SPD   = Sozialdemokratische Partei Deutschlands
KPD   = Kommunistische Partei Deutschlands

PERSONENREGISTER

Aakjär, Jeppe 130, 215, 271, 288
Abusch, Alexander 292
Acél, Paul 292
Aho, Juhani 130, 271, 280
Aisman, D. 271
Akermann-Haßlacher, Berta 270
Albrecht 117, 214
Alechem, Scholem 271
Alexis, Willibald 99, 194, 206, 288
Algenstädt 99
Alis, Harry 280
Almsloh, Ernst 280
Alscher, Otto 280
Altmann 215
Andersen, Hans Christian 288
Andersen-Nexö, Martin 128, 129, 130, 136, 194, 209, 214, 271, 288, 292
Anderson, Sherwood 106
Andrejew, Leonid 271
Anthes, Otto 279
Antrick 74, 76
Anzengruber, Ludwig 196, 201, 270
Apitzsch, Friedrich 90
Aram, Kurt 130, 271, 280
Arzybaschew, Michail 130, 271, 280
Asch, Nathan 271
Auer, Ignaz 36, 50, 60, 221
Auerbach, Berthold 99, 194, 196, 288
Azevedo, Aluizio 271

Baake, Curt 54, 55, 60, 62, 74, 75, 76, 78, 79, 199, 271
Baar, Arthur 280
Babeuf, François 43
Backhaus, Franz 280
Bading, Max 60, 64
Baldamus, E. 280
Baldrian, Fritz 280
Balzac, Honoré de 5, 271
Bandello, Matteo 288
Bang, Hermann Joachim 280
Banks, Paul 216
Barbusse, Henry 271, 292

Baring-Gould, I. 288
Barta, Alexander 292
Barta, Ludwig 271
Barthel, Max 136, 210, 215, 217, 271, 292
Basedow, Hans von 280
Bauer, W. 14
Baum, Oskar 271
Baum, Vicky 271
Bayer, Ernst 292
Bazin, René 280
Beach, Rex 271
Bebel, August 39, 49, 64, 65, 69, 76, 77, 200
Becher, Johannes R. 292
Becker, Eva D. 10
Becker, Johann Philipp 40, 267
Bérard 74, 76, 81, 82, 83, 202, 206
Berdrow, Otto 270
Bérence, Fred 271
Berend, Alice 109
Berg, Franz 98
Berger, Henning 271
Bergmann, B. 280
Bernard, Tristan 271
Bernstein, Eduard 48, 215
Bernstein, Richard 71
Berthel, Elie 271
Bicker 114, 115
Bielig 115, 116
Madame Bigot 288
Bismarck, Otto von 59, 61
Bitzius, Albert 289
Björnson, Björnstjerne 130, 158, 196, 271, 288
Blanqui, Louis Auguste 43
Blasco-Ibanez, Vicente 128, 129, 271
Blicher, Steen Steensen 280
Blicher-Clausen 280
Blos, Wilhelm 60, 61, 62, 110, 268, 271
Bock, Alfred 128, 129, 131, 201, 271, 280
Bock, H. 70
Bodman, Emanuel Freiherr von und zu 280
Böhlau, Helene 280